Samuel Lolagar

OSINT

Wie Sie Informationen finden, verifizieren und verknüpfen

Rheinwerk
Computing

Liebe Leserin, lieber Leser,

bevor ich als Lektor Buchprojekte betreut habe, habe ich über die Veröffentlichung von Geheimdokumenten promoviert. Ein Ergebnis war: In vielen Fällen liegt gar kein »Leak« vor, wenn plötzlich Geheimnisse in der Zeitung stehen. Stattdessen arbeiten Journalisten und Geheimdienste mit denselben offenen Quellen. So kann es durchaus sein, dass die Dossiers der Entscheider dieser Welt die gleichen Informationen enthalten wie die Tageszeitung – übrigens sehr zum Missfallen des Weißen Hauses:

> *»The CIA tells me nothing I don't read three days earlier in the New York Times. [...] The CIA isn't worth a damn. [...] They've got forty thousand people over there reading newspapers.«*[1]

Natürlich müssen Sie bei der Suche nach Informationen nicht unbedingt mit der CIA konkurrieren. Es ist aber beeindruckend, was »jedermann« mit Beharrlichkeit, Neugier und dem richtigen Know-how in offenen Quellen finden kann. Wie Sie dabei professionell vorgehen und mit welchen Tricks Sie die Suche und Auswertung optimieren, zeigt Ihnen Samuel Lolagar in diesem Leitfaden, der auf seiner jahrzehntelangen Praxiserfahrung beruht.

Bevor Sie sich in die Lektüre stürzen, noch ein kurzer Hinweis in eigener Sache: Dieses Buch wurde mit großer Sorgfalt geschrieben, lektoriert und produziert. Aber wo Menschen arbeiten, passieren Fehler. Wenn Sie Korrekturen oder inhaltliche Anregungen haben, scheuen Sie sich nicht, mit mir Kontakt aufzunehmen. Ihre Fragen und Änderungswünsche sind jederzeit herzlich willkommen

Ihr Christoph Meister
Lektorat Rheinwerk Computing

christoph.meister@rheinwerk-verlag.de
www.rheinwerk-verlag.de
Rheinwerk Verlag • Rheinwerkallee 4 • 53227 Bonn

1 US-Präsident Richard Nixon über seinen Geheimdienst. Zitiert nach: Kenneth Michael Absher, Michael Desch und Roman Popaduik: Privileged and Confidential. The Secret History of the President's Intelligence Advisory Board. Lexington, KY 2012, S. 166 sowie Stansfield Turner: Burn after Reading. Presidents, CIA Directors and Secret Intelligence. New York 2005, S. 122.

Auf einen Blick

Wir hoffen, dass Sie Freude an diesem Buch haben und sich Ihre Erwartungen erfüllen. Falls Sie Anregungen, Wünsche und Kommentare haben, lassen Sie es uns wissen: **service@rheinwerk-verlag.de**.

Informationen zu unserem Verlag und Kontaktmöglichkeiten finden Sie auf unserer Verlagswebsite **www.rheinwerk-verlag.de**. Dort können Sie sich auch umfassend über unser aktuelles Programm informieren und unsere Bücher und E-Books bestellen.

Autor Samuel Lolagar
Lektorat Christoph Meister
Copy-Editing Roman Lehnhof, Berlin
Gutachter Matthias Wilson
Typografie & Layout Vera Brauner
Satz Typographie & Computer, Krefeld
Herstellung Maxi Beithe
Covergestaltung Bastian Illerhaus
Coverbild iStock: 96418929 © filo, 969549530 © Georgijevic; shutterstock: 2354608257 © Aqi49
Druck Beltz Grafische Betriebe, Bad Langensalza

FSC
www.fsc.org
MIX
Papier | Fördert gute Waldnutzung
FSC® C089473

Dieses Buch wurde mit mineralölfreien Farben auf FSC®-zertifiziertem Papier aus nachhaltiger Waldwirtschaft gedruckt. Hergestellt in Deutschland.

Bibliografische Information der Deutschen Nationalbibliothek:
Die Deutsche Nationalbibliothek verzeichnet diese Publikation in der Deutschen Nationalbibliografie; detaillierte bibliografische Daten sind im Internet über *http://dnb.dnb.de* abrufbar.

ISBN 978-3-367-10374-4

1. Auflage 2026

Rheinwerk Verlag GmbH • Rheinwerkallee 4 • 53227 Bonn
service@rheinwerk-verlag.de

Inhalt

8 Verarbeitung 381

9 Analyse 395

Kapitel 1
Einführung

Willkommen in der Welt der Open Source Intelligence. In diesem Kapitel machen Sie sich mit dem Themengebiet vertraut und verschaffen sich einen Überblick über die Inhalte des Buches. Anschließend erfahren Sie mehr über die Aus- und Fortbildung im Bereich OSINT sowie über mich als Autor.

Vielleicht wissen Sie noch gar nicht, was Open Source Intelligence, kurz *OSINT*, eigentlich ist. Vielleicht haben Sie spontan dieses Buch gekauft, weil schon der Titel eine ungeheure Faszination auf Sie ausgeübt hat. Selten hatte ich mit einem Begriff zu tun, der so oft missverstanden und fehlinterpretiert wird. Vielleicht hängt es auch ein wenig damit zusammen, dass es kein passendes deutsches Pendant zu »OSINT« gibt. Ich werde den Begriff daher nicht übersetzen, ihn aber hoffentlich gut genug erklären.

1.1 Was ist Open Source Intelligence?

Fangen wir also vorne an: Was ist *Open Source Intelligence*? Es handelt sich um die Informationsgewinnung aus *öffentlich zugänglichen Quellen* mit dem Ziel, daraus *Intelligence* zu gewinnen.

Das grundlegende Merkmal von OSINT, nämlich die Nutzung öffentlich zugänglicher Quellen (*open sources*), steht im krassen Gegensatz zu anderen (nachrichtendienstlichen) Disziplinen der Informationsbeschaffung, die grundsätzlich im Verborgenen erfolgen. Hier spricht man von *closed sources*.

Open Source
Open Source Intelligence hat nichts mit Open Source Software zu tun. Dieser Begriff bezieht sich darauf, dass der Programmcode (Quellcode) offengelegt und geteilt wird.

OSINT bedient sich also Quellen, die öffentlich zugänglich sind. Um die öffentliche Zugänglichkeit zu definieren, bedienen sich Juristinnen und Juristen des Begriffs *Jedermann*. Ohne zu tief in die Rechtswissenschaften einzusteigen: Bei *Jedermann* handelt es sich um eine beliebige Person *ohne besondere Eigenschaften*, die Ihnen vielleicht aus Gesetzen wie dem Jedermannsrecht nach § 127 der Strafprozessordnung bekannt ist. Dieser Paragraf berechtigt alle Bürgerinnen und Bürger zur Festnahme einer straffälligen Person. Das Gegenteil des Jedermann ist eine Person mit besonderen Eigenschaften, z. B. ein Amtsträger.

Nehmen wir z. B. einen Polizisten. Dieser ist Amtsträger, weshalb er besondere Befugnisse und auch Zugänge hat, wie beispielsweise Zugriff auf polizeiliche Informationssysteme. Auf solche *closed sources* kann unser Jedermann nicht zugreifen.

Es lassen sich aber auch Informationen aus anderen Quellen gewinnen, z. B. aus diesem Buch. Um dieses Buch zu erwerben und von den darin enthaltenen Informationen zu profitieren, müssen Sie weder Amtsträger sein noch über andere besondere Eigenschaften verfügen – außer natürlich, dass Sie sich für das Thema interessieren.

Offen ist nicht gleich kostenlos

Das Buch-Beispiel zeigt außerdem, dass *öffentlich zugänglich* nicht mit *kostenlos* verwechselt werden darf. Sicherlich stehen heutzutage mehr Informationen kostenlos zur Verfügung als je zuvor, aber auch hier gilt das Motto: »*You get what you pay for!*« Oder anders gesagt: »*Qualität hat ihren Preis.*«

Das soll keinesfalls bedeuten, dass Sie zwangsläufig für gute Informationen und Zugänge zahlen müssen, oder dass der teuerste Anbieter eines Tools immer der beste ist. Sie werden in diesem Buch viele Beispiele kennenlernen, die Sie außer einer Internetverbindung keinen Cent kosten werden. Tatsächlich werde ich, soweit möglich, auf die Vorstellung kommerzieller Tools verzichten. Sollten diese jedoch eine kostenlose Demo oder ein Freemium-Modell anbieten und somit einen Mehrwert für die Recherche bieten, werde ich sie hier präsentieren.

Grundsätzlich beschränkt sich eine OSINT-Recherche fast nie nur auf ein einzelnes Medium oder nur eine Quelle. Informationen können aus Printmedien beschafft werden, aus dem Rundfunk, aus Kartendiensten oder auch aus dem Internet. All dies sind Quellen, aus denen **Daten** gewonnen werden können. (Wie Sie von Daten über Informationen zu Intelligence kommen, beschreibe ich in Abschnitt 5.4 noch etwas detaillierter.) An dieser Stelle ist für Sie vor allem wichtig: Nur weil etwas aus einer öffentlich zugänglichen Quelle stammt, handelt es sich nicht automatisch um Open Source **Intelligence**.

Stellen Sie sich öffentlich zugängliche Daten wie einzelne, lose Buchseiten vor. Diese Seiten kann jeder lesen und sammeln. Doch erst durch Kontextualisierung, Filterung und Analyse können Sie feststellen, ob Seiten zusammengehören oder ob sie vielleicht aus einem ganz anderen Buch stammen. Mitunter wurden Seiten verändert, etwa durch Beschädigungen oder durch absichtliche Manipulation. Nur durch die Analyse können Sie sich einen Überblick verschaffen, Lücken erkennen und ansprechen.

Denn Open Source Intelligence ist eine (nachrichtendienstliche) Disziplin, die durch das Sammeln, Auswerten und Analysieren öffentlich zugänglicher Informationen Intelligence gewinnt, um einen konkreten Informationsbedarf zu stillen.

Was heißt nun *Intelligence*? Anders als bei den »offenen Quellen«, die sich noch einigermaßen übersetzen lassen, stehen wir vor dem Problem, dass es keine wirklich treffende Übersetzung in die deutsche Sprache gibt. Es handelt sich in diesem Kontext jedenfalls nicht um »Intelligenz«. Deutlich näher dran wäre »Erkenntnisse«, aber perfekt passt auch diese Übersetzung nicht.

Nähern wir uns dem Begriff auf einem anderen Weg: Wie erhält man Intelligence?

Intelligence ist das Ergebnis mehrerer Analyseschritte:

- *Daten* werden gesammelt und ausgewertet. Daraus entstehen *Informationen*.
- *Informationen* werden kontextualisiert und interpretiert. Daraus entsteht *Intelligence*.

Lassen Sie mich dies an einem (historischen) Beispiel aus der Geheimdienstarbeit erklären: Stellen Sie sich vor, dass durch Luftaufnahmen gezeigt wurde, dass eine andere Nation ein Raketensystem installiert. Diese Bilder sind zweifelslos relevante Datenpunkte. Man muss aber einiges Fachwissen mitbringen, um solche Aufnahmen zu verstehen; diese Daten müssen also ausgewertet werden.

So erhält man zunächst nur die Information, dass Raketen aufgestellt werden. Es ist noch unklar, ob es sich um defensive Luftabwehrraketen oder offensive Angriffswaffen handelt – oder sind es vielleicht sogar Attrappen? Bereitet die Nation einen Krieg vor oder fühlt sie sich von ihren Nachbarn bedroht? Dienen die Raketen der Abschreckung oder sollen sie gar von anderen Zielen ablenken? All das bedeutet weitere Analysen, Kontextualisierung und Interpretationen, die aus dieser Information *Intelligence* machen.

Was ist Open Source Intelligence?

Was ist also Open Source Intelligence? Es ist die Nutzung von offenen Quellen, um Daten zu sammeln, Informationen zu gewinnen und daraus Erkenntnisse und Schlüsse zu ziehen.

Warum ist Open Source Intelligence überhaupt von Relevanz? Tatsächlich bietet OSINT viele Vorteile gegenüber klassischen Disziplinen der Informationsbeschaffung wie *Human Intelligence* oder *Signals Intelligence*. Das sind die klassischen Gegenstücke zur OSINT: menschliche Spione und das Abhören von Signalen, also beispielsweise von Telefonleitungen oder Satellitenverbindungen.

Nicht nur stehen diese Quellen nicht jedermann zur Verfügung, sondern sie sind auch ungleich teurer und aufwendiger. Oftmals lassen sich Informationen aus öffentlichen Quellen deutlich schneller und kostengünstiger beschaffen als auf anderen Wegen. Die Aufklärung einer Postanschrift mithilfe von Satellitenbildern oder Tools wie Google Street View kann binnen weniger Minuten erfolgen, und das sogar weltweit, wenn aktuelles und ausreichend hochwertiges Rohmaterial verfügbar ist. Die Kosten und der Zeitaufwand für eine echte Vor-Ort-Aufklärung durch eigenes Personal sind um ein Vielfaches höher. Dafür hätten Sie aktuelles und belastbares Material, wodurch die Notwendigkeit der Verifikation in den Hintergrund rückt. Diese spielt bei OSINT nämlich eine wichtige Rolle und wird in Abschnitt 9.1 näher beleuchtet.

Ein weiterer Vorteil von OSINT liegt in dem deutlich geringeren Risiko. Zugegebenermaßen ist dies nicht in allen Anwendungsgebieten von OSINT von hoher Relevanz. Aber ist es nicht wesentlich riskanter, sich an einen bestimmten Ort zu begeben und dort eine brisante Information zu übermitteln, als aus sicherer Entfernung eine Information zu übermitteln, die für jedermann zugänglich ist – d. h. eine Information, die keine Gefahr darstellt? Die so gewonnenen Informationen müssen trotzdem brauchbar sein, um daraus zumindest ähnliche Schlüsse ziehen zu können. Beispiel gefällig? Dann werfen Sie einen Blick in Abschnitt 5.1.

Ich möchte aber auch ehrlich sein: OSINT hat nicht nur Vorteile. Dass Informationen aus öffentlichen Quellen verifiziert werden müssen, habe ich bereits angedeutet. Darüber hinaus gibt es mit Daten aus öffentlichen Quellen häufig die gleiche Problematik wie mit Big Data: *Velocity*, *Volume*, *Value*, *Variety* und *Veracity*.

Diese Problematik entsteht, weil Daten aus öffentlichen Online-Quellen oft in riesigen Mengen (*Volume*) und mit unglaublich hoher Geschwindigkeit (*Velocity*) anfallen. Sie sind zudem sehr unterschiedlich in ihrer Art (*Variety*) und ihrem Wert (*Value*), und auch ihre Zuverlässigkeit (*Veracity*) ist nicht immer eindeutig. Das macht es schwierig, relevante und verlässliche Informationen herauszufiltern, sie schnell genug zu verarbeiten und richtig zu bewerten. Dadurch wird die Analyse dieser Daten zu einer besonderen Herausforderung.

Zu guter Letzt: Nicht jede Frage lässt sich mittels OSINT beantworten, jedenfalls nicht verlässlich. Sie können wirklich viele Informationen in öffentlichen Quellen finden, aber nicht alle.

1.2 Was Sie in diesem Buch lernen werden

Glückwunsch! Wenn Sie an diesem Punkt angelangt sind, haben Sie höchstwahrscheinlich schon eine solide Vorstellung davon, was OSINT ist. Was erwartet Sie nun in diesem Buch?

Die Inhalte sind zweigeteilt. Der erste Teil bildet das Fundament für Ihre Recherchen. Hier lernen Sie die Anwendungsgebiete von OSINT anhand von anschaulichen Beispielen kennen. Sie erfahren, welche Fähigkeiten Sie zum Recherchieren benötigen und wie Sie Ihre Arbeitsumgebung einrichten, um effizient und sicher zu ermitteln. Danach werfen Sie einen kurzen Blick auf die Historie von Open Source Intelligence, erwerben die theoretischen Grundlagen der Informationsgewinnung und lernen den *Intelligence Cycle* kennen.

Ebendieser bildet die Struktur für den zweiten Teil. Entlang des Intelligence Cycle lernen Sie, wie Sie Ihre Recherche planen und dokumentieren, wie Sie zu unterschiedlichen Entitäten Informationen sammeln, diese verarbeiten, verifizieren und analysieren. Sie erfahren, wie Sie (Bild-)Dateien analysieren, woran Sie Manipulationen erkennen und was einen forensischen Bericht ausmacht. Dabei lernen Sie verschiedene Arten von Intelligence-Produkten kennen.

Das Buch schließt mit einem Ausblick auf die Trends, Chancen und Risiken von Open Source Intelligence.

1.3 Aus- und Fortbildung

Open Source Intelligence entwickelt sich stetig weiter. Wenn Sie in diesem Bereich erfolgreich sein möchten, benötigen Sie Durchhaltevermögen und Wissensdurst, denn Sie werden niemals auslernen. Das liegt einerseits an der Dynamik des Internets und andererseits an der Vielfalt der Anwendungsmöglichkeiten.

Wenn Sie den Werdegang verschiedener OSINT-Experten betrachten, werden Sie feststellen, dass die Lebensläufe unterschiedlicher kaum sein könnten. Das liegt einerseits daran, dass OSINT nach wie vor eine junge Disziplin ist (auch wenn ich Ihnen in Abschnitt 5.1 zeigen werde, dass OSINT schon länger angewendet wird, als man vielleicht annehmen würde). Andererseits ist OSINT eine unglaublich breite Disziplin, in der Technikbegeisterte genauso ihren Platz finden wie weniger technikaffine Menschen.

Mit OSINT ist es wie mit Rom: Viele Wege führen zum Ziel. Mit diesem Buch halten Sie den Reiseführer in Ihren Händen, den ich mir zu Beginn meiner eigenen Reise in die Tiefen von OSINT gewünscht hätte. Das Buch enthält mein gesamtes Wissen über Open Source Intelligence und alles, was Sie für Ihre Recherchen benötigen.

Natürlich können Sie auch ohne dieses Buch OSINT lernen. Und umgekehrt werden Sie durch die Lektüre allein nicht zum Profi. Ähnlich wie beim Erlernen eines Instruments oder einer Sprache müssen Sie Zeit investieren und Erlerntes regelmäßig anwenden. Probieren Sie die vorgestellten Techniken aus. Seien Sie mutig.

Andere Lernmethoden

Sie können das Buch als Fachbuch nutzen und im Selbststudium in das Thema eintauchen. Alternativ finden Sie Schulungen zu Open Source Intelligence von mir in verschiedenen Formaten unter *https://osintgeek.de*.

Falls Sie es nicht schon festgestellt haben, werden Sie in Kürze bemerken, dass Open Source Intelligence ein sehr dynamisches Thema ist, bei dem sich die Feinheiten bestimmter Techniken rasant ändern. Deshalb ist es wichtig, das eigene Wissen nach dem Erlernen der Grundlagen stets auf dem Laufenden zu halten. Theoretisch könnten Sie alle paar Jahre einen Einstiegskurs besuchen, doch davon möchte ich abraten. Mein Tipp: Besuchen Sie stattdessen vertiefende Workshops zu ausgesuchten Teilbereichen. Und: Nutzen Sie OSINT im Alltag. Ein guter Freund von mir sagt dazu: »Use OSINT to do OSINT.«

Es gibt eine Vielzahl von Möglichkeiten, die eigenen OSINT-Skills zu schärfen. Neben spielerischen Challenges wie *Quiztime* oder *GeoGuessr* können Sie Ermittlungen unterstützen, indem Sie Ihr Wissen im Rahmen der Öffentlichkeitsfahndung anwenden oder an dem von Europol initiierten Projekt *Trace an Object* teilnehmen (siehe Kapitel 12). Bei Letzterem werden Fragmente aus Missbrauchsdarstellungen von Kindern veröffentlicht, um so Hinweise auf den Ursprung sowie die Identität der Opfer bzw. Täter zu erlangen.

1.4 Über den Autor

Da Sie sich für das Thema Open Source Intelligence begeistern, kennen Sie mich unter Umständen schon. Falls nicht, möchte ich mich kurz vorstellen: Mein Name ist Samuel Lolagar. Als studierter Kriminalbeamter habe ich viele Erfahrungen mit Ermittlungen im Internet gemacht, ihre Möglichkeiten und Chancen, aber auch ihre Grenzen kennengelernt. Dabei ging es mir wie vielen anderen auch: Ich habe OSINT betrieben, ohne zu wissen, dass es diese Disziplin gibt.

Mein Interesse für Technik und das Internet reicht bis in meine Jugend zurück. Damals machte ich meine ersten Gehversuche, programmierte einfache Webseiten, betreute das eine oder andere Content-Management-System und betrieb sogar einen kleinen Blog. In dieser Zeit habe ich mich auch mit Bildbearbeitung auseinandergesetzt. Sie werden im Verlauf des Buches an einigen Stellen merken, dass dies durchaus eine wertvolle Fähigkeit sein kann.

Durch dieses grundlegende Verständnis für das Internet war es mir beispielsweise möglich, verschiedene Webseiten miteinander in Verbindung zu bringen und so Ermittlungskomplexe zu bilden. In manchen Fällen half mir eine simple Bilderrückwärtssuche, um beispielsweise festzustellen, ob beim Love Scamming fremde Bilder (z. B. die eines US-Generals) missbraucht wurden. In anderen Fällen half die Suche nach Textpassagen in Anführungszeichen, um zusätzliche Social-Media-Profile einer Person zu ermitteln. Und in wieder anderen Verfahren konnte ich die Aktivitäten einzelner Krimineller über mehrere Foren im Darkweb verfolgen und durch Analysen der Kommunikation wertvolle Hinweise und Beweise für konkrete Straftaten sammeln.

Gerne blicke ich auf meine Zeit als Ermittler bei der Polizei zurück, da ich dort viele Techniken erlernt und erprobt habe, die ich Ihnen in diesem Buch vermitteln möchte. Ich halte mich aber keinesfalls für allwissend und wehre mich gegen die Bezeichnung »Experte«, wenn auch zugegebenermaßen nicht mehr so vehement wie noch vor einigen Jahren. Ich bin überzeugt, dass es im Themenfeld OSINT keine allwissenden Experten geben kann. Dafür ist das Thema schlichtweg zu groß und zu vielfältig. Dennoch werde ich mich bemühen, Ihnen einen fundierten und umfassenden Überblick über die verschiedenen Anwendungsbereiche, aber vor allem auch über Strategien und Techniken für Ihre Recherchen zu geben.

Kapitel 2
Anwendungsgebiete von OSINT

In diesem Kapitel erfahren Sie, wo überall OSINT eingesetzt wird: in der Strafverfolgung und im Bevölkerungsschutz, in der Privatwirtschaft, in der Wissenschaft und im Journalismus.

Wer nutzt OSINT? Die kurze Antwort: viele! Die grundlegenden Methoden der Informationsgewinnung werden sowohl von Kriminellen als auch von Menschen unterschiedlichster Branchen mit redlichen Absichten genutzt. Obwohl OSINT so viele Anwendungsfälle hat, ist der Begriff hierzulande wenig bekannt. Das liegt daran, dass die Methoden meist anders bezeichnet werden und die Anwender oft nicht wissen, dass es den Begriff OSINT überhaupt gibt.

Open Source Intelligence und die darunter vereinten Methoden sind mächtig. Sogar so mächtig, dass man sich damit Zugang zum E-Mail-Postfach des US-Außenministers verschaffen oder die Social-Media-Accounts von Prominenten hacken kann. Marcel Lehel Lazăr, auch bekannt als *Guccifer*, ein rumänischer Hacker ohne tiefgreifende technische Kenntnisse, hat sich in den Jahren 2012 bis 2014 Zugang zu rund einhundert Social-Media-Accounts verschafft – und das ganz ohne Schadsoftware oder Phishing. Tatsächlich hat Guccifer die meisten Passwörter einfach erraten, und zwar indem er zu den Betroffenen recherchiert hat. In einem Fall hat er die Antwort auf die Sicherheitsfrage, in welcher Straße die Person aufgewachsen ist, systematisch gelöst. Hierzu hat er über das öffentliche Facebook-Profil die Schule der Person herausgefunden. Anschließend nahm er an, dass die Person in der Nähe ihrer Grundschule gelebt hat. Also probierte er so lange die Straßennamen in der Umgebung aus, bis er erfolgreich war.

Aus diesem Beispiel können wir einige Lehren ziehen. Einerseits sind Sicherheitsfragen generell keine gute Idee und besonders bei Personen des öffentlichen Lebens sehr anfällig für einfache Angriffe. Andererseits zeigt das Beispiel, wie viele Informationen bereits online verfügbar sind.

Kriminelle, die Informationen aus öffentlichen Quellen erlangen, betreiben natürlich nicht Open Source Intelligence. Denn wie Sie im Laufe dieses Buches sehen werden, gehören ethische und moralische Grundsätze zu den Charaktereigenschaften eines OSINT-Ermittlers. Kriminelle nutzen lediglich die Techniken. Und wie so oft hängt es von den Beweggründen der Person vor dem Bildschirm ab, ob etwas gut oder schlecht ist. Schließlich lässt sich auch mit einem Bleistift sowohl ein Liebesbrief als auch ein Erpresserschreiben verfassen. Glücklicherweise existieren viele noble Einsatzgebiete für OSINT, die ich Ihnen nachfolgend etwas näherbringen möchte.

2.1 Behörden und Organisationen mit Sicherheitsaufgaben

Open Source Intelligence entstammt den nachrichtendienstlichen Disziplinen, weshalb Nachrichtendienste und andere *Behörden und Organisationen mit Sicherheitsaufgaben (BOS)* die ursprüngliche Nutzergruppe von OSINT bilden.

Für die Polizei- und Sicherheitsbehörden hat der Einsatz von OSINT einen großen potenziellen Nutzen. Es gibt Anwendungsmöglichkeiten sowohl in der *allgemeinen Aufbauorganisation (AAO)* als auch bei Sofort- und Zeitlagen im Rahmen der *besonderen Aufbauorganisation (BAO)*.

Allgemeine und besondere Aufbauorganisation

Die allgemeine Aufbauorganisation (AAO) bezeichnet die Organisation, die ständig für die täglich anfallenden Aufgaben bereitsteht.

Die besondere Aufbauorganisation (BAO) hingegen wird zeitlich befristet gebildet, um komplexe Aufgaben zu bewältigen. Sie wird beispielsweise bei der Bewältigung schwerer Strafttaten gebildet.

2.1.1 OSINT in der AAO

Die Sammlung relevanter Informationen gehört zu den klassischen Schritten der Einsatzbearbeitung der allgemeinen Aufbauorganisation (AAO). Im Regeldienst der Schutzpolizei oder des Kriminaldauerdienstes werden üblicherweise nach Aufnahme der ersten Lageinformationen und Entsendung der Einsatzkräfte weitere Informationen aus polizeilichen Quellen (*closed sources*) eingeholt und den Einsatzkräften während der Anfahrt zur Verfügung gestellt. Diese Informationen (z. B. Waffenregistereinträge, Anzahl der gemeldeten Personen, polizeiliche Erkenntnisse aus früheren Einsätzen) sind elementar für die Eigensicherung der eingesetzten Kräfte.

Mittels OSINT können an dieser Stelle zusätzliche Informationen gewonnen werden. Die Deutsche Hochschule der Polizei hat sich in ihrem Forschungsprojekt *SENTINEL*[1] bereits mit dieser Thematik befasst und kam zu dem Ergebnis, dass durch einsatzbegleitende OSINT-Recherchen der Informationsstand erhöht und damit die Sicherheit der Einsatzkräfte verbessert werden kann.

1 Informationen zur Studie finden Sie unter *https://www.dhpol.de/departments/department_II/FG_II.1/projekt-sentinel.php*.

Schon 2012 haben die Niederlande flächendeckend in jeder Leitstelle ein sogenanntes *Real Time Intelligence Center* eingeführt, das Ad-hoc-Informationen aus über 40 Quellen auswertet, darunter sowohl geschlossene behördliche Datenbanken als auch offene Quellen. Ein ähnliches Konzept stellen die sog. *Intel Officer* dar. Diese sind bei einigen deutschen Leitstellen angesiedelt und werden bei der Suche nach vermissten Personen, bei Suizidankündigungen oder in Fällen häuslicher Gewalt hinzugezogen.

Überlegen Sie kurz, welche relevanten Informationen Sie über eine Person aus deren Profilen in sozialen Netzwerken erhalten können. Neben den in der Regel aktuellen Profilfotos können Sie besondere Merkmale, Hobbys, Kontaktpersonen oder auch Fahrzeuge ermitteln. Besonders aufschlussreich sind hier Interessen wie Kampfsport oder Hunde sowie Gewaltverherrlichung.

2.1.2 OSINT im Rahmen von Sofort- und Zeitlagen

OSINT findet auch Anwendung bei der Bearbeitung von sogenannten *Sofort- und Zeitlagen* im Rahmen einer besonderen Aufbauorganisation (BAO). Insbesondere bei angekündigten Ereignissen, z. B. Demonstrationen, kann OSINT bereits bei der Lagebeurteilung eingesetzt werden, um Schätzungen über Teilnehmerzahlen, Reisebewegungen und die Zusammensetzung der Teilnehmer zu treffen. Aber auch in Ad-hoc-Lagen oder während laufender Einsätze können Beiträge in sozialen Netzwerken genutzt werden, um quasi in Echtzeit Lageinformationen zu erheben.

2.1.3 OSINT für die Strafverfolgung

Die Identifizierung von Personen zählt häufig zu den wichtigsten Aufgaben der Strafverfolgungsbehörden. Und genau hierbei kann OSINT eine entscheidende Rolle spielen.

So auch bei der Ermittlung zum NSU 2.0.[2] Denn es war gar nicht so einfach, dem Verfasser der mit »NSU 2.0« unterzeichneten Drohschreiben an über einhundert Personen des öffentlichen Lebens auf die Schliche zu kommen. Beim Versand der Drohbriefe hatte er darauf geachtet, dass diese nicht zurückverfolgt werden können. Allerdings wird die Art und Weise, wie sich eine Person in Schrift und Sprache ausdrückt, durch viele Faktoren beeinflusst, etwa Geschlecht, Alter, Bildung, Herkunft und soziologisches Umfeld. So kann der Duktus Rückschlüsse auf den Urheber zulassen.

Genau dies brachte Ermittler des hessischen Landeskriminalamtes auf die Spur des Täters. Diese vermuteten den Verfasser der Drohbriefe hinter einem Nutzerprofil des extremistischen Blogs »Politically Incorrect« (PI-News), da dessen Beiträge sprachliche Ähnlichkeiten zu den Drohbriefen aufwiesen. Experten des Bundeskriminal-

2 Eine Zusammenfassung des Falls finden Sie in der Wikipedia: *https://de.wikipedia.org/wiki/NSU_2.0*

amtes nutzten Methoden der *forensischen Linguistik* und kamen zu dem Ergebnis, dass mit hoher Wahrscheinlichkeit eine Übereinstimmung vorliegt.

Eine Identifizierung war aber auch über das Profil bei PI-News nicht möglich, da der Täter diese Website nur über eine verschleierte Internetverbindung aufrief. Die Ermittler konnten jedoch anhand des Nutzernamens Profile in anderen sozialen Netzwerken finden, u. a. auf einer Schachplattform. Dort spielte der Täter online gegen andere Nutzer, teilweise auch Blitzschach. Beim Blitzschach kommt es auf jede Sekunde an. Eine verschleierte Internetverbindung ist dafür ungeeignet, weshalb der Täter bei diesen Partien eine unverschleierte Verbindung nutzte, die letzten Endes zu seiner Identifizierung führte.

Durch OSINT können aber nicht nur Täter, sondern auch Zeugen ausfindig gemacht werden. Darüber hinaus können durch Recherchen in sozialen Netzwerken Bilder gesichert werden, die unmittelbar oder in zeitlicher oder räumlicher Nähe zu einer Straftat aufgenommen wurden – was OSINT unverzichtbar für polizeiliche Recherchen macht.

2.1.4 OSINT im Bevölkerungsschutz

Am 15. Januar 2009 startete der US-Airways-Flug 1549 in New York. Kurz nach dem Start kollidierte das Flugzeug mit einem Vogelschwarm, wodurch beide Triebwerke ausfielen. Aufgrund der geringen Höhe war eine Rückkehr zum Flughafen aussichtslos, weshalb sich der Pilot für eine Notlandung auf dem Hudson River entschied. Bereits wenige Minuten nach der Landung verbreitete sich ein Foto des Flugzeugs im Fluss mitsamt Passagieren auf den Flügeln und Notrutschen. Genau dieses Foto erschien am Tag darauf auch gedruckt in der Presse.

Dieses als »Wunder von Hudson« bekannte Beispiel verdeutlicht einerseits, wie schnell Informationen unmittelbar von einer Unglücksstelle verfügbar sein können. Andererseits wird klar, wie wertvoll ein Foto sein kann, um sich *ein Bild von der Lage vor Ort zu machen*.

Auf Basis dieser Überlegungen entstand die Idee, Informationen aus dem Internet für die Lagebewältigung im Katastrophenschutz nutzbar zu machen. Ein Beispiel hierfür sind *Virtual Operations Support Teams (VOST)*. Ein solches VOST wird vom *Technischen Hilfswerk (THW)* unterhalten. Das VOST teilt sich in zwei Gruppen: digitale Lageerkundung und digitale Lagekartierung.

Die Gruppe »Digitale Lageerkundung« sammelt lagebezogene Informationen, verifiziert und analysiert diese. Mithilfe von Geoinformationssystemen analysiert die Gruppe »Digitale Lagekartierung« räumliche Zusammenhänge und georeferenziert lagerelevante Informationen. Diese Informationen werden in verschiedenen Formen dem Einsatzstab zur Verfügung gestellt und helfen bei der Lagebewertung und -bewältigung. Anders gesagt: Das VOST ist für den Stab Augen und Ohren.

"All the News That's Fit to Print"

The New York Times

VOL. CLVIII . . No. 54,557 — NEW YORK, FRIDAY, JANUARY 16, 2009

Passengers on the wings waited to clamber onto a New York Waterway ferry, the first to arrive at the crash site, between Midtown Manhattan and Weehawken, N.J.

All 155 Aboard Safe as Crippled Jet Crash-Lands in Hudson

For Terrified Survivors, a Miracle

By ROBERT D. McFADDEN

A US Airways jetliner with 155 people aboard lost power in both engines, possibly from striking birds, after taking off from La Guardia Airport on Thursday afternoon. The pilot ditched in the icy Hudson River and all on board were rescued by a flotilla of converging ferries and emergency boats, the authorities said.

What might have been a catastrophe in New York — one that evoked the feel if not the scale of the Sept. 11 attack — was averted by a pilot's quick thinking and deft maneuvers, and by the nearness of rescue boats, a combination that witnesses and officials called miraculous.

As stunned witnesses watched from high-rise buildings on both banks, the Airbus A320, which had risen to 3,200 feet over the Bronx and banked left, came downriver, its fuselage lower than many apartment terraces and windows, in a carefully executed touchdown shortly after 3:30 p.m. that sent up huge plumes of water at midstream, between West 48th Street in Manhattan and Weehawken, N.J.

On board, the pilot, Chesley B. Sullenberger III, 57, unable to get back to La Guardia, had made a command decision to avoid densely populated areas and try for the Hudson, and had warned the 150 passengers to brace for a hard landing. Most had their heads down as the jetliner slammed into the water, nose slightly up, just three minutes after takeoff on what was to be a flight to Charlotte, N.C.

Many on board and watching from the shores were shocked that the aircraft did not sink immediately. Instead, it floated, twisting and drifting south in strong currents, as three New York Waterway commuter ferries moved in. Moments later, terrified passengers began swarming out the emergency exits into brutally cold air and onto

Continued on Page A24

In Icy Water, Quick Rescue Kept Death Toll at Zero

By MICHAEL WILSON and AL BAKER

The police divers found two women, going limp, with minutes to live in the frigid waters between New York and New Jersey.

"They were lethargic," said one of the divers, Detective Michael Delaney. "They were no help whatsoever. Their extremities were frozen cold."

He and the other diver, Detective Robert Rodriguez, shoved one of the women aboard a boat with the help of workers on board. Detective Delaney soon helped the other woman aboard as well.

That was the scene in the minutes after US Airways Flight 1549 slid into the Hudson River on Thursday afternoon after the crew reported that the plane had struck a flock of birds shortly after leaving La Guardia Airport.

For a moment after the water landing, it was a picture of eerie calm, the airplane floating on its belly in the center of the river near West 48th Street under a bright sky. A witness in a penthouse apartment called it a perfect landing, as if on cement.

But very soon the water was churned by an ad hoc flotilla of boats and ferries flying the flags of almost every city, state and federal agency that works the waters around New York City. They sped toward the slowly sinking jet, a rescue operation complicated by river currents that kept dragging the plane south, as its passengers climbed

Continued on Page A25

A diver hung on to the fuselage Thursday as passengers huddled on a float in the Hudson River.

Israel Shells U.N. Site in Gaza, Drawing Fresh Condemnation

By ISABEL KERSHNER

JERUSALEM — Israel stepped up its 20-day-old offensive against the Islamic group Hamas on Thursday, shelling the headquarters of the United Na-[…] gling into Gaza through Egypt.

But Israel tightened the military pressure on Hamas on Thursday, perhaps to push it closer to a cease-fire that would

Abbildung 2.1 Titelseite der New York Times vom 16. Januar 2009

Aber auch losgelöst von einem VOST können öffentliche Informationen für Einheiten des Katastrophen- und Bevölkerungsschutzes (z. B. Feuerwehren) wertvolle Informationen liefern. So kann ein einfacher Blick auf den Einsatzort mit Tools wie Google Street View bereits vor dem Eintreffen einen ersten Eindruck über die örtlichen Gegebenheiten vermitteln: Handelt es sich um ein freistehendes Einfamilienhaus, ein mehrstöckiges Mehrfamilienhaus? Wo ist der nächstgelegene Pool für die Wasserentnahme?

2.2 Unternehmen

Trotz seines Ursprungs im militärischen bzw. nachrichtendienstlichen Bereich hat sich OSINT längst auch im zivilen Bereich breit gemacht und wird von vielen Unternehmen genutzt. OSINT kann in den unterschiedlichsten Kontexten eingesetzt werden:

- Öffentlichkeitsarbeit
- Compliance und Due Diligence
- Corporate Security bzw. Sicherheitsabteilungen
- Personalabteilung
- IT-Sicherheitsabteilung
- Betrugserkennung und -abwehr
- Marketingabteilungen

Im Bereich Compliance und Due Diligence sorgen OSINT-Methoden dafür, dass Risiken im Zusammenhang mit Geschäftspartnern, Lieferanten oder potenziellen Investitionen minimiert werden. Auch für die Einhaltung von Sanktionen und anderen rechtlichen Vorgaben ist OSINT ein geeignetes Hilfsmittel.

Ähnlich wie Sicherheitsbehörden profitieren auch Sicherheitsabteilungen von Open Source Intelligence. Das betrifft sowohl den präventiven Bereich, beispielsweise bei der Voraberkundung geplanter Reisen oder zur Sichtbarkeitsanalyse der Vorstände und deren Umfeld, als auch den investigativen Bereich.

Beispielsweise können potenzielle Bedrohungen frühzeitig erkannt und bewertet werden, indem Social-Media-Plattformen auf Hinweise zu geplanten Protesten, Demonstrationen oder gezielten Angriffen überwacht werden. Lagebilder können teils in Echtzeit bei Veranstaltungen erstellt werden.

Darüber hinaus ermöglicht OSINT die Identifikation von Schwachstellen und Sicherheitsrisiken. Beispielsweise können sensible Unternehmensdaten, die (unbeabsichtigt) öffentlich zugänglich sind, aufgefunden werden. Ebenso können Informationen über Mitarbeiter aufgespürt werden, die als Grundlage für Social-Engineering-Angriffe genutzt werden könnten.

Bei der Aufklärung von Vorfällen, etwa bei Datenlecks, Betrugsversuchen oder gezielten Angriffen, liefert OSINT wertvolle Hinweise zur Ermittlung der Täter, ihrer Methoden und möglicher Hintergründe. Die Fähigkeit, gezielt und strukturiert offene Quellen auszuwerten, macht OSINT somit zu einem unverzichtbaren Werkzeug in modernen Sicherheitsabteilungen, das sowohl präventiv als auch reaktiv eingesetzt werden kann.

Auch für Personalabteilungen werden OSINT-Kenntnisse zunehmend bedeutsamer. Backgroundchecks, Pre-Employment-Screenings oder Social-Media-Screenings werden immer populärer und sind besonders in sensiblen Geschäftsbereichen sinnvoll. Aber auch im Bereich der Personalgewinnung (*Active Sourcing*) kommen OSINT-Methoden zur Identifizierung geeigneter Kandidatinnen und Kandidaten zum Einsatz.

Abseits der klassischen Anwendungsfelder für OSINT in sicherheitsorientierten Bereichen steigt die Bedeutung öffentlicher Quellen auch in anderen Unternehmensabteilungen. So nutzen Marketingabteilungen gezielt OSINT-Methoden, um Informationen zu Kundenbedürfnissen, Marktentwicklungen oder Aktivitäten von Wettbewerbern zu erhalten. Die systematische Erhebung und Analyse öffentlich zugänglicher Daten ermöglicht es, Trends zu erkennen, Kampagnenerfolge zu messen und differenzierte Strategien für unterschiedliche Zielgruppen zu entwickeln. Öffentliche Profile, Social-Media-Aktivitäten und digitale Netzwerke liefern Unternehmen Informationen, die zur Auswahl geeigneter Kooperationspartner beitragen dienen.

Im Rahmen der Öffentlichkeitsarbeit liefert OSINT wertvolle Einblicke in die Berichterstattung und Kundenmeinungen. Ein fortlaufendes Monitoring dieser Informationen kann wichtige Erkenntnisse für künftige Kommunikations- und Marketingstrategien sowie für Konkurrenzanalysen liefern. Ein weiterer wichtiger Aspekt ist das sogenannte Reputationsmanagement.

Nicht zuletzt spielt OSINT eine Rolle bei der Krisenkommunikation sowie beim Management von Reputationsrisiken. Durch das frühzeitige Erkennen kritischer Stimmen, neuer Themen oder potenzieller Shitstorms ist eine angemessene und schnelle Reaktion möglich.

Somit wird OSINT zu einem Werkzeug, das weit über den reinen Sicherheitskontext hinausgeht und Unternehmen vielfältige Einsatzmöglichkeiten bietet. Dies gilt umso mehr, wenn die Informationsgewinnung und -verarbeitung mit Struktur erfolgt und in einem Wissensmanagement mündet.

2.3 Journalismus

Im Journalismus spielt die Informationsgewinnung aus öffentlichen Quellen eine große Rolle. Insbesondere der investigative Journalismus, der in vielen Bereichen der polizeilichen oder nachrichtendienstlichen Ermittlungsarbeit ähnelt, bedient sich regelmäßig verschiedener OSINT-Methoden.

Über die Internetrecherche, die Analyse von Social-Media-Daten oder die Untersuchung von Firmennetzwerken ist eine Vielzahl von beeindruckenden Recherchen zustande gekommen. Mit der Zeit haben sich eigenständige Formate herausgebildet, die primär Recherchen auf Basis öffentlich zugänglicher Daten erstellen, wie z. B. »Mit offenen Daten« (Arte) oder »Visual Investigations« (New York Times).

JuicyFields

Ich möchte Sie zu einem kurzen Exkurs und dem Fall des größten Cannabis-Scams einladen. Unter dem Deckmantel des Berliner Start-ups *JuicyFields* wurden Investments in Cannabispflanzen angeboten. Ciara Cesaro-Tadic und Lucas Eiler haben unter dem Titel »Der größte Cannabis-Betrug aller Zeiten« im ZDF-Format »Die Spur« einen Film zu dem Fall veröffentlicht. Auf der German Open Source Intelligence Conference 2023 gewährten die beiden einen Einblick in ihre Recherche.

Basierend auf Telegram-Gruppen konnte ein Anhaltspunkt für das Ausmaß des Betrugs gewonnen werden. Über das Handelsregister und Drittanbieter wie *North Data* konnten die Firmenstrukturen hinter dem Berliner Start-up rekonstruiert werden und weitere relevante Beteiligte gefunden werden. Um herauszufinden, wie sich JuicyFields dargestellt hatte und wer in welcher Funktion agiert hatte, untersuchte das Duo historische Sicherungen der Website *juicyfields.io* in der *Wayback Machine*. Der CEO von *JuicyFields*, Alan Glanse, war das Gesicht und die Stimme der Firma. Das Bildmaterial von ihm aus dem Webarchiv sowie Interviews wurden schließlich in die biometrische Suche des Tools *Pimeyes* eingespeist. Viele Treffer zu Alan Glanse platzierten ihn in Russland. Über weitere Websuchen konnte das Team dann den echten Namen herausfinden und mehr über seine Vergangenheit aufdecken.

Schauen Sie sich gerne den Vortrag von Lucas Eiler und Ciara Cesaro-Tadic an, diesen finden Sie auf dem YouTube-Kanal der German Open Source Intelligence Conference. Wenn Sie der Fall interessiert, kann ich Ihnen auch die Dokumentation sowie den ARD-Podcast *Cannabis Cowboys – Die JuicyFields-Saga* ans Herz legen.

Dem Journalismus lassen sich außerdem einige Nichtregierungsorganisationen (NGOs) zuordnen. Dort gibt es große Parallelen zu journalistischen Recherchen, was die Vorgehensweise und die Verbreitung von Erkenntnissen angeht. Im Kontext von Open Source Intelligence ist *Bellingcat* zu nennen, ein unabhängiges Kollektiv von Forschern, Ermittlern und Bürgerjournalisten, die seit 2014 vornehmlich mittels OSINT über unterschiedliche Themen berichten. Eine der bekanntesten Bellingcat-Recherchen ist die über den Abschuss des Fluges MH17 über der Ostukraine.

2.4 Wissenschaft

Auch die Wissenschaft bedient sich öffentlicher Daten zur Informationsgewinnung und nutzt OSINT-Methoden auf vielfältige Weise. Wissenschaftliche Forschung ist in vielen Disziplinen darauf angewiesen, frei verfügbare Informationen zu sammeln, zu analysieren und auszuwerten.

Neben den klassischen Experimenten und der eigenen Datenerhebung bilden veröffentlichte Studien, Open-Access-Datenbanken, Archive und internationale Forschungsnetzwerke eine zentrale Grundlage für neue wissenschaftliche Erkenntnisse. Wissenschaft lebt von Transparenz und von dem Prinzip, Erkenntnisse der Öffentlichkeit zugänglich zu machen – eine Philosophie, die wiederum ideale Rahmenbedingungen für OSINT schafft.

Durch den systematischen Zugriff auf offene Quellen lassen sich beispielsweise Literaturrecherchen effizient gestalten, Daten zu globalen Entwicklungen vergleichen oder interdisziplinäre Zusammenhänge erschließen. Forschungsprojekte profitieren davon, Hypothesen mit umfangreichen Datensätzen zu überprüfen oder sogar neue Methoden zur Datenvisualisierung und -interpretation zu entwickeln. Besonders in Bereichen wie Umweltforschung, Medizin, Technik oder Sozialwissenschaften eröffnen sich durch den Einsatz von OSINT innovative Ansätze: Satellitendaten helfen, ökologische Veränderungen zu beobachten, während sozialwissenschaftliche Analysen auf Social-Media-Aktivitäten und frei zugänglichen Statistiken basieren können.

Ein konkretes Anwendungsbeispiel ist die Detektion von Ölverschmutzungen mithilfe von Satellitenbildern. Mittlerweile lassen sich sogar automatisiert Ölfilme auf der Wasseroberfläche erkennen.

Michael Cruickshank hat in seinem Vortrag »Mapping Doomsday« dargelegt, wie OSINT genutzt werden kann, um klimainduzierte Risiken und Konflikte zu erforschen. Anhand öffentlich verfügbarer Daten, z. B. Social-Media-Beiträgen, Satellitenbildern und offenen Datenbanken, können räumlich-zeitliche Lagebilder erstellt werden. Den Vortrag finden Sie hier: *https://media.ccc.de/v/Camp2019-10350-mapping_doomsday*

Das *Open Nuclear Network (ONN)* nutzt Open Source Intelligence beispielsweise zur Erkennung von Risiken im Zusammenhang mit Kernwaffen und zur Verhinderung vorhersehbarer nuklearer Katastrophen. Das ONN erhebt öffentliche Daten und wertet diese aus. So wurde die Tonalität (das sogenannte *Sentiment*) der nordkoreanischen Berichterstattung von 1996 bis 2020 analysiert. In anderen Analysen wurden Satellitenbilder verwendet, um Nuklearanlagen zu verifizieren oder Fahrzeugbewegungen nachzuvollziehen. Mehr über ONN erfahren Sie auf der Website: *https://opennuclear.org*

2.5 Zusammenfassung der Anwendungsgebiete

Dieses Kapitel zeigt, wie vielfältig öffentlich zugängliche Daten genutzt werden. Sicherheitsbehörden verwenden OSINT zur Aufklärung und Verbrechensbekämpfung, zum Beispiel per Analyse sozialer Netzwerke. Unternehmen beobachten damit Märkte, analysieren Wettbewerber und erkennen Risiken frühzeitig. Medien und Journalisten nutzen offene Quellen für Recherchen und zur Faktenprüfung. NGOs dokumentieren so Menschenrechtsverletzungen oder politische Entwicklungen. In der Wissenschaft sind zugängliche Daten zentral für die Forschung, Methodenentwicklung und für innovative Analysen, etwa mithilfe von Satellitendaten oder sozialen Medien. Insgesamt sind öffentliche Daten heute für viele Bereiche unverzichtbar und ermöglichen effizientes, transparentes Arbeiten mit Informationen.

OSINT-Techniken sind grundsätzlich für alle nützlich. In einer Informationsgesellschaft, in der Echtes und KI-Generiertes immer schwerer zu unterscheiden ist und die Informationsflut Entscheidungen erschwert, liefern OSINT-Methoden belastbare Werkzeuge zur systematischen Gewinnung, Bewertung und Verarbeitung von Informationen.

Kapitel 3
Persönliche und technische Voraussetzungen

In diesem Kapitel erfahren Sie, welche moralischen Grundsätze Sie bei Ihren Recherchen beherzigen sollten, welche Eigenschaften einen guten OSINT-Analysten auszeichnen und wie Sie ihre Recherchen absichern.

Wie Sie bereits wissen, dienen öffentlich zugängliche Informationen als Grundlage für Open Source Intelligence. Allerdings bedeutet »öffentlich« nicht automatisch »unbedenklich«. Abgesehen von rechtlichen Rahmenbedienungen macht es auch Sinn, sich über die moralischen Aspekte einer OSINT-Recherche Gedanken zu machen.

3.1 Moralische und ethische Grundsätze

Was ist Moral? Mit *Moral* bezeichnen wir die Gesamtheit von Überzeugungen, Regeln und Idealen bezüglich dessen, was als gut oder schlecht, erlaubt oder verboten gilt. Es reicht nicht aus, zu fragen, ob man etwas darf, sondern vielmehr, ob man etwas tun sollte.

Der Utilitarismus bewertet moralisches Handeln nach den Folgen. Als positiv gilt, was den Gesamtnutzen maximiert. Dadurch kann man Möglichkeiten schnell abwägen. Allerdings birgt dieser Ansatz die Gefahr, mit dem Zweck auch sämtliche dafür verwendete Mittel zu heiligen. Das wird durch ein einfaches Gedankenexperiment von Henry John McCloskey deutlich. Der Philosoph beschreibt ein Szenario, bei dem ein Sheriff vor der Wahl steht, entweder einen unschuldigen Mann zu exekutieren und so einen Aufstand zu verhindern oder viele Todesopfer zu riskieren.

Warum sollte man überhaupt moralisch handeln? Aristoteles argumentiert, dass moralisches Handeln uns glücklich macht. Nietzsche hingegen kritisiert konventionelle Moral als Herdentrieb. Besonders für OSINT ist diese provokante Haltung nützlich – zumindest, um Konformismus zu hinterfragen. Nur weil alle etwas machen, heißt es noch lange nicht, dass es richtig ist.

Jedes soziale Gefüge agiert in einem *moral code* aus gesellschaftlichen Normen, Standards und Richtlinien. Diese variieren kulturell und zeitlich. Und öffentliche Informationen können genauso sensibel sein wie nicht-öffentliche.

Um moralisch möglichst einwandfrei zu arbeiten, sollten Sie verschiedene Optionen abwägen. Machen Sie sich Gedanken darüber, welche Konsequenzen ihre Recherche haben wird: Welche Interessen stehen sich gegenüber? Journalistinnen und Journalisten fragen sich, ob ein öffentliches Interesse besteht, das die Veröffentlichung privater Details rechtfertigt. Jemand, der polizeilich ermittelt, verfolgt eine Straftat. Wägen Sie die Interessen gegeneinander ab.

Hierbei kann es hilfreich sein, sich mit anderen auszutauschen. Wenn Sie jemandem schildern, welche Erkenntnisse Sie gewonnen haben und auf welchem Weg, dann kann eine Rückmeldung Ihnen helfen, Ihr Verhalten zu korrigieren. Auch die Nachbereitung einer Recherche in der Feedbackphase kann genutzt werden, um zu hinterfragen, ob es Ermittlungsschritte gab, die moralisch fragwürdig waren und in Zukunft unterbleiben sollen.

Ein weiterer Aspekt ist die Wahrung der Integrität der gesammelten Daten. Wenn die Art und Weise der Beschaffung fragwürdig ist, kann darauf keine *saubere* Recherche aufbauen. Auch die Wahrung forensischer Grundsätze ist hierbei von Relevanz. Immerhin können Sie so belegen, dass Sie die Information so vorgefunden haben. Je transparenter und nachvollziehbarer Sie Ihre Recherche gestalten, desto weniger Raum lassen Sie für Zweifel.

Machen Sie sich bitte auch Gedanken darüber, wann es moralisch vertretbar ist, in die Privatsphäre einer anderen Person einzudringen. Dringen Sie in die Privatsphäre eines Tatverdächtigen ein oder durchforsten Sie Profile von Verwandten, Bekannten oder (Ex-)Partnern? Bis zu welchem Grad erhebt man Daten zur Zielperson und wann wird es übergriffig? Eine gute Praxis ist die Unkenntlichmachung unbeteiligter Personen. Der Grad der Tiefe spielt natürlich eine große Rolle bei der Bewertung der Schwere des Eingriffs.

Ein anderer Aspekt ist die Unschuldsvermutung, die Sie bei Ihren Recherchen stets beachten sollten. Bis zu einer rechtskräftigen Verurteilung sollte die Verdachtsberichterstattung vorsichtig erfolgen. Eventuell ergibt es sogar Sinn, Tatverdächtige unkenntlich zu machen.

Was mir persönlich wichtig ist: OSINT sollte kein Hacking beinhalten. Wenn Sicherheitsvorkehrungen überwunden werden, handelt es sich nicht mehr um öffentlich zugängliche Daten.

In manchen Fällen ist man in der Lage, sich eine Zustimmung für die Recherche einzuholen. Insbesondere bei Bewerberscreenings oder Backgroundchecks wird häufig vorab ein Einverständnis eingeholt.

Das Berkeley Protocol zu »Digital Open Source Investigations« zählt fünf grundlegende ethische Prinzipien auf:

1. Würde
2. Demut

3. Inklusion
4. Unabhängigkeit
5. Transparenz

Achten Sie bei Recherchen darauf, die Würde aller Beteiligten zu wahren. Dies kann beispielsweise bedeuten, dass Sie nicht alle Details Ihrer Recherche veröffentlichen.

Die Demut zu besitzen, sich über die eigenen Grenzen bewusst zu sein und Experten zu konsultieren, ist eine wertvolle Eigenschaft. So können Fehler aufgrund von Überheblichkeit vermieden werden. Demut bedeutet allerdings auch, Verantwortung für das eigene Handeln und die eigenen Fehler zu übernehmen.

Ermittlungen sollten stets frei von tatsächlicher oder wahrgenommener Einflussnahme sein. Nur unabhängige Ermittlungen können zu vertrauenswürdigen und belastbaren Ergebnissen gelangen. Existieren Interessenskonflikte? Gibt es den Anschein von Befangenheit? Schützen Sie Ihre Recherche vor entsprechenden Angriffen, indem Sie von Anfang an diese Thematik im Blick haben.

Ein weiterer wichtiger Aspekt bei digitalen Recherchen ist die sorgfältige Abwägung, inwieweit auch unbeteiligte Dritte betroffen sein könnten, zum Beispiel beim Monitoring von Foren oder sozialen Netzwerken. In diesen Fällen geraten regelmäßig auch Menschen in den Fokus, die gar nichts mit dem eigentlichen Untersuchungsgegenstand zu tun haben. Hier ist ein besonders verantwortungsvoller Umgang mit den gesammelten Informationen geboten, um Persönlichkeitsrechte und den Datenschutz zu wahren.

Besonders herausfordernd gestaltet sich die Situation auch bei biometrischen Suchen. Wenn Sie Online-Tools verwenden und diesen ein Foto einer gesuchten Person zur Verfügung stellen, liefern Sie dem Betreiber mit jedem hochgeladenen Bild sensible Daten, die möglicherweise missbräuchlich weiterverarbeitet werden. Fragen Sie sich stets: Füttere ich damit ein potenzielles Datenschutzmonster? Prüfen Sie genau, welche Dienste Sie nutzen und wie diese mit den Daten umgehen. Gibt es weniger invasive Alternativen?

Auch die Frage, wer überhaupt recherchieren sollte oder darf, ist nicht zu unterschätzen. Als *Armchair Detectives* werden Personen beschrieben, die sich ohne professionelle Ausbildung oder ohne Auftrag in Ermittlungen einbringen – nicht selten mit ernsten Konsequenzen. Gerade bei OSINT-Recherchen ist es entscheidend, klare Standards einzuhalten, um negative Folgen oder Schäden zu vermeiden. Nach Ereignissen oder Terroranschlägen ist es nur eine Frage der Zeit, bis erste Personen an den digitalen Pranger gestellt werden. So wurde nach dem Anschlag auf den Boston-Marathon im Jahr 2013 ein damals vermisster Student als Tatverdächtiger gehandelt und dessen Freunde und Angehörige massiv bedrängt.

Die ethischen und rechtlichen Implikationen sind vielschichtig. Während Journalisten und Ermittlungsbehörden ein berechtigtes Interesse an verdeckten Recherchen haben, müssen sie sich stets fragen, ob sie mit ihrem Vorgehen nicht gegen geltendes Recht oder die Regeln der jeweiligen Plattform verstoßen. Schon das Anlegen eines Accounts unter falscher Identität kann beispielsweise einen Verstoß gegen die AGB darstellen.

Deshalb ist es unerlässlich, vor jedem Anlegen eines Rechercheaccounts abzuwägen, ob der Zweck die Mittel rechtfertigt und wie transparent das eigene Vorgehen dokumentiert werden sollte.

Der verantwortungsvolle Umgang mit Rechercheaccounts ist eine Schnittstelle zwischen digitaler Ethik, Rechtsbewusstsein und investigativer Sorgfalt. Nur durch diese bewusste Abwägung lassen sich belastbare Ergebnisse erzielen, ohne die Grenze zur Illegalität oder zur Verletzung von Persönlichkeitsrechten zu überschreiten.

Ein weiteres ethisches Spannungsfeld ist das Infiltrieren geschlossener Gruppen im Internet. Hier besteht die Gefahr, geltende Regeln oder Gesetze zu verletzen. Solche Maßnahmen sollten nur in gut begründeten Ausnahmefällen und mit größter Sorgfalt erwogen werden, zumal Sie hiermit auch den Bereich der öffentlich zugänglichen Quellen verlassen.

All diese Überlegungen verdeutlichen: Wer im digitalen Raum recherchiert, trägt Verantwortung. »Aus großer Kraft folgt große Verantwortung« – dieser Leitsatz gilt in besonderem Maße für Open Source Intelligence und digitale Ermittlungen.

Abschließend möchte ich noch mit einem Vorurteil aufräumen, und zwar, dass OSINT und *Stalking* ein- und dasselbe sei. Es mag Überschneidungen in den Techniken geben, wie Informationen über eine Person erlangt werden. Doch der entscheidende und grundlegende Unterschied liegt in der Zielrichtung und Motivation. Wer Stalking betreibt, handelt aus moralisch niederträchtigen Motiven. Es geht um Macht, Kontrolle und Einschüchterung einer anderen Person. OSINT hingegen verfolgt einen legitimen Zweck, etwa im Journalismus, in Sicherheitsbehörden oder in der Unternehmenssicherheit. Es dient der Entscheidungsfindung, der Aufklärung von Sachverhalten und der Verbesserung der Sicherheit. Oder um es mit den Worten von Aristoteles zu sagen:

> *Angenommen, jemand richtete gewaltigen Schaden an, indem er seine dermaßen große Redegewalt auf unrechte Weise einsetzt, so ist dies allgemein gegen alle Werte gerichtet außer gegen die Tugend, und besonders gegen die nützlichsten wie Körperkraft, Gesundheit, Reichtum und Feldherrnkunst: Werden diese richtig eingesetzt, erzielt man wohl den größten Nutzen, bei unrechtem Gebrauch aber den größten Schaden.*[1]

1 Aristoteles, Rhetorik, Erstes Buch

Ich vertraue grundsätzlich auf das Gute im Menschen und weiß, dass auf jede Person, die die Möglichkeiten von OSINT missbräuchlich einsetzen möchte, Hunderte, wenn nicht gar Tausende kommen, die ebendieses Wissen nutzen, um Gaunern das Handwerk zu legen.

3.2 Neugier und das richtige Mindset

Wer OSINT betreibt, braucht vor allem: Neugier. Nur echte Neugier wird Ihnen beim Überstehen frustrierender Phasen helfen und Sie antreiben, weiterzumachen. Außerdem hilft Sie Ihnen dabei, einen offenen Geist für kreative Ansätze zu bewahren.

Neugier bedeutet in diesem Kontext auch, Dinge zu hinterfragen. Kann es auch anders gewesen sein? Was wäre, wenn ...? Suchen Sie immer in beide Richtungen: be- und entlastend. Greifen Sie Ihre eigene Recherche an. Welche Schlüsse wurden vorschnell gezogen?

Doch Neugier allein genügt nicht. Sie brauchen das richtige Mindset. Ein professionelles OSINT-Mindset umfasst kritisches Denken, Offenheit, Kreativität, Integrität, aber auch strukturiertes, logisches Denken.

Der kriminalistische Zyklus kann Ihnen als Modell für Recherchen dienen. Er besteht aus den folgenden sechs Phasen:

1. Verdacht
2. Daten analysieren
3. Hypothesen bilden
4. Programm bestimmen
5. Daten beschaffen
6. Verdacht

Dies verdeutlicht, dass Ermittlungsarbeit kein Bauchgefühl, sondern ein strukturierter und geregelter Denkprozess ist. Der kriminalistische Zyklus zeigt den Prozess von der ersten Wahrnehmung eines Verdachts bis hin zur abschließenden Bewertung und einem belastbaren Verdacht.

3.3 Psychische Gesundheit

Das Thema psychische Gesundheit hätten Sie wohl kaum in einem Buch über OSINT vermutet. Doch das Internet hat viele dunkle Ecken. Je nach Anwendungsfall kommen Sie vermehrt oder sogar ganz gezielt mit belastendem Material in Kontakt.

Ein extrem belastendes Ereignis kann zu einem Trauma führen. Dies ist eine psychische und/oder körperliche Reaktion auf eine erlebte Situation. Prof. Dr. Lars Tutt hat mich mit folgender Aussage vertraut gemacht: »Ein Trauma ist eine normale Reaktion auf eine unnormale Situation.« Diese Sichtweise beugt einer Zuschreibung der Schuld auf die betroffene Person vor.

Hilfe bei psychischen Problemen

Bitte zögern Sie nicht, sich bei psychischen Problemen oder Krisen an die Telefonseelsorge zu wenden.

- Telefon: 116 123
- E-Mail- und Chatseelsorge: *online.telefonseelsorge.de*

Leider wimmelt es im Internet von unnormalen Situationen, von Trollen über Verschwörungstheorien bis hin zu Gewaltfantasien und verstörendem Bildmaterial.

Was macht ein Trauma traumatisch? Besonders traumatisch kann es sein, unerwartet und somit unvorbereitet mit dem Ereignis konfrontiert zu werden. Auch wiederholter Konsum verstörender Inhalte kann die Bedeutung des Erlebten intensivieren und eine dauerhafte Belastung nach sich ziehen. Parallelen zur eigenen Person aufgrund von ähnlichen Lebensumständen können das Trauma verstärken. Ein Aspekt, der insbesondere bei der Internetrecherche zum Tragen kommt, ist das Gefühl der Ohnmacht, da man im schlimmsten Fall menschliches Leid live miterlebt, selbst aber Hunderte, wenn nicht Tausende Kilometer entfernt ist. Betroffene schilderten außerdem, dass Geräusche menschlichen Leids wie Schreie oder Weinen besonders eindringlich waren.

Bitte stellen Sie sich immer wieder und ganz bewusst die Frage, ob Sie verstörende Inhalte betrachten müssen und dies für Ihre Recherche zwingend erforderlich ist. Denn Inhalte, die Sie nicht konsumiert haben, müssen Sie nicht verarbeiten.

Leider können Sie nicht immer Abstand halten und ein Trauma lässt sich nicht gänzlich verhindern. Dennoch möchte ich Ihnen einige Tipps geben, wie Sie die Gefahr reduzieren können. Zusätzlich zu generellen Regeln der Stressbewältigung ist es sinnvoll, sich bewusst für die Tätigkeit der Recherche zu entscheiden und gleichzeitig klare Grenzen festzulegen. Dies können sowohl zeitliche als auch inhaltliche Grenzen sein. Eine klare Trennung zwischen beruflichen Aktivitäten und privaten hilft Ihnen, sich von der Arbeit und den Inhalten zu distanzieren. Aber auch während der Arbeit sollten Sie mehr als sonst auf Einhaltung von regelmäßigen Pausen achten. Stellen Sie sich Ihre Kapazität, mit schlimmen Inhalten umzugehen, wie einen Akku vor, der immer wieder neu aufgeladen werden muss. Nehmen Sie sich bewusst Zeit für sich selbst. Achten Sie auf genügend Schlaf und füllen Sie Ihren Akku durch schöne Aktivitäten wieder auf.

3.3.1 Praktische Tipps für belastende Recherchen

Bei der Sichtung von Videomaterial kann es hilfreich sein, Videos zuerst ohne Ton und gegebenenfalls in Schwarz-Weiß zu *überfliegen*. Den Graustufenmodus können Sie systemweit im Betriebssystem einstellen.

Unter Windows finden Sie die Option in den EINSTELLUNGEN unter BARRIEREFREIHEIT und dort unter FARBFILTER. Wenn Sie GRAUSTUFE aktivieren, sehen Sie fortan alles in Schwarz-Weiß. Übrigens können Sie an der gleichen Stelle die Tastenkombination (⊞ + `Strg` + `C`) aktivieren, um zukünftig den Graustufenmodus komfortabel ein- und auszuschalten.

Unter macOS öffnen Sie hierzu die SYSTEMEINSTELLUNGEN und navigieren zum Punkt BEDIENUNGSHILFEN in der Seitenleiste. Dort öffnen Sie den Unterpunkt ANZEIGE. Scrollen Sie nun nach unten, aktivieren Sie den Schalter für FARBFILTER und setzen Sie den FILTERTYP auf GRAUSTUFENFILTER. Sofern Sie nicht die Farbigkeit Ihrer gesamten Anzeige reduzieren möchten, können Sie auf Browser-Erweiterungen wie z. B. *Video Image Control* unter Chrome zurückgreifen.

Außerdem empfiehlt es sich, wo immer möglich *Autoplay* (das automatische Abspielen von Videos) zu deaktivieren. So werden Sie nicht von Videoinhalten »überrascht«.

Sie können das Laden von Bildern in einigen Browsern gänzlich unterbinden oder über Erweiterungen Bilder weichzeichnen. Die Browser-Erweiterung »Blur. The Image and Video blur extension« gibt es unter anderem für Chrome und Firefox. Für Chrome existiert außerdem die Erweiterung *Blurry* (*https://doubledudes.github.io/blurry*).

Teilweise finden Sie entsprechende Funktionen auch in Suchmaschinen oder Plattformen integriert. Die *Google SafeSearch* beispielsweise bietet Ihnen einen Modus, der anstößige Bilder weichzeichnet.

Zögern Sie keinesfalls, professionelle Hilfe zu beanspruchen. Falscher Stolz und gespielte Härte sind hier fehl am Platz. Sollten Sie kontinuierlich mit belastenden Inhalten konfrontiert sein, sind regelmäßige Gespräche mit einer psychologischen Fachkraft sinnvoll, um frühzeitig Veränderungen festzustellen.

3.4 IT- und Programmierkenntnisse

Braucht man IT-Kenntnisse, um OSINT zu betreiben? Die kurze Antwort: nein. Aber sie schaden auch nicht.

Besonders bei digitalen Recherchen sind Kenntnisse über die Funktion von Webseiten und die Bedienung von Tools hilfreich. Manchmal werde ich gefragt, welche Programmiersprachen man lernen sollte, um gut gewappnet zu sein. Wenn Sie wirklich komplett ohne Vorwissen starten, sollte meiner Meinung nach der erste Schritt sein, HTML-Kenntnisse aufzubauen. HTML steht für *Hypertext Markup Language*. Streng genommen handelt es sich hierbei nicht um eine Programmiersprache, aber dennoch bildet sie die Grundlage für Webseiten. An späterer Stelle (Abschnitt 7.11.1) werde ich Ihnen das wichtigste Grundwissen zu HTML aufzeigen.

Heutige Webseiten bestehen meistens aus drei Bausteinen:

- **HTML** als Auszeichnungssprache
- **CSS** (Cascading Style Sheets) für die Gestaltung
- **JavaScript** für dynamische Inhalte

Daher sollten Sie neben ein wenig CSS vor allem die Grundzüge von JavaScript kennenlernen. Dies wird Ihnen einerseits helfen, zu verstehen, was eine Webseite im Hintergrund »anstellt«, und andererseits können Sie per JavaScript mit Webseiten in Interaktion treten. Das Verständnis von JavaScript eröffnet Ihnen die Möglichkeit, selbst kleine Skripte zu schreiben, die Sie bei der Recherche unterstützen, etwa um bestimmte Informationen aus Webseiten herauszufiltern.

Darüber hinaus können Sie auch die sogenannten *Bookmarklets* anwenden. Hierbei handelt es sich um kleine JavaScript-Schnipsel, die als Lesezeichen im Browser gespeichert werden und bei Bedarf durch einen Klick auf das Lesezeichen ausgeführt werden. Mit Bookmarklets lassen sich beispielsweise störende Elemente auf einer Seite ausblenden oder Informationen aus einer Webseite extrahieren, ohne dass Sie eine umfassende Browser-Erweiterung installieren müssen.

Wenn Sie die Grundlagen moderner Webseiten kennengelernt haben, können Sie sich einer richtigen Programmiersprache widmen, zum Beispiel *Python*. Python ist eine äußerst beliebte und weitverbreitete Programmiersprache, die sich sowohl für den Einstieg als auch für fortgeschrittene Programmierung eignet. Sie zeichnet sich durch eine leicht verständliche Syntax aus, was den Einstieg besonders erleichtert. Python kann für eine Vielzahl von Aufgaben eingesetzt werden, von der Entwicklung einfacher Skripte und Automatisierungen bis hin zu komplexen Webanwendungen, Datenanalysen oder sogar maschinellem Lernen. Dank der großen und aktiven Community stehen Ihnen unzählige Module und Bibliotheken zur Verfügung, wie z. B. *Requests* für Webanfragen und *BeautifulSoup* für Webscraping. Diese Erweiterungen ermöglichen es, Funktionen schnell und unkompliziert in eigene Skripte einzubauen und so passende Lösungen für die eigenen Recherchen zu gestalten.

Kapitel 4
Operational Security

In diesem Kapitel widmen wir uns Operational Security (OPSEC). Dieses Konzept stammt ursprünglich aus dem Militär und fokussiert den Schutz sensibler Informationen. Bevor wir jedoch tiefer in OPSEC eintauchen, werfen wir zunächst einen Blick auf Bedrohungen im digitalen Raum.

Recherchen im Internet bergen verschiedene Gefahren, vor denen Sie sich schützen sollten. Einerseits müssen Sie sich vor allgemeinen Gefahren schützen, denen Sie je nach Tätigkeitsbereich im Laufe von Onlineermittlungen vermehrt begegnen. Andererseits müssen Sie eventuell Ihre Ermittlung vor der Kenntnisnahme anderer schützen. Je brisanter das Themengebiet, desto besser müssen Sie Ihre Aktivitäten verschleiern.

OSINT lebt von öffentlich zugänglichen Daten, was jedoch nicht bedeutet, dass es harmlos ist. Tracking, Schadsoftware und Desinformation lauern an vielen Stellen im Internet. Gleichzeitig können Ihre Spuren Rückschlüsse auf Ihre Identität oder den Fokus Ihrer Ermittlung erlauben.

4.1 Gefahren im Internet

Bei digitalen Recherchen besteht eine grundlegende Gefahr der Offenlegung aufgrund verräterischer Spuren durch Ihre *IP-Adresse*. Das ist eine eindeutige Adresse, mit der Sie sich im Internet bewegen und die von ihrem Internetprovider vergeben wird. Ausführlich komme ich darauf in Abschnitt 7.11 zu sprechen.

In meiner Anfangszeit als Ermittler für Internetbetrug bemerkte ich, dass meine Internetrecherchen anhand der IP-Adresse vergleichsweise einfach als polizeiliche Recherche erkennbar waren. Je nachdem, aus welchem Netzwerk heraus Sie Ihre Recherchen durchführen, kann bereits Ihre IP-Adresse ausreichen, um Rückschlüsse auf Ihre Organisation oder Ihren Ort zuzulassen. In Abschnitt 4.4.4 zeige ich Ihnen einige Grundlagen, wie Sie Ihre IP-Adresse zumindest verschleiern können.

Oversharing

Abseits der Technik drohen aber noch andere Probleme, zum Beispiel *Oversharing*. Damit ist gemeint, dass viele Nutzerinnen und Nutzer dazu neigen, mehr persönliche Informationen preiszugeben als notwendig bzw. als sicher wäre. Den meisten ist nicht klar, welchen Wert vermeintlich unwichtige Informationen in Summe bzw. in den falschen Händen entfalten.

Soziale Netzwerke laden dazu ein, private Erlebnisse, Standorte, Fotos oder sogar sensible Details wie Urlaubspläne, Familienverhältnisse oder berufliche Informationen öffentlich zu teilen. Diese Offenheit kann dazu führen, dass Außenstehende ein umfassendes Bild der Person gewinnen können.

Soziale Netzwerke bergen auch im Rahmen einer Recherche einige Gefahren und Herausforderungen. Da die Erstellung einer Rechercheidentität nicht trivial ist, aber auch weil man sich der Gefahr nicht bewusst ist, greift man leicht zu eigenen, privaten Accounts und setzt diese für Recherchen ein. Auch ich muss mich hier schuldig bekennen. Aufgrund von ungünstigen technischen Rahmenbedingungen und fehlendem Risikobewusstsein habe ich eigene Accounts für Recherchen genutzt.

Folgen Sie nicht meinem schlechten Vorbild. Die Vermischung von Recherchen und privaten Identitäten ist heikel und birgt neben der Gefahr der Entdeckung zahlreiche weitere Risiken. Es kann dazu führen, dass Ihre persönlichen Daten mit Ihren Ermittlungsaktivitäten in Verbindung gebracht werden, was nicht nur Ihre Privatsphäre, sondern auch die Integrität der Recherche gefährdet. Außerdem besteht die Möglichkeit, dass Sie unbeabsichtigt Spuren hinterlassen, die Rückschlüsse auf Ihre Person zulassen. Vermeiden Sie daher in jedem Fall die Nutzung privater Accounts.

4.1.1 Akteure

Im Internet sind viele Akteure tätig, darunter Einzelpersonen, Organisationen, kriminelle Gruppierungen, Plattformbetreiber und staatliche Akteure. Die jeweiligen Motive, *Tactics, Techniques and Procedures (TTPs)* sowie die Ziele sind abhängig von dem handelnden Akteur.

Tactics, Techniques and Procedures (TTPs)

Die Bezeichnung TTPs, also Taktiken, Techniken und Vorgehensweisen, stammt ursprünglich aus dem militärischen und sicherheitsrelevanten Umfeld und wird heute insbesondere im Bereich der IT-Sicherheit verwendet. TTPs beschreiben, wie ein Angreifer vorgeht, um sein Ziel zu erreichen.

- *Taktiken* geben das übergeordnete Ziel des Angriffs an, zum Beispiel die Erlangung von Daten zum Verkauf.

- *Techniken* sind die konkreten Methoden, die eingesetzt werden, um das Ziel zu erreichen, zum Beispiel das Ausnutzen einer Sicherheitslücke oder das Versenden von Phishing-E-Mails.
- *Vorgehensweisen* (Prozeduren) beschreiben, wie die Techniken in der Praxis umgesetzt werden, also die genauen Schritte.

Nur wenn Sie die Fähigkeiten Ihres Gegenübers kennen, können Sie sich wirksam davor schützen.

Angreifer unterscheiden sich insbesondere durch Ihre Fähigkeiten und Ressourcen. Auf der niedrigsten Stufe stehen die sogenannten Script-Kiddies, am oberen Ende der Skala stehen staatliche Akteure.

- Bei *Script-Kiddies* handelt es sich um Akteure mit geringen Fachkenntnissen. Dennoch können Script-Kiddies gefährlich sein. Einer meiner Kursteilnehmer hat es treffend formuliert: *Ein Script-Kiddie ist so gefährlich wie das Script, das es einsetzt.* Der Zugang zu Hacking-Know-how ist einfacher denn je, und dank immer leistungsfähigerer künstlicher Intelligenz sinkt die Einstiegshürde immer weiter. Script-Kiddies nutzen frei verfügbare Exploits, Anleitungen und Tools. Typische Angriffe sind automatische Scans nach bekannten Schwachstellen oder das Ausprobieren von Standardpasswörtern. Durch *Crime-as-a-Service (CaaS)* verschwimmt die Grenze zu kriminellen Gruppierungen.
- Als *Hacktivisten* werden politisch oder ideologisch motivierte Akteure bezeichnet, die meist in locker organisierten Kollektiven mit heterogener technischer Kompetenz agieren. Ihre Angriffe zielen in der Regel auf kurzfristige Aufmerksamkeit ab, weshalb sichtbare Angriffe wie DDoS, Defacements oder die Veröffentlichung erbeuteter Daten zu ihren häufigsten Aktivitäten zählen.
- Kriminelle Gruppen sind dagegen arbeitsteilig organisiert und primär profitgetrieben. Durch *Crime-as-a-Service* hat sich eine Schattenwirtschaft entwickelt, die eine hohe Spezialisierung auf einen Teilbereich der kriminellen Wertschöpfungskette zur Folge hat. Heutzutage ist der Einstieg bereits mit wenig Know-how möglich. Dank kundenorientierter Anbieter von Ransomware-Kits, Initial Access Brokern und anderen Dienstleistern steht einer kriminellen Karriere nicht mehr viel im Weg.
- Staatliche Akteure oder auch *Advanced Persistent Threats (APTs)* operieren zielgerichtet und langfristig. Insbesondere bei staatlichen Akteuren, d. h. großen Nachrichten- und Sicherheitsdiensten wie die amerikanische NSA und CIA (*National Security Agency* und *Central Intelligence Agency*), dem deutschen Bundesnachrichtendienst, dem israelischen Mossad, dem russischen FSB und den verschiedenen chinesischen Nachrichtendiensten können Sie davon ausgehen, dass diese auf fast unbegrenzte personelle und technische Ressourcen zurückgreifen können. Gegen

die Möglichkeiten, über die diese Akteure verfügen, können Sie sich quasi nicht schützen. Wenn Sie davon ausgehen (müssen), dass Sie zum Ziel dieser Dienste geworden sind, helfen technische Schutzmaßnahmen nur wenig.

4.1.2 Motive

Auch bei den Motiven gibt es eine große Bandbreite, von schlichter Neugier bis hin zu gezielter Sabotage. Wenn Sie das Motiv des Angreifers verstehen, können Sie sich in dessen Rolle hineindenken. Meistens geht es schlicht um Geld; meiner Meinung nach steht am Ende fast jeder Motivation ein finanzieller Gewinn. Anders sieht es nur aus, wenn man sich in Bereichen der politischen und ideologischen Aktionen bewegt.

4.1.3 Angriffsarten

Angreifer können aus einem vielfältigen Fundus an Angriffsarten wählen. Eine sehr mächtige und universelle Angriffsart ist Social Engineering. Über das Thema kann man ganze Bücher schreiben. Angefangen bei einfachem Phishing über gezieltere Spear-Phishing-Attacken bis hin zum Wechsel auf andere Kommunikationskanäle (Smishing, Vishing, Quishing).

Dicht dahinter folgen Passwortangriffe wie Credential Stuffing mit Zugangsdaten aus Leaks oder simple Wörterbuchattacken.

Technisch ausgefeilter sind Angriffe, die technische Schwachstellen ausnutzen. Doch in vielen Fällen reichen wenige Informationen über eine Person, um dieser das Leben schwer zu machen. In manchen Fällen mitunter nicht einmal gezielt, wie beim Identitätsdiebstahl, bei dem eine fremde Identität von Kriminellen als Legende missbraucht wird. Werden Straftaten in fremden Namen verübt, werden sich Geschädigte und Strafverfolgungsbehörden zunächst auf die vorhandene Identität stürzen.

Durch öffentlich verfügbare Informationen kann schnell eine konkrete Sicherheitsbedrohung entstehen. In Abbildung 4.1 sehen Sie einen Beitrag auf der Plattform X, in dem zu einer Demonstration vor dem Privathaus eines CEOs aufgerufen wurde.

Die globale Vernetzung und der nahezu unbegrenzte Zugang zu Daten und Technologien ermöglichen es inzwischen auch technisch weniger Versierten, Aufenthaltsorte oder andere sensible Informationen herauszufinden. Dies ist einer der Gründe, warum das Thema digitaler Personenschutz in aller Munde ist.

Ein sehr ähnliches Phänomen ist das sogenannte *Swatting*, bei dem die Täter gezielt falsche Notrufe, beispielsweise mit der Meldung einer gegenwärtigen extremen Gefahr, an die Polizei richten. Das Vorhaben besteht darin, dass ein Spezialeinsatzkommando bei der Zielperson zuschlägt. Der Begriff leitet sich vom amerikanischen Pendant ab, dort heißen vergleichbare Einheiten »SWAT« (Special Weapons and Tactics).

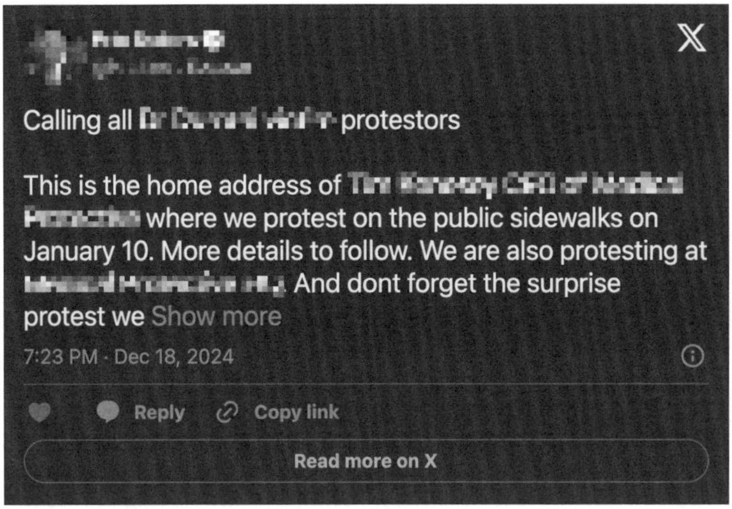

Abbildung 4.1 Aufruf zur Demonstration

Einige der ersten Swatting-Fälle werden dem Gaming-Bereich zugeschrieben. Mittlerweile wird diese Angriffsmethode in vielen Varianten und mit verschiedenen Zielrichtungen eingesetzt.

Solche Aktionen basieren oft auf öffentlich zugänglichen Informationen, die die Täter über Social Media oder andere digitale Quellen gewinnen. Besonders gefährdet sind Personen, die im Internet eine hohe Sichtbarkeit haben, wie beispielsweise Streamerinnen und Streamer oder andere exponierte Personen. Swatting stellt nicht nur eine erhebliche Gefahr für die Opfer dar, sondern bindet auch wertvolle Ressourcen der Einsatzkräfte. Im schlimmsten Fall kann es zu schweren Verletzungen oder sogar Todesfällen führen. Letztere sind in mehreren Fällen unmittelbar auf Swatting zurückzuführen.

Man muss sich vergegenwärtigen, dass bei der Nutzung des Internets und insbesondere der sozialen Netzwerke ein digitaler Fußabdruck hinterlassen wird. Allerdings sind die Zeiten, in denen jeder eigenverantwortlich nur seine eigenen Daten schützen musste, lange vorbei. Auf einem Spaziergang durch die Stadt werden Ihnen wahrscheinlich mehrere Personen begegnen, die fotografieren, Videos aufzeichnen oder sogar live im Netz streamen. Schon sind Sie im Hintergrund erfasst und eventuell über Social Media veröffentlicht. Durch biometrische Suchmöglichkeiten und Automatisierung werden diese winzigen Informationsbestandteile sichtbar.

Anonymität und Pseudonymität

Es ist daher wichtig, den Unterschied zwischen *Anonymität* und *Pseudonymität* zu verstehen. In einem anonymen Setting existieren keinerlei Anhaltspunkte, die mit vertretbarem Aufwand eine Identifikation der handelnden Person erlauben. Alle Spuren führen ins Leere. Bei der Pseudonymität hingegen tritt die Person beispielsweise unter einem Nutzernamen oder Alias auf. Dieser offenbart zwar nicht direkt die reale Identität, dennoch können fortlaufende Aktivitäten und Interaktionen demselben Pseudonym zugeordnet werden. So entsteht allmählich ein individuelles Profil, das, wenn ausreichend Daten gesammelt wurden, Rückschlüsse auf die echte Identität zulassen kann.

Gerade im digitalen Zeitalter, in dem jede Bewegung und jeder Beitrag Spuren hinterlässt, ist dieser Unterschied zentral für den Schutz der Privatsphäre. Viele unterschätzen, wie schnell pseudonyme Informationen mit weiteren öffentlich verfügbaren Daten verknüpft werden können. Durch die Analyse von Posts, Likes oder sogar dem Schreibstil lassen sich Muster erkennen, die über große Datenmengen hinweg zu einer Enttarnung führen können. Die Pseudonymität birgt immer das Risiko, dass die scheinbare Tarnung bei genauerer Betrachtung brüchig wird.

Unter *Fingerprinting* versteht man die Erfassung und Analyse individueller Merkmale, die ein Gerät oder eine Online-Identität eindeutig identifizierbar machen. Im digitalen Kontext werden beispielsweise durch die Kombination von Daten wie dem Betriebssystem, den installierten Schriftarten, der Bildschirmauflösung und weiteren Merkmalen, individuelle Profile erstellt, die oft so einmalig und unverwechselbar sind wie ein Fingerabdruck.

Fingerprinting stellt somit eine erhebliche Herausforderung für den Schutz der Privatsphäre dar. Es geht bisweilen sogar so weit, dass ausgefeilte Techniken imstande sind, Nutzerinnen und Nutzer über verschiedene Geräte hinweg zu identifizieren.

4.2 OPSEC-Workflow

»Loose lips might sink ships.« Mit diesem Spruch wurden im zweiten Weltkrieg Matrosen auf Verschwiegenheit eingeschworen, da Informationen, die diese u. a. in Kneipen weitergaben, so auch dem Feind bekannt wurden. Damals wie heute ist der Stellenwert von OPSEC nicht hoch genug einzuschätzen.

Das *Strategic Communications Centre of Excellence* der NATO hat testweise untersucht, welche Methoden rund um Social Media und öffentlich verfügbare Quellen einem motivierten Angreifer zur Verfügung stehen. Dazu wurden im Rahmen einer NATO-Übung folgende Taktiken eingesetzt:

- Identitätsdiebstahl
- Honeypots in Social Media
- Social Engineering
- Monitoring von Accounts
- Personensuchmaschinen und andere öffentliche Datenbanken

Das Team konnte eine erhebliche Menge personenbezogener Daten erlangen. Manche Einheiten konnten vollständig identifiziert werden, in anderen Fällen konnten die genauen Standorte einiger Truppen sowie Erkenntnisse über Truppenbewegungen gewonnen werden. Darüber hinaus war die Menge an persönlichen Daten so groß und die Daten waren so detailliert, dass dadurch unerwünschtes Verhalten während der Übung provoziert werden konnte. Einige zuvor identifizierte Soldaten wurden mit Social Engineering dazu gebracht, zusätzliche Informationen preiszugeben, darunter Telefonnummern, E-Mail-Adressen sowie Bilder von Equipment.

In einer anderen Militärübung sorgte ein junger US-Marine dafür, dass seine Einheit »getötet« wurde – zumindest in der Übung. Was war geschehen? Während einer Übung hatte der Soldat ein Selfie von sich gepostet, wodurch der Standort seiner Einheit geolokalisiert werden konnte.

Dass diese Übung nicht weit hergeholt ist, zeigt ein reales Beispiel eines russischen Soldaten. Petr Lozhkovoy hatte Bilder von sich selbst und Mitgliedern der 10. Spez-nas-Brigade über das soziale Netzwerk VK veröffentlicht (siehe Abbildung 4.2). In diesem Fall war die Bestimmung des Aufnahmeortes noch einfacher, da die Standorte der Bilder markiert waren.

Abbildung 4.2 Ein OPSEC-Fehler. Das Original finden Sie unter https://x.com/RALee85/status/1610018005462749190

Die Absicherung von Recherchen beginnt nicht erst mit der Sammlung von Informationen, sondern lange vorher. Noch vor Beginn Ihrer Recherche sollten Sie den OPSEC-Workflow nutzen, um eine Analyse Ihrer Gefährdung zu erhalten und entsprechende Gegenmaßnahmen zu ergreifen. Der OPSEC-Workflow besteht aus den folgenden fünf Schritten:

1. **Identifizierung der kritischen Informationen**
   Zunächst müssen die kritischen Informationen identifiziert werden. Sie müssen wissen, welche Informationen geschützt werden müssen. Dies können sehr unterschiedliche Informationen sein: ihre Identität, Standortdaten oder operative Details wie beispielsweise der Gegenstand der Ermittlung. Klassifizieren Sie die Informationen nach ihrer Sensibilität. Möglicherweise existiert in Ihrer Behörde oder Ihrem Unternehmen bereits ein Klassifizierungssystem mit verschiedenen Stufen der Geheimhaltung. Falls nicht, etablieren Sie eines und legen Sie fest, wie mit den jeweiligen Informationen zu verfahren ist. Grundsätzlich sollten Sie nach dem Need-to-know-Prinzip handeln und Informationen nur weitergeben, wenn ein konkreter und berechtigter Informationsbedarf besteht.
2. **Identifizierung der Antagonisten**
   Versetzen Sie sich im zweiten Schritt in die Rolle des Angreifers (siehe Abschnitt 4.1). Die zuvor beschriebenen Arten von Angreifern geben Ihnen einen ersten Anhaltspunkt, mit welchen Akteuren Sie es zu tun bekommen könnten. Skizzieren Sie, wie welcher Akteur gegen Sie vorgehen könnte. Auf dieser Grundlage identifizieren Sie mögliche Schwachstellen. Betrachten Sie dabei sowohl technische Schwachstellen als auch Schwachstellen in Prozessen oder im Verhalten. Wo existieren Einfallstore? An welchen Stellen werden Informationen weitergereicht? Wer hat Zugang zu sensiblen Bereichen?
3. **Identifizierung möglicher Schwachstellen**
   Im nächsten Schritt folgt die Risikobewertung. Hierbei betrachten Sie die Eintrittswahrscheinlichkeit und den daraus resultierenden Schaden. Basierend auf Ihrer Risikobewertung können Sie unterschiedliche Szenarien priorisieren und anschließend entscheiden, wie Sie mit dem jeweiligen Risiko umgehen möchten.
4. **Risikobewertung**
   Im Risikomanagement haben Sie verschiedene Optionen, mit einem Risiko umzugehen. Sie können Risiken vermeiden, vermindern, begrenzen, verlagern oder akzeptieren. Die Vermeidung eines Risikos könnte beispielsweise den Verzicht auf die Nutzung privater Accounts zur Recherche bedeuten. Die Beauftragung eines spezialisierten Dienstleisters verlagert das Risiko hingegen.
5. **Gegenmaßnahmen**
   Im letzten Schritt überlegen Sie sich geeignete Gegenmaßnahmen und setzen diese um. Ihre Gegenmaßnahmen können präventiv, detektierend oder reaktiv aus-

gerichtet sein. Die Verwendung getrennter Rechercheidentitäten ist eine gängige präventive Maßnahme. Mithilfe eines Monitorings können Sie Ihre eigenen digitalen Fußspuren beobachten und so auf kompromittierte Daten reagieren.

Der OPSEC-Workflow ist ein Hilfsmittel für das kontinuierliche Management Ihres Risikos. Leiten Sie daraus die für Sie passenden Gegenmaßnahmen ab. Gute Operational Security ist individuell und ein abgestufter Prozess. Lassen Sie sich nicht von teils extremen Philosophien einiger Security-Gurus verunsichern. Hundertprozentige Sicherheit gibt es nicht. Und nicht jede Recherche benötigt die Extremlösung.

4.3 Tipps für sensible Recherchen

Operational Security kann ins Unendliche gesteigert werden. In diesem kurzen Abschnitt möchte ich Ihnen einige weiterführende Denkanstöße geben, wie Sie eine Hardcore-Variante erreichen können, falls dies wirklich notwendig sein sollte.

Dabei ist zu beachten, dass extreme Operational Security insbesondere in Situationen relevant wird, in denen schwerwiegende Konsequenzen bei einem Sicherheitsvorfall drohen, etwa wenn Leib und Leben bedroht sind oder besonders sensible Informationen geschützt werden müssen.

Achtung: Angemessene Sicherheit

Als kleiner Disclaimer an dieser Stelle: Wenn Ihr Leben oder die Sicherheit anderer von der Integrität Ihrer Systeme abhängt, verlassen Sie sich nicht ausschließlich auf die hier genannten Tipps, sondern ziehen Sie unbedingt professionelle Unterstützung hinzu. Expertinnen und Experten für IT-Sicherheit können Ihre individuelle Situation bewerten und maßgeschneiderte Schutzmaßnahmen entwickeln, die weit über allgemeine Empfehlungen hinausgehen. Je nach Anwendungsfall können ganz andere Sicherheitsvorkehrungen notwendig sein, und manche sogar hinderlich.

Darüber hinaus sollten Sie immer bedenken, dass sich die Anforderungen an sichere Systeme im Laufe der Zeit verändern. Neue Angriffsmethoden, technische Entwicklungen und veränderte Bedrohungslagen erfordern eine kontinuierliche Anpassung Ihrer Sicherheitsstrategie. Bleiben Sie deshalb stets informiert über aktuelle Bedrohungen, Sicherheitslücken und Best Practices. Überprüfen und aktualisieren Sie regelmäßig Ihre Schutzmaßnahmen, um auch langfristig ein hohes Schutzniveau zu gewährleisten.

Zu den weitergehenden Maßnahmen einer Hardcore-Variante könnten beispielsweise die vollständige Trennung von Arbeits- und Privatgeräten, die konsequente Nutzung von Rechnern ohne jegliche Netzwerkanbindung (*air gap*), der ausschließliche Einsatz von Open-Source-Software sowie die kontinuierliche Überprüfung und Verschlüsselung aller Daten gehören. Auch physische Sicherheitsmaßnahmen, etwa die Nutzung abgeschirmter Räume oder das Vermeiden jeglicher digitaler Spuren, können relevant werden. Je nach Bedrohungsszenario empfiehlt es sich, Zugriffsrechte und Informationsflüsse nochmals strenger nach dem Need-to-know-Prinzip zu reglementieren und mehrstufige Authentifizierung einzusetzen.

Das Betriebssystem *Tails* stellt eine Stand-alone-Lösung dar, die speziell für den anonymen und sicheren Einsatz im Internet entwickelt wurde. Tails wird in der Regel von einem USB-Stick oder einer DVD gestartet, sodass nahezu keine Spuren auf dem genutzten Rechner zurückbleiben.

Tails leitet sämtlichen Internetverkehr standardmäßig durch das Tor-Netzwerk (siehe Abschnitt 7.11), um die Identität und den Standort der Nutzer zu verschleiern. Darüber hinaus bietet Tails zahlreiche vorinstallierte Anwendungen, die ebenfalls auf Sicherheit und Anonymität ausgelegt sind, wie verschlüsselte E-Mail-Programme, sichere Messenger und Tools zur Datenverschlüsselung. Das System speichert standardmäßig keine Daten dauerhaft, wodurch selbst nach einem Neustart keine Informationen auf dem Gerät verbleiben. Für besonders sensible Recherchen oder in Bedrohungsszenarien, in denen höchste Diskretion erforderlich ist, kann Tails eine wertvolle Arbeitsumgebung darstellen.

Informationen zur Installation und zum Einsatz von Tails finden Sie unter *https://tails.net/*.

Eine Alternative stellt die Linux-Distribution *Qubes OS* dar, die sich selbst als ein »reasonably secure OS« bezeichnet. Qubes OS verfolgt einen besonders innovativen Ansatz zur Sicherheit, denn es basiert auf dem Konzept der Isolation durch Virtualisierung. Jede Anwendung wird in einer eigenen, voneinander abgeschotteten virtuellen Umgebung ausgeführt. Dadurch bleibt selbst bei einem erfolgreichen Angriff auf eine einzelne Anwendung der Schaden auf diese beschränkt und andere Bereiche des Systems bleiben geschützt. Zudem unterstützt Qubes OS die Integration von Tor und die Verschlüsselung sensibler Daten.

Allerdings ist Qubes OS in der Einrichtung und Bedienung anspruchsvoller als herkömmliche Betriebssysteme und setzt ein gewisses Maß an technischen Kenntnissen voraus. Wer maximale Sicherheit und Isolation benötigt, kann in Qubes OS jedoch eine äußerst geeignete Arbeitsumgebung vorfinden.

Wenn Sie Qubes OS ausprobieren wollen, finden Sie die Installationsdateien und eine (englischsprachige) Anleitung unter *https://www.qubes-os.org/*.

4.4 Die Arbeitsumgebung einrichten

Sie haben festgestellt, dass Gefahren im Internet existieren und je nach Anwendungsgebiet ein gesteigertes Schutzbedürfnis vorhanden sein kann. Daher ist das Einrichten der eigenen Arbeitsumgebung elementar. Hierzu zählt die grundsätzliche Ausstattung, die Auswahl des Betriebssystems sowie die Implementierung geeigneter Schutzmechanismen mittels Virtualisierung oder Verschleierung.

4.4.1 Smartphone

Zu Ihrer Ausstattung sollte mindestens ein Smartphone gehören. Damit können Sie Apps nativ nutzen, das Kontaktbuch freigeben, und in der Regel profitieren Sie von einem vereinfachten Anmeldeprozess bei der Erstellung von Rechercheaccounts. Neben klassischen Funktionen wie Telefonie und Internetzugang bietet ein Smartphone den Vorteil, dass Sie mobil und flexibel arbeiten können. So können Sie beispielsweise auch unterwegs Recherchen durchführen oder Inhalte in den sozialen Netzwerken beobachten.

Hierbei sollten Sie aber beachten, dass Sie ein »sauberes« Gerät verwenden. Das heißt, das Smartphone sollte ausschließlich für Recherchezwecke eingesetzt werden und zuvor nicht privat genutzt worden sein. Wenn Sie das Gerät irgendwann einmal privat genutzt haben, ist es theoretisch möglich, dass App-Betreiber oder andere Dienste Ihr Gerät anhand verschiedener Gerätekennungen weiterhin eindeutig identifizieren können. Diese Informationen könnten im schlimmsten Fall zu einer Zuordnung Ihrer Rechercheaktivitäten zu Ihrer Person führen.

Um das Risiko der Identifizierbarkeit und Rückverfolgung zu minimieren, empfiehlt es sich daher, genau wie beim Desktop für Recherchezwecke ein separates Smartphone zu nutzen. Verzichten Sie auf die Eingabe persönlicher Daten oder die Verknüpfung mit bestehenden Accounts.

Idealerweise verbinden Sie Ihr Recherche-Smartphone nicht mit Ihrem privaten WLAN, Mobilfunkvertrag oder Ihren persönlichen Kontakten. Nutzen Sie stattdessen separate SIM-Karten und Accounts, um Ihre Identität zu schützen und digitale Spuren zu minimieren.

4.4.2 Wahl des Betriebssystems

Die meiste Zeit werden Sie Ihre OSINT-Recherchen aber mit einem »echten« Rechner durchführen, sei es ein Laptop oder ein Desktop-Rechner. Grundsätzlich sind alle Geräte dafür geeignet. Aber spätestens wenn Sie sich intensiver mit anderen Menschen über OSINT austauschen, wird irgendwann das Thema »Betriebssysteme« aufkommen. Ich will nicht sagen, dass hieran Freundschaften zerbrechen, aber starke

Meinungen hinsichtlich der Wahl des *richtigen* Betriebssystems sind nicht ungewöhnlich.

Mittlerweile vertrete ich die Auffassung, dass man grundsätzlich das Betriebssystem wählen sollte, mit dem man sich wohlfühlt und das einem vertraut ist. Natürlich müssen Sie darauf achten, dass die Anforderungen für Ihre Aufgabenstellung erfüllt sind und das System *gehärtet* sein sollte. »Gehärtet« meint, dass ein System gegen Angriffe und andere Gefahren konfiguriert wurde.

Unabhängig vom System sollten Sie beim Härten Folgendes bedenken:

- Regelmäßige Updates des Systems und aller Applikationen
- Nutzung von starken Passwörtern und – falls möglich – von Multi-Faktor-Authentifizierung (MFA)
- Prinzip der geringsten Privilegien: Man arbeitet immer nur mit den Rechten, die man gerade braucht. Konten werden so weit wie möglich eingeschränkt.
- Deinstallation nicht benötigter Applikationen
- Anpassung von Systemeinstellungen
- Regelmäßige Backups

Zur Auswahl stehen Ihnen zunächst einmal Windows, macOS und Linux. Auf Smartphones gehe ich im nächsten Abschnitt ein.

Windows

Windows hat sich als Standard etabliert und gilt als Allrounder unter den Betriebssystemen. Es funktioniert in nahezu jedem Anwendungsbereich. Einer der größten Vorteile ist die enorme Kompatibilität. Die meisten Anwendungen werden primär für Windows entwickelt. Auch im Unternehmensumfeld ist Windows weit verbreitet und bietet zahlreiche Möglichkeiten zur Administration.

Allerdings müssen Sie bei Windows einige Nachteile in Kauf nehmen. Microsoft sammelt über Telemetrie-Funktionen viele Nutzungsdaten, was aus Datenschutzsicht kritisch betrachtet werden kann. Die häufigen und teilweise störenden Updates können den Workflow unterbrechen. Zudem ist Windows durch seine hohe Verbreitung ein besonders attraktives Ziel für Malware. Daher ist ein besonderer Fokus auf Sicherheitsmaßnahmen und regelmäßige Aktualisierungen notwendig.

Windows Subsystem for Linux

Windows Subsystem for Linux (WSL) ist eine Funktion von Windows, die es ermöglicht, eine Linux-Umgebung direkt unter Windows auszuführen, ohne dass eine virtuelle Maschine benötigt wird. Damit haben Sie Zugriff auf Linux-Tools. Mit WSL können diese direkt unter Windows genutzt werden. Im Gegensatz zu einer kompletten virtuellen Maschine benötigt WSL deutlich weniger Systemressourcen, was vor allem auf älteren oder weniger leistungsfähigen Geräten von Vorteil ist.

macOS

Ein durchdachtes und intuitives Nutzererlebnis bietet Ihnen macOS. Besonders für Kreative und Profis in den Bereichen Design, Audio und Video ist macOS attraktiv. Einer der größten Vorteile liegt darin, dass Sie Software und Hardware aus einer Hand kaufen. Das Zusammenspiel der Apple-Hardware mit dem Betriebssystem sorgt für eine stabile und leistungsfähige Arbeitsumgebung. Wer bereits im Apple-Ökosystem arbeitet, profitiert zudem von einer nahtlosen Integration zwischen den Geräten, beispielsweise durch Handoff, AirDrop oder durch die Synchronisation via iCloud.

Der Nachteil ist die teure Hardware, die außerdem in ihrer Aufrüstbarkeit stark eingeschränkt ist. In manchen Fällen kann es sein, dass Software nur für Windows verfügbar ist, was jedoch deutlich seltener vorkommt als noch vor einigen Jahren. Beispielsweise laufen auch die Microsoft-Office-Programme unter macOS.

Linux

Linux steht für maximale Kontrolle über das eigene System. Es bietet eine sehr gute Performance, läuft auch auf älterer Hardware zuverlässig und ist insbesondere bei Entwicklern und technisch Versierten beliebt. Da es viele verschiedene Distributionen gibt (z. B. Ubuntu, Mint, Debian, Fedora, Kali), kann Linux flexibel an die eigenen Anforderungen angepasst werden. Die Open-Source-Community sorgt zudem für stetige Weiterentwicklung und zahlreiche kostenlose Anwendungen, die häufig deutlich mehr Privatsphäre bieten.

Dafür gibt es bei Linux eine steile Lernkurve – und manchmal Schwierigkeiten, proprietäre Software oder Treiber zum Laufen zu bekommen. Auch dies hat sich in letzter Zeit deutlich verbessert. Trotzdem sind häufig Alternativen, Anpassungen oder Workarounds erforderlich, um alle Funktionen nutzen zu können.

In der Masse untergehen

Ein Aspekt, den ich nicht unerwähnt lassen möchte, ist, dass eine Linux-Distribution zwar deutlich weniger Daten über Sie sammelt und Sie größere Kontrolle darüber haben, was das Betriebssystem macht – paradoxerweise sind Sie aber leichter zu identifizieren. Auf den meisten Rechnern läuft Windows. Mit einem Linux-System fallen Sie auf. Wenn Sie also mit einem »ungewöhnlichen« Betriebssystem das Internet nutzen, stechen Sie etwas mehr aus der Masse heraus.

Ein Student in den USA versandte eine Bombendrohung an seine Universität, um einer Prüfung zu entgehen. Für den Versand nutzte er Tor (siehe Abschnitt 4.4.4), war also grundsätzlich anonym. Allerdings befand er sich im Campus-Netzwerk und war darin zu diesem Zeitpunkt der Einzige, der Tor nutzte. Das fiel bei einer Netzwerkanalyse auf und so konnte er identifiziert werden. Ich will Sie keinesfalls zum sicheren

Versand von Bombendrohungen anleiten, aber Sie können daraus ableiten, dass es manchmal sicherer sein kann, in der Masse unterzugehen, als durch zusätzliche Sicherheitsmaßnahmen aufzufallen.

Zu guter Letzt möchte ich Ihnen raten, dennoch gegenüber anderen Betriebssystemen eine offene Grundhaltung zu bewahren. So bringt jedes Betriebssystem – sei es Windows, macOS oder Linux – seine ganz eigenen Vor- und Nachteile mit sich. Außerdem existiert ein sinnvolles Programm u. U. nur für eines der Betriebssysteme. Wobei durch Entwicklungen wie WSL und zunehmend plattformunabhängige bzw. cloudbasierte Software die Unterschiede zwischen den Betriebssystemen geringer werden.

4.4.3 Virtualisierung

Die Vielfalt von Betriebssystemen ist ein Grund dafür, sogenannte *virtuelle Maschinen* einzusetzen. Ein anderer ist der Einsatz von »Wegwerf-Maschinen«, die abgetrennt von Ihrem eigenen Rechner existieren.

Mit virtuellen Maschinen können Sie auf einem Host-System, also Ihrem Hauptbetriebssystem, verschiedene Betriebssysteme wie Windows oder unterschiedliche Linux-Distributionen parallel installieren und nutzen. So können Sie flexibel zwischen den Umgebungen wechseln und beispielsweise Software testen, die nur für eine bestimmte Plattform verfügbar ist, ohne Ihren Computer neu starten oder das eigentliche System verändern zu müssen.

Im Bereich der OSINT-Recherchen bieten virtuelle Maschinen zahlreiche Vorteile, die für die Sicherheit und Flexibilität von entscheidender Bedeutung sind. Durch die Nutzung einer virtuellen Maschine wird eine isolierte Umgebung geschaffen, die das Hauptbetriebssystem vor schädlicher Software schützt. Wenn Sie während der Recherche beispielsweise verdächtige Dateien öffnen oder kompromittierte Webseiten besuchen, bleibt das eigentliche System in der Regel unversehrt. Zwar existiert rein theoretisch Schadsoftware, die einer virtuellen Umgebung entkommen kann, doch ist die Wahrscheinlichkeit dafür in der Praxis äußerst gering. Ein weiterer Vorteil ist, dass Sie für verschiedene Recherchen jeweils eigene virtuelle Maschinen anlegen können. So können Sie die Recherchen klar voneinander trennen und vermeiden, dass Spuren oder Daten unterschiedlicher Aktivitäten vermischt werden.

Virtuelle Maschinen ermöglichen zudem, komplette Arbeitsumgebungen als exportierbare Dateien weiterzugeben. Das ist besonders hilfreich, wenn Sie eine Recherche abschließen und archivieren oder an eine andere Person weitergeben möchten. Sie können auch eine einmal eingerichtete virtuelle Maschine als Vorlage abspeichern und nach Bedarf beliebig oft kopieren. So können Sie anderen beispielsweise eine vorinstallierte Rechercheumgebung bereitstellen, ohne dass sämtliche Programme und

Einstellungen neu eingerichtet werden müssen. Das spart Zeit und sorgt für einheitliche Arbeitsumgebungen.

Ebenfalls nützlich ist die Möglichkeit, sogenannte *Snapshots* zu setzen. Damit können Sie den Zustand einer virtuellen Maschine zu einem bestimmten Zeitpunkt speichern und im Falle einer Infektion mit Malware oder eines anderen Problems einfach auf den letzten sicheren Stand zurücksetzen. So lässt sich das Risiko von Datenverlust minimieren und es bleibt Freiraum für Experimente.

Natürlich hat die Nutzung von virtuellen Maschinen auch Nachteile. Insbesondere der hohe Speicherbedarf und die zusätzliche Belastung der Systemressourcen können bei älteren oder weniger leistungsstarken Geräten zu spürbaren Leistungseinbußen führen.

VirtualBox

Für die Virtualisierung stehen Ihnen verschiedene Möglichkeiten zur Verfügung. VirtualBox (*https://www.virtualbox.org*) ist eine kostenlose und quelloffene Virtualisierungssoftware von Oracle, mit der Sie verschiedene Betriebssysteme wie Windows oder Linux virtualisieren können.

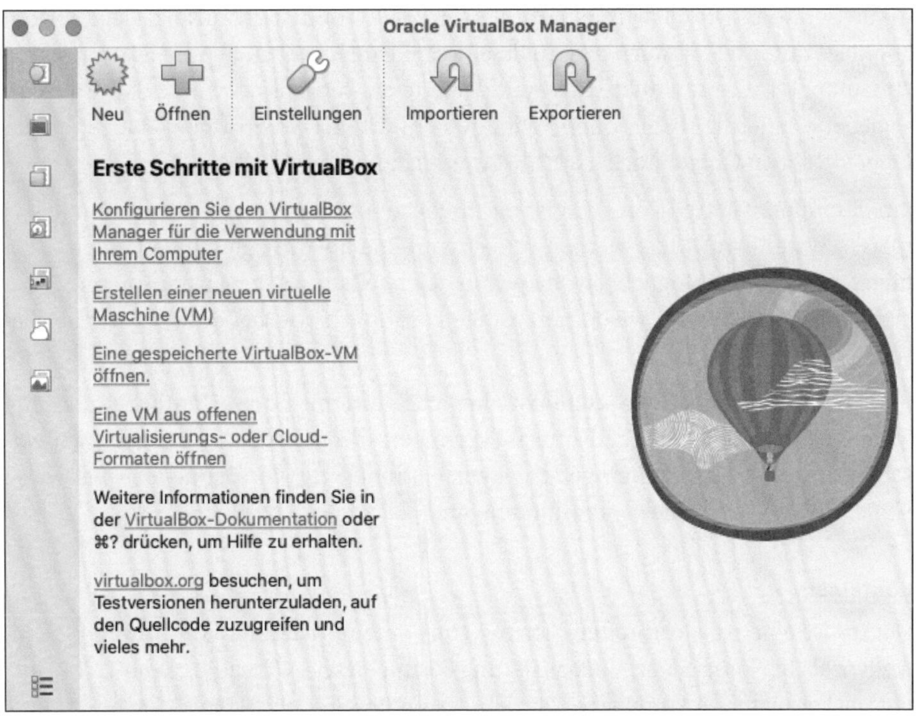

Abbildung 4.3 VirtualBox

Sie können entweder eine ISO-Datei nutzen, um ein Betriebssystem wie von einer echten Installations-CD auf der virtuellen Maschine einzurichten, oder eine vorgefertigte OVA-Datei importieren. Letzteres hat den Vorteil, dass Sie komplette, bereits konfigurierte Systeme schnell übernehmen und direkt nutzen können. Klicken Sie auf IMPORTIEREN, um die vorhandene OVA-Datei auszuwählen. Anschließend wird der Import der Appliance gestartet.

Sie haben die Möglichkeit, eine VM zu starten, zu pausieren oder zu beenden.

Eine weitere wichtige Funktion sind die bereits erwähnten Snapshots und die Möglichkeit zum Reset.

Für den Datenaustausch zwischen dem Host-System und der virtuellen Maschine stehen sogenannte *Shared Folders* zur Verfügung. Damit lassen sich Dateien einfach zwischen beiden Umgebungen hin und her kopieren.

UTM

Da die Virtualisierung mittels VirtualBox unter macOS mit Geräten, die mit Apple-Silicon-Chips ausgestattet sind, problematisch war, ist UTM sehr populär geworden. UTM (*https://mac.getutm.app/*) ist eine Software zur Virtualisierung, die speziell für Apple-Geräte entwickelt wurde. Sie basiert auf QEMU und ist darauf ausgelegt, sowohl auf Macs mit Intel- als auch mit Apple-Silicon-Prozessoren stabil und leistungsfähig zu laufen. UTM unterstützt eine breite Palette an Betriebssystemen, darunter verschiedene Linux-Distributionen, Windows- und macOS-Versionen, die innerhalb einer virtuellen Umgebung ausgeführt werden können.

Ein besonderer Vorteil von UTM ist die einfache Installation und Integration in das macOS-System. Auch hier werden Betriebssysteme über Images eingebunden. UTM bietet ebenfalls die Möglichkeit, Snapshots zu erstellen, um den Zustand einer VM zu sichern und bei Bedarf wiederherzustellen – ähnlich wie bei anderen Virtualisierungslösungen.

Bei UTM laufen virtuelle Maschinen ebenfalls getrennt vom eigentlichen System, wodurch das Risiko von Schadsoftware verringert wird. Für den Datenaustausch zwischen Host und Gast stehen verschiedene Optionen zur Verfügung, beispielsweise *Shared Folders* oder Netzwerkverbindungen.

Container

Docker ist eine weit verbreitete Lösung zur Containerisierung von Anwendungen. Anders als bei klassischen Virtualisierungslösungen wie VirtualBox oder UTM läuft bei Docker nicht ein komplettes Betriebssystem in einer virtuellen Maschine. Stattdessen laufen lediglich isolierte Anwendungen mitsamt den notwendigen Abhängigkeiten in einem sogenannten *Container*. Diese Container teilen sich den Kernel des

Host-Systems, was für eine sehr effiziente Ressourcennutzung sorgt. Mit Docker lassen sich Anwendungen plattformübergreifend bereitstellen.

Apple hat mit *Apple Container* ein eigenes Konzept eingeführt. Hier bezeichnet ein Container einen abgeschlossenen Bereich, in dem eine App ausgeführt wird. Innerhalb dieses Containers kann die App nur eingeschränkt auf Systemressourcen und auf Daten anderer Apps zugreifen. Dieses Sicherheitsmodell schützt sowohl das System als auch die Nutzer vor Schadsoftware und ungewolltem Datenzugriff. Apple-Container sind relativ neu, daher bleibt abzuwarten, wie diese angenommen werden.

Cloud-basierte Lösungen

In den letzten Jahren haben sich cloudbasierte Virtualisierungslösungen als attraktive Alternative zur klassischen lokalen Virtualisierung etabliert. Über diese Dienste können virtuelle Maschinen oder ganze virtuelle Desktop-Umgebungen direkt über das Internet genutzt werden, ohne dass auf dem eigenen Rechner aufwendige Installationen oder leistungsstarke Hardware erforderlich sind. Solche Lösungen sind unabhängig vom verwendeten Endgerät und funktionieren auch in meist stark abgeschotteten Umgebungen von Unternehmen oder Behörden.

Eine solche Möglichkeit sind *Kasm Workspaces*, die Sie unter *https://kasm.com* finden. Damit können Sie nicht nur komplette Betriebssysteme, sondern auch einzelne Anwendungen sicher in der Cloud ausführen und per Webbrowser darauf zugreifen. Kasm ist besonders für Recherchearbeiten interessant, bei denen ein hoher Grad an Isolierung und Anonymität gewünscht ist, denn jede Sitzung läuft in einem eigenen, separaten Container, der beim Schließen automatisch gelöscht werden kann. Dadurch werden Spuren und Risiken durch Schadsoftware minimiert, wie sie bei lokalen virtuellen Maschinen entstehen. Auch lässt sich vieles vorkonfigurieren.

Eine weitere Möglichkeit ist Windows 365. Dabei handelt es sich um eine cloudbasierte Lösung von Microsoft, mit der Sie einen vollständigen Windows-Desktop als sogenannten Cloud-PC nutzen können. Nach einer kostenlosen Testphase von einem Monat wird der Dienst kostenpflichtig.

Windows 365 ermöglicht Ihnen den Zugriff auf einen persönlichen, virtuellen Windows-Arbeitsplatz von nahezu jedem Endgerät aus. So können Sie unabhängig vom verwendeten Gerät stets in Ihrer gewohnten Umgebung arbeiten.

Emulation

Die Emulation von Smartphones hilft Ihnen, Apps zu analysieren und die Funktionalitäten mobiler Anwendungen zu nutzen, ohne ein physisches Gerät verwenden zu müssen. Ein weiterer Vorteil ist der höhere Benutzerkomfort, da Sie das emulierte Gerät bequem am Computer bedienen können. Dabei wird die Hardware und das Betriebssystem eines Smartphones virtuell nachgebildet, sodass sich Anwendungen und Systemfunktionen ähnlich wie auf einem echten Gerät ausführen lassen. Allerdings ist die Emulation von iOS-Geräten stark eingeschränkt. Deshalb wird häufiger die Emulation von Android genutzt. Für Android stehen zahlreiche Emulatoren zur Verfügung, beispielsweise der Android Emulator aus dem Android Studio, BlueStacks oder Genymotion.

In der Praxis bieten Emulatoren die Möglichkeit, Anwendungen in isolierten Umgebungen auszuführen und potenzielle Risiken zu analysieren, ohne das eigene System zu gefährden.

Neben spezialisierten Emulatoren und Virtualisierungslösungen bieten viele moderne Webbrowser wie Google Chrome integrierte Entwicklungswerkzeuge, mit denen Sie eine mobile Ansicht bzw. Geräteansicht aktivieren können. Damit wird das Layout und das Verhalten eines mobilen Endgeräts direkt im Browserfenster simuliert, sodass Sie beispielsweise testen können, wie eine Seite auf einem Smartphone oder Tablet dargestellt wird. In der Vergangenheit habe ich diese Funktion beispielsweise für Instagram gerne genutzt. Ursprünglich war das Posten von Inhalten ausschließlich über die mobile App möglich. Die Nutzung der mobilen Browseransicht eröffnete jedoch die Möglichkeit, Beiträge auch ohne Smartphone direkt am Desktop-Rechner aus dem Browser heraus zu veröffentlichen.

Allerdings stößt diese Art der Emulation schnell an ihre Grenzen. Zwar lässt sich so die Ansicht und teilweise auch die Bedienung einer mobilen Seite nachahmen, doch viele Funktionen eines echten Smartphones, wie etwa Sensoren, Kamera oder bestimmte Hardwaregesten, können nicht vollständig simuliert werden. Insbesondere bei iPhones ist die Emulation äußerst eingeschränkt. Eine realistische Nachbildung des Apple-Betriebssystems oder der Gerätefunktionen ist mit gängigen Tools kaum möglich. Darüber hinaus erkennen viele moderne Webseiten und Dienste, ob Nutzer mit einem echten Gerät oder einer emulierten Umgebung arbeiten. Solche Erkennungsmechanismen prüfen beispielsweise die User-Agent-Informationen, das Verhalten der Eingabegeräte oder andere technische Merkmale. Wird eine Emulation erkannt, kann dies im schlimmsten Fall zur Sperrung oder Einschränkung des Accounts führen, da die Plattformbetreiber Manipulation oder betrügerische Aktivitäten vermuten. (Was glauben Sie, warum selbst Trollfarmen und ähnliche Akteure riesige Regale voller physischer Geräte betreiben?)

Grundsätzlich ist es daher ratsam, möglichst authentisch aufzutreten. Das bedeutet, dass das genutzte Gerät und die verwendete Umgebung so natürlich und unauffällig wie möglich erscheinen sollten. Ein echtes Smartphone oder eine reale Desktop-Umgebung fallen in der Regel weniger auf als eine emulierte oder virtualisierte Lösung. Dadurch wird das Risiko minimiert, als untypischer Nutzer erkannt und blockiert zu werden.

4.4.4 Verschleierungsarten

Bei Recherchen im Internet wollen Sie möglichst wenig Spuren hinterlassen oder diese zumindest so verschleiern, dass Sie für Ihr Untersuchungsobjekt nicht identifizierbar sind. Auf den nächsten Seiten werden Sie die Möglichkeiten von Proxy-Servern über Virtual Private Networks sowie Overlay-Netzwerke und weitere Optionen kennenlernen.

Proxy

Mit einem *Proxyserver*, oft kurz »Proxy« genannt, können Sie Ihre Aktivitäten im Internet verschleiern. Dabei fungiert der Proxy als Vermittler zwischen Ihnen und z. B. dem Webserver, den Sie aufrufen. Folglich sieht der Webserver dann statt Ihrer IP-Adresse die des Proxyservers. Die Vorteile liegen auf der Hand: Einerseits können Sie mit dem Proxy Ihre IP-Adresse verbergen, andererseits können Sie das Herkunftsland ändern, indem Sie einen Proxy in einem bestimmten Land verwenden. Dadurch kann *Geoblocking* umgangen werden, also die Blockierung von IP-Adressen aus bestimmten Ländern oder von bestimmten Providern.

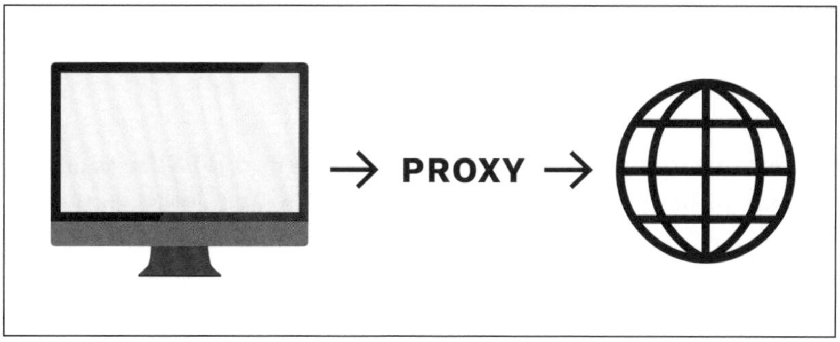

Abbildung 4.4 Proxy

Die Verwendung eines Proxys hat jedoch auch einige Nachteile. So müssen Sie auf die Seriosität des Anbieters vertrauen, da dieser die Möglichkeit hat, Ihre Aktivitäten aufzuzeichnen. Vor allem bei kostenlosen Angeboten sollten Sie sich fragen, wie der Anbieter seinen Service finanziert. Und leider lautet die Antwort häufig: mit Ihnen. Und zwar, indem zusätzliche Werbung eingeblendet oder aber Ihre Daten verkauft werden. In extremen Fällen kann Ihnen der Anbieter sogar Schadsoftware unterjubeln.

Außerdem sollte Ihnen bewusst sein, dass, wenn Sie einen Proxy in Ihrem Webbrowser verwenden, lediglich dort Ihre IP verschleiert ist. Andere Programme kommunizieren weiterhin direkt. Wenn Sie beispielsweise ein präpariertes Dokument über den Proxy laden, erfolgt zwar der Download über den Proxy, beim Öffnen könnte dieses jedoch eine direkte Verbindung zu einem Server aufbauen und so Ihre IP-Adresse preisgeben.

Ein Beispiel für einen Webproxy finden Sie unter *https://hide.me/de/proxy*. Geben Sie die URL in das erste Formularfeld ein. Sie haben außerdem die Möglichkeit, Ihren Standort in eines der folgenden Länder zu verlagern:

- Niederlande
- Deutschland
- Finnland

Darüber hinaus bietet Ihnen der Proxy von *Hide.me* weitere Optionen, die Sie über das Dropdown-Menü MEHR OPTIONEN einblenden können. Folgende Einstellungen stehen Ihnen zur Verfügung:

- Cookies akzeptieren
- Verschlüsselung der URL
- Verschlüsselung der Webseite
- Skripte entfernen
- Objekte entfernen

VPN

Im Gegensatz zu einem Proxy schützt ein *Virtual Private Network (VPN)* Ihren gesamten Internetverkehr, nicht nur die Browserdaten. Besonders in öffentlichen WLANs, etwa in Cafés, Flughäfen oder Hotels, sorgt ein VPN für Sicherheit. Dadurch, dass Ihre Verbindungen zwischen Ihrem Gerät und dem VPN-Server verschlüsselt werden, wird verhindert, dass unbefugte Dritte sensible Informationen abfangen können.

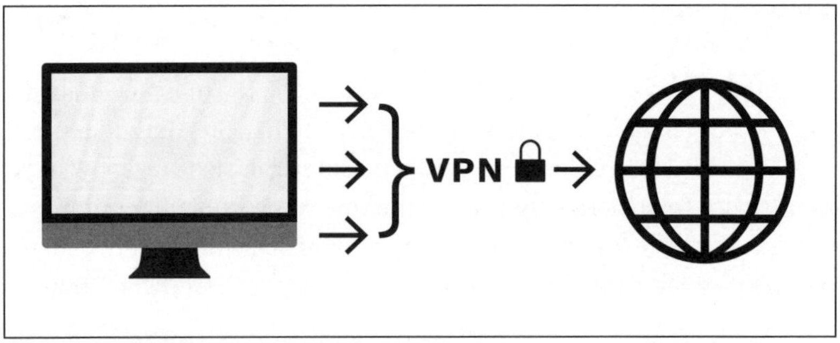

Abbildung 4.5 Virtual Private Network (VPN)

Darüber hinaus verschleiert ein VPN ebenfalls Ihre tatsächliche IP-Adresse und ersetzt sie durch die IP-Adresse des VPN-Servers. Viele VPN-Anbieter verfügen über Server in zahlreichen Ländern, sodass Sie geografische Sperren umgehen und auf

Inhalte zugreifen können, die eigentlich nur in bestimmten Regionen verfügbar sind. Darüber hinaus können Sie so beispielsweise Suchergebnisse in unterschiedlichen Regionen der Welt nachvollziehen.

Im Unterschied zu Proxy-Diensten, die oft nur einzelne Anwendungen wie den Browser schützen, arbeitet ein VPN auf Systemebene. Das heißt, sämtliche Programme und Apps, die eine Internetverbindung herstellen, profitieren vom Schutz und der Anonymisierung des VPNs. Moderne VPN-Dienste bieten zudem zusätzliche Funktionen wie einen Kill-Switch, der bei Verbindungsabbruch die Internetverbindung trennt. So wird verhindert, dass bei einem Abbruch der Verbindung die tatsächliche IP-Adresse offenbart wird.

Daher ist es wichtig, bei der Wahl eines VPN-Anbieters auf seriöse und vertrauenswürdige Unternehmen zu achten, da diese dann Zugriff auf Ihren Datenverkehr haben. Viele Anbieter versprechen No-Log-Richtlinien, sodass keine Nutzungsdaten gespeichert werden. Kostenlose VPN-Angebote sind hingegen oft mit Vorsicht zu genießen, da sie möglicherweise Nutzerdaten weitergeben, um den Service zu finanzieren.

Ein anderer Aspekt bei der Nutzung von VPNs besteht darin, dass Sie dadurch aus der Masse hervorstechen können, also genau das Gegenteil von dem, was Sie in den meisten Fällen bezwecken wollen. VPN-Server werden häufig als solche gekennzeichnet bzw. gelistet, wodurch die Nutzung eines VPN-Dienstleisters von Onlinediensten erkannt werden kann.

VPN und Onlinedienste: Das sollten Sie wissen

Wenn Sie bereits Erfahrungen mit VPN-Diensten gesammelt haben, ist Ihnen möglicherweise aufgefallen, dass manche Onlinedienste, etwa Streaming-Angebote von Netflix, nicht immer reibungslos funktionieren. Viele große Plattformen setzen gezielt Techniken ein, um bekannte VPN-Server zu erkennen und deren Zugriff auf ihre Inhalte einzuschränken. So kann es vorkommen, dass Sie trotz aktiviertem VPN keinen Zugriff auf geografisch beschränkte Inhalte erhalten oder die Videowiedergabe gestört ist.

Auch in anderen Bereichen wie Onlinebanking oder Onlineshopping kann die Verwendung eines VPNs zu zusätzlichen Sicherheitsabfragen führen. Oft werden VPN-Verbindungen als ungewöhnliches oder potenziell verdächtiges Verhalten eingestuft. Dies verdeutlicht, dass die Nutzung eines VPNs in der Praxis selten unbemerkt bleibt und manche Zugriffe sogar gezielt eingeschränkt werden. Wer ein VPN nutzt, sollte sich dieser Einschränkungen bewusst sein und den Einsatzzweck entsprechend abwägen.

Einerseits bietet ein VPN zahlreiche Vorteile wie den Schutz der eigenen Privatsphäre, anonymes Surfen und die Umgehung geografischer Sperren. Andererseits kann die Verwendung zu unerwarteten Hindernissen führen.

Insbesondere bei der Erstellung eines Rechercheaccounts, auch *Sock Puppet* (»Sockenpuppe«) genannt, kann die Nutzung eines VPNs dazu führen, dass Ihr Account als fragwürdig eingestuft und geschlossen wird. Denn auch soziale Netzwerke setzen mittlerweile verstärkt Systeme ein, um verdächtige Aktivitäten zu erkennen. Wird im Anmeldeprozess festgestellt, dass Ihre IP-Adresse einem VPN zugeordnet werden kann, kann es passieren, dass dieser als Fake-Account gewertet und gesperrt wird.

Overlay-Netzwerke

Das sicherlich bekannteste Overlay-Netzwerk ist *The Onion Router*, oder kurz: *Tor*.

Tor oder TOR?

Die korrekte Schreibweise ist »Tor«, nicht »TOR«. Scherzhaft wird behauptet, dass man anhand der falschen Schreibweise erkennen kann, wer sein Wissen aus anderen Quellen als der Website des Projekts bezogen hat.

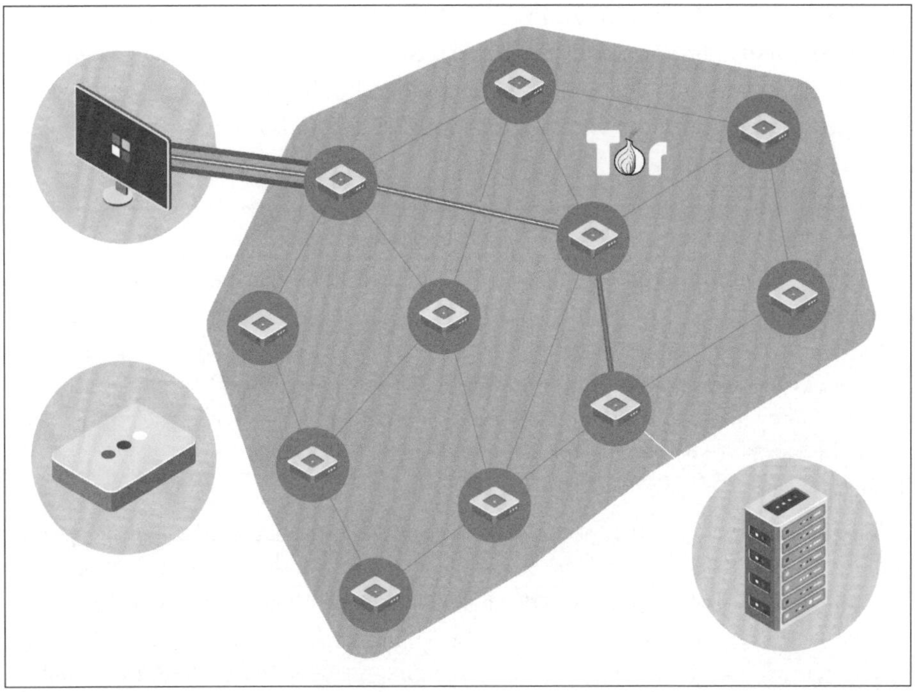

Abbildung 4.6 Funktionsweise von Tor

Die Bezeichnung »The Onion Router«, auf Deutsch etwa »der Zwiebelrouter«, ist eine Anspielung auf die Funktionsweise. Denn Tor verwendet eine schalenartige Verschlüsselung von mehreren Schichten.

Tor leitet Ihre Datenpakete über mindestens drei Server:

1. Entry Node / Eintrittsknoten
2. Middle Node / Knotenpunkt
3. Exit Node / Austrittsknoten

Jeder Knoten kann jeweils eine Verschlüsselungsschicht öffnen. Somit hat kein Server alle Informationen über Ihren Web-Traffic. Der Entry Node kennt den Ursprung und die Adresse des Middle Node. Der oder die mittleren Knotenpunkte kennen lediglich den Server, von dem das Datenpaket empfangen wurde, und den nächsten Server, an den das Datenpaket weitergeschickt wird. Der Exit Node tritt gegenüber dem Zielserver in Erscheinung und leitet das nun seitens Tor unverschlüsselte Datenpaket weiter. Daher ist die Nutzung verschlüsselter Kommunikation abseits von Tor relevant. Andernfalls kann der Betreiber des Exit Nodes den gesamten Datenverkehr mitlesen.

Mithilfe des Online-Tools *ExoneraTor*, das unter *https://metrics.torproject.org/exonerator.html* verfügbar ist, können Sie gezielt überprüfen, ob eine bestimmte IP-Adresse zu einem bestimmten Zeitpunkt als Tor-Relay im Netzwerk aktiv war. Dieses Werkzeug wird von der Tor-Projekt-Community bereitgestellt.

Geben Sie dazu die IP-Adresse sowie das Datum ein. Anschließend erhalten Sie detaillierte Informationen darüber, ob und in welcher Funktion die Adresse als Relay gelistet war, etwa als Entry Node, Middle Node oder Exit Node. So lässt sich nachvollziehen, ob und wie eine bestimmte Verbindung zum Tor-Netzwerk bestand.

Der Tor Browser ist wahrscheinlich der einfachste Weg, Tor zu verwenden, um den eigenen Datenverkehr zu verschleiern. Der Tor Browser basiert auf Firefox, wurde aber für die Nutzung von Tor konfiguriert und zusätzlich hinsichtlich des Datenschutzes gehärtet.

Bei der Nutzung des Browsers besteht übrigens die gleiche Gefahr wie bei einem Proxy: Der Tor Browser schützt lediglich Ihre Aktivitäten innerhalb des Programms. Außerhalb erfolgt die Kommunikation ohne Nutzung des Tor-Netzwerks.

Um sogenannte *Hidden Services* im Tor-Netzwerk zu finden, benötigen Sie die *.onion*-Adresse. Diese finden Sie entweder in Link-Verzeichnissen wie z. B. *https://tor.link* oder über spezielle Suchmaschinen. Tor-Suchmaschinen helfen Ihnen dabei, Hidden Services im Tor-Netzwerk zu finden. Im Gegensatz zu herkömmlichen Suchmaschinen suchen sie gezielt nach *.onion*-Adressen, die nicht in herkömmlichen Suchportalen aufgeführt sind.

Bekannte Beispiele sind *Ahmia* unter *https://ahmia.fi* und *Onion Engine* unter *https://onionengine.io*. Mit diesen Suchmaschinen können Sie Inhalte im sogenannten Dark Web entdecken. Tatsächlich betreibt DuckDuckGo auch eine *.onion*-Version ihrer Suchmaschine. Diese finden Sie unter *https://duckduckgogg42xjoc72x3sjasowoarfbgcmvfimaftt6twagswzczad.onion/* (nur mit Tor-Browser abrufbar). Einige bekannte

.onion-Services finden Sie auch über *https://community.torproject.org/onion-services/*.

Ein weiteres nützliches Werkzeug ist der Dienst *Onionshare*, den Sie über *https://onionshare.org* erreichen. Mit Onionshare können Sie nicht nur Dateien verschicken, sondern auch ganze Ordner über das Tor-Netzwerk teilen. Die Anwendung erzeugt für jede Übertragung eine individuelle *.onion*-Adresse, die nur vom gewünschten Empfänger im Tor Browser aufgerufen werden kann. Dadurch behalten Sie die volle Kontrolle darüber, wer Zugriff auf Ihre Daten erhält. Der Transfer selbst läuft verschlüsselt und anonymisiert ab.

Das Tor-Netzwerk ist nicht das einzige Overlay-Netzwerk, weitere Beispiele sind:

- Invisible Internet Project (I2P)
- Hyphanet (früher Freenet)

Weitere Lösungen

Neben den bereits vorgestellten Möglichkeiten gibt es noch In-Browser-Lösungen, die eine virtualisierte Umgebung bereitstellen. Ein Beispiel ist *Browserling* (*https://www.browserling.com*). Mit Browserling lässt sich direkt im eigenen Browser eine virtuelle Sitzung starten, in der verschiedene Browser wie Chrome oder Edge auf einem Windows-System simuliert werden. In der kostenlosen Variante steht eine dreiminütige Sitzung mit einer limitierten Auswahl an Browser-Versionen zur Verfügung.

Der Vorteil solcher Dienste liegt darin, dass Webseiten in einer isolierten Umgebung besucht werden können, ohne dass lokale Einstellungen, Add-ons oder gespeicherte Daten Einfluss nehmen. Dies ist besonders nützlich, wenn Sie recherchieren möchten, ohne Spuren auf Ihrem Computer zu hinterlassen.

Darüber hinaus existieren spezialisierte kommerzielle Anbieter wie *sockpuppet.io* (*https://www.sockpuppet.io*) und *ANONAAS* (*https://anonaas.ch*).

Diese Dienste bieten fertige, vollständig konfigurierte virtuelle Umgebungen, mit denen man sich anonym im Internet bewegen kann. Sie stellen eine breite Auswahl an vorkonfigurierten Identitäten, Standorten und Betriebssystemen zur Verfügung und kümmern sich um die technische Infrastruktur.

4.4.5 Browser

In diesem Abschnitt erhalten Sie einen Überblick über die verschiedenen Browser und deren besonderen Eigenschaften. Neben den klassischen Browsern wie Firefox und Chrome gibt es auch alternative Lösungen für individuelle Nutzungsbedürfnisse. So können Sie aus den vorhandenen Optionen den passenden Webbrowser für Ihre Anforderungen wählen.

Firefox

Firefox wird von der *Mozilla Foundation* bzw. der Mozilla Corporation als Open-Source-Projekt entwickelt. 2021 lag der Marktanteil von Firefox laut Statcounter GlobalStats weltweit bei 7,28 % und bei 19,79 % in Deutschland.

Firefox legt einen Fokus auf Datenschutz und Open-Source-Entwicklung. Firefox kann mit Erweiterungen ergänzt werden. Allerdings bringt Firefox bereits einige nützliche Funktionen mit, die Sie für Onlinerecherchen gut gebrauchen können.

Abbildung 4.7 Screenshots mit dem Firefox erstellen

Die integrierte Screenshot-Funktion von Firefox ist sehr komfortabel. Durch einen Rechtsklick auf der jeweiligen Webseite können Sie den Menüpunkt BILDSCHIRMFOTO AUFNEHMEN auswählen. Anschließend verändert sich der Mauszeiger und es kann ein Seitenbereich ausgewählt werden. Dabei macht Firefox auf Basis der HTML-Struktur der Webseite Vorschläge zur Bereichsauswahl (siehe Abbildung 4.7). In der rechten oberen Ecke finden Sie zudem die Optionen GESAMTE SEITE SPEICHERN und SICHTBAREN BEREICH SPEICHERN. Im nächsten Schritt kann der erstellte Screenshot entweder heruntergeladen oder in die Zwischenablage kopiert werden.

Eine weitere Möglichkeit, Screenshots von bestimmten Bereichen einer Webseite anzufertigen, findet sich in den *Web Developer Tools*.

Web Developer Tools

Web Developer Tools, oft auch als »Entwicklertools« oder »DevTools« bezeichnet, sind in modernen Webbrowsern integrierte Werkzeuge. Sie ermöglichen es, die Struktur (HTML), die Darstellung (CSS) und das Verhalten (JavaScript) sowie die Ressourcen und Netzwerkanfragen (HTTP) einer Webseite detailliert zu untersuchen. Die Web Developer Tools bieten meist interaktive Hilfsmittel wie das Inspektionswerkzeug, um Elemente auszuwählen und zu untersuchen.

Für Internetermittlungen spielen Web Developer Tools eine zentrale Rolle, da sie es ermöglichen, über die sichtbare Oberfläche einer Webseite hinauszugehen. Sie erlauben es, versteckte oder dynamisch geladene Inhalte, eingebettete Ressourcen, Kommentare im Quelltext, Metadaten und Verbindungen zu externen Servern aufzuspüren. So wird nachvollziehbar, welche Daten beim Seitenaufruf übertragen werden und welche Skripte beteiligt sind. Mit der Netzwerkanalyse lassen sich sämtliche Netzwerkaktivitäten einer Seite überwachen. So können Sie die HTTP-Transaktionen, also das Laden von Bildern, Skripten und anderen Inhalten nachvollziehen.

Hierbei wird der entsprechende Bereich im Inspector angewählt und dann über Rechtsklick • SCREENSHOT NODE ein Screenshot von dem entsprechenden Element angefertigt und sofort gesichert. In den Einstellungen der Web Developer Tools kann zusätzlich die Option TAKE A SCREENSHOT OF THE ENTIRE PAGE aktiviert werden. Dadurch wird ein kleines Kamerasymbol am rechten oberen Rand der Web Developer Tools sichtbar. Wenn Sie dieses Symbol anklicken, wird ein Screenshot der gesamten Webseite erstellt und sofort gespeichert. Übrigens können Sie den Kamerasound in den Einstellungen deaktivieren.

Auch die Web Developer Tools bieten umfangreiche Möglichkeiten, um einzelne Elemente einer Webseite zu untersuchen. Die Web Developer Tools bzw. Entwicklerwerkzeuge erreichen Sie in Firefox über Rechtsklick • UNTERSUCHEN. Alternativ können Sie Tastenkombinationen verwenden:

- [Strg] + [⇧] + [I] (Windows/Linux)
- [F12] oder [⌘] + [⌥] + [I] (macOS)

Der Inspector erlaubt es, einzelne Elemente einer Webseite gezielt zu untersuchen und die zugrunde liegenden HTML-Strukturen direkt zu analysieren oder zu verändern. Natürlich sind die Änderungen nur lokal, aber die Auswirkungen von Anpassungen sind unmittelbar sichtbar. Die Developer Tools können Sie sich in einem separaten Fenster anzeigen lassen oder diese im Browser an verschiedenen Stellen andocken.

Abbildung 4.8 Firefox-Entwicklerwerkzeuge

Über die Konsole lassen sich JavaScript-Befehle ausführen. So können Sie sich beispielsweise mit folgendem Befehl alle externen Links einer Webseite ausgeben lassen:

```
[...new Set([...document.querySelectorAll('a[href]')].map(a => a.href).
filter(u => new URL(u, location.href).origin !== location.origin))]
```

Wenn Sie über die Adressleiste `about:profiles` aufrufen, gelangen Sie zur Verwaltung der Benutzerprofile. Hier haben Sie die Möglichkeit, neue Profile anzulegen, bestehende Profile umzubenennen oder zu löschen sowie das aktuell aktive Profil zu wechseln. Jedes Profil kann dabei eigene Lesezeichen, Einstellungen, Add-ons und gespeicherte Passwörter enthalten. Das ist besonders praktisch, wenn Sie beispielsweise zwischen Arbeits- und Privatprofilen unterscheiden möchten oder mehrere Personen denselben Browser auf einem Computer verwenden. Änderungen, die Sie in einem Profil vornehmen, wirken sich nicht auf die anderen Profile aus. Der Wechsel zwischen den Profilen sowie die Erkennung, in welchem Profil man sich aktuell befindet, ist nicht optimal umgesetzt und erfordert manuelle Anpassungen des *Themes* – die Oberfläche des Browsers kann nach eigenen Vorstellungen gestaltet werden, etwa durch Themes und Anpassung der Menü- und Symbolleisten.

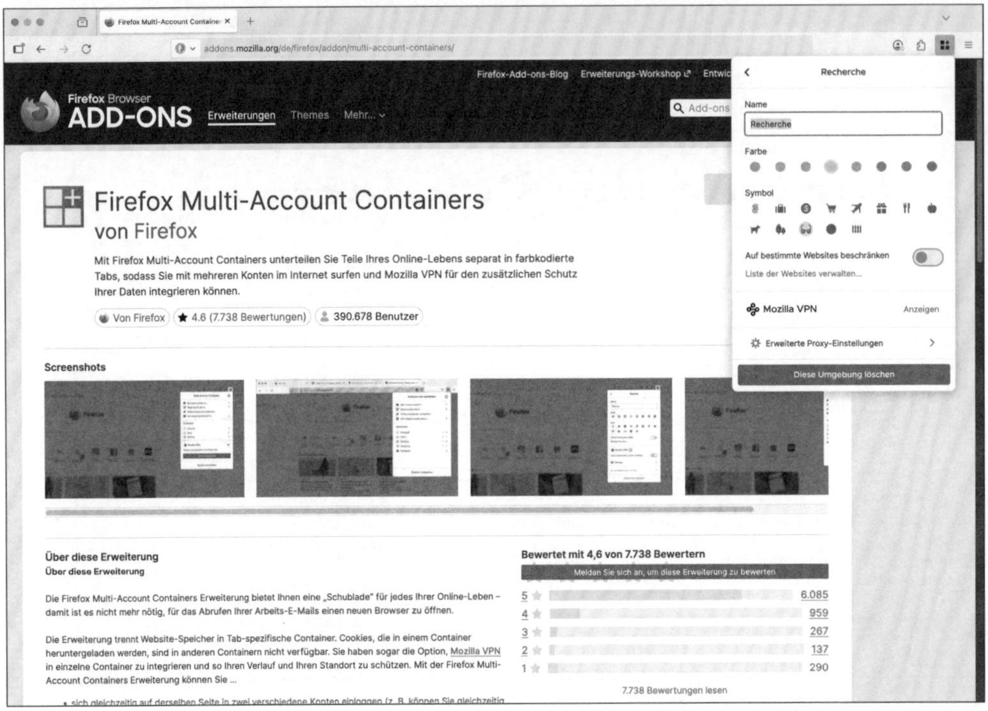

Abbildung 4.9 Firefox Multi-Account Containers

Über das Plug-in *Firefox Multi-Account Containers* (*https://addons.mozilla.org/de/firefox/addon/multi-account-containers/*) können Sie verschiedene Container anlegen, in denen jeweils getrennte Sitzungen laufen. Das bedeutet, dass auch hier Cookies, Log-ins und andere Website-Daten strikt voneinander getrennt werden. So ist es beispielsweise möglich, sich gleichzeitig mit verschiedenen Konten bei einem sozialen Netzwerk anzumelden, ohne dass die Sitzungen sich gegenseitig beeinflussen. Jeder Container erscheint dabei als farblich markierter Tab, sodass die Übersicht gewahrt bleibt. Zudem lassen sich Webseiten bestimmten Containern dauerhaft zuweisen, sodass diese immer im gewünschten Kontext geöffnet werden. Das erleichtert auch das Management von Recherche- und Arbeitskonten erheblich.

Firefox stellt zudem einen privaten Modus bereit, in dem beim Surfen keine Chronik, Suchverläufe oder Cookies gespeichert werden, was die Privatsphäre erhöht. Über ein Firefox-Konto ist es möglich, Lesezeichen, Passwörter, Einstellungen und sogar offene Tabs zwischen verschiedenen Geräten zu synchronisieren.

Tor Browser

Der Tor Browser ist ein speziell entwickelter Webbrowser, der auf Firefox basiert und darauf abzielt, ein Höchstmaß an Anonymität zu bieten. Im Gegensatz zu herkömmlichen Browsern leitet der Tor Browser den gesamten Datenverkehr über das Tor-Netzwerk (siehe Abschnitt 4.4.4). Dadurch wird die IP-Adresse verschleiert, was eine Rückverfolgung der Online-Aktivitäten erheblich erschwert und die Identität schützt.

Ursprünglich wurde das Tor-Projekt entwickelt, um die Privatsphäre besser zu schützen und die Umgehung von Zensur im Internet zu ermöglichen. Heute ist der Tor Browser ein unverzichtbares Werkzeug im Journalismus, Aktivismus, für Whistleblower und grundsätzlich für alle, die besonderen Wert auf Anonymität legen. Somit eignet er sich für besonders sensible Recherchen.

Neben dem Schutz der Identität und der Möglichkeit, Zensurmaßnahmen zu umgehen, bietet der Tor Browser verschiedene Sicherheitsfunktionen, darunter einen integrierten Schutz vor Tracking und Fingerprinting sowie die Option, keine Chronik oder Cookies zu speichern.

Hinweis

Um möglichst in der Masse unterzugehen, sollten Sie keine individuellen Anpassungen am Tor Browser vornehmen. Das bedeutet, Sie sollten die Standardeinstellungen des Browsers sowie das vorgegebene Erscheinungsbild beibehalten und keine zusätzlichen Add-ons installieren oder spezielle Konfigurationen vornehmen. Jeder Eingriff, wie die Änderung der Fenstergröße, kann Ihren Browser von anderen abheben und Sie potenziell identifizierbar machen. Der Tor Browser ist darauf ausgelegt, dass alle Nutzer ein möglichst einheitliches Profil aufweisen, sodass es für Webseiten und Dritte schwieriger wird, einzelne Nutzer wiederzuerkennen. Je weniger Sie an den Voreinstellungen verändern, desto besser vermischen sich Ihre Online-Aktivitäten mit denen anderer Tor-Nutzer und Ihre Anonymität bleibt gewahrt.

Zu den zentralen Merkmalen zählt die Auswahl aus drei vorkonfigurierten Sicherheitsstufen: »Standard«, »Safer« und »Safest«.

- Im Standardmodus sind alle Features des Browsers aktiviert, sodass Webseiten wie gewohnt funktionieren.
- Der Modus »Safer« deaktiviert potenziell riskante Funktionen wie JavaScript auf unverschlüsselten Seiten und schränkt bestimmte Medieninhalte ein.
- Im Modus »Safest« werden JavaScript und viele weitere Funktionen grundsätzlich deaktiviert, was die Sicherheit und Anonymität nochmals erhöht, aber die Nutzbarkeit vieler Webseiten beeinträchtigt.

100 % Schutz gibt es nicht

Vielleicht erinnern Sie sich noch an den Studenten, der über Tor eine Bombendrohung an seine Universität richtete. Oder an den Mann aus Berlin, der unter dem Pseudonym »NSU 2.0« Drohbriefe über Tor verschickte. Beide verschleierten ihre Identität mittels Tor und wurden schlussendlich trotzdem identifiziert und verhaftet. In beiden Fällen war jedoch nicht die Nutzung von Tor der Grund für die Verhaftung, sondern andere Puzzlestücke, die es den Ermittlern glücklicherweise ermöglichten, den Tätern auf die Schliche zu kommen. Dennoch zeigen diese und andere Beispiele, dass die Nutzung des Tor Browsers allein keine Garantie für absolute Anonymität ist.

Jede Verbindung wird über das dezentrale Tor-Netzwerk geleitet, wodurch die IP-Adresse und der Standort des Nutzers verschleiert werden. Das ist hilfreich, um beispielsweise Recherchen auf Webseiten durchzuführen, ohne rückverfolgbare Spuren zu hinterlassen. Zudem ermöglicht der Tor Browser den Zugriff auf das »Darkweb«, also auf Inhalte, die unter *.onion*-Adressen erreichbar sind.

Chrome

Google Chrome ist sowohl global als auch in Deutschland der meistgenutzte Browser. Gemäß Statcounter GlobalStats lag 2021 der Marktanteil weltweit bei 67,34 % und bei 45,31 % in Deutschland. Große Teile des Quellcodes wurden von Google in dem Open-Source-Projekt *Chromium* veröffentlicht, das mittlerweile als Basis für viele weitere Browser dient. Tabs können gruppiert und die Tab-Gruppen umbenannt werden.

Für das Management von Rechercheaccounts sind die *individuellen Profile* innerhalb von Chrome sehr nützlich. Mit ihnen können ohne großen Aufwand mehrere Accounts parallel in einem sozialen Netzwerk betrieben werden. Darüber hinaus können Sie für jedes Profil Erweiterungen und Einstellungen vornehmen, um es an Ihre eigenen Bedürfnisse anzupassen. So können Sie z. B. für ein Profil festlegen, dass immer die letzte Sitzung geöffnet wird, und für ein anderes Profil, dass der Verlauf beim Schließen des Browsers vollständig gelöscht wird. Mittels Namen und farblichen Anpassungen können die Profile voneinander optisch unterscheidbar gemacht werden. Mit einem Klick auf das Profil-Icon im Menüband lässt sich komfortabel zwischen den Profilen wechseln.

Die Developer Tools oder auch *Chrome DevTools* erreichen Sie über UNTERSUCHEN im Kontextmenü oder über die folgenden Tastenkombinationen:

- [Strg] + [⇧] + [I] (Windows/Linux)
- [F12] oder [⌘] + [⌥] + [I] (macOS)

Mit der Netzwerkanalyse lassen sich sämtliche Netzwerkaktivitäten einer Seite überwachen. So können Sie die HTTP-Transaktionen nachvollziehen, also das Laden von

Bildern, Skripten und anderen Inhalten. Die Developer Tools können Sie sich in einem separaten Fenster anzeigen lassen oder diese im Browser an verschiedenen Stellen andocken.

Eine weitere Funktionalität der Chrome Developer Tools ist der *Mobile Device Mode*. Dieser ist über das Smartphone-Icon aktivierbar. Mit dieser Funktion können Sie die Verwendung eines mobilen Geräts sowie einen beliebigen Standort simulieren. Navigieren Sie hierfür über das Zahnrad-Icon zu den Einstellungen der Developer Tools. Dort finden Sie den Unterpunkt STANDORTE. Einige Standorte sind als Optionen bereits hinterlegt. Über den Button STANDORT HINZUFÜGEN können Sie einen neuen Standort anlegen. Nun können Sie über das Drei-Punkte-Menü der Developer Tools WEITERE TOOLS • SENSOREN aufrufen und den Ort über das Dropdown-Menü ändern.

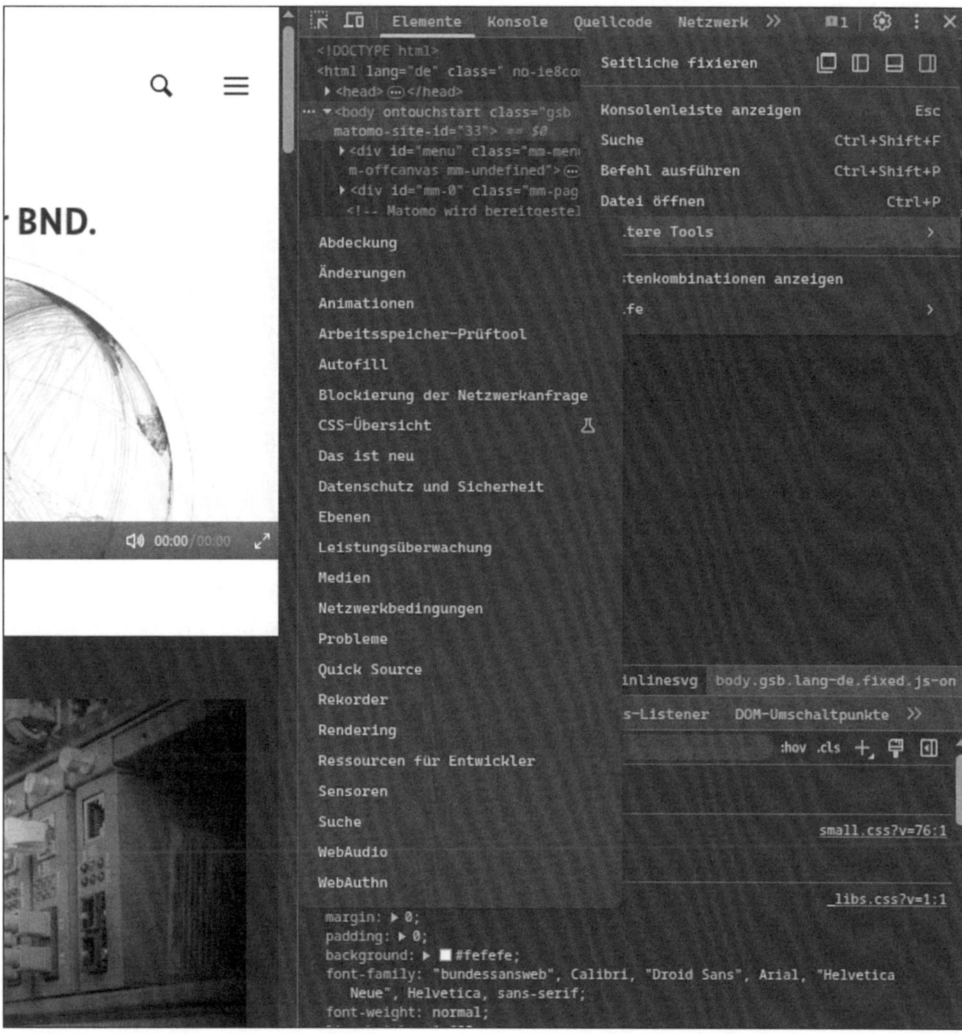

Abbildung 4.10 Chrome – Standort ändern

Auch Chrome hat eine eingebaute Screenshot-Funktion, sie ist nur besser versteckt. Öffnen Sie hierfür die Chrome-Entwicklertools und dann die Kommandoeingabe über das Dreipunkt- oder Kebab-Menü via BEFEHL AUSFÜHREN. Alternativ nutzen Sie folgende Tastenkombinationen:

- [Strg] + [⇧] + [P] (Windows/Linux)
- [⌘] + [⇧] + [P] (macOS)

Über die Eingabe `screenshot` können Sie anschließend aus vier Optionen wählen:

- KNOTEN-SCREENSHOT AUFNEHMEN erstellt einen Screenshot vom in den Developer Tools ausgewählten Objekt.
- SCREENSHOT ERSTELLEN erstellt einen Screenshot des aktuell sichtbaren Bereichs der Webseite.
- SCREENSHOT IN VOLLER GRÖSSE AUFNEHMEN scrollt die gesamte Seite herunter und speichert alles in einer Bilddatei.
- SCREENSHOT VOM BEREICH AUFNEHMEN erstellt einen Screenshot von dem anschließend ausgewählten Bereich an.

Chromium und Brave

Da Chromium die Grundlage für Chrome bildet und viele andere Browser darauf basieren, unterscheiden sich deren Funktionen nur geringfügig von Chrome. Besonders praktisch ist, dass diese Browser grundsätzlich Plug-ins von Chrome unterstützen.

Der Browser *Brave* basiert ebenfalls auf Chromium und legt einen Fokus auf Privatsphäre und Sicherheit. Brave bietet eigene Synchronisationsmöglichkeiten, wodurch kein Google-Konto notwendig ist. Die Funktion *Brave Shields* blockiert standardmäßig Werbung, Tracker, Fingerprinting und Drittanbieter-Cookies. Die Funktion kann für einzelne Websites deaktiviert werden. Eine Besonderheit ist die Option, ein neues Fenster mit Tor zu öffnen. Hierbei stellt Brave eine Verbindung über das Tor-Netzwerk her (siehe Abschnitt 4.4.4), wodurch Sie einerseits an Privatsphäre gewinnen und andererseits *.onion*-Links aufrufen können – sogenannte *Hidden Services*. Brave selbst warnt aber davor, dass diese Option im Vergleich zum Tor Browser (siehe oben) weniger Sicherheit bietet.

Vivaldi

Vivaldi verspricht Leistung, Produktivität und Privatsphäre. Der Browser basiert ebenfalls auf Chromium und unterstützt somit auch Erweiterungen aus dem Chrome Web Store. Weiterhin stimmen die Webentwickler-Tools bzw. DevTools mit denen von Chrome überein. Zu den Funktionen gehören Werbe- und Tracker-Blocking sowie ein integrierter Übersetzer. Dieser nutzt *Lingvanex*, das von Vivaldi selbst gehostet wird.

Vivaldi unterstützt Browser-Profile, wodurch Sie mehrere getrennte Nutzerkonten innerhalb des Browsers erstellen können. Jedes Profil verfügt über eigene Einstellungen, Lesezeichen, Erweiterungen, Cookies und einen separaten Verlauf. So können Sie beispielsweise für verschiedene Rechercheidentitäten jeweils ein eigenes Profil nutzen und vermeiden, dass sich Daten oder Anmeldungen vermischen. Die Verwaltung und das Anlegen neuer Profile erfolgen direkt im Vivaldi-Browser. Zwischen den Profilen gewechselt wird per Klick auf das Profil-Icon im Menüband. Außerdem können Sie beim Start von Vivaldi die vorhandenen Profile anzeigen lassen und auswählen.

Als weiteres Hilfsmittel zur Organisation stehen Ihnen als *Workspaces* bezeichnete Arbeitsbereiche zur Verfügung. Diese ermöglichen es, unterschiedliche Projekte oder Themen voneinander getrennt zu organisieren. Die Nutzung von Workspaces erleichtert das parallele Arbeiten an mehreren Themen, da Sie jederzeit schnell zwischen den Arbeitsbereichen wechseln und den jeweiligen Kontext beibehalten können.

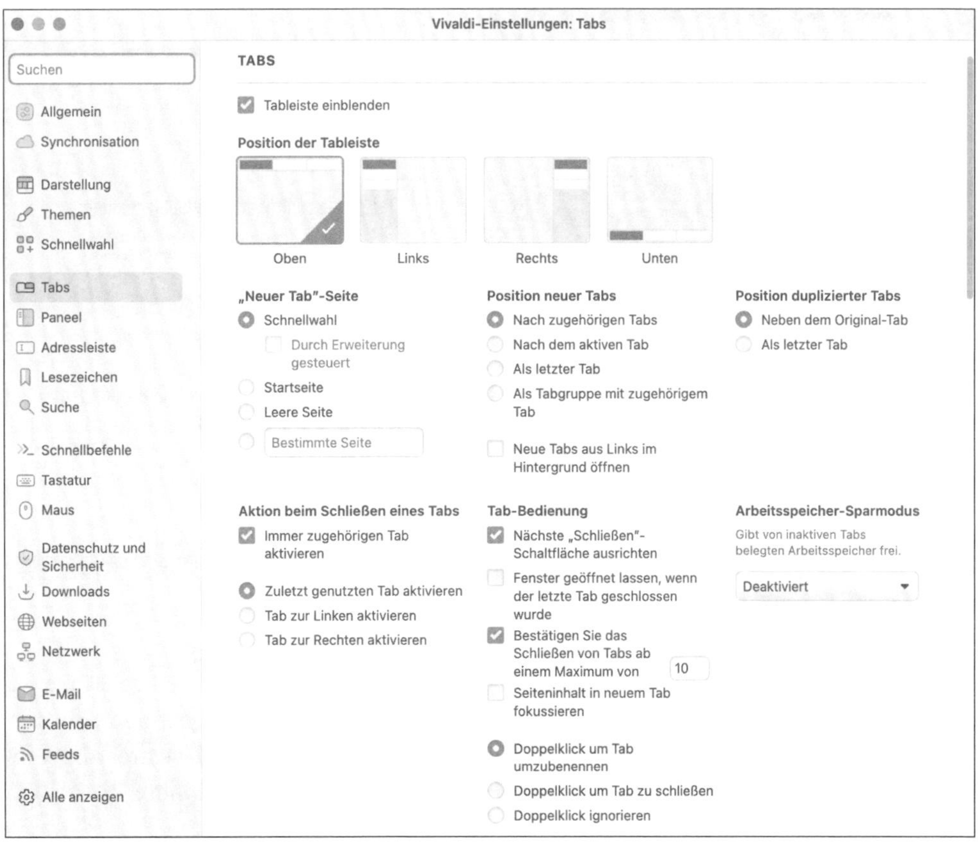

Abbildung 4.11 Vivaldi: Tab-Einstellungen

Zu den Besonderheiten von Vivaldi, die ich besonders schätze, gehört das Tab-Management. Wie viele Browser kennen Sie, bei denen die Einstellungen einen eigenen Menüpunkt haben, bei dem Sie dann auch noch scrollen können? Hier sind die Anpassungsmöglichkeiten nahezu unbegrenzt.

So können Sie z. B. wählen, ob die Tabs wie gewohnt oben positioniert werden sollen oder an einem anderen Rand. Außerdem können Tabs gruppiert werden und den Tab-Gruppen können neue Namen zugewiesen werden. Eine Auswahl von Tabs oder alle Tabs können als sog. *Session* gespeichert werden und zu einem späteren Zeitpunkt geladen werden.

Neben dem Tab-Management gibt es weitere integrierte Funktionen wie beispielsweise das Anfertigen von Notizen und einen Countdown bzw. Timer.

Ein ausgesprochen hilfreiches Feature bietet Vivaldi mit der Kachel-Ansicht. Auf diese Weise können Sie zwei Webseiten in einem horizontal oder vertikal geteilten Fenster betrachten. Alternativ können Sie mehrere Webseiten als Kacheln (siehe Abbildung 4.12) in einer anpassbaren Grid-Ansicht anzeigen.

Abbildung 4.12 Vivaldi: Kachelansicht

Diese Funktion habe ich bei verschiedenen Gelegenheiten zu schätzen gelernt, etwa beim Vergleich einer aktuellen Webseite mit einer historischen Version in der Wayback Machine. Genauso während des Live-Monitorings mehrerer Livestreams, Webcams und Presseticker bei herausragenden Lagen wie Demonstrationen.

Mittels [⊞] oder [⌘] + [E] (macOS) wird die Schnellbefehleingabe (Quick Command) geöffnet. Diese ermöglicht Ihnen Folgendes:

- offene Tabs, Suchhistorie und verfügbare Befehle suchen
- geschlossene Tabs/Lesezeichen öffnen
- Notizen erstellen
- Befehlsketten ausführen
- Seitenaktionsfilter anwenden
- einfache Berechnungen durchführen

Befehlsketten funktionieren wie eine Art Makro, mit dem Sie Aktionen im Browser automatisieren können – zum Beispiel die aktuelle Textauswahl mit DeepL übersetzen oder ein Bild per Mouseover in eine Bilderrückwärtssuche überführen.

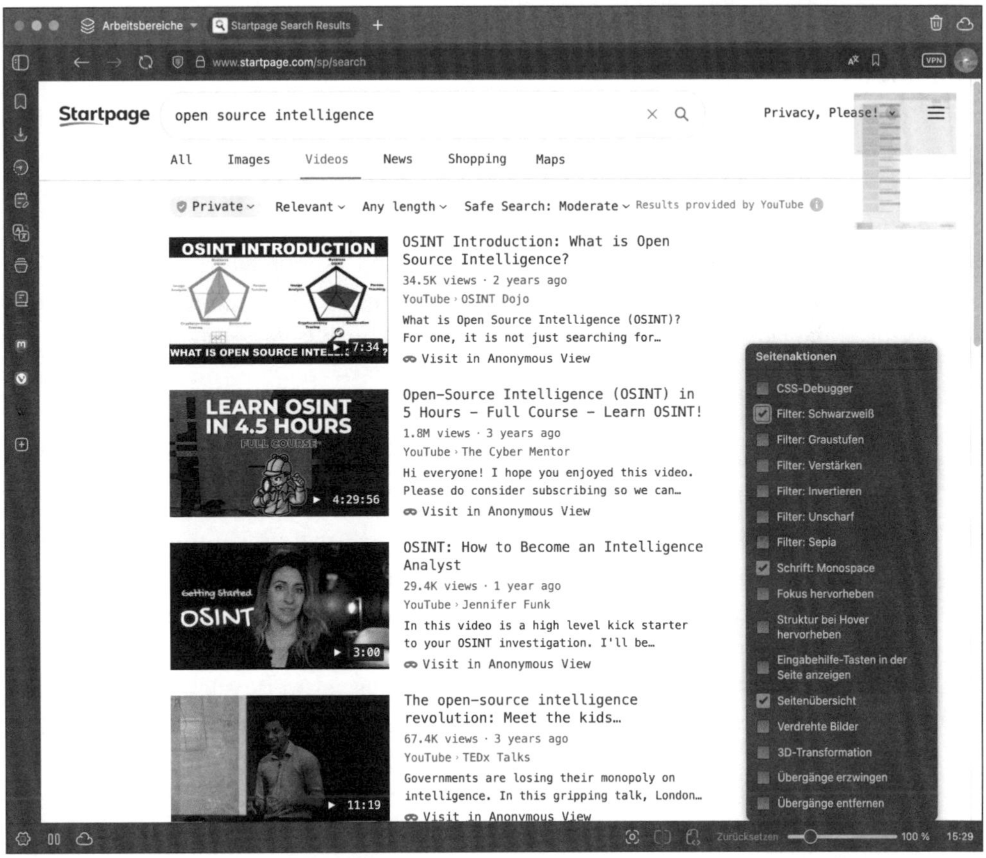

Abbildung 4.13 Vivaldi: Seitenaktionen

Seitenaktionsfilter lassen sich entweder schnell über das »Quick Command«-Menü ein- und ausschalten oder direkt über das Dokument-Symbol mit den spitzen Klammern in der Statusleiste an- und abwählen. Mit diesen Filtern lässt sich die Darstellung einer Webseite gezielt anpassen. So können Sie beispielsweise die Farben invertieren, eine Seitenübersicht anzeigen, die Schriftart auf Monospace umschalten oder die HTML-Struktur hervorheben.

Über das kleine Kamerasymbol in der Statusleiste können Screenshots angefertigt werden. Hierbei kann entweder die gesamte Webseite oder ein ausgewählter Bereich gesichert werden. Zudem kann JPG oder PNG als Ausgabeformat gewählt werden, alternativ kann eine Notiz erstellt oder aber der Screenshot in die Zwischenablage geladen werden.

Eine weitere Besonderheit von Vivaldi ist der Funktionsumfang, der einen Kalender, ein E-Mail-Postfach und einen RSS-Reader nahtlos in den Browser integriert. Insgesamt ist Vivaldi für mich der Browser mit den meisten Funktionen und Anpassungsmöglichkeiten – und zwar mit Abstand.

Mullvad

Mullvad wurde in enger Zusammenarbeit zwischen dem gleichnamigen VPN-Anbieter und dem Tor Project entwickelt. Der Browser legt seinen Fokus auf Datenschutz und Privatsphäre. Er verzichtet konsequent auf die Erfassung von Nutzungsdaten, auf Telemetrie sowie personalisierte Werbung und ist quelloffen. Der Browser basiert auf Mozilla Firefox. Einheitliche Einstellungen und Anti-Fingerprinting-Techniken erschweren es Webseiten, einzelne Nutzer zu erkennen. Im Gegensatz zum Tor Browser ist Mullvad gedacht, um in Kombination mit einem VPN genutzt zu werden.

KI-Browser

Auch Browser sind vor dem Einfluss von künstlicher Intelligenz nicht gefeit. Immer mehr Browser integrieren KI-Funktionen oder starten gar als KI-Browser.

KI-Browser bieten zahlreiche intelligente Werkzeuge, darunter automatisierte Übersetzungen, Zusammenfassungen, intelligente Suchvorschläge oder sogar die Analyse von Webseiteninhalten in Echtzeit. Diese Funktionen sind besonders bei der Auswertung großer Datenmengen von großem Vorteil, da sie diese effizienter gestalten und repetitive Aufgaben automatisieren. So können beispielsweise relevante Informationen auf Webseiten schneller identifiziert, extrahiert und in strukturierter Form aufbereitet werden. Darüber hinaus unterstützen KI-Browser bei der Überwindung von Sprachbarrieren, indem sie fremdsprachige Inhalte sofort übersetzen und so die Recherche in fremden Sprachen vereinfachen.

- **Browser Operator** (*https://browseroperator.io*) ist ein quelloffener Webbrowser, der sich besonders auf Datenschutz und Privatsphäre konzentriert. Aktuell befindet er sich noch in einer frühen Entwicklungsphase, weshalb einige Funktionen möglicherweise noch nicht vollständig ausgereift sind oder stetig weiterentwickelt werden. Ein Merkmal von Browser Operator ist die Integration von KI-Agenten, die verschiedene Aufgaben automatisieren und die Nutzung des Browsers effizienter gestalten können. Für die Nutzung dieser KI-Funktionen ist ein Zugang zur OpenAI-API erforderlich. Alternativ können Sie über LiteLLM ein eigenes, lokales KI-Modell einbinden.

- **Orion** (*https://kagi.com/orion/*) ist ein vergleichsweise neuer Webbrowser, der sich insbesondere dem Schutz der Privatsphäre verschrieben hat. Aktuell befindet sich Orion noch in der öffentlichen Beta-Phase und ist ausschließlich für macOS verfügbar. Die technische Grundlage bildet Webkit, also die Engine, die auch Apples Standardbrowser *Safari* antreibt. Ein besonderes Highlight ist die Unterstützung von Erweiterungen sowohl aus dem Chrome- als auch dem Firefox-Ökosystem. Allerdings befinden sich diese Funktionen noch in der Entwicklung.

  Ein besonders interessantes Feature von Orion ist das Konzept der sogenannten *Quick Searches* mit Variablen, die es in ähnlicher Form auch in anderen Browsern gibt, hier aber besonders komfortabel ist. Sie können so Suchanfragen über Lesezeichen-Schlüsselwörter konfigurieren und beispielsweise gezielt auf bestimmten Webseiten suchen.

  Um beispielsweise eine YouTube-Suche in Orion zu integrieren, wird ein Lesezeichen für die gewünschte Suchseite angelegt – etwa `https://www.youtube.com/results?search_query=osint`. Anschließend ersetzen Sie die Zeichenkette `osint` durch `%s` und vergeben als Schlüsselwort beispielsweise `yt`. Ab sofort können Sie in der Adressleiste von Orion einfach `yt osint` eingeben, um direkt nach `osint` oder anderen Keywords auf YouTube zu suchen. Diese flexible Suchfunktion erleichtert das gezielte Recherchieren und kann individuell an zahlreiche weitere Plattformen und Suchdienste angepasst werden.

- **Comet** (*https://www.perplexity.ai/comet/*) ist ein innovativer Browser von Perplexity, der auf Chromium basiert und speziell auf die Integration von KI-gestützten Assistenzfunktionen ausgelegt ist.

  Comet bietet einen KI-Assistenten in der Seitenleiste, der Inhalte zusammenfasst, Fragen beantwortet und kontextbezogene Erklärungen liefert. Mithilfe autonomer KI-Agenten sucht Comet Informationen, analysiert Quellen und führt Aufgaben wie E-Mail-Versand oder Terminplanung automatisch aus. Die integrierte KI-Suche gibt direkt relevante Antworten statt vieler Links. Dank Anbindungen lässt sich Comet leicht mit Tools wie Gmail oder Slack verbinden und unterstützt persönliche Workflows.

  Comet ist kein Browser im klassischen Sinn. Hier stehen der KI-Assistent und autonome Agenten im Mittelpunkt, während traditionelle Browser hauptsächlich Webseiten anzeigen.

Wie bei allen KI-Tools müssen Sie die Ergebnisse unbedingt gegenprüfen. Wie Sie in Abbildung 4.14 sehen können, sind die Ergebnisse nicht immer korrekt. So stimmt es zwar, dass die *German Open Source Intelligence Conference* seit 2020 von Matthias Wilson und mir organisiert und moderiert wird, aber das kleine Kernteam aus Frankfurt am Main existiert nicht.

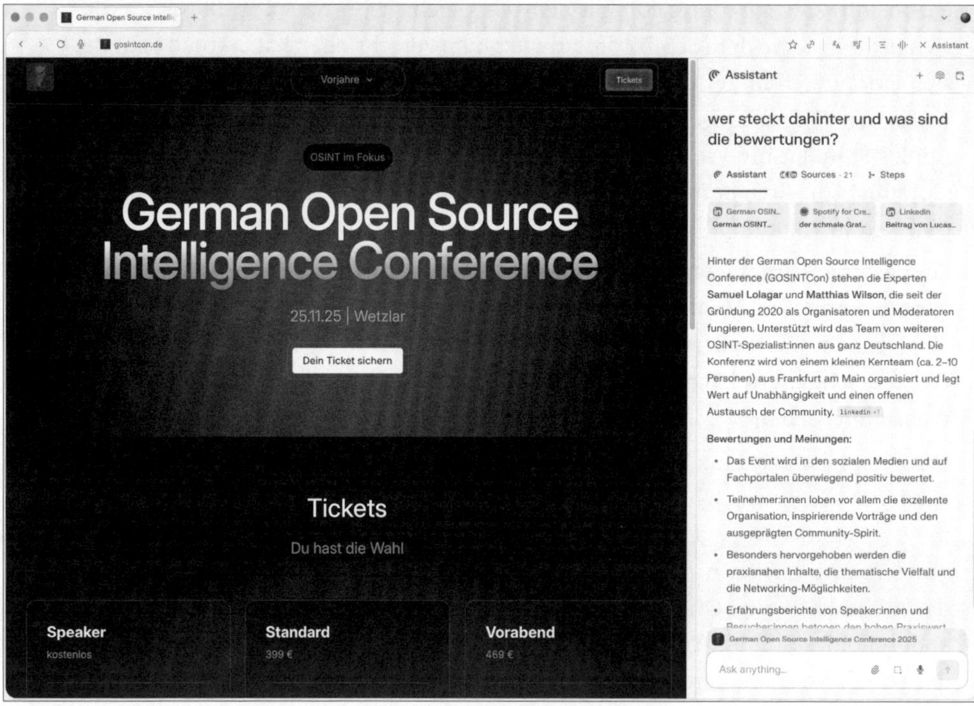

Abbildung 4.14 Comet: Analyse der GOSINTCon-Webseite

Die Entwicklungen im Bereich der KI sind rasant und so werden in Zukunft sicherlich die Fehler immer seltener werden und neue Funktionen hinzukommen. Bereits jetzt ist die Unterstützung, um große Datenmengen effizient zu durchsuchen, hilfreich.

4.4.6 Plug-ins

Browser-Plug-ins, auch als *Erweiterungen*, *Extensions* oder *Add-ons* bekannt, sind kleine Programme, die den Funktionsumfang eines Webbrowsers gezielt erweitern. So lässt sich der Browser an die eigenen Bedürfnisse anpassen. Die Bandbreite reicht von einfachen Anpassungen der Darstellung bis hin zu spezialisierten Anwendungen zur automatischen Datenextraktion.

Persönlich bin ich zwar kein besonders großer Fan von Browser-Plug-ins, da sie unter Umständen die Leistung beeinträchtigen oder potenzielle Sicherheitsrisiken bergen können. Dennoch lassen sich die Vorteile nicht leugnen und die eine oder andere Funktionalität möchte ich nicht mehr missen.

Blur

Die Erweiterung »Blur. The Image and Video blur extension« bietet eine standardmäßige Weichzeichnung von Bilddateien auf Webseiten. Das Plug-in ist verfügbar für Chrome, Firefox und Edge:

- *https://chromewebstore.google.com/detail/blur-the-image-and-video/aikjogmpaoaookmacnkbenekcnkjlkmi*
- *https://addons.mozilla.org/en-US/firefox/addon/blur-image-and-video/*
- *https://microsoftedge.microsoft.com/addons/detail/blur-the-image-and-video/nafbpbhioliokbigkbhilddllmdoolad*

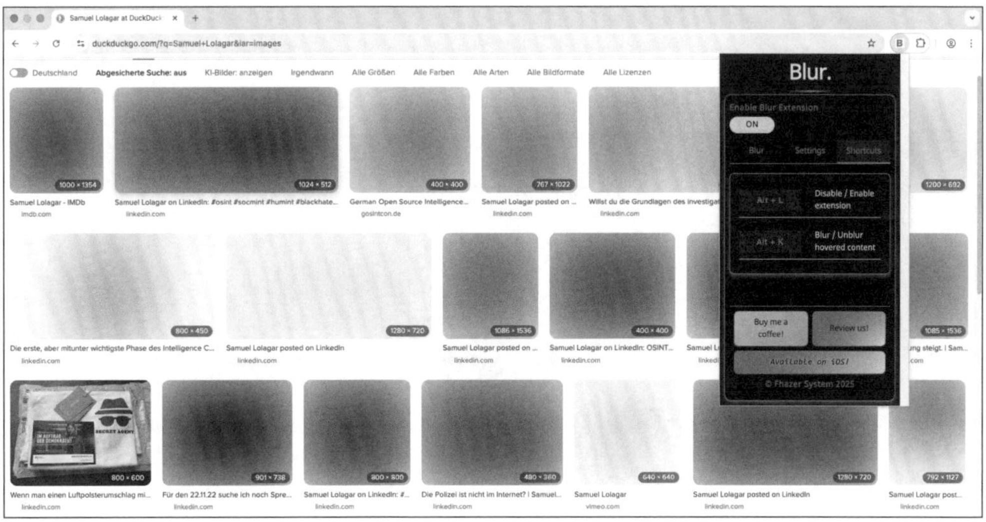

Abbildung 4.15 Plug-in: Blur

In den Einstellungen lässt sich der Grad der Unschärfe individuell anpassen. Auch lassen sich bestimmte Webseiten ausschließen und gezielt Bilder, Videos oder iFrames auswählen, die bearbeitet werden sollen. Mit Tastenkombinationen kann die Weichzeichnung vollständig oder selektiv aufgehoben werden:

- [Alt] + [K] bzw. [Alt] + [L] (Windows)
- [⌥] + [K] bzw. [⌥] + [L] (macOS)

Copyfish

Die Erweiterung *Copyfish* können Sie in Chrome, Firefox und Edge installieren. Unter *https://ocr.space/copyfish* finden Sie die Downloads und weitere Informationen zur

Nutzung. Copyfish ist ein OCR-Tool (*Optical Character Recognition*), das Ihnen hilft, Text direkt aus Bildern und sogar aus eingebetteten Videos zu extrahieren.

Nach einem Klick auf das fischförmige Icon können Sie einen gewünschten Bereich auf dem Bildschirm auswählen, woraufhin Copyfish versucht, die dort enthaltenen Textzeichen zu erkennen und für Sie bereitzustellen. Dies ist besonders hilfreich bei fremdsprachigen oder nicht-lateinischen Schriftzeichen. Dank integrierter Quicklinks zu DeepL und Google Translate können Sie erkannte Texte unmittelbar übersetzen lassen und erhalten so rasch einen ersten Einblick in den Inhalt.

In Abbildung 4.16 sehen Sie, wie die Erweiterung grundsätzlich arbeitet. Zunächst klicken Sie das Icon der Erweiterung, dann wählen Sie den Bereich aus, in dem die Texterkennung erfolgen soll.

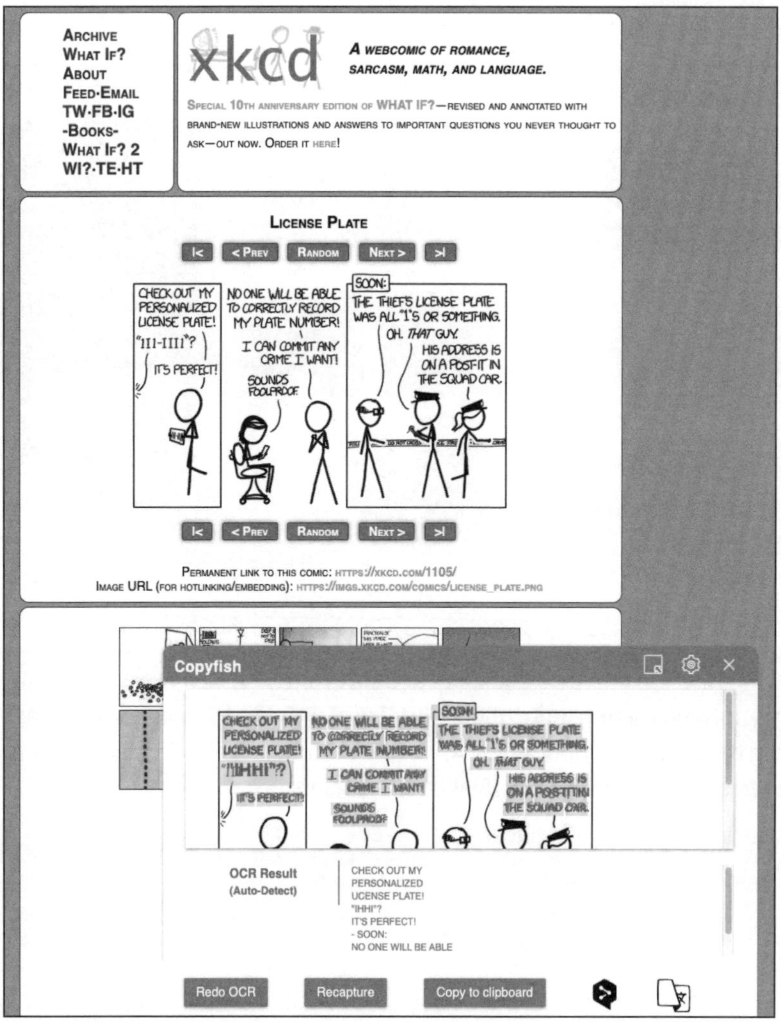

Abbildung 4.16 Copyfish erkennt den Text im Webcomic »XKCD«

Anschließend öffnet sich das kleine Pop-up, das Ihnen den erkannten Text im Bild farblich hervorhebt und darunter den Text ausgibt. Wie Sie in dem Beispiel sehen, ist die Erkennung nicht immer hundertprozentig korrekt, insbesondere bei kleinen Texten können Fehler auftreten.

In den Einstellungen, die Sie über das Zahnrad-Symbol oder über einen Rechtsklick auf die Erweiterung • OPTIONS erreichen, können Sie u. a. zwischen drei OCR-Engines wählen:

- Engine 1 (unterstützt mehr Sprachen)
- Engine 2 (bessere alphanumerische Erkennung)
- XModule Local OCR (lokale Installation)

Die lokale Installation ist notwendig, wenn Sie möchten, dass die Inhalte Ihr Gerät nicht verlassen.

Instant Data Scraper

Den *Instant Data Scraper* gibt es ausschließlich für Chrome und Edge sowie für andere Browser, die auf Chromium basieren. Sie finden die Erweiterung im Google Web Store unter *https://chromewebstore.google.com/detail/instant-data-scraper/ofaokhiedipichpaobibbnahnkdoiiah*. Nach der Installation erscheint in Ihrem Browser ein kleines Icon, das stark an einen Pokéball aus Pokémon erinnert. Das passt, denn mit diesem Tool können Sie Daten von Webseiten einfangen und extrahieren – und nicht in jedem Fall gelingt dies auf Anhieb.

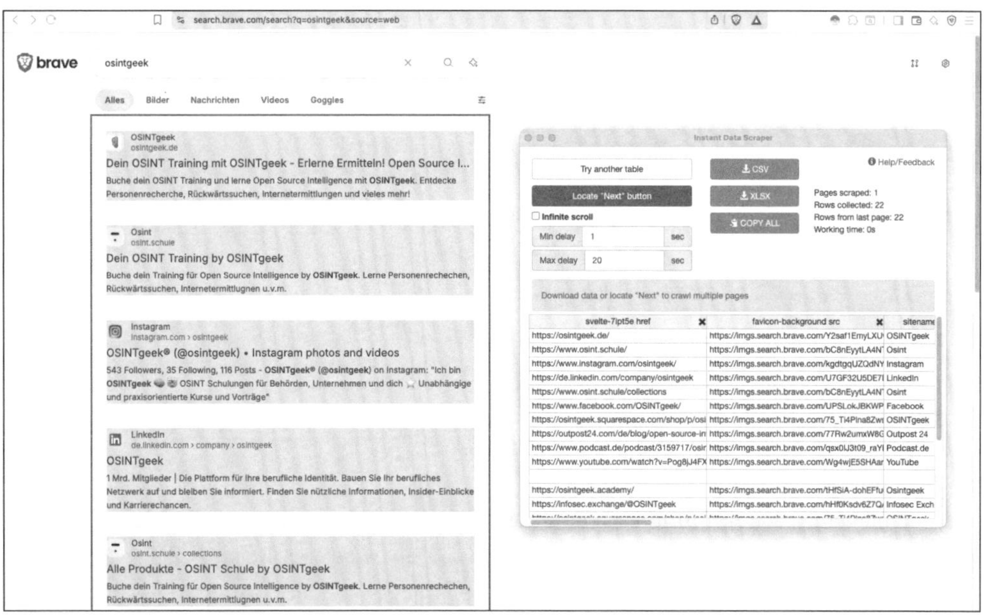

Abbildung 4.17 Instant Data Scraper

Wie in Abbildung 4.17 zu sehen, öffnet ein Klick auf das Symbol das Kontextfenster des Instant Data Scrapers. Die Erweiterung analysiert daraufhin automatisch die Webseite und versucht, strukturierte Daten wie Tabellen oder Listen zu erkennen. Die erkannte Liste wird farblich hervorgehoben. Innerhalb des Kontextfensters haben Sie die Möglichkeit, die erkannten Spalten individuell anzupassen, weitere Datenquellen auf der Seite zu durchsuchen oder ein Zeitintervall (*Delay*) für automatisierte Abfragen festzulegen.

Besonders praktisch: Sind die gewünschten Daten auf mehrere Seiten verteilt, können Sie im Plug-in den Button zum Weiterblättern definieren. Der Instant Data Scraper navigiert dann automatisch durch alle Seiten und sammelt die Informationen für Sie ein. Sobald der Erfassungsvorgang abgeschlossen ist, stehen Ihnen die gesammelten Daten als Export zur Verfügung. Sie können diese direkt als CSV- oder XLSX-Datei herunterladen.

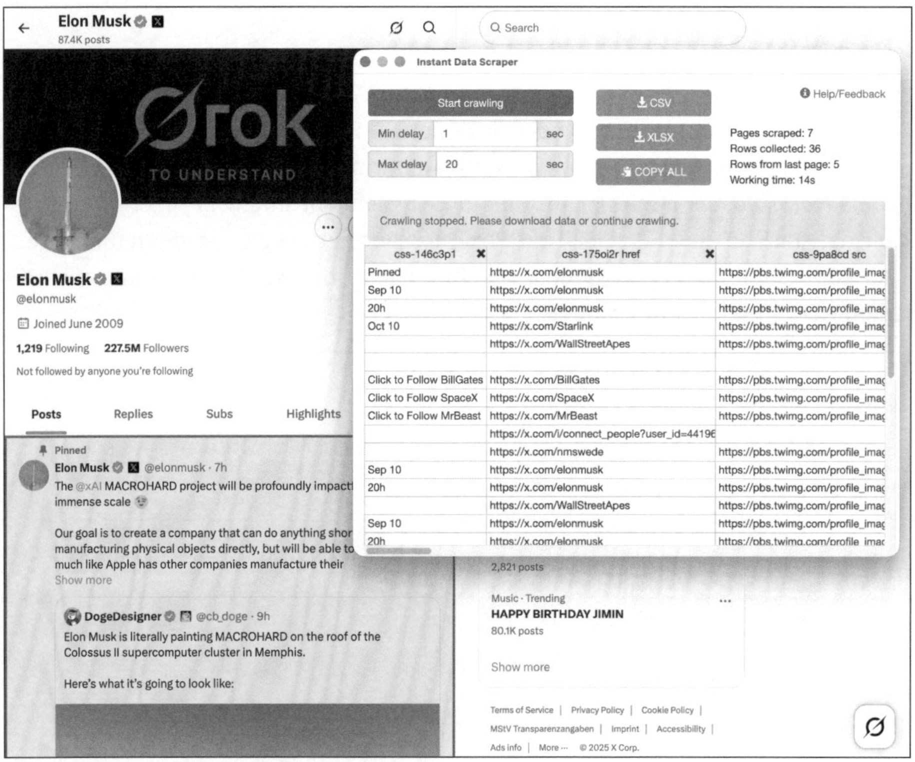

Abbildung 4.18 Instant Data Scraper: Beispiel

Vielleicht erscheint Ihnen an dieser Stelle der Nutzen des Instant Data Scrapers noch etwas abstrakt. In Abbildung 4.18 sehen Sie ein weiteres Beispiel. Hier wurde der Instant Data Scraper für den Download der Tweets von Elon Musk eingesetzt. Dieses

Vorgehen können Sie auch bei anderen Plattformen nutzen, um so Inhalte strukturiert zu sichern.

> **Hinweis**
>
> Beachten Sie beim Scraping, dass dies gegen die Nutzungsbedingungen verstoßen kann bzw. auch zur Sperrung Ihres Accounts führen kann. Nutzen Sie daher einen Account, dessen Verlust verkraftbar ist.

Easy Scraper

Ein ganz ähnliches Plug-in steht Ihnen mit dem *Easy Scraper* zur Verfügung. Diesen finden Sie unter *https://easyscraper.com*. Das Plug-in funktioniert ausschließlich in Chrome und anderen Browsern, die auf Chromium basieren.

Easy Scraper bietet ähnliche Funktionen wie der Instant Data Scraper, also das automatische Erkennen und Extrahieren strukturierter Daten auf Webseiten. Das Plug-in hat aber auch eine besonders nützliche Zusatzfunktion: Sie können ihm eine Liste von URLs im CSV-Format übergeben. Nach dem Import dieser URL-Liste konfigurieren Sie, welche Felder auf den Zielseiten extrahiert werden sollen. Das Plug-in besucht dann automatisch alle angegebenen Webseiten, sammelt die gewünschten Daten und exportiert die Ergebnisse je nach Bedarf als CSV- oder JSON-Datei – oder Sie kopieren die Daten direkt in die Zwischenablage.

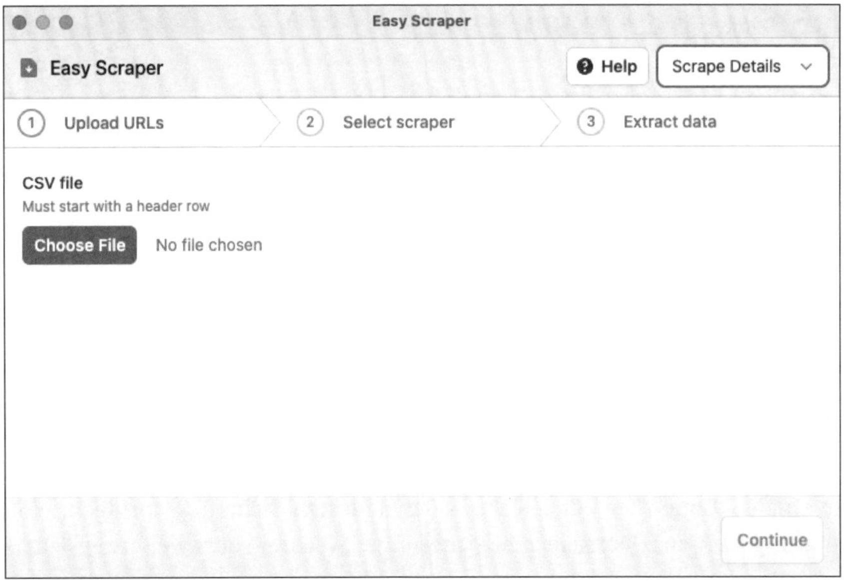

Abbildung 4.19 Easy Scraper

GoFullPage

Die Browser-Erweiterung *GoFullPage* (*https://gofullpage.com/*) steht für Chrome und Edge zur Verfügung und unterstützt Sie bei der Erstellung von Screenshots ganzer Webseiten. Im Gegensatz zu den integrierten Screenshot-Funktionen der meisten Browser, die in der Regel nur den sichtbaren Bereich erfassen, ermöglicht GoFullPage die Aufnahme der gesamten Seite. Die Erweiterung scrollt die Webseite automatisch von oben nach unten ab und fügt die einzelnen Ansichten zu einem vollständigen Screenshot zusammen. Anschließend wird Ihnen das Ergebnis in einem neuen Tab angezeigt, wo Sie es als Bilddatei oder PDF exportieren können.

Wayback Machine

Ein wirklich praktisches Plug-in ist die *Wayback Machine Web Browser Extension*. Mit dieser Erweiterung, die für Chrome, Edge, Firefox und Safari zur Verfügung steht, können Sie mit nur zwei Klicks eine Sicherung der aktuellen Webseite anstoßen. Klicken Sie hierfür einfach auf das Icon der Erweiterung. Nach einem Augenblick sehen Sie, wann die letzte Sicherung erfolgte, sofern die Webseite in der Vergangenheit archiviert wurde.

Abbildung 4.20 Plug-in der »Wayback Machine«

Darüber hinaus können Sie zur ältesten oder neuesten Sicherung springen, eine Sicherung anstoßen, zur Übersicht aller Sicherungen wechseln oder weitere gesicherte URLs anzeigen lassen. Den Quellcode sowie Links zu den jeweiligen Erweiterungen finden Sie unter *https://github.com/internetarchive/wayback-machine-webextension*.

4.4.7 Best Practices für sichere Recherchen

In diesem Abschnitt möchte ich Ihnen einige etablierte und sinnvolle Möglichkeiten aufzeigen, wie Sie Ihre Online-Accounts schützen können. Als Grundprämisse möchte ich aber hervorheben, dass physische Sicherheit das Fundament für digitale Sicherheit bildet. Wenn jemand physischen Zugriff auf Ihre Geräte hat, kann diese Person sich mit hoher Wahrscheinlichkeit auch Zugang zu Ihren Daten verschaffen.

Eines der am häufigsten übersehenen Risiken ist das eigene E-Mail-Postfach. Das E-Mail-Postfach ist die Achillessehne digitaler Identitäten. Von Natur aus sind E-Mail-Adressen nach außen exponiert und viele Mailserver erlauben umfangreiche Abfragen, wie Sie im Verlauf dieses Buches noch sehen werden. Überlegen Sie kurz, was geschieht, wenn jemand unbefugt Zugriff auf Ihr E-Mail-Konto erhält: Diese Person kann nicht nur Ihre Kommunikation und Kontakte einsehen, sondern auch in Ihrem Namen handeln, neue Accounts anlegen oder bestehende übernehmen. Wer musste nicht schon einmal ein vergessenes Passwort zurücksetzen? Oft ist dazu lediglich die E-Mail-Adresse erforderlich. Mit dem entsprechenden Bestätigungscode oder -link aus der E-Mail lässt sich das Passwort problemlos ändern. Deshalb sollten Sie Ihr E-Mail-Konto besonders schützen und es wie ein Kronjuwel behandeln.

Maskierung von E-Mailadressen

Eine noch nicht so bekannte Möglichkeit, Ihre Onlineaktivitäten zu schützen und die Exponierung Ihrer E-Mailadresse zu reduzieren, sind sogenannte E-Mail-Proxys oder Maskierungsdienste. Diese Dienste fungieren als eine Art zwischengeschaltete Instanz zwischen Ihrem echten E-Mail-Postfach und den Online-Plattformen, bei denen Sie sich registrieren. Statt Ihre tatsächliche E-Mail-Adresse einzugeben, nutzen Sie einen Alias, der speziell für einen bestimmten Dienst oder eine Website generiert wird. E-Mails an dieses Alias werden automatisch an Ihr eigentliches Postfach weitergeleitet, ohne Ihre echte Adresse preiszugeben.

Der große Vorteil liegt darin, dass Sie vermeiden, dass mehrere Accounts anhand derselben E-Mailadresse miteinander in Verbindung gebracht werden können. Darüber hinaus wird es Dritten erheblich erschwert, festzustellen, ob und auf welchen Plattformen Sie ein Konto besitzen. Sollte einer der genutzten Dienste kompromittiert werden oder Opfer eines Datenlecks werden, können Sie den betroffenen Alias problemlos deaktivieren oder löschen, ohne Ihre Hauptadresse ändern zu müssen. Dadurch wird die Gefahr von Spam, Phishing oder gezielten Angriffen reduziert und Ihre Privatsphäre im Netz signifikant erhöht.

Mit *SimpleLogin* (*https://simplelogin.io/de/*) können Sie mehrere Aliase anlegen, die eingehende E-Mails an Ihr Postfach weiterleiten. SimpleLogin ist quelloffen und kann selbst gehostet werden, was vor allem für technisch Versierte interessant ist, die maximale Kontrolle über ihre Daten wünschen. Alternativ kann der kostenlose Plan mit maximal zehn Alias-Adressen genutzt werden. Mit der Browser-Erweiterung für SimpleLogin erstellen Sie bequem neue Aliase.

Auch die Mozilla Foundation bietet mit *Firefox Relay* (*https://relay.firefox.com*) einen ähnlichen Service an. Im kostenlosen Plan können nur bis zu fünf E-Mail-Aliase erstellt und genutzt werden. Für weniger als 12 € pro Jahr erhalten Sie jedoch eine unbegrenzte Anzahl an Alias-Adressen, wodurch sich der Dienst als äußerst preiswert erweist. Die Bedienung ist besonders einfach und nahtlos in den Browser integriert. Wie bei SimpleLogin können Sie kompromittierte oder unerwünschte Aliase jederzeit deaktivieren.

Passwörter

Verwenden Sie für jeden Account ein einzigartiges Passwort und vermeiden Sie unbedingt die Wiederverwendung. Die Sicherheit eines Passworts hängt maßgeblich von dessen Länge ab. Als Grundregel gilt: Je länger, desto besser. Tatsächlich ist die Länge oft wichtiger als eine besonders komplexe Zeichenkombination. Ein leicht merkbarer, aber langer Satz als Passwort ist sicherer als ein kurzes, kompliziertes Wort im Leet-Speak-Stil mit nur sechs Zeichen.

Trotzdem sollte ein Passwort möglichst zufällig sein. Viele Menschen entwickeln für verschiedene Accounts ein eigenes System und neigen dann dazu, Variationen desselben Passworts, etwa wie `Geheim!Facebook` und `Geheim!Onlinebanking` zu verwenden. Das Problem an solchen Systemen ist, dass diese meist genauso schnell wieder umgekehrt werden können. Sobald Angreifer ein oder zwei Passwörter einer Person in Erfahrung gebracht haben, können sie daraus weitere Passwörter ableiten.

Ein weiteres Risiko bergen Sicherheitsfragen: Denken Sie an den Fall des Angreifers Guccifer, der durch öffentlich zugängliche Informationen Antworten auf Sicherheitsfragen recherchiert und sich damit Zugang zu Accounts verschafft hat. Behandeln Sie daher jede Antwort auf eine Sicherheitsfrage wie ein weiteres Passwort. Verwenden Sie keine echten Antworten, die sich leicht recherchieren lassen. Geben Sie nicht die korrekte Antwort auf eine Sicherheitsfrage, zum Beispiel »Was ist der Mädchenname Ihrer Mutter?«. Generieren Sie stattdessen für jede Sicherheitsfrage ein eigenes, starkes Passwort und notieren Sie es sich.

Passwortmanagement

Sollten Sie aktuell noch keinen Passwortmanager nutzen, kann ich nur empfehlen, möglichst bald damit anzufangen. Denn bereits bei der gewöhnlichen Internetnutzung ist die Anzahl der Log-in-Daten, die man verwalten muss, so groß, dass die Verwendung unterschiedlicher, sicherer Passwörter kaum möglich ist. Wenn Sie nun beginnen, mehrere Rechercheaccounts zu betreiben, dafür Accounts bei fast jeder

Onlineplattform anlegen und jede Antwort auf eine Sicherheitsfrage als Passwort behandeln, dann kommen Sie um einen Passwortmanager nicht herum.

Den quelloffenen Passwortmanager *Bitwarden* können Sie für unbegrenzt viele Geräte und Passwörter verwenden. Bitwarden synchronisiert Ihre Passwörter, sodass Sie von all Ihren Geräten darauf zugreifen können.Wie mittlerweile fast jeder Passwortmanager verfügt auch Bitwarden über einen eingebauten Passwortgenerator. Sie können diesen auch ohne das Programm unter *https://bitwarden.com/de-de/password-generator/* nutzen.

Wenn Sie keinen Wert auf die Synchronisierung Ihrer Passwörter über verschiedene Geräte hinweg legen, dann steht Ihnen mit *KeePass XC* ein kostenloser Open-Source-Passwortmanager zur Verfügung, den Sie unter Windows, Linux und macOS installieren können. Einziger Nachteil: Hier sind Sie verantwortlich dafür, Ihre Passwörter über mehrere Geräte hinweg aktuell zu halten. Und noch viel wichtiger: ein Backup bereitzuhalten. Ein Verlust der Passwortdatei bedeutet, dass Ihre Passwörter unwiederbringlich verloren sind. KeePassXC speichert Ihre Passwörter in einer lokalen, verschlüsselten Datenbank. Da die Software keine Cloud-Anbindung mitbringt, können Sie selbst entscheiden, wo Sie die Datenbank abspeichern, beispielsweise auf einem USB-Stick oder in einem verschlüsselten Ordner.

Apple bietet mit dem integrierten *iCloud-Schlüsselbund* eine komfortable Möglichkeit, Passwörter und andere sensible Informationen sicher zu speichern. Diese Daten werden Ende-zu-Ende-verschlüsselt und können auf allen Apple-Geräten automatisch synchronisiert werden. Der Schlüsselbund schlägt sichere Passwörter vor und füllt diese bei Bedarf automatisch aus. Zusätzlich können auch Passkeys verwaltet werden, die eine passwortlose Authentifizierung ermöglichen. Dank der tiefen Integration ins Betriebssystem ist die Nutzung besonders einfach und nahtlos.

Passkeys

Passkeys sind eine moderne Alternative zu klassischen Passwörtern. Sie basieren auf kryptografischen Schlüsselpaaren und ermöglichen die Anmeldung bei Diensten ganz ohne Passwort. Stattdessen wird zur Authentifizierung ein privater Schlüssel verwendet, der ausschließlich auf dem eigenen Gerät gespeichert ist, während der öffentliche Schlüssel beim Dienstanbieter hinterlegt wird. Die Authentifizierung erfolgt anhand von biometrischen Verfahren wie *FaceID* oder über das Geräte-Passwort, wodurch Phishing-Angriffe und Passwortdiebstahl praktisch ausgeschlossen werden. Systeme wie Apple, Google und Microsoft unterstützen bereits Passkeys.

Ähnliche Passwortmanager werden auch von Google, Firefox und vielen weiteren angeboten.

Proton Pass ist ein relativ neuer Passwortmanager des Schweizer Anbieters Proton, der für seine datenschutzfreundlichen Dienste bekannt ist. Auch Proton Pass ist quelloffen und legt einen besonderen Fokus auf Privatsphäre und Sicherheit. Die Passwörter werden Ende-zu-Ende-verschlüsselt und können über verschiedene Geräte hinweg synchronisiert werden.

Proton Pass bietet neben klassischen Funktionen wie dem automatischen Ausfüllen von Passwörtern und der Generierung sicherer Kennwörter auch die Möglichkeit, Codes für die Zwei-Faktor-Authentifizierung zu speichern und maskierte E-Mail-Adressen (max. zehn Aliase) direkt zu erstellen und zu verwalten. Proton Pass gibt es als App für gängige Betriebssysteme und als Browser-Erweiterung. Schon in der kostenlosen Variante bietet es viele Funktionen, wobei es auch bezahlte Pläne mit erweitertem Funktionsumfang gibt.

Multi-Faktor-Authentifizierung

Um die Sicherheit Ihrer Onlinekonten zu erhöhen, empfiehlt sich neben einem starken Passwort die Nutzung der *Zwei-Faktor-Authentifizierung (2FA)* oder der Multi-Faktor-Authentifizierung (MFA). Dabei werden mindestens zwei voneinander unabhängige Faktoren zur Verifizierung Ihrer Identität genutzt. Diese Faktoren lassen sich in vier Hauptkategorien einteilen:

- Wissen
- Besitz
- Inhärenz
- Ort

Zu den häufigsten Faktoren gehört das Wissen, also etwas, das nur die Nutzerin bzw. der Nutzer weiß – beispielsweise ein Passwort oder die Antwort auf eine Sicherheitsfrage. Ein weiterer Faktor ist der Besitz, also etwas, das nur dieser Person gehört, etwa ein Smartphone für den Empfang eines Einmal-Codes per SMS, ein Hardware-Token oder eine Authentifizierungs-App (*Softtoken*). Als inhärenter Faktor gilt, was man *ist*. Hierbei handelt es sich meist um biometrische Merkmale, etwa den Fingerabdruck oder die Gesichtserkennung bei FaceID. Manchmal wird nun auch der Standort als zusätzlicher Faktor genutzt, vor allem dann, wenn der Zugriff nur aus bestimmten Ländern oder IP-Bereichen (z. B. dem Unternehmensnetz) gestattet wird.

Die gängigsten Methoden für den zweiten Faktor sind der Versand eines Einmal-Codes per SMS oder die Nutzung eines Softtokens. Hierbei werden zeitbasierte Codes generiert. Als Alternative zum Google Authenticator können Sie die App *Ente Auth* (*https://ente.io/auth*) verwenden. Alternativ bieten Hardware-Tokens wie der *YubiKey* der Firma Yubico (*https://www.yubico.com*) einen besonders hohen Schutz, da sie physisch vorliegen müssen.

MFA-Fatigue

Ein Problem im Zusammenhang mit MFA ist die sogenannte MFA-Fatigue. Dabei versuchen Angreifer, Sie durch wiederholte Anfragen zur Bestätigung des zweiten Faktors zu überrumpeln, in der Hoffnung, dass Sie irgendwann aus Versehen oder aus Frust eine Anfrage akzeptieren. Seien Sie daher immer wachsam und akzeptieren Sie keine MFA-Anfragen, die Sie nicht selbst ausgelöst haben.

Durch die Kombination mehrerer Authentifizierungsfaktoren wird es Angreifern erheblich erschwert, Zugang zu Ihren Konten zu erlangen, selbst dann, wenn sie Ihr Passwort kennen. Aktivieren Sie daher nach Möglichkeit immer die Zwei- oder Multi-Faktor-Authentifizierung und bevorzugen Sie sichere Methoden wie Softtoken-Apps oder Hardware-Token gegenüber SMS.

Updates und Sicherheitspatches einspielen

Halten Sie Ihr Betriebssystem, Ihre Software und alle verwendeten Apps stets auf dem neuesten Stand. Sicherheitsupdates schließen bekannte Schwachstellen und bieten so einen effektiven Schutz vor Angriffen. Aktivieren Sie wenn möglich automatische Updates, um keine wichtigen Patches zu verpassen.

Least Privilege

Reduzieren Sie Daten und Berechtigungen stets auf das notwendige Minimum. Geben Sie nur die unbedingt notwendigen personenbezogenen Daten preis und prüfen Sie regelmäßig, welche Berechtigungen Apps und Programme auf Ihrem Gerät haben. Entziehen Sie Apps und Programmen unnötige Zugriffsrechte, insbesondere auf Kamera, Mikrofon, Standort und Kontakte. Das Prinzip heißt *Least Privilege*: Alle Apps und Userkonten sollten gerade so viele Rechte haben, wie Sie brauchen, um Ihre Arbeit zu erledigen – aber nicht mehr.

Beim Umgang mit potenziell gefährlichen Webseiten, E-Mail-Anhängen oder Dokumenten ist besondere Vorsicht geboten. Angreifer nutzen oft präparierte Links oder Dateien, um Schadsoftware zu verbreiten oder Zugangsdaten zu stehlen. Daher empfiehlt es sich, vor dem Öffnen solcher Inhalte Sicherheitsmaßnahmen zu ergreifen, um das Risiko zu minimieren.

Öffnen Sie verdächtige oder unbekannte Webseiten nicht direkt im eigenen Browser, sondern analysieren Sie diese zunächst in einer isolierten Umgebung. Ein bewährtes Werkzeug hierfür ist *urlscan.io*. Dort können Sie die URL eingeben und der Dienst öffnet die Webseite in einer eigenen Sandbox. Dadurch wird verhindert, dass Schadcode direkt auf Ihr System gelangt. Der Dienst liefert Ihnen Details wie Weiterleitungen, eingebettete Skripte und verdächtige Inhalte, sodass Sie besser einschätzen können, ob die Seite sicher ist.

Für den Umgang mit verdächtigen Anhängen, insbesondere Office-Dokumenten oder PDFs, empfiehlt sich die Verwendung von Tools wie *Dangerzone* (*https://dangerzone.rocks*). Es ist für Linux, macOS und Windows verfügbar. Das Programm öffnet verdächtige Dokumente in einer abgesicherten Umgebung (Container) und konvertiert sie in ungefährliche PDF-Dateien, indem alle aktiven Inhalte, Makros und eingebetteten Skripte entfernt werden. So können Sie den Inhalt einsehen, ohne Ihr System Risiken auszusetzen.

Eine weitere Möglichkeit, um mit potenziell schädlichen Inhalten umzugehen, sind temporäre Systeme, die auch als »Live-Systeme« bezeichnet werden. Diese werden beispielsweise von einem USB-Stick gebootet und laufen völlig unabhängig vom eigentlichen Betriebssystem Ihres Rechners. So lassen sich Dokumente oder Webseiten gefahrlos öffnen, da eventuelle Infektionen nach dem Neustart des Computers nicht bestehen bleiben.

Durch diese Maßnahmen können Sie die Gefahren beim Öffnen von Webseiten, Anhängen und Dokumenten deutlich reduzieren und sich besser vor Angriffen schützen.

Verschlüsselung nutzen

Durch konsequente Verschlüsselung Ihrer Daten stellen Sie sicher, dass Ihre Informationen auch dann geschützt bleiben, wenn Unbefugte Zugriff auf Ihre Datenträger erhalten. Wichtig ist der Zusatz »konsequent«: Dies muss für alle Speicherorte gelten, also sowohl für lokal gespeicherte Daten, etwa auf Festplatten oder USB-Sticks, als auch für in der Cloud abgelegte Daten. Es bringt im Ernstfall herzlich wenig, wenn Daten zwar auf Ihrem Rechner verschlüsselt sind, gleichzeitig aber eine unverschlüsselte Kopie nur einen Sprung weiter auf einem Netzlaufwerk liegt.

Moderne Verschlüsselungsverfahren bieten einen hohen Sicherheitsstandard und sind in vielen Betriebssystemen bereits integriert. Um einen umfassenden Schutz zu erreichen, empfiehlt es sich, sowohl die Festplattenverschlüsselung (*Full Disk Encryption*) als auch die gezielte Verschlüsselung einzelner Dateien zu nutzen. Mit *VeraCrypt* (*https://veracrypt.io/*) steht ein quelloffenes Programm zur Verschlüsselung von Daten zur Verfügung. Es ermöglicht sowohl die vollständige Verschlüsselung ganzer Festplatten als auch die Erstellung verschlüsselter Containerdateien, in denen sensible Informationen sicher abgelegt werden können. Das Programm ist für Windows, macOS und Linux verfügbar und gilt als Nachfolger von *TrueCrypt*, dessen Entwicklung eingestellt wurde. Sie können zwischen verschiedenen Verschlüsselungsalgorithmen wählen.

Mit dem quelloffenen Programm *Cryptomator* (*https://cryptomator.org/de/*) können Sie sowohl Dateien als auch Dateinamen mit AES und 256-Bit-Schlüssellänge verschlüsseln und diese dann lokal oder auf einem beliebigen Cloudspeicher ablegen.

Backups

Eine Verschlüsselung hilft Ihnen nicht weiter, wenn Ihre Daten bereits verloren sind. Eine Strategie für verlässliche Backups ist daher unerlässlich, um sich vor Datenverlust zu schützen. Die Ursachen sind vielfältig: Hardware-Ausfälle, versehentliches Löschen, Schadsoftware oder andere Zwischenfälle.

Die 3-2-1-Regel ist eine bewährte Vorgehensweise: Sie sollten mindestens drei Kopien Ihrer wichtigen Daten anlegen und diese auf mindestens zwei unterschiedlichen Medien speichern, beispielsweise auf einer externen Festplatte und in der Cloud. Außerdem sollten Sie mindestens eine Sicherung an einem anderen Ort als das Original lagern. So sind Sie gegen verschiedene Szenarien gewappnet.

Überprüfen Sie regelmäßig, ob sich Ihre Backups im Ernstfall tatsächlich wiederherstellen lassen. Denn nur dann ist ein Backup wertvoll.

Informationen einkaufen

Häufig werden Sie bei Recherchen auf Quellen in Form von Datenbanken oder eventuell auch Datenhändlern angewiesen sein. Dies birgt zwei wesentliche Risiken: Erstens kann bereits die bloße Beschaffung bestimmter Informationen Rückschlüsse auf Ihre Rechercheabsicht zulassen. Zweitens besteht die Gefahr, dass die erlangten Informationen falsch oder im schlimmsten Fall gezielt fabriziert sind.

Beiden Risiken können Sie bereits bei der Datenerhebung entgegenwirken, indem Sie Ihren Informationsbedarf in mehrere Teile aufsplitten und diese auf verschiedene Quellen verteilen.

Abbildung 4.21 Aufteilung der Gesamtrecherche in einzelne Rechercheteile

Durch diese Aufteilung ist jeder Quelle nur ein Fragment des Gesamtbildes bekannt und niemand erhält vollständige Kenntnis über Ihre Recherche. Ein weiterer Nebeneffekt ergibt sich, wenn Sie die Informationen abgleichen, denn in Summe müssen diese sich gegenseitig bestätigen, wodurch Manipulationen erkennbar sind. Außerdem sollten aktuelle Datensätze mit historischen Datensätzen übereinstimmen, z. B. sollten aktuelle Fotos mit früheren Profilbildern biometrisch übereinstimmen.

4.4.8 Überprüfung von OSINT-Tools

Im OSINT-Bereich nehmen Tools und Tool-Listen eine zentrale Rolle ein. Die rasante Dynamik in diesem Feld sorgt dafür, dass fortwährend neue Werkzeuge entstehen, von schlanken Open-Source-Programmen bis hin zu ausgefeilten kommerziellen Lösungen. Unabhängig von der Art oder Herkunft eines Tools gilt: Bevor Sie es einsetzen, sollten Sie es einer sorgfältigen und kritischen Prüfung unterziehen. Gerade dann, wenn Sie mit sensiblen oder vertraulichen Daten arbeiten, ist Vorsicht geboten.

Be careful what you OSINT with

Am Beipiel von *Lampyre* beschreibt Matthias Wilson, warum diese Überprüfung unverzichtbar ist. In den Artikeln »Be careful what you OSINT with« sowie dem Update »Be careful what you OSINT with – Reloaded« wird gezeigt, welche Gefahren existieren, wenn Tools unreflektiert eingesetzt werden. Oder wollen Sie gegen Sanktionen verstoßen?

Den aktualisierten Artikel finden Sie unter *https://www.linkedin.com/pulse/careful-what-you-osint-reloaded-matthias-wilson-wr6uc*, die ursprüngliche Version ist über die Wayback Machine erreichbar: *https://web.archive.org/web/20200324162613/https://keyfindings.blog/2020/03/23/be-careful-what-you-osint-with/*

Doch worauf sollten Sie bei der Überprüfung konkret achten? Das hängt natürlich vom Anwendungszweck ab. Es gibt aber einige grundlegende Fragen, die Sie sich immer stellen sollten. Zunächst muss klar sein, wer hinter dem Tool steht. Verfügen die Developer oder das Unternehmen über eine nachweisbare Reputation? Je nach Rechtsform des Anbieters können Sie öffentliche Register konsultieren, um weiterführende Informationen zu erhalten. Gibt es vergleichbare Produkte oder Leistungsnachweise aus der Vergangenheit? Finden Sie Mitarbeitende des Unternehmens in sozialen oder beruflichen Netzwerken? Wie lauten die Bewertungen und Erfahrungen anderer Nutzer? Hierbei gilt es, Bewertungen stets kritisch zu hinterfragen, da sie nicht immer authentisch sind.

Ein weiterer wichtiger Aspekt ist das Geschäftsmodell: Ist es logisch, nachvollziehbar und transparent? Welche Motivation steckt dahinter, das Tool vielleicht sogar kostenlos zur Verfügung zu stellen? Wie wird der Betrieb des Tools finanziert? Überlegen Sie, wie sinnvoll es wäre, ein aufwändiges OSINT-Tool zu entwickeln und es ausgerechnet Journalisten und Ermittlungsbehörden kostenlos bereitzustellen. Zwei der wichtigsten Zielgruppen würden so als zahlende Kundschaft wegfallen (was übrigens auch mit Blick auf Compliance und Korruption bemerkenswert ist).

Ein Blick in die Dokumentation des Tools ist ebenso ratsam: Wie detailliert wird erklärt, welche Funktionen verfügbar sind und wie das Werkzeug arbeitet? Können Sie den Ablauf der Datenverarbeitung nachvollziehen? Oder bleibt vieles im Verborgenen, ist es also eine Black Box? Welche Quellen werden herangezogen, und wie transparent ist der Umgang mit Ihren Daten? Die Datenschutzerklärung ist zwar kein Garant für Sicherheit, bietet aber zumindest Hinweise darauf, wie offen und ehrlich mit Nutzungsdaten umgegangen wird. Tools, die explizit und ohne Umschweife angeben, Ihre Daten zu verwerten, sollten Sie von vornherein aussortieren.

Auch die Kontaktmöglichkeiten sind ein Indikator: Gibt es ein ausführliches Impressum und transparente Ansprechpartner oder versteckt sich das Unternehmen hinter einer anonymen E-Mail-Adresse? Wird ein Support angeboten und falls ja, in welchen Sprachen, über welche Kanäle und zu welchen Zeiten ist dieser erreichbar? Ein professioneller Anbieter wird stets bemüht sein, für Rückfragen oder Probleme erreichbar zu sein.

Sie sehen, es gibt zahlreiche Kriterien, um die Vertrauenswürdigkeit und Seriosität eines Tools einzuschätzen. Natürlich ist es im Alltag nicht immer möglich, jede Software bis ins kleinste Detail zu prüfen. Dennoch können die im Verlauf dieses Buches vorgestellten Methoden zur Analyse von Unternehmen und Organisationen eine hilfreiche und praxisorientierte Grundlage bieten. Priorisieren Sie die Überprüfung nach Ihrem individuellen Risikoprofil und nutzen Sie besonders bei kritischen Anwendungen oder sensiblen Daten eine belastbare Prüfung. Absolute Sicherheit gibt es nicht, doch ein unreflektierter oder sorgloser Umgang mit fragwürdigen Tools stellt ein unnötiges und vermeidbares Risiko dar und wird professionellen Standards nicht gerecht.

4.4.9 Tool-Auswahl mit System

Ein weiterer, essenzieller Punkt bei der Auswahl von OSINT-Tools und deren Anbietern ist die systematische Überprüfung, welche Funktionen und Quellen von welchem Tool beziehungsweise Anbieter abgedeckt werden. Dabei ist es sinnvoll, eine sogenannte *Tool-Matrix* zu erstellen. In dieser Matrix werden die verschiedenen Tools und deren Features übersichtlich gegenübergestellt.

So können Sie auf einen Blick erkennen, welche Funktionalitäten sich überschneiden, welche Tools identische Datenquellen nutzen und wo möglicherweise Lücken bestehen. Diese Übersicht verhindert, dass Ihr oftmals knapp bemessenes Budget für mehrere Tools ausgegeben wird, die am Ende dieselben Ergebnisse liefern, weil sie auf die gleichen Quellen zurückgreifen.

Ein besonders interessantes und praxisnahes Framework zur strategischen Auswahl und Nutzung von Tools hat Ashley Lawson von Nextech Solutions im Rahmen des Australian OSINT Symposium vorgestellt: das sogenannte *ADAPT-Framework*. Es ist ein strukturierter Ansatz, um den gesamten Auswahl- und Beschaffungsprozess für OSINT-Tools zu steuern.

- **A – Assess Mission (Auftrag klären)**

  Definieren Sie klar Ihren Auftrag, z. B. Adressermittlung, Personenrecherchen oder Markenschutz. Dokumentieren Sie das Einsatzgebiet sowie rechtliche und technische Vorgaben. Listen Sie den Nutzerkreis und Kompetenzen auf, um Skill- und Tool-Lücken zu erkennen.

- **D – Discover Alignment (Übereinstimmung prüfen)**

  Für jede Fähigkeit – etwa die Abfrage von E-Mail-Adressen, die Recherche in sozialen Netzwerken, Geolokalisierung und Analyse von Geodaten, Auswertung von Datenlecks oder Entitätsabgleich – sollten stets mehrere geeignete Werkzeuge miteinander verglichen werden. Beurteilen Sie Funktionen, Ergebnisse und Kosten dieser Tools ausschließlich auf Basis Ihrer eigenen Anforderungen, nicht nach Werbeversprechen. Ein Werkzeug, das genau zu Ihrer Aufgabe passt, ist einem nur teilweise passenden Tool immer deutlich überlegen.

- **A – Analyse Vendors (Anbieter analysieren)**

  Führen Sie eine Prüfung durch. Wer entwickelt das Tool, welche Referenzen gibt es und wie stehen die Verantwortlichen zu den Themen Ethik und Sicherheit? Informieren Sie sich außerdem darüber, wie das Tool mit Daten, Protokollen und Compliance-Anforderungen umgeht. Bedenken Sie, dass kostenlose Tools zwar nützlich sein können, Sie jedoch von den Betreibern abhängig bleiben und das Angebot später kostenpflichtig werden könnte. Berücksichtigen Sie daher mögliche Risiken über den gesamten Lebenszyklus und planen Sie Alternativen ein.

- **P – Procure Strategically (Strategische Beschaffung)**

  Führen Sie Testläufe in Ihrer eigenen Umgebung durch, bevor Sie sich festlegen. Dies gilt insbesondere für Behörden und regulierte IT-Landschaften, in denen ausgehende Verbindungen eingeschränkt sein können. Bewerten Sie die Reaktionsfähigkeit des Anbieters sowie die Support-SLAs (Service Level Agreements). Vermeiden Sie nachteilige Lizenzen. Kaufen Sie Lizenzen für die tatsächlichen Nutzer und benennen Sie diese gezielt.

- **T – Track Metrics (Kennzahlen verfolgen)**

  Dokumentieren Sie die Nutzung. Welche Funktionen werden tatsächlich verwendet? In welchen Fällen hat das Tool messbar zu einer Verbesserung geführt und welche Einsparungen wurden erzielt (z. B. Arbeitsstunden, Eskalationen, False Positives)? Wenn Sie faktisch nur eine Funktion einer kostspieligen Software-Suite nutzen, ersetzen Sie sie durch eine Lösung, die sich auf diese Funktion fokussiert.

Kombinieren Sie die Tool-Matrix mit dem ADAPT-Framework, um Redundanzen sichtbar zu machen, Fähigkeitslücken gezielt zu schließen und faktenbasiert Beschaffung zu betreiben. Vergleichen Sie Tools konsequent für konkrete Anwendungsfälle, testen Sie im eigenen Umfeld, messen Sie Wirkung und Nutzung und justieren Sie Ihr Tool-Setup regelmäßig. So setzen Sie Ihr Budget für wirkungsvolle Fähigkeiten ein. Widerstehen Sie vor allem dem Impuls, jedem neuen, glänzenden Tool nachzulaufen. Investieren Sie zuerst in geschultes Personal, Richtlinien und Prozesse. Erst anschließend können Tools beschafft werden, die nachweislich einen Mehrwert bieten.

4.5 Zusammenfassung: OPSEC

Operational Security (OPSEC) bildet das Rückgrat für den Schutz sensibler Informationen, und das gilt natürlich auch im Kontext digitaler Recherchen. Der vorangegangene Abschnitt hat verdeutlicht, dass die Bedrohungslage im Internet vielschichtig ist und technische wie menschliche Faktoren eine Rolle spielen. Neben klassischen Risiken wie Tracking, Schadsoftware und Social Engineering bergen insbesondere unbewusst hinterlassene Spuren oder das Oversharing in sozialen Netzwerken erhebliche Gefahren für die eigene Identität und Integrität der Recherche.

Ein effektiver OPSEC-Workflow setzt bereits vor der eigentlichen Recherche an und umfasst die Identifikation kritischer Informationen, potenzieller Angreifer sowie von Schwachstellen, eine fundierte Risikobewertung und das Ableiten individueller Gegenmaßnahmen. Dabei wurde deutlich, dass es keine universelle Lösung gibt, vielmehr muss das Sicherheitsniveau stets an das eigene Bedrohungslevel angepasst werden. Spezielle Betriebssysteme wie Tails und Qubes OS, der Einsatz separater Arbeitsumgebungen, Virtualisierung und Containerlösungen, aber auch die Nutzung von VPNs oder Overlay-Netzwerken wie Tor bieten vielfältige Möglichkeiten, Aktivitäten zu verschleiern und Risiken zu minimieren.

Gedankenexperiment: So viel wie nötig, so wenig wie möglich

Stellen Sie sich vor, Sie wollen eine Biker-Bar aufsuchen, um dort Informationen zu sammeln. Weil Sie wissen, dass einige der Biker gewalttätig sind, ziehen Sie eine schusssichere Weste an, und um Ihre Identität zu schützen, tragen Sie außerdem eine Sturmhaube.

Was vermuten Sie, wie der Türsteher der Bar auf Sie reagieren wird? Höchstwahrscheinlich wird Ihnen der Zutritt verwehrt bleiben. Sie sind zwar gut geschützt und sicher, aber Sie können Ihr Ziel nicht erreichen, weil Ihnen der Zugang versperrt bleibt. Diese Analogie passt sehr gut zur Arbeit mit sozialen Netzwerken. Wenn Ihr Setup »zu sicher« und damit untypisch erscheint, fällt es auf, löst zusätzliche Prüfungen aus und wird im schlimmsten Fall blockiert.

Die Wahl des richtigen Browsers, gezielte Erweiterungen, ein durchdachtes Passwortmanagement, die konsequente Nutzung von Multi-Faktor-Authentifizierung und die Verschlüsselung sensibler Daten sind ebenso essenziell wie regelmäßige Updates und Backups. Auch der bewusste und kritische Umgang mit OSINT-Tools und die Prüfung ihrer Vertrauenswürdigkeit schützen vor unbedachten Risiken.

Abschließend bleibt festzuhalten: Absolute Sicherheit gibt es im digitalen Raum nicht. Doch durch Wissen, Sensibilität und die konsequente Umsetzung bewährter Sicherheitspraktiken lässt sich das Risiko maßgeblich reduzieren. Operational Security ist ein fortlaufender Prozess, der ständiger Anpassung und Reflexion bedarf.

Kapitel 5
Geschichte und Theorie

Dieses Kapitel widmet sich der Geschichte und »Theorie« von OSINT. Ein besonderes Augenmerk liegt dabei auf den rechtlichen Rahmenbedingungen. Abschließend lernen Sie den Intelligence Cycle kennen.

Open Source Intelligence gewinnt zunehmend an Bedeutung. Und wenn Sie mich fragen, auch vollkommen zu Recht. Denn das Internet hat die Verfügbarkeit von Informationen revolutioniert und ermöglicht heute jedem Zugang zu einer Fülle von Daten, die früher nur wenigen vorbehalten waren. Dennoch ist OSINT keine Erfindung des digitalen Zeitalters. Seine Ursprünge reichen viel weiter zurück. Lassen Sie uns gemeinsam eine kleine Geschichtsreise unternehmen und die Entwicklung von OSINT nachvollziehen.

5.1 OSINT: Die (kurze) Geschichte

Wer nach den Anfängen von OSINT sucht, stößt häufig auf zwei bedeutsame Organisationen aus dem zweiten Weltkrieg:

1. *BBC Monitoring*
2. *Foreign Broadcast Monitoring Service* (FBMS)

Beide Einheiten wurden ins Leben gerufen, um internationale Nachrichtenquellen systematisch zu überwachen und rasch auszuwerten. Bereits 1939 begann *BBC Monitoring* in Großbritannien mit der gezielten Beobachtung und Interpretation globaler Meldungen, um wertvolle Erkenntnisse für Politik und Sicherheit zu gewinnen. Mit der Zielsetzung, ausländische Radiosendungen aufzunehmen, zu übersetzen und zu analysieren, startete 1941 der *Foreign Broadcast Monitoring Service* (FBMS) in den USA.

Bereits nach wenigen Monaten wurde der FBMS im Jahr 1942 in *Foreign Broadcast Information Service* (FBIS) umbenannt. In den Anfängen wurden mit Antennen und Receivern ausländische Radiosendungen, später auch Fernsehsignale empfangen. Die Aufnahmen wurden zur weiteren Auswertung archiviert. Dies geschah anfangs auf Wachszylindern, dann auf Tonband und schließlich in digitalen Formaten. Genaue Überwachungspläne legten fest, welche Stationen, Frequenzen und Programme täglich zu welchen Zeiten beobachtet werden sollten. Es gab Live-Monitoring, Aufzeichnungen innerhalb von 24 Stunden und das sogenannte *Cruising*, bei dem nach neuen, unerwarteten Sendungen gesucht wurde.

Die Funkbeobachter verfügten über Sprachkenntnisse und hörten fremdsprachige Sendungen ab, fassten die Inhalte zusammen und übersetzten jene Passagen, die für die US-Regierung von besonderem Interesse waren. Nur ausgewählte Passagen wurden vollständig übersetzt, um tiefergehende Analysen zu ermöglichen. Nach Prüfung und Bewertung wurden Übersetzungen geordnet und in Berichte zu politischen Entwicklungen, gesellschaftlichen Trends und Bedrohungen zusammengefasst. Die wichtigsten Ergebnisse kamen direkt zu Regierung und Entscheidern.

Im Laufe der Zeit weitete der FBIS seine Quellen von Radiosendungen auf Presseagenturen, Zeitungen, TV, elektronische Daten und »graue Literatur« aus und wurde so ein zentraler Bestandteil der US-Nachrichtenbeschaffung im 20. Jahrhundert. 1946 ging der FBIS schließlich als elementarer Bestandteil in der *Central Intelligence Agency (CIA)* auf.

Der FBIS nutzte ausgefallene, kreative Taktiken zur Informationsgewinnung. Während des zweiten Weltkrieges beobachtete die Einheit unter William J. Donovan beispielsweise genau die Preise von Orangen in Paris.

Sie lesen richtig: Orangenpreise in Paris.

Die Idee dahinter ist der Rückschluss auf den Erfolg von Angriffen auf Bahngleise. Wurden die Gleise beschädigt, stiegen die Preise von exotischen Früchten, da diese nicht mehr oder nur über Umwege importiert werden konnten. Dieses Beispiel verdeutlicht gleich mehrere Aspekte von OSINT. Einerseits besteht ein geringeres Risiko, denn das Beobachten des Orangenpreises ist unverfänglich. Anderseits braucht OSINT Kreativität und Verständnis von Zusammenhängen. Nur so ist es möglich, den Rückschluss über den Erfolg eines Angriffs anhand des Orangenpreis zu ziehen.

Doch die Ursprünge von Open Source Intelligence reichen noch viel weiter zurück, als oft angenommen wird. Dr. Ludo Block hat in seinen Forschungen nachgewiesen, dass OSINT bereits viele Jahrzehnte vor dem zweiten Weltkrieg eine bedeutende Rolle spielte. Bereits während des amerikanischen Bürgerkriegs zu Beginn der 1860er-Jahre wurden gezielt Zeitungen der Gegenseite ausgewertet, um relevante militärische und politische Informationen zu gewinnen. Diese systematische Analyse öffentlich verfügbarer Quellen diente dazu, Rückschlüsse auf Strategien und Bewegungen des Feindes zu ziehen. Dr. Block hat sich intensiv mit der Entwicklung und den Anwendungsfeldern von OSINT beschäftigt und seine Erkenntnisse in seinem Fachartikel »The Long History of OSINT« veröffentlicht. Das Paper bietet einen faszinierenden Einblick in die lange Geschichte der Informationsgewinnung aus offenen Quellen: *https://www.blockint.nl/history/the-long-history-of-osint/*

Open Source Intelligence ist also viel mehr als eine moderne Methode. Es ist eine Praxis, die sich über viele Jahrzehnte stetig weiterentwickelt hat und die heute aktueller denn je ist.

5.2 Rechtliche Rahmenbedingungen

In diesem Abschnitt werden die rechtlichen Rahmenbedingungen betrachtet. Die folgenden Ausführungen dienen ausschließlich als Denkanstoß und stellen keine Rechtsberatung dar. Machen Sie sich unbedingt mit ihren lokalen und spezifischen Gesetzen und Vorgaben vertraut. Auch wenn Quellen öffentlich zugänglich sind, bedeutet das nicht automatisch, dass ihre Nutzung uneingeschränkt zulässig ist, und es kann trotzdem rechtliche Einschränkungen geben. Dennoch dürfte die Hürde bei öffentlichen Informationen deutlich geringer liegen als bei anderen Informationen.

Bei der Durchführung von OSINT-Recherchen ist die Verarbeitung personenbezogener Daten nahezu unvermeidlich. Im Mittelpunkt stehen dabei zwei grundlegende Rechte:

- das Recht auf informationelle Selbstbestimmung, das jeder Person die Kontrolle über die eigenen Daten zusichert
- das Recht auf Datenschutz sowie die Garantie des Privatlebens

Diese Rechte dienen dem Schutz der individuellen Privatsphäre und regeln, in welchem Umfang Daten erhoben, gespeichert oder ausgewertet werden dürfen.

Darüber hinaus könnten auch weitere Grundrechte betroffen sein, beispielsweise das Brief-, Post- und Fernmeldegeheimnis sowie das Recht auf Schutz der Vertraulichkeit und Integrität informationstechnischer Systeme. In der Regel wird dieses durch OSINT-Maßnahmen jedoch nicht beeinträchtigt, da sich die Informationsgewinnung auf öffentlich zugängliche Quellen beschränkt. Aus dem allgemeinen Persönlichkeitsrecht leitet sich das Grundrecht auf Schutz der Vertraulichkeit und Integrität informationstechnischer Systeme gemäß Art. 2 Abs. 1 GG i.V.m. Art. 1 Abs. 1 GG ab. Allerdings wird dieses durch Maßnahmen der Internetaufklärung auch nicht beeinträchtigt, da der Zugriff »auf dem technisch dafür vorgesehenen Weg« erfolgt.

Dennoch ist bei jeder Form der Datennutzung sorgfältig zu prüfen, welche rechtlichen Rahmenbedingungen einzuhalten sind, um die Grundrechte der Betroffenen zu wahren.

Das allgemeine Persönlichkeitsrecht ergibt sich genauso wie das Recht auf informationelle Selbstbestimmung aus Art. 2. Abs. 1 GG i.V.m. Art. 1 Abs. 1 GG. Das Bundesverfassungsgericht (BVerfG) hat im Urteil des Ersten Senats vom 27. Februar 2008 (1 BvR 370/07) dargelegt, dass sich beim Zugriff staatlicher Stellen auf Inhalte, »die sich an jedermann oder zumindest an einen nicht weiter abgegrenzten Personenkreis richten«, kein Grundrechtseingriff hinsichtlich des allgemeinen Persönlichkeitsrechts ergibt.

Gleichwohl betont das BVerfG, dass ein Eingriff vorliegen kann, »wenn personenbezogene Informationen in einer Art und Weise genutzt und verknüpft werden können, die der Betroffene weder überschauen noch verhindern kann«. Das Recht auf informationelle Selbstbestimmung beschreibt das BVerfG als Erweiterung des »grundrechtlichen Schutz[es] von Verhaltensfreiheit und Privatheit, indem es ihn schon auf der Stufe der Persönlichkeitsgefährdung beginnen lässt«.

Die folgende Bewertung des BVerfG, wie sie sich im genannten Urteil findet, ist für OSINT-Recherchen elementar:

> *Ein Eingriff in das Recht auf informationelle Selbstbestimmung kann allerdings gegeben sein, wenn Informationen, die durch die Sichtung allgemein zugänglicher Inhalte gewonnen wurden, gezielt zusammengetragen, gespeichert und gegebenenfalls unter Hinzuziehung weiterer Daten ausgewertet werden und sich daraus eine besondere Gefahrenlage für die Persönlichkeit des Betroffenen ergibt.*

Neben den Grundrechten spielen auch das Urheber- und Datenschutzrecht eine zentrale Rolle. Das Urheberrecht kann insbesondere dann relevant werden, wenn Inhalte wie Texte, Bilder oder Videos aus öffentlich zugänglichen Quellen für eigene Analysen weiterverarbeitet werden. Nur weil Informationen frei abrufbar sind, bedeutet das nicht, dass sie ohne urheberrechtliche Einschränkungen verwendet werden dürfen. Es ist daher stets zu prüfen, ob und in welchem Umfang eine Nutzung nach den geltenden urheberrechtlichen Vorschriften zulässig ist.

Die Öffentlichkeit einer Information begründet ebenfalls kein Erlöschen des Datenschutzes. Das heißt, auch öffentlich einsehbare Daten und Inhalte können weiterhin dem Schutz personenbezogener Daten unterliegen. Eine Legitimierung der Datenverarbeitung allein durch den öffentlichen Charakter der Daten ist somit nicht möglich. Die Daten unterliegen weiterhin den Vorgaben der Datenschutz-Grundverordnung (DSGVO) sowie den jeweiligen nationalen Datenschutzgesetzen. Privatpersonen sind zwar grundsätzlich nicht Adressaten der DSGVO, sofern sie rein persönliche Tätigkeiten ausführen, dennoch ist Vorsicht und Beachtung der moralischen und ethischen Grundsätze geboten.

Erlaubnisprinzip

Im Datenschutz gilt grundsätzlich das sogenannte Erlaubnisprinzip. Demnach bedarf jede Verarbeitung personenbezogener Daten einer Rechtsgrundlage. Hierbei muss insbesondere zwischen personenbezogenen Daten, die die betroffene Person offensichtlich öffentlich gemacht hat gemäß Art. 9 DSGVO und allgemein zugänglichen öffentlichen Daten unterschieden werden. Während erstere unter bestimmten Voraussetzungen verarbeitet werden dürfen, unterliegen andere Daten weiterhin datenschutzrechtlichen Anforderungen und dürfen nicht uneingeschränkt erhoben, gespeichert oder ausgewertet werden.

Rechtsgrundlagen für die Verarbeitung im Rahmen von OSINT-Recherchen können beispielsweise die ausdrückliche Einwilligung der betroffenen Person, ein berechtigtes Interesse oder gesetzliche Erlaubnistatbestände aus spezialgesetzlichen Vorschriften, etwa den jeweiligen Polizeigesetzen, sein.

5.2.1 Rechtliche Bewertung polizeilicher Anwendungsfelder

Für die polizeiliche Arbeit kann OSINT mit unterschiedlichen Zielrichtungen eingesetzt werden. So werden OSINT-Erkenntnisse in verschiedenen Bereichen genutzt, etwa im Rahmen von Ermittlungen, der lagebegleitenden Aufklärung oder zur Gefährdungseinschätzungen.

Eine differenzierte rechtliche Bewertung nimmt Dr. Christian Rückert vor.[1] Er unterscheidet vier verschiedene Ermittlungsmethoden mit unterschiedlicher Eingriffsintensität:

1. Online-Streife
2. Online-Ermittlung
3. Online-Rasterfahndung
4. Dauerhaftes Monitoring des öffentlichen Internets

- Die reine *Online-Streife* bezeichnet die passive Beobachtung öffentlich zugänglicher Inhalte im Internet. Das Bundesverfassungsgericht hat hierzu im Urteil zur Online-Durchsuchung festgestellt, dass »die reine Internetaufklärung in aller Regel keinen Grundrechtseingriff [bewirkt].«
- Die *Online-Ermittlung* umfasst demgegenüber die gezielte Informationsbeschaffung zu bestimmten Personen, Gruppen oder Sachverhalten unter Nutzung öffentlich zugänglicher Quellen.
- Unter dem Begriff *Online-Rasterfahndung* versteht Rückert die Sammlung von Rasterdaten, »deren Erhebungszweck nicht die Führung eines unmittelbaren Tatnachweises, sondern die Gewinnung eines Tatverdächtigenkreises oder von weiteren Spurenansätzen ist«[2].
- Das *dauerhafte Monitoring* öffentlicher Internetinhalte, definiert als »dauerhafte Überwachung bestimmter öffentlich zugänglicher Websites oder die laufende,

1 Rückert, ZStW 2017; 129(2), S. 306 ff.
2 Rückert, ZStW 2017; 129(2), S. 307

umfassende Suche im gesamten Internet nach bestimmten Schlüsselbegriffen«[3], ist nach Rückert nicht durch die bestehenden strafprozessrechtlichen Eingriffsbefugnisse abgedeckt, da ein konkreter Anfangsverdacht fehlt. Aus diesem Grund bedarf es einer eigenständigen gesetzlichen Grundlage für diese Form der Überwachung.

Diese Differenzierung verdeutlicht, dass die rechtliche Zulässigkeit polizeilicher OSINT-Maßnahmen stark von ihrer Eingriffsintensität abhängt. Während die reine Online-Streife regelmäßig grundrechtsneutral bleibt, können Rasteranalysen oder dauerhafte Monitorings Maßnahmen darstellen, die einer spezifischen gesetzlichen Ermächtigung bedürfen.

5.2.2 Eingriffsintensität

Ob eine (polizeiliche) Maßnahme einen nicht nur geringfügigen Eingriff darstellt, hat große Auswirkungen auf die mögliche Beeinträchtigung von Grundrechten und die damit verbundenen Anforderungen an eine notwendige Rechtsgrundlage.

Intensitätserhöhende Faktoren

Auf Basis der Entscheidung zur Online-Durchsuchung des BVerfG hat Rückert mehrere intensitätserhöhende Faktoren herausgearbeitet.[4] Diese werden nachfolgend unter Einbeziehung der zugrunde liegenden Rechtsprechung sowie ergänzender Fachliteratur erläutert.

1. **Heimlichkeit**
   Ein gesteigertes Risiko für das Recht auf informationelle Selbstbestimmung besteht, wenn Informationen »in einer Art und Weise genutzt [...] werden [...], die der Betroffene weder überschauen noch verhindern kann.«[5] Da die Informationsgewinnung über offene Quellen, insbesondere im Internet, in den meisten Fällen passiv erfolgt, ist dies für die betroffene Person nicht wahrnehmbar und folglich auch nicht überschaubar. Diese Intransparenz kann die Freiheit der Selbstbezichtigung beeinträchtigen und somit zu einer höheren Eingriffsintensität führen.
2. **Streubreite**
   Das Bundesverfassungsgericht hat hervorgehoben, dass eine große Streubreite, also die Erfassung einer Vielzahl von Personen, die Steigerung der Intensität einer entsprechenden Maßnahme zur Folge hat. Besonders in sozialen Netzwerken interagieren viele (einander teils unbekannte) Personen miteinander, sodass im Rahmen der Internetrecherche auch Daten unbeteiligter Dritter erfasst werden,

3 Rückert, ZStW 2017; 129(2), S. 308
4 Rückert, ZStW 2017; 129(2)
5 BVerfG NJW 2008, 822 (Rn. 198)

welche in keinem Zusammenhang mit dem zugrundeliegenden Sachverhalt stehen. Das BVerfG sieht hierin die Möglichkeit einer mittelbaren Beeinträchtigung der Freiheit der Bevölkerung, da die Überwachung einen abschreckenden Effekt habe, welcher »eine unbefangene Individualkommunikation verhindern kann«[6]. Golla sieht aufgrund der möglichen Abschreckungseffekte, selbst wenn diese lediglich abstrakt befürchtet würden, »eine zusätzliche Eingriffsqualität«[7].

3. **Erhebung kernbereichsrelevanter Daten**
   Nach Art. 1 Abs. 1 GG besteht ein »unantastbarer Kernbereich privater Lebensgestaltung«[8], der vor staatlichen Eingriffen besonders geschützt ist. Fraglich ist jedoch, ob dieser Schutzbereich bei öffentlich zugänglichen Daten überhaupt eröffnet ist, da sich die Sphären des Öffentlichen und Privaten grundsätzlich ausschließen. In Zeiten von Dating-Plattformen sowie Portalen zum Teilen von (kostenpflichtigen) erotischen bis hin zu pornografischen Inhalten, scheint eine Auseinandersetzung unter dem Aspekt des Zusammentragens von (pseudonymisierten) Daten einerseits interessant, andererseits weitgehend praxisfern.
4. **Überwindung von Zugangssicherungen**
   Daten, für deren Zugriff zunächst eine Zugangssicherung überwunden werden muss, gelten nach Rückert als nicht-öffentlich. Bei strenger Auslegung würde es sich sodann nicht mehr um Daten aus öffentlichen Quellen handeln. Eine differenzierte Betrachtung scheint hier allerdings angebracht. So stellen z. B. Rosengarten und Römer fest, dass es auf die Ausgestaltung der Zugangskontrolle ankommt.[9] Ferner kann sogar die Kommunikation innerhalb geschlossener Gruppen als öffentlich gelten, wenn man »ohne weiteres oder nach Beseitigung bloßer Scheinhindernisse [...] beitreten kann«[10].
5. **Dauer der Erhebung**
   Im Lichte der Online-Durchsuchung hat das BVerfG hervorgehoben, dass »eine längerfristige Überwachung [...] gegenüber einer einmaligen Erhebung von Kommunikationsinhalten [...] gleichfalls ein erheblich intensiverer Eingriff [ist].«[11] Die auf Kommunikationsinhalte abzielende Aussage lässt sich durchaus auch auf öffentliche Beiträge in sozialen Netzwerken übertragen, immerhin kann teils auf immense Datenmengen *von einer* Person und *über eine* Person Zugriff genommen werden und so ein umfassendes Persönlichkeits-, Verhaltens- oder Kommunikationsprofil erstellt werden.

6 BVerfG NJW 2008, 822 (Rn. 233)
7 Golla, 2022. Grundrechtliche Eingriffe durch Internetauswertungen. Polizei. Wissen., 1/2022(1), 9–12.
8 BVerfG NJW 2008, 822 (Rn. 271)
9 Rosengarten/Römer, NJW 2012, 1764 (1765)
10 MüKoStGB/Anstötz StGB § 86 Rn. 35
11 BVerfG NJW 2008, 822 (Rn. 236)

6. **Persönlichkeitsprofil**
   Golla[12] skizziert eine abstrakte Gefährdung, die daraus entsteht, dass basierend auf der Entscheidung zur Online-Durchsuchung umfangreiche Persönlichkeitsprofile anhand von Daten aus sozialen Netzwerken aufgebaut werden. Die Schaffung solcher Profile wird durch die »enorme[n] Mengen personenbezogener Daten [...], die [...] dauerhaft und grundsätzlich unwiderruflich verfügbar sind«[13] begünstigt.
7. **Nachteilige Folgen**
   Schließlich erhöhen auch potenziell nachteilige Folgen für Betroffene die Eingriffsintensität. Im Rahmen polizeilicher Ermittlungen besteht aufgrund von OSINT-Erkenntnissen »das Risiko, Gegenstand von Ermittlungsmaßnahmen zu werden«[14].

Intensitätsverringernde Faktoren

Neben intensitätserhöhenden Faktoren existieren auch intensitätsverringernde Faktoren. Zu diesen zählen vor allem die jeweils umgekehrten Kriterien der intensitätserhöhenden Faktoren. Darüber hinaus wirken sich die öffentliche Zugänglichkeit sowie die Pseudonymisierung oder Anonymisierung von Daten mildernd auf die Eingriffsintensität aus.

1. **Öffentlich zugängliche Daten**
   Eine wesentliche Verringerung der Eingriffsintensität ergibt sich aus der öffentlichen Zugänglichkeit der verarbeiteten Informationen. Daten, die von der betroffenen Person selbst öffentlich gemacht oder auf Plattformen eingestellt wurden, unterliegen einem geringeren Schutzbedürfnis als Inhalte aus geschützten oder privaten Kommunikationsräumen. Gleichwohl entfällt dadurch nicht jeglicher Grundrechtsschutz.
2. **Pseudonymisierte oder anonymisierte Daten**
   Ein weiterer mildernder Faktor ist der Grad der Identifizierbarkeit der betroffenen Personen. Gemäß Art. 4 Nr. 5 der Datenschutz-Grundverordnung (DSGVO) gelten Daten als pseudonymisiert, wenn sie ohne Hinzuziehung zusätzlicher Informationen nicht mehr einer bestimmten Person zugeordnet werden können. Eine vollständige Anonymisierung liegt hingegen vor, wenn eine Identifizierung auch mit ergänzenden Informationen dauerhaft ausgeschlossen ist.

   Während pseudonymisierte Daten dem Datenschutzrecht unterliegen, sind anonymisierte Daten hiervon ausgenommen. In der polizeilichen Praxis ist die Nutzung solcher Datensätze jedoch nur eingeschränkt möglich, da Ermittlungsmaßnahmen in der Regel auf die Identifizierung konkreter Personen abzielen.

12 Golla, 2022. Grundrechtliche Eingriffe durch Internetauswertungen. Polizei. Wissen., 1/2022(1), 9–12.

13 Singelnstein NStZ 2012, 593 (599)

14 Art. 4 Nr. 5 DSGVO

Gleichwohl kann die Pseudonymisierung oder Anonymisierung personenbezogener Daten in vorbereitenden Analysephasen oder zur Minimierung von Grundrechtseingriffen sinnvoll sein.

Letztlich ist die Bewertung der Eingriffsintensität immer kontextabhängig. Maßgeblich ist, ob der Eingriff nach Art, Umfang und Zielsetzung geeignet ist, die Rechte der betroffenen Personen spürbar zu beeinträchtigen.

5.2.3 Strafprozessrecht

Die polizeiliche Internetrecherche stützt sich derzeit im Wesentlichen auf die sogenannte *Generalklausel* (§§ 161 Abs. 1, 163 Abs. 1 StPO) als Rechtsgrundlage. Diese Vorschrift ermächtigt die Ermittlungsbehörden, alle zur Aufklärung einer Straftat erforderlichen Maßnahmen zu treffen, sofern keine spezielleren Regelungen bestehen. Zu den Internetermittlungen zählen die Nutzung von Suchmaschinen, die automatisierte Erfassung und Verarbeitung von Beweisdaten sowie die Kommunikation in sozialen Netzwerken. In der juristischen Literatur wird allerdings darauf hingewiesen, dass es sowohl hinsichtlich der Automatisierung als auch der aktiven Interaktion in sozialen Netzwerken Grenzen gibt.

Einen Sonderfall bildet die automatisierte Internetaufklärung, also die maschinelle Erhebung und Auswertung großer Datenmengen ohne unmittelbares menschliches Zutun. Rückert[15] hat in diesem Zusammenhang klar dargelegt, weshalb eine automatisierte Erhebung und Verarbeitung von Beweisdaten weder auf die Generalklausel aus §§ 161 Abs. 1, 163 Abs. 1 StPO noch auf andere Ermächtigungsgrundlagen der Strafprozessordnung gestützt werden kann. Er fordert die Schaffung einer eigenständigen Rechtsgrundlage für die automatisierte Beweisdatenerhebung und -verarbeitung im Internet.

5.2.4 Verwendung digitaler Beweismittel

Im Zuge der fortschreitenden Digitalisierung gewinnen digitale Spuren, Daten und Beweismittel zunehmend an Gewicht für die Strafverfolgung. Die Erhebung, Verarbeitung und Nutzung solcher Informationsquellen stellen Ermittlungsbehörden, Gerichte und die Verteidigung vor neue Herausforderungen. Dabei spielen sowohl rechtliche als auch technische Aspekte eine zentrale Rolle. Insbesondere die Nutzung von OSINT und die Transformation digitaler Beweismittel werfen Fragen nach der rechtlichen Zulässigkeit, den Anforderungen an die Beweisführung und dem Prinzip der Waffengleichheit im Strafverfahren auf. Neben der Frage, ob und wie digitale Beweismittel in das Verfahren eingeführt werden dürfen, stellt sich auch die Proble-

15 Rückert, ZStW 2017; 129(2)

matik der Sicherstellung ihrer Integrität und Authentizität. Gerade im digitalen Raum besteht ein erhöhtes Risiko für Manipulationen oder unbefugte Zugriffe, was wiederum die Anforderungen an die Beweiswürdigung erhöht.

Bevor digitale Erkenntnisse und Beweismittel in die gerichtliche Hauptverhandlung einfließen können, müssen sie daher sorgfältig geprüft und aufbereitet werden. Prof. Dr. Dominik Brodowski, Universitätsprofessor für Europäisierung, Internationalisierung und Digitalisierung des Strafrechts und des Strafverfahrensrechts, stellt fest, dass »digitale Erkenntnisquellen [...] lediglich oder vorrangig dem Erkenntnisgewinn (›Hintergrundwissen‹) für das Ermittlungsverfahren [dienen]«[16]. Das bedeutet, dass digitale Informationen häufig zunächst als Grundlage für weitere Ermittlungen genutzt werden, ehe sie als unmittelbares Beweismittel im Prozess dienen. Damit verbunden sind Anforderungen an die Dokumentation, Beweissicherung und die sogenannte *Chain of Custody*, um die gerichtliche Verwertbarkeit sicherzustellen.

Mit der zunehmenden Relevanz digitaler Beweismittel steigt auch der Schulungsbedarf bei den Strafverfolgungsbehörden. Techniken der Online-Recherche und OSINT-Analyse gehören bislang nicht zum Standardrepertoire aller Beamten, weshalb gezielte Fortbildungen erforderlich sind. Gleichzeitig besteht auch aufseiten der Strafverteidigung erheblicher Nachholbedarf, insbesondere in technischer Hinsicht und beim Einsatz digitaler Recherchewerkzeuge. Diese Ungleichheit kann das Gebot der Waffengleichheit im Strafverfahren beeinträchtigen. Eine ungleiche Verteilung von Wissen, Ressourcen oder technischen Möglichkeiten birgt die Gefahr, dass Beweismittel einseitig interpretiert oder unzureichend hinterfragt werden. Daher ist es unerlässlich, sowohl Ermittlungsbehörden als auch die Verteidigung in der kompetenten Nutzung digitaler Informationsquellen zu schulen, um die Fairness des Verfahrens zu gewährleisten.

Unbestritten ist, dass Open Source Intelligence noch mehr an Bedeutung gewinnen wird. Da Betroffene die technischen Möglichkeiten und rechtlichen Grenzen solcher Eingriffe selten überblicken können, ist es umso wichtiger, entsprechende Maßnahmen auf solide Rechtsgrundlagen zu stützen.

Die rechtliche Analyse zeigt, dass die bloße öffentliche Zugänglichkeit von Informationen keinen grenzenlosen Zugriff erlaubt. Gleichwohl wäre es verfehlt, Strafverfolgungsbehörden den Zugriff auf frei verfügbare Daten generell zu verwehren. Es bedarf daher einer präzisen gesetzlichen Abwägung zwischen dem Schutz der Grundrechte und dem berechtigten Interesse der Strafverfolgung.

Die heutige Rechtspraxis lässt vielfältige Ermittlungshandlungen im Internet zu, die sich in großen Teilen auf die Generalklausel stützen, was in vielen Fällen durchaus ausreichend ist. Eine ausdrückliche Regelung existiert bislang lediglich für den Einsatz verdeckter Ermittler (§ 110a StPO), der auch im digitalen Raum Anwendung fin-

16 Brodowski, 2020, S. 432

den kann. Die Abgrenzung zwischen verdeckten Ermittlungen und offenen OSINT-Maßnahmen ist jedoch nicht immer trennscharf und führt in der Praxis zu Unsicherheiten.

Vor jeder OSINT-Recherche ist daher die jeweilige Rechtsgrundlage sorgfältig zu prüfen und die Verarbeitung auf das notwendige Maß zu beschränken. Ebenso sind Transparenz- und Informationspflichten zu beachten, sofern keine Ausnahmetatbestände greifen.

5.2.5 Strafrecht

Ein wesentliches Risiko bei der Durchführung von OSINT-Recherchen besteht in der Gefahr einer Strafbarkeit, insbesondere im Zusammenhang mit der sogenannten *Datenhehlerei* gemäß § 202d Strafgesetzbuch (StGB).

Die Vorschrift lautet:

> *Wer Daten (§ 202a Absatz 2), die nicht allgemein zugänglich sind und die ein anderer durch eine rechtswidrige Tat erlangt hat, sich oder einem anderen verschafft, einem anderen überlässt, verbreitet oder sonst zugänglich macht, um sich oder einen Dritten zu bereichern oder einen anderen zu schädigen, wird mit Freiheitsstrafe bis zu drei Jahren oder mit Geldstrafe bestraft.*

Sie sehen: Absatz 1 stellt bereits das Sichverschaffen von Daten aus einer rechtswidrigen Tat unter Strafe. Dies ist besonders bei geleakten Daten häufig gegeben. Wie so oft kommt es aber auf unsere Motivation an. Ihre »Komme aus dem Gefängnis frei«-Karte ist Absatz 3:

> *Absatz 1 gilt nicht für Handlungen, die ausschließlich der Erfüllung rechtmäßiger dienstlicher oder beruflicher Pflichten dienen. Dazu gehören insbesondere*
>
> *1. solche Handlungen von Amtsträgern oder deren Beauftragten, mit denen Daten ausschließlich der Verwertung in einem Besteuerungsverfahren, einem Strafverfahren oder einem Ordnungswidrigkeitenverfahren zugeführt werden sollen, sowie*
>
> *2. solche beruflichen Handlungen der in § 53 Absatz 1 Satz 1 Nummer 5 der Strafprozessordnung genannten Personen, mit denen Daten entgegengenommen, ausgewertet oder veröffentlicht werden.*

Handeln Sie also aufgrund dienstlicher oder beruflicher Pflichten, dann sind Sie auf der sicheren Seite. Überspannen Sie aber nicht den Bogen. Verschaffen Sie sich beispielsweise geleakte Zugangsdaten und filtern diese nach Angestellten Ihres Unternehmens, um für diese ein neues Passwort zu vergeben, ist alles in Ordnung. Nutzen Sie solche Daten aber, um sich in das private E-Mail-Postfach Ihres Nachbarn einzuloggen, wird es schwer werden, dies als berufliche Pflicht auszugeben.

Bei OSINT-Aktivitäten können neben der Datenhehlerei je nach Art und Umfang der Recherche auch andere Strafvorschriften einschlägig sein. Von besonderer Relevanz sind dabei die Normen, die den unbefugten Zugriff auf Daten, die Verletzung von Persönlichkeitsrechten sowie die missbräuchliche Nutzung urheberrechtlich geschützter Inhalte betreffen.

Auch eine Nachstellung gemäß § 238 StGB (Stalking) kann vorliegen, wenn OSINT-Recherchen exzessiv oder beharrlich auf eine einzelne Person gerichtet sind und diese dadurch erheblich belästigt oder in ihrer Lebensgestaltung beeinträchtigt wird. Insbesondere bei fortgesetzter Beobachtung über soziale Netzwerke oder dem wiederholten Sammeln privater Informationen kann eine Strafbarkeit in Betracht kommen. Wobei dies bei einer grundsätzlich passiven Informationsbeschaffung selten vorkommen dürfte.

Nach § 33 KunstUrhG (KUG) ist die Veröffentlichung von Bildnissen ohne Einwilligung der abgebildeten Person strafbar. Dies betrifft vor allem die Verwendung von Profilfotos, Bildern aus privaten Accounts oder Aufnahmen, die Rückschlüsse auf die Identität oder Privatsphäre einer Person zulassen.

Ergänzend kann die unerlaubte Verwertung urheberrechtlich geschützter Werke gemäß § 106 UrhG relevant werden. Wer Texte, Bilder, Videos oder sonstige Inhalte aus öffentlich zugänglichen Quellen ohne Zustimmung des Urhebers vervielfältigt, verbreitet oder in eigenen Auswertungen weiterverarbeitet, macht sich unter Umständen strafbar. Die Tatsache, dass Inhalte im Internet frei abrufbar sind, bedeutet nicht, dass sie frei von Urheberrechten sind.

Auch das Datenschutzrecht enthält strafrechtliche Vorschriften. So bedroht § 42 Bundesdatenschutzgesetz (BDSG) denjenigen mit Strafe, der personenbezogene Daten unbefugt verarbeitet, erhebt oder übermittelt, wenn die Tat vorsätzlich und gegen Entgelt oder in Bereicherungs- bzw. Schädigungsabsicht erfolgt.

5.2.6 Informationszugangsrecht

Das Informationsfreiheitsgesetz (IFG) bildet in Deutschland die gesetzliche Grundlage für den Zugang zu amtlichen Informationen bei Behörden des Bundes.

Es gewährt jeder Person das Recht, Informationen von öffentlichen Stellen einzusehen, ohne dass ein besonderes Interesse dargelegt werden muss. Allerdings gibt es auch Ausnahmen. Wenn schutzwürdige Interessen Dritter, das Staatswohl oder laufende Ermittlungen betroffen sind, kann die Auskunft verweigert werden. Die einzelnen Bundesländer haben eigene Informationsfreiheitsgesetze oder Transparenzgesetze erlassen, die für Landes- und Kommunalbehörden gelten und sich in Details unterscheiden können. Die Beantragung einer Auskunft erfolgt in der Regel formlos, schriftlich oder elektronisch. Kommt eine Behörde ihrer Auskunftspflicht nicht nach, besteht die Möglichkeit, Widerspruch einzulegen und letztlich vor dem Verwaltungsgericht zu klagen.

Unabhängig vom IFG gewähren die Pressegesetze der einzelnen Bundesländer Journalistinnen und Journalisten ein besonderes Recht auf Auskunft gegenüber Behörden. Dieses Auskunftsrecht dient der freien und unabhängigen Berichterstattung, indem es Recherchen im öffentlichen Interesse ermöglicht. Die Behörden sind verpflichtet, Pressevertretern Auskünfte zu erteilen, es sei denn, gesetzliche Ausschlussgründe, etwa der Schutz von Betriebs- und Geschäftsgeheimnissen oder laufender Ermittlungen stehen dem entgegen.

5.2.7 Vertrags- und AGB-Recht

Im Rahmen des Vertrags- und AGB-Rechts ist besonders darauf zu achten, welche Nutzungsbedingungen von Online-Plattformen vorgegeben werden. Ein typisches Beispiel hierfür findet sich in den Allgemeinen Geschäftsbedingungen (AGB) von *Kleinanzeigen*. Dort wird verboten, »ohne die ausdrückliche schriftliche Zustimmung von Kleinanzeigen Crawler, Spider, Scraper oder andere automatisierte Mechanismen zu nutzen, um auf die Kleinanzeigen-Dienste zuzugreifen und Inhalte zu sammeln«. Die Missachtung solcher Klauseln kann zivilrechtliche Konsequenzen nach sich ziehen, etwa Unterlassungsansprüche, Schadensersatzforderungen oder sogar die Sperrung des Zugangs zur Plattform.

5.2.8 Fazit rechtlicher Rahmenbedingungen

Abschließend möchte ich Ihnen noch etwas »Food for Thought« mitgeben. Nicht alles, was technisch möglich ist, darf auch erlaubt sein. Und in der Regel ist es die Motivation, die darüber entscheidet, ob die Nutzung einer Technologie legitim oder bösartig ist. Ein weiterer Aspekt liegt in der öffentlichen Zugänglichkeit der Informationen. Wenn »jedermann« auf Informationen zugreifen kann, dann muss das auch für Sicherheitsbehörden gelten.

Persönlich bin ich der festen Überzeugung, dass eine Strafverfolgungsbehörde öffentlich zugängliche Informationen nutzen können muss. Alles andere wäre, als würde man Streifenwagen links und rechts mit Scheuklappen versehen.

5.3 Arten und Zweck der Informationsgewinnung

Sie haben bei den Anwendungsgebieten von Open Source Intelligence bereits festgestellt, dass OSINT in den unterschiedlichsten Bereichen zur Anwendung kommt. Und selbst innerhalb eines Anwendungsgebiets können sich die Zwecke stark unterscheiden.

Informationsgewinnung lässt sich nach ihrer Art unterscheiden: passive, semi-passive und aktive Informationsgewinnung

- Die *passive Informationsgewinnung* ist dadurch gekennzeichnet, dass kein direkter Kontakt mit der Zielperson aufgenommen wird. Informationen werden aus Quellen beschafft, die nicht von der Zielperson betrieben werden – ohne die Gefahr, dass die Zielperson von der Recherche Kenntnis erlangen kann. Der dazugehörige Merksatz lautet »*Tarnung vor Wirkung*«. Lieber eine Information nicht erlangen, als die eigene Tarnung zu gefährden.
- Glücklicherweise ist es im Internet deutlich einfacher, die eigene Identität und den Zweck einer Recherche zu verschleiern. Deshalb existiert hier ein Vorgehen, das als *semi-passive Informationsgewinnung* bezeichnet werden kann. Im Gegensatz zur rein passiven Informationsgewinnung, die jeden direkten Kontakt (beispielsweise mit der Webseite oder dem Facebook-Profil der Zielperson) meidet, kann im Rahmen der semi-passiven Informationsgewinnung ein Seitenaufruf erfolgen. Es bleibt einzig darauf zu achten, in der Masse unterzugehen. Jede Interaktion sollte unauffällig und natürlich wirken.
- Zu guter Letzt gibt es noch die *aktive Informationsgewinnung*, bei der eine direkte Interaktion mit dem Untersuchungsgegenstand stattfindet (z. B. der Organisation, dem System oder dem Social-Media-Account). Hierunter könnte ein intensiver Scan eines Servers oder eine Kontaktanfrage in einem sozialen Netzwerk verstanden werden. Ob es sich bei der aktiven Informationsgewinnung noch um einen Teil von Open Source Intelligence handelt oder bereits um (virtual) Human Intelligence (HUMINT), ist umstritten.

Lassen sich diese drei Arten der Informationsgewinnung trennscharf voneinander abgrenzen? Dazu hatte ich u. a. eine ausführliche Diskussion mit Matthias Wilson, der dahingehend deutlich reservierter ist und OSINT als ausschließlich passive Disziplin betrachtet.

Ich vertrete hingegen die Position, dass die Grenzen zwischen OSINT und HUMINT fließend sind und es Überschneidungen gibt. Es kommt somit auf den Einzelfall an. Bereits der Besuch der Website oder des Profils einer Zielperson ist eine aktive Handlung. Beides gehört meiner Meinung nach zu OSINT.

Unstrittig ist, dass jede Form der Interaktion unterschiedliche rechtliche Anforderungen stellt. Beispielsweise hat eine Beobachtung über einen längeren Zeitraum hinweg eine andere Qualität als eine punktuelle Recherche. Sie erfordert also eine gesonderte rechtliche Bewertung.

Das Gedankenexperiment aus Abschnitt 4.5, bei dem die Aufgabe darin bestand, eine Biker-Kneipe aufzusuchen, ist im Austausch zu diesem Buch entstanden. Es dient dazu, die Unterschiede zwischen passiver und aktiver Informationsbeschaffung anschaulich und nachvollziehbar zu machen.

Stellen wir uns nun vor, wir haben bereits jene Schwelle überschritten, an der zu auffällige Schutzmaßnahmen wie eine schusssichere Weste oder eine Sturmhaube uns schon am Türsteher scheitern ließen. Ab diesem Zeitpunkt kommt es entscheidend darauf an, wie wir uns innerhalb der Kneipe verhalten und welche Strategie wir verfolgen. Wenn wir uns beispielsweise unauffällig an einen Tisch setzen, ein Getränk bestellen und lediglich die anderen Gäste beobachten, bewegen wir uns weiterhin im Bereich der passiven Informationsgewinnung. Hierbei handelt es sich um das diskrete Sammeln von Eindrücken und Informationen, ohne direkt mit der Zielperson oder anderen Anwesenden zu interagieren.

Wechseln wir jedoch die Vorgehensweise und sprechen etwa die Zielperson gezielt an, begeben wir uns klar in den Bereich der aktiven Informationsgewinnung. In diesem Fall findet eine direkte Interaktion statt, wodurch auch das Risiko steigt, entdeckt oder enttarnt zu werden. Je nachdem, mit welchem Vorwand, welcher Geschichte oder gar konstruierten Legende der Kontakt aufgenommen wird, kann schnell die Schwelle zum Einsatz eines verdeckten Ermittlers nach § 110a StPO überschritten werden. In diesem Fall verlässt man eindeutig den Bereich von OSINT und bewegt sich rechtlich wie ethisch auf einem anderen Terrain.

Dieses Beispiel zeigt deutlich, dass sich die Methoden der Informationsgewinnung nicht immer eindeutig einer Kategorie zuordnen lassen. Oftmals verschwimmen die Grenzen und es ist nicht klar, ob das eigene Vorgehen noch als passiv oder bereits als aktiv einzustufen ist. Daher ist es besonders wichtig, sich stets der eigenen Handlungen bewusst zu sein und die möglichen Konsequenzen abzuwägen. Geht man gezielt das Risiko ein, die Zielperson auf sich aufmerksam zu machen, um eine bestimmte Information zu erhalten? Oder steht der Schutz der eigenen Identität und die Geheimhaltung der Recherche an oberster Stelle? Letztlich müssen Sie stets reflektieren, welche Herangehensweise für Ihre Ziele und den jeweiligen Kontext am sinnvollsten und verantwortbarsten ist.

5.4 Von Daten über Informationen zu Intelligence

Daten sind rohe Zeichenfolgen und bilden die unterste Ebene der Informationssammlung. Bevor aus rohen Daten *Intelligence* wird, sind Kontextualisierung, Prüfung und Interpretation erforderlich. Doch was genau sind Daten? Daten sind die kleinsten Bestandteile von Informationen, also Zeichen und Zahlen.

Ein Beispiel, das ich gerne in meinen Kursen zur Verdeutlichung nutze, ist die Zahl 39,1. Handelt es sich um eine Temperatur (übrigens eine der häufigsten Vermutungen seit der Corona-Pandemie) oder um einen Geldbetrag? Ohne weiteren Kontext kann über die Bedeutung lediglich gemutmaßt werden.

Nehmen Sie kurz an, Sie stoßen auf eine Online-Verkaufsanzeige für eine Luxusuhr, die jedoch deutlich günstiger als marktüblich angeboten wird. Ein einzelnes Inserat ohne weiteren Kontext ist ein *Datum*, also ein einzelner Datenpunkt. Im Anzeigentext ist allerdings eine Rufnummer angegeben. Mithilfe dieser Rufnummer entdecken Sie weitere Anzeigen anderer Profile, die allesamt teure Luxusgüter verdächtig günstig anbieten. Nun haben Sie *Informationen*. Durch die Verknüpfung der unterschiedlichen Profile, der Analyse selbiger und Recherchen zu der Rufnummer können Sie Verbindungen zu anderen Betrugsstraftaten herstellen.

Der Schritt von Daten zu Informationen erfolgt erst durch die Verknüpfung und Auswertung verschiedener Datenpunkte. Erst durch diese Verbindung entsteht ein erkenntnisbringender Mehrwert, der die Grundlage für weitere Schlüsse bildet. In der Praxis müssen Daten nicht nur kontextualisiert, sondern auch auf ihre Echtheit, Plausibilität und Herkunft überprüft werden. Ungeprüfte oder fehlerhafte Daten können zu falschen Einschätzungen führen.

Informationen lassen sich grundsätzlich in verschiedene Kategorien einteilen, wobei vor allem drei Hauptarten unterschieden werden können:

- öffentlich zugängliche Informationen (Open Source Information, OSINF)
- nicht-öffentliche Informationen (Closed Source Information)
- klassifizierte/eingestufte Informationen (Classified Information)

Der Begriff *Open Source Information* bezieht sich auf öffentlich zugängliche Informationen, die von jedermann eingesehen werden können, ohne dass besondere Zugriffsrechte erforderlich sind. Es handelt sich also um jene Quellen, die die Grundlage für Open Source Intelligence (OSINT) bilden, beispielsweise Nachrichtenbeiträge, Webseiten, wissenschaftliche Publikationen oder auch amtliche Register.

Das Gegenteil sind nicht-öffentlich zugängliche Informationen, *Closed Source Information*. Diese sind nur einem ausgewählten Personenkreis zugänglich, also nicht *jedermann*. Sie werden häufig innerhalb von Organisationen oder Behörden gespeichert und durch Zugangsbeschränkungen geschützt. Beispiele hierfür sind interne Datenbanken, nicht-öffentliche Register oder E-Mail-Kommunikation.

Klassifizierte bzw. eingestufte Informationen – *Classified Information* – unterliegen besonderen Geheimhaltungsstufen und sind besonders geschützt. Hierbei handelt es sich um sensible wirtschaftliche oder politische Informationen, teils mit Belangen der nationalen Sicherheit. Der Zugang ist strikt geregelt und die unbefugte Weitergabe solcher Informationen kann strafrechtliche Folgen haben.

Die Transformation von Daten zu Informationen und schließlich zu Intelligence ist ein dreistufiger Prozess:

1. Zunächst werden **Rohdaten** gesammelt, geprüft und kontextualisiert.
2. Aus diesen Daten können **Informationen** extrahiert werden.

3. Diese Informationen können durch weitere Analyse und Verknüpfung zu umfassender **Intelligence** führen.

Die strukturierte Verarbeitung von Rohdaten zu Informationen bildet also den Kern jedes Erkenntnisgewinns. Aber erst durch deren gezielte Analyse entsteht schließlich echte *Intelligence*, auf deren Grundlage fundierte Entscheidungen getroffen werden können. Stellen Sie sich das wie in Abbildung 5.1 als Prozess vor, der Ausgangsmaterial durch mehrere Linsen immer weiter schärft, bis am Ende ein punktgenaues Ergebnis steht, das genau die Erkenntnis liefert, die am Anfang als Fragestellung definiert wurde.

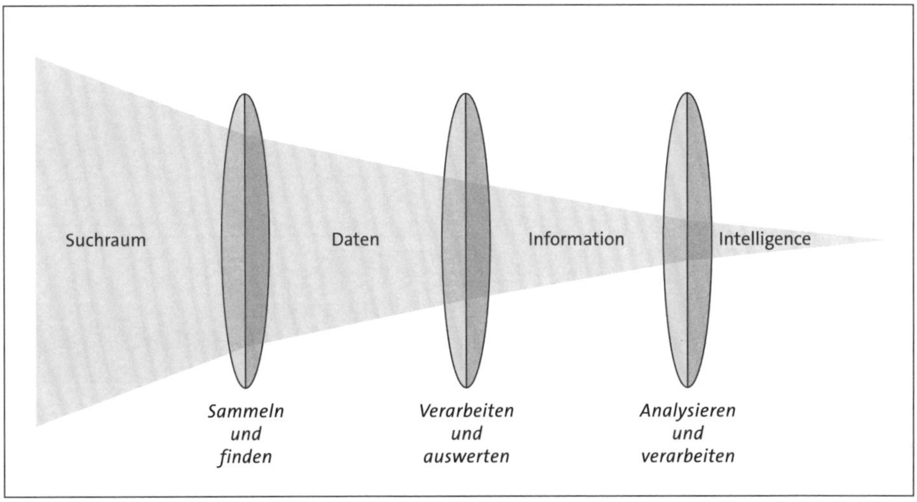

Abbildung 5.1 Verhältnis von Daten, Information und Intelligence

5.5 Der Intelligence Cycle

In diesem Abschnitt erläutere ich Ihnen den Intelligence Cycle und zeige auf, weshalb und wie Sie ihn gezielt für Ihre Recherchen nutzen sollten. Die klare Struktur dieses Modells hat auch maßgeblich den Aufbau dieses Buches inspiriert.

Der Intelligence Cycle existiert in zahlreichen Variationen. Ich konzentriere mich auf eine Variante, die hinreichend detailliert, aber nicht unnötig komplex ist. Wichtig zu wissen: Der Intelligence Cycle ist nicht nur auf Open Source Intelligence (OSINT), sondern auf sämtliche Intelligence-Disziplinen anwendbar. Er dient als wertvolle Richtschnur, um im Verlauf von Untersuchungen stets den Überblick und den roten Faden zu behalten. In seiner einfachsten Variante besteht der Intelligence Cycle aus vier Phasen:

1. Planung und Ausrichtung
2. Sammlung

3. Verarbeitung und Analyse
4. Verbreitung

Darüber hinaus gibt es auch eine erweiterte Variante mit sechs Phasen. Ich bin überzeugt, dass gerade diese detaillierte Struktur eine ideale Grundlage für den Aufbau dieses Buches bietet.

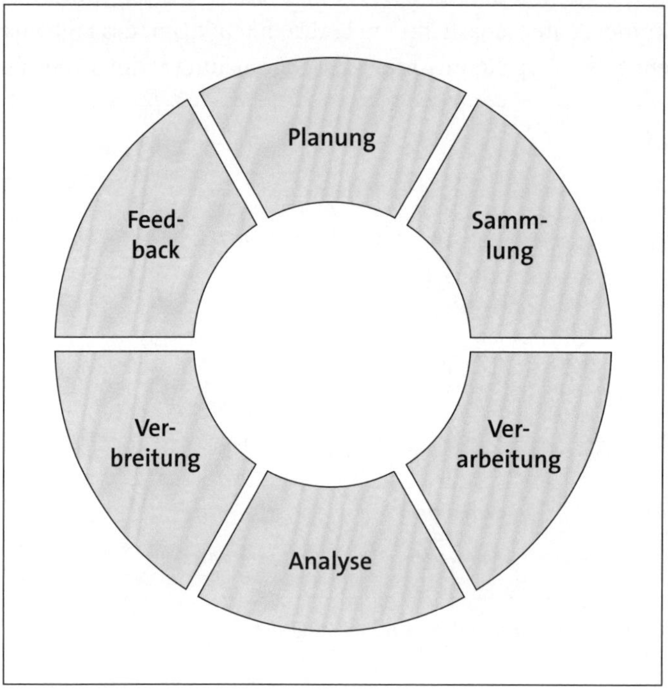

Abbildung 5.2 Intelligence Cycle

Der Intelligence Cycle, von manchen auch *Ermittlungskreislauf* genannt, besteht aus sechs Phasen:

1. Planung
2. Sammlung
3. Verarbeitung
4. Analyse
5. Verbreitung
6. Evaluation

Auf die Bedeutung der einzelnen Phasen werde ich in den folgenden Kapiteln detaillierter eingehen, daher an dieser Stelle nur ein erster Überblick.

- Die *Planungsphase* kann sowohl strategisch als auch operativ verstanden werden. So umfasst die strategische Planung grundsätzliche Überlegungen zu Personal, Ausbildung, Ausstattung und Verfügbarkeit. Operativ sollte die Planung zu Beginn einer OSINT-Ermittlung möglichst viele Fragen klären, z. B.: Welche Informationen werden gesucht? Wo werden sie gesammelt? Wer übernimmt welche Aufgabe? Wann ist das Ziel erreicht?
- Im zweiten Schritt, der *Sammlungsphase*, werden Daten aus öffentlichen Quellen gesammelt. Dies ist die Basis für OSINT-Recherchen. In dieser Phase liegt meines Erachtens das größte Automatisierungspotenzial. Kreative Ideen zur Datenerhebung sind hier besonders gefragt.
- Bei der Verarbeitung werden regelmäßig Daten strukturiert, übersetzt oder dekodiert. Die *Verarbeitungsphase* widmet sich der Aufbereitung, Filterung und Dokumentation der gesammelten Daten, um daraus Informationen zu erhalten. Dieser Schritt ist elementar, damit die Daten handhabbar bleiben. Außerdem müssen die Informationen miteinander verknüpft werden bzw. durch neue Daten angereichert werden.
- Während der *Analysephase* werden Hypothesen gebildet und geprüft. Hierzu werden die gewonnenen Informationen bewertet, verifiziert und miteinander in Relation gesetzt. Schließlich finden sie Verwendung in dem zu erstellenden Informationsprodukt.
- Die *Verbreitungsphase* dient der letztlichen Erstellung und Verbreitung des Intelligence-Produkts an eine klar definierte Zielgruppe. Um den Zweck zu erfüllen und das gewonnene Wissen weiterzugeben, muss das fertige Produkt entsprechend gestaltet sein. Die Art der Verbreitung kann sehr unterschiedlich erfolgen. In vielen Fällen werden schriftliche Berichte verfasst. Je nach Anwendungsfall kann aber auch ein mündlicher Vortrag oder ein anderes Format für die Verbreitung genutzt werden.
- Im letzten Schritt, der *Evaluationsphase*, sollte stets eine Nachbereitung der Recherche erfolgen, um so Verbesserungspotenzial zu identifizieren. In der Praxis wird diese Phase leider meist gänzlich ausgelassen. Dabei sind die dadurch gewonnenen Erkenntnisse wertvoll und sollten in die Planung für zukünftige Recherchen einfließen, wodurch sich der Kreis schließt.

Mir ist wichtig zu betonen, dass der Intelligence Cycle nicht als starrer Prozess angesehen werden darf. Vielmehr bieten die einzelnen Phasen einen Leitfaden, an dem Ermittlungen ausgerichtet werden sollten. Stoßen Sie beispielsweise während der Analyse auf neue Zusammenhänge, dann ist es sinnvoll oder gar geboten, anhand dieser Erkenntnisse eine weitere Iteration der Informationssammlung durchzuführen.

In der Praxis werden Sie selten bewusst darüber nachdenken, in welcher Phase des Intelligence Cycle Sie sich gerade befinden – und das müssen Sie auch nicht. Der Intelligence Cycle dient in erster Linie dazu, vorab Abläufe, Vorbereitungen und Prozesse zu strukturieren. Er kann Ihrer Recherche wertvolle Orientierung bieten, doch lassen Sie sich nicht von einem theoretischen Modell einschränken, das versucht, die Realität in ein Prozessdiagramm zu pressen. Besonders die Übergänge zwischen der Verarbeitungs- und Analysephase sind oft fließend und schwierig voneinander zu trennen.

Kapitel 6
Planung

In diesem Kapitel dreht sich alles um die richtige Planung. Der Planungsphase wird selten viel Aufmerksamkeit geschenkt, dabei sollten Sie diese Phase keinesfalls außer Acht lassen. Immerhin legt diese den Grundstein und Rahmen Ihrer Recherchen.

Zu Beginn sollten Sie wichtige Fragen klären und den Zweck der Recherche möglichst klar formulieren. Dabei geht es zunächst um die strategische Planung, also um grundsätzliche Überlegungen zur Frage, was erreicht werden soll und auf welchem Weg. Eng damit zusammen hängen die Anforderungen und der Scope: Was ist konkret mein Ziel in diesem Recherche-Projekt? Daraus ergibt sich dann im nächsten Schritt die Frage, was die richtigen Quellen für das Vorhaben sind. Darum wird es in Abschnitt 6.3 gehen. Was aber auch dazugehört, ist die Dokumentation (siehe Abschnitt 6.4). Dieser wichtige Punkt wird oft unterschätzt, muss aber von Anfang an mitgedacht werden.

6.1 Strategische Planung

Zur strategischen Planung gehören alle langfristigen Maßnahmen für den Aufbau und den effizienten Betrieb eines OSINT-Projekts. So sollten Sie in diesem Schritt Überlegungen über Größe, Aus- und Fortbildung, Verfügbarkeit und Ausstattung des Personals anstellen. Dafür muss die Frage nach dem Bedarf klar sein.

Die Ausstattungsbedarfe fallen in der Praxis sehr individuell aus. Eine Anpassung an die Anforderung und Fähigkeiten der jeweiligen OSINT-Funktion ist unabdingbar. Hierbei sollten Sie Themen wie die persönliche Hardware, aber auch Lizenzen für Datenbankzugänge und kostenpflichtige Tools bedenken. Bauen Sie ein kollaboratives Team auf, müssen Sie sich zudem Gedanken über geeignete Teamlösungen machen.

Zudem empfiehlt es sich, in die kontinuierliche Weiterbildung des Personals zu investieren. Durch Schulungen stellen Sie sicher, dass alle Teammitglieder mit den neuesten Entwicklungen im Bereich OSINT vertraut sind und die vorhandenen Tools effizient einsetzen können.

6.2 Anforderungen und Scope

Eine OSINT-Recherche dient für gewöhnlich einem bestimmten Zweck und wird häufig im Auftrag für einen »Kunden« durchgeführt. Die Art der Auftraggeber kann sehr unterschiedlich sein, von Sicherheitsbehörden über Unternehmen bis hin zu Menschenrechtsorganisationen und weiteren. Nur wenn Ihnen klar ist, für wen das Endprodukt gedacht ist, können Sie Ihre Recherche in die richtige Richtung leiten. Stellen Sie sich die Frage, wer die Erkenntnisse nutzen wird und in welchem Format diese benötigt werden.

OSINT-Analyst = Dönerverkäufer?

Moritz Samrock hat in seinem Vortrag bei der *German Open Source Intelligence Conference* treffend formuliert, dass er sich manchmal wie ein Dönerverkäufer fühlt: »Einmal *alles*, mit scharf und am besten so schnell wie möglich.«

Diese Metapher beschreibt sehr anschaulich eines der größten und zugleich häufigsten Probleme bei OSINT-Aufträgen: Anstelle von klar definierten und auf den konkreten Sachverhalt zugeschnittenen Recherchefragen wird oft ein umfassender, unspezifizierter Auftrag erteilt, eben »einmal alles«.

Doch diese scheinbare Zeitersparnis entpuppt sich in der Praxis schnell als Trugschluss. Ohne eine präzise Fragestellung droht die Recherche zu einer endlosen Geschichte zu werden, bei der nie wirklich klar ist, wann sie abgeschlossen ist oder welche Grenzen sie hat.

Wie weit möchte man beispielsweise in die Vergangenheit zurückgehen? Über welchen Zeitraum hinweg sollen Informationen gesammelt werden? Und wie lange soll die Beobachtung in die Zukunft reichen? Ohne diese Festlegungen bleibt der Rechercheprozess diffus, Ressourcen werden ineffizient eingesetzt und das Ergebnis bleibt oft unbefriedigend, sowohl für den Auftraggeber als auch für jene, die mit der Analyse betraut sind.

Um dem entgegenzuwirken, ist eine sorgfältige Planung unabdingbar. Klären Sie gemeinsam mit dem Auftraggeber die Anforderungen so konkret wie möglich und formulieren Sie präzise, welche Fragestellungen im Fokus stehen. Legen Sie zudem Mindest- und Maximalanforderungen fest, um den Umfang der Recherche klar zu steuern und zu verhindern, dass Ressourcen auf irrelevante Aspekte verschwendet werden.

6.2.1 Fragen an den Auftraggeber

Für eine zielgerichtete Recherche empfiehlt es sich, den Umfang Ihrer Untersuchung von Beginn an eindeutig abzugrenzen. Der sogenannte *Scope* sollte sowohl den inhaltlichen Schwerpunkt und die Zielsetzung als auch den zeitlichen Rahmen umfassen. Überlegen Sie, ob sich Ihre Recherche ausschließlich auf eine bestimmte Person oder Organisation beschränkt oder ob auch das Umfeld relevant ist. Verschaffen Sie sich einen Überblick über die bereits verfügbaren Informationen, diese bilden das Fundament Ihrer weiteren Arbeit. Es ist wenig effizient und frustrierend, viel Zeit und Energie in das Auffinden einer Information zu investieren, die sich bereits zu Beginn der Recherche aus den vorhandenen Informationen ergeben hätte.

Definieren Sie außerdem den relevanten Zeitraum Ihrer Recherche: Geht es um aktuelle Ereignisse oder sollen auch historische Entwicklungen einbezogen werden? Bestimmen Sie, welche Recherchemethoden eingesetzt werden dürfen oder sollen, welche Tools und Datenbanken zur Verfügung stehen und ob Ihre Recherche rein passiv erfolgen soll. Überlegen Sie, ob absolute Diskretion erforderlich ist oder ob eine offene Recherche zulässig ist und die Kenntnisnahme zweitrangig ist.

Fragen Sie nach dem Bedarf Ihres Auftraggebers: Welche Frage oder Fragen sollen durch Ihre Recherche beantwortet werden? Mit einem unkonkreten Rechercheauftrag, wie er leider in der Praxis häufig vorkommt, werden Sie Schwierigkeiten haben. Fragen Sie lieber einmal mehr nach und ersparen Sie sich so unnötige Arbeit.

Eine weitere Technik, um die Anforderungen genauer zu bestimmen, erhalten Sie durch die Skizzierung des Minimums und Maximums Ihrer Recherche. Welche Frage soll mindestens beantwortet werden – und was wäre der Idealfall? So erkennen Sie, welche Themen für Ihre Recherche relevant sind und welche selbst für das umfassende Ergebnis irrelevant sind.

Da kaum eine Recherche der anderen gleicht, sollten Sie immer offen an ein neues Projekt herangehen. Trotzdem kann die Formulierung von *Hypothesen* ein geeignetes Mittel sein, um Ihre Recherche zu fokussieren. Aus Hypothesen können Sie Ihren Recherchebedarf ableiten. Auch helfen klar formulierte Annahmen bei der Strukturierung Ihrer Gedanken; sie können im Laufe der Recherche belegt oder widerlegt werden.

Ein weiterer hilfreicher Schritt kann darin bestehen, die Kernfragen Ihrer Recherche aufzulisten. In den meisten Fällen wird sich Ihre Recherche um die Beantwortung der sieben W-Fragen drehen:

- Wer?
- Was?
- Wann?
- Wo?
- Wie?
- Warum?
- Wozu?

Dies kann dazu beitragen, die Recherche von Anfang an zu strukturieren und zielgerichtet zu gestalten. Letztlich liegt der Schlüssel zu einem erfolgreichen OSINT-Projekt darin, den Rechercheauftrag so klar wie möglich zu definieren und die Erwartungen aller Beteiligten transparent zu machen. Das ist der einzige Weg, um das »Döner mit alles«-Problem zu vermeiden und ein zielgerichtetes, effizientes Ergebnis zu erzielen.

6.2.2 Das Ende des Projekts

Wann endet die Recherche? Wenn der Scope eines Projekts nicht abgesprochen ist, kann niemand sagen, wann der Auftrag erfüllt ist und wann nicht. Legen Sie also Kriterien fest, wann Ihre Recherche als abgeschlossen gilt. Dies kann entweder der Zeitpunkt sein, an dem alle Recherchefragen beantwortet wurden oder wenn die zur Verfügung stehende Zeit aufgebraucht ist. Halten Sie den Scope idealerweise schriftlich fest, damit Sie im Verlauf der Recherche jederzeit darauf zurückgreifen können.

Das große Problem ist dabei jedoch, dass eine Recherche per Definition offen ist. Es ist daher nicht sinnvoll, nur *positive Resultate* zu definieren, also zu sagen, was gefunden werden soll. Was ist, wenn sich herausstellt, dass diese Informationen gar nicht existieren? Oder noch wichtiger: Was, wenn das Nichtfinden das Ergebnis ist? Vielleicht bedeutet das ja gerade, dass sich ein Verdacht nicht erhärtet, dass eine Hypothese nicht zutrifft.

Es ist daher schwer zu sagen, wie lange gesucht werden muss. Angenommen, Sie haben nach zwei Wochen Arbeit noch nicht die gewünschte Bestätigung für Ihre Hypothese gefunden: Bedeutet das, dass Sie noch nicht lange genug gesucht haben, oder muss die Vermutung fallen gelassen werden?

Das können Sie oftmals nicht alleine entscheiden, wenn Sie im Auftrag handeln. Stattdessen gilt es bereits zu Projektbeginn mit dem Kunden abzusprechen, wann das Projekt endet. Das bedeutet, dass nicht nur positive Resultate festgelegt werden, sondern auch negative: »Die Suche endet, wenn die gesuchte Information gefunden wurde oder wenn sie nach drei Wochen intensiver Suche und Ausschöpfung aller Methoden nicht gefunden wurde.«

Das Problem des nicht zugestellten Pakets

Beachten Sie unbedingt, dass aus einem Nichtfinden keinesfalls ein Beweis der Nichtexistenz folgt. Dass etwas nicht existiert, lässt sich durch eine Suche nicht beweisen. (Vor diesem Problem standen schon alle, die beweisen sollten, dass ein Paket *nicht* zugestellt wurde. Ein Foto der leeren Fußmatte vor der Haustür kann ja leider nicht nachweisen, dass man das Paket nicht bekommen hat ...)

Wenn es daher bei einer Recherche darum geht, eine Nichtexistenz zu beweisen, muss dies anders formuliert werden.

Ein Beispiel: Wenn gezeigt werden soll, dass eine tatverdächtige Person *nicht* in Berlin war, müssen Sie in zwei Schritten vorgehen.

1. Wenn gezeigt werden kann, dass sich die Person zum Tatzeitpunkt tatsächlich in Berlin aufgehalten hat, sind Sie fertig – die Hypothese wurde widerlegt.
2. Daraus folgt aber nicht, dass die Hypothese bestätigt wurde, wenn Sie nichts finden. Vielleicht haben Sie ja einfach nicht gut genug gesucht oder die verdächtige Person war zu clever und hat keine Spuren hinterlassen. Ein Beweis lässt sich erst dann führen, wenn die Frage anders formuliert und so beantwortet werden kann: Sie können beweisen, dass die Person das ganze Wochenende über in Frankfurt war, daher kann sie nicht in Berlin gewesen sein.

6.3 Die richtigen Quellen auswählen

Die Bestimmung des Scopes hilft Ihnen beim Fokus auf die richtigen Quellen. Auf welchem Weg können Sie die initialen Informationen nutzen, um die Recherchefrage zu beantworten? Welche Informationen fehlen Ihnen und wie können Sie diese gegebenenfalls erlangen?

Ob eine Quelle für Ihre Recherche sinnvoll ist, hängt von den initialen Entitäten, dem Ziel Ihrer Untersuchung und der Verfügbarkeit der Quelle ab.

Je besser Sie die Möglichkeiten von OSINT verstehen, desto leichter wird Ihnen die Bewertung fallen, mit welcher Technik Sie an eine Information gelangen können.

Dazu sollten Sie wissen, welche Quellen Ihnen zur Verfügung stehen. Die grundsätzlichen Datentöpfe, die für OSINT genutzt werden, haben Sie bereits bei den Definitionen kennengelernt. Zusätzlich hierzu dürfen Journalisten und weitere Personen mit einem berechtigtem Interesse Einblick in Grundbücher nehmen. Da dies nur Personen mit besonderen Eigenschaften vorbehalten ist, handelt es sich um keine OSINT-Quelle im klassischen Sinne und findet hier nur Erwähnung, um Sie für weitere Quellen, die nur Ihnen zugänglich sind, zu sensibilisieren. Kombinieren Sie diese mit den öffentlich zugänglichen Quellen, um bestmögliche Ergebnisse zu erreichen.

6.3.1 Recherchestrategie

Für Ihre Recherche kann es von Vorteil sein, strategisch vorzugehen. Insbesondere bei komplexen, umfangreichen und zeitlich ausgedehnten Recherchen können Sie nicht alles auf einmal recherchieren. Gehen Sie in diesen Fällen von außen nach innen und vom Allgemeinen zum Speziellen vor. Sammeln Sie zunächst die einfachen, oberflächlichen Informationen ohne große Filterung. So erhalten Sie ein Gefühl, welche Informationen überhaupt zu erlangen sind. Sie werden so auch schnell feststellen, welche Probleme Sie im Rahmen der Recherche überwinden müssen. Gibt es viele Personen mit dem gleichen Namen oder hat Ihr Suchbegriff eine weitere Bedeutung? Konzentrieren Sie sich zunächst auf die Fakten und bewerten Sie diese erst im Nachgang.

Noch strukturierter können Sie vorgehen, indem Sie Recherchefragen und alle potenziellen Informationsquellen in einer Matrix zusammenstellen. Diese Matrix verschafft Ihnen einen umfassenden Überblick und hilft dabei, sogenannte *Blind Spots* gezielt zu identifizieren.

Blind Spots

Blind Spots sind jene Bereiche Ihrer Recherche, in denen bislang kaum oder gar keine Informationen vorliegen. Sie entstehen zum Beispiel dadurch, dass bestimmte Informationen nicht verfügbar sind, einzelne Aspekte übersehen wurden oder bislang als irrelevant erachtet wurden. Häufige Beispiele für Blind Spots sind fehlende Angaben zu Zeitpunkten, Orten oder beteiligten Personen. In der Praxis kann es vorkommen, dass ein Foto zwar bekannt ist, jedoch Ort oder Datum der Aufnahme unbekannt bleiben. Durch gezielte Überlegungen wie »Wer hat das Foto aufgenommen?« oder »Gibt es andere Bilder aus dem gleichen Zeitraum?« kann man diesen Informationslücken systematisch auf den Grund gehen und die Lücken schließen oder zumindest verkleinern.

Blind Spots sind kein Misserfolg, sondern eine Chance! Sie geben Ihnen die Möglichkeit, Ihre Recherche bewusst zu erweitern und zu vertiefen. Indem Sie diese Lücken erkennen und flexibel auf neue Erkenntnisse reagieren, erhöhen Sie die Qualität und Belastbarkeit Ihrer Ergebnisse.

Die Übersicht in Form einer Matrix dient Ihnen zudem als Werkzeug zur Priorisierung: Sie können klar abwägen, welche Fragen und Quellen für die Erreichung Ihres Rechercheziels am wichtigsten sind und Ihre Ressourcen entsprechend darauf fokussieren.

Gleichzeitig müssen Sie bei OSINT-Recherchen aber eine gewisse Grundflexibilität bewahren. Neue Ermittlungsansätze, unvorhergesehene Informationen oder sich verändernde Rahmenbedingungen können jederzeit dazu führen, dass Sie Ihre Prioritäten anpassen und die Recherche dynamisch weiterentwickeln müssen. Eine strukturierte, aber flexible Herangehensweise erlaubt es Ihnen, effizient auf Veränderungen zu reagieren und die Qualität Ihrer Ergebnisse kontinuierlich zu verbessern.

6.3.2 Annäherung an die Antwort

Stellen Sie sich vor, Sie sind auf der Suche nach einer Person, nach der mit Haftbefehl gefahndet wird. Bei Ihrer Recherche entdecken Sie, dass diese Person ein neues Foto im Internet veröffentlicht hat. Das Foto hat natürlich keinen Geotag, und Sie wissen nicht, ob es aktuell ist. Als Kontext wurde angegeben, man sei im »wohlverdienten Urlaub«.

Sofort stellt sich die entscheidende Frage: Wo und wann wurde dieses Bild aufgenommen? Eine direkte, eindeutige Antwort ist selten auf Anhieb möglich. Doch mithilfe einer systematischen Herangehensweise und durch gezielte Zwischenfragen kann man sich der Antwort schrittweise annähern.

Oliver Klein hat das am Beispiel von Attila Hildmann eindrucksvoll demonstriert. (Den Vortrag »Der Fall Attila Hildmann« von Oliver Klein finden Sie unter *https://www.youtube.com/watch?v=NenQuufEWwk*.)

Abbildung 6.1 Foto von Attila Hildmann, geteilt auf Telegram

Nachdem der damals per Haftbefehl gesuchte Attila Hildmann ein Foto von sich auf Telegram veröffentlicht hatte, begann eine akribische Spurensuche. Welche markanten Felsen, Pflanzen oder architektonischen Details sind auf dem Bild zu erkennen? Welche Kleidung trägt die abgebildete Person und welcher Hund ist zu sehen? Schritt für Schritt, von der inversen Bildersuche über die Vegetationsbestimmung und die Analyse von Kleidung und Schatten bis hin zur Auswertung weiterer Inhalte in den sozialen Medien, ließ sich der Aufnahmeort und auch die Aufnahmezeit immer genauer eingrenzen.

Diese investigative Annäherung funktioniert durch die raffinierte Zerlegung der schwierigen Frage »Wann und wo wurde das Foto aufgenommen?« in kleinere Teilfragen:

- Was sind das für Gemäuer?
- Welche Pflanzen sind zu sehen?
- Wo wächst diese Pflanze und wann blüht sie? Oder: Seit wann wird dieser Hoodie produziert und verkauft?

Jede einzelne Frage trägt als Mosaikstein zur Rekonstruktion und Eingrenzung bei. So entsteht nach und nach eine belastbare Aussage wie: »Vermutlich wurde das Foto an den lykischen Felsengräbern bei Kayaköy im Frühjahr irgendwann nach 2020 um ca. 16 oder 17 Uhr aufgenommen.«

Gerade bei der Bildverifikation zeigt sich die Stärke dieses methodischen Vorgehens. Die Antworten entstehen oft erst durch den Umweg über viele kleine, wohlüberlegte Fragen. So verwandelt sich anfängliche Unsicherheit Stück für Stück in eine stichhaltige Einschätzung.

6.4 Dokumentation planen und erstellen

Das nächste Thema mag auf den ersten Blick wenig spannend erscheinen, ist jedoch von zentraler Bedeutung: die Dokumentation. Mein Rat: Überspringen Sie diesen Abschnitt nicht. Andernfalls werden Ihnen später genau die Informationen fehlen, die Sie mit minimalem Aufwand hätten sichern können.

Denn obwohl es immer heißt »Das Internet vergisst nichts«, kann ich Ihnen aus eigener leidvoller Erfahrung versichern, dass Inhalte im Netz überraschend schnell und unwiederbringlich verschwinden können. Ist der entscheidende Beitrag oder das relevante Foto nicht mehr auffindbar, ist das eine prägende Erinnerung.

Für Ihren weiteren Weg möchte ich Ihnen zwei Leitsätze ans Herz legen:

1. Wer schreibt, der bleibt.
2. Screenshot or it didn't happen

Diese Leitsätze verdeutlichen, wie essenziell eine sorgfältige Dokumentation ist. Wer nicht belegen kann, dass eine Information tatsächlich existierte, wird es schwer haben, andere davon zu überzeugen. Eine lückenlose Dokumentation ist daher unverzichtbar für die Nachvollziehbarkeit und Glaubwürdigkeit Ihrer Arbeit. In professionellen oder rechtlichen Kontexten kann fehlende Dokumentation im schlimmsten Fall die Verwertbarkeit Ihrer Erkenntnisse zunichtemachen.

6.4.1 Grundlagen

Eine gute Dokumentation macht Ihre Recherche *nachvollziehbar*. So können Sie auch nach längerer Zeit noch rekonstruieren, wie Sie eine Information gefunden haben und wie Sie dorthin gelangt sind. Auch wenn im Moment der Recherche der Weg von einem Punkt zum anderen banal erscheint, so ist doch nach kurzer Zeit nicht mehr nachvollziehbar, woher eine Information stammt. Dies ermöglicht Ihnen, auf der Grundlage Ihrer Dokumentation Aussagen zu treffen und somit berichtsfähig zu bleiben. Eine nachvollziehbare Recherche ist zudem robuster, da auch Dritte den Verlauf Ihrer Recherche nachvollziehen können.

Eine saubere Dokumentation legt den Grundstein für die *Beweissicherung*. Sie konserviert Daten, bevor diese verschwinden oder verändert werden.

Um eine qualitativ hochwertige Dokumentation zu erhalten, sollte die Dokumentation stets zeitnah, vollständig und strukturiert erfolgen. Abweichungen, z. B. durch verspätete oder lückenhafte Erfassung oder unklare Struktur, können zu erheblichen Qualitätseinbußen führen und im schlimmsten Fall die Verwertbarkeit der Ergebnisse beeinträchtigen.

Im besten Fall erfolgt Ihre Dokumentation parallel zur Recherche. Automatisierte Lösungen stelle ich Ihnen in Kürze vor. Wenn diese Lösungen für Sie nicht in Frage kommen, sollten Sie die Dokumentation in Ihren Recherche-Workflow integrieren. Machen Sie sich vorab Gedanken darüber, wie Sie Daten organisieren, und überlegen Sie sich ein Konzept für die Ordnerstruktur und die Dateinamen. Hierbei ist es sinnvoll, Rohdaten getrennt von Ihren Analysen zu halten, um jederzeit zwischen ursprünglicher Quelle und abgeleiteter Interpretation unterscheiden zu können. Ergänzend dazu sollten regelmäßige Backups vorgesehen werden.

6.4.2 Manuelle Dokumentation

Die einfachste Art, Ihre Recherche zu dokumentieren, ist die manuelle Erfassung. Welches Medium Sie hierfür nutzen, ist nebensächlich. Wichtig ist die zeitnahe Erhebung, denn dann sind die Informationen frisch und präsent. Zeitverluste führen meist auch zum Verlust von Kontext und/oder Fundstellen. Für jeden Treffer sollten Sie Folgendes erfassen:

- Zeitpunkt des Funds
- Zeitstempel der Quelle (sofern ersichtlich)
- Fundstelle (z. B. URL)
- Kurzbeschreibung des Inhalts
- Hashwert

Hashwert

Ein *Hashwert*, auch *File Hash* genannt, ist ein eindeutiger digitaler Fingerabdruck einer Datei. Technisch gesehen ist es eine Zeichenkette, die mithilfe einer Hashfunktion aus dem Inhalt der Datei berechnet wird. Bereits kleinste Änderungen an der Datei führen zu einem komplett anderen Hashwert. Dadurch lässt sich jederzeit zweifelsfrei feststellen, ob eine Datei verändert wurde. In der digitalen Forensik und Dokumentation dient der Hashwert somit als Nachweis für die Integrität und Authentizität der erhobenen Daten.

Gängige Hashverfahren sind beispielsweise MD5 oder SHA-256, die aus beliebigen Daten eine eindeutige Zeichenkette, den Hashwert, erzeugen. Gerade für die Dokumentation und Archivierung von Rechercheergebnissen empfiehlt sich der Einsatz von SHA-256, um die Integrität der Daten langfristig sicherzustellen. Besonders im Kontext der Beweissicherung ist die Erfassung des Hashwerts ein wichtiger Schritt, um Manipulationen oder unbeabsichtigte Änderungen nachweisen bzw. ausschließen zu können.

Je nach Anwendungsfall kann die Erfassung um Kategorien oder Priorisierung ergänzt werden. Ob Sie den Fund in einem Notizbuch niederschreiben oder beispielsweise eine digitale Tabelle führen, hängt von Ihrer persönlichen Präferenz und dem Grad der Kollaboration ab. Je größer Ihr Rechercheteam, umso wichtiger ist eine standardisierte und für andere Teammitglieder nachvollziehbare Erfassung.

Neben der reinen Dokumentation des Funds sollte der Inhalt konserviert werden. Hierzu stehen Ihnen verschiedene Wege zur Verfügung:

- Screenshots/Bildschirmaufnahmen
- Lokale Speicherung
- Webarchivierung
- Fotografische Sicherung

Screenshots (Bildschirmaufnahmen)

Ein *Screenshot*, auch *Bildschirmfoto* oder *-aufnahme* genannt, ist eine digitale Aufnahme dessen, was aktuell auf dem Bildschirm dargestellt wird. Mit einem Screenshot können Sie den sichtbaren Bildschirminhalt exakt so festhalten, wie er in dem Moment angezeigt wird.

Hinweis

Ein Screenshot speichert nur das, was auf dem Bildschirm sichtbar ist. Auch wenn das Anfertigen eines Screenshots eine schnelle und unkomplizierte Möglichkeit ist, Inhalte zu dokumentieren, müssen Sie sich bewusst sein, dass dabei Informationen verloren gehen: Nicht sichtbare Informationen wie Metadaten oder z. B. der Quelltext einer Webseite werden nicht erfasst. Zudem sind Screenshots meist als Bilddateien gespeichert und daher nicht direkt nach Text durchsuchbar, was bei der späteren Auswertung zu Schwierigkeiten führen kann.

Screenshots lassen sich grundsätzlich auf drei Ebenen erstellen:

1. **Betriebssystem**
   Das Anfertigen eines Screenshots erfordert heutzutage meist keine zusätzlichen Programme, da bereits auf Betriebssystemebene entsprechende Funktionalitäten zur Verfügung gestellt werden, z. B. das *Snipping Tool* unter Windows oder die *Screenshot.app* unter macOS. Bei Linux hängt es von der eingesetzten Distribution ab, ob Sie nativ Screenshots anfertigen können.

   Mit Windows 11 erweitert Microsoft die Funktion des Snipping Tools um die Aufzeichnung von *Bildschirmvideos*. Bei macOS können Sie hierfür neben der bereits genannten Screenshot.app auch den QuickTime Player nutzen.
2. **Browser**
   Auch zahlreiche Webbrowser verfügen mittlerweile über eigene Screenshot-Funktionen, mit denen sich speziell Webinhalte abbilden lassen. Beim Mozilla Firefox können Sie per Rechtsklick über das Kontextmenü ein Bildschirmfoto anfertigen. Vivaldi bietet eine Screenshot-Funktion über das Capture-Symbol in der Statusleiste. Auch Chrome hat eine eingebaute Screenshot-Funktion, allerdings ist diese in den Developer Tools versteckt. Eine genauere Beschreibung, wie Sie Screenshots in den verschiedenen Browsern erstellen, finden Sie in Abschnitt 4.4.5.
3. **Programme/Erweiterungen**
   Darüber hinaus gibt es eine Vielzahl von Programmen und Erweiterungen, die zusätzliche oder spezialisierte Funktionen bieten, beispielsweise das Erfassen ganzer Webseiten oder Möglichkeiten zur Annotation. Neben den nativ zur Verfügung stehenden Möglichkeiten existieren schier unendliche Applikationen und Browser-Erweiterungen zur Auswahl, die teils kostenlos, teils kostenpflichtig zusätzliche Funktionen bieten.

   Ein eher exotisches Programm stammt aus dem Werkzeugkasten von Livestreaming-Profis: *OBS Studio*. Die Open-Source-Software zum Aufnehmen und Übertragen von Bildschirminhalten steht plattformübergreifend zur Verfügung. Mit OBS Studio können Sie nicht nur Teile oder den gesamten Bildschirm aufzeichnen, sondern auch mehrere Quellen wie Audio, Webcam, Bildschirminhalte oder externe Geräte gleichzeitig sichern. Weitere Informationen und den Download finden Sie unter *https://obsproject.com/de*.

   Ein sehr neues Plug-in ist *Forensic OSINT*, entwickelt von Ritu Gill, verfügbar unter *https://www.forensicosint.com/*. Forensic OSINT ist mit Chrome, Brave und Microsoft Edge kompatibel. Die kostenlose Community-Version bietet Funktionen wie das Ausklappen von Kommentaren auf Facebook, Instagram und YouTube, das Extrahieren von User-IDs, das Herunterladen von bis zu drei Videos sowie das Sichern der aktuellen Ansicht einschließlich scrollbarer Inhalte.

Best Practices für Screenshots

- **Vollständigen Kontext erfassen**
  Achten Sie bei Screenshots darauf, dass der vollständige Kontext erhalten bleibt, damit Inhalte nicht aus dem Zusammenhang gerissen werden. Bei einem Social-Media-Kommentar sollte beispielsweise erkennbar sein, auf welchen Beitrag oder welche Diskussion er sich bezieht. Erfassen Sie daher den übergeordneten Beitrag mit. Bei scrollbaren Webseiten dokumentieren Sie bitte den gesamten Inhalt und nicht nur den sichtbaren Ausschnitt.
- **Qualität und Ergänzung**
  Verwenden Sie möglichst hohe Auflösungen, um Details lesbar zu halten. Wie bereits erwähnt, reichen Screenshots allein nicht aus. Ergänzen Sie diese daher durch Originaldateien (z. B. Bilder, Videos) sowie den HTML-Quelltext der Webseite. So ist eine bessere Nachvollziehbarkeit möglich und Metadaten, die im Screenshot fehlen, werden bewahrt. Hilfreich ist es auch, einen Hashwert des Screenshots zu bilden und zu dokumentieren.
- **Zeitstempel integrieren**
  Dokumentieren Sie den exakten Erfassungszeitpunkt, indem Sie beispielsweise den gesamten Bildschirminhalt inklusive Systemuhr und Adressleiste speichern.

  OPSEC-Hinweis: Achten Sie dabei auf sensible Informationen. Auch zunächst unscheinbare Informationen können verräterisch sein. Das Wetter-Widget oder umliegende WLAN-Netzwerke können zur Geolokalisierung genutzt werden und so Ihren Standort offenbaren.
- **Systematische Dateibenennung**
  Verwenden Sie einheitliche, aussagekräftige Dateinamen, um Inhalte ohne Öffnen identifizieren zu können, z. B. »2025-10-15_2322_Instagram_BenutzerXYZ_Kommentar.png«. Idealerweise verfügt Ihr Screenshot-Programm über eine Funktion, die eine weitgehend automatische Benennung gewährleistet, um Konsistenz zu erreichen.
- **Strukturierte Organisation**
  Legen Sie eine übersichtliche Ordnerstruktur an, indem Sie Inhalte nach Fall, Recherche, Datum oder Quelle sortieren. Vermeiden Sie es, unterschiedliche Untersuchungen zu vermischen, damit Verwechslungen ausgeschlossen werden und spätere Auswertungen problemlos möglich sind.
- **Redundanz schaffen**
  Zwar sind Screenshots ein einfaches und schnelles Mittel zur Sicherung von Inhalten, sie erfüllen jedoch nicht immer forensische Anforderungen. Kombinieren Sie deren Einsatz daher mit anderen Methoden wie der lokalen Speicherung oder der Web-Archivierung.

Lokale Speicherung

Die lokale Speicherung digitaler Inhalte dient dazu Daten aus dem Internet dauerhaft und unabhängig zu sichern. Dabei werden Informationen wie Dokumente, Bilder, Videos oder Webseiten auf dem eigenen Computer, einer externen Festplatte oder weiteren Speichermedien abgelegt, wodurch sie der Kontrolle durch Dritte entzogen werden.

Für die lokale Speicherung stehen verschiedene Methoden und Werkzeuge zur Verfügung, die für Anfänger wie Fortgeschrittene gleichermaßen geeignet sind. Bereits das Herunterladen per Drag and Drop oder über die Download-Funktion des Browsers ist eine Form der lokalen Speicherung. Auch mit der Option SEITE SPEICHERN UNTER (Strg + S) kann der Seiteninhalt direkt auf dem Computer abgelegt werden. Hierbei sind mehrere Formate verfügbar:

- **Nur HTML**: Speichert ausschließlich den HTML-Code, jedoch ohne eingebettete Inhalte wie Bilder oder Skripte.
- **Gesamte Seite**: Legt eine vereinfachte Kopie mit allen verbundenen Ressourcen an, ist aber teils inkompatibel mit modernen Webseiten.
- **Einzeldatei**: Verpackt HTML und Ressourcen gemeinsam als *MIME HTML*, sodass die Seite in einer einzigen Datei des Formats *.mht* oder *.mhtml* vorliegt.
- **Webarchiv**: Safari erstellt eine Datei im Format *.webarchive*, die sich bei Bedarf durch Umbenennung in *.zip* entpacken und analysieren lässt.
- **Bildexport**: Einzelne Ansichten lassen sich als Bilddatei sichern, z. B. im Dateiformat *.png* in Safari.

Was ist MIME HTML?

MIME HTML ermöglicht die komplette Speicherung einer Webseite zusammen mit allen eingebetteten Ressourcen in einer Datei.

Achtung: Wenn Sie lokale Kopien öffnen, bei denen nicht sämtliche Inhalte (z. B. eingebundene Skripte) gesichert wurden und die Referenz der Ressource mit der Offline-Version ersetzt wurde, wird Ihr Browser beim Öffnen der Sicherung eine Verbindung zum Webserver aufbauen.

Diese Möglichkeit und potenzielle Sicherheitsrisiken bestehen beim Ausführen der eingebundenen Skripte – unabhängig davon, ob die Datei lokal oder online vorliegt.

Mit dem Browser-Plug-in *SingleFile* (*https://www.getsinglefile.com*) lässt sich eine komplette Webseite zusammen mit allen eingebetteten Ressourcen (Bilder, Stylesheets, Fonts, Frames etc.) direkt als einzelne HTML-Datei sichern. Die gespeicherte Seite kann anschließend offline in jedem Browser ohne Installation zusätzlicher Erweiterungen geöffnet werden.

Darüber hinaus bietet sich die Browser-Funktion ALS PDF DRUCKEN (Strg + P bzw. Cmd + P) für die schnelle Sicherung einzelner Webseiten an. Dadurch wird eine PDF-Momentaufnahme mit Zeitstempel und Kopf- bzw. Fußzeile erzeugt.

Oft werden bei solch einfachen Methoden wie SEITE SPEICHERN UNTER oder dem PDF-Druck nur Teile der Originalseite oder eine vereinfachte, veränderte Version archiviert. In einfachen Kontexten kann das ausreichen; diese Methoden sind für schlichte Dokumentationszwecke praktisch. Sie haben aber auch Nachteile:

- Komplexe Webseiten werden häufig abgeschnitten, fehlerhaft umbrochen oder unvollständig dargestellt.
- Interaktive Elemente (z. B. Videos, Formulare oder JavaScript-Inhalte) gehen dabei verloren.
- Es entsteht keine funktionsfähige Offline-Kopie mit klickbaren Verknüpfungen.

Für eine vollständige, reproduzierbare Sicherung empfiehlt sich der Einsatz spezialisierter Tools, die auch eingebettete und dynamische Inhalte erfassen können. So lässt sich die Seite später besser analysieren.

Geht es um die Archivierung kompletter Webseiten, bietet *HTTrack* eine zugegebenermaßen altmodische, aber verständliche Oberfläche, mit der ganze Internetseiten für die Offline-Nutzung gespeichert werden können. Allerdings stößt dieses Tool bei dynamischen Webinhalten an seine Grenzen, also bei Webseiten, die JavaScript, AJAX oder serverseitige Datenbankanfragen verwenden, um Inhalte erst nach dem Laden zu generieren. Moderne Websites mit clientseitiger Programmierung, dynamisch nachgeladenen Elementen oder JavaScript-generierten Links werden daher oft nur unvollständig archiviert. Auch bei Content-Management-Systemen mit dynamisch erzeugten Seiten kann HTTrack nicht immer zuverlässig erkennen, ob Inhalte aktualisiert wurden.

HTTrack bietet sowohl ein grafisches Interface als auch ein Kommandozeilenprogramm. Das Tool verfügt über umfangreiche Filteroptionen, mit denen sich beispielsweise bestimmte Dateitypen, Dateigrößen oder URL-Muster gezielt ein- oder ausschließen lassen. Zudem unterstützt HTTrack das Aktualisieren bestehender Mirrors und das Fortsetzen unterbrochener Downloads.

Eine Bedienungsanleitung sowie Downloads für verschiedene Plattformen finden Sie unter *https://www.httrack.com*.

Für fortgeschrittene Nutzer bieten Kommandozeilen-Tools erweiterte Möglichkeiten. Das in vielen Linux-Distributionen standardmäßig vorhandene Unix-Tool `wget` ist zwar nicht so einfach zu bedienen wie ein grafisches Programm, bietet dafür jedoch entscheidende Vorteile: So werden beispielsweise die Zeitstempel der Dateien vom Server beibehalten, was für die Dokumentation und forensische Analyse wichtig ist. Zudem ermöglicht `wget` das Fortsetzen unterbrochener Downloads, das rekursive

Abrufen kompletter Webseiten und die präzise Filterung nach Dateitypen, Größen oder URL-Mustern.

Installation:

- Linux: In den meisten Distributionen ist `wget` vorinstalliert oder über den Paketmanager verfügbar (z. B. `sudo apt install wget`).
- macOS: Installation über Homebrew: `brew install wget`.
- Windows: `wget` ist verfügbar über WSL, Chocolatey (`choco install wget`) oder als native ausführbare Datei (.exe).

Grundsätzlich ist die Bedienung nicht kompliziert, die Syntax lautet einfach `wget [Optionen] [URL]`. Im einfachsten Fall geben Sie also `wget www.example.com` ein und die Seite wird lokal gespeichert. Interessant wird es natürlich mit den zahlreichen Parametern, denn das einfache Speichern führt bei komplexen Webseiten nicht zum Ziel.

Nachfolgend stelle ich daher einige relevante Optionen für `wget` vor und erläutere ihre Funktion:

- **Download-Verhalten**
  - `--wait=2`
    Wartet die angegebene Anzahl von Sekunden zwischen den Abrufen (im Beispiel 2 Sekunden) ab. Das ist wichtig, wenn Sie davon ausgehen müssen, dass Sie eine Seite sperren, wenn Sie automatisiert alle Daten speichern.
  - `--limit-rate=20K`
    Begrenzt die Download-Geschwindigkeit (im Beispiel auf 20 KB pro Sekunde).
  - `--no-clobber`
    Verhindert das Überschreiben bereits heruntergeladener Dateien; die ursprüngliche Version bleibt erhalten.
- **Rekursiver Download**
  - `--recursive`
    Aktiviert rekursives Abrufen von Webseiten. Das ist meist der wichtigste Parameter. Er sorgt dafür, dass `wget` weiteren Links folgt und die Struktur der Seite nachstellt. Das müssen Sie aber unbedingt mit den nächsten Optionen eingrenzen, sonst laden Sie schnell das ganze Internet herunter ...
  - `--level=5`
    Legt die maximale Tiefe der Rekursion fest (Standardwert: 5 Ebenen).
  - `--no-parent`
    Steigt beim rekursiven Abrufen niemals in das übergeordnete Verzeichnis auf.
  - `--domains example.com`
    Folgt keinen Links außerhalb der angegebenen Domain.

- **Dateiverarbeitung**
  - `--page-requisites`
    Lädt alle Seitenressourcen herunter, die für die korrekte Anzeige erforderlich sind (z. B. eingebettete Bilder, Sounds, Stylesheets).
  - `--convert-links`
    Konvertiert nach Abschluss des Downloads die Links im Dokument für die lokale Anzeige.
  - `--adjust-extension`
    Fügt bei bestimmten Dateitypen (»application/xhtml+xml« oder »text/html«) die Endung *.html* an den lokalen Dateinamen an.
- **Server-Interaktion**
  - `--user-agent=Mozilla`
    Identifiziert sich gegenüber dem HTTP-Server als Mozilla-Browser. Dies kann notwendig sein, wenn Seiten `wget` sperren.
  - `-e robots=off`
    Deaktiviert den Robot-Ausschluss (*robots.txt* wird ignoriert).

Je nach Anwendungsfall können Sie die Parameter von `wget` flexibel kombinieren und anpassen. So lässt sich das Tool etwa für den einfachen Download einzelner Dateien, das Spiegeln kompletter Webseiten oder die gezielte Archivierung bestimmter Ressourcen verwenden.

Ein Beispielbefehl für das Spiegeln einer kompletten Webseite mit allen eingebetteten Ressourcen lautet:

```
wget --recursive --level=5 --page-requisites --convert-links
     --no-parent --domains example.com https://example.com
```

Mit diesem Befehl wird die Webseite *https://example.com* mitsamt aller für die lokale Anzeige notwendigen Dateien heruntergeladen. Dadurch wird das Überschreiten der Ziel-Domain verhindert und eine möglichst vollständige und kompatible Archivierung sichergestellt. Durch die Konvertierung der Links kann die Seite lokal im Browser geöffnet und wie in der Online-Variante durchstöbert werden. Je nach Anforderung und mit Rücksicht auf den Server können Sie die Wartezeit zwischen den Abrufen sowie die Download-Geschwindigkeit ergänzen.

Für dynamische Webseiten eignen sich Möglichkeiten der Webarchivierung sowie *Headless Browser* und Automatisierungs-Frameworks, die JavaScript interpretieren und gerenderte Inhalte erfassen können. Diese Technologien werden detailliert im nachfolgenden Abschnitt zur Webarchivierung bzw. im Abschnitt zum Webscraping (siehe Abschnitt 7.11.8) behandelt.

Social Media und Streaming-Inhalte lassen sich häufig mit spezialisierten Tools archivieren. Für soziale Netzwerke gibt es meist plattformspezifische Scraper-Programme, die den Download und die Archivierung von Beiträgen, Bildern oder Kommentaren ermöglichen. Diese werden in Abschnitt 7.10 »Recherchen in sozialen Netzwerken« und bei den jeweiligen sozialen Netzwerken behandelt.

Neben der Sicherung von Webseiten spielt auch der gezielte Download einzelner Dateien, Bilder oder Videos eine wichtige Rolle. Für den Download von Dateien eignen sich neben den klassischen Downloadmöglichkeiten Tools wie *JDownloader* (*https://jdownloader.org*). Dieses Tool ist für verschiedene Plattformen verfügbar und erleichtert das massenhafte Herunterladen von Dateien, Bildern oder Videos von Webseiten und Cloud-Diensten. Alternativ steht für macOS der *Download Shuttle* im App Store zur Verfügung, während *Cyberduck* und *FileZilla* als grafische Clients für FTP, SFTP und Cloudspeicher agieren und das Übertragen von diesen besonders einfach gestalten.

Sicherung von Videos

Der Download von Videos ist ein eigenständiges Thema, das über die klassische Sicherung von Webinhalten hinausgeht. Einerseits werden Videoinhalte von Webarchiven häufig nicht erfasst, andererseits erfordert die Sicherung von Videomaterial dedizierte Methoden zur Extraktion und Speicherung der Daten. Denn Videos stellen in OSINT-Recherchen oft entscheidende Informationsquellen dar, die besonders häufig unmittelbar bedroht sind, beispielsweise durch Löschung, Plattformsperrungen oder nachträgliche Bearbeitung. Eine unmittelbare Sicherung des Originalmaterials ist daher unverzichtbar.

Im NETZWERK-Tab der Entwicklertools des Browsers lässt sich präzise nachvollziehen, welche Dateien beim Abspielen eines Videos geladen werden. Sobald die Wiedergabe gestartet wird, erscheinen häufig Einträge mit den Dateiendungen *.mp4* oder *.webm* sowie Streaming-Listen im Format *.m3u8*. Durch einen Rechtsklick auf diese Einträge kann die direkte URL kopiert werden. Über diese kann die Videodatei dann mit dem Browser oder mit externen Tools heruntergeladen werden.

Alternativ lässt sich der HTML-Quellcode im Tab ELEMENTS inspizieren. Hier finden sich häufig Video-Tags oder JavaScript-Skripte, die die tatsächliche Videoadresse dynamisch einfügen. Es ist besonders hilfreich, während des Abspielens einen Netzwerkfilter auf MEDIA zu setzen, um ausschließlich relevante Anfragen anzuzeigen. Ist die direkte Download-Adresse identifiziert, kann sie entweder direkt im Browser geöffnet oder an Download-Tools übergeben werden.

Mit dem quelloffenen Tool *yt-dlp* (*https://github.com/yt-dlp/yt-dlp*) lassen sich Videos und Audiodateien aus den unterschiedlichsten Quellen herunterladen, darunter YouTube und mehr als 1.800 weitere Seiten und Mediatheken. Es basiert auf dem älteren Projekt *youtube-dl*, bietet jedoch mehr Funktionen und wird aktiver gepflegt.

Die Installation erfolgt plattformübergreifend entweder über eine ausführbare Datei für Windows, macOS und Linux oder per Paketmanager (z. B. `pip install -U yt-dlp`).

Die Bedienung erfolgt vollständig über die Kommandozeile. Der Basisbefehl `yt-dlp [URL]` lädt das Video in bestmöglicher Qualität herunter.

Mit den Optionen `--write-subs` werden Untertitel und mit `--write-info-json` werden Metadaten wie Titel, Uploader und Veröffentlichungsdatum zusätzlich zur Videodatei gespeichert. Mit dem Parameter `--list-extractors` lässt sich die Liste aller unterstützten Plattformen anzeigen. Auch wenn eine Plattform nicht explizit in der Liste unterstützter Seiten erscheint, kann der Download dennoch gelingen, da *yt-dlp* auch generische Extraktionsmechanismen verwendet.

Bei *HTTP-Live-Streaming (HLS-Streams)* werden keine klassischen Videodateien abgerufen, sondern Streamlisten. Diese sind im Netzwerk-Tab an der Endung *.m3u8* erkennbar und können mit spezifischen Download-Tools genutzt werden.

Zum Herunterladen dieser Inhalte gibt es webbasierte Tools wie *https://m3u8.dev/*. Sehr gut gelingt das Herunterladen von *.m3u8*-Streams auch mit lokalen Videoplayern wie dem *VLC-Player* (Windows, macOS, Linux) oder *IINA* (macOS). Hier wird die m3u8-URL als Adresse eines Netzwerkstreams eingegeben, woraufhin der Stream geöffnet und exportiert werden kann.

Geschützte Inhalte

Eine zentrale technische Einschränkung besteht bei Inhalten, die mithilfe von sogenannten DRM-Technologien (*Digital Rights Management*) geschützt sind. Streaming-Plattformen setzen DRM-Technologien ein, um die Inhalte vor unbefugtem Download zu schützen. Dabei gibt es unterschiedliche Methoden. In der Regel erfolgt eine Verschlüsselung der Inhalte, sodass ein sinnvoller Download nicht mehr möglich ist. Teilweise sind entsprechende Vorkehrungen so tief in das Betriebssystem integriert, dass die Bildschirmaufnahme auf Systemebene von Apps erkannt und blockiert wird.

Aufzeichnung des Netzwerkverkehrs

Die Dokumentation und Sicherung des Netzwerkverkehrs ermöglicht eine nachvollziehbare Aufzeichnung sämtlicher Datenflüsse zwischen Ihrem Client und dem Server. Das macht diese Methode zu einer belastbaren Grundlage für investigative Analysen, Beweissicherung und die Rekonstruktion des Netzwerkverkehrs (Traffic).

Die in allen gängigen Browsern integrierten Entwicklertools bieten im Reiter NETWORK bzw. NETZWERKANALYSE die Möglichkeit, sämtliche HTTP-Anfragen und -Antworten während des Ladevorgangs einer Webseite aufzuzeichnen. Diese Mitschnitte lassen sich als *HAR-Datei* exportieren.

HAR-Datei

HAR steht für *HTTP Archive* und bezeichnet ein Dateiformat auf JSON-Basis zur Aufzeichnung des Netzwerkverkehrs zwischen Browser und Webserver. Eine HAR-Datei protokolliert sämtliche HTTP-Anfragen und -Antworten inklusive Headern, Cookies, Timing-Informationen und übertragener Inhalte. Sie dient primär der technischen Analyse, stellt jedoch kein vollständiges Backup einer Webseite dar. Es handelt sich ausschließlich um eine Traffic-Mitschrift ohne integrierte Wiedergabefunktion.

6

Der HAR-Export eignet sich insbesondere zur Dokumentation von Ladeprozessen und API-Aufrufen sowie zur Nachvollziehbarkeit dynamischer Inhalte, die nicht direkt im HTML-Quelltext sichtbar sind. Da die Aufzeichnung direkt im Browser erfolgt, ist keine zusätzliche Software erforderlich. Öffnen Sie hierzu die Web Developer Tools und wechseln Sie zum NETZWERK-Tab. In Chromium-basierten Browsern können Sie z. B. über das Download-Symbol den Traffic exportieren oder über das Upload-Symbol eine HAR-Datei importieren und so die HTTP-Transaktionen analysieren.

mitmproxy (*https://www.mitmproxy.org*) ist ein interaktiver HTTPS-Proxy, der den gesamten Netzwerkverkehr zwischen Browser und Zielserver transparent mitschneidet und modifiziert. Im Gegensatz zu browserbasierten DevTools erstellt *mitmproxy* detaillierte Logs aller übertragenen Daten und ermöglicht außerdem die gezielte Manipulation von Requests (z. B. Änderungen von Headern, Wiederholungen von Requests), was für technische Analysen oder Security-Tests nützlich sein kann.

Wireshark ist ein Open-Source-Netzwerkprotokoll-Analyzer, der den gesamten Datenverkehr auf Paketebene mitschneidet und visualisiert. Er protokolliert nicht nur HTTP/HTTPS, sondern auch TCP-Handshakes, DNS-Anfragen, TLS-Verschlüsselung und weitere Protokolle. Dadurch ist eine tiefgehende forensische Analyse des Netzwerkverkehrs möglich.

Eine technische Besonderheit besteht darin, dass HTTPS-Traffic standardmäßig verschlüsselt aufgezeichnet wird, sodass zunächst nur die Metadaten (IP-Adressen, Verbindungszeiten, Paketgrößen) lesbar sind. Um die übertragenen Inhalte im Klartext analysieren zu können, sind zusätzliche Konfigurationsschritte erforderlich. Beispielsweise muss eine *SSLKEYLOGFILE*-Datei eingebunden werden, in der der Browser die TLS-Sitzungsschlüssel niederschreibt.

Für die meisten OSINT-Recherchen ist der Einsatz von Wireshark daher nur als Ergänzung sinnvoll, beispielsweise bei anspruchsvollen, minutiös zu dokumentierenden Untersuchungen, bei denen die Netzwerkebene selbst von Interesse ist oder technische Anomalien auf Protokollebene nachgewiesen werden müssen.

Webarchivierung

Die meisten *Webarchive* bieten die Funktion, eine Sicherung anzustoßen. Allerdings ist hierbei zu beachten, dass einerseits oftmals die Webseite der Sicherung durch entsprechende Konfiguration der *robots.txt* widersprechen kann. Andererseits bieten nahezu alle Webarchive einfache Möglichkeiten, die Löschung archivierter Seiten zu veranlassen.

Die Sicherung einer Webseite durch die *Wayback Machine* können Sie über das Onlineformular anstoßen. Das Formular kann unter der folgenden URL aufgerufen werden: *https://web.archive.org/save*

Noch bequemer können Sie die Sicherung der Seite über die Browser-Erweiterung anstoßen. Details hierzu finden Sie in Abschnitt 4.4.6 oder unter *https://github.com/internetarchive/wayback-machine-webextension*.

WARC und WACZ

WARC steht für *Web ARChive* und ist ein standardisiertes Dateiformat zur Archivierung von Webseiten und deren Inhalten. Es speichert nicht nur HTML-Seiten, sondern auch die zugehörigen Ressourcen wie Bilder, Skripte und Stylesheets sowie die entsprechenden HTTP-Metadaten inklusive Zeitstempel und Header-Informationen. Dadurch lässt sich der ursprüngliche Zustand einer Webseite sowohl technisch als auch kontextuell recht genau rekonstruieren. WARC-Dateien werden häufig von Webarchivierungs-Tools wie *webrecorder.net* oder von großen Webarchiven wie der *Wayback Machine* verwendet, um Webseiten mitsamt ihrer Struktur und den eingebetteten Objekten vollständig zu sichern. Der Vorteil des Formats besteht darin, dass sämtliche Informationen in einer einzigen, nachvollziehbar strukturierten Datei vorliegen. Das erleichtert sowohl die Analyse als auch die spätere Wiederherstellung erheblich.

Das neuere Format *Web Archive Collection Zip* (WACZ) baut auf der WARC-Struktur auf und fasst zusätzlich alle für die Wiedergabe in Replay-Umgebungen benötigten Dateien in einem komprimierten ZIP-Container zusammen. Neben den eigentlichen WARC-Dateien enthält eine WACZ-Datei eine standardisierte Verzeichnisstruktur mit Metadaten sowie eine Datei namens *manifest.json*. In dieser sind Details zum Erfassungszeitpunkt, Ursprung und Integrity-Hash der enthaltenen Ressourcen beschrieben. Dadurch entsteht eine portable, überprüfbare und leicht teilbare Archivdatei.

Wenn Sie die Kontrolle über die Archivierung behalten möchten, steht Ihnen mit *ArchiveBox* (*https://archivebox.io/*) eine Lösung zur Verfügung, die Sie selbst hosten können.

Fotografische Sicherung

Mit der fotografischen Sicherung steht Ihnen eine weitere Möglichkeit zur Verfügung, Inhalte zu sichern. Auch wenn diese Variante im ersten Moment antiquiert bis absurd wirkt, hat sie durchaus ihre Daseinsberechtigung. Einerseits schaffen Sie so ein etabliertes Beweismittel in Form eines Fotos mit allen Eigenschaften, darunter die Seriennummer und das Modell der Kamera. Andererseits können Sie durch den *Medienbruch* nahezu sicher sein, dass niemand die Sicherung bemerken kann. Dies ist insbesondere in der heutigen Zeit ein nicht zu unterschätzender Vorteil. Einige Plattformen unterbinden das lokale Anfertigen eines Screenshots auf technischen Wegen, oder schlimmer, sie informieren die betroffenen Nutzerinnen und Nutzer darüber.

In sehr wichtigen, komplexen und anspruchsvollen Fällen, bei denen eine minutiöse Dokumentation notwendig ist, sollten Sie eine Kombination aus den verschiedenen Arten wählen. Im Extremfall ist sogar eine Videodokumentation möglich, die die ermittelnde Person vor dem Rechner inklusive ihrer Aktivitäten sowie den Bildschirminhalt filmt.

6.4.3 Automatisierte Dokumentation

Die manuelle Sicherung und Dokumentation digitaler Inhalte kann schnell unübersichtlich und zeitaufwändig werden. Hier unterstützt das kostenpflichtige Tool *Hunchly*, das speziell für OSINT-Recherchen entwickelt wurde und unter *https://hunch.ly/downloads* erhältlich ist. Es besteht aus einer Desktop-Anwendung, verfügbar für Windows, Linux und macOS, sowie einem Chrome-Plug-in. Die Jahreslizenz startet ab 99 €.

Nach der Installation dokumentiert *Hunchly* automatisch alle aufgerufenen Webseiten inklusive URL, Zeitstempel und Hashwert und erstellt ganzseitige Screenshots. Auch Suchanfragen werden protokolliert. So entsteht eine lückenlose Recherchekette. Weitere Funktionen sind die Markierung und Kommentierung von Fundstellen sowie der Export von Berichten.

Etwas weniger lückenlos und eher nebenbei arbeitet *Auto Archiver* von Bellingcat. Das Python-Tool finden Sie im GitHub-Repository unter *https://github.com/bellingcat/auto-archiver*.

Mit *Auto Archiver* lassen sich Inhalte aus dem Internet automatisch archivieren. Das Tool verarbeitet URLs aus verschiedenen Quellen wie CSV-Dateien, Google Sheets oder der Kommandozeile und archiviert den Inhalt jeder einzelnen URL. Es ermöglicht die Archivierung von Social-Media-Beiträgen, Videos, Bildern und Webseiten. Die archivierten Inhalte können angereichert und anschließend entweder lokal oder in einem Cloudspeicher wie S3-Bucket oder Google Drive abgelegt werden.

Unter *https://webrecorder.net* stehen weitere Werkzeuge zur Verfügung, darunter *Archive Webpage* als Chrome- bzw. Chromium-Erweiterung sowie eigenständige Programme für Windows, macOS und Linux. Diese ermöglichen eine beiläufige Sicherung beim Surfen oder das gezielte Durchführen von Archivierungssitzungen. Dabei wird jede besuchte Seite mitsamt Ressourcen dokumentiert und offline nutzbar gemacht. Zwar gibt es Einschränkungen, etwa bei eingebetteten YouTube-Videos, doch die Sitzungen können sowohl im WARC- als auch im neueren WACZ-Format exportiert werden.

Für die direkte Wiedergabe archivierter Seiten bietet das Tool *Replay Webpage* eine interaktive Ansicht im Browser. Diese Funktion ist bereits im Programm *Archive Webpage* integriert und erlaubt es, archivierte Inhalte nahtlos zu prüfen, ohne sie erneut laden zu müssen.

6.4.4 Sicherung digitaler Beweismittel

Eine akkurate und umfassende Dokumentation von OSINT-Recherchen ist besonders bei strafrechtlichen Ermittlungen zentral. Das oberste Ziel besteht darin, die Authentizität und Integrität der gesammelten digitalen Daten und Informationen zu gewährleisten. Dabei kommt der Sicherung digitaler Daten eine besondere Bedeutung zu, da diese mangels Körperlichkeit leicht veränderbar sind – bewusst wie unbewusst. Derartige Veränderungen können die Beweiskraft erheblich beeinträchtigen.

Transparenz steht daher im Mittelpunkt aller Dokumentationsbemühungen. Es ist essenziell, klar darzustellen, woher jede Information stammt und wie die einzelnen Rechercheschritte verlaufen sind. Flüchtige Daten sollten so konserviert werden, dass eine objektive Überprüfbarkeit jederzeit möglich ist.

Für eine professionelle Dokumentation empfiehlt es sich, folgende Aspekte systematisch festzuhalten:

- **Methodik der Sicherung**: Notieren Sie, welche Tools und Programme verwendet wurden – inklusive Versionsnummern. Dokumentieren Sie auch eingesetzte Onlinedienste und deren spezifische Funktionen.
- **Fundort und Zugriffsweg**: Dokumentieren Sie die URLs der verwendeten Quellen sowie den exakten Pfad zu den jeweiligen Informationen. Die einzelnen Arbeitsschritte sollten als stichpunktartige Protokolle festgehalten werden. Die Erfassung und Protokollierung der eigenen IP-Adresse kann die Nachvollziehbarkeit verbessern. Zusätzlich sollte angegeben werden, zu welcher Uhrzeit und an welchem Datum die Sicherung durchgeführt wurde. Ein Abgleich der Systemzeit ermöglicht eine höhere Genauigkeit. Nach jeder Recherche sollten Sie zeitnah einen schriftlichen Vermerk über die durchgeführten Schritte und die gewonnenen Erkenntnisse erstellen. So bleibt die Informationskette lückenlos nachvollziehbar.

- **Umfang der Sicherung**: Legen Sie offen, ob eine vollständige Archivierung aller Rechercheergebnisse oder eine gezielte Auswahl relevanter Inhalte vorgenommen wurde. Begründen Sie Ihre Auswahlkriterien transparent. Erläutern Sie, ob alternative Recherchewege verfolgt wurden und dokumentieren Sie auch deren Ergebnisse.

Das mag zunächst aufwendig, kompliziert und unnötig klingen – und für private Projekte ist es das auch. Aber wenn es darum geht, die im Rahmen von OSINT gewonnenen Erkenntnisse vor Gericht nachvollziehbar und belastbar zu präsentieren, kommen Sie um eine sorgfältige und strukturierte Dokumentation nicht herum. Sie müssen präzise auf Nachfragen antworten können und jeden Schritt transparent machen können. Erkenntnisse können nicht einfach vom Himmel fallen. Daher empfiehlt es sich, neben einer detaillierten schriftlichen Darstellung auch grafische Visualisierungen einzusetzen, um Beweis- und Indizienketten klar und verständlich aufzuzeigen.

Zusätzlich zur schriftlichen Aktennotiz sollte die Datensicherung auf geeigneten Datenträgern erfolgen. Achten Sie darauf, dass die gesicherten Inhalte jederzeit reproduzierbar sind. Bei besonders wichtigen Erkenntnissen kann es sinnvoll sein, die Sicherung durch Videoaufnahmen zu ergänzen oder das Vier-Augen-Prinzip konsequent anzuwenden, um die Objektivität zu gewährleisten.

6.4.5 Zusammenfassung: Dokumentation

Ja, eine so strukturierte und nachvollziehbare Dokumentation ist aufwendig und macht genauso viel Arbeit wie das Suchen selbst. Sie ist aber ein Zeichen professioneller Arbeitsweise und garantiert, dass die Ergebnisse einer OSINT-Recherche vor Gericht Bestand haben und überzeugend präsentiert werden können.

Das Erstellen der Dokumentation mag auf den ersten Blick wenig spektakulär erscheinen, doch sie ist das Fundament jeder nachvollziehbaren und glaubwürdigen Recherche. Ohne lückenlose Erfassung verlieren Sie nicht nur den Überblick über Ihre eigenen Rechercheschritte, sondern riskieren auch, dass wichtige Informationen unwiederbringlich verloren gehen. Nur was dokumentiert ist, lässt sich später auch belegen.

Ob manuell oder automatisiert: Eine strukturierte Dokumentation sichert die Integrität Ihrer Ergebnisse und macht Ihre Arbeit für Dritte nachvollziehbar. Erfassen Sie Fundstellen, Zeitstempel und Hashwerte und konservieren Sie Inhalte durch Screenshots, lokale Speicherung oder Webarchivierung. Besonders in professionellen Kontexten kann fehlende Dokumentation die Verwertbarkeit Ihrer Erkenntnisse zunichtemachen. Nehmen Sie sich deshalb die Zeit für eine sorgfältige Dokumentation. Sie ist keine lästige Pflicht, sondern die unverzichtbare Absicherung Ihrer gesamten Recherche.

Kapitel 7
Sammlung

In diesem Kapitel geht es um den Kern der OSINT-Arbeit: Das Sammeln von Daten und Infos. Es gibt viel zu finden, also legen wir los.

Auf die Planung folgt die Sammlung. In den nachfolgenden Abschnitten erfahren Sie mehr über Web-Recherchen zu Personen, Orten und Verkehrsmitteln. Anschließend widmen wir uns sozialen Netzwerken sowie Recherchen zu Webseiten, Firmen und Organisationen. Zum Schluss geht es um Möglichkeiten der Automatisierung bei der Informationssammlung.

7.1 Recherchen im Web: mehr als Google!

Was tun Sie, wenn Sie etwas im World Wide Web suchen? Wahrscheinlich nutzen Sie eine Suchmaschine. Oft ist es sogar einfacher, das Ziel schnell zu googeln, anstatt eine bekannte Adresse einzutippen.

Nachfolgend werde ich Sie in die Welt der Suchmaschinen entführen und Ihnen neben verschiedenen Arten von Suchmaschinen auch effiziente Suchstrategien vermitteln.

7.1.1 Arten von Suchmaschinen

Lassen Sie uns zunächst die Eigenschaften von Suchmaschinen identifizieren, die uns bei der Unterscheidung helfen. Die Differenzierung dient in erster Linie dem Verständnis, welche Erwartungen Sie an eine Suchmaschine hinsichtlich des Suchraums, der Ergebnisse und der Aktualität stellen dürfen.

Im Dezember 1993 wurde die Suchmaschine *JumpStation* veröffentlicht. Als erste ihrer Art vereinte sie drei grundlegende Funktionen, die bis heute den Kern moderner Suchmaschinen bilden:

1. Crawling
2. Indexing
3. Suche

Beim sogenannten *Crawling* durchforstet ein kleines Programm, auch *Web Robot* oder *Spider* genannt, das World Wide Web. Die Ergebnisse bilden die Grundlage für den *Index*. Denn beim Crawling werden Informationen aus der besuchten Webseite extrahiert und im Index gespeichert.

Den Index können Sie sich wie eine Datenbank vorstellen, in der dann der Titel der Webseite, die URL und weitere Informationen abgespeichert sind (mehr Informationen zu URLs finden Sie in Abschnitt 7.11.2.).

Je nachdem, wie Suchmaschinen Informationen bereitstellen, lassen sie sich in verschiedene Kategorien einteilen.

- *Index-Suchmaschinen* durchsuchen das Web und indexieren Webinhalte wie zuvor beschrieben. Sie bauen dabei eine eigene Datenbank auf, innerhalb derer dann Suchen durchgeführt werden. Beispiele für Index-Suchmaschinen sind *Google* oder *Bing*.
- *Metasuchmaschinen* unterscheiden sich von Index-Suchmaschinen. Sie durchsuchen nicht eigenständig das Web, sondern bedienen sich anderer Suchmaschinen und aggregieren deren Suchergebnisse. Der Vorteil von Metasuchmaschinen besteht darin, dass mit einer einzigen Suchanfrage Ergebnisse aus mehreren Quellen zusammengetragen werden. Beispiele für Metasuchmaschinen sind *Searx* oder *Dogpile*.

Suchmaschinen lassen sich nicht nur nach ihrer technischen Funktionsweise, sondern auch nach ihrem Suchraum unterscheiden. Dabei wird häufig von horizontalen und vertikalen Suchmaschinen gesprochen.

- *Horizontale Suchmaschinen* wie Google oder Bing haben einen breiten Suchraum, mit dem sie eine Vielzahl an Themen abdecken. Sie durchsuchen und indexieren das gesamte öffentlich zugängliche Web und bieten so eine universelle Suche.
- *Vertikale Suchmaschinen* hingegen sind auf bestimmte Themengebiete oder Medienformen spezialisiert, etwa wissenschaftliche Publikationen, Jobs, Produkte oder Videos. Beispiele für vertikale Suchmaschinen sind *Indeed* für Stellenanzeigen, *Listen Notes* für Podcasts oder *YouTube* für Videos. Die Spezialisierung ist bei bestimmten Themen oft notwendig.

Neben den klassischen Suchmaschinentypen gewinnen KI-gestützte Chatbots und *KI-Suchmaschinen* zunehmend an Bedeutung.

Kommerzielle Angebote wie *ChatGPT* oder *Perplexity* revolutionieren die Art und Weise, wie Informationen recherchiert werden, indem sie Fragen in natürlicher Sprache beantworten und komplexe Sachverhalte verständlich zusammenfassen. Diese Systeme greifen auf riesige Datenmengen und teils aktuelle Webdaten zu, kombinieren verschiedene Quellen und sind in der Lage, Antworten individuell auf die Eingabe zuzuschneiden. Moderne KI-Suchmaschinen wie Perplexity können Suchergebnisse dynamisch aufbereiten und interaktive Dialoge führen, in denen Sie Rückfragen stellen oder Ihre Recherche schrittweise vertiefen.

Hinweis

KI-Systeme neigen dazu, Ihnen stets zuzustimmen. Das begünstigt den sogenannten *Confirmation Bias* (siehe Abschnitt 9.5). Hierbei werden bereits vorhandene Annahmen oder Erwartungen auf Basis der Frage in den generierten Antworten verstärkt. KI-basierte Suchmaschinen tendieren dazu, Informationen zu liefern, die die Ausgangsfrage bestätigen, anstatt kritische Punkte oder andere Perspektiven aufzuzeigen.

Dieser Voreingenommenheit sollten Sie sich stets bewusst sein. Die Gefahr besteht auch bei gewöhnlichen Suchmaschinen, allerdings treten KI-Systeme deutlich selbstbewusster auf.

Ein weiteres, nicht zu unterschätzendes Phänomen wird als *Halluzination* bezeichnet. Darunter versteht man die Erzeugung von scheinbar plausiblen, aber faktisch falschen oder erfundenen Informationen. Gerade bei komplexen Fragestellungen oder bei Themen mit kleiner Datenbasis können KI-Suchmaschinen falsche Fakten oder erfundene Zitate präsentieren. Für Ihre Recherche bedeutet das, dass Sie Ergebnisse immer kritisch überprüfen sollten und mit zuverlässigen, unabhängigen Quellen abgleichen müssen. Darauf komme ich in Abschnitt 7.5.5 noch einmal zu sprechen.

Darüber hinaus existieren lokale Setups, bei denen kleinere Modelle auf eigener Hardware betrieben werden. Mit lokalen Lösungen können Sie PDF-Dokumente, CSV-Dateien oder andere Inhalte durchsuchen – das wird als *Retrieval-Augmented Generation* (*RAG*) bezeichnet. So lassen sich große Datenmengen schnell und effizient durchsuchen. Ein großer Vorteil gegenüber regulären Volltextsuchen besteht darin, dass eine KI-Lösung zeitgleich Synonyme und andere Schreibweisen als Treffer erkennen kann. Die KI kann eine große Anzahl verschiedener Quellen durchsuchen, relevante Treffer identifizieren und neue Keywords erkennen, die sich aus aktuellen Entwicklungen oder Trends ergeben.

Mit dem Einsatz sogenannter *Agentic AI*, also agentenbasierter künstlicher Intelligenz, eröffnen sich darüber hinaus weitere Möglichkeiten für regelmäßige Suchen und die automatische Erkennung von Veränderungen. Agentic AI kann eigenständig und wiederkehrend nach festgelegten Kriterien recherchieren, beispielsweise in bestimmten Zeitintervallen oder bei bestimmten Ereignissen. Sie erkennt Muster, Anomalien oder signifikante Veränderungen im Datenbestand und informiert Sie proaktiv über relevante Neuerungen. Das ist besonders dann hilfreich, wenn es darum geht, einen Themenbereich kontinuierlich zu beobachten und schnell auf Veränderungen zu reagieren.

Es ist nicht einfach, ein solches Setup einzurichten, und es tut sich in diesem Bereich gerade sehr viel. Vermutlich werden diese Lösungen in wenigen Monaten oder in einem Jahr ganz anders aussehen als heutige Prototypen. Richtig umgesetzt, wäre ein solcher *Agent* Ihr ständiger Begleiter, den sie sowohl für die anfängliche Recherche als auch für die laufende Überwachung von Informationsquellen und Entwicklungen einsetzen können.

7.1.2 Suchstrategie

Im nächsten Abschnitt erhalten Sie wertvolle Tipps, mit denen Sie Ihre Suche effizient und systematisch gestalten können.

Suchbegriffe und Themen

Alles beginnt mit einer Auswahl geeigneter Suchbegriffe. Starten Sie mit allgemeinen Begriffen und konkretisieren Sie diese im Verlauf Ihrer Recherche. Die Identifikation von primären und sekundären Keywords hilft, verschiedene Aspekte eines Themas abzudecken. Dabei ist die gezielte Suche nach *Entitäten* (also Personen, Organisationen, Orten oder Ereignissen) notwendig, um konkrete Ergebnisse zu erzielen.

Die *Keyword-Recherche* bildet das Fundament jeder erfolgreichen Suchstrategie. Überlegen Sie, welche Begriffe Ihr Thema am besten beschreiben, und nutzen Sie Synonyme sowie verwandte Ausdrücke. Berücksichtigen Sie dabei die Zielgruppe sowie den Kontext der Informationssuche.

Primäre Keywords sind die zentralen Schlagwörter, die Ihre Suche widerspiegeln. Sekundäre Keywords dienen dazu, die Suche oder den Kontext zu erweitern.

Durch die Kombination von mehreren Entitäten in einer Suchanfrage können Beziehungen und Zusammenhänge zwischen ihnen aufgedeckt werden.

Successive Fractions Approach

Der *Successive Fractions Approach* ist eine Methode zur schrittweisen Eingrenzung der Suchtreffer und folgt dem genannten Grundsatz »vom Allgemeinen zum Speziellen«. Beim Successive Fractions Approach starten Sie mit einer breiten Suche, um so einen ersten Überblick über das Thema bzw. die Suchergebnisse zu erhalten. Im nächsten Schritt fügen Sie erste Filter hinzu, um relevante Unterkategorien zu identifizieren und irrelevante Treffer zu entfernen. Mit weiteren Filtern und Ausschlüssen verfeinern Sie Ihre Suche so lange, bis Sie eine handhabbare Menge an Suchtreffern erreicht haben.

Gibt es bestimmte Zeiträume, Orte oder Eigenschaften, auf die Sie die Suche eingrenzen können? Indem Sie solche Details in Ihre Suchanfrage integrieren, verringern Sie die Anzahl der Suchergebnisse immer weiter.

Boolesche Operatoren

Logische Verknüpfungen, auch als *boolesche Operatoren* bekannt, dienen dazu, mehrere Suchbegriffe oder Eigenschaften zu kombinieren. Zwei Suchbedingungen können grundsätzlich über die Operatoren *OR*, *AND* oder *NOT* verknüpft werden (in Abschnitt 7.2.3 erläutere ich das an einem konkreten Beispiel).

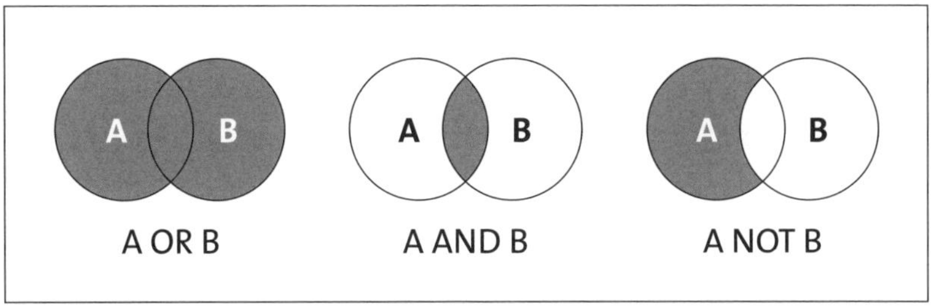

Abbildung 7.1 Logische Verknüpfungen

- Das logische *Oder (OR)* liefert Ergebnisse, die entweder einen der ausgewählten Begriffe oder beide enthalten. In bestimmten Fällen kann das XOR verwendet werden, um Ergebnisse auszuschließen, die beide Suchbegriffe gemeinsam aufweisen. Diese Option ist jedoch selten verfügbar.
- Das logische *Und (AND)* erfordert, dass beide Bedingungen erfüllt sind, sodass nur die Schnittmenge der Ergebnisse ausgegeben wird.
- Beim logischen *Ausschluss (NOT)* werden alle Ergebnisse zum ersten Suchbegriff angezeigt, wobei diejenigen ausgeschlossen werden, bei denen auch die zweite Bedingung zutrifft.

Kontextualisierung

Ein weiterer wichtiger Aspekt ist die Kontextualisierung der Suche. Überlegen Sie, ob Sie einen Kontext ergänzen können. Bei der Suche nach einer Person kann das Hinzufügen von Hobbys oder anderen Eigenschaften den Unterschied machen, ob Sie fündig werden oder nicht – insbesondere dann, wenn diese Person einen häufig vorkommenden Namen hat. Durch das Hinzufügen von Kontextbegriffen können Sie die Suchergebnisse verfeinern und so gezielt Fachbeiträge, Nachrichtenartikel oder Studien finden, die genau Ihre Fragestellung adressieren.

Varianten und Wildcards

Um Ihre Suchergebnisse weiter zu optimieren, sollten Sie auch sprachliche Variationen der Suchwörter berücksichtigen. Dazu gehört beispielsweise auch, den Suchbegriff in anderen Sprachen in Ihre Recherche einzubeziehen – etwa bei internationalen Themenbereichen oder dann, wenn relevante Informationen in anderen Landessprachen vermutet werden.

Trunkierung, also das Abschneiden von Wortstämmen, kann helfen, unterschiedliche Wortendungen oder -formen zu erfassen, z. B. `Comput*` für `Computer`, `Computing`, `Computersystem`. Auch das bewusste Auflösen von Abkürzungen ist sinnvoll, da Begriffe sowohl ausgeschrieben als auch abgekürzt auftauchen können. Außerdem besteht bei Abkürzungen immer die Gefahr, dass diese mehrere Bedeutungen haben können. Unterschiedliche Schreibweisen wie z. B. `E-Mail`, `Email` oder `eMail` sollten einbezogen werden, um keine relevanten Ergebnisse zu versäumen.

Bei vielen Suchen besteht die Option, Platzhalter in Form sogenannter *Wildcards* einzusetzen. Das sind nützliche Werkzeuge, um Unklarheiten in der Schreibweise auszugleichen oder um verschiedene Varianten eines Begriffs in einer Suchanfrage abzudecken. Häufig kann ein Fragezeichen (?) beispielsweise für ein Zeichen oder ein Asterisk (*) als Platzhalter für beliebige Zeichenfolgen dienen, z. B. `Organisat*` für `Organisation` oder `Organisator`.

Slang und Emojis

In manchen Fällen lohnt es sich, nach Slang, Szenesprache oder sogar Emojis zu suchen, da vor allem in sozialen Netzwerken oder Foren Informationen in anderen Ausdrucksformen geteilt werden. Hier zeigt sich, dass zusätzlich zur Recherchemethodik spezifisches Fachwissen – beispielsweise für einen konkreten Deliktsbereich – erforderlich ist, um effizient zu recherchieren.

Diversifizierung der Quellen

Sie werden in diesem Buch an vielen Stellen lesen, dass Sie Ergebnisse verifizieren müssen, indem Sie mehrere Quellen zurate ziehen. Doch tatsächlich sollten Sie bereits bei der Suche mehrere Quellen verwenden. Dies hat vielerlei Gründe.

- Erstens hat jede Quelle einen begrenzten Suchraum. Unter Umständen liegt das relevante Ergebnis außerhalb des Suchraums der einen, aber innerhalb des Suchraums einer anderen Suchmaschine. Nutzen Sie mehrere Quellen, dann durchsuchen Sie einen größeren Suchraum und finden folglich mehr Treffer.
- Zweitens sorgen Sie so für Redundanz und Ausfallsicherheit. Sollte eine Quelle (temporär) nicht mehr funktionieren, können Sie ohne Umstände auf eine andere Quelle ausweichen.
- Drittens wirkt Quellenvielfalt sogenannten Filterblasen entgegen. Auch können Sie durch den Zugriff auf verschiedene Quellen geografische Zensur umgehen. Im Übrigen variieren Suchergebnisse je nach vermutetem Standort und den Spracheinstellungen des Endgeräts.

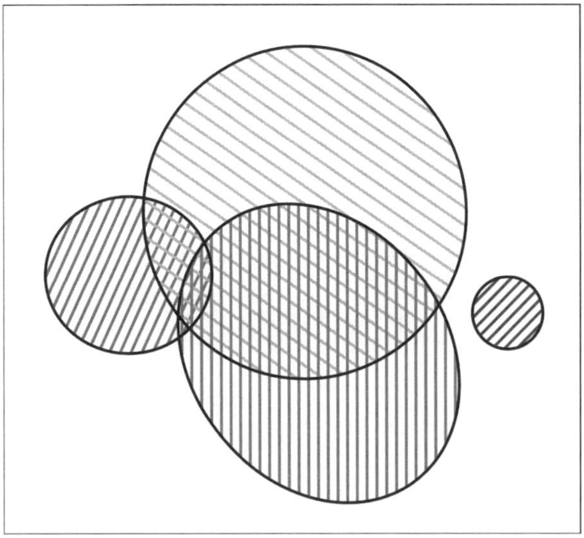

Abbildung 7.2 Überlappende Suchräume

Keyword-Matrix

Mit einer *Keyword-Matrix* können Sie noch strukturierter vorgehen. Erstellen Sie hierfür eine Tabelle, in der Sie zunächst sämtliche relevanten Suchbegriffe in einer Zeile erfassen. Im nächsten Schritt fügen Sie für jeden Begriff Variationen hinzu, beispielsweise unterschiedliche Schreibweisen, Übersetzungen in andere Sprachen, Synonyme, Abkürzungen oder Szenebegriffe. So erhalten Sie eine Übersicht, mit der Sie gezielt komplexe Suchanfragen konstruieren können.

Die Keyword-Matrix ist insbesondere bei umfangreichen Recherchen, die über einen längeren Zeitraum geführt werden, sowie bei der Teamarbeit ein äußerst hilfreiches Werkzeug. Sie unterstützt dabei, eine Vielzahl von Suchbegriffen und deren Kombinationen systematisch zu erfassen, zu dokumentieren und strategisch abzuarbeiten. Rechercheprozesse werden so nachvollziehbar strukturiert und können bei Bedarf gezielt erweitert oder angepasst werden.

Suchbegriff	*Blankokarten*	...
Oberthema	*Kreditkartenbetrug*	
Synonym	*PVC-Karten*	
Andere Sprachen	*EN: plastic card* *ES: tarjeta de plástico*	
Szenebegriff	*white plastics*	

Tabelle 7.1 Keyword-Matrix

Keywords mit KI erstellen

Künstliche Intelligenz (KI) kann die Erstellung einer Keyword-Matrix vereinfachen und beschleunigen. Passende Anwendungen können etwa aus einem vorgegebenen Set an Schlüsselbegriffen automatisch weitere relevante Keywords generieren. Zusätzlich erkennen sie semantische Zusammenhänge und schlagen weitere Begriffe vor, was Ihre Recherche umfassender macht. Abbildung 7.3 zeigt ein Beispiel von ChatGPT.

Suchbegriff (DE)	Oberthema	Synonyme / Slang (DE)	EN	ES	FR	RU	Typische Emojis / Symbolik
Koks	Kokain	Schnee, Nase, Puder	coke, blow, white	perico, blanca	poudre, coke	кокс	[illegible]
Kokain	Kokain	Stoff, Schnee, weißes	cocaine	cocaína	cocaïne	кокаин	[illegible]
Gras	Cannabis	Weed, Ganja, Zeug	weed, grass	verde, maría	beuh, herbe	трава	[illegible]
Cannabis	Cannabis	Gras, Hasch, Dope	cannabis, pot	marihuana, hierba	cannabis, beuh	каннабис	[illegible]
Haschisch	Cannabis	Hasch, Platte, Piece	hash, resin	costo, hachís	hasch, résine	гашиш	[illegible]
MDMA	MDMA / Ecstasy	Teile, Pillen, Molly	molly, ecstasy	éxtasis	ecsta, cachet	экстази	[illegible]
Ecstasy	MDMA / Ecstasy	Bunte, XTC, Herzchen	ecstasy, pill	pastilla	cachet	экстази	[illegible]
Speed	Amphetamin	Pep, Pepp, Base	speed, amphetamine	anfeta	speed	амфетамин	[illegible]

Abbildung 7.3 Erstellung einer Keyword-Matrix mithilfe von ChatGPT

Ein weiterer Vorteil besteht darin, dass KI-Systeme große Datenmengen aus unterschiedlichen Quellen analysieren und daraus Muster für Ihre Recherche ableiten können. Richtig eingesetzt, helfen sie bei der Priorisierung von Suchbegriffen, etwa nach Relevanz oder Häufigkeit im Kontext des jeweiligen Oberthemas.

Am besten funktioniert die Erstellung mithilfe von KI, wenn Sie möglichst konkret vorgeben, welche Inhalte die Matrix abdecken soll, und ein Set von Keywords als Ausgangsbasis zur Verfügung stellen.

Gerade im Team sorgt eine Keyword-Matrix für Transparenz. Erweitert man die Matrix um Spalten für durchgeführte Suchen, können alle jederzeit sehen, wo noch Fragen offen sind. Die Matrix dient zudem als Dokumentationsgrundlage, um später nachzuvollziehen, welche Suchen unternommen wurden. Dies kann Ihnen helfen, wenn Sie belegen müssen, dass Sie auch andere Ermittlungsansätze verfolgt haben.

Auch für die Übergabe einer Recherche an andere Teammitglieder ist eine gepflegte Keyword-Matrix von großem Vorteil, da sie den Wissenstransfer erleichtert. Dies macht insbesondere bei auf Dauer angelegten Recherchen Sinn, beispielsweise bei der Beobachtung eines Phänomenbereichs. Gleichzeitig erleichtert es den Einstieg in die Thematik.

7.2 Google

Die wohl bekannteste Suchmaschine der Welt bietet Ihnen vielerlei Möglichkeiten, das Internet zu durchsuchen. Sie können textbasiert allgemein suchen oder die Suche durch Filter eingrenzen. Darüber hinaus bietet Google Ihnen spezialisierte Subsuchen:

- Bilder
- Videos
- Nachrichten
- Bücher
- Shopping
- Finanzen

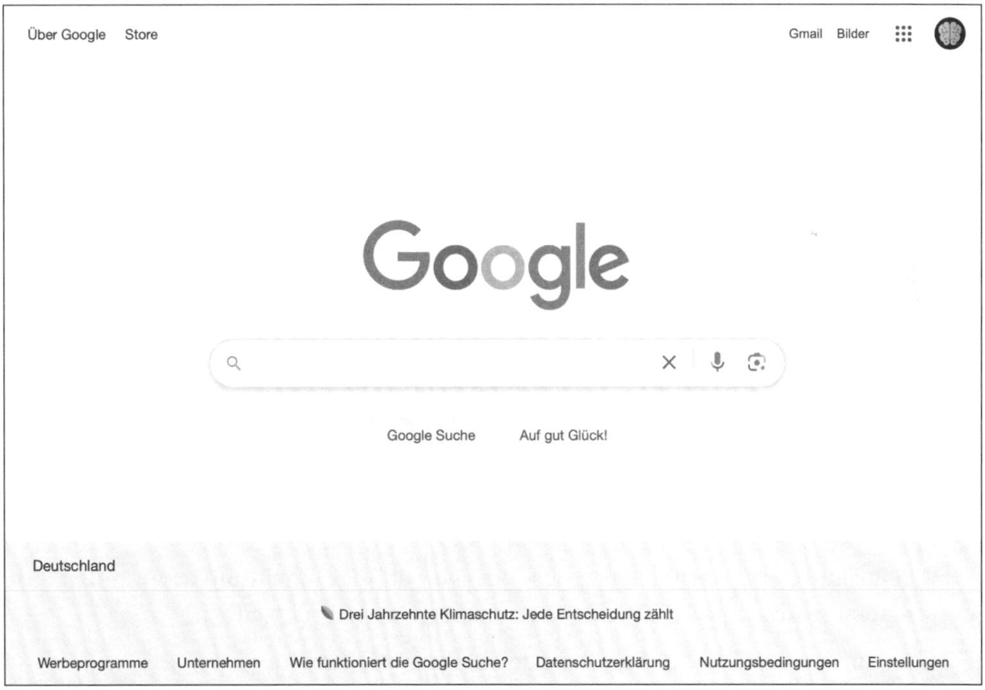

Abbildung 7.4 Google-Suchleiste

Wenn Sie Ihren Suchbegriff in das Suchfeld eingeben, können Sie die Suche durch die ↵ oder einen Klick auf den Button GOOGLE SUCHE starten. Google interpretiert Ihren Suchbegriff und arrangiert die Suchergebnisse passend dazu. Wenn Sie einen Ort eingeben, erhalten Sie z. B. die aktuellen Wetterdaten, Sehenswürdigkeiten und einen Kartenausschnitt (früher ist Google direkt zu Google Maps gesprungen, was aus rechtlichen Gründen nun nicht mehr gestattet ist).

7.2.1 Wichtige Einstellungen vor der Recherche

Bevor Sie Ihre Suche starten, sollten Sie einen kurzen Blick auf die Einstellungen von Google werfen. Mit einem Klick auf EINSTELLUNGEN öffnet sich ein Kontextmenü, wo Sie den Unterpunkt SUCHEINSTELLUNGEN finden.

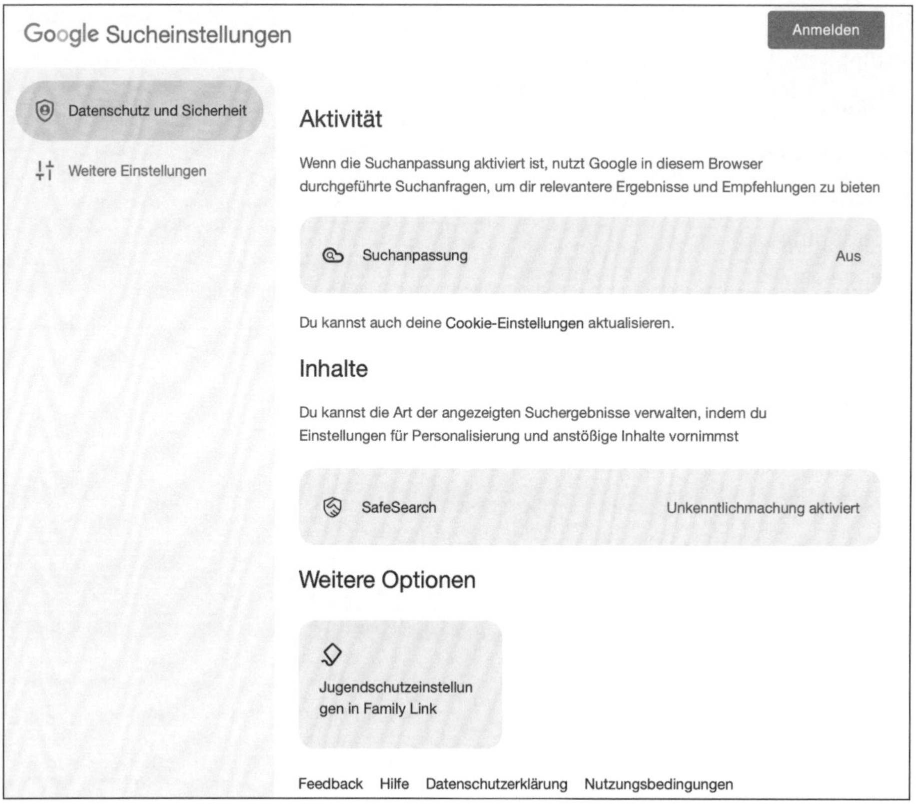

Abbildung 7.5 Google-Sucheinstellungen

Sollte Ihre OSINT-Recherche sexuelle oder gewalttätige Inhalte umfassen, müssen Sie die *SafeSearch* anpassen. Diese Funktion bietet Ihnen drei Modi:

- FILTER – anstößige Bilder, Texte und Links werden gefiltert.
- UNKENNTLICHMACHUNG – anstößige Bilder werden weichgezeichnet, Texte und Links werden angezeigt (siehe Abbildung 7.6).
- KEINE FILTERUNG – alle Inhalte werden angezeigt.

Im Tab WEITERE EINSTELLUNGEN können Sie zum einen die Sprache und Region von Google anpassen, was einen direkten Einfluss auf die Suchergebnisse hat. Zum anderen können Sie den Dark Mode, hier DUNKLES DESIGN genannt, aktivieren. Das schont Ihre Augen und lässt Sie gleichzeitig versierter erscheinen 😊. Außerdem können Sie hier einstellen, ob Sie Trends in der Autovervollständigung angezeigt bekommen möchten oder nicht.

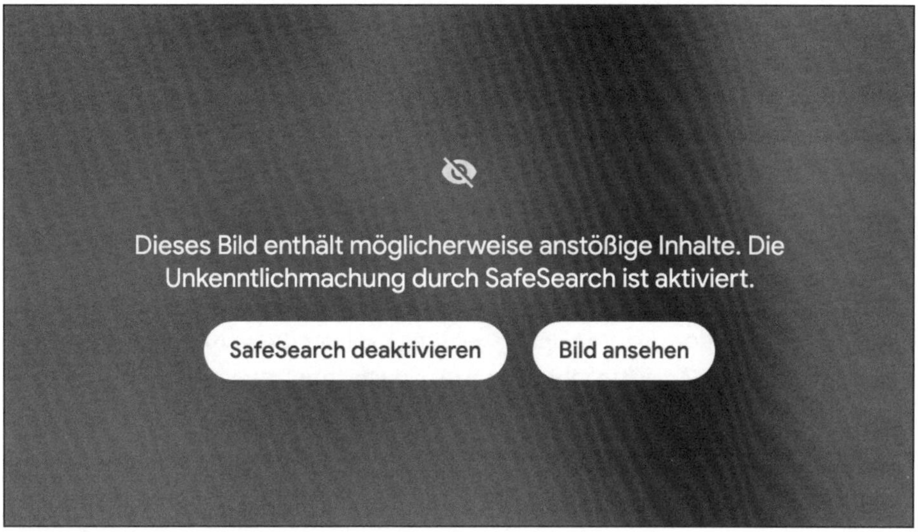

Abbildung 7.6 Google-SafeSearch-Weichzeichnung sexueller Inhalte

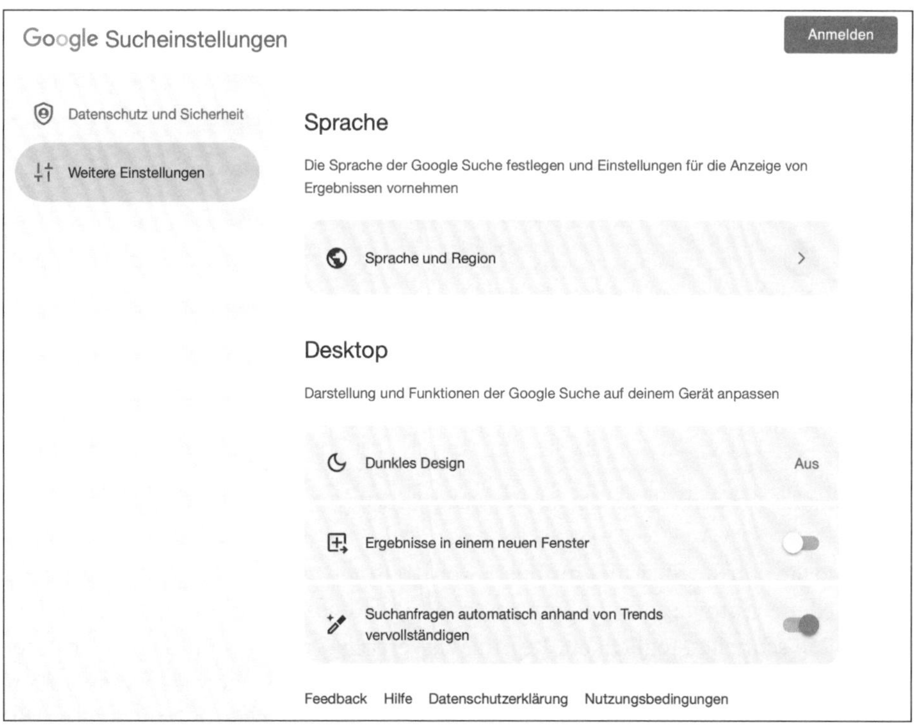

Abbildung 7.7 Weitere Einstellungen

Hinweis: Trends

Unter *https://trends.google.com/trends/* können Sie aktuelle und historische Suchtrends einsehen. Hier können Sie nicht nur beobachten, welche Begriffe weltweit oder in bestimmten Ländern besonders häufig gesucht werden, sondern auch verschiedene Keywords gegeneinander miteinander vergleichen. Die Trenddaten lassen sich bequem als CSV-Datei exportieren, was die weitere Analyse erleichtert.

7.2.2 Von der Suche zu den Ergebnissen

Bevor wir die einzelnen Elemente der Google-Suchergebnisseite betrachten, lohnt ein Blick auf den Weg dorthin. Von der ersten Eingabe über die Autovervollständigung und Filter bis zu den Ansichtsoptionen formt Google Ihre Treffer aktiv mit. In diesem Abschnitt erfahren Sie, welche Stellschrauben Sie dabei haben.

Abbildung 7.8 Autovervollständigung der Google-Suche

Während Sie den Suchbegriff eintippen, werden Ihnen direkt unter dem Eingabefeld verschiedene Autovervollständigungsvorschläge angezeigt. Diese Funktion bietet Ihnen eine schnelle Möglichkeit, Begriffe zu vervollständigen – ähnlich wie bei der Smartphone-Tastatur. Zusätzlich werden Ihnen populäre Suchanfragen anderer Personen angezeigt. Das kann Ihnen Inspiration geben oder Hinweise darauf liefern, welche Themen aktuell besonders gefragt sind.

Durch die Auswahl einer dieser vorgeschlagenen Optionen können Sie Ihre Suche gezielt und zeitsparend verfeinern. Das hilft vor allem bei mehrdeutigen Begriffen und unterschiedlichen Schreibweisen.

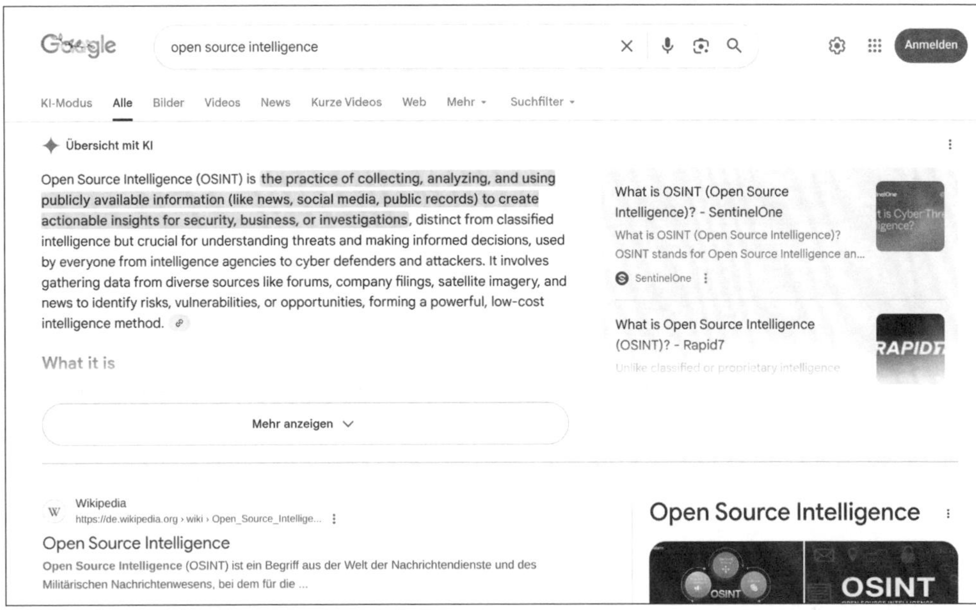

Abbildung 7.9 Google-Suchergebnisse

Auf der Ergebnisseite sehen Sie im oberen Bereich Ihre Sucheingabe, die Sie jederzeit anpassen können. Darunter finden Sie eine Navigation zu den verschiedenen Suchbereichen wie Bildersuche, Videosuche usw. Über das ZAHNRADSYMBOL können Sie einige der zuvor genannten Sucheinstellungen anpassen bzw. in das Menü für weitere Einstellungen gelangen.

Mit einem Klick auf SUCHFILTER können Sie Filter für die Sprache, den Zeitraum und die wortwörtliche Suche aktivieren. Bitte beachten Sie, dass der Zeitfilter den Zeitpunkt der Indexierung durch Google und nicht die Änderung des Webergebnisses bedeutet. Darüber hinaus finden Sie an dieser Stelle einen Link zur erweiterten Suche.

Da Google versucht, Ihnen möglichst schnell Informationen zu liefern, werden je nach Suchanfrage unterschiedliche Elemente angezeigt, die einen Großteil des Bildschirms ausfüllen. Eine übersichtlichere Trefferliste finden Sie im Tab WEB.

Wenn Sie nun die einzelnen Suchtreffer betrachten, so erkennen Sie die jeweiligen Bestandteile je Treffer deutlich. Jeder Treffer hat ein kleines Icon, das sogenannte *Favicon* der Webseite. An oberster Stelle wird Ihnen dann der Seitenname (Website-Name) angezeigt, sofern dieser gesetzt wurde. Dieser kann entweder durch strukturierte Daten als WebSite:name, og:site_name oder über <title> angegeben werden.

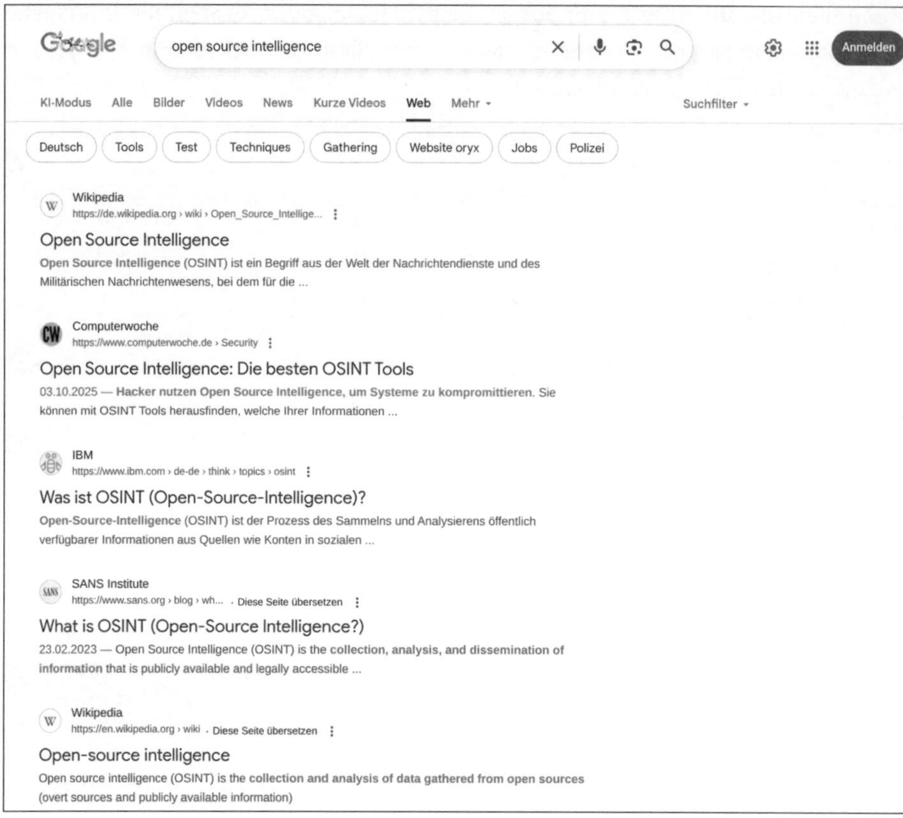

Abbildung 7.10 Suchergebnisse im Bereich »Web«

```
<script type="application/ld+json">
  {
    "@context" : "https://schema.org",
    "@type" : "WebSite",
    "name" : "OSINTgeek",
    "url" : "https://osintgeek.de/"
  }
</script>
```

Listing 7.1 Beispiel für die Angabe des Website-Namens

Darunter sehen Sie die URL und daneben das Drei-Punkte-Menü. Über dieses können weitere Informationen zum Suchergebnis abgerufen werden, beispielsweise Details dazu, warum der Treffer in den Ergebnissen auftaucht. In der Vergangenheit konnte man über dieses Menü auch auf den Google-Cache zugreifen.

Anschließend zeigt Google den Titel des Treffers an. In den meisten Fällen stammt diese Angabe aus den HTML-Tags <title> oder <h1>. Alternativ kann diese Angabe auch aus den Metadaten und dem dort hinterlegten Wert von `og:title` ausgelesen worden sein. Tatsächlich nimmt es sich Google heraus, den Titel auch aus anderen Elementen zu bestimmen, darunter Anker, Linktexte anderer Webseiten oder auffällig gestaltete Inhalte.

HTML-Tags

Mithilfe von HTML-Tags werden Webseiten strukturiert, sie bilden also deren Grundgerüst. Die sichtbaren und unsichtbaren Inhalte des HTML-Quellcodes werden von Suchmaschinen verwendet, um Informationen standardisiert zu extrahieren. Das Tag `<title>` beispielsweise legt den Titel im Browser-Tab und für Suchmaschinen fest, während `<h1>` das Seitenthema als Hauptüberschrift sichtbar markiert. Weiterführende Informationen zur Funktion und Bedeutung der wichtigsten HTML-Tags finden Sie in Abschnitt 7.11.3.

Zu guter Letzt zeigt Google das sogenannte *Snippet* an. Ein Snippet ist eine Vorschau, ein kleiner Textauszug oder ein Schnipsel, das aus der Metabeschreibung (`description`), relevanten Abschnitten des Seiteninhalts oder speziell hinterlegten strukturierten Daten stammt.

Denken Sie daran, dass die angezeigten Suchergebnisse von verschiedenen Faktoren beeinflusst werden können, etwa davon, in welcher Sprache Sie suchen, wo Sie sich gerade befinden oder welche Top-Level-Domain Sie gewählt haben – *google.de* und *google.com* sind nicht identisch.

Je nach Kontext, Personalisierung und Domain werden Inhalte auch unterschiedlich dargestellt, wodurch die Ergebnisliste individuell und situationsabhängig wird. Gehen Sie niemals davon aus, dass andere User mit den gleichen Suchbegriffen die gleichen Ergebnisse bekommen wie Sie.

7.2.3 Suchoperatoren: Google Dorks

Google stellt eine Vielzahl von Suchoperatoren bereit, mit denen Sie Ihre Suche präzise verfeinern können. Diese werden *Dorks* genannt. Für zielgerichtete Suchen können Sie die Suchoperatoren aus Tabelle 7.2 verwenden.

Operator	Beschreibung
`»Exakter Suchterm«`	Exakte Übereinstimmung / Schreibweise
`Suchterm -Auschluss`	Schließt das Wort aus (funktioniert nicht bei Währungszeichen)
`AND`	Logische Und-Verknüpfung

Tabelle 7.2 Suchoperatoren in Google

Operator	Beschreibung
OR oder |	Logische Oder-Verknüpfung
(Suchterm 1 OR Suchterm 2) AND Suchterm 3	Kombiniert Suchbegriffe mit Klammern
Suchb.griff	Wildcard: genau ein Zeichen
Suchbegr*	Wildcard: mehrere Zeichen
filetype:PDF	Ergebnisse für ausgewählte Dateiformate
site:	Durchsucht nur die spezifizierte Webseite
related:	Sucht ähnliche Seiten
link:	Liefert Seiten, die auf die angegebene URL verlinken (offiziell nicht mehr unterstützt)
inurl:	Sucht nach dem Suchterm in der URL
allinurl:	Alle Suchbegriffe müssen in der URL vorkommen.
intext:	Findet Seiten, die den Suchbegriff beinhalten
allintext:	Alle Suchbegriffe müssen im Text vorkommen.
intitle:	Durchsucht das Title-Tag nach dem Suchstring
allintitle:	Alle Suchbegriffe nach dem Operator müssen vorkommen.
Wort1 AROUND(n) Wort2	Die Suchwörter dürfen maximal n Wörter voneinander entfernt sein.
Zahl..Zahl	Zahlenbereich

Tabelle 7.2 Suchoperatoren in Google (Forts.)

Mithilfe der logischen Verknüpfungen AND und OR können Sie Suchbegriffe in Relation zueinander setzen. Am häufigsten werden Sie allerdings Ausschlüsse verwenden. Insbesondere beim Successive Fractions Approach starten Sie mit einer weiten Suche, die Sie dann in mehreren Iterationen verfeinern, indem Sie nach und nach weitere Begriffe durch ein Minuszeichen ausschließen.

Sie werden Anführungszeichen vermutlich recht häufig gebrauchen, da Sie so nach der exakten Schreibweise eines Wortes oder Ausdrucks suchen können. Das ist besonders hilfreich, wenn Sie einen von der Zielperson verfassten Text haben, der im besten Fall ungewöhnliche Ausdrücke oder Rechtschreibfehler enthält. Kopieren Sie diesen Text und fügen Sie ihn in Anführungszeichen in eine Google-Suche ein, um zu überprüfen, ob dieser Text an anderer Stelle von Google indexiert wurde. Beachten Sie aber, dass Sie bei der Suche nach einem Namen zunächst mit einer breiten Suche ohne Anführungszeichen beginnen sollten. Wenn Sie nämlich nach »`Samuel Lolagar`« suchen, erhalten Sie keine Treffer zu »`Lolagar, Samuel`« oder »`S. Lolagar`«.

Der Operator `filetype:` ist selbsterklärend und gleichzeitig äußerst nützlich. Mit seiner Hilfe können Sie nach unterschiedlichen Dateiformaten suchen. So können Sie beispielsweise mit `filetype:pdf` die Treffer auf PDF-Dokumente beschränken. Wenn Ihnen ein Textfragment bekannt ist, das in der Datei auftauchen soll, dann kombinieren Sie `filetype:` mit dem Textfragment in Anführungszeichen. Übrigens ist das auch sehr nützlich, um Dokumente zu finden, die als »nur für den internen Gebrauch« o. Ä. gekennzeichnet sind und eigentlich nicht offen im Internet auffindbar sein sollten.

Besonders praktisch ist `filetype` in Kombination mit dem Operator `site:`. Damit können Sie Suchergebnisse auf eine bestimmte Domain begrenzen. So können Sie präzise nach PowerPoint-Präsentationen oder anderen Dokumenten einer bestimmten Firma suchen und gelangen häufig an längst vergessene Dokumente. Dank der Metadaten offenbaren diese Dokumente meist noch weitere Informationen zu Bearbeitern oder eingesetzter Software.

Der Operator `site:` kann auch zur gezielten Suche nach Personen auf bestimmten Plattformen verwendet werden. Diese Suche wird manchmal auch als *X-Ray-Suche* bezeichnet. Dabei durchsuchen Sie gezielt Social-Media-Plattformen, indem Sie die Suche mit `site:` auf die Domain der Plattform begrenzen und den Namen, Usernamen oder andere bekannte Details der gesuchten Person hinzufügen.

Darüber hinaus können Sie `site:` ein Minus voranstellen und so einzelne Seiten von der Suche ausschließen.

Ein hilfreicher Kniff ist die Suche nach Subdomains, also Unterseiten wie `tickets.rheinwerk.de` oder `event.rheinwerk.de`. Solche Subdomains können Sie via Google finden, indem Sie die Suche auf die Domain begrenzen (in diesem Beispiel `rheinwerk.de`) und gleichzeitig die Subdomain `www.rheinwerk.de` ausschließen. Ihre Suche sollte dann so aussehen:

```
site:rheinwerk.de -site:www.rheinwerk.de
```

Besonders deutlich wird das bei Google (siehe Abbildung 7.11):

```
site:google.de -site:www.google.de.
```

Mit den Operatoren `intitle:`, `intext:` und `inurl:` können Sie genau bestimmen, wo der Suchbegriff im Suchergebnis auftreten soll. Bei richtiger Anwendung und Kombination sorgen sie für eine Recherche mit chirurgischer Präzision. Sie legen damit fest, ob der darauffolgende Text im Titel (`intitle:`), im Text (`intext:`) oder in der URL (`inurl:`) der Webseite auftreten soll.

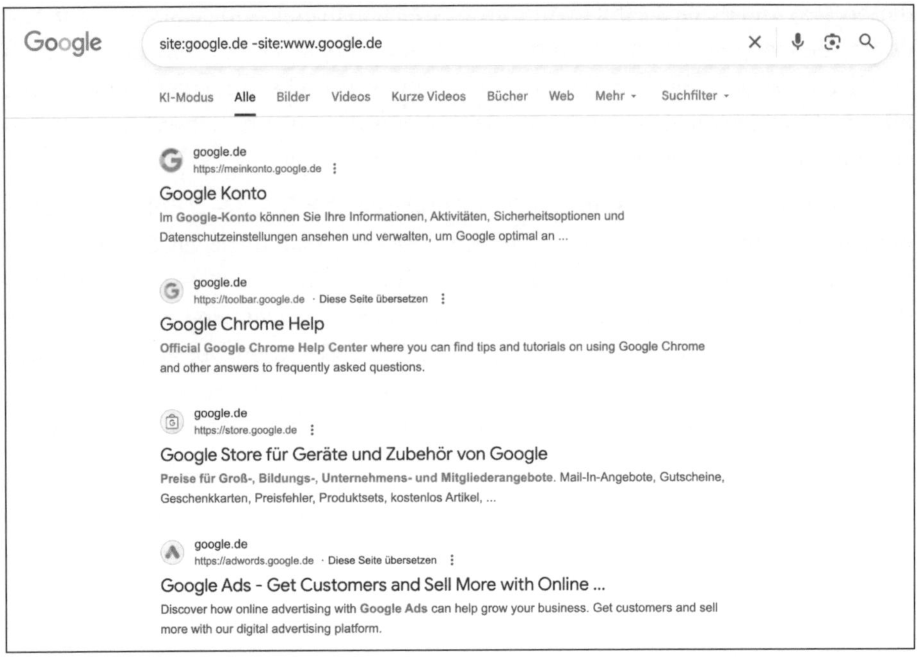

Abbildung 7.11 Google-Subdomains in der Google-Suche

So deckt eine Suche wie `intitle:index` offene Webverzeichnisse auf, während `inurl:admin` oft zu Anmeldeoberflächen für Administratoren führt. Beides sind typische Dorking-Anwendungsbeispiele.

Mit dem Operator `AROUND(n)` können Sie Google nach zwei Begriffen in einem Abstand von maximal `n` Wörtern suchen lassen. Dies ist besonders hilfreich, wenn Sie viele Treffer erzielen, bei denen zwar beide Suchbegriffe auftauchen, diese aber in keinem direkten Zusammenhang zueinander stehen. `AROUND` hilft Ihnen, den Abstand zu bestimmen. An dieser Stelle muss ich betonen, dass `AROUND` nicht offiziell dokumentiert ist und auch nicht immer zuverlässige Suchergebnisse erzielt. Ähnliche Ergebnisse können Sie durch die Verwendung des Asterisken als Wildcard zwischen zwei Suchbegriffen erreichen.

Google Dorks in der Exploit Database

Unter *https://www.exploit-db.com/google-hacking-database* finden Sie eine Sammlung von fast 8.000 Google Dorks, die nach Kategorien sortiert sind. In der Kategorie *Files Containing Passwords* befindet sich beispielsweise folgender Aufruf:

```
site:github.com "BEGIN OPENSSH PRIVATE KEY"
```

Was diese Suche findet, sollten Sie inzwischen entziffern können: Sie durchstöbert die Seite *github.com*, auf der viele Projekte ihren Quellcode speichern, nach dem exakten

Text BEGIN OPENSSH PRIVATE KEY, der einen SSH-Schlüssel kennzeichnet. Mit dieser Suche finden Sie also private Schlüssel, die fälschlicherweise veröffentlicht wurden – ein riesiges Sicherheitsproblem.

7.2.4 Erweiterte Suche

Unter *https://www.google.de/advanced_search* befindet sich die »erweiterte Suche« von Google. Dieses übersichtliche Formular hilft Ihnen, komplexe Suchanfragen zu kreieren. Die Funktion ist praktisch, wenn Sie (noch) nicht vollständig mit der Vielzahl der Suchoperatoren vertraut sind oder Wert auf eine strukturierte Eingabe legen. Jedes Feld im Formular ist mit einer kurzen Erklärung und einem Beispiel versehen.

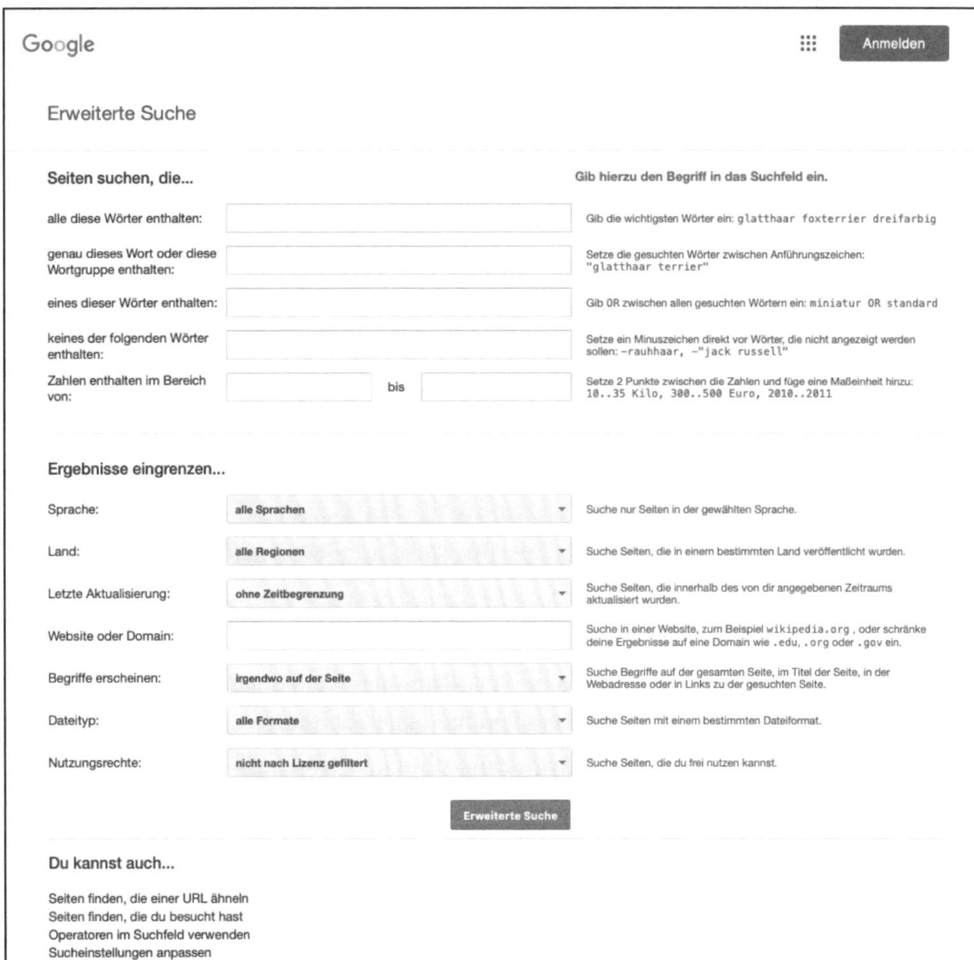

Abbildung 7.12 Die erweiterte Suche

Sie können im Formular beispielsweise Schlüsselwörter eingeben, die zwingend im Titel vorkommen sollen, nach exakten Wortgruppen suchen, bestimmte Wörter ausschließen, nach Zahlenbereichen recherchieren oder die Ergebnisse auf eine bestimmte Sprache und Webseite beschränken. Auch lassen sich Dateiformate oder die letzte Aktualisierung der Seite gezielt festlegen.

Nach der Eingabe der gewünschten Suchparameter führt Google eine reguläre Suche durch. Ihre Eingaben werden in einen Suchstring mit den passenden Suchoperatoren überführt. Hier können Sie wie gewohnt die Suche weiter verfeinern und bei Bedarf anpassen.

7.2.5 Die Google-Suche mit UDM-Parametern steuern

Wenn Sie etwas mit Google suchen, wird aus den Suchbegriffen und Operatoren eine URL erstellt, die Sie in der Adresszeile des Browsers sehen. Suchen Sie beispielsweiseweise nach »Samuel Lolagar« `site:www.rheinwerk-verlag.de`, entsteht folgende URL:

https://www.google.com/**search?q=Samuel+Lolagar+site%3Awww.rheinwerk-verlag.de**&sca_esv=486c0866b8b04e5b&sxsrf=AE3TifONoSnr2DVQzXqqBLOvOKdyvcOWVg%3A1762798731135&source=hp&ei=iywSafqbBqrHi-gPj8GD8Qk&iflsig=AOw8s4IAAAAAaRI6m3570akP48FkUtivd491Tu-iJmy9&ved=0ahUKEwi6jbaBmeiQAxWq4wIHHY_gIJ4Q4dUDCBk&uact=5&oq=Samuel+Lolagar+site%3Awww.rheinwerk-verlag.de&gs_lp=Egdnd3Mtd2l6IitTYW11ZWwgTG9sYWdhciBzaXRlOnd3dy5yaGVpbndlcmstdmVybGFnLmRlSPJtUABY6GRwAngAkAEAmAGtAaAB6BmqAQQ0Mi4zuAEDyAEA-AEBmAIYoAK5EagCCsICChAjGIAEGCcYigXCAgQQIxgnwgIFEAAYgATCAgsQABiABBixAxiDAcICCxAuGIAEGLEDGIMBwgIREC4YgAQYsQMYOQMYgwEYxwHCAgOQIxiABBgnGIoFGOoCwgIPECMYgAQYExgnGIoFGOoCwgIHECMYJxjqAsICEBAjGPAFGIAEGCcYigUY6gLCAhMQIxjwBRiABBgnGMkCGIoFGOoCwgIKECMY8AUYJxjqAsICDhAuGIAEGLEDGIMBGIoFwgIOEC4YgAQYsQMYOQMYxwHCAg4QABiABBixAxiDARiKBcICCBAAGIAEGLEDwgIFEC4YgATCAggQLhiABBixA8ICDhAuGIAEGMcBGI4FGK8BwgIIEAAYgAQYywHCAgYQABgWGB7CAggQABgWGAoYHsICBxAAGIAEGBPCAgUQABjvBcICCBAAGIAEGKIEwgIFECEYoAGYAwjxBR46DI2O3XKdkgcEMTYuOKAHpdUBsgcEMTQuOLgHrBHCBwkwLjIuMTIuMTDIB5OB&sclient=gws-wiz

Besonders relevant ist der hervorgehobene Bereich, in dem Ihre Suchanforderungen stehen. Dort können Sie sogenannte UDM-Parameter anhängen, oder Sie rufen Google einfach direkt mit angehängtem Parameter auf: `http://www.google.com/?udm=14`

In diesem Fall brauchen Sie ein `?`, um den Parameter zu ergänzen. Gibt es bereits eine Suche, die mit einem `?` eingeleitet wird, ergänzen Sie den UDM-Parameter am Ende mit einem `&udm=14`.

Was bewirkt `udm=14`? Dieser Modus deaktiviert die neue KI-Zusammenfassung und viele weitere Zusatzinfos, die Google inzwischen auf der Suchseite anzeigt. Sie erhalten also die »klassische« Google-Suche. Ähnlich wie `udm=14`, aber noch minimalistischer ist `udm=56`.

Weitere Parameter:

- `udm=2`: Bildersuche

  Beispiel: `https://www.google.com/search?q=Bonn&udm=2`
- `udm=6`: Lernmaterial und Informationen

  Beispiel: `https://www.google.com?q=Linux+Apache&udm=6`
- `udm=7`: Videos

  Beispiel: `https://www.google.com?q=Fussball+WM&udm=7`
- `udm=12`: News

  Beispiel: `https://www.google.com?q=EU+Wahl&udm=12`
- `udm=14`: Wie angesprochen: Der »reine« Web-Modus

  Beispiel: `https://www.google.com?q=SEO+Tipps&udm=14`
- `udm=15`: »Things to do«

  Beispiel: `https://www.google.com?q=Bonn+Ostern&udm=15`
- `udm=18`: Foren

  Beispiel: `https://www.google.com?q=vim+emacs&udm=18`
- `udm=28`: Shopping

  Beispiel: `https://www.google.com?q=E-Auto&udm=28`
- `udm=37`: Produktinfos

  Beispiel: `https://www.google.com?q=E-Bike&udm=37`
- `udm=48`: Exakter Treffer

  Beispiel: `https://www.google.com?q="Bonn"&udm=48`
- `udm=50`: KI-Modus

  Beispiel: `https://www.google.com?q="Rheinwerk+Events"&udm=50`
- `udm=56`: Ähnlich wie 14, jedoch noch minimalistischer

  Beispiel: `https://www.google.com?q="Rheinwerk+Autoren"&udm=56`

Diese Parameter sind sehr nützlich, aber leider nicht offiziell dokumentiert. Es gibt auch keine Garantie, dass sie auf Dauer verwendet werden können. Manche Parameter lassen sich nur in bestimmten Ländern nutzen, andere funktionieren nur sehr unzuverlässig. Der KI-Modus über `udm=50` hat bei mir anfangs funktioniert, produzierte irgendwann jedoch nur noch Fehlermeldungen. Die Parameter `udm=2`, `udm=12` und `udm=14` machen die Sucharbeit jedoch durchaus komfortabler.

7.3 Bing

Bing ist die von Microsoft entwickelte Suchmaschine und gilt als eine der wichtigsten Alternativen zu Google. Sie erreichen Bing unter *https://www.bing.com*. Wie Google bietet Bing neben der klassischen Websuche auch spezialisierte Suchfunktionen, darunter die Bildersuche, Videosuche sowie Karten und Nachrichten. Darüber hinaus verfügt Bing über eine eigene Syntax für Suchanfragen.

Operator	Beschreibung
`"Exakter Suchterm"`	Exakte Übereinstimmung/Schreibweise
`Suchterm -Auschluss`	Schließt das Wort aus (funktioniert nicht bei Währungszeichen)
`AND`	Logische Und-Verknüpfung
`OR` oder |	Logische Oder-Verknüpfung

Tabelle 7.3 Suchoperatoren in Bing

Für präzise Recherchezwecke verfügt Bing neben den logischen Operatoren über spezielle Suchbefehle, mit denen Sie komplexe Suchen gestalten können. Durch diese Vielfalt an Suchoptionen können Sie nach Dateiformaten, bestimmten Keywords im Seitentext oder im Titel suchen und auch gezielt Webseiten nach Domain, IP-Adresse oder vorhandenen RSS-Feeds durchsuchen.

Suchbefehl	Beschreibung
`contains:`	Seiten, die Dateien der angegebenen Dateiendung enthalten
`ext:`	Seiten mit der angegebenen Dateiendung
`filetype:`	Liefert nur Ergebnisse mit den entsprechenden Dateiformaten
`inbody:`	Seiten, bei denen der Suchbegriff im `<body>` auftaucht
`intitle:`	Findet Seiten, die den Suchbegriff im Titel haben
`ip:`	Findet Webseiten, die unter einer bestimmten IP-Adresse gehostet sind
`site:`	Durchsucht nur die spezifizierte Webseite
`feed:`	Findet RSS-Feeds
`hasfeed:`	Seiten, die einen RSS-Feed enthalten

Tabelle 7.4 Suchbefehle in Bing

Suchbefehl	Beschreibung
`linkfromdomain:`	Seiten, auf die von der angegebenen Webseite verlinkt wird (sehr unzuverlässig)
`instreamset:`	Sucht nach dem Begriff innerhalb von `<body>`, `<title>`, `<a>` oder der URL

Tabelle 7.4 Suchbefehle in Bing (Forts.)

Auch Bing stellt eine Vielzahl von Suchoperatoren bereit, die die Recherche im Netz gezielt erleichtern. Mit `filetype:` können Sie die Suche auf bestimmte Dateiformate beschränken, beispielsweise nur nach PDF-Dateien suchen. Besonders hervorzuheben ist der Operator `contains:`, dieser liefert Seiten, die eine Datei eines bestimmten Typs enthalten, etwa Präsentationen oder Tabellen. Auch bei Bing können Sie mit dem Operator `site:` Ergebnisse ausschließlich von einer bestimmten Domain oder Webseite anzeigen.

Bing bietet zudem den Operator `inbody:`, mit dem sich Begriffe gezielt im Webseitentext finden lassen. Möchten Sie nach Begriffen im Titel der Webseite suchen, verwenden Sie `intitle:`.

Ein weiterer Operator ist `instreamset:`. Damit können Sie gezielt nach einem Begriff innerhalb bestimmter Bereiche wie `<body>`, `<title>`, `<a>` oder der URL suchen. Durch spezielle Zusätze lässt sich die Suche weiter eingrenzen, zum Beispiel `instreamset:(title):` für den Webseitentitel oder `instreamset:(title url):`, um Titel und URL gleichzeitig zu durchsuchen. Erst durch letztere Anwendung kann dieser Operator gegenüber den kürzeren Varianten wie `intitle:` punkten.

Nicht zuletzt unterstützt Bing mit den Operatoren `ip:` und `linkfromdomain:` spezielle Suchen, die besonders wertvoll für das Aufspüren von Verbindungen zwischen Webseiten sind. Mit dem Operator `ip:` finden Sie alle Webseiten, die auf einem Server mit der gesuchten IP-Adresse liegen. Übergeben Sie dazu einfach dem Operator die IP-Adresse, gefolgt von einem Komma oder Semikolon (Beispiel: `ip: 103.241.48.3,`).

IP-Adresse einer Webseite ermitteln

Um die IP-Adresse einer Webseite zu ermitteln, stehen Ihnen verschiedene Methoden zur Verfügung. Grundsätzlich erhalten alle mit dem Internet verbundenen Geräte eine eigene IP-Adresse, also auch Webserver, die Webseiten bereitstellen. IP-Adressen existieren in verschiedenen Formaten, meist im Format IPv4, das beispielsweise so aussieht: `103.241.48.3`

Dies ist die IP-Adresse von `rheinwerk.de`. Um die IP-Adresse einer Domain herauszufinden, können Sie in der Kommandozeile die Befehle `nslookup`, `ping`, `dig` oder `host` eingeben, gefolgt von der Domain.

Alternativ können Sie auch Webservices wie *host.io* oder *centralops.net* verwenden. Die Recherchemöglichkeiten zu Domains und Webseiten werden in Abschnitt 7.11 näher erläutert.

Der Bing-Suchoperator `linkfromdomain:` soll ausgehende Links einer Domain auflisten. Leider funktioniert er nicht immer konsistent oder liefert möglicherweise fehlerhafte Ergebnisse.

7.4 Yandex

Yandex ist eine der führenden Suchmaschinen und insbesondere in Russland und anderen osteuropäischen Ländern relevant. Das Angebot von Yandex geht jedoch weit über die reine Suchfunktion hinaus: Die Plattform bietet zahlreiche spezialisierte Suchoperatoren und Filter für eine gezielte und effiziente Recherche.

Dazu gehören logische Suchoperatoren wie Anführungszeichen für eine exakte Übereinstimmung, das Minuszeichen, um Begriffe auszuschließen, das Pluszeichen für eine Und-Verknüpfung und das Pipe-Symbol für ein logisches Oder, beispielsweise `osint | socmint`.

Befehl	Beschreibung
`"Suchterm oder Wort"`	Exakte Übereinstimmung/Schreibweise
`Suchterm -Wort`	Begriff ausschließen
`+`	Beide Begriffe müssen vorkommen
`|`	Mindestens einer der Begriffe muss vorkommen
`Suchbegr*`	Ein Zeichen oder mehrere

Tabelle 7.5 Suchoperatoren in Yandex

Neben den logischen Operatoren verfügt Yandex auch über spezielle Suchwörter, mit denen Sie komplexe Suchen gestalten können. Diese speziellen Suchwörter verfeinern die Anfrage oder filtern die Ergebnisse.

Der Operator `&` dient als Und-Verknüpfung und verknüpft Begriffe innerhalb eines Satzes. Damit wirkt er ähnlich wie der `AROUND`-Operator von Google. Mit `&&` wird die Verknüpfung auf die gesamte Webseite ausgeweitet.

Mit dem Operator `host:` beschränken Sie Treffer auf eine bestimmte Domain; er funktioniert ähnlich wie der Operator `site:` in anderen Suchmaschinen. Der Operator `rhost:` funktioniert ähnlich wie `host:`, allerdings wird hier die Domain rückwärts notiert, beispielsweise mit com.google. Durch die Ergänzung des Wildcard-Sternchens, also com.google.*, können Sie nach Subdomains suchen.

Befehl	Beschreibung
&	Und-Verknüpfung innerhalb eines Satzes
&&	Und-Verknüpfung innerhalb einer Seite
host:	Liefert ausschließlich Ergebnisse unter der angegebenen Domain
rhost:	Wie host:, aber die Domain wird rückwärts notiert
lang:	Filtert nach Sprachen
mime:	Liefert nur Ergebnisse mit den entsprechenden Dateiformaten
date:	Limitiert die Suche auf ein Datum oder einen Zeitraum

Tabelle 7.6 Suchworte in Yandex

Um gezielt nach Ergebnissen in einer bestimmten Sprache zu filtern, können Sie den Operator lang: nutzen. So suchen Sie z. B. mit lang:ru, lang:de, oder lang:en nach russischen, deutschen oder englischen Inhalten.

Für die Suche nach bestimmten Dateiformaten bietet sich mime: als Pendant zum gängigen filetype an. So lassen sich etwa mit mime:pdf die Suchergebnisse auf PDF-Dateien beschränken.

Wollen Sie die Ergebnisse auf einen bestimmten Zeitraum oder ein einzelnes Datum eingrenzen, hilft Ihnen der Operator date:. Dabei wird das Datum im Format YYYYMMDD für einen einzelnen Tag angegeben. Alternativ können Sie auch einen Zeitraum bestimmen. Geben Sie hierfür eine Range in Kombination mit dem Operator date: an, etwa date:YYYYMMDD..YYYYMMDD.

7.5 Weitere Suchmaschinen

Es gibt unzählige Websuchmaschinen und durch neue KI-gestützte Angebote ist die Auswahl noch umfangreicher geworden. Insgesamt finden sich spezialisierte Angebote für unterschiedliche Anforderungen. Datenschutzfreundliche Alternativen, dezentrale oder lokal installierbare Lösungen sowie thematische und vertikale Suchsysteme. Durch diese breite Auswahl können Sie für nahezu jeden Recherchebedarf das passende Werkzeug wählen, sei es für allgemeine Websuche, Fachinformationen, juristische Entscheidungen oder wissenschaftliche Veröffentlichungen.

Erwähnenswert ist sicherlich die chinesische Suchmaschine Baidu. Sie finden sie unter *https://www.baidu.com*. »Suchmaschine« ist dabei eine Untertreibung. Baidu ist das Google Chinas, wenn nicht sogar noch funktionsreicher. Neben der Websuche bietet Baidu zahlreiche Zusatzdienste, ein eng verzahntes Ökosystem aus Enzyklopädie (*baike.baidu.com*), Frage-Antwort-Plattform (*zhidao.baidu.com*) und Diskussionsforen (*tieba.baidu.com*). Ferner eine Videoplattform (*iqiyi.com*), Endverbraucher-Geräte für Smart Homes sowie zahlreiche staatliche E-Government-Funktionen über oder mit Baidu-Technologie, von der Online-Terminvergabe bis zu Open-Data-Angeboten im Behördenbereich.

Da Baidu allerdings primär eine chinesische Zielgruppe anspricht, ist die Nutzung ohne entsprechende Sprachkenntnisse müßig. Natürlich können Sie sich mit Übersetzungstools behelfen, doch besonders nutzungsfreundlich ist das nicht. Trotzdem möchte ich nicht verschweigen, dass ich dank Baidu ein Ergebnis finden konnte, das beweist, dass OSINTgeek bis nach China Bekanntheit erlangt hat. Werfen Sie dazu einen Blick auf Abbildung 7.13.

Abbildung 7.13 Erwähnung von OSINTgeek in einem chinesischen Forum

Eine gänzlich andere Art von Suchmaschine ist *Wolfram Alpha*, die Sie auf der Webseite *https://www.wolframalpha.com/* finden. Es ist allerdings nicht ganz korrekt, Wolfram Alpha als Suchmaschine zu bezeichnen, denn eigentlich ist es eine Antwort-Engine oder Wissensmaschine. Wolfram Alpha durchsucht nicht das Internet, sondern liefert faktenbasierte Ergebnisse.

7.5.1 Private Suchmaschinen

Einige Suchmaschinen stellen die Privatsphäre ihrer Nutzer konsequent in den Vordergrund und versprechen, Suchanfragen weder für Tracking noch zur Profilbildung zu verwenden. Sie bieten eine datenschutzfreundliche Alternative zu den Tech-Giganten. Je nach Anbieter unterscheiden sie sich vor allem in den verwendeten Indizes, der Tiefe der Suchoperatoren und individuellen Zusatzfunktionen.

Startpage

Die Suchmaschine *Startpage* finden Sie online unter *https://www.startpage.com/de*. Startpage agiert als Proxy zwischen Ihnen und Google. Somit können Sie indirekt auf den Google-Index zugreifen und Google-Suchoperatoren verwenden, ohne direkt Google verwenden zu müssen. Startpage verfügt über keinen eigenen Suchindex, sondern greift für Suchen auf Google und Bing zurück.

DuckDuckGo

Auch *DuckDuckGo* ist eine Suchmaschine, die verspricht, ihre Nutzer nicht zu tracken. Die Einnahmen sollen durch Werbeanzeigen zustande kommen, die ohne ein Nutzerprofil ausgespielt werden: Wer nach einer Waschmaschine sucht, bekommt eine Werbeanzeige für Waschmaschinen, es findet jedoch keine Verknüpfung mit einem Account statt.

Sie finden DuckDuckGo unter *https://duckduckgo.com*. Die Suchmaschine hat einen eigenen Index, den sie um Ergebnisse von Bing ergänzt. Über DuckDuckGo können Sie auch Material von Apple Maps nutzen.

Eine weitere Besonderheit sind die *Bangs*. Unter *https://duckduckgo.com/bangs* finden Sie eine Liste von Abkürzungen, mit denen Sie direkt aus DuckDuckGo heraus auf anderen Plattformen suchen können. Mit der Abkürzung `!yt` können Sie beispielsweise auf YouTube suchen, mit `!gh` oder `!git` auf GitHub. Diese Funktion erscheint auf den ersten Blick banal, doch ich habe hierdurch sicherlich schon Stunden an Lebenszeit gewonnen. Wenn DuckDuckGo nämlich als Standardsuchmaschine im Browser hinterlegt ist, lassen sich direkt aus der Adressleiste des Browsers Suchen bei verschiedenen Seiten durchführen. Man muss nicht mehr warten, bis die jeweilige Seite geladen hat, nicht mehr das Suchfeld anklicken etc.

Die Einstellungsmöglichkeiten von DuckDuckGo sind vergleichsweise vielfältig. So können Sie die Darstellung über Themes oder noch kleinteiliger anpassen. Sie können sogar entscheiden, ob Ihre Suche per GET-Request oder POST-Request gesendet werden soll. So können Sie wählen, ob Ihr Suchstring in der URL übertragen und so auch als Lesezeichen angelegt oder geteilt werden kann oder ob Sie diesen per POST-Request verbergen wollen. Besonders überrascht hat mich die Möglichkeit, Werbeanzeigen zu deaktivieren, und das kostenlos! Für OSINT-Recherchen ist auch hier die Safe-Search-Einstellung zu erwähnen. Diese können Sie wie gewohnt auf *Aus*, *Streng* oder *Moderat* stellen.

Qwant

Auch die aus Frankreich stammende Suchmaschine *Qwant* hat einen eigenen Index, der durch den von Bing ergänzt wird. *Qwant* finden Sie unter *https://www.qwant.com*. Auch *Qwant* verspricht, dass es kein Tracking seiner Nutzer betreibt und keine Daten weiterverkauft.

Qwant bietet mit den als *Qwick* bezeichneten Kurzcodes eine vergleichbare Funktion wie die Bangs von DuckDuckGo. Allerdings führt Sie ein Qwick nicht zu der Seite, sondern limitiert die Suchergebnisse, wobei auch dies nicht hundertprozentig zu funktionieren scheint.

Brave

Unter *https://search.brave.com/* finden Sie die Brave Search. Eine weitere Suchmaschine, die Ihnen private Suchen verspricht und auf Profilbildung verzichtet. Im Gegensatz zu den anderen Suchmaschinen betreibt Brave einen gänzlich unabhängigen, eigenen Index, der nicht durch andere ergänzt wird.

Auch die Brave Search unterstützt die logischen Operatoren `AND`, `OR` und `NOT`, mit denen Sie Bedingungen oder Suchbegriffe wie gewohnt miteinander verknüpfen können. Wenn Sie einen Suchbegriff in Anführungszeichen setzen, werden ausschließlich Ergebnisse angezeigt, die genau diesen Term beinhalten. Mit einem Minuszeichen können Sie unerwünschte Begriffe ausschließen. So erhalten Sie Ergebnisse, bei denen der ausgeschlossene Begriff weder im Titel noch im Text der Webseite auftaucht.

Umgekehrt können Sie mit einem Pluszeichen das Gegenteil erreichen. Auf diese Weise wird die Suche so gefiltert, dass der angegebene Begriff zwingend im Titel oder Text enthalten sein muss. Z. B. liefert die Suche `OSINT +Rheinwerk` nur noch Ergebnisse zu OSINT, die im Titel der Webseite oder im Text den Begriff »Rheinwerk« beinhalten.

Darüber hinaus bietet Brave Search einige Suchoperatoren. Mit dem Operator `site:` können Sie die Suche auf die angegebene Domain limitieren. Die Verwendung von Wildcards ist leider nicht möglich. Durch die Kombination mit `NOT` können Sie jedoch gezielt nach Subdomains suchen, beispielsweise für Google, indem Sie `site:google.de NOT site:www.google.de` nutzen.

Mit den Suchoperatoren `intitle:`, `inbody:` oder `inpage:` können Sie spezifizieren, an welcher Stelle der Suchbegriff auftreten soll – im Webseitentitel, innerhalb des HTML-Body oder in einem der beiden.

Per `lang:` oder `language:`, gefolgt von dem zweistelligen Sprachcode nach ISO 639-1, limitieren Sie die Suche auf Ergebnisse in der gewählten Sprache. Beispielsweise liefert Ihnen die Suche mit `lang:fr` nur französische Inhalte. Ähnlich funktioniert `loc:` oder `location:`, hiermit beschränken Sie die Suchergebnisse auf ein Land, das Sie über ISO 3166-1 Alpha-2 spezifizieren, beispielsweise mit `loc:MT` auf Malta. Eine Übersicht mit alle Sprach- und Ländercodes finden Sie unter *https://docs.oracle.com/cd/E13214_01/wli/docs92/xref/xqisocodes.html*.

7

Mit den Operatoren `ext:` und `filetype:` können Sie nach bestimmten Dateitypen suchen.

Swisscows

Die Suchmaschine mit dem wahrscheinlich witzigsten Namen heißt *Swisscows*. Diese finden Sie unter *https://swisscows.com/de*. Auch *Swisscows* verspricht, keine Nutzerprofile zu erstellen, keine Suchhistorie aufzubauen und Werbeanzeigen nur auf Basis der aktuellen Suchanfrage auszuliefern. Die Suchoperatoren von Swisscows sind identisch mit denen von Brave Search.

Mojeek

Die britische Suchmaschine *Mojeek* finden Sie unter *https://www.mojeek.com/*. Sie zählt ebenfalls zu den Suchmaschinen, die den Fokus auf Privatsphäre legen. Da Mojeek einen eigenen Suchindex hat, lohnt sich eine zusätzliche Recherche. Mojeek unterstützt einige Suchoperatoren, darunter `inanchor:`, `intext:`, `intitle:` und `inurl:`, um Ergebnisse zu erhalten, die das Suchwort im Anchor-Text, im Text, im Titel oder in der URL enthalten. Allen vier Operatoren kann ein `all` vorangestellt werden, um mehrere Suchbegriffe an der entsprechenden Position zu suchen.

Weitere Operatoren sind `since:` und `before:`, die jeweils ein Datum im Format `YYYDDMM` entgegennehmen – alternativ `day`, `month` oder `year` als Begriff. So erhalten Sie Ergebnisse, die vor oder seit einem bestimmten Datum bzw. dem aktuellen Tag, Monat oder Jahr verändert wurden.

Außerdem gibt es den Suchoperator `site:`. Dieser benötigt jedoch zwingend ein zusätzliches Suchwort, z. B. `site:osintgeek.de OSINT`. Dadurch ist der Operator nicht so flexibel und vielfältig einsetzbar wie bei anderen Suchmaschinen. Unter der URL *https://www.mojeek.com/advanced.html* finden Sie außerdem ein Suchformular für die erweiterte Suche.

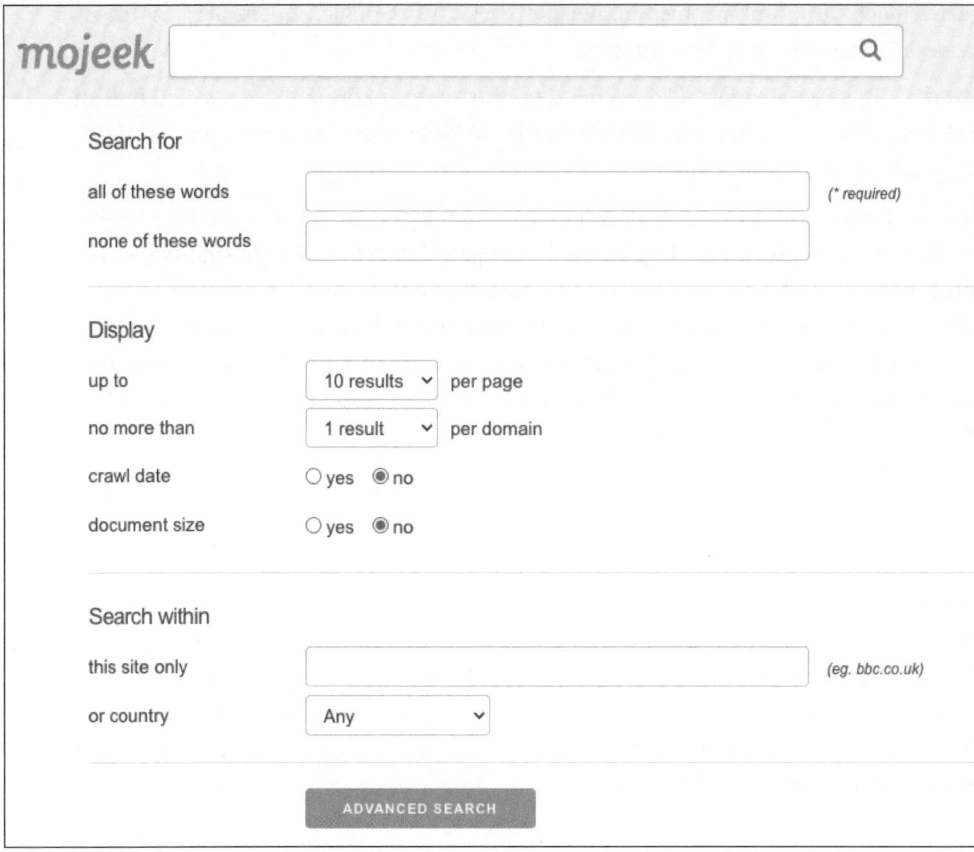

Abbildung 7.14 Erweiterte Suche von Mojeek

7.5.2 Metasuchmaschinen

Metasuchmaschinen bündeln Treffer aus vielen Quellen und sparen so Zeit. *Carrot*^{2} punktet mit thematischem Clustering, *eTools.ch* mit feingranularen Filtern, Quellengewichtung und Exportmöglichkeiten.

Carrot^{2}

Zu den eher außergewöhnlichen Exemplaren gehört die Suchmaschine *Carrot*^{2}. Die Open-Source-Suchmaschine clustert Ergebnisse thematisch (siehe Abbildung 7.15). Sie finden *Carrot*^{2} unter *https://search.carrot2.org/#/search/web*.

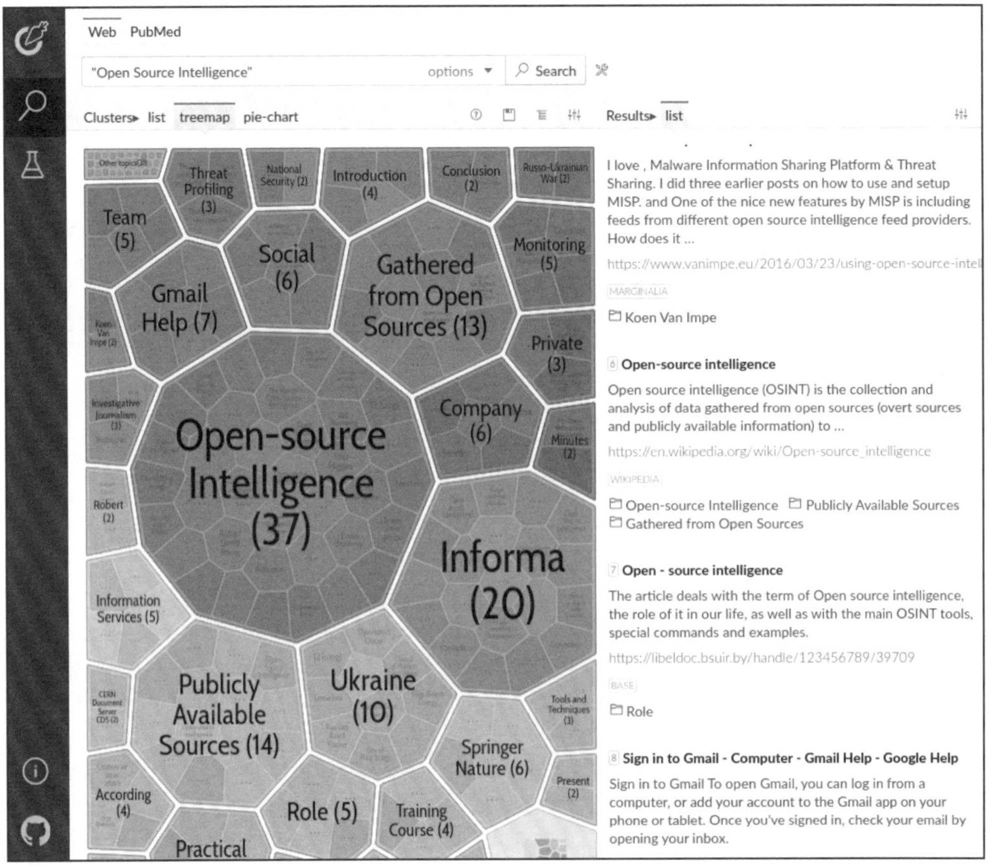

Abbildung 7.15 Carrot² visualisiert Suchergebnisse

eTools.ch

Die Metasuchmaschine *eTools.ch* finden Sie unter *https://www.etools.ch/*, *https://www.metasearch.ch/* oder *https://www.sucher.ch/*. Wahrscheinlich haben Sie bereits jetzt eine leise Vorahnung, dass diese Suchmaschine ganz anders ist als alle, die Sie bisher kennengelernt haben. Und damit liegen Sie richtig. Über das Design möchte ich mich hier nicht auslassen, aber getreu dem Motto »Don't judge a book by its cover« sind die Fähigkeiten von *eTools.ch* nützlich.

Die Suchmaschine verspricht bestmögliche Suchergebnisse bei maximalem Datenschutz. Die Seite finanziert sich aus Werbeanzeigen und Spenden. Zusätzlich werden Werbebanner von externen Werbenetzwerken eingesetzt. Um Tracking zu verhindern, sollten Sie die Werbebanner in den Einstellungen deaktivieren.

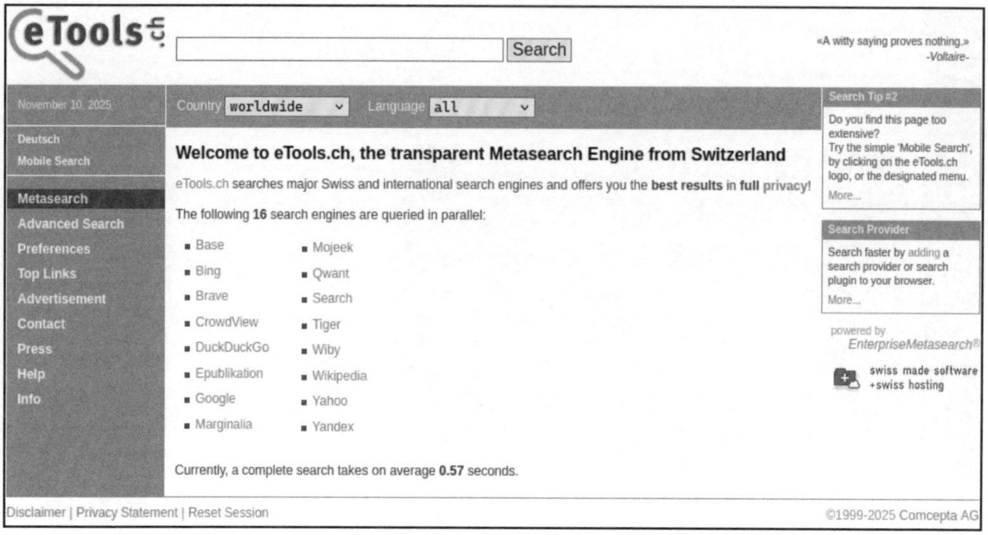

Abbildung 7.16 Die Oberfläche von eTools wirkt etwas angestaubt.

Die Suchmaschine aggregiert Ergebnisse aus den folgenden Suchmaschinen:

- Base
- Bing
- Brave
- DuckDuckGo
- Google
- Lilo
- Marginalia
- Mojeek
- Search
- Stract
- Tiger
- Wiby
- Wikipedia
- Yahoo
- Yandex

Unter *https://www.etools.ch/searchSettings.do* finden Sie die Einstellungen. Hier können Sie das Land, die Sprache sowie eine maximale Suchdauer zwischen 1 und 8 Sekunden festlegen. Außerdem können Sie die Anzahl der Suchergebnisse je Suchmaschine limitieren sowie einzelne Suchmaschinen auswählen und gewichten.

Der Familienfilter ist bei *eTools.ch* im Gegensatz zu vielen anderen standardmäßig deaktiviert. Außerdem werden Suchanfragen per POST-Request gesendet, sofern Sie dies nicht deaktivieren.

Eine weitere Besonderheit ist die Möglichkeit, einen zusätzlichen Suchausdruck zu definieren, der fortan jeder Suchanfrage angehängt wird.

Die besondere Stärke von *eTools.ch* liegt meiner Meinung nach aber in den Filteroptionen der Suchergebnisse. Dazu betrachten wir die rechte Seitenleiste (siehe Abbildung 7.17). Hier können Sie in Abhängigkeit zu Ihrer Suche thematisch filtern und so schnell Teilaspekte einer Suche erkennen und präzisieren. Darunter finden Sie einen Filter für die Top-Level-Domain (TLD) der Suchtreffer. Hiermit können Sie sich lediglich Treffer von Domains, die beispielsweise auf `.de` enden, anzeigen lassen.

Außerdem können Sie nach der Quelle filtern, also von welcher Suchmaschine die Treffer stammen. Zu guter Letzt können Sie die Suchergebnisse als PDF oder als RSS-Datei exportieren.

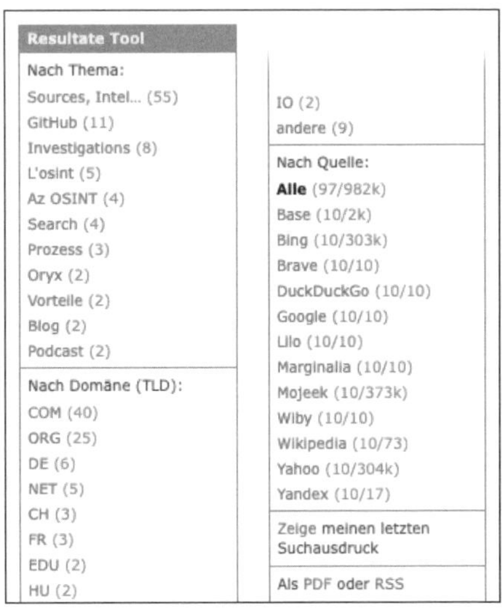

Abbildung 7.17 Seitenleiste von eTools.ch

7.5.3 Gerichtsentscheidungen

Über spezielle, vertikale Suchmaschinen können Sie Gerichtsurteile durchsuchen. Das Justizportal des Bundes und der Länder bietet eine Übersicht mit Links zu den Rechercheportalen der Gerichte (Bund/Länder): *https://justiz.de/onlinedienste/rechtsprechung/index.php*

Eine weitere, frei zugängliche Anlaufstelle für Urteile ist *OpenJur* (*https://openjur.de*). Seit 2009 veröffentlicht der gemeinnützige Verein Gerichtsentscheidungen im Volltext. Die Rechtsprechungsdatenbank bietet Ihnen eine Volltextsuche, wodurch Sie gezielt nach Begriffen oder Stichwörtern recherchieren können. Um nach einer Phrase zu suchen, geben Sie diese in Anführungszeichen ein, z. B. `"Open Source Intelligence"`. Groß- und Kleinschreibung findet keine Beachtung. Mit Sternchen können Sie nach Wörtern suchen, die den Suchbegriff am Wortanfang, mittendrin oder am Ende beinhalten. Mit dem Gleichheitszeichen suchen Sie nach dem exakten Begriff. Mit einem Minus können Sie Begriffe ausschließen. Eine Nähesuche (*proximity search*) können Sie durchführen, indem Sie eine Tilde und den maximalen Wortabstand als Zahl anhängen. Eine solche Suche sieht dann beispielsweise so aus: `"open intelligence"~4`

Für US-Entscheidungen eignet sich *judyrecords* (*https://www.judyrecords.com*). Im Gegensatz zu den Suchmöglichkeiten deutscher Angebote können Sie die amerikanischen Gerichtsentscheidungen hier auch nach Namen suchen.

7.5.4 Akademische Suchmaschinen

Unter *https://scholar.google.com* finden Sie *Google Scholar*, eine spezialisierte Suchmaschine für wissenschaftliche Artikel, Abschlussarbeiten, Bücher, Preprints und Konferenzbeiträge aus zahlreichen Disziplinen.

Eine Alternative stellt *https://arxiv.org* dar. Hierbei handelt es sich um *arXiv*, eine offene Plattform, auf der Sie mittlerweile über zwei Millionen wissenschaftliche Beiträge aus den Bereichen Physik, Mathematik, Informatik, Biologie, Finanzwissenschaften und vielen weiteren Disziplinen finden. Besonders hervorzuheben ist, dass *arXiv* viele Arbeiten bereits als Preprints zur Verfügung stellt, also bevor sie in Fachzeitschriften erscheinen. Dadurch erhalten Sie frühzeitig Zugang zu aktuellen Forschungsentwicklungen.

Wenn Sie nach Forschungsliteratur oder allgemein nach Büchern suchen, helfen Ihnen die Kataloge der Bibliotheksverbünde. Sehr einfach lassen sich diese über den *Karlsruher Virtuellen Katalog (KVK)* abfragen. Dabei handelt es sich quasi um eine Metasuchmaschine für Bücher, die Sie unter *https://kvk.bibliothek.kit.edu/* finden.

Geben Sie in der Suchmaske die relevanten Daten ein und wählen Sie darunter aus, in welchen Bibliotheken gesucht werden soll. Sie können so auch international suchen, den Buchhandel einbeziehen und auch in digitalen Archiven suchen. Wenn Sie die Option *WorldCat* unter WELTWEIT aktivieren, finden Sie (fast) jedes offiziell publizierte Buch der Welt.

7.5.5 KI-gestützte Suchmöglichkeiten

Mit dem Aufkommen moderner künstlicher Intelligenz haben sich auch die Suchmöglichkeiten erheblich weiterentwickelt. Anstelle reiner Trefferlisten liefern KI-Systeme antwortzentrierte Zusammenfassungen, schlagen Folgeschritte vor und verfeinern im Dialog die Anfrage. Neben den integrierten KI-Funktionen klassischer Suchangebote existieren spezialisierte Dienste wie *ChatGPT* (*https://chatgpt.com/*), *Perplexity* (*https://www.perplexity.ai/*), *Mistral Chat* (*https://chat.mistral.ai/*), *Claude.ai* (*https://claude.ai*) oder *Proton Lumo* (*http://lumo.proton.me/*).

Man kann die Stärken dieser Dienste nicht wegdiskutieren: Sie »verdichten« die Treffer, indem sie direkt eine Zusammenfassung in einem oder zwei Absätzen zusammen mit einer Einordnung liefern, was bei der schnellen Aufbereitung und der ersten Orientierung hilft. Meistens erhalten Sie direkt Hinweise zu einer Erweiterung der Suchbegriffe auf verwandte Themen. Insgesamt wird die Recherche deutlich schneller und interaktiver, denn durch direkte Rückfragen werden Suchanfragen besser kontextualisiert, Synonyme erkannt und auch mehrdeutige Fragestellungen aufgelöst. Viele Dienste ermöglichen zudem die automatisierte Auswertung von Texten, Tabellen oder sogar Bildern. Einige Systeme unterstützen Multimodalität, also die Kombination von Text-, Sprach- und Bildsuche auf einer Plattform.

Aber: So faszinierend die Arbeit mit den KI-Angeboten zunächst auch ist, dürfen Sie die systematischen Unterschiede und damit auch die Grenzen und Risiken nicht vergessen. KI-Systeme arbeiten konzeptionell vollkommen anders als Suchmaschinen, die in einem Index oder einer Datenbank nach Suchbegriffen suchen. Hingegen haben wir es bei diesen KI-Systemen mit generativen Modellen zu tun, genauer gesagt mit *Large Language Models (LLM)*. Sie *finden* keine Treffer, sondern *erstellen* auf Basis des Lernmaterials, mit dem sie trainiert wurden, neue Texte. Es sind also keine »Faktenmaschinen«, sondern sie erstellen Ausgaben auf Basis ihres Trainingsmaterials und Inputs – der sogenannte *Prompt*.

In der Praxis merken Sie davon wenig, denn die Information, dass Paris die Hauptstadt von Frankreich ist, liegt natürlich im Trainingsmaterial vor. ChatGPT (oder ein anderer Dienst) wird eine solche Suche zufriedenstellend beantworten, auch wenn der Ansatz ein komplett anderer ist. Sehr grob funktioniert dies so: Die Begriffe »Paris«, »Hauptstadt« und »Frankreich« liegen im Trainingsmaterial so nahe beisammen, dass ein Input, der zwei von ihnen erwähnt, einen Output des dritten Begriffs erzeugt.

Da der Output von KI-Systemen stets neu erzeugt wird, ist er nicht deterministisch. Sie können nie davon ausgehen, dass ein LLM auf die gleiche Frage wieder genau die gleiche Antwort gibt. Wenn Sie nach »Frankreich« und »Hauptstadt« fragen, wird »Paris« zwar ziemlich sicher Teil des Outputs sein, aber die genaue Formulierung der Antwort hängt von Ihrem Prompt ab. Wie Sie etwas fragen, ist daher sehr, sehr wichtig und funktioniert nicht unbedingt so, wie Sie es von »normalen« Suchmaschinen gewohnt sind. KI-Suchmaschinen eigenen sich daher nicht gut für Aufgaben, bei denen reproduzierbare Ergebnisse gefordert sind.

Grenzen des Trainingsmaterials

Per Definition können LLMs nur korrekte Antworten liefern, wenn die relevanten Daten im Trainingsmaterial vorliegen. Was nicht Teil dieses Materials ist, ist ein blinder Fleck. Das macht sich am deutlichsten in der zeitlichen Dimension bemerkbar, denn es gibt immer ein Cut-off-Date, also ein Datum, das das Material begrenzt. Neuere Informationen und Entwicklungen kann das KI-System nicht kennen.

Aber auch bei der Inhaltsauswahl und den Sprachen gibt es Grenzen. Bei den kommerziellen Angeboten ist nicht bekannt, welche Informationen und Daten für das Training herangezogen wurden. Dass die Wikipedia, Internetforen, gemeinfreie Bücher und andere offene Wissensquellen Teil des Materials sind, ist quasi sicher, aber wenn es um Details geht, wird es schwierig.

Besonders problematisch sind dann sogenannte *Halluzinationen*. Wenn die KI keine relevanten Informationen in ihrem Trainingsmaterial findet, neigt sie dazu, sich etwas auszudenken. Aktuelle Modelle arbeiten nach dem Prinzip, dass eine falsche Antwort immer noch besser ist als gar keine Antwort. Für Recherchen ist das natürlich absolutes Gift. Seien Sie besonders bei Suchen nach Details sehr misstrauisch und verifizieren Sie die Ergebnisse mit anderen Ansätzen.

Abhilfe schafft die Funktion, der KI einen Zugang zum Internet zu ermöglichen und sie selbst nach neuen Infos recherchieren zu lassen. Diese Funktionen heißen meist *Deep Research* oder einfach nur *Web-Suche*. Das fügt aber letztendlich nur eine weitere Ebene zwischen Ihnen und den gesuchten Informationen ein, denn die KI sucht nun quasi für Sie im Internet.

Besonders gut für solche Recherchen ist das Tool *Perplexity.ai* geeignet, das Sie unter der gleichnamigen Domain finden (siehe Abbildung 7.18). Es verbindet die Fähigkeiten klassischer Websuchmaschinen mit der Nutzungsfreundlichkeit eines modernen Sprachmodells. Im Unterschied zu herkömmlichen Suchmaschinen präsentiert *Perplexity* nicht nur eine Liste von Links, sondern fasst die Informationen aus unterschiedlichen Quellen direkt in einer verständlichen Antwort zusammen. So sparen Sie Zeit bei der Auswertung der Suchergebnisse und erhalten auf einen Blick einen thematischen Überblick.

Ein weiterer Vorteil von *Perplexity* liegt in der automatischen Integration von Echtzeitdaten aus dem Internet: Das Tool durchsucht aktuelle Webseiten und bindet laufend neue Informationen in die Ergebnisse ein. Alle verwendeten Quellen werden verlinkt, was Ihnen die Nachvollziehbarkeit und Überprüfung der Angaben erleichtert.

Wie kann ein Fazit zu diesen noch sehr neuen Methoden und Techniken aussehen? Sicher lässt sich sagen, dass KI-gestützte Suchmaschinen die Recherche zunächst enorm beschleunigen. Sie sind sehr gut geeignet, um sich einen Überblick über ein neues Thema oder eine Fragestellung zu verschaffen. Die KI wird Ihnen hilfreiche Vorschläge zu ähnlichen Aspekten machen und Ideen für weitere Schritte liefern.

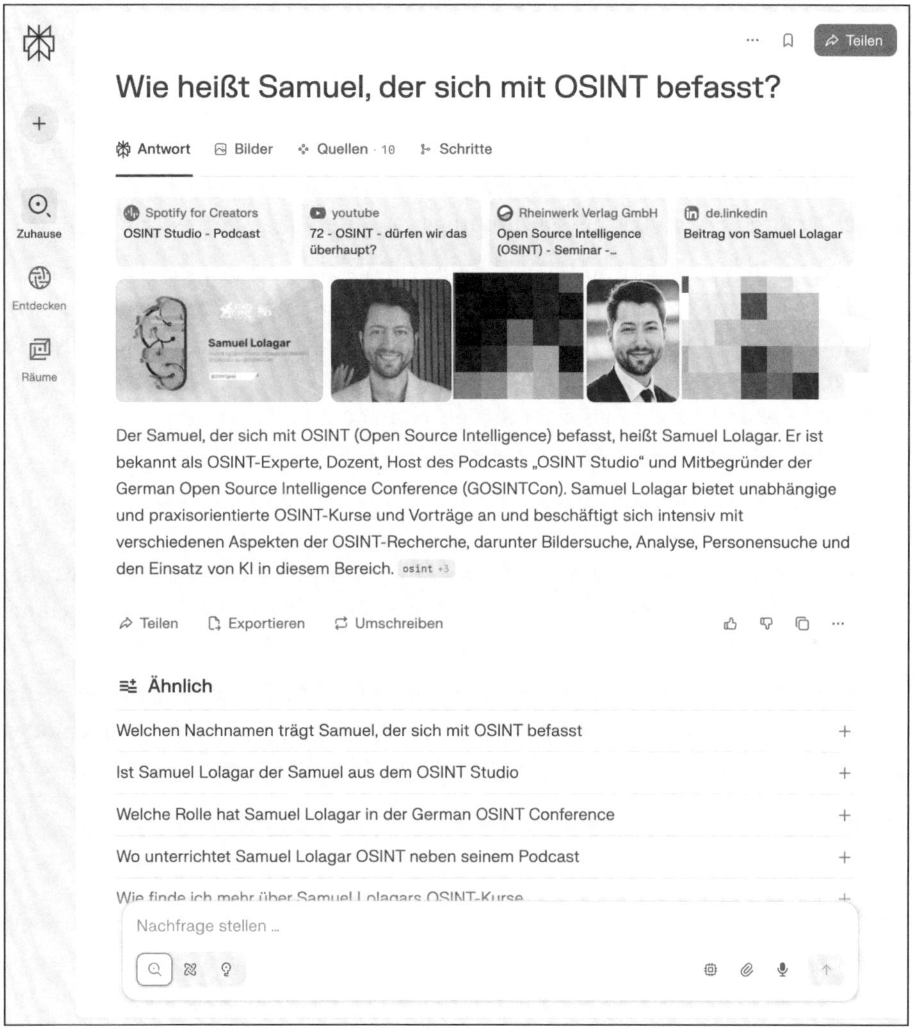

Abbildung 7.18 Ich habe Perplexity.ai gefragt, welcher Samuel sich mit OSINT befasst.

Je konkreter und detaillierter es wird, desto weniger können Ihnen diese Tools helfen – und desto weniger sollten Sie sich auf sie verlassen. ChatGPT ist eine tolle Hilfe, wenn Sie recherchieren wollen, was die Hauptstadt von Frankreich ist, aber wenn Sie herausfinden wollen, wie die Öffnungszeiten eines bestimmten Restaurants in der Rue de Rivoli im Frühjahr 2017 waren, sollten Sie andere Werkzeuge nutzen.

Ich werde nochmal auf diese Tools zu sprechen kommen, wenn es in Abschnitt 8.2 um die Datenauswertung gilt. Auch da fällt das Fazit ähnlich aus: KI ist unglaublich nützlich und bietet großes Potenzial, muss aber richtig und mit Bedacht eingesetzt werden.

7.6 Inverse Bildersuche

Sowohl über die Suchmaschinen Google, Bing und Yandex sind Rückwärtssuchen nach Bildern bzw. inverse Bildersuchen möglich als auch mit spezialisierten Anbietern wie zum Beispiel *TinEye*.

Die inverse Bildersuche (*Reverse Image Search* oder auch einfach *Rückwärtssuche*) ist eine zentrale OSINT-Methode. Statt mittels Text wird mit einem Bild nach gleichen oder ähnlichen Motiven sowie deren Fundstellen im Internet gesucht. Dadurch lassen sich Ursprung, Kontext und Verbreitungsweg eines Bildes gezielt ermitteln.

Dabei geht es meistens darum, die Quelle eines Bildes zu finden, dessen Entstehungszeitpunkt zu bestimmen und weitere Verwendungen sowie Manipulationen (z. B. Zuschnitte, Bearbeitungen) aufzudecken. Über die inverse Bildersuche kann teilweise der Aufnahmeort bestimmt werden. Dies funktioniert besonders gut bei Fotos mit wiedererkennbaren Architekturmerkmalen oder in städtischen Szenen. Wenn im Hintergrund nur eine flache Wiese zu erkennen ist, wird es schwieriger.

Die Analyse weiterer Varianten kann Hinweise auf Veränderungen liefern. Indem der Ursprung eines Bildes ermittelt wird, kann mit der inversen Bildersuche beispielsweise gezeigt werden, ob es aus dem zeitlichen oder inhaltlichen Kontext gerissen wurde. Oft finden Sie auch Varianten des Bildes, an denen Sie erkennen können, ob Zuschnitte oder andere Bearbeitungen vorgenommen wurden.

Ein weiteres Einsatzgebiet ist die Ermittlung anderer Profile, auf denen dasselbe Foto verwendet wurde. Dies kann beispielsweise zur Aufdeckung von Fake-Profilen oder Scam-Versuchen sowie bei der Suche nach Online-Identitäten genutzt werden.

Ein anderer Anwendungsfall ist die Suche nach weiteren Profilen einer Person oder nach anderen Seiten, auf denen ein bestimmtes Foto verbreitet wurde.

7.6.1 Mit Google nach Bildern suchen

Die Funktionsweise der inversen Bildersuche lässt sich am einfachsten anhand von Google zeigen. Sie finden sie unter *https://www.google.com/imghp*. Mit einem Klick auf das Kamerasymbol öffnen Sie den Bilder-Upload. Hier können Sie ein Bild per Drag and drop oder über LADE EINE DATEI HOCH auswählen und hochladen. Alternativ können Sie auch eine Bild-URL eingeben und danach suchen.

Die Bildersuche verfügt über Filter wie Größe, Farbe, Nutzungsrechte usw. Für OSINT-Recherchen ist die Eingrenzung nach dem Zeitpunkt der Indexierung wohl am relevantesten. Dies können Sie über SUCHFILTER • BELIEBIGE ZEIT einstellen und dann einen Zeitpunkt festlegen. Wenn Sie gezielt nach Fotos einer Person suchen möchten, können Sie nach Fotos mit Gesichtern filtern, indem Sie `&tbs=itp:face&udm=2` an die URL Ihrer Suche anhängen.

Sie können auch textbasiert nach Bildern suchen. Geben Sie dafür den Suchterm in das Suchfeld ein. An dieser Stelle möchte ich Sie auf eine Besonderheit der Google-Bildersuche hinweisen. Offenbar analysiert Google indexierte Bilder mittels *Optical Character Recognition (OCR)*. Dadurch können Sie neben einer Beschreibung des Bildinhalts auch ganz konkret nach Textinhalten suchen.

Zum Beispiel können Sie ein Autokennzeichen eingeben und so überprüfen, ob Sie Bilder zu diesem Fahrzeug finden. In Abbildung 7.19 sehen Sie eine Suche nach dem Kennzeichen BP-52-19. Wie Sie sehen, ergibt dies einige Treffer zu einem gepanzerten Fahrzeug der Bundespolizei mit diesem Kennzeichen.

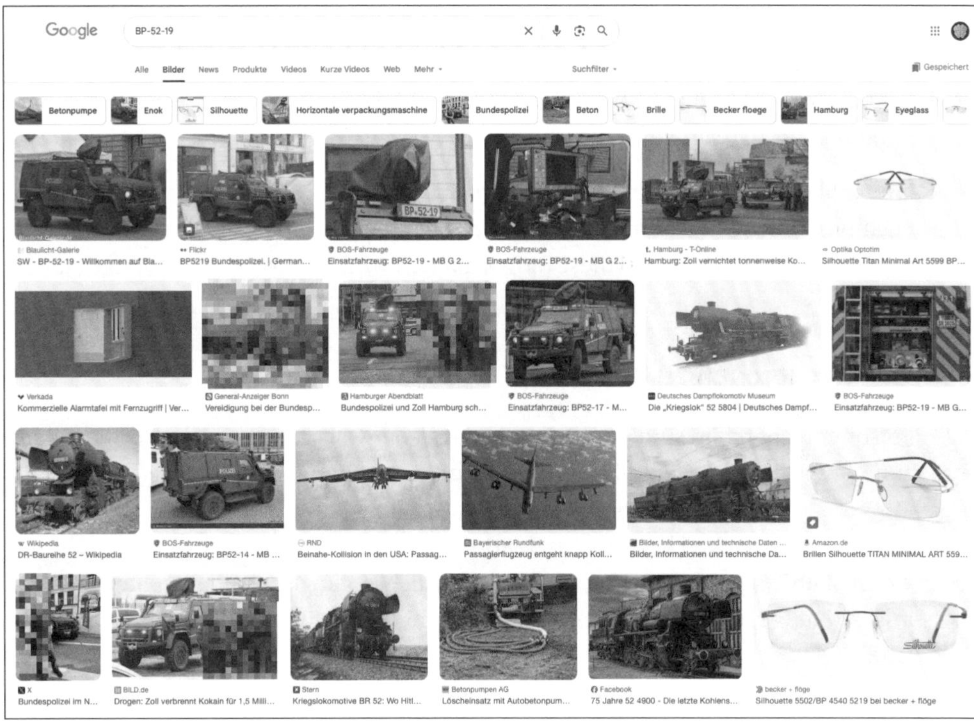

Abbildung 7.19 Google-Bildersuche nach »BP-52-19«

Bing und Yandex bieten außerdem die Möglichkeit, den Bildausschnitt interaktiv zu bestimmen und so den Fokus auf relevante Objekte oder Teile des Bildes zu beschränken. Die Ergebnisse variieren stark. Es ist empfehlenswert, immer auf mehreren Plattformen eine Suche durchzuführen.

Zusätzlich zum Upload eines Fotos können Sie auch probieren, den Bildinhalt zu beschreiben und textuell nach Bildern zu suchen. In manchen Fällen reicht das aus und führt Sie zum Ziel. Darüber hinaus teilen Sie mit dieser Variante keine unnötigen Daten mit den Betreibern der Suchmaschinen.

7.6.2 Weitere Angebote

Mit der Bildersuche von Google erhalten Sie meistens schon sehr gute Ergebnisse. Für spezielle Anforderungen gibt es noch einige weitere Dienste:

- *TinEye* (*https://www.tineye.com/*) ist auf die Rückwärtssuche nach Bildern spezialisiert und liefert oft bessere Ergebnisse als Google.
- *Stolen Camera Finder* (*https://www.stolencamerafinder.com/*) nutzt Metadaten aus Bildern, um nach weiteren Bildern, die mit derselben Kamera erstellt wurden, zu suchen. Das soll ursprüngliche Besitzer von Kameras in die Lage versetzen, gestohlene Geräte wiederzuerlangen.
- Eine spezielle Bildersuche finden Sie bei der *World Intellectual Property Organization (WIPO)*. Die *Global Brand Database* können Sie auch mittels Bildern durchsuchen und so ähnliche Logos finden. Diese Suche finden Sie unter *https://branddb.wipo.int/en/similarlogo*.

Eine weitere spezielle Variante der inversen Bildersuche existiert mit biometrischen Suchmaschinen. Plattformen wie *PimEyes* erlauben Ihnen die Suche nach einer Person mittels Porträtfoto. Auf diese Möglichkeiten wird in Abschnitt 7.7.5 eingegangen.

7.7 Recherchen zu Personen

Personenrecherchen sind das Herzstück fast jeder OSINT-Untersuchung und zählen zur Königsdisziplin der Informationsgewinnung. Wenn Sie erstmalig mit OSINT-Methoden in das Leben einer Person eintauchen, werden Ihre Gefühle wahrscheinlich zwischen Erschrecken und Faszination hin- und herschwanken. Erschrecken, wie viel sich über manch eine Person über öffentlich zugängliche Quellen herausfinden lässt – und Faszination darüber, wie umfassend Ihr Profil zu dieser Person nun ausfällt.

7.7.1 Profiling

Profiling bedeutet im OSINT-Kontext, soziokulturelle Einflüsse, Alter, Interessen und Netzwerke zu begreifen und daraus abzuleiten, welche Quellen lohnend erscheinen (für IT-Fachleute können zum Beispiel die Dienste *GitHub* und *Stack Overflow* sehr relevant sein).

Aber treten wir zunächst einen Schritt zurück. Was bedeutet es überhaupt, wenn man von der »Identität« einer Person spricht? Was macht das aus?

Was bedeutet Identität?

Der Psychologe Hilarion Petzold hat ein Modell der menschlichen Identität aufgestellt, um die Persönlichkeit und Identität eines Menschen zu verstehen.[1] Es ruht auf fünf Säulen:

- Leiblichkeit
- Soziale Beziehungen
- Materielle Sicherheit
- Arbeit und Leistung
- Werte

Die **Leiblichkeit** umfasst alles, was mit dem Körper, der Gesundheit, dem Aussehen und dem körperlichen Wohlbefinden zusammenhängt. Das **soziale Netzwerk** beschreibt Familie, Freunde und Kollegen. Auch die Zugehörigkeit zu Gruppen fällt hierunter. **Materielle Sicherheit** ist ein Grundpfeiler für die persönliche Entwicklung und das Wohlbefinden. Hierzu zählt auch die Wohnsituation. **Arbeit und Leistung** sind eine weitere Säule, die sich auf Beruf, Ausbildung, Engagement und individuelle Erfolge bezieht. Die Identifikation mit der eigenen Tätigkeit, das Erleben von Erfolgen und der Umgang mit Misserfolgen prägt die Identität. Schließlich beeinflussen **Werte und Überzeugungen** – etwa religiöse oder weltanschauliche Einstellungen, Moralvorstellungen und Lebensziele – die Art, wie ein Mensch sein Leben gestaltet und Entscheidungen trifft.

Zu allen diesen Punkten können Sie Informationen finden. Wenn Sie miteinander verknüpft und in Beziehung gesetzt werden, entsteht die Identität einer Person.

Eine Suche beginnt logischerweise mit dem stärksten Merkmal, das Sie bereits kennen. Mit »Stärke« ist hier gemeint, wie gut dieses Merkmal die Identität einer Person definiert. Wenn Sie beispielsweise den Namen kennen, dann können Sie diesen nutzen, um nach der Person oder ihren Verwandten zu suchen. Natürlich können Sie den Namen direkt in eine Web-Suchmaschine eingeben und anhand der Ergebnisse Ihr weiteres Vorgehen planen. Wollen Sie strukturierter vorgehen, sollten Sie sich zunächst Gedanken darüber machen, wie häufig der Name ist. Bei Namen, die aus Ihrem Kulturkreis stammen, können Sie dies wahrscheinlich bereits aus dem Bauch heraus abschätzen. Ihre Erwartung an den Erfolg einer allgemeinen Suche nach *Max Müller* oder *John Doe* hält sich vermutlich in Grenzen.

Darüber hinaus helfen persönliche Merkmale wie Hobbys, Religion, Interessen, Vereinsmitgliedschaften oder individuelle Vorlieben und Gewohnheiten dabei, eine Person zu charakterisieren und sie aus einer Vielzahl von Personen herauszufiltern.

1 Hilarion G. Petzold (Hrsg.): Identität: Ein Kernthema moderner Psychotherapie. Verlag für Sozialwissenschaften. Wiesbaden 2012.

Solche Eigenschaften liefern oft auch Hinweise auf das soziale Umfeld und die Lebensweise und sind daher für Recherchen besonders aufschlussreich.

Für die Suche nach Personen kann man entweder direkt und gezielt bekannte Daten wie Name, Adresse oder E-Mail-Adresse der gesuchten Person nutzen oder indirekt recherchieren. Dabei nutzen Sie bekannte Interessen oder das Netzwerk der Person, um diese zu finden oder zu identifizieren. Gerade kleine Hinweise wie ein gemeinsames Hobby oder die Zugehörigkeit zu einer bestimmten Gruppe können rasch zu neuen Ermittlungsansätzen führen und ermöglichen die Erstellung umfassender Profile.

Zu diesem Profil gehören allerhand Informationen: Name, Aliase, Nationalität, Alter, Kontaktdaten, Wohnort, Familienangehörige, soziales Umfeld, Beruf, Hobbies und Interessen sowie noch vieles mehr.

Denken Sie auch immer daran, dass Sie von einer Information ausgehend meist weitere Arbeitshypothesen und Rechercheansätze ableiten können. Die Nationalität und das Alter können Ihnen Anhaltspunkte zu möglichen sozialen Netzwerken liefern. Kennen Sie den Wohnort und das Hobby, dann können Sie gezielt nach Vereinen im Umkreis der Person suchen. Aber auch besondere Auffälligkeiten und individuelle Details sind sehr hilfreich.

Livin' the dream

Ich habe einen Arbeitskollegen, der auf die Frage, wie es ihm geht, immer mit »Livin' the dream« antwortet. Dieser Spruch ist inzwischen zu seinem Markenzeichen geworden. Ein Dienstleister erzählte irgendwann von einem ehemaligen Kollegen, der stets gut gelaunt »Livin' the dream« sagte. Schnell stellte sich heraus, dass es sich tatsächlich um denselben Menschen handelte. Dieses Erlebnis hat mir deutlich gemacht, wie schon kleine, persönliche Eigenheiten ausreichen, um eine einzelne Person aus der Masse herauszuheben.

7.7.2 Die digitale Identität

Im Kontext der digitalen Identität werden Arten von Daten unterschieden, mit denen sich eine Person online identifizieren lässt. Für die eindeutige Authentifizierung werden vor allem eindeutige Angaben wie Adresse und Name genutzt, aber auch biometrische Daten, beispielsweise die Gesichtserkennung. Diese Angaben sind eindeutig einer Person zuordenbar.

Daneben gibt es auch pseudonyme Merkmale, etwa durch Log-ins, Passwörter und Usernamen. So können Sie jemanden in einem System wiedererkennen, ohne unmittelbar die Identität preiszugeben. Vor allem in sozialen Netzwerken spielen Pseudonyme eine wichtige Rolle.

Beachten Sie auch, dass gewöhnlicherweise eine Person eine Vielzahl an digitalen Identitäten unterhält. Diese Teilidentitäten können miteinander verbunden sein, Überlappungen aufweisen oder fein säuberlich voneinander getrennt betrieben werden. Beispielsweise kann jemand im beruflichen Umfeld unter seinem Klarnamen und mit offiziellen Daten auftreten, während er in anderen sozialen Netzwerken oder Foren unter einem Pseudonym oder Nickname unterwegs ist. Darüber hinaus existieren oft noch weitere Profile für spezifische Interessen, etwa in Online-Shops oder auf Gaming-Plattformen.

Manche Nutzer sorgen bewusst für eine strikte Trennung ihrer Identitäten, etwa um Privates und Berufliches nicht zu vermischen oder um in bestimmten Bereichen anonym zu bleiben. In anderen Fällen kommt es zu Überschneidungen, etwa zwischen Hobby und Beruf oder zwischen Online- und Offline-Freundeskreisen. Solche Teilidentitäten können sich im Laufe der Zeit verändern, neu entstehen oder miteinander verschmelzen, abhängig von Lebensabschnitten, Interessen oder technologischen Entwicklungen.

7.7.3 Suche nach Nachnamen und Familien

Möchten Sie mehr über einen Nachnamen erfahren, können Sie sich Tools der Ahnenforschung bedienen. Eine kostenlose Suche finden Sie unter *https://www.familysearch.org/*. Wenn Sie auf der Startseite einen Nachnamen in das gleichnamige Feld eingeben und auf SUCHEN klicken, erhalten Sie bis zu drei Länder, in denen der gesuchte Name historisch am häufigsten war.

Abbildung 7.20 Ergebnis von FamilySearch für den Nachnamen »Müller«

Eine beispielhafte Suche bei *FamilySearch* nach dem Namen »Müller« listet Deutschland, Schweiz und Ungarn als Hotspots. Eine Suche nach dem Namen »Alaoui« liefert jedoch lediglich einen Treffer in Frankreich.

Eine Abfrage über die Webseite *https://www.ancestry.com/* enthüllt zum einen Hintergrundinformationen zur Abstammung des Namens und zum anderen mehr als 600 Einträge. Teilweise können Sie über *Ancestry* auch Anhaltspunkte zur geografischen Herkunft eines Namens erlangen.

Der Onlinedienst *Forebears* stellt unter der Domain *https://forebears.io* kostenlos umfangreiche, genealogische Suchmöglichkeiten zur Verfügung. Suchen wir hier nach dem Nachnamen »Alaoui«, erhalten wir weitere Informationen zur Herkunft des Namens sowie die Angabe, dass etwa 135.134 Menschen diesen Namen tragen.

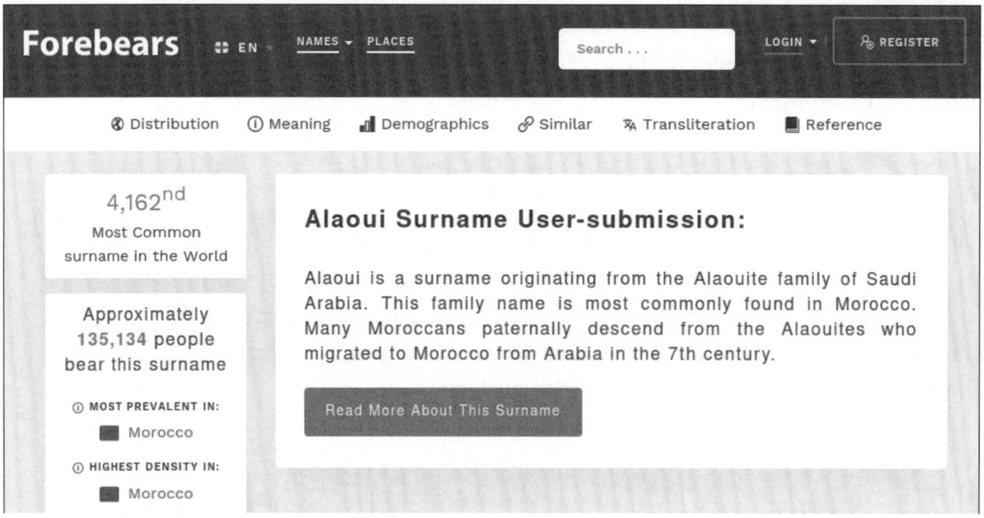

Abbildung 7.21 Der Name »Alaoui« auf Forebears

Eine weitere, nützliche Funktion von *Forebears* ist eine globale Heatmap, die anzeigt, wie viele Personen den gesuchten Namen tragen und auf welchem Rang der Name in dem jeweiligen Land steht.

Der Informationsgehalt der Suchen ist sehr unterschiedlich, wie Sie an diesem Beispiel bereits sehen. Die Ergebnisse können also nur so gut sein wie die Datengrundlage. Lassen Sie mich dies an einem konkreten Beispiel verdeutlichen. Wenn Sie mit *Forebears* nach meinem Nachnamen suchen, erhalten Sie als Ergebnis nur einen einzigen Treffer, und der liegt im Iran. Wenn ich Ihnen nun verrate, dass ich noch nie im Iran war, ist es offensichtlich, dass dieses Ergebnis nicht vollständig sein kann. Dennoch erachte ich Recherchen zu Namen als relevant und nützlich. Bleiben wir bei meinem Nachnamen, so lässt sich aus dem Treffer schließen, dass einerseits mein Name vergleichsweise selten sein dürfte und andererseits offenbar eine Verbindung meines Namens in den Iran oder aus dem Iran besteht oder bestand.

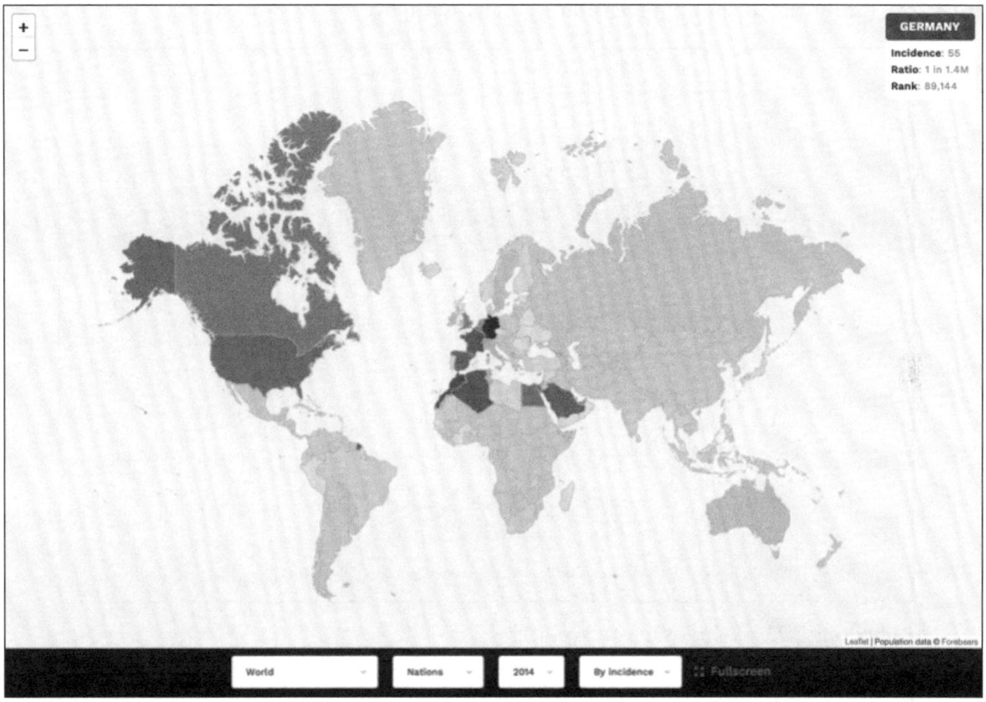

Abbildung 7.22 Heatmap für »Alaoui«

7.7.4 Personensuchmaschinen

Falls Sie einen Blick in die englischsprachige OSINT-Literatur werfen, werden Sie lange Listen von sogenannten *Personensuchmaschinen* bemerken.

Meine persönliche Meinung zu konkreten Suchmaschinen ist eher negativ. Dies liegt in erster Linie daran, dass die meisten Angebote den amerikanischen Markt bedienen und fast ausschließlich über dort lebende Personen Auskünfte erteilen können. Die wirklich interessanten Angebote sind meist sehr kostspielig oder nur ausgewählten Kreisen zugänglich, womit letztere definitiv keinen Platz in einem OSINT-Buch haben. Zu guter Letzt habe ich Ihnen bereits aufgezeigt, dass die Suche lediglich mit dem Namen einer Person sehr unterschiedliche Ergebnisse liefern kann. Da ein Name nicht zwangsläufig einmalig sein muss, sollten Sie stets beachten, dass Treffer aufgrund von Namensgleichheit vorkommen können. Je häufiger ein Name vorkommt, desto höher ist die Wahrscheinlichkeit von falsch-positiven Treffern (engl. *false positives*). Diesen Umstand sollte man besonders bei Personensuchmaschinen im Hinterkopf behalten, bevor man die Ergebnisse ungefiltert für die weitere Recherche verwendet. Dennoch möchte ich einige Personensuchmaschinen beispielhaft vorstellen.

Webmii

Die Personensuchmaschine Webmii wurde von Mathieu Morgensztern entwickelt. Sie finden sie unter der gleichnamigen Domain *https://webmii.com/*.

Abbildung 7.23 Suchmaske von Webmii

Webmii fungiert als Meta-Suchmaschine: Für jede Personensuche werden dynamisch Inhalte von verschiedensten Webseiten aggregiert und übersichtlich aufbereitet.

Für die Suche geben Sie den vollständigen Vor- und Nachnamen in die Maske ein (siehe Abbildung 7.23). Eine reine Nachnamenssuche ist nicht möglich. Auch mit partiellen Namensangaben erzielen Sie weniger bis keine Suchtreffer. Dennoch sollten Sie auch eine Suche mit vorangestelltem Nachnamen versuchen. Über das kleine Pluszeichen unterhalb des Suchfeldes können Sie ein weiteres Feld zur Eingabe von weiteren Suchwörtern einblenden. Diese können Sie verwenden, um die Suchergebnisse zu verfeinern.

Nach Eingabe eines Namens wird die Suche angestoßen und die Ergebnisseite beginnt zu laden.

Im oberen Bereich wird Ihnen der sogenannte *Webmii Score*, der gesuchte Name sowie in einigen Fällen ein Profilfoto angezeigt. Die Inhalte, die *Webmii* präsentiert, unterscheiden sich von Suche zu Suche. In Abbildung 7.24 sehen Sie eine beispielhafte Suche nach meinem Namen. Der erste Suchabschnitt liefert Videos, die im Zusammenhang mit meinem Namen detektiert wurden. Der nächste Abschnitt ist interessant, denn hier werden Ihnen Namen anderer Personen angezeigt, die angeblich in Zusammenhang mit mir stehen sollen. Diese Namen sind übrigens anklickbar und stoßen eine neue Webmii-Suche für den jeweiligen Namen an.

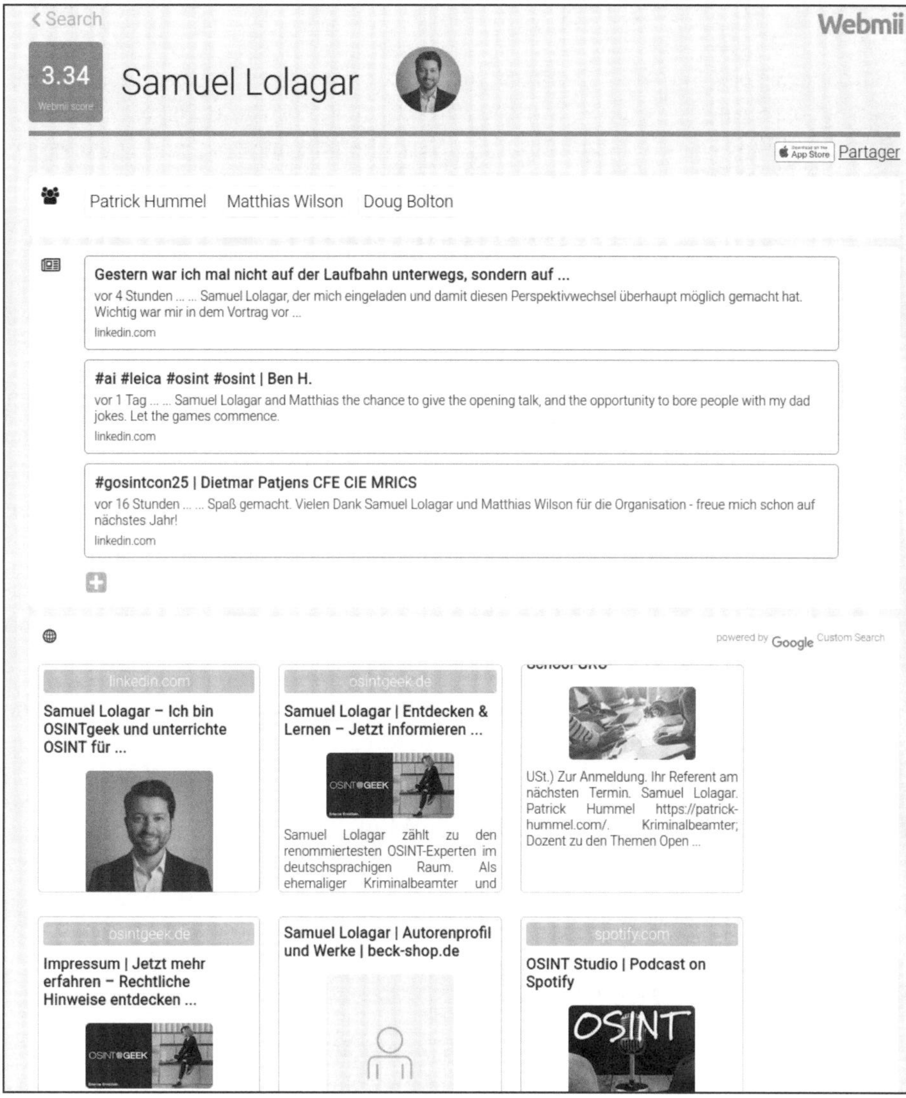

Abbildung 7.24 Webmii-Ergebnisse für »Samuel Lolagar«

Anschließend werden Ihnen aktuelle Webergebnisse in einer Liste angezeigt, die Sie über das Plussymbol erweitern können. Der nächste Abschnitt gehört zu meinen persönlichen Highlights von Webmii, da hier über eine Custom Search Engine von Google Webtreffer gewonnen werden, die in den meisten Fällen zusammen mit einem extrahierten Foto in einer Art Kachelansicht übersichtlich angezeigt werden. So können Sie mit einem Blick relevante Suchtreffer erkennen oder auch neue Ansätze identifizieren.

> **Tipp**
>
> Nachdem Sie eine Suchabfrage durchgeführt und die Resultate gesichert haben, stoßen Sie die Suche nach kurzer Wartezeit erneut an. In Praxistests zeigte sich, dass manchmal durch eine erneute Abfrage zusätzliche oder abweichende Ergebnisse erscheinen. Offenbar werden im Hintergrund Prozesse angestoßen, die weitere Informationen zusammenführen. Das klappt aber nicht immer, deshalb sollten Sie wichtige Funde immer direkt sichern, damit sie nicht verloren gehen.

NAMINT

Das JavaScript-Tool *NAMINT* ist ein großartiges, browserbasiertes Hilfsmittel bei der Recherche zu Personen. Geben Sie mindestens den Vor- und Nachnamen ein, um eine Suche zu starten. Optional können Sie einen Zweit- oder Spitznamen und eine Jahreszahl eingeben. Das Open-Source-Tool kombiniert diese dann automatisch nach gängigen Mustern und erstellt Usernamen und E-Mail-Adressen.

Sie haben über die Einstellungen die Möglichkeit, die Standarddomains für die E-Mail-Adressen zu ändern. Hier sollten Sie für Ihre Zielperson bzw. für deren Region übliche E-Mail-Domains eintragen.

Nachdem Sie die Suche angestoßen haben, sind Sie möglicherweise zunächst erschlagen. Die Ergebnisseite enthält die folgenden Blöcke:

- Namenspermutationen und Suchlinks
- Permutationen zu Benutzernamen inkl. Suchlinks
- Matrix von E-Mail-Adressen mit Suchlinks
- Gravatar-Matrix zu permutierten E-Mail-Adressen
- Optionale Suchen nach Benutzernamen und E-Mail-Adressen bei *unavatar*
- Liste permutierter E-Mail-Adressen

Der erste Block (siehe Abbildung 7.25) liefert Ihnen gängige Schreibweisen bzw. Kombinationen aus Vor- und Nachnamen sowie dem Zweit- bzw. Spitznamen, falls angegeben. Neben jeder Variation finden Sie Links, die die jeweilige Kombination in unterschiedliche Suchen integrieren.

Abbildung 7.25 Suche nach einem Namen

Die folgenden Suchen können Sie starten:

- Google-Websuche
- Google-Bildersuche nach Gesichtern
- Google-Websuche in Kombination mit Telefon-Icons
- Google-Websuche in Kombination mit E-Mail-Icons
- Google Maps
- Google-Websuche nach PDF-, Word- oder Excel-Dokumenten
- Bing-Websuche
- Yandex-Websuche
- Yandex-Bildersuche nach Gesichtern
- Facebook
- Twitter
- TikTok
- Flickr
- VK

Für die erste Namensvariation können Sie außerdem eine Suche bei LinkedIn starten. Als letzten Eintrag können Sie alle Variationen auf einmal abfragen. Außerdem steht Ihnen hier noch die Suche der Variationen in Kombination mit dem Google-Suchoperator `site:pastebin.com` zur Verfügung.

Tipp

Vielleicht ist es Ihnen schon aufgefallen: Es werden keinesfalls sämtliche Variationen gebildet, und der Nachname wird stets ausgeschrieben. Sofern Sie weitere Informationen zu einer Person haben, sollten Sie auch andere Varianten über Websuchmaschinen testen, wie beispielsweise `Vorname` + `Wohnort` oder `Vorname` + `Hobby`. Für unser Beispiel wären Sie auch mit einer Suche nach `Samuel` + `OSINT` erfolgreich.

Der nächste Block liefert Ihnen mögliche Benutzernamen. Ähnlich wie bei den Namenskombinationen stehen Ihnen verschiedene Suchen zur Verfügung:

- Google-Websuche
- Bing-Websuche
- Yandex-Websuche
- Google-Suche nach Benutzername und gängigen E-Mail-Adressen – Achtung, die E-Mail-Domains sind fix und werden auch bei Änderung der E-Mail-Domains nicht geändert; andere Domains müssen Sie manuell anpassen

- Social-Media-Suchen für Facebook, Twitter, Instagram, TikTok, Twitch und Mastodon
- *whatsmyname*

Der nächste Block (siehe Abbildung 7.26) ist ein bisschen anders aufgebaut. Hierbei handelt es sich um eine Matrix, die einen Benutzernamen (erste Spalte) mit verschiedenen E-Mail-Domains (Titelzeile) kombiniert.

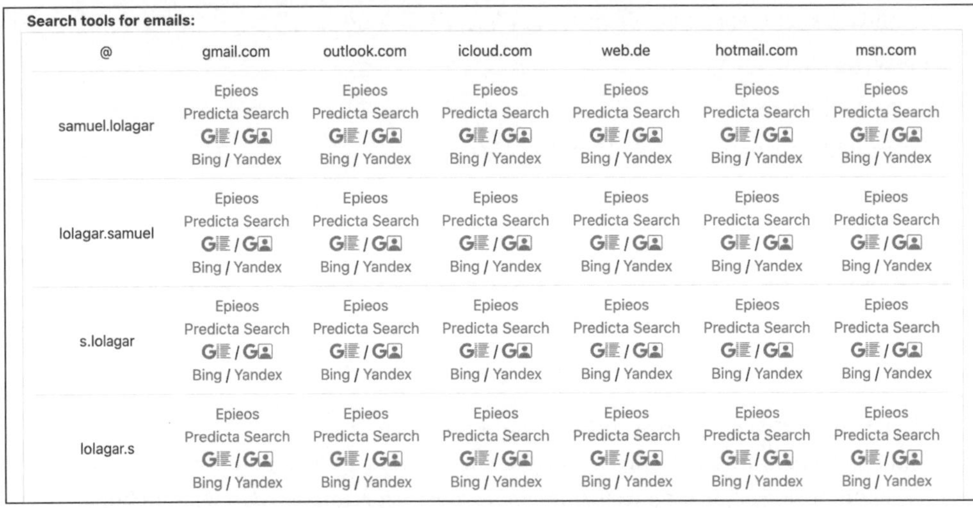
Search tools for emails:

@	gmail.com	outlook.com	icloud.com	web.de	hotmail.com	msn.com
samuel.lolagar	Epieos Predicta Search G / G Bing / Yandex	Epieos Predicta Search G / G Bing / Yandex	Epieos Predicta Search G / G Bing / Yandex	Epieos Predicta Search G / G Bing / Yandex	Epieos Predicta Search G / G Bing / Yandex	Epieos Predicta Search G / G Bing / Yandex
lolagar.samuel	Epieos Predicta Search G / G Bing / Yandex	Epieos Predicta Search G / G Bing / Yandex	Epieos Predicta Search G / G Bing / Yandex	Epieos Predicta Search G / G Bing / Yandex	Epieos Predicta Search G / G Bing / Yandex	Epieos Predicta Search G / G Bing / Yandex
s.lolagar	Epieos Predicta Search G / G Bing / Yandex	Epieos Predicta Search G / G Bing / Yandex	Epieos Predicta Search G / G Bing / Yandex	Epieos Predicta Search G / G Bing / Yandex	Epieos Predicta Search G / G Bing / Yandex	Epieos Predicta Search G / G Bing / Yandex
lolagar.s	Epieos Predicta Search G / G Bing / Yandex	Epieos Predicta Search G / G Bing / Yandex	Epieos Predicta Search G / G Bing / Yandex	Epieos Predicta Search G / G Bing / Yandex	Epieos Predicta Search G / G Bing / Yandex	Epieos Predicta Search G / G Bing / Yandex

Abbildung 7.26 NAMINT erstellt eine Matrix mit E-Mail-Adressen

Für jede der so entstehenden Varianten haben Sie die folgenden Suchmöglichkeiten:

- *Epieos*
- *Predicta*
- Google-Websuche/Google-Bildersuche
- Bing-Websuche
- Yandex-Websuche

Der darauffolgende Block ist Gold wert und hat mir schon bei vielen Recherchen geholfen. Auch hier sehen Sie eine Matrix, die Benutzernamen und E-Mail-Domains kombiniert. Doch in diesem Fall müssen Sie keinem Link folgen, um eine Suche zu starten, sondern Sie sehen die Resultate direkt in der Tabelle. Für jede potenzielle E-Mail-Adresse wird das Profilbild von *Gravatar* geladen.

Wie Sie in dem etwas konstruierten Beispiel in Abbildung 7.27 sehen können, lassen sich so schnell genutzte E-Mail-Adressen identifizieren.

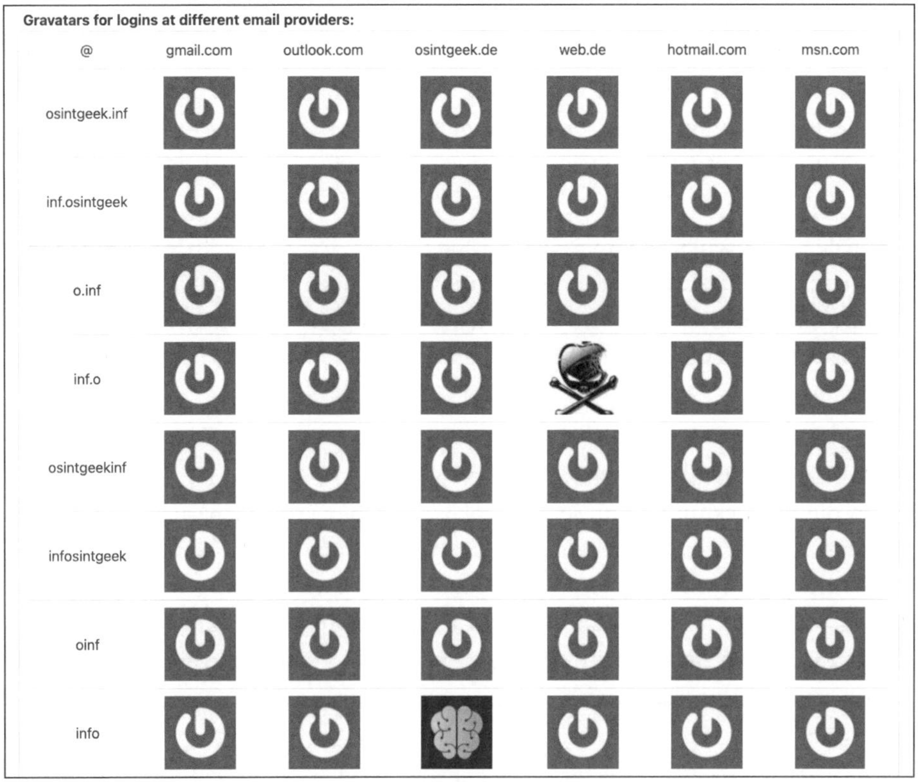

Abbildung 7.27 NAMINT zeigt Gravatar-Profilbilder

Die folgenden zwei Blöcke bieten Ihnen die Möglichkeit, Profilbilder von *unavatar* für Variationen der Benutzernamen oder E-Mail-Adressen zu laden, ähnlich wie bei *Gravatar*.

Zu guter Letzt liefert Ihnen das Tool eine Liste permutierter E-Mail-Adressen.

IDCrawl

Die Personensuchmaschine IDCrawl finden Sie unter der gleichnamigen Domain *https://www.idcrawl.com*. Obwohl das Suchfeld aufgrund des Dropdown-Menüs einen starken USA-Schwerpunkt vermuten lässt, können Sie das Feld ignorieren und mit der Suche fortfahren.

Auf der Ergebnisseite werden Ihnen Treffer aus Bildersuchen, Social Media und Websuchen angezeigt. Im Gegensatz zu vielen anderen Personensuchen überzeugt *IDCrawl* durch eine weiche Suche und liefert viele Treffer für ähnliche Namen aus sozialen Netzwerken. Auf der Ergebnisseite finden Sie kostenpflichtige Reports, die Ihnen Background-Checks und Ähnliches versprechen. Sofern die gesuchte Person keinen US-Bezug hat, können Sie sich das Geld sparen.

Weitere Tools

Falls Sie anders als ich gar nicht genug von Personensuchmaschinen bekommen können und möglichst viele testen möchten, kann ich Ihnen die Tool-Sammlungen von IntelTechniques unter *https://inteltechniques.com/tools/Name.html* und von IntelligenceX unter *https://intelx.io/tools?tab=person* empfehlen. Mit beiden können Sie schnell und einfach eine große Anzahl von Personensuchen starten.

Neben den klassischen Suchmaschinen (Google, Bing etc.) und dedizierten Personensuchmaschinen haben Sie weitere Optionen, um nach Personen zu suchen. Eine Goldgrube, die Sie bei Personenrecherchen unbedingt nutzen sollten, sind die sozialen Netzwerke. Auf die dortigen Recherchemöglichkeiten wird in Abschnitt 7.10 näher eingegangen.

Personensuche mit künstlicher Intelligenz

Durch die Entwicklungen im Bereich der künstlichen Intelligenz haben sich neue Optionen für die Personenrecherche eröffnet, die bereits in Abschnitt 7.5.5 angesprochen wurden. Da wir es bei dieser Fragestellung jedoch noch weniger mit harten Fakten (also der Frage nach der Hauptstadt von Frankreich) zu tun haben, sondern nach sehr individuellen Details suchen, ist ganz besondere Vorsicht angebracht.

> **Achtung**
>
> Ich hatte schon erwähnt, dass Sie KI-Ergebnisse unbedingt verifizieren müssen, denn teils erfinden Chatbots Unsinn oder konstruieren Zusammenhänge, die nicht tragbar sind. So wurde beispielsweise ein Journalist von ChatGPT als Kinderschänder und mehrfacher Mörder benannt.
>
> Der Journalist hatte lediglich über verschiedene Straftaten und die Gerichtsverhandlungen berichtet. Die KI hat hier einen falschen Zusammenhang hergestellt, was die Grundfunktion der Modelle noch einmal gut veranschaulicht: Sein Name tauchte sehr häufig »nahe« bei Morden und anderen Verbrechen auf, d. h. im direkten Kontext. Das repliziert die KI, wenn man ihr den Namen des Journalisten als Input gibt.
>
> Weitere Informationen dazu finden Sie unter *https://noyb.eu/en/ai-hallucinations-chatgpt-created-fake-child-murderer*.

Wie wichtig die Formulierung des Prompts ist, zeigt folgendes Beispiel. Wenn Sie ungeschickt und allgemein fragen, wie der »Samuel«, der sich mit OSINT beschäftigt, mit Nachnamen heißt, werden Sie keine guten Antworten bekommen. Im schlimmsten Fall denkt sich die KI etwas aus oder Sie erhalten falsche oder irreführende Informationen.

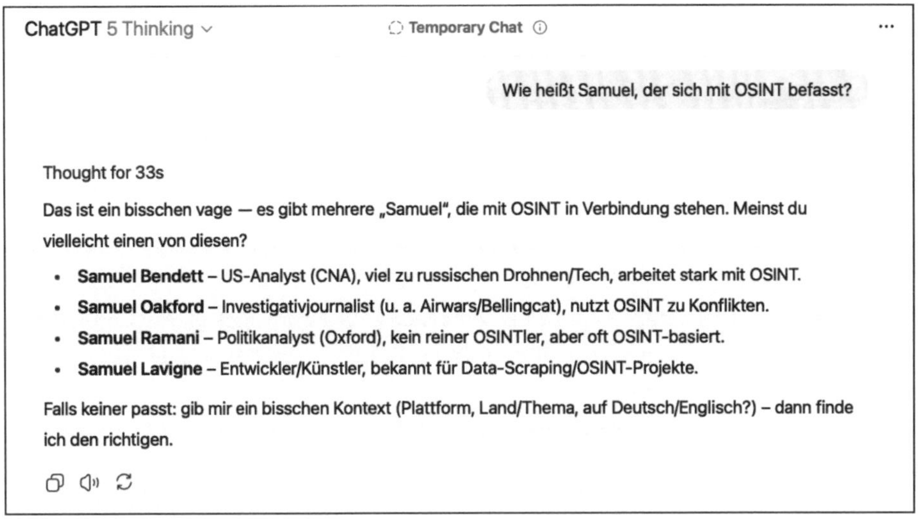

Abbildung 7.28 ChatGPT wird gefragt, welcher »Samuel« sich mit OSINT beschäftigt.

Erst durch Angabe weiterer Informationen wurde das Ergebnis besser. Aber auch diese Suche könnte man deutlich besser formulieren.

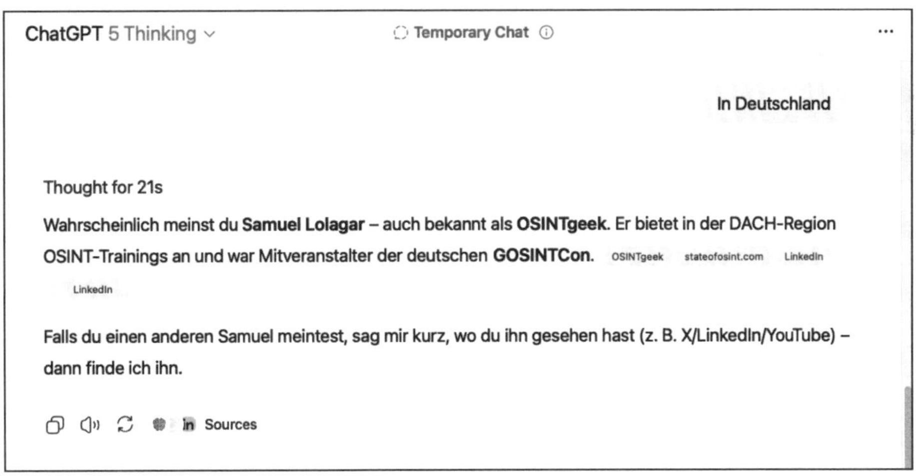

Abbildung 7.29 Bessere Ergebnisse durch zusätzliche Informationen

7.7.5 Biometrische Methoden

Die Biometrie befasst sich mit der Erfassung und Analyse individueller Merkmale von Lebewesen, insbesondere von Menschen. Zu den gängigen biometrischen Merkmalen zählen Fingerabdrücke, die Gesichtsgeometrie, die zur Identifikation durch Algorithmen verwendet wird, die Struktur der Handvenen und die Stimmerkennung.

Neben diesen Klassikern gewinnen auch andere individuelle Merkmale zunehmend an Bedeutung, beispielsweise die Iris oder die Ohrmuscheln.

Aufgrund der Vielfalt biometrischer Merkmale kommen Sie in vielen Lebensbereichen damit in Berührung und können sie für Ihre Ermittlung nutzen. Denken Sie auch daran, dass Narben, Tätowierungen oder der Gang einer Person zur Identifikation herangezogen werden können.

Achtung: Datenschutz und Persönlichkeitsrechte

Die Verwendung biometrischer Daten gilt als besonders sensibel, da es sich hierbei um spezielle Kategorien personenbezogener Informationen handelt. Sie unterliegt somit erhöhten Datenschutzbestimmungen.

Biometrische Merkmale wie Fingerabdrücke, die Struktur der Handvenen oder die Gesichtsgeometrie sind nicht nur eindeutig, sondern auch unveränderbar. Das macht sie besonders schutzwürdig. Bei der Erhebung, Verarbeitung und Speicherung dieser Daten muss daher mit besonderer Sorgfalt vorgegangen werden. Es müssen strenge technische und organisatorische Maßnahmen implementiert werden, um Missbrauch, unbefugten Zugriff oder Datenverlust zu verhindern.

Mit dem Upload füttern Sie teils fragwürdige Onlinedienste und schenken diesen Ihr Vertrauen. Vor jeder biometrischen Suche sollten Sie gesondert überlegen, ob diese zwingend notwendig, verhältnismäßig und ethisch vertretbar ist.

Zwar lassen sich grundsätzlich auch Charakteristika wie Ohrabdrücke, Handvenen oder Stimmen für biometrische Analysen verwenden. Im Kontext von OSINT-Ermittlungen spielt jedoch die Gesichtsgeometrie eindeutig die Hauptrolle.

In der Praxis wird die Gesichtserkennung eingesetzt, um Personen in großen Datenmengen zu finden oder über verschiedene Plattformen hinweg zu identifizieren. Die vorgestellten Dienste verdeutlichen, wie einfach sich biometrische Suchtechnologien mittlerweile nutzen lassen. Ein Trend, der den verantwortungsvollen Umgang mit sensiblen Daten umso wichtiger macht.

Gesichter mit PimEyes finden

PimEyes ist eine öffentlich zugängliche Suchmaschine, mit der Sie mittels Porträts suchen können. Sie finden sie unter *https://pimeyes.com/*. Ganz einfach ausgedrückt, handelt es sich um eine Bilderrückwärtssuche für Gesichter. Nach dem Hochladen eines oder mehrerer Fotos (maximal fünf) vergleicht *PimEyes* diese mit anderen Gesichtern. Der Datenbestand setzt sich aus frei verfügbaren Bildern aus Profilen, Medienbeiträgen oder anderen Webseiten zusammen.

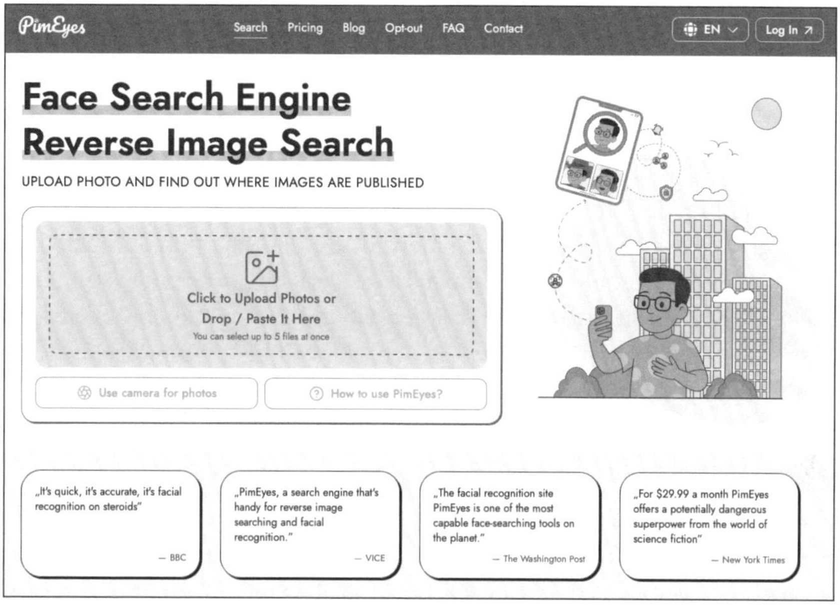

Abbildung 7.30 PimEyes durchsucht das Internet nach Bildern

Anschließend werden Ihnen eine Reihe ähnlicher Porträts angezeigt. In der kostenlosen Variante erhalten Sie jedoch nur die partielle URL. In manchen Fällen lässt sich daraus schon der Fundort ableiten oder zumindest eingrenzen. Das Geschäftsmodell sieht Abonnements bzw. die kostenpflichtige Freischaltung einzelner Reports vor.

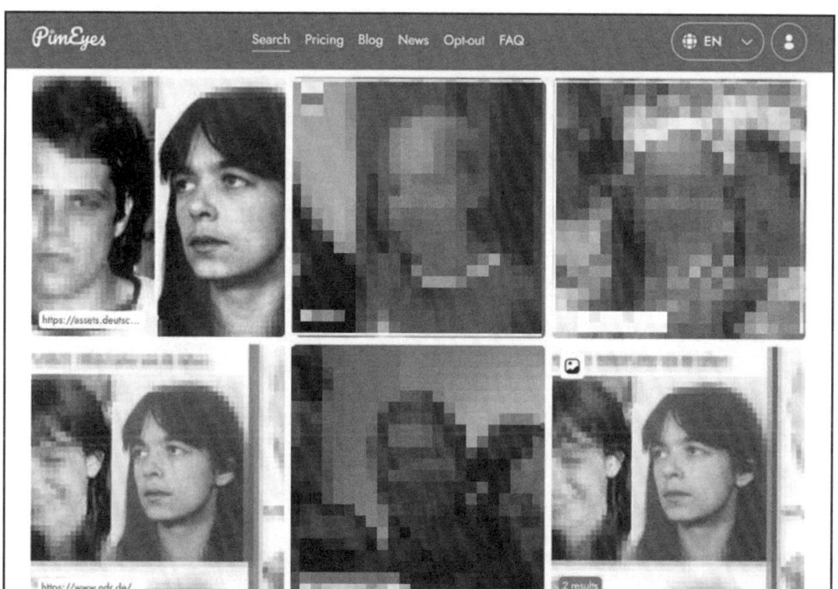

Abbildung 7.31 Ergebnisse für die Suche nach »Daniela Klette«

PimEyes erregte besonders viel Aufmerksamkeit, als ein Journalist mithilfe der Software das Facebook-Profil der seit den 1990er Jahren gesuchten Daniela Klette anhand eines Fahndungsfotos identifizierte. Dies ist ein Paradebeispiel dafür, wie mächtig derartige Tools sein können. Doch wie bereits gesagt: »Mit großer Macht geht auch große Verantwortung einher.«

Eine Webanwendung wie *PimEyes*, die derartige Suchmöglichkeiten in die Hände von jedermann legt, birgt großes Missbrauchspotenzial. Ob dies mit dem europäischen Datenschutz vereinbar ist, steht auf einem anderen Blatt. Es gibt Gründe dafür, dass *PimEyes* seinen Geschäftssitz nicht mehr in Polen hat und dass der Landesbeauftragte für Datenschutz und Informationsfreiheit Baden-Württemberg ein Bußgeldverfahren eingeleitet hat.

Außerdem möchte ich Sie auf die Nutzungsbedingungen von *PimEyes* hinweisen: Diese gestatten lediglich die Suche nach dem eigenen Gesicht. Diese Einschränkung wird in der praktischen Anwendung von den meisten sicherlich ignoriert und würde auch das Geschäftsmodell von *PimEyes* ad absurdum führen.

Mittlerweile gibt es weitere Online-Dienste, die ähnliche Funktionalitäten anbieten und Portraitfotos abgleichen, beispielsweise *FaceCheck*.ID (*https://facecheck.id*) oder *FaceSeek* (*https://www.faceseek.online*). Bei beiden können Sie ein Foto hochladen, das als Grundlage für die Suche nach weiteren Bildern der betreffenden Person dient.

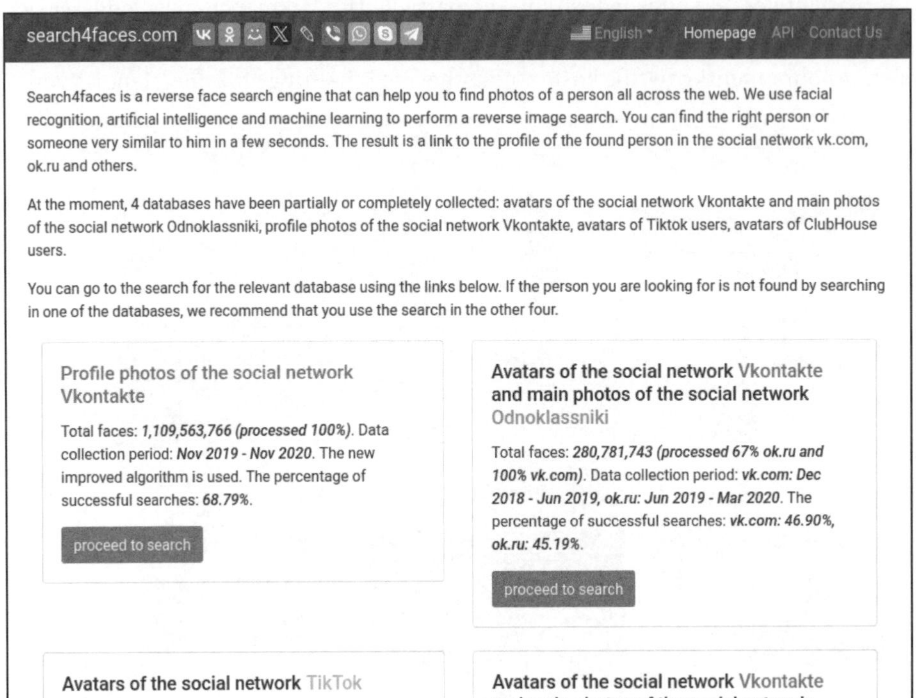

Abbildung 7.32 Search4Faces

Search4Faces stellt einen vergleichbaren Service unter *https://search4faces.com/en/* zur Verfügung. So können Sie etwa Profilfotos aus dem populären russischen Netzwerk *VKontakte*, Bilder von *Odnoklassniki* sowie Avatare von Plattformen wie *TikTok* oder *ClubHouse* gezielt durchsuchen. Darüber hinaus kann eine Datenbank mit Fotos von Personen des öffentlichen Lebens durchsucht werden.

Gesichter vergleichen

Biometrische Informationen können heute bereits ohne große Programmierkenntnisse genutzt werden, um Gesichter zu vergleichen und der Frage nachzugehen, ob zwei Bilder die gleiche Person zeigen. Besonders einfach war dies über ein Angebot von Microsoft möglich. Im Zuge der Invasion der Ukraine wurde die kostenlose Version jedoch deaktiviert und erfordert nun einen kostenpflichtigen Account. Weitere Informationen finden Sie unter *https://azure.microsoft.com/de-de/pricing/details/cognitive-services/face-api/*.

Face++ (*https://www.faceplusplus.com/*) kann nach wie vor genutzt werden, hierbei handelt es sich jedoch um einen chinesischen Anbieter. Der von *Face++* genutzte Algorithmus gilt als besonders robust und stört sich wenig an Objekten wie Sonnenbrillen oder FFP2-Masken.

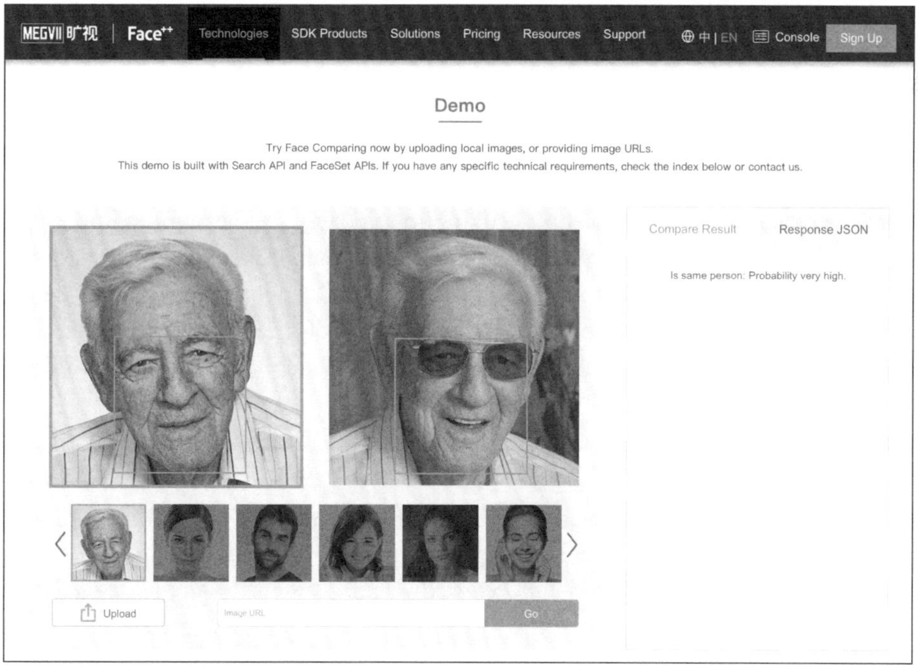

Abbildung 7.33 Face++ (Demo)

Hinweis

Dass *Face++* ein Anbieter aus China ist, sollte in Ihrer Bewertung berücksichtigt werden, insbesondere im Hinblick auf die Entscheidung, ob und gegebenenfalls welches Material Sie dort zum Vergleich hochladen.

Lokale Lösungen zur Gesichtserkennung

Face Recognition lässt sich auch auf dem eigenen Computer durchführen, ohne dass Daten an externe Server oder Cloud-Dienste übermittelt werden. Dies bietet Vorteile in Bezug auf Datenschutz und Datensicherheit, da sensible Bild- oder Videodaten vollständig unter Ihrer Kontrolle bleiben. Mit Tools wie DeepFace, OpenCV oder lokalen Implementierungen von face_recognition lassen sich Gesichter auf Fotos und in Videos erkennen und vergleichen.

Die ursprünglich 1999 von Intel ins Leben gerufene Open Source Computer Vision Library (OpenCV) hat sich zu einer der leistungsstärksten und vielseitigsten Tool-Sammlungen für die Bild- und Videoanalyse entwickelt. Sie bietet einen breiten Funktionsumfang, darunter insbesondere die Erkennung und Analyse von Gesichtern. Mithilfe von *OpenCV Face Recognition* können Sie beispielsweise Gesichter in Bildern detektieren und mit Bildern von Ihnen bekannten Personen vergleichen, ohne dass Sie sensible Daten an externe Server übermitteln. Das gibt Ihnen die volle Kontrolle über Ihre Daten.

Im Folgenden zeige ich Ihnen, wie Sie diese Gesichtserkennung auf Ihrem eigenen System einrichten und nutzen.

Zunächst legen Sie eine Verzeichnisstruktur an, um zwischen bekannten und unbekannten Fotos zu unterscheiden. Erstellen Sie dazu einen Hauptordner mit den beiden Unterverzeichnissen *bekannt* und *unbekannt*. Im Ordner *bekannt* richten Sie für jede Person, die Sie bereits identifiziert haben, einen eigenen Unterordner ein und benennen diesen eindeutig, z. B. mit dem Namen der Person. In diesen Unterordern speichern Sie jeweils Fotos der Person ab.

Hinweis

Achten Sie darauf, dass die Bilder möglichst klar und frontal aufgenommen wurden und dass nur die zu identifizierende Person darauf zu sehen ist. Verschiedene Lichtverhältnisse, Gesichtsausdrücke und Perspektiven erhöhen die Erkennungsgenauigkeit.

Platzieren Sie alle Fotos, die Sie überprüfen bzw. abgleichen möchten, im Verzeichnis *unbekannt*.

Im nächsten Schritt richten Sie eine isolierte Arbeitsumgebung ein, um Versionskonflikte und Abhängigkeiten sauber zu verwalten. Dazu empfiehlt sich die Verwendung einer virtuellen Umgebung mit Python. Führen Sie folgenden Befehl aus, um eine virtuelle Umgebung einzurichten:

```
python -m venv venv
```

Die Aktivierung der virtuellen Umgebung erfolgt je nach Betriebssystem folgendermaßen:

- Windows: `.\venv\Scripts\activate`
- macOS/Linux: `source venv/bin/activate`

Wenn die virtuelle Umgebung aktiv ist, müssen zunächst die benötigten Pakete aktualisiert und anschließend die notwendigen Bibliotheken für die Gesichtserkennung und Bildverarbeitung installiert werden. Nutzen Sie hierfür die folgenden beiden Befehle:

```
pip install --upgrade pip setuptools wheel
pip install face-recognition opencv-python numpy
```

Mit diesen Vorbereitungen ist Ihr System bereit für die Entwicklung.

Im nächsten Schritt wird die eigentliche Vergleichslogik programmiert. Hierfür erstellen Sie eine Datei mit dem Namen *face_match.py* mit dem folgenden Inhalt:

```
import face_recognition
import os
import numpy as np

DATASET_PATH = "bekannt"
UNKNOWN_PATH = "unbekannt"

# erlaubte Bildformate
VALID_EXTENSIONS = (".jpg", ".jpeg", ".png")
known_encodings = []
known_names = []

# ---------- Bekannte Gesichter laden ----------
for person in os.listdir(DATASET_PATH):
    person_path = os.path.join(DATASET_PATH, person)
    if not os.path.isdir(person_path):
        continue

    for image_file in os.listdir(person_path):
        if not image_file.lower().endswith(VALID_EXTENSIONS):
```

```
            continue

        img_path = os.path.join(person_path, image_file)
        try:
            img = face_recognition.load_image_file(img_path)
            encodings = face_recognition.face_encodings(img)
            if len(encodings) > 0:
                known_encodings.append(encodings[0])
                known_names.append(person)
        except Exception as e:
            print(f"[WARNUNG] Datei {img_
path} konnte nicht geladen werden: {e}")

print(f"[INFO] {len(known_encodings)} bekannte Gesichter geladen.")

# ---------- Unbekannte Bilder vergleichen ----------
for test_image in os.listdir(UNKNOWN_PATH):
    if not test_image.lower().endswith(VALID_EXTENSIONS):
        continue

    img_path = os.path.join(UNKNOWN_PATH, test_image)
    try:
        img = face_recognition.load_image_file(img_path)
    except Exception as e:
        print(f"[WARNUNG] Datei {img_path} konnte nicht geöffnet werden: {e}")
        continue

    encodings = face_recognition.face_encodings(img)
    if len(encodings) == 0:
        continue  # überspringt Bilder ohne erkanntes Gesicht

    for face_encoding in encodings:
        distances = face_recognition.face_distance(known_encodings, face_
encoding)
        best_match_index = np.argmin(distances)

        if distances[best_match_index] < 0.6:  # nur Treffer ausgeben
            name = known_names[best_match_index]
            print(f"{test_image} -> {name} (Distanz: {distances[best_match_
index]:.3f})")
```

Listing 7.2 Inhalt der Datei »face_match.py«

Um das oben beschriebene Programm auszuführen, geben Sie folgenden Befehl in Ihrer Kommandozeile ein:

```
python face_match.py
```

Nachdem das Skript gestartet wurde, erhalten Sie die Trefferausgabe direkt in der Kommandozeile. Für jeden Treffer erhalten Sie die Zuordnung des Bildes zu dem eindeutigen Namen (Dateiname des Unterordners) ausgegeben.

Neben der reinen Erkennung bietet OpenCV zahlreiche weitere Möglichkeiten, die Sie flexibel in Ihren Workflow integrieren können. Auf diese Weise lässt sich Ihr Gesichtserkennungsprojekt individuell erweitern und optimieren.

Eine weitere, lokale Variante zum Abgleich von Gesichtern steht Ihnen mit DeepFace UI zur Verfügung. Das Tool können Sie mit wenigen Befehlen über die Kommandozeile von GitHub installieren. Klonen Sie hierfür zunächst das Repository:

```
git clone https://github.com/GONZOsint/deepfaceui.git
```

Wechseln Sie dann in das erstellte Verzeichnis:

```
cd deepfaceui
```

Aktivieren Sie nun die virtuelle Umgebung.

- Unter Windows:

  ```
  python -m venv venv
  venv\Scripts\activate
  ```

- Unter macOS/Linux:

  ```
  python3 -m venv venv
  source venv/bin/activate
  ```

Als Letztes müssen Sie noch die Abhängigkeiten installieren:

```
pip install flask opencv-python numpy requests deepface werkzeug
```

Starten Sie das Programm mit folgendem Befehl:

```
python app.py
```

Nun können Sie *DeepFace UI* in Ihrem Browser unter *http://127.0.0.1:5000/* aufrufen.

Eine weitere Möglichkeit ist die Linux-Distribution *Tsurigi Linux*, die speziell für digitale Forensik und OSINT-Recherche entwickelt wurde. Das System vereint zahlreiche Open-Source-Tools und stellt damit eine umfassende Arbeitsumgebung für Ermittler bereit. Sie finden *Tsurigi* unter *https://tsurugi-linux.org*.

Das System enthält neben klassischen Analysewerkzeugen auch spezialisierte Anwendungen für die Gesichts- und Objekterkennung, Bildbearbeitung sowie Datenextraktion aus unterschiedlichsten Quellen.

Durch die Integration von Tools für Videobearbeitung und Bildextraktion lassen sich beispielsweise Gesichter aus Videos oder Bildserien automatisiert extrahieren, sodass eine spätere Identifikation und Zuordnung noch effizienter wird.

Bei *video2faces* handelt es sich um ein spezielles Open-Source-Tool, das für die automatisierte Extraktion von Gesichtern aus Videodateien entwickelt wurde. Das Tool zerlegt ein Video in einzelne Bilder (Frames) und analysiert diese mithilfe von Gesichtserkennungsalgorithmen. Erkennt das Tool ein Gesicht, wird dieses als separates Bild gespeichert. Auf diese Weise lassen sich aus umfangreichen Videodaten gezielt alle vorkommenden Personen extrahieren und für eine spätere Analyse oder Zuordnung ausgeben.

Foto-Management-Tools

Eine gängige Methode zur Zusammenführung von Fotos mithilfe von Gesichtserkennung bietet sich über weit verbreitete Anwendungen wie *Google Fotos* oder *Apple Fotos*. Diese Lösungen ermöglichen eine effiziente Organisation und Verwaltung von Bildern auf Basis biometrischer Merkmale. Das macht einmal mehr deutlich, dass der kreative Einsatz existierender Tools Ihre OSINT-Recherchen vorantreiben kann.

Als Open-Source-Pendant zu *Google Fotos* und *Apple Fotos* und abseits der vielen kommerziellen Lösungen möchte ich Ihnen *digiKam* vorstellen. Die Software ist für Linux, Windows und macOS verfügbar und kann direkt über die offizielle Website *https://www.digikam.org* heruntergeladen werden.

Neben der Organisation von Alben oder der Anzeige von Metadaten bietet *digiKam* zahlreiche weitere Möglichkeiten. So lassen sich beispielsweise Bilder mit einem Geo-Tag auf einer Karte anzeigen, Fotos nach Zeitstempeln filtern oder chronologisch auf einer Timeline anordnen.

Für den Einsatz im Kontext umfangreicher Recherchen ist jedoch eine Funktion von besonderem Interesse, nämlich die Gesichtserkennung. Sie können Fotos gezielt nach Gesichtern durchsuchen und gefundenen Gesichtern einen Namen zuordnen. Daraufhin wird eine Person im Reiter PEOPLE angelegt. Anschließend werden andere Fotos nach dieser Person durchsucht. Bei Treffern werden Ihnen weitere Fotos dieser Person vorgeschlagen. Nun müssen Sie *digiKam* nur noch mit Fotos füttern und können nach und nach Personen identifizieren. Leider können Videos auf diese Weise nicht bearbeitet werden. Hier müssen Sie entweder zunächst das Video in Einzelbilder zerlegen oder einen Dienst wie *video2face* verwenden, um Gesichter automatisch zu extrahieren.

7.7.6 Telefonnummer

Die Zeiten, in denen man etliche Telefonnummern auswendig kennt, sind für die meisten Menschen vorbei. Ehrlich gesagt: Manchmal bin ich froh, wenn mir meine eigene Rufnummer einfällt.

Telefonnummern finden bei OSINT-Recherchen meist weniger Beachtung – vermutlich, weil diese nicht so einfach erraten werden können, wie es bei E-Mail-Adressen der Fall ist. Doch wenn Sie eine Telefonnummer zu Ihrer Zielperson erlangen können, ist diese meist wertvoller als eine E-Mail-Adresse. Eine E-Mail-Adresse ist nämlich viel schneller gewechselt als eine Telefonnummer. Deshalb verfügen die meisten Menschen – mit Ausnahme von Berufskriminellen oder Drogendealern – in der Regel nur über wenige Telefonnummern, die sie über lange Zeiträume behalten.

Telefonnummer erlangen

An die Telefonnummer einer Person zu gelangen, ist meist ein mühseliger Prozess, der zudem wenig Erfolg verspricht. Dennoch lohnt sich der Aufwand. Um die Rufnummer einer Person zu finden, können Sie klassische Websuchen durchführen. Suchen Sie z. B. nach dem Namen der Person in Kombination mit lokalen Vorwahlen, Textfragmenten wie *Tel.* oder *Mobil* sowie passenden Emojis, etwa 📞, ☎ und 📱. Sollte Ihre Zielperson eine eigene Website betreiben, dann sollten Sie dort die Kontaktdaten überprüfen. Diese finden Sie meist unter KONTAKT oder im Impressum.

Historische Telefondaten

Vielleicht erinnern Sie sich an die Zeit, als CDs mit Telefondaten veröffentlicht wurden. Diese CDs finden Sie teilweise in Webarchiven oder im Handel. Hierüber können Sie historische Telefondaten erlangen. Natürlich macht das nur Sinn, wenn eine Person entsprechend lange an einem Ort gewohnt hat.

Weitere Quellen für Telefonnummern sind die sozialen Netzwerke (Abschnitt 7.10) und geleakte Daten (Abschnitt 7.7.8). Auf beides wird im Verlauf des Buches noch eingegangen.

Telefonbücher

Gedruckte Telefonbücher wirken wie ein Relikt aus einer längst vergangenen Zeit. Mit fortschreitender Digitalisierung haben auch Telefonbücher ihren Weg in das Internet gefunden und es existieren verschiedene Onlinedienste, die Ihnen Möglichkeiten zur Recherche von Telefonnummern bieten.

DasTelefonbuch ist einer dieser Onlinedienste. Unter *https://www.dastelefonbuch.de* haben Sie die Möglichkeit, gezielt nach Namen oder Orten zu suchen oder beides zu kombinieren. Geben Sie beispielsweise nur einen Namen ein, erhalten Sie eine Übersicht aller passenden Treffer im gesamten Datenbestand der Plattform. Besonders hilfreich ist dabei, dass Ihnen eine Vielzahl von Filtern zur Verfügung steht, sodass Sie schnell die gesuchte Person oder das gewünschte Unternehmen finden.

Ist Ihnen der Wohnort der Zielperson bekannt, können Sie diesen zusätzlich angeben und so die Suche deutlich eingrenzen. Neben Namen und Orten können Sie im Suchfeld auch gezielt nach Berufsbezeichnungen, Branchen oder Firmennamen recherchieren, was die Bandbreite der Nutzungsmöglichkeiten besonders in Hinblick auf Firmenrecherchen erweitert.

Wenn Sie lediglich einen Ort eingeben, gelangen Sie auf eine Unterseite – für Bonn z. B. *https://www.dastelefonbuch.de/Telefonbuch/Bonn*. Hier finden Sie ein Suchfeld für u. a. Firmen oder Personen, eine Branchensuche, die Top-Ten-Nachnamen sowie die neuesten Firmen. Die Nachnamen sind anklickbar und führen Sie zu der Personensuche für den gewählten Ort. Dies entspricht auch der Suche, wenn Sie sowohl den Namen als auch den Ort eingeben.

DasTelefonbuch bietet eine Personensuche unter *https://personensuche.dastelefonbuch.de* an. Zunächst unterscheidet sich das Suchfeld wenig von der Standardsuche auf der Hauptdomain. Doch die Darstellung und die Filtermöglichkeiten der Ergebnisse machen den Unterschied. Bei der Personensuche werden Ihnen Fotos von passenden Profilen aus den Netzwerken LinkedIn und Xing angezeigt.

Gehen wir jedoch zurück zur Startseite der Personensuche. Denn hier finden Sie einerseits die meistgesuchten Nachnamen und andererseits Nachnamen von A-Z sortiert. Hier finden Sie zu jedem Buchstaben alle Nachnamen, die in der Datenbank enthalten sind. Klicken Sie nun auf einen der Namen, erhalten Sie die Treffer zu dem Nachnamen.

Eine weitere nützliche Funktion ist die Auslandsauskunft. Unter *https://www.dastelefonbuch.de/Auslandsauskunft* können Sie ein Land eingeben und erhalten dann Links zu Portalen für das jeweilige Land. So finden Sie schnell vergleichbare Recherchemöglichkeiten in anderen Ländern.

Zwei weitere Abfragemöglichkeiten möchte ich hervorheben. Beide finden Sie unter *https://www.dastelefonbuch.de/Rückwärts-Suche*. Die Rückwärtssuche können Sie sowohl für Rufnummern nutzen als auch für Adressen. Natürlich können Sie nur Personen finden, die auch im Telefonbuch eingetragen sind und der Rückwärtssuche nicht widersprochen haben. Um auf Nummer sicher zu gehen, können Sie die Rufnummer in Kombination mit dem Dork `site:dastelefonbuch.de` über Google suchen, um auch Treffer zu finden, die der Rückwärtssuche widersprochen haben. Hierbei ist wichtig, dass Sie die Notation für Telefon- und Handynummern beachten.

Neben *DasTelefonbuch* bietet auch *Das Örtliche* eine Rückwärtssuche an, wobei sich die Funktion hier auf Telefonnummern beschränkt. Um nach einer Nummer zu recherchieren, können Sie das entsprechende Tool direkt über *https://www.dasoert-*

liche.de/rueckwaertssuche/ aufrufen. Geben Sie die gesuchte Telefonnummer ein. Sofern der Eintrag öffentlich ist und die betroffene Person der Nutzung der Rückwärtssuche nicht widersprochen hat, erhalten Sie die zugehörigen Adress- und Namensinformationen.

Darüber hinaus bietet *Das Örtliche* weitere praktische Suchfunktionen. Neben der klassischen Personensuche können Sie gezielt nach Unternehmen, Behörden und Dienstleistungen in Ihrer Region suchen. Neben den Adressdaten erhalten Sie oft auch Informationen zu den Öffnungszeiten, zur Website und zu Bewertungen. Das kann insbesondere im Rahmen von Firmenrecherchen hilfreich sein.

Für die Schweiz existieren ähnliche Online-Telefonbücher. Unter *https://search.ch/tel/* beispielsweise finden Sie eine vielfältige Suchmaschine, die außerdem ein Telefonverzeichnis beinhaltet. Hierüber können Sie nach Namen und Adressen suchen oder eine Rückwärtssuche nach Telefonnummern durchführen. Besonders praktisch ist die Kartenansicht.

Die Herold-Personensuche finden Sie unter *https://www.herold.at/telefonbuch/*. Auch hier können Sie nach Personen oder Telefonnummern recherchieren. Eine reine Suche per Adresse ist über *Herold* allerdings nicht direkt möglich. Hierfür müssen Sie einen Umweg gehen, beispielsweise indem Sie `site:herold.at + <Adresse>` googeln. Alternativ können Sie das Telefonbuch für die Stadt lokalisieren, beispielsweise *https://www.herold.at/telefonbuch/Dw6x8_sankt-gallen/* für Sankt Gallen, und die Ergebnisse mit dem Instant Data Scraper extrahieren. Eine dedizierte Firmensuche finden Sie unter *https://www.herold.at/gelbe-seiten/*.

Dienste zur Rufnummernabfrage

Für die Abfrage von Telefonnummern stehen mittlerweile zahlreiche Services und Apps zur Verfügung, die zu einer angegebenen Rufnummer oft detaillierte Informationen wie den Namen oder zusätzliche Kontaktdaten liefern.

Solche Anwendungen, darunter beispielsweise *sync.me*, *TrueCaller* (*https://www.truecaller.com/*) oder *Numberbox* (*https://numberbox.app*), greifen dabei auf verschiedene Datenquellen zurück. Meistens verlangen diese Apps Zugriffsrechte auf das Kontaktbuch des Geräts, um ihre Datenbank zu erweitern oder abzugleichen. Manche Anbieter kaufen zusätzlich große Mengen an Datensätzen bei Datenhändlern ein. Damit erhalten sie Zugriff auf große Mengen personenbezogener Daten und können daraus umfangreiche Verzeichnisse erstellen. Die Nutzung dieser Dienste ist jedoch datenschutzrechtlich umstritten, da häufig ohne explizite Einwilligung der Betroffenen ihre Daten verarbeitet und weitergegeben werden. Viele sind sich nicht bewusst, dass ihr Name und ihre Nummer durch die Nutzung solcher Apps von Kontakten weitergegeben werden können, obwohl sie selbst den Dienst nicht verwenden.

So können Sie anhand einer Telefonnummer den zugehörigen Namen und manchmal sogar weitere Informationen wie Profilbilder, Adressen oder soziale Netzwerke ermitteln. Die Apps bieten darüber hinaus Funktionen wie das Identifizieren und Blockieren von Spam- oder Werbeanrufen. Besonders praktisch ist dabei, dass sie in Echtzeit Anrufe erkennen und klassifizieren können. Neben diesen globalen Anbietern existieren auch regionale Alternativen, die speziell auf bestimmte Länder oder Sprachräume zugeschnitten sind. In Deutschland sind beispielsweise *Tellows* oder *Clever Dialer* verbreitet, die ähnliche Funktionen bieten, dabei aber stärker auf deutsche Nutzer und lokale Spam-Muster eingehen.

Wichtig ist bei der Nutzung solcher Dienste stets ein kritischer Blick auf den Datenschutz. Da viele dieser Apps und Services ihre Datenbanken durch das Hochladen von Kontaktlisten erweitern, kann es passieren, dass auch Telefonnummern von Personen, die dem nicht zugestimmt haben, in die Datenbanken gelangen. Vor der Nutzung sollte geprüft werden, welche Daten erhoben und weitergegeben werden, und ob dies mit den eigenen Datenschutzvorstellungen vereinbar ist.

Das Freemium-Tool *Epieos*, das Sie unter *https://epieos.com* finden, bietet OSINT-Recherchefunktionen für E-Mail-Adressen, aber auch für die gezielte Suche nach Informationen zu Telefonnummern. Geben Sie hierfür die Rufnummer ein, um zu überprüfen, ob eine bestimmte Nummer mit öffentlichen Konten in sozialen Netzwerken oder Messenger-Diensten verknüpft ist. *Epieos* präsentiert die gefundenen Ergebnisse in einer übersichtlichen Maske, sodass Sie direkt erkennen, welche Dienste und Plattformen mit der recherchierten Nummer verbunden sind.

Ein weiterer zentraler Baustein für OSINT-Recherchen sind sogenannte Leak-Daten. Auf diese wird im Abschnitt 7.7.8 näher eingegangen.

Messenger

Messenger sind mittlerweile eine der wichtigsten Formen digitaler Kommunikation. Viele dieser Dienste, zum Beispiel *WhatsApp*, *Telegram* oder *Signal*, bieten indirekte Möglichkeiten für OSINT-Recherchen. So lässt sich beispielsweise über die Synchronisation der eigenen Kontakte schnell feststellen, ob und mit welchem Namen eine bestimmte Telefonnummer bei einem Messenger-Dienst registriert ist. Da viele dieser Messenger heutzutage mehr einem sozialen Netzwerk gleichen und die dort gängigen Elemente umfassen, werden diese in Abschnitt 7.10.16 genauer betrachtet.

Die gezielte Recherche per Telefonnummer kombiniert klassische Verzeichnisse, Online-Tools, Messengerdienste, Suchmaschinen und Leak-Daten. Richtig eingesetzt, ergibt sich ein mächtiges Werkzeug zur Identifikation und weiteren Profilbildung – insbesondere, weil Telefonnummern selten gewechselt werden und vielfältig vernetzt sind.

7.7.7 E-Mail-Adressen

E-Mail-Adressen spielen bei OSINT-Recherchen eine wichtige Rolle, da sie häufig als Identifizierungsmerkmal bei Log-ins dienen. So verknüpfen Sie den Nutzer einer E-Mail-Adresse mit Profilen in sozialen Netzwerken und anderen Onlinediensten. Ein Nutzerwechsel bei E-Mail-Adressen ist im Vergleich zu Telefonnummern seltener.

Um eine unbekannte E-Mail-Adresse zu ermitteln, stehen Ihnen mehrere Methoden und Tools zur Verfügung. Erinnern Sie sich noch an das Tool *NAMINT*? Damit können Sie nach Eingabe von Vor- und Nachnamen sowie einer bekannten Domain verschiedene mögliche E-Mail-Adressen generieren, sogenannte *Permutationen*. Das Prinzip »Erraten und Permutieren« ist hierbei zentral. Indem Sie gängige Muster für E-Mail-Adressen anwenden, etwa `vorname.nachname@domain.de`, `initiale.nachname@firma.de` oder kombinierte Kürzel, lassen sich die Trefferchancen deutlich erhöhen.

Praktisch gehen Sie dabei so vor, dass Sie mehrere Permutationen erstellen und diese dann auf ihre Existenz und Gültigkeit prüfen. Ergänzend bieten sich spezialisierte Datenbanken und Suchmaschinen an, die häufig verwendete Adressmuster ausgeben und Ihnen so weitere Hinweise liefern. Oft ist es auch sinnvoll, verschiedene Ansätze parallel zu verfolgen, etwa die Recherche in sozialen Netzwerken, auf Firmenwebseiten oder in Veröffentlichungen, in denen Mitarbeitende ihre Kontaktdaten hinterlassen haben könnten.

Mit dem E-Mail-Finder auf *https://www.experte.de/email-finder* können Sie die mögliche E-Mail-Adresse zu einer Person generieren, wenn Sie den Namen und die Domain des Unternehmens kennen. Das Tool generiert mögliche Adressen und überprüft diese.

Bei einer potenziellen Adresse können Sie testen, ob sie tatsächlich existiert. Je nach Anbieter und Konfiguration des Mailservers gibt dieser Ihnen Auskunft über das Postfach. Dies können Sie mit einem weiteren hilfreichen Tool von *experte.de* erledigen. Sie finden dieses Tool unter *https://www.experte.de/email-pruefen*. Mittlerweile prüft das Tool leider keine privaten E-Mail-Adressen mehr.

Ähnliche Services finden Sie unter den folgenden URLs:

- *https://mailmeteor.com/email-checker*
- *https://tools.emailhippo.com*
- *https://www.neverbounce.com*
- *https://www.zerobounce.net*

Daneben bietet die Website *https://www.email-format.com* weitere hilfreiche Ressourcen. So können Sie beispielsweise gezielt nach bestimmten Domains recherchieren und Muster für unternehmensspezifische E-Mail-Formate erkennen.

Haben Sie eine Google-E-Mail-Adresse oder den Verdacht, dass Ihre Zielperson mit einer Adresse einen Google-Account verknüpft hat, dann lohnt sich der Einsatz des Python-Programms GHunt (*https://github.com/mxrch/GHunt*). Mit *GHunt* können Sie detaillierte Informationen zu einem Google-Konto ausfindig machen. Das Programm analysiert anhand der E-Mail-Adresse, ob diese zu einem Google-Konto gehört. Darüber hinaus lassen sich zum Teil Zeitstempel, Profilbilder oder sogar Hinweise auf weitere Dienste extrahieren, zum Beispiel Rezensionen auf Google Maps.

Bei *Epieos*, das ich schon im Zusammenhang mit Telefonnummern genannt hatte, können Sie auch E-Mail-Adressen in das Suchfeld eingeben. Anschließend erhalten Sie Ergebnisse aus verschiedenen Modulen. In der kostenlosen Variante ist die Anzahl der Module sowie der Detailgrad der Ergebnisse beschränkt.

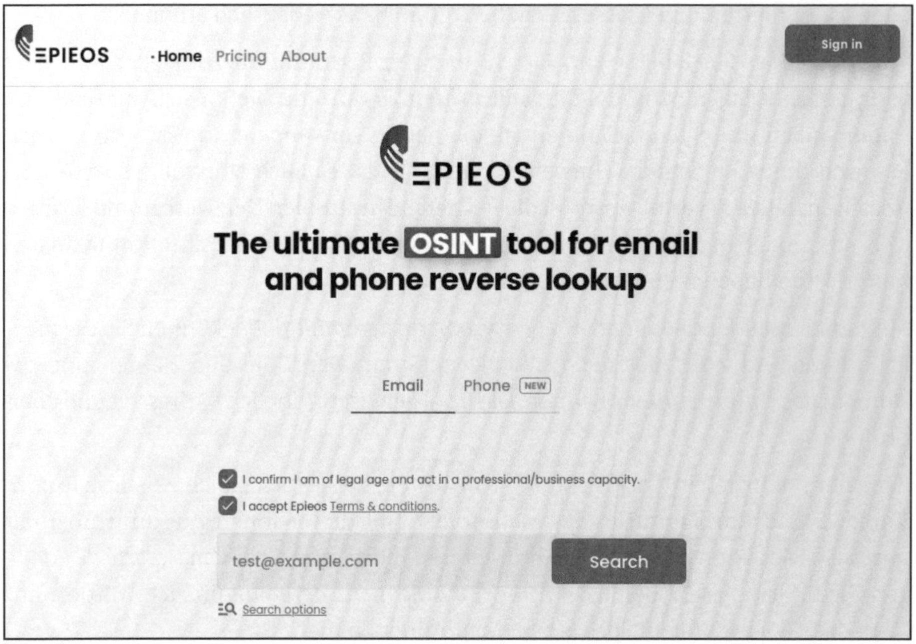

Abbildung 7.34 Abfrage über Epieos

Doch selbst in der kostenlosen Variante sind die Ergebnisse sehr nützlich. Haben Sie wie in Abbildung 7.34 einen Treffer für ein Google-Konto, so erhalten Sie Links, über die Sie überprüfen können, ob der Kalender des Google-Accounts öffentlich geteilt wird, sowie einen Link zu Google Maps. Hier sehen Sie von dem Nutzer abgegebene Bewertungen.

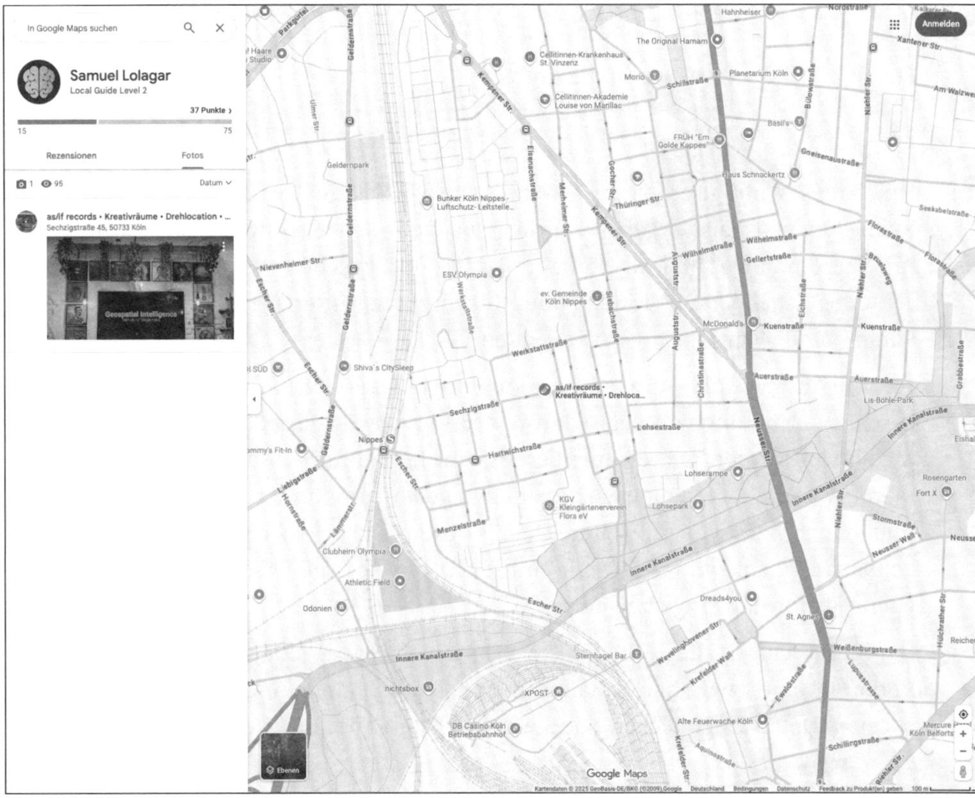

Abbildung 7.35 Google-Bewertungen

> **Google-Profilfoto vergrößern**
>
> Um das Profilfoto eines Google-Kontos in größerer Auflösung anzuzeigen, können Sie die Bild-URL gezielt anpassen.
>
> 1. Öffnen Sie das Profilfoto per Rechtsklick in einem neuen Tab.
> 2. Finden Sie die Zeichenfolge `w72-h72-p-rp-mo-br100` in der URL.
> 3. Ersetzen Sie die Zahlen hinter `w` (Breite) und `h` (Höhe) z. B. mit 1000, also `w1000-h1000-p-rp-mo-br100`.
> 4. Öffnen Sie die angepasste URL.
>
> Dieses Vorgehen wird als *URL-Manipulation* bezeichnet.

Für Proton-Mailadressen lassen sich per API-Abfrage zusätzliche Informationen einholen. Sobald eine Adresse anhand der Domain oder des verwendeten Mailservers eindeutig Proton zugeordnet werden kann, erhalten Sie über die folgende URL mehr Details:

```
https://api.protonmail.ch/pks/lookup?op=index&search=<emailadresse>
```

Für `info@osintgeek.de` lautet die Anfrage:

```
https://api.protonmail.ch/pks/lookup?op=index&search=info@osintgeek.de
```

Durch diese Anfrage erhalten Sie Details wie den Zeitstempel, zu dem der zugehörige Public Key erstmals vergeben wurde (*issue date*), sowie Hinweise, ob es sich bei der Adresse um eine Catch-All-Domain handelt und welche E-Mail-Adresse tatsächlich hinterlegt ist. Möchten Sie den Public Key direkt herunterladen, können Sie dafür im Parameter die Option `op=get` verwenden.

Weitere Ansatzpunkte, um Informationen zu einer E-Mail-Adresse zu erhalten, ist die geschickte Nutzung von Registrierungs- und Passwort-Reset-Funktionen auf Social-Media-Plattformen. Oft reicht es bereits, eine E-Mail-Adresse oder einen Benutzernamen in das entsprechende Formular einzugeben, um Rückschlüsse auf die Existenz und manchmal sogar auf weitere Details des Accounts zu ziehen. Auf diese grundlegenden Möglichkeiten wird in Abschnitt 7.10.3 sowie in den Abschnitten zu den jeweiligen Plattformen eingegangen.

Darüber hinaus ist die Recherche in Leaks ein effektiver, jedoch sensibler Ansatz, um Verknüpfungen zwischen E-Mail-Adressen, Nutzernamen und anderen personenbezogenen Daten aufzudecken, wie Sie im nächsten Abschnitt sehen werden.

7.7.8 Leaks & Breaches

Eine weitere Variante, nach Personen zu suchen, ist die Recherche in geleakten Daten. Hier müssen Sie jedoch besonders sorgfältig abwägen, ob die Beschaffung der in der Regel illegal beschafften Daten und die anschließende Auswertung für Sie rechtlich möglich sowie ethisch und moralisch vertretbar sind. Sofern Sie dies bejahen können – und ausschließlich dann! – können Sie diese extrem wertvolle Quelle nutzen.

Warum sind geleakte Daten so besonders? Einerseits waren diese Daten nie für die Öffentlichkeit bestimmt. Beim Wählen eines Passworts denkt kaum jemand darüber nach, dass dieses jemals in einer Datenbank für andere abfragbar sein würde (was im Übrigen ein sinnvoller Ansatz wäre). Andererseits können Sie anhand derartiger Daten nicht selten Profile einer Person eindeutig identifizieren und oft miteinander in Verbindung bringen.

Hinweis

An dieser Stelle muss ich betonen, dass Daten aus einem Leak stets mit Vorsicht zu genießen sind. Erstens gibt es nach wie vor eine ganze Reihe von Online-Plattformen, die es gestatten, eine E-Mail-Adresse für den Log-in zu verwenden, ohne diese jemals zu verifizieren. Zweitens gehen diese Daten meist durch eine gewisse Anzahl von

Händen, bevor sie zum Verkauf angeboten oder später veröffentlicht werden. Hierbei können Daten beliebig verändert, gelöscht oder hinzugefügt werden. Behalten Sie dies stets im Hinterkopf.

Über die Website *https://leakedpassword.com* können Sie ein Passwort eingeben. Ihnen wird dann angezeigt, ob das Passwort in einem der indexierten Leaks auftaucht, und falls dies der Fall ist, dann auch, wie oft das Passwort bereits geleakt wurde. Das gibt Ihnen einen Anhaltspunkt, ob es sich um ein gängiges oder ein eher seltenes Passwort handelt.

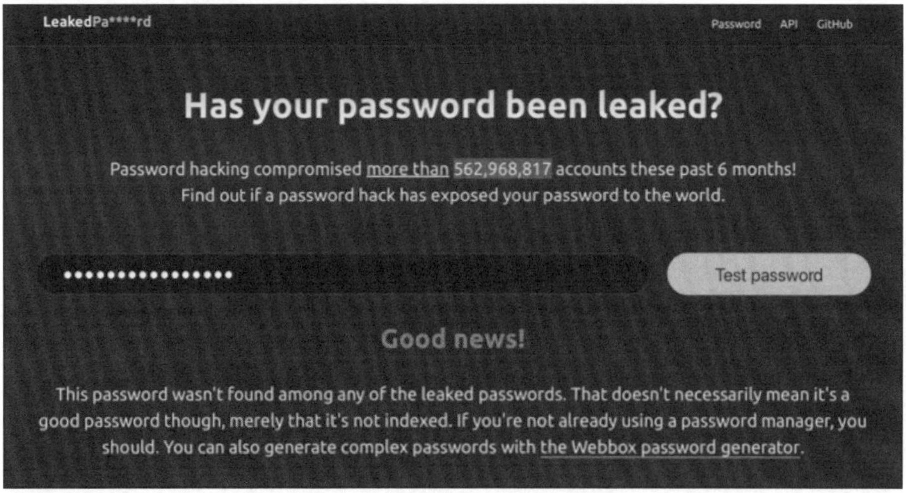

Abbildung 7.36 Kein Treffer auf leakedpassword.com

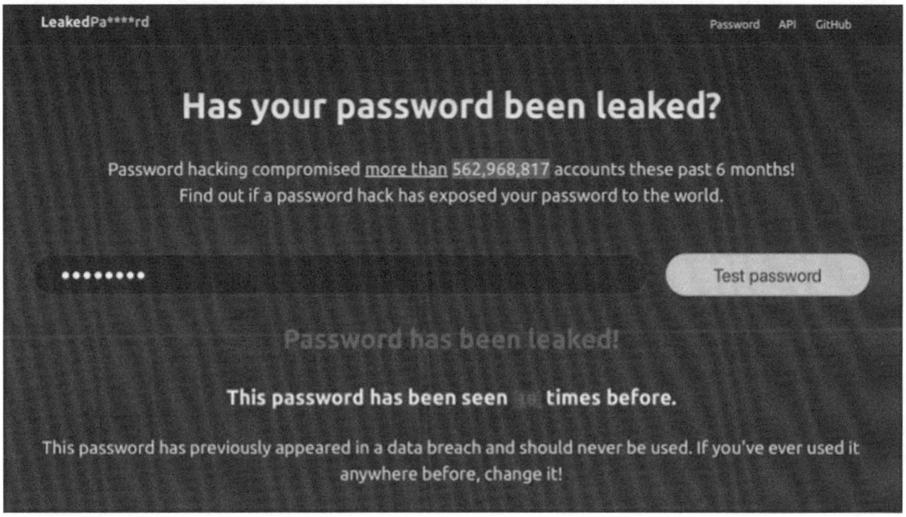

Abbildung 7.37 Dieses Passwort ist unsicher!

Auf der Website *https://haveibeenpwned.com* kann eine E-Mail-Adresse überprüft werden. Falls diese bereits in Datenlecks oder sogenannten *Stealer Logs* aufgetaucht ist, wird eine Zeitleiste angezeigt (siehe Abbildung 7.38). Diese Zeitleiste enthält kurze Beschreibungen der Leaks und eine Auflistung der kompromittierten Datentypen. So stellen Sie fest, auf welchen Plattformen Accounts zur E-Mail-Adresse existiert haben oder noch bestehen. Zudem lässt sich nachvollziehen, ob und seit wann die E-Mail-Adresse einen digitalen Fußabdruck hinterlassen hat.

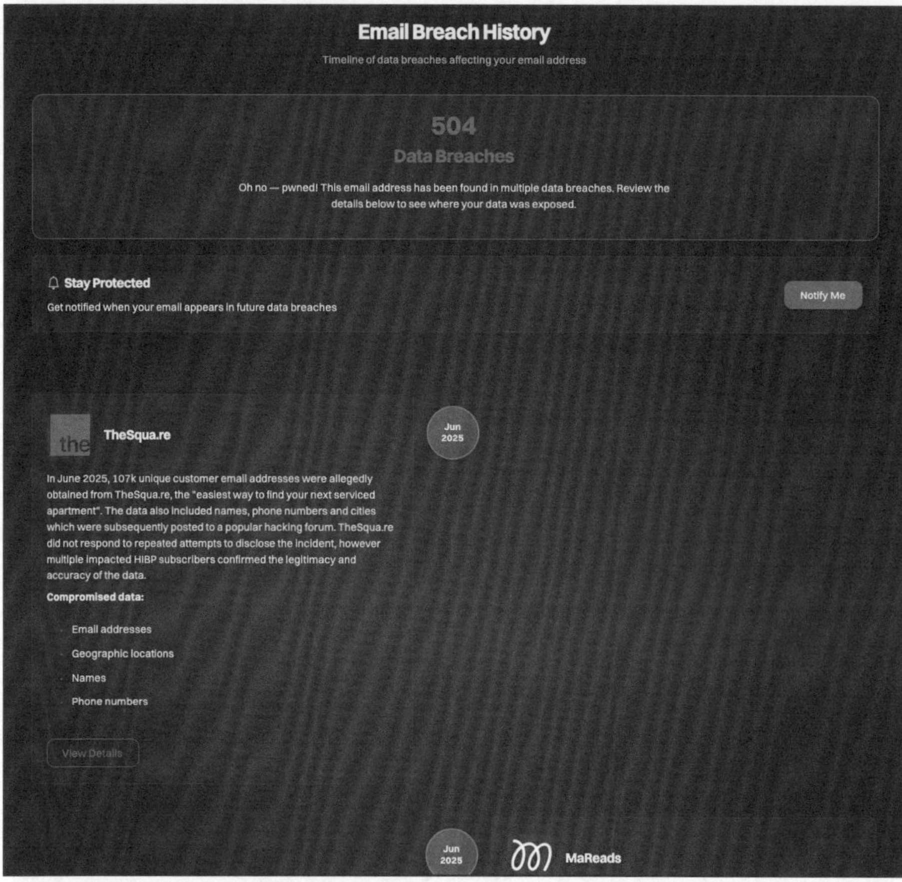

Abbildung 7.38 HaveIBeenPwned

Die Website *https://breachdirectory.org* bietet die Möglichkeit, Benutzernamen oder E-Mail-Adressen auf potenzielle Treffer in öffentlich verfügbaren Leaks zu überprüfen. Im Falle eines Treffers werden entsprechende Ergebnisse angezeigt. Diese enthalten jeweils ein maskiertes Passwort sowie den zugehörigen SHA-1-Hashwert.

Die Recherche in Leaks bietet beispiellose Einblicke, sie verlangt jedoch ein hohes Maß an Verantwortung, Sorgfalt und rechtlicher Bewertung. Die Validität der gefundenen Daten muss immer kritisch hinterfragt werden. Bei korrekter Anwendung lassen sich so zahlreiche wertvolle Informationen zur Identifikation und zum Profiling von Personen gewinnen.

7.8 Recherchen zu Orten

Die gezielte Recherche zu Orten spielt eine bedeutende Rolle. *Geospatial Intelligence (GEOINT)* ist eine Informationsgewinnungsdisziplin, anhand derer sich die Demokratisierung von Informationen und die Öffnung von Technologien für den Einzelnen am besten erkennen lässt. GEOINT hat sich von der klassischen Luftbildauswertung und Kartografie über die Satellitenaufklärung zu einem digitalen Feld entwickelt. Hochauflösendes Satellitenmaterial war früher nur staatlichen Einrichtungen wie Nachrichtendiensten und militärischen Einheiten zugänglich. Heutzutage kann jeder über Onlinedienste wie Google Maps Satellitenmaterial in hoher Auflösung abrufen. Hinzu kommt Material aus kommerziellen Satelliten, Drohnen, Straßenaufnahmen, öffentlichen Geoportalen und sozialen Medien. Somit sind Informationen zu nahezu jedem Punkt der Erde in wenigen Schritten abrufbar.

7.8.1 Grundlagen

Die *National Geospatial Intelligence Agency* beschreibt Geospatial Intelligence (GEOINT) als die systematische Sammlung und Analyse raumbezogener Informationen. GEOINT beinhaltet die Auswertung von Geodaten und Bilddaten, um physische Merkmale und geografisch referenzierte Aktivitäten zu beschreiben. Diese raumbezogenen Informationen können auf globaler, regionaler oder lokaler Ebene gewonnen werden.

GEOINT umfasst nicht nur klassische Karten und Luftbilder, sondern eine breite Palette von Geodaten, darunter:

- Bewegungsdaten oder Weg-Zeit-Berechnungen
- Satellitenbilder
- Material von Drohnen oder Webcams
- Zusatzinformationen wie Wetterdaten

Durch die Integration verschiedenster Informationsquellen lassen sich komplexe Lagebilder in modernen Geoinformationssystemen erstellen. Insbesondere in Krisenstäben oder Sicherheitsbehörden entstehen komplexe Lagebilder, die durch die Kombination von Geodaten mit weiteren Kontextinformationen Entscheidungen in Krisenstäben oder Sicherheitsbehörden unterstützen.

Es gibt verschiedene Möglichkeiten, Raumbezüge herzustellen, etwa durch die Verwendung von Koordinaten, Adressen oder spezifischen Kennziffern wie Kilometrierungen. Neben den klassischen Methoden wie der Angabe von Längen- und Breitengraden oder Postanschriften gewinnen auch moderne Ansätze wie *what3words* an Bedeutung. Dabei wird die Welt in kleine Quadrate unterteilt und jedem Quadrat wird eine Kombination aus drei Wörtern zugewiesen, z. B. `///mauer.geraten.fantastische`. Dies ist für die meisten Menschen einfacher zu handhaben als numerische Koordinaten.

Ebenso findet die Kilometrierung Anwendung, beispielsweise bei Straßen oder Gewässern. Dabei werden Entfernungen entlang einer festgelegten Achse gemessen und durch Markierungen kenntlich gemacht.

Bei Recherchen zu einem bestimmten Ort sollten Sie auch an Social Media als wertvolle Quelle für Daten mit Ortsbezug denken. Insbesondere von belebten Plätzen finden sich auf Plattformen oft aktuelle Fotos, Videos oder sogar Live-Streams, die einen unmittelbaren Eindruck von den Gegebenheiten vor Ort vermitteln.

7.8.2 Kartendienste

Kartendienste sind für ortsbezogene Recherchen von zentraler Bedeutung. Sie bieten Zugang zu sowohl klassischen als auch zusätzlichen georeferenzierten Daten. Durch hybride, anpassbare Ansichten sind sie für unterschiedliche Anwendungsszenarien geeignet. Im Folgenden werden die wichtigsten Plattformen und ihre Einsatzmöglichkeiten detailliert vorgestellt.

Google Maps

Google Maps ist der wohl bekannteste und meistgenutzte Kartendienst der Welt. Neben detaillierten Informationen zu Adressen, Öffnungszeiten und Bewertungen von Orten finden Sie hier eine umfassende Abdeckung von Straßen und Sehenswürdigkeiten. Auf die in Google Maps enthaltenen Funktionen Google Street View sowie die Satellitenansicht gehe ich später genauer ein.

Wenn Sie *https://www.google.com/maps* aufrufen, sehen Sie die Karte in der Standardeinstellung. Die Sprache können Sie über das Burger-Menü am linken, oberen Rand unter dem Menüpunkt SPRACHE wählen.

Ebenfalls am linken, oberen Rand finden Sie das Suchfeld, über das Sie nach bestimmten Orten, aber auch nach Stichwörtern wie z. B. »Restaurants« suchen können. Bei Stichwörtern wird standardmäßig im aktuellen Kartenausschnitt gesucht, dies können Sie aber auch durch das Anhängen von »in der Nähe« erzwingen. Alternativ können Sie nach Stichwörtern in einer bestimmten Region suchen. Um nach Schwimmbädern in Frankfurt am Main zu suchen, verwenden Sie den Suchstring »Schwimmbad *in* Frankfurt am Main«.

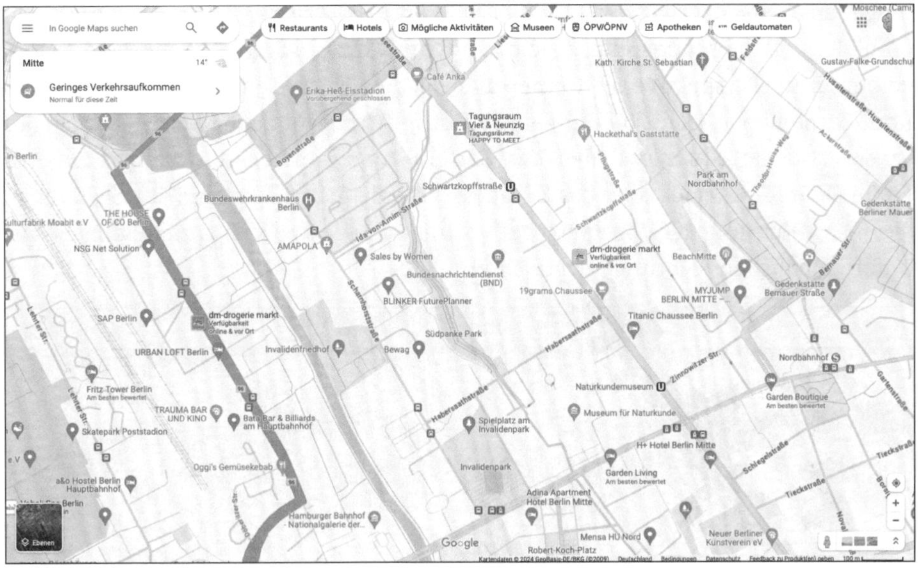

Abbildung 7.39 Google Maps

Bing Maps

Auch Bing bietet einen Kartendienst an. Sie finden ihn unter *https://www.bing.com/maps/*.

Abbildung 7.40 Bing Maps

Bing Maps bietet verschiedene Layer, darunter die klassische Kartenansicht, Satellitenbilder und die sogenannte Vogelperspektive. Letztere zeigt Orte aus einer schrägen, erhöhten Perspektive. Sie können die Vogelperspektive entweder direkt über das Kontextmenü per Rechtsklick auf einen bestimmten Punkt oder durch Auswahl des Layers VOGELPERSPEKTIVE über das Kartensymbol am rechten Rand aktivieren. Wenn Sie mit der Maus über das Kompasssymbol am rechten Rand fahren, können Sie die Ausrichtung der Vogelperspektive drehen. So lassen sich gezielt Bereiche aus unterschiedlichen Richtungen betrachten.

Abbildung 7.41 Bing Maps: Vogelperspektive

Außerhalb Deutschlands gibt es auf Bodenniveau aufgenommene Straßenansichten, die bei Bing Maps als Streetside bezeichnet werden. Darauf wird im Abschnitt 7.8.3 genauer eingegangen.

Für Großstädte bietet Bing Maps zudem einen sogenannten 3D-Überflug an. Mit dieser Funktion können Sie sich in einer animierten Flugbewegung über ausgewählte Stadtgebiete bewegen und dabei dreidimensionale Repräsentationen von Gebäuden und Straßen betrachten. Der 3D-Überflug eignet sich besonders gut, um ein Gefühl für die Dimensionen zu entwickeln. Wenn Sie den animierten Überflug beenden, erhalten Sie Zugriff auf das vollständige 3D-Material. Damit können Sie individuell navigieren und einzelne Objekte genauer betrachten.

Abbildung 7.42 Bing Maps: Streetside

Abbildung 7.43 Bing Maps: 3D-Überflug

Yandex Maps

Yandex Maps ist der führende russische Kartendienst und stellt eine umfassende Alternative zu westlichen Plattformen wie Google Maps und Bing Maps dar. Die Anwendung finden Sie unter *https://yandex.com/maps*.

In *Yandex Maps* stehen Ihnen verschiedene Kartenansichten zur Verfügung. Sie können wie gewohnt nach Adressen, Orten oder Unternehmen suchen und sich Routen zu Fuß, mit dem Auto oder mit öffentlichen Verkehrsmitteln berechnen lassen.

Über die Benutzeroberfläche können Sie verschiedene Layer ein- und ausblenden. *Yandex Maps* verfügt über einen eigenen Satelliten- und Hybridmodus. In vielen russischen Großstädten und in ausgewählten internationalen Metropolen ist eine Straßenansicht (Panorama) verfügbar – dazu mehr in Abschnitt 7.8.3. Darüber hinaus bietet der Dienst für manche Regionen aktuelle Verkehrsinformationen, auch zu öffentlichen Verkehrsmitteln.

DuckDuckGo Maps

DuckDuckGo Maps ist die Kartenlösung des datenschutzorientierten Suchanbieters DuckDuckGo. Im Unterschied zu den meisten anderen Kartendiensten steht hier der Schutz der Privatsphäre der Nutzer im Vordergrund. Der Kartendienst basiert auf *MapKit* von Apple, sodass Sie auch ohne Apple-Endgerät diese Daten nutzen können, wenn auch mit einigen Einschränkungen.

Wikimapia

Wikimapia (*https://wikimapia.org*) ist ein interaktiver Online-Kartendienst, der den Gedanken von Wikipedia auf Kartenmaterial überträgt. Nutzer können geografische Objekte auf der Weltkarte markieren, beschreiben und mit zusätzlichen Informationen anreichern. Dabei lassen sich für nahezu jedes Kartenobjekt individuelle Kommentare und Hinweise hinterlegen.

Durch den Wiki-Ansatz können Inhalte fortlaufend ergänzt, korrigiert und diskutiert werden. Für jedes eingetragene Objekt – sei es eine Sehenswürdigkeit, ein Unternehmen oder ein markantes Gebäude – kann die Community dieses erfassen, Fotos hochladen oder weitere Informationen ergänzen.

Allerdings ist die Community nicht besonders aktiv; viele Regionen sind nur sporadisch gepflegt. Dadurch leiden die Aktualität und Vollständigkeit der Informationen. *Wikimapia* ist also konzeptuell interessant, aber keine verlässliche oder umfassende Kartenlösung.

OpenStreetMaps

Deutlich aktiver und ebenfalls offen ist OpenStreetMap (OSM). Das Projekt ist unter *https://www.openstreetmap.org* zu finden und verfolgt das Ziel, eine frei nutzbare, weltweite Karte zu erstellen und diese ständig zu aktualisieren. Ähnlich wie bei Wikipedia kann jeder sich beteiligen und eigene Kartendaten beisteuern, überprüfen und verbessern. Dadurch kann es sein, dass OSM aktueller und detailreicher ist als andere Kartendienste. Gleichermaßen können irreführende oder veraltete Informationen veröffentlicht werden.

OpenStreetMap funktioniert im Kern wie eine große, offene Datenbank für geografische Informationen. Die Kartendaten werden nicht als fertige Kartenbilder gespeichert, sondern als strukturierte Objekte, aus denen Kartendarstellungen erzeugt werden können. Welche Vorteile das bringt, erfahren Sie später.

Die Bausteine von OSM sind:

- **Knoten (Node)**: ein einzelner Punkt mit einer bestimmten geografischen Position. Knoten werden zum Beispiel verwendet, um Wegpunkte und einzelne Objekte wie Bäume oder Bushaltestellen zu markieren.
- **Weg (Way)**: eine geordnete Liste von Knoten, die zusammen eine Linie oder eine Fläche bilden. Wege beschreiben beispielsweise Straßen, Flüsse, Gebäudeumrisse oder andere lineare bzw. flächenhafte Objekte.
- **Relation**: ein komplexeres Objekt, das verschiedene Knoten und Wege miteinander in Beziehung setzt. Relationen werden genutzt, um komplexe Flächenstrukturen zu definieren, z. B. einen Universitätscampus.

Alle Objekte in OSM sind mit sogenannten Tags versehen, die die Eigenschaften des Objekts beschreiben, etwa die Art der Straße oder die Nutzung eines Gebäudes. Durch diese offene und strukturierte Erfassung lassen sich vielfältige Kartenanwendungen, Navigationssysteme und Analysen auf Basis der OSM-Daten realisieren. Ein Beispiel hierfür ist die Implementierung unter *https://maps.metager.de/*.

Wenn Sie ein bestimmtes Objekt finden möchten, können Sie entweder die Suche nutzen oder durch einen Rechtsklick auf die gewünschte Stelle in der Karte ein Objekt auswählen. Nach der Auswahl werden Ihnen detaillierte Informationen zu diesem Objekt angezeigt. Dazu gehören beispielsweise die letzte Aktualisierung des Objekts, der Benutzername der Person, die das Objekt ursprünglich angelegt oder zuletzt bearbeitet hat, sowie die komplette Bearbeitungshistorie. Zusätzlich werden sämtliche hinterlegten Tags aufgelistet, die Auskunft über die Eigenschaften des Objekts geben. Darüber hinaus haben Sie die Möglichkeit, die zugehörigen Objektdaten im XML-Format herunterzuladen.

Open Infrastructure Map

Open Infrastructure Map nutzt ebenfalls OpenStreetMap-Daten mit dem Fokus auf Objekte der kritischen Infrastruktur. Die interaktive Karte visualisiert Objekte und Verbindungen für Strom-, Wasser- und Telekommunikationsversorgung sowie Öl- und Gas-Pipelines. Die Open Infrastructure Map finden Sie online unter *https://openinframap.org*.

> **Hinweis**
>
> Da die *Open Infrastructure Map* auf OSM-Daten basiert, sind die Ergebnisse auf dort vorhandene Objekte limitiert und decken nicht die gesamte Infrastruktur ab oder sind möglicherweise veraltet.

Öffentliche Karten

Neben globalen Kartendiensten werden von Behörden öffentliche Geoportale betrieben. Diese bieten amtliche Geodaten für unterschiedliche Zwecke an. Die Daten sind in der Regel besonders aktuell, zuverlässig und teils frei verfügbar.

Deutschland

Auf *https://www.geoportal.de/* finden Sie das umfangreiche Online-Angebot des Bundesamtes für Kartographie und Geodäsie. Hier können Sie auf verschiedenste Geodaten zugreifen, vorgefertigte Kartenthemen auswählen und Links zu den Geoportalen der Länder finden, die ähnliche Angebote unterhalten. Zu den typischen Inhalten zählen:

- Topografische Karten
- Flurstücksinformationen
- Verwaltungsgrenzen
- Infrastruktur
- Planungsdaten
- Umwelt-, Klima- und Naturschutzlayer

Das Geoportal bietet zahlreiche Funktionen zur interaktiven Nutzung. So können Sie unterschiedliche thematische Karten kombinieren oder miteinander vergleichen. Außerdem stehen Ihnen Kartentools zur Berechnung von Routen, Strecken oder Flächen zur Verfügung.

Abbildung 7.44 Website »geoportal.de«

Österreich

Das zentrale Geodatenportal der österreichischen Bundesländer finden Sie unter *https://www.geoland.at*. Es bietet einen freien Zugang zu amtlichen Geodaten aller neun Bundesländer, darstellbar über den GEOLAND-Viewer. Sie können Geo-Objekte suchen, Karten ausdrucken und spezifische Layer für Regionen auswählen. Die Plattform deckt zahlreiche Themen ab, darunter Katasterdaten, topografische Karten, Verwaltungsgrenzen, Infrastruktur und Umweltinformationen.

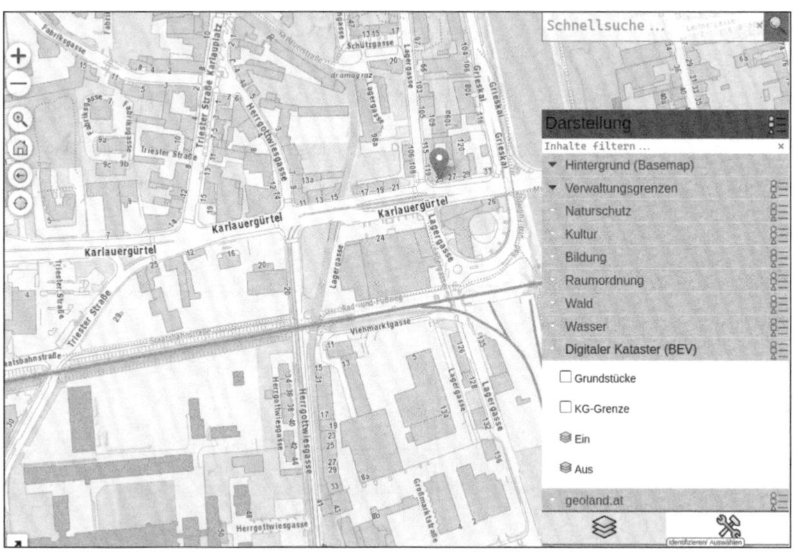

Abbildung 7.45 Website »geoland.at« mit eingeblendetem Katasterlayer

Eine Besonderheit ist ein integriertes Tool zur Berechnung des Sonnengangs für eine konkrete Position. Über die Karte können Sie das Werkzeug auswählen und gelangen dann zu einem separaten Formular. Hier wird Ihnen die Sonnengangberechnung in verschiedenen Ausgaben präsentiert. So können Sie beispielsweise herausfinden, wann die Sonne bei einem bestimmten Objekt scheint, wie hoch sie steht oder wie viele Sonnenstunden es durchschnittlich gibt.

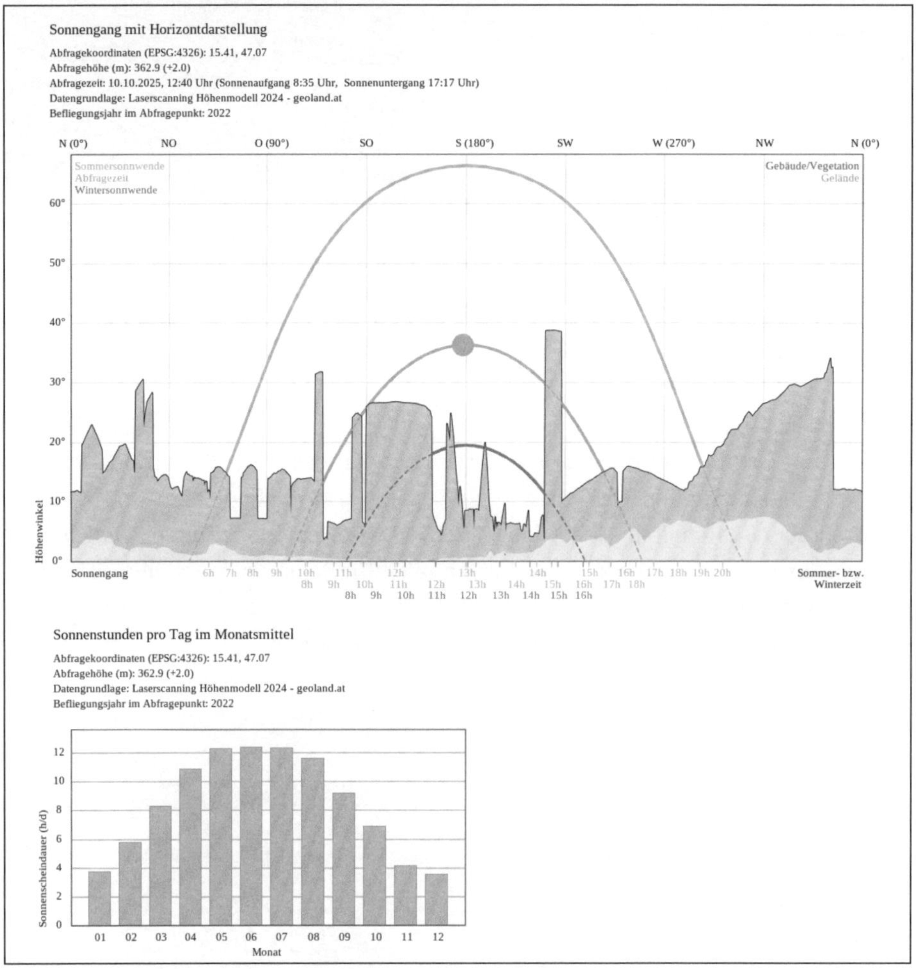

Abbildung 7.46 Sonnengangberechnung

Weitere wichtige Portale sind:

- Amtliche Grundkarten für ganz Österreich (*https://basemap.at/*)
- Karte des Bundesamtes für Eich- und Vermessungswesen (*https://maps.bev.gv.at/*)
- Landesportale

Schweiz

Das Geoportal der Schweizer Bundesverwaltung unter *https://map.geo.admin.ch/* bietet amtliche Geodaten für die gesamte Schweiz an. Es umfasst topografische Karten, Luftbilder, Verwaltungsgrenzen, Umweltdaten und weitere Themenlayer. Das Portal stellt interaktive Kartentools bereit, mit denen man Karten kombinieren, messen und eigene Karten exportieren kann.

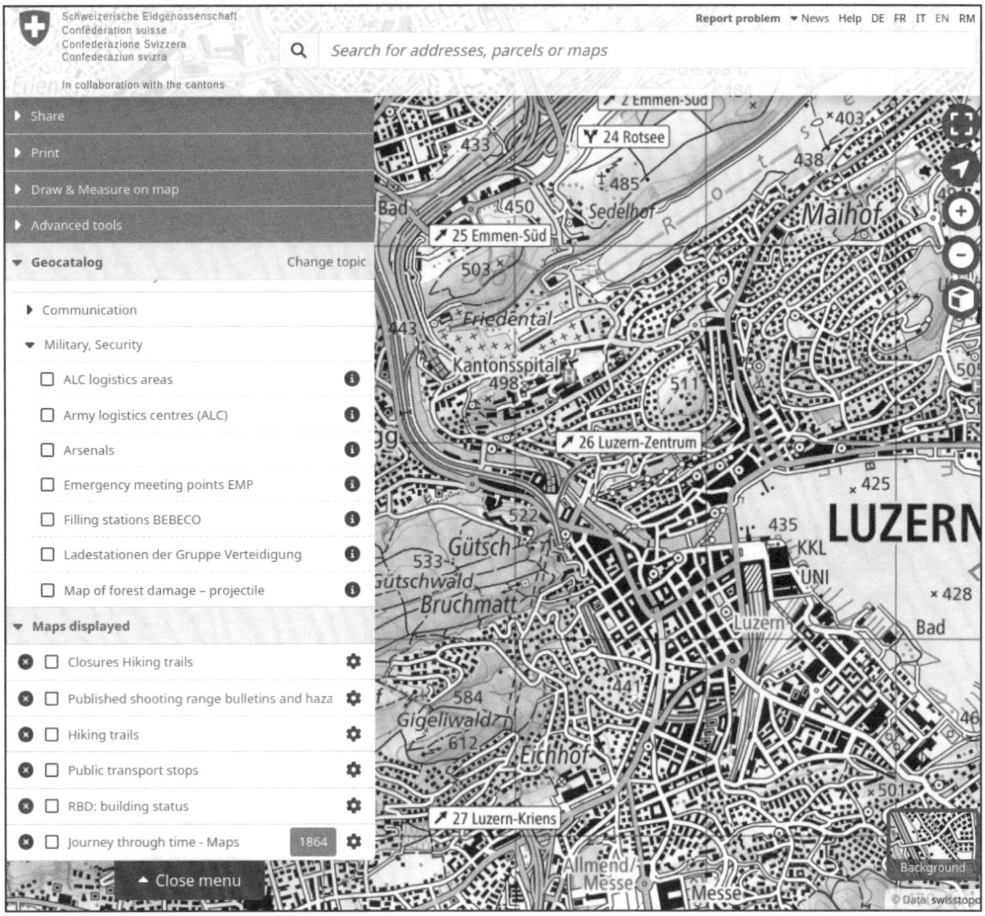

Abbildung 7.47 Website »map.geo.admin.ch«

Hervorzuheben ist insbesondere die Darstellung von Positionsdaten, die in verschiedenen Formaten wie Längen- und Breitengrad, UTM oder auch dem exotischeren Format *what3words* ausgegeben werden. Eine weitere Besonderheit ist die 3D-Ansicht.

Auch das Schweizer Geoportal (*https://www.geoportal.ch/*) bietet eine 3D-Ansicht sowie verschiedene Kartenlayer. Eine Besonderheit ist die Abfragemöglichkeit des Grundstückseigentümers.

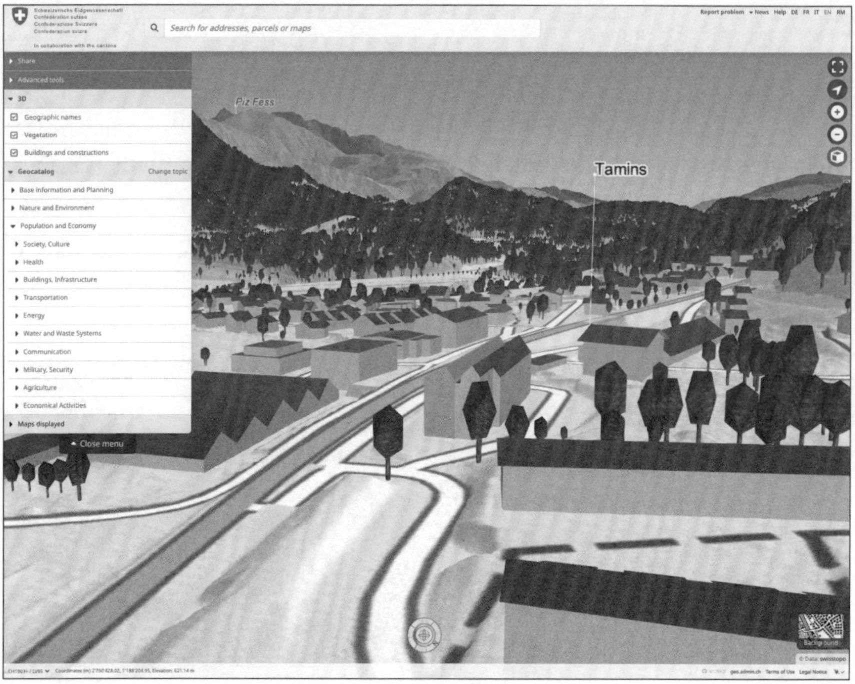

Abbildung 7.48 Website »map.geo.admin.ch«: 3D-Ansicht.

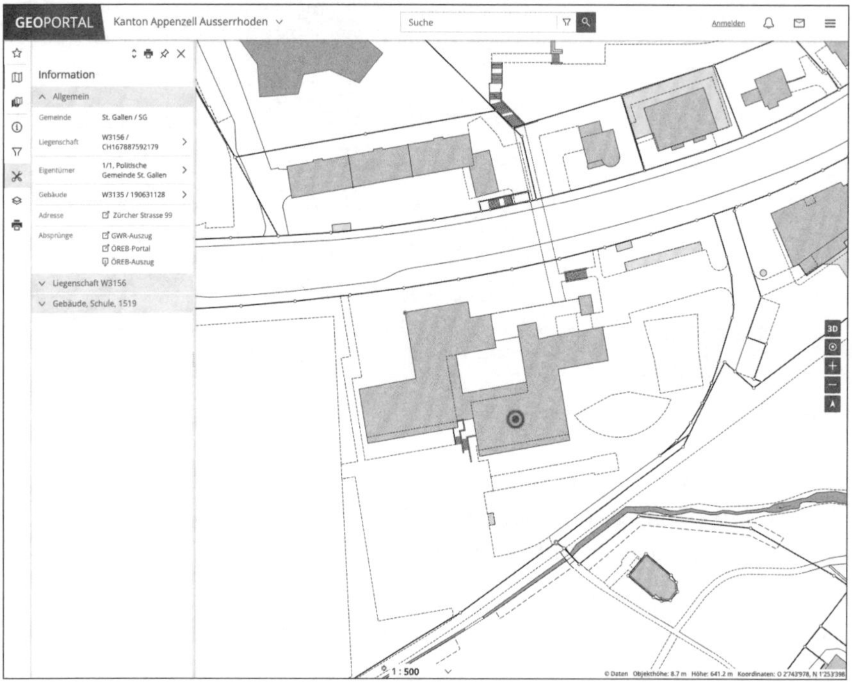

Abbildung 7.49 Eigentümerabfrage über »geoportal.ch«

Darüber hinaus gibt es eigene Angebote der einzelnen Kantone, beispielsweise das Geoportal des Kantons Zürich unter *https://geo.zh.ch/maps*.

Viele Länder stellen amtliche Karten- und Geodaten online zur Verfügung. In den meisten Fällen sind diese aktueller und zuverlässiger als konsolidierte Angebote. Auf europäischer Ebene gibt es beispielsweise das *INSPIRE*-Geoportal (*https://inspire-geoportal.ec.europa.eu/*), das als zentraler Zugangspunkt für die Suche und Nutzung von Geodatendiensten der Mitgliedstaaten dient. Es bietet einen mehrsprachigen, einheitlichen Zugriff auf Such-, Darstellungs- und Downloaddienste für Geodaten.

7.8.3 Ground-Level

Als Google in Deutschland erstmalig Bildmaterial für Street View erfasste und anschließend veröffentlichte, gab es heftige öffentliche Reaktionen. Viele Menschen verlangten von Google, dass ihre Immobilie unkenntlich gemacht wird. Die Angst vor Einbrechern, die diesen Service verwenden, um lukrative Ziele auszukundschaften, war zu groß.

Das verdeutlicht, wie wertvoll *Ground-Level-Material*, also Straßenansichten, für Recherchen sein können. Sie machen reale Orte virtuell zugänglich und zeigen Details in einer deutlich höheren Qualität als Satellitenbilder. Obendrein bietet das Material eine völlig andere Perspektive als Satelliten- und Luftbilder und ist somit eine echte Ergänzung.

Ground-Level-Material erlaubt die Aufklärung von Örtlichkeiten, ohne diese physisch aufsuchen zu müssen. Sie haben somit quasi kein Entdeckungsrisiko. Außerdem können Sie mit dieser Methode ohne nennenswerte Zeitverluste oder Reisekosten nahezu jeden beliebigen Ort weltweit aufsuchen. Im Vergleich zur Erfassung des Orangenpreises im zweiten Weltkrieg (siehe Abschnitt 5.1) werden aber auch schnell die Grenzen dieser Methode deutlich: Einerseits haben Sie selten hochaktuelles Material, andererseits variiert die Abdeckung je nach Region erheblich, und es sind auch nicht alle Orte gleich gut erfasst.

Um verlässliche Ergebnisse zu erzielen, ist die Kombination verschiedener Quellen unabdingbar. Zudem sollten Sie stets prüfen, ob eine rein virtuelle Aufklärung Ihren Informationsbedarf vollständig deckt oder eine klassische Vor-Ort-Aufklärung notwendig ist.

Folgende Ground-Level-Plattformen können Sie für OSINT-Recherchen nutzen:

- **Google Street View:** Pionier der 360°-Straßenerfassung mit hoher globaler Abdeckung
- **Apple Look Around:** hochauflösende und aktuelle 3D-Ansichten, primär für urbane Gebiete verfügbar

- **Yandex Panoramas / Mirrors:** Alternative für Russland und Osteuropa mit Zusatzfunktionen wie Luftperspektiven
- **Bing Streetside:** vergleichbar mit Google Street View, aber regional eingeschränkter
- **Mapillary:** Community-basierte Plattform mit dynamisch wachsenden Nutzeraufnahmen
- **KartaView:** offene Crowdsourcing-Alternative mit Fokus auf Asien und wachsendem globalem Datenbestand.

Im Folgenden stelle ich die Funktionsweise und Besonderheiten der einzelnen Plattformen im Detail vor.

Google Street View

Bei *Google Street View* handelt es sich um 360°-Bildmaterial auf Geländeniveau. Das Material wurde größtenteils durch Fahrzeuge mit einer auf dem Dach angebrachten Kamera aufgenommen.

Google Street View erreichen Sie, indem Sie innerhalb von Google Maps die gelbe Figur am unteren rechten Rand per Drag and Drop auf die Karte ziehen oder auf dieses klicken. In beiden Fällen wird Ihnen das verfügbare Material durch blaue Linien und Punkte angedeutet (siehe Abbildung 7.50).

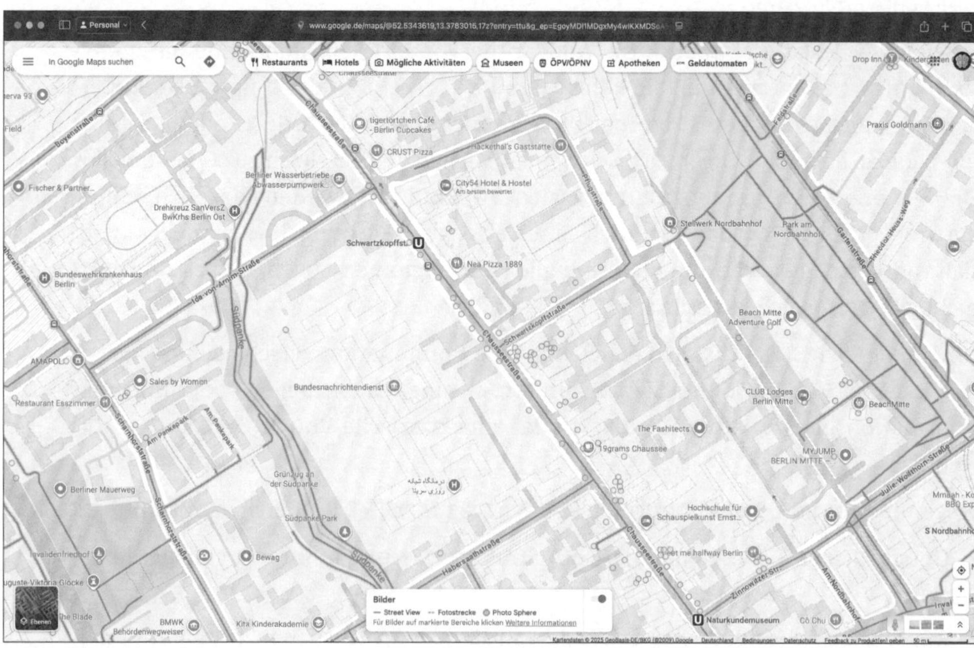

Abbildung 7.50 Google Street View: verfügbares Bildmaterial

Lassen Sie die Figur nun an der gewünschten Stelle los oder klicken die gewünschte Stelle an, dann gelangen Sie in die 360°-Ansicht von Google Street View.

Abbildung 7.51 Google Street View: 360°-Ansicht

In dieser Ansicht können Sie bei gedrückter Maustaste die Ansicht in alle Richtungen schwenken oder per Mausklick an eine neue Position springen, sofern entsprechendes Material verfügbar ist. Nun können Sie digital auf Wanderung gehen, wobei (leider) Kennzeichen und Gesichter verpixelt sind.

Ich möchte Ihnen ein spannendes Projekt vorstellen, von dem ich hoffe, dass es sich schon bald global ausbreitet: all text in nyc. Ein Entwickler hat mittels OCR sämtlichen Text aus dem Bildmaterial von Google Street View für New York City extrahiert und durchsuchbar gemacht. Ich war erstaunt, wie robust die Texterkennung funktioniert. Probieren Sie es selbst aus: *https://alltext.nyc*

Apple Look Around

In der Kartenanwendung von macOS finden Sie ebenfalls 360°-Bildmaterial auf Geländeniveau. Öffnen Sie hierzu das Kartenprogramm und klicken Sie auf das Fernglas-Symbol in der oberen rechten Ecke. Nun erscheint ein Fernglas-Icon mit einem angedeuteten Sichtfeld. Sie können das Icon per Drag and Drop oder per Mausklick an eine andere Position bewegen und so den sichtbaren Bereich verändern. Verfügbares Material erkennen Sie an der blauen Einfärbung.

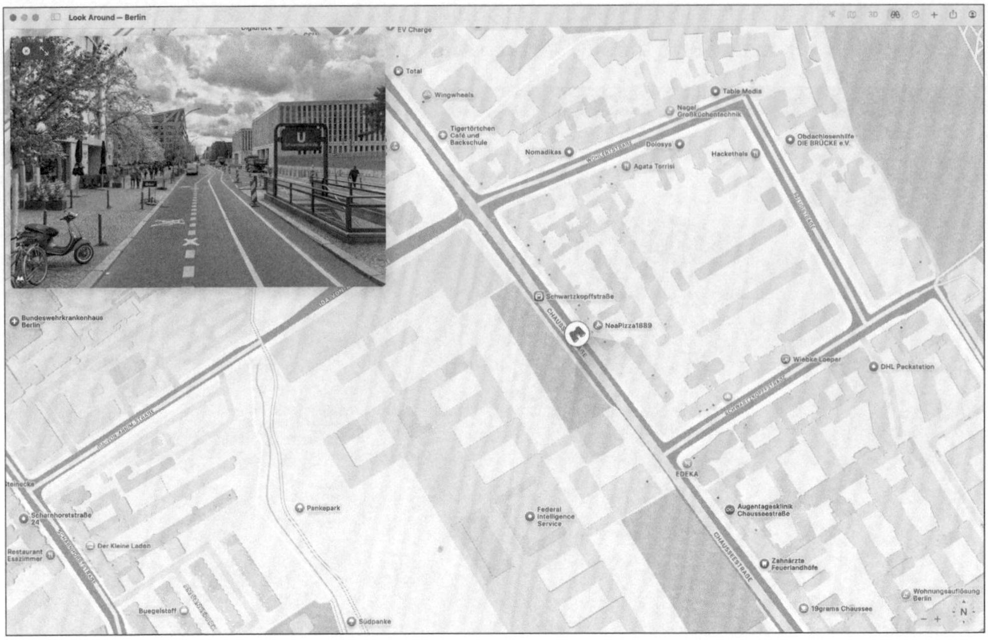

Abbildung 7.52 Apple Look Around

Durch Klick auf den Doppelpfeil können Sie das 360°-Bildmaterial vergrößern. Innerhalb des Materials können Sie sich wie bei Google Street View bewegen, indem Sie an eine andere Stelle klicken. Das Sichtfeld lässt sich mit gedrückter Maustaste schwenken.

Ohne ein Apple-Gerät können Sie via *https://lookmap.eu.pythonanywhere.com* ebenfalls auf die Karte von *Apple Look Around* zugreifen.

Yandex Panoramas/Mirrors

Der Kartendienst Yandex verfügt über eine Funktion, die Google Street View entspricht und als *Yandex Panoramas* bezeichnet wird. Nutzer können diese Option aktivieren, indem sie auf das Symbol mit der Person am oberen rechten Bildschirmrand unter *https://yandex.com/maps* klicken. Mit dieser Auswahl werden die verfügbaren Panoramaaufnahmen als zusätzliche Ebene eingeblendet und durch blaue Straßenabschnitte oder Heißluftballon-Symbole dargestellt (Abbildung 7.53).

Sie können nun auf einen der blauen Straßenabschnitte oder auf ein Heißluftballon-Symbol klicken, um direkt in die 360°-Ansicht zu wechseln. In dieser Panoramaansicht bewegen Sie sich wie gewohnt per Mausklick, per Klick auf die Pfeil-Symbole oder mithilfe der Pfeiltasten auf Ihrer Tastatur. Halten Sie die Maustaste gedrückt, können Sie die Perspektive schwenken.

Abbildung 7.53 Yandex Panoramas

Abbildung 7.54 Yandex Panoramas in einer 360°-Ansicht

Besonders hilfreich ist die Einblendung von Hausnummern direkt über den Gebäuden. Auch lassen sich für bestimmte Standorte historische Aufnahmen aufrufen. Mit einem Klick auf die angezeigte Jahreszahl am oberen Rand können Sie den Wandel eines Ortes über die Jahre nachvollziehen. Im Vergleich zu Google oder Apple ist die Abdeckung aber gering. Yandex hat vor allem in russischen Städten und Ballungszentren umfassende Panoramaaufnahmen, während ländliche und internationale Gebiete nur eingeschränkt oder gar nicht verfügbar sind.

Eine zusätzliche Funktion der Yandex-Panoramen ist die Auswahl der Heißluftballon-Symbole. Hierüber gelangen Sie direkt zu einzelnen 360°-Aufnahmen, die häufig aus erhöhten Perspektiven erstellt wurden, beispielsweise aus der Luft. So erhalten Sie einen umfassenderen Eindruck von der Umgebung oder Einblicke in sonst nicht einsehbare Bereiche.

Dank der Kombination von Straßenniveau-Material, 360°-Grad-Luftaufnahmen und Satellitenbildern können Sie umfassende virtuelle Erkundungen durchführen.

Abbildung 7.55 Yandex Mirrors

Eine weitere Funktion heißt *Yandex Mirrors*. Über das Kamerasymbol, das sich rechts neben dem Symbol für *Yandex Panoramas* befindet, können Sie auf nutzergeneriertes Bildmaterial von Fahrten zugreifen. Die Abdeckung dieses Dienstes ist geringer als die von Yandex Panoramas. Dafür ist das Bildmaterial aktuell, insbesondere bei größeren und stark befahrenen Straßen.

Bing Streetside

Außerhalb von Deutschland bietet Bing ebenfalls auf Bodenniveau aufgenommene Straßenansichten, die bei Bing Maps als *Streetside* bezeichnet werden. Auch hier können Sie sich in gewohnter Weise virtuell entlang von Straßen bewegen. Sie können *Streetside* entweder über das Kontextmenü per Rechtsklick aufrufen oder den Layer *Straßenansicht* über das Kartensymbol am rechten Rand einblenden und dann auf eine der blau hervorgehobenen Straßen klicken. Vor allem in größeren Städten und Ballungsräumen gibt es viel Bildmaterial.

Mapillary

Mapillary wurde 2013 gegründet und hat sich seitdem zu einer weltweit genutzten Crowdsourcing-Plattform für georeferenziertes Bildmaterial auf Straßenniveau entwickelt. Es ist vergleichbar mit Google Street View, jedoch stammt das Material von Nutzern. Die Community dokumentiert mit Smartphones und Dashcams Straßen, Wege und Orte, die teils von kommerziellen Anbietern nicht erfasst werden – unter anderem auch deshalb, weil diese dort keinen Zugang haben. Dadurch entstehen einzigartige Perspektiven, die Sie für Ihre Recherchen nutzen können.

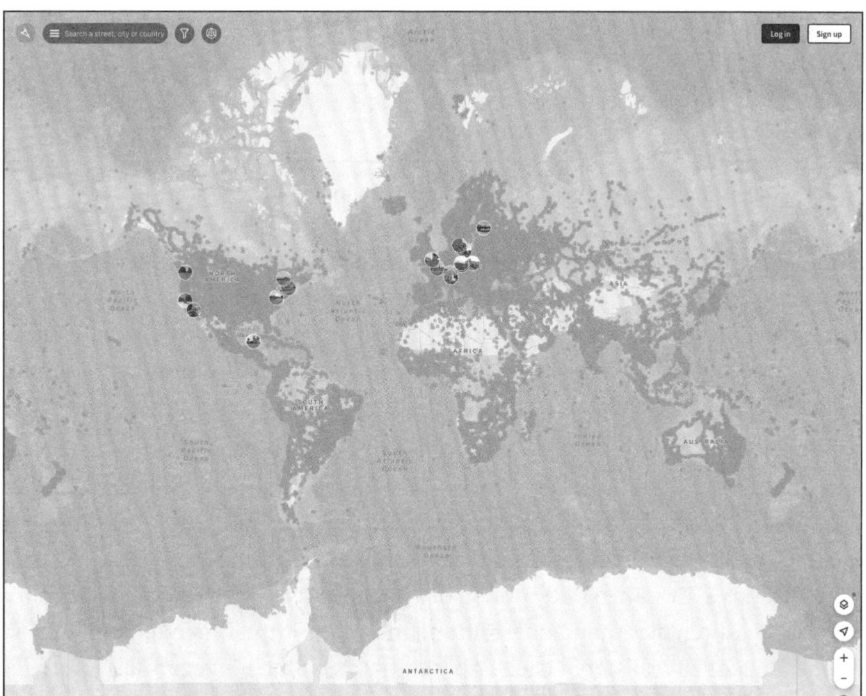

Abbildung 7.56 Abdeckung von »Mapillary«

Sie finden die interaktive Karte unter *https://www.mapillary.com/app*. Über das Filtersymbol am oberen linken Rand können Sie gezielt nach Bildmaterial suchen, beispielsweise nach Beiträgen eines bestimmten Users, nach Aufnahmen aus einem bestimmten Zeitraum oder gezielt nach 360°-Aufnahmen.

Abbildung 7.57 Filter und verfügbares Material von »Mapillary«

Jede Linie auf der Karte steht für eine Bildsequenz, also eine zusammenhängende Aufnahmefahrt. Die einzelnen Punkte auf dieser Linie markieren die Positionen, an denen jeweils ein Foto aufgenommen wurde. Wenn Sie mit der Maus über einen dieser Punkte fahren, erscheint eine kleine Thumbnail-Vorschau, die Ihnen bereits einen ersten Eindruck vom Motiv vermittelt. Durch einen Klick auf den Punkt gelangen Sie in die Detailansicht, wo Sie die Szene im Vollbildmodus betrachten können.

Die Bewegungsmöglichkeiten innerhalb der Bildsequenzen ähneln jenen der bekannteren Anbieter. Sie können sich entlang der Route bewegen oder diese automatisch abspielen. Handelt es sich bei einer Aufnahme um ein gewöhnliches zweidimensionales Foto, ist das Schwenken und Drehen des Blickwinkels eingeschränkt. *Mapillary* versucht dabei, durch die Aneinanderreihung mehrerer Aufnahmen eine möglichst sphärische Ansicht zu realisieren (siehe Abbildung 7.58). Sind hingegen 360°-Aufnahmen verfügbar, können Sie die Perspektive frei schwenken und die Umgebung in alle Richtungen betrachten.

Abbildung 7.58 Detailansicht

Über das Uhr-Symbol am rechten unteren Rand können Sie – sofern für einen Standort mehrere Aufnahmen vorliegen – zwischen Ansichtsvarianten wechseln. So erkennen Sie Veränderungen.

Ergänzend dazu gibt es weitere Kontextinformationen, beispielsweise Angaben zum Upload-Datum oder zum Aufnahmegerät. Diese Informationen finden Sie über das Drei-Punkte-Menü am rechten unteren Rand.

KartaView

KartaView ist eine weitere offene Plattform, die auf Straßenbilder von Nutzerinnen und Nutzern setzt. Unter *https://kartaview.org/map/* können Sie auf diese weltweiten Bilddaten zugreifen. Besonders hervorzuheben sind die drei südostasiatischen Städte Singapur, Krabi und Can Tho, die vollständig in 360° mit der KartaCam360 dokumentiert sind. Dies zeigt, dass *KartaView* besonders im südostasiatischen Raum verbreitet ist. Die Abdeckung ist insgesamt regional sehr unterschiedlich. Manche Städte sind fast vollständig erfasst, andere nur teilweise oder gar nicht. In einigen Regionen sind lediglich Autobahnen oder Hauptverkehrsstraßen dokumentiert.

Nach dem Hereinzoomen in eine bestimmte Gegend werden blaue Linien auf der Karte sichtbar, die einzelne Bildsequenzen, sogenannte Tracks repräsentieren. Jeder Track steht für eine Fahrt, bei der fortlaufend Aufnahmen gemacht wurden.

Abbildung 7.59 Übersicht und Tracks von »KartaView«

Klicken Sie auf eine beliebige Stelle auf der Karte, werden im unteren Bereich der Anwendung die dort verfügbaren Tracks mit Vorschaubildern angezeigt. Fahren Sie mit der Maus über eines der Vorschaubilder, können Sie Metadaten wie das Aufnahmedatum oder die verwendete Kamera auslesen.

Durch einen Klick auf ein Vorschaubild öffnet sich die Detailansicht des jeweiligen Tracks. Hier können Sie die Bilder in voller Auflösung betrachten und sich entlang der Route bewegen. Bei 360°-Aufnahmen lässt sich die Perspektive in alle Richtungen frei wählen.

Best Practices für Ground-Level-Dienste

Die Möglichkeiten, Ground-Level-Daten im Kontext von Recherchen einzusetzen, sind vielfältig. Einige Tipps für Ihre Recherchen:

- Nutzen Sie stets mehrere Plattformen parallel, um Lücken hinsichtlich der Abdeckung und Aktualität auszugleichen.
- Vergleichen Sie die Straßenansichten mit Satelliten- und Luftbildern sowie mit offiziellem Kartenmaterial.
- Prüfen Sie, ob die digitale Aufklärung Ihren Informationsbedarf deckt oder eine (ergänzende) Vor-Ort-Recherche notwendig ist.
- Denken Sie auch an andere Quellen für aktuelles Material, beispielsweise Social-Media-Beiträge oder Webcams.

Ground-Level-Aufnahmen ermöglichen die virtuelle Aufklärung von Orten und liefern einen Detailgrad, den andere Datenquellen oftmals nicht bieten.

7.8.4 Luft- und Drohnenbilder

Auch Luftbilder und Drohnenaufnahmen erweitern die Möglichkeiten der Recherche erheblich. Sie bieten einen großflächigen Überblick, machen Veränderungen, Strukturen und Zusammenhänge erkennbar.

Luftbild vs. Orthofoto

Luftbilder und Orthofotos sind zwei verschiedene Arten der bildgebenden Darstellung aus der Vogelperspektive. Ein klassisches Luftbild zeigt die Landschaft so, wie sie aus der Perspektive des Flugzeugs oder der Drohne erscheint. Dabei entstehen oft perspektivische Verzerrungen, da Gebäude und Objekte je nach Blickwinkel unterschiedlich abgebildet werden.

Ein Orthofoto hingegen ist ein geometrisch entzerrtes Luftbild, bei dem die Verzerrungen durch Perspektive und Höhenunterschiede durch spezielle Bildbearbeitung ausgeglichen wurden. Das Ergebnis ist eine maßstabsgetreue, kartografisch nutzbare Ansicht, in der alle Objekte korrekt positioniert und proportioniert erscheinen.

Die *OpenAerialMap*, die Sie unter *https://map.openaerialmap.org* finden, bietet eine große Auswahl aktueller und historischer Aufnahmen in Form von Satelliten- und Drohnenbildern, die frei zugänglich und lizenziert sind (siehe Abbildung 7.60). Sie können entweder interaktiv über die Kartenansicht einen Ort ansteuern oder diesen über das Suchfeld eingeben. Darüber hinaus können Sie die Ergebnisse nach Aufnahmezeit, Auflösung und Datentyp filtern.

SkyPixel (*https://www.skypixel.com*) ist eine Plattform für Drohnenfotografie und -videografie. Seit 2014 teilen dort mehr als 10 Millionen Nutzerinnen und Nutzer ihre Aufnahmen. Mit der Suchfunktion können gezielt Videos, Fotos, 360°-Panoramen und Benutzerprofile gefunden werden.

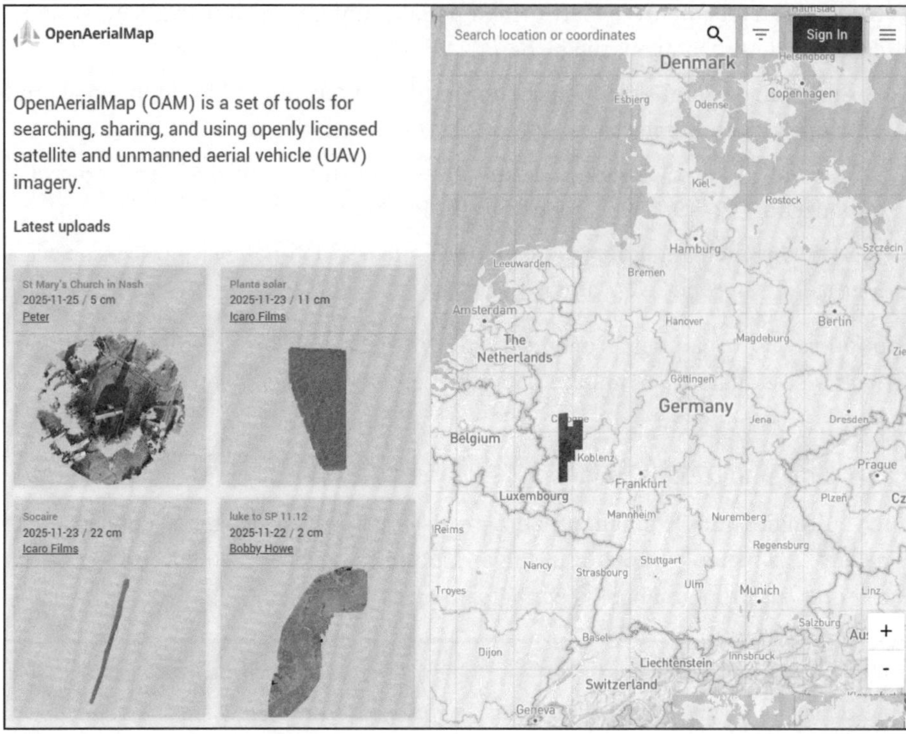

Abbildung 7.60 OpenAerialMap

Social-Media-Plattformen sind bei der Recherche nach Drohnenaufnahmen nicht zu unterschätzen. Insbesondere auf Instagram und YouTube werden viele Drohnenbilder veröffentlicht. Durch die Verwendung geeigneter Hashtags (z. B. #dronefootage, #Luftaufnahme, #Drohne, #AerialPhotography) oder die gezielte Suche nach Ortsnamen lassen sich schnell relevante Inhalte finden.

Viele öffentliche Kartenanbieter stellen auch Luftbilder zur Verfügung. Wählen Sie beispielsweise auf *https://www.geoportal.de/map.html* LUFTBILD als Kartenhintergrund.

Ein weiteres Beispiel ist die österreichische Variante *https://www.bev.gv.at/Services/Produkte/Luftbildprodukte/Luftbild.html*. Darüber hinaus ist teilweise auch auf Stadtebene ein Zugang zu Luftbildmaterial möglich, beispielsweise unter *https://geoportal.frankfurt.de/*.

7.8.5 Satellitenbilder

Satellitenbilder bieten heute einen Zugang zu Informationen, die noch vor einiger Zeit ausschließlich zum Repertoire von Militärs und Nachrichtendiensten gehörten. Neben den Basiskarten von Google Maps oder Bing Maps stehen offene und kommerzielle Quellen zur Verfügung, mit denen sich aktuelle und historische Aufnahmen gezielt recherchieren lassen.

Doch warum sind Satellitenbilder so wertvoll? Sie bieten orts- und zeitbezogene Einblicke auf globaler Ebene und das selbst in schwer zugänglichen oder überwachten Gegenden.

Sensortypen und Auflösung

Satellitenbild ist nicht gleich Satellitenbild. Es gibt unterschiedliche Sensortypen und Auflösungen. Grundsätzlich kann zwischen passiver und aktiver Beschaffung unterschieden werden. Passive Sensoren erfassen reflektiertes Sonnenlicht, während aktive Systeme wie Radar oder LiDAR selbst Signale aussenden und deren Rückstreuung messen.

Für die Praxis genügt eine einfache Unterscheidung:

- *Optische Aufnahmen* (sichtbares Licht bis nahes Infrarot) liefern klare, leicht interpretierbare Bilder, sind aber wetter- und tageslichtabhängig.
- *Radaraufnahmen* (SAR) arbeiten aktiv, funktionieren bei Nacht und unabhängig von Bewölkung, erfordern aber etwas Übung in der Interpretation. Thermalsensoren zeigen Wärmequellen und können beispielsweise Waldbrände erkennen.

Die Bodenauflösung variiert stark: Frei verfügbare Daten wie die von Sentinel-2 oder Landsat liegen meist im Bereich von 10 bis 30 Metern mit vollständigen Metadaten. Hochauflösende Ansichten mit ca. 30 bis 50 cm tauchen in Basiskarten auf, sind dort jedoch Mosaike mit gemischten Aufnahmedaten und restriktiven Lizenzen; die zugrunde liegenden Rohszenen stehen in der Regel nicht frei zum Download. Submeter-Daten (< 1 m) erhält man als Archiv- oder Neuaufnahmen über kommerzielle Anbieter wie Maxar, Planet Labs oder Airbus gegen Entgelt.

Die feinste Bodenauflösung, latenzarme Bereitstellung, kontinuierliche Abdeckung und bestimmte Zielaufnahmen (*Tasking*) bleiben primär Militär- und Nachrichtendiensten vorbehalten. Diese Akteure verfügen über priorisierte Zugänge und teils höhere Detailgrade, die im zivilen Markt nicht oder nur stark eingeschränkt verfügbar sind.

Zeitliche Abdeckung

Archivdaten sind oft sofort verfügbar und reichen mehrere Jahre zurück. Neuaufnahmen können gezielt und zeitnah gegen Entgelt bestellt werden, sind aber wetter- und flugbahnbedingt eingeschränkt. Sentinel-2-Satelliten liefern typischerweise alle fünf Tage Bilddaten, Landsat im 16-Tage-Rhythmus, kommerzielle Dienste sogar täglich oder öfter.

Öffentliche Satellitenmissionen

Öffentliche Missionen wie Copernicus Sentinel (ESA) und Landsat (USGS/NASA) liefern regelmäßig multispektrale Daten mit langen Zeitreihen. Der Zugriff erfolgt per Web:

- *Copernicus Browser* (*https://browser.dataspace.copernicus.eu*)
- *USGS EarthExplorer* (*https://earthexplorer.usgs.gov*)
- *NASA Worldview* (*https://worldview.earthdata.nasa.gov*)

Das *Fire Information for Resource Management System (FIRMS)* finden Sie unter *https://firms.modaps.eosdis.nasa.gov/map*. Hier sehen Sie eine Weltkarte mit potenziellen Bränden.

Das NASA-System *FIRMS* liefert nahezu in Echtzeit Daten zu Waldbränden. Das System erkennt Brände allerdings nicht immer: Das Feuer könnte zwischen Satellitenüberflügen entstehen und erlöschen, von Wolken, Rauch oder Baumkronen verdeckt sein oder während eines Instrumentenausfalls auftreten. Zu kleine oder kühle Brände entgehen ebenfalls der Erkennung.

Das nachts ausgestrahlte Licht eignet sich ebenfalls für Analysen. Spezialisierte Produkte wie *Black Marble* der NASA nutzen *Visible Infrared Imaging Radiometer Suite (VIIRS)* und werten so Nachtlichtdaten aus. Unter *https://blackmarble.gsfc.nasa.gov/* können verschiedene Zeitpunkte verglichen werden, um Veränderungen zu erkennen. So lassen sich etwa Blackouts, Änderungen in der Lichtausstrahlung oder Zerstörungen ableiten.

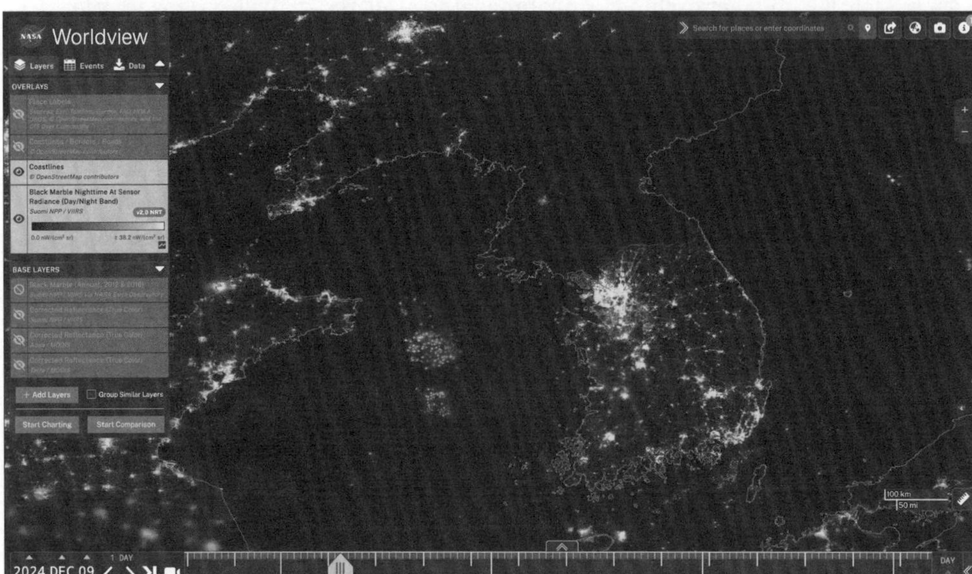

Abbildung 7.61 NASA Worldview: Black Marble Nighttime

In Abbildung 7.61 sehen Sie deutlich den Unterschied zwischen Nord- und Südkorea. Zusätzlich können Sie eine Ansammlung von Fischerbooten westlich von Südkorea erkennen.

Nachtlichtdaten zur Erkennung von Stromausfällen oder Zerstörung

Satellitennachtlichtdaten erlauben es Ihnen, Veränderungen der Beleuchtung von Städten oder ganzen Regionen zu vergleichen und so Rückschlüsse auf Ereignisse wie Konflikte oder Zerstörung zu ziehen.

Beispielsweise können Sie deutliche Unterschiede in den Nachtlichtdaten von Mariupol vor und nach der russischen Invasion 2022 erkennen.

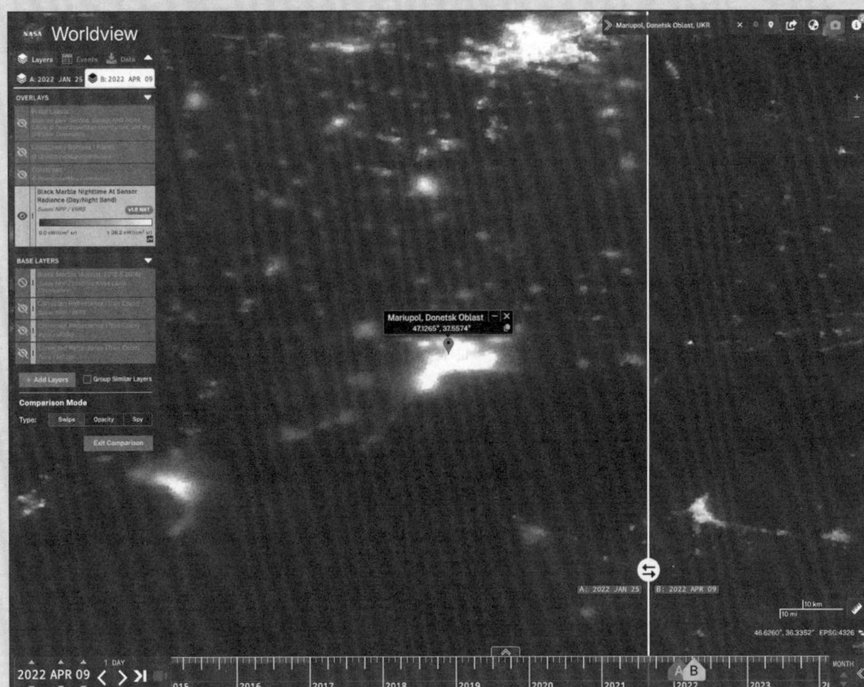

Abbildung 7.62 Nachtlichtdaten Mariupol Januar 2022

Ähnlich zeigen die Satellitendaten aus dem Gazastreifen nach dem Oktober 2023 durch Bombardements und Versorgungsengpässen von Strom einen Einbruch der nächtlichen Beleuchtung.

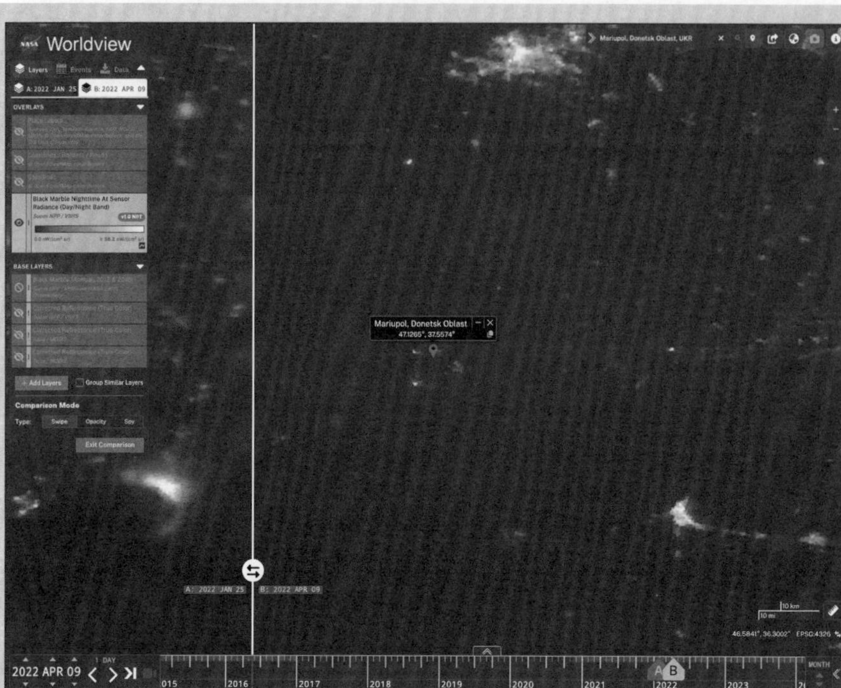

Abbildung 7.63 Nachtlichtdaten von April 2022

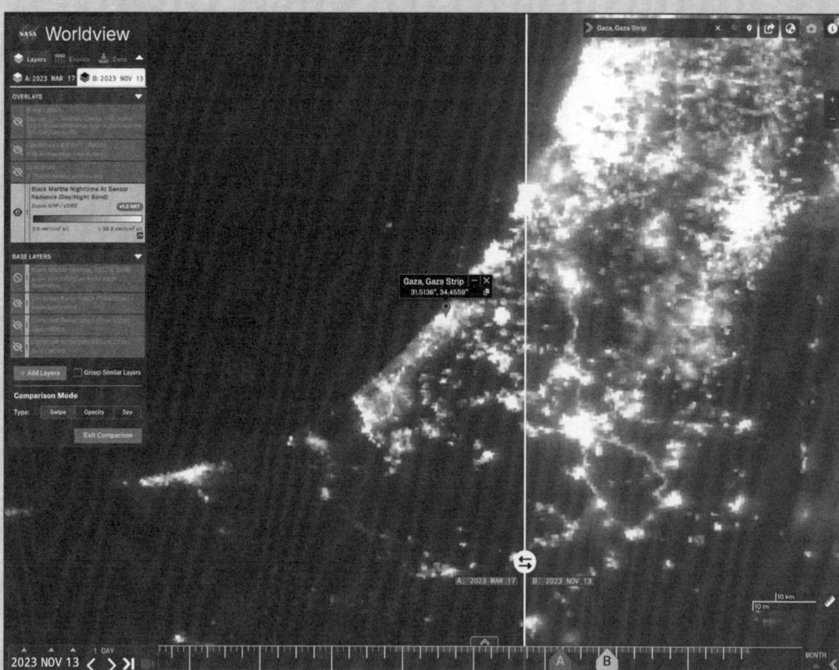

Abbildung 7.64 Nachtlichtdaten Gazastreifen März 2023

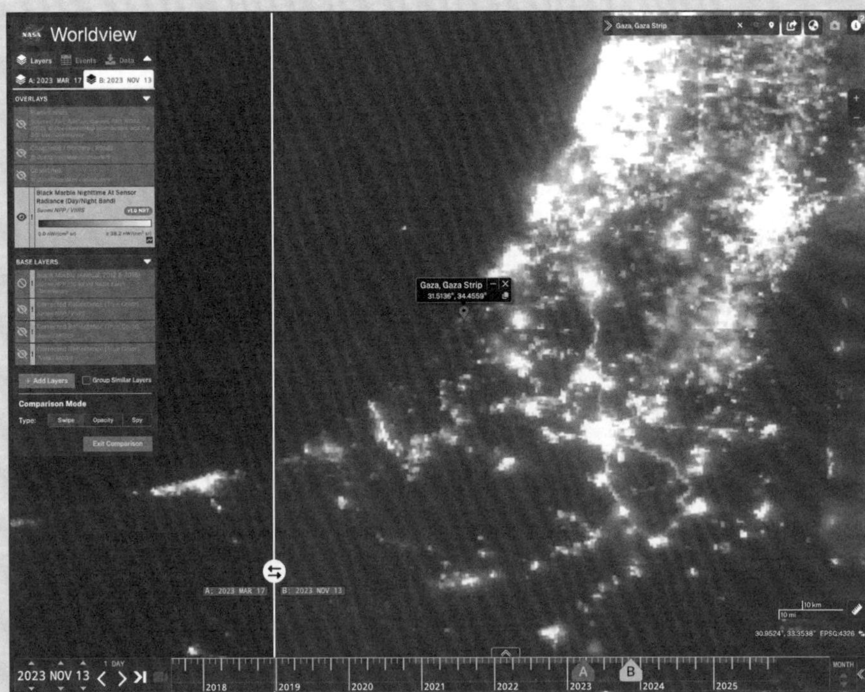

Abbildung 7.65 Nachtlichtdaten Gazastreifen November 2023

Achten Sie darauf, dass Bewölkung oder andere Störeinflüsse Signale beeinflussen können.

Über *Google Earth* (*https://earth.google.com/*) können Sie ebenfalls auf Satellitenmaterial zugreifen. Über die obere Menüleiste können Sie historische Satellitenbilder betrachten oder andere Datenlayer auswählen. Auch lassen sich Quelle und Datum der Aufnahme auslesen.

Historische Bilder können Sie über das Uhrensymbol ansteuern – per Schieberegler lässt sich ein Datum auswählen. Das ist ideal, um Veränderungen über längere Zeiträume zu beobachten. Nicht für jeden Ort gibt es historische Daten.

Mit *Earth Copilot* (*https://github.com/microsoft/Earth-Copilot*) steht eine von Microsoft entwickelte, KI-basierte Open-Source-Anwendung zur Verfügung, mit der Sie per Chateingabe Satellitendaten interaktiv durchsuchen, visualisieren und analysieren können. Die Plattform nutzt dazu LLMs. *Earth Copilot* macht kontextuelle Analysen, z. B. Schadensabschätzungen nach Naturkatastrophen, per Abfrage möglich: »What was the impact of Hurricane Florence 2018 in North Carolina?«

Ein etwas exotisches Tool finden Sie unter dem Namen Keep Track (*https://app.keeptrack.space/*). Mit diesem browserbasierten 3D-Werkzeug können Sie Satelliten im Erdorbit tracken und analysieren.

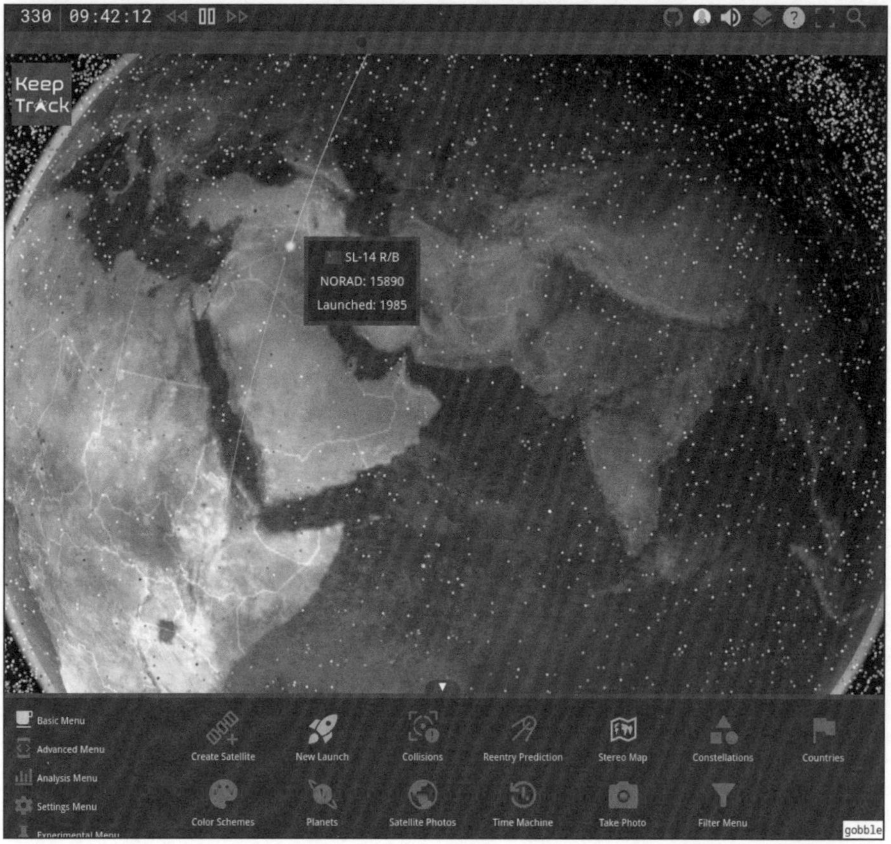

Abbildung 7.66 »Keep Track«: 3D-Satellitentracker

7.8.6 Webcams

Mit *Webcams* lassen sich Erkenntnisse nahezu in Echtzeit erlangen. Bei der Betreuung von Demonstrationslagen beispielsweise lassen sich Schätzungen über den Zulauf und die Größe einer Menschenmenge vornehmen. Bei Schadensereignissen können Sie die Situation vor Ort deutlich besser einschätzen, getreu dem Motto: Ein Bild sagt mehr als tausend Worte.

Da es sich bei Webcams in der Regel um einen Live-Stream handelt, muss relevantes Material bereits während der Betrachtung gesichert werden, andernfalls ist es für immer verloren.

Wenn Sie Webcams finden möchten, führt der einfachste Weg über eine Websuche mit dem Begriff »Webcam« und dem Ort, den Sie aufklären möchten. Darüber hinaus existieren verschiedene Webseiten wie z. B. *https://worldcam.eu/map*, die Webcams auf einer Karte darstellen.

Neben der klassischen Websuche gibt es Suchmaschinen wie *Shodan* (*https://www.shodan.io/*), mit der Sie nach Internetgeräten suchen können. Durch die Eingabe gezielter Suchparameter, etwa Herstellernamen, können Sie mit *Shodan* Webcams aufspüren, die möglicherweise frei zugänglich sind und Echtzeitbilder liefern. Allerdings sollten Sie verantwortungsvoll mit den so gewonnenen Informationen umgehen, da diese in vielen Fällen unbewusst öffentlich zugänglich sind.

Der Onlinedienst Windy.com bietet Ihnen vielfältige Wetterdaten in einer übersichtlichen Darstellung. Über *https://www.windy.com/p:cams* oder den Menüpunkt WEBCAMS (beziehungsweise das Kamerasymbol im Kontextmenü unten rechts) können Sie georeferenzierte Webcams als Layer in die Karte einblenden. Für jede angezeigte Webcam wird der Zeitpunkt der letzten Aktualisierung und ein kleines Vorschaubild angezeigt.

Abbildung 7.67 Detailansicht mit Webcams auf »Windy.com«

Wenn Sie auf eines der Vorschaubilder klicken, öffnet sich die Webcam im Seitenmenü. Dort erhalten Sie nicht nur einen Live-Einblick, sondern können auch Aufnahmen der letzten 24 Stunden einsehen. Zusätzlich besteht die Möglichkeit, gezielt durch historische Aufnahmen der letzten 30 Tage, der letzten 12 Monate oder sogar seit Einbindung der Webcam zu navigieren. Über den Link WEBSITE DES ANBIETERS gelangen Sie direkt zum originalen Feed der Webcam. Im unteren Bereich des Seitenmenüs werden zudem umliegende Webcams inklusive der jeweiligen Entfernung angezeigt.

7.8.7 Immobilien

Im Kontext von OSINT bieten Immobilienportale wertvolle Einblicke in Eigentumsverhältnisse, Standortdaten und wirtschaftliche Indikatoren, die für Untersuchungen zu Personen, Unternehmen oder Regionen genutzt werden können, etwa zur Schätzung von Vermögenswerten oder zur Identifizierung von Adressen.

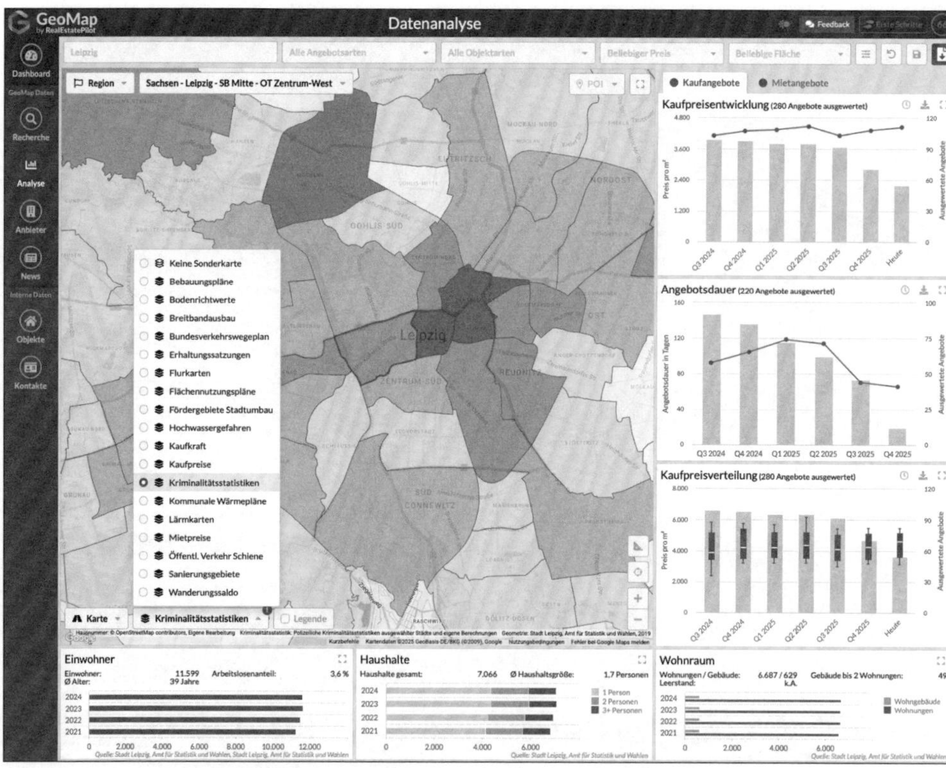

Abbildung 7.68 Analyse von Immobiliendaten mit »GeoMap«

- Die Plattform *https://atlas.immobilienscout24.de* bietet Zugriff auf interaktive Karten mit detaillierten Daten zu Miet- und Kaufpreisen, zur Demografie und zu Marktentwicklungen in Deutschland.

- Ergänzend dazu dient *https://mapio.net/* als internationale Suchmaschine für Immobilienanzeigen und Kartenmaterial, die öffentlich zugängliche Listings aus verschiedenen Quellen aggregiert und mit Geodaten verknüpft – ideal für die Lokalisierung von Objekten oder die Überprüfung von Adressangaben.
- Nach einer kostenlosen Registrierung auf *https://app.geomap.immo* können Sie geobasierte Visualisierungen und eine Suche nach Immobilienangeboten nutzen. Darüber hinaus sind Analysen von Immobilienmärkten möglich, einschließlich Layern für Kaufkraft, Kriminalitätsstatistiken, Hochwassergefahren oder Lärmkarten. Wie in Abbildung 7.68 gezeigt, lassen sich damit fortgeschrittene OSINT-Anwendungen durchführen, etwa die Bewertung von Risiken in spezifischen Gebieten oder die Korrelation von Immobiliendaten mit anderen offenen Quellen (soziale Medien, Unternehmensregister etc.).

7.8.8 Kartentools

Kartentools helfen bei der Arbeit mit georeferenzierten Daten. Mithilfe dieser Tools können Sie Standorte, Ereignisse und Mengen auswerten, beispielsweise durch 3D-Darstellungen (*Google Earth*), Echtzeit-Monitoring von Krisen (*Liveuamap*) oder die Schätzung von Menschenmengen (*MapChecking*). Für Bewegungsanalysen lassen sich GPS-Daten mit Tools wie *GPX Studio* oder *TravelTime* auswerten, während *Overpass Turbo* und *SPOT* gezielte Abfragen in OpenStreetMap bieten.

Die Stärke liegt in der Kombination mehrerer Tools: Satellitenbilder, Erreichbarkeitsanalysen und Geolokalisierung ergänzen sich und liefern so präzisere Ergebnisse. Dabei ist eine kritische Prüfung der Datenquellen wichtig, besonders bei nutzergenerierten oder Echtzeit-Informationen.

Google Earth

Der Produktmanager von Google Earth, Gopal Shah, sagte einst: »*Google Maps is for finding your way, Google Earth is for getting lost.*« Google Earth gibt Ihnen die Möglichkeit, unseren Planeten als dreidimensionale, digitale Kopie zu betrachten. Mit einer Kombination aus (historischen) Satellitenbildern, Luftbildern, Geodaten, 3D-Modellen, Material von Google Street View und nutzergenerierten Fotos stellt Google Earth die wohl umfangreichste Repräsentation der Erde dar.

Google Earth funktioniert im Browser und als App für Android und iOS. Ergänzend gibt es Google Earth Pro als Desktop-Programm für Windows, macOS und Linux, das den größten Funktionsumfang bietet, inklusive erweiterter Messwerkzeuge und Datenimport. Alle Versionen sind unter *https://www.google.com/intl/de/earth/about/versions/* verfügbar.

Live Universal Awareness Map

Bei der Live Universal Awareness Map (Liveuamap) handelt es sich um eine interaktive Online-Karte, die Updates und georeferenzierte Informationen zu globalen Konflikten, Krisen und anderen sicherheitsrelevanten Ereignissen anzeigt. Der Fokus liegt auf Kriegsereignissen in der Ukraine, im Nahen Osten und weiteren geopolitisch angespannten Regionen.

Die Plattform ist unter *https://liveuamap.com/* zugänglich und unterstützt Filteroptionen für spezifische Regionen oder Themen, wodurch sie sich nahtlos in Echtzeit-Monitoring einbinden lässt. Alle Informationen enthalten einen Link zur Quelle, sodass die Überprüfung und tiefergehende Recherche einfach möglich sind.

MapChecking

Mit dem browserbasierten Tool MapChecking können Sie auf einfache Art schätzen, wie viele Menschen auf einem Platz stehen.

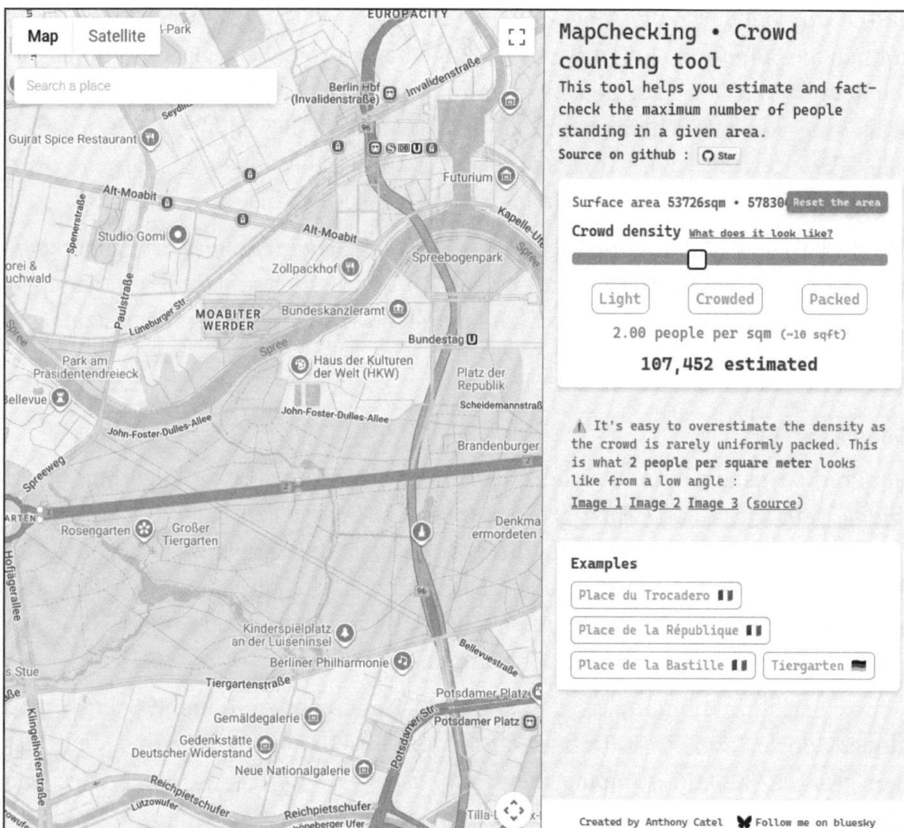

Abbildung 7.69 Wie viele Menschen passen in den Tiergarten?

Dazu nutzt das Tool, das Sie unter *https://www.mapchecking.com* finden, Kartendaten von Google Maps. Das Vorgehen ist denkbar einfach: Sie markieren eine Fläche, in der sich die Personengruppe befindet, und bestimmen über den Schieberegler die Personendichte pro Quadratmeter. Unter WHAT DOES IT LOOK LIKE? finden Sie 3D-Bilder verlinkt, die Ihnen als Hilfestellung dienen. Alternativ können Sie über die Schaltflächen LIGHT, CROWDED oder PACKED eine Schnellauswahl treffen. Im unteren Bereich können Sie dann die berechnete Personenanzahl ablesen. *MapChecking* eignet sich zur Schätzung von Menschenmengen auf Bildern oder Videos, zur Ergänzung von Lageanalysen und zur Verifikation von Zahlenangaben bei Demonstrationen oder Großereignissen.

Beispiel

Beim Monitoring einer angemeldeten Kundgebung zeigte eine Webcam den zentralen Treffpunkt. Über den Videofeed konnte der Personenzulauf abgeschätzt und im zeitlichen Verlauf beobachtet werden.

In dem konkreten Fall wurde durch die Kombination aus Bildauswertung und Schätzungen mit *MapChecking* schnell deutlich, dass die tatsächliche Teilnehmerzahl deutlich unter der ursprünglich angekündigten Größenordnung bleiben würde.

Neben der standardmäßig aktivierten Kartenansicht können Sie auch die Satellitenansicht verwenden. Sie können die gesamte Fläche verschieben, indem Sie in die Fläche anklicken und mit gedrückter Maustaste bewegen. Möchten Sie die Fläche verändern, dann bewegen Sie entweder einen bestehenden Punkt mit gedrückter Maustaste oder klicken auf den angedeuteten Punkt zwischen zwei bestehenden Punkten. Falls Sie beim Verschieben eines Punktes einen Fehler gemacht haben, können Sie diesen per Klick auf das kleine Pfeilsymbol an den ursprünglichen Ort zurücksetzen.

Das Löschen eines Punktes ist leider nicht möglich. Sollten Sie mit Ihrer Fläche unzufrieden sein, können Sie diese über den roten Button RESET THE AREA zurücksetzen und von Neuem beginnen.

Kombinieren Sie *MapChecking* mit anderen Kartenwerkzeugen und Quellen, um ein besseres Verständnis der Gegebenheiten vor Ort zu erhalten. Beachten Sie aber, dass die scheinbare Personendichte je nach Blickwinkel stark variieren kann.

TravelTime

TravelTime (*https://app.traveltime.com/*) ist ein webbasiertes Tool, das auf einer Karte visualisiert, welche Bereiche in einem bestimmten Zeitraum mit unterschiedlichen Fortbewegungsmitteln wie Auto, ÖPNV oder zu Fuß erreichbar sind. In Untersuchungen kann es dabei helfen, Bewegungsprofile von Personen zu rekonstruieren oder potenzielle Treffpunkte zu identifizieren. Die Basis-Version ist kostenlos; für erweiterte Analysen ist eine Registrierung erforderlich.

GPX Studio

GPX Studio (*https://gpx.studio/de*) ist ein kostenloses Onlinetool zum Bearbeiten, Visualisieren und Analysieren von GPX-Dateien (GPS-Tracks), in denen Routen, Höhenprofile und Geschwindigkeiten gespeichert sind. Sie können so Routen auf eine interaktive Karte exportieren.

Beim Erstellen einer Route können Sie zwischen verschiedenen Fortbewegungsmitteln wählen und durch einfaches Hinzufügen von Punkten auf der Karte eine Route erstellen. Darüber hinaus können Sie über das Kalender- und Uhr-Symbol am linken Bildschirmrand Start- und Endzeitpunkt auswählen oder diese anhand einer Geschwindigkeit realistisch errechnen lassen. Eine so erstellte Route können Sie beispielsweise bei *Strava* hochladen und so die dort vorhandene FlyBy-Funktion nutzen, um andere Nutzer in der Nähe zu identifizieren oder Bewegungen zu korrelieren.

Gebirgstools

Für die geografische Verortung und zeitliche Einordnung von Aufnahmen in alpinen Regionen bieten spezialisierte Gebirgstools wertvolle Unterstützung.

PeakFinder (*https://www.peakfinder.com/*) steht als Web-Applikation sowie für Android und iOS zur Verfügung. Die Software generiert virtuelle 360°-Panoramaansichten der umliegenden Berggipfel eines beliebigen Standpunkts. Diese Funktion ist besonders relevant für die Identifikation von Aufnahmeorten und -zeitpunkten in Gebirgslandschaften. Sie können Datum und Uhrzeit präzise einstellen; die Anwendung visualisiert daraufhin den genauen Verlauf sowie die Position der Sonne im Panorama. Über Pfeiltasten am linken Bildschirmrand passen Sie die Position über dem Boden an.

Über das Burger-Menü erreichen Sie weitere Konfigurationen, etwa die Einblendung der Mondumlaufbahn und -position, Sprachänderungen oder das Aktivieren eines Gitternetzes. Eine Exportfunktion, beispielsweise im SVG-Format, ist ebenfalls vorhanden.

Overpass Turbo und Hilfsmittel

Wenn Sie sich zurückerinnern, dann habe ich geschrieben, dass *OpenStreetMap* im Kern eine Datenbank ist. Diese Eigenschaft macht sich *Overpass Turbo* zunutze. Auf *https://overpass-turbo.eu* können Sie OpenStreetMap-Daten abfragen, gezielt nach bestimmten Entitäten innerhalb der Datenbank suchen und diese direkt auf einer interaktiven Karte darstellen.

Bei der Erstellung einfacher Abfragen unterstützt ein sogenannter Wizard (ein Assistent). Bei komplexeren Fragestellungen stößt er aber schnell an seine Grenzen. Hier sind Kenntnisse in der *Overpass Query Language*, die zugegebenermaßen nicht besonders intuitiv ist, hilfreich. Damit lassen sich beispielsweise Bedingungen kombinieren. Ein Beispiel hierfür wäre die Suche nach allen Banken, bei denen sich keine Polizeiwache im Umkreis von 5 Kilometern befindet. Die Ergebnisse der Abfrage werden direkt in der Kartenansicht dargestellt und können zudem exportiert oder weiterverarbeitet werden.

Ein weiteres wertvolles Tool zur Ortung ist die *Bellingcat OpenStreetMap Search* (*https://osm-search.bellingcat.com/*). Das Online-Tool hilft dabei, öffentliche OpenStreetMap-Daten zu durchsuchen, um Standorte anhand von Merkmalen wie Gebäuden, Straßen oder Infrastruktur zu lokalisieren. Es bietet somit eine einfachere Alternative zu komplexeren Schnittstellen wie *Overpass Turbo*.

Ein ähnliches und innovatives Tool für die Geolokalisierung ist *SPOT* (*https://www.findthatspot.io/*), das von der Deutschen Welle (DW) entwickelt wurde. Es nutzt künstliche Intelligenz, um den Aufnahmeort von Bildern oder Videos zu ermitteln. *SPOT* dient speziell der Abfrage von Kombinationen von Objekten weltweit, basierend auf OpenStreetMap-Daten. Die Abfrage erfolgt ähnlich wie beim Tool von Bellingcat mittels *Overpass Turbo*. Die Nutzung ist besonders einfach, da Abfragen in natürlicher Sprache möglich sind. Dabei können Nutzer markante geografische Merkmale wie Sehenswürdigkeiten, Infrastruktur oder Gebäude beschreiben und ergänzende Details zu Entfernungen hinzufügen. SPOT schlägt dann mögliche Übereinstimmungen vor und visualisiert diese, ergänzt um eine Integration von Google Street View.

7.9 Recherchen zu Verkehrsmitteln

Bei der Recherche zu Verkehrsmitteln gibt es unabhängig von der Art des Fahrzeugs einige grundlegende Techniken, die Sie nutzen können.

7.9.1 Grundlagen

Am Anfang steht dabei die Klassifizierung des jeweiligen Verkehrsmittels. Eine präzise Einordnung bildet die Basis für gezielte Recherchen. Der nächste Schritt ist das Sammeln und Auswerten individueller Erkennungsmerkmale. Diese können je nach Verkehrsmittel sehr unterschiedlich sein, angefangen bei Nummernschildern, Fahrgestellnummern oder anderen Identifikationskennungen. Darüber hinaus können Beschädigungen oder Veränderungen Ihnen helfen, ein Verkehrsmittel eindeutig wiederzuerkennen.

Zu fast jedem Verkehrsmittel existieren Spotter-Communitys, in denen Sie fündig werden können. In diesen Netzwerken tauschen sich engagierte Beobachter aus und veröffentlichen beispielsweise Fotos von Sichtungen oder technische Details, die Ihnen bei der Identifizierung und weiteren Recherche von großem Nutzen sein können.

Schließlich können Sie Bewegungen von Verkehrsmitteln verfolgen. Mithilfe unterschiedlicher Sensoren, speziellen Onlinediensten oder gar Satellitenbildern lassen sich Bewegungsmuster analysieren und gegebenenfalls sogar die aktuelle Position bestimmen. So entsteht aus einer Vielzahl von Bausteinen ein komplettes Bild, das für Recherchen im Bereich der Verkehrsmittel unverzichtbar ist.

Klassifizierung

Bei der Recherche zu Verkehrsmitteln ist es zunächst sinnvoll, die jeweilige Kategorie des Fahrzeugs zu bestimmen und dann gezielt Informationen zu einem bestimmten Fahrzeugtyp zu finden und spezifische Eigenschaften darzulegen. Durch die Klassifizierung stehen häufig bereits technische Daten zur Verfügung, die für Bewertung und weitere Analyse nützlich sein können.

Identifizierung

Nach der Klassifizierung kommt die Identifizierung. Die meisten Fahrzeuge sind eindeutig gekennzeichnet; Kraftfahrzeuge beispielsweise haben ein Autokennzeichen und eine *Vehicle Identification Number (VIN)*. Ähnliches existiert in den meisten Fällen auch für die anderen Verkehrsmittel. Die Möglichkeiten der Abfrage unterscheiden sich sehr stark nach Art der Individualnummer und Herkunftsland.

Neben Kennzeichen und Identifikationsnummern können auch Auffälligkeiten wie Beschädigungen, Kratzer im Lack, Dellen oder spezielle Umbauten sowie Aufkleber und Logos zur Identifizierung beitragen. Gerade bei älteren oder individuell modifizierten Verkehrsmitteln sind solche Merkmale oft das entscheidende Puzzleteil.

Spotter

Spotter sind sehr hilfreich bei Recherchen. Als Spotter werden Personen bezeichnet, die sich mit großer Leidenschaft der Beobachtung und Dokumentation von Verkehrsmitteln widmen. Von Autos und Lastkraftwagen über Züge bis hin zu Flugzeugen und Schiffen: Es existiert wohl kein Verkehrsmittel ohne eine begeisterte Spotter-Community.

Häufig existieren spezielle Foren oder Plattformen, auf denen Spotter ihre gesammelten Daten oder Fotos veröffentlichen und Beobachtungen miteinander teilen. In den folgenden Abschnitten werden die Möglichkeiten, die sich durch Spotter-Communities eröffnen, noch detaillierter beleuchtet.

Tracking

Für das Tracking von Verkehrsmitteln kommen verschiedenste Technologien und Methoden zum Einsatz. Verkehrskameras an strategischen Knotenpunkten oder entlang von Autobahnen beispielsweise liefern Bilder und Videomaterial, das zur Identifizierung einzelner Fahrzeuge genutzt werden kann.

In Deutschland wurde der Zugang zu Webcams auf Autobahnen eingeschränkt, unter anderem im Kontext internationaler Konflikte wie dem Russland-Ukraine-Krieg – ein Hinweis darauf, wie sensibel und wertvoll diese Daten sind.

Darüber hinaus bieten spezialisierte Onlinedienste und Plattformen die Möglichkeit, Verkehrsbewegungen aus der Ferne zu beobachten. Anwendungen wie *Flightradar24* für Flugzeuge oder *MarineTraffic* für Schiffe zeigen anschaulich, wie detailliert öffentlich zugängliche Trackingdaten mittlerweile sein können. Auch soziale Medien spielen eine Rolle, denn hier finden Sie aktuelles Bildmaterial oder Sichtungen.

Ferner werden Satellitenbilder immer wichtiger beim Tracking. Besonders Bewegungen größerer Verkehrsmittel können Sie hierdurch nachvollziehen, etwa bei der Überwachung von Schiffsbewegungen in Häfen. Durch die Verknüpfung all dieser Datenquellen entsteht häufig ein umfassendes Bild, das sowohl für journalistische Recherchen als auch für andere Ermittlungen von enormem Wert ist.

7.9.2 Land

Kraftfahrzeuge

Sind Sie vernarrt in Autos aller Art? Dann können Sie den nächsten Abschnitt getrost überspringen. Aber vielleicht geht es Ihnen wie mir und Sie können lediglich ein paar Automarken am Emblem erkennen oder eine Handvoll Fabrikate an der Form des Autos. Dann können Sie sich freuen, denn mit Tools wie CarNet.ai wird die Fahrzeugerkennung deutlich einfacher.

Die Benutzung von *CarNet.ai* ist simpel. Sie füttern das Tool mit einem Foto eines Fahrzeugs, entweder per Upload (UPLOAD IMAGE) oder indem Sie die URL des Fotos eingeben. Wie Sie in Abbildung 7.70 erkennen können, muss es aber mehr sein als ein partieller Ausschnitt.

Wenn *CarNet.ai* ein Fahrzeug in einem Foto erkennt, dann liefert es Ihnen Informationen zu Marke, Modell und Generation. Ein Prozentwert zeigt an, wie sicher das Tool sich ist. In jedem Fall sollten Sie das Ergebnis verifizieren, indem Sie beispielsweise das mutmaßliche Modell per Suchmaschine recherchieren.

Mobile.de ist eine der bekanntesten und vielseitigsten Plattformen für die Recherche beim Kauf oder Verkauf von Fahrzeugen. Unter der URL *https://www.mobile.de* finden Sie eine riesige Auswahl an Pkws, Motorrädern, Wohnwagen, Lkws, Baumaschinen und zunehmend E-Bikes.

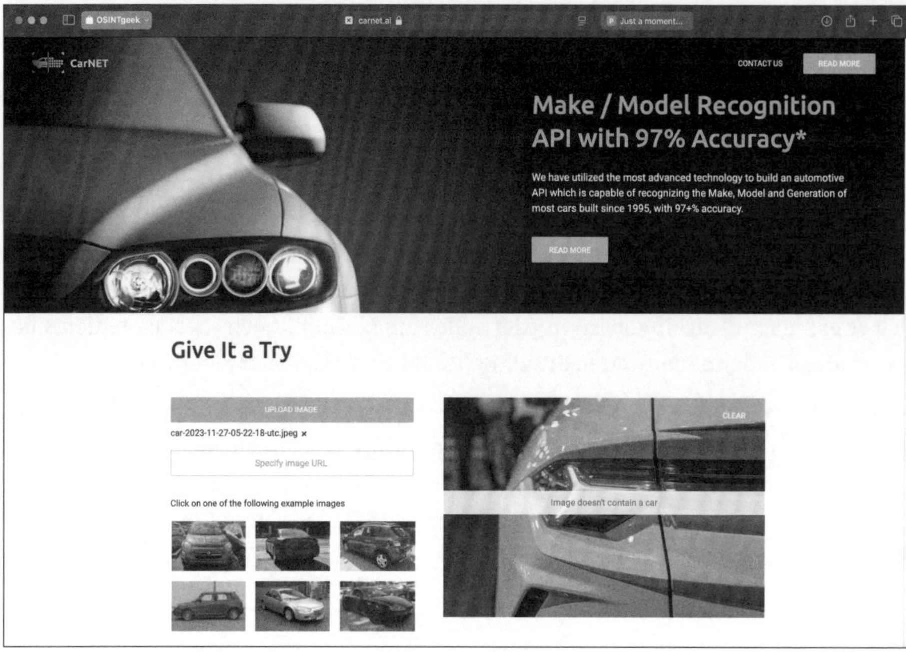

Abbildung 7.70 »CarNet.ai« hat kein Fahrzeug erkannt

Ein großer Vorteil der Plattform ist die Vielzahl an Such- und Filteroptionen. Sie können beispielsweise nach Hersteller, Modell, Baujahr, Laufleistung, Fahrzeugtyp oder Preis suchen. Auch können Sie weitere Details wie Kraftstoffart, Getriebe, Farbe oder Ausstattungsmerkmale in die Suche miteinbeziehen. Besonders hilfreich sind die Detailsuchen für jede Fahrzeugkategorie, denn sie berücksichtigen spezifische Eigenschaften wie die Anzahl der Vorbesitzer, die Schadstoffklasse oder Sonderausstattungen.

Kennzeichen

Je nach Land können Kennzeichen eine Vielzahl von Informationen beinhalten. Zunächst dienen sie aber dazu, ein Fahrzeug einem bestimmten Land und teilweise einer Region oder Stadt zuzuordnen.

Das *Kraftfahrt-Bundesamt (KBA)* stellt eine Liste für deutsche Kennzeichen unter *https://www.kba.de/DE/Service/Kennzeichen/kennzeichen_node.html* zur Verfügung.

Eine andere Möglichkeit existiert über *geoportal.de*. Hier können Sie die Ebene KFZ KENNZEICHEN 1:250 000 einblenden und erhalten dann die Bereiche der deutschen Kfz-Kennzeichen georeferenziert auf einer interaktiven Karte.

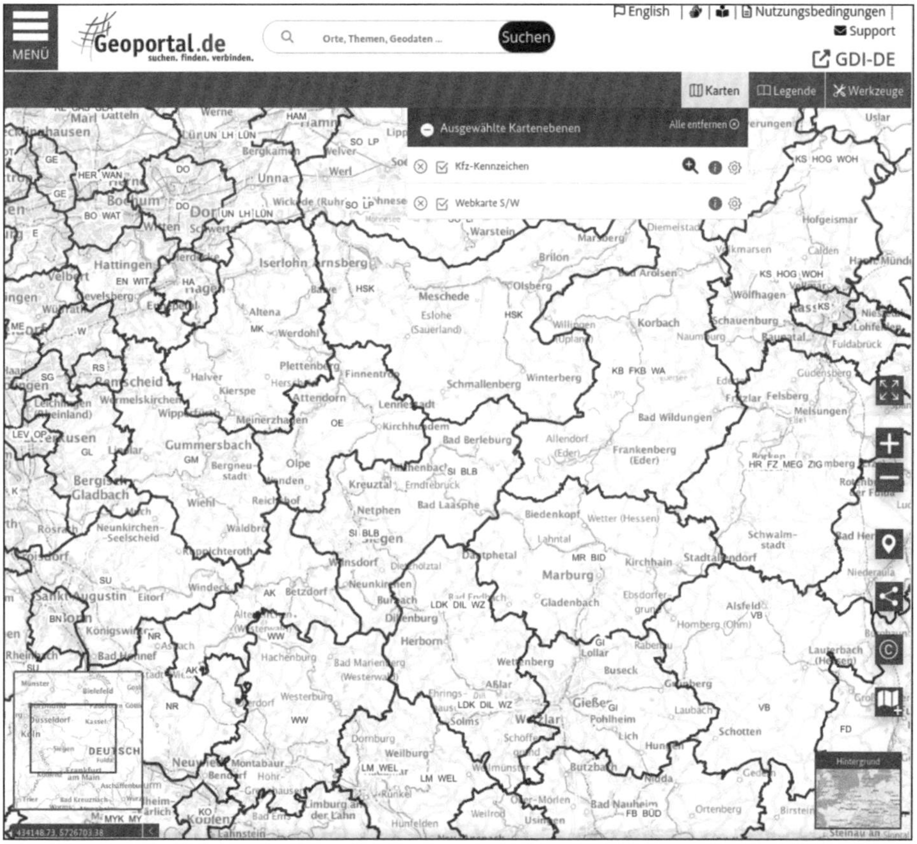

Abbildung 7.71 »geoportal.de« mit eingeblendeter Kfz-Karte

Tipp

Den Datensatz *KFZ-Kennzeichen 1:250 000* können Sie übrigens auch kostenfrei beim Bundesamt für Kartographie und Geodäsie herunterladen und in das Geoinformationssystem (GIS) Ihrer Wahl importieren.

Wenn Sie sich genauer über Kfz-Kennzeichen informieren möchten, stehen Ihnen im Internet zahlreiche hilfreiche Quellen zur Verfügung. Eine davon ist die Seite *https://autokennzeichen.de,* auf der Sie eine alphabetisch sortierte Liste deutscher Kennzeichen und deren jeweilige Zuordnung zu Städten und Landkreisen finden können. Besonders praktisch ist der Abschnitt zu Sonderkennzeichen: Hier geht es u. a. um Diplomaten- und Behördenkennzeichen.

Doch nicht nur deutsche, auch internationale Autokennzeichen sind online umfassend dokumentiert. Unter *https://autokennzeichen.de/internationale-autokennzeichen/* erhalten Sie einen Überblick über die verschiedenen Ländercodes und Besonderheiten ausländischer Kennzeichen. Dies ist besonders nützlich, wenn Sie herausfinden wollen, aus welchem Land ein Fahrzeug stammt.

Die Website *https://www.europlates.eu* bietet eine Sammlung von Kennzeichenfotos, übersichtlich nach Ländern sortiert. So können Sie sich einen Eindruck verschaffen, wie die unterschiedlichen Nummernschilder tatsächlich aussehen und woran sich beispielsweise französische, schwedische oder italienische Kennzeichen direkt erkennen lassen.

Eine noch umfangreichere Datenbank zu Kennzeichen weltweit finden Sie unter *http://www.worldlicenseplates.com/*. Beachten Sie jedoch, dass es sich bei den genannten Webseiten um inoffizielle Informationsquellen handelt. Die dort bereitgestellten Inhalte können für einen ersten Abgleich und als Orientierung dienen, ersetzen jedoch nicht die Recherche über offizielle Stellen. Für verbindliche Angaben empfiehlt es sich, die jeweiligen Daten immer mit den offiziellen Informationsportalen oder Behörden abzugleichen.

Neben der geografischen Zuordnung eines Kennzeichens können Sie dieses gezielt nutzen, um weitere Informationen zu einem bestimmten Fahrzeug zu recherchieren.

Da Google mittels *Optical Character Recognition (OCR)* Textinhalte in Bildern erfasst und indexiert, besteht die Möglichkeit, bei Google Images gezielt nach Fotos zu suchen, auf denen bestimmte Kennzeichen abgebildet sind. Geben Sie dazu einfach das gewünschte Kennzeichen oder relevante Teile davon in das Suchfeld ein.

Auch soziale Netzwerke wie Facebook bieten mittlerweile Suchmöglichkeiten, um Texte in Bildern und so Fotos von Autos oder Fahrzeugen anhand von Kennzeichen zu finden. Neben den Suchmöglichkeiten der sozialen Netzwerke können Sie auch mittels Dorks wie `site:facebook.com "image contains <Kennzeichen>"` Erfolg haben.

Zusätzlich zu diesen Suchmethoden existieren spezialisierte Webseiten und Portale, bei denen Sie zu bestimmten Kennzeichen und Fahrzeugen recherchieren können. Über die Website *https://platesmania.com* können Sie gezielt nach Fotos von Autos aus bestimmten Regionen oder mit einem konkreten Kennzeichen suchen. Das Suchfeld am oberen rechten Rand bietet Ihnen eine schnelle Eingabe, wobei Sie sowohl vollständige als auch unvollständige Kennzeichen eingeben können. Falls Sie spezielle Details benötigen, hat *PlatesMania* eine erweiterte Suchfunktion mit Filtern.

Eine weitere hilfreiche Ressource ist das umfassende Autoverzeichnis auf *https://platesmania.com/avto*. Hier können Sie Fotos zu unterschiedlichen Automarken durchsuchen.

Eine Besonderheit stellt die alphabetisch sortierte Liste zu Transportunternehmen unter *https://platesmania.com/transcompany* dar. Hier können Sie Fotos zu bestimmten Spediteuren finden.

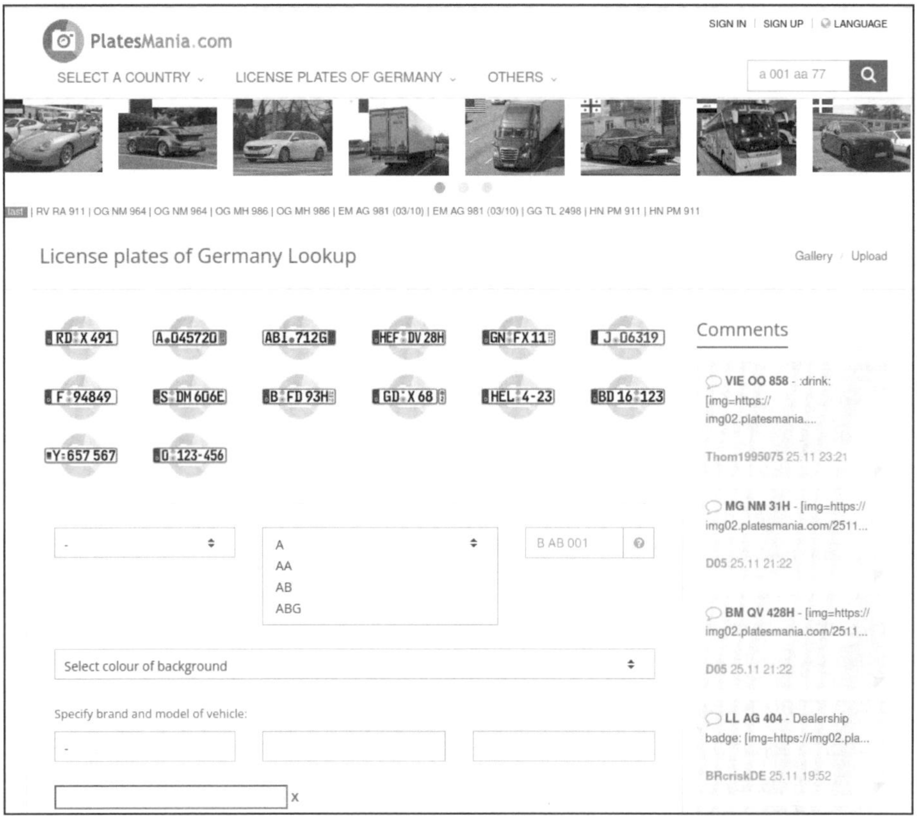

Abbildung 7.72 »PlatesMania«: erweiterte Suche

Das Online-Portal Autogespot, das Sie über *https://www.autogespot.com* erreichen, ist insbesondere auf Luxus- und Sportfahrzeuge spezialisiert und ein beliebter Anlaufpunkt für Auto-Enthusiasten weltweit. Die Website bietet eine umfangreiche Sammlung hochauflösender Fotos von exklusiven Fahrzeugen, die gespottet (gesichtet) wurden.

Die Suchfunktion von *Autogespot* ist besonders vielseitig: Sie können gezielt nach bestimmten Automarken, Modellen oder sogar einzelnen Kennzeichen suchen. Über die Option + MORE FILTERS lassen sich die Suchergebnisse weiter verfeinern, beispielsweise nach Farbe oder Standort. Ein besonderes Highlight ist der Filter SPY-SPOTS, mit dem Sie sogenannte *Erlkönige* finden: Diese getarnten Testfahrzeuge werden häufig vor ihrer offiziellen Markteinführung auf öffentlichen Straßen fotografiert und dokumentiert.

Wenn Sie auf ein gefundenes Foto klicken, gelangen Sie in die Detailansicht. Hier finden Sie Informationen zum Fahrzeug sowie Quicklinks zu anderen Spots dieses Fahrzeugs, Kennzeichens oder Fahrzeugtyps. Außerdem sehen Sie hier Informationen zum Spotter. Häufig ist neben dem Benutzernamen auch das Instagram-Profil verlinkt, worüber Sie eventuell weitere Bilder finden können.

Neben den Fahrzeugdaten umfasst jede Sichtung viele Zusatzinformationen, etwa zum Aufnahmeort, Datum und sogar zur verwendeten Kamera. Die Community von *Autogespot* ist sehr aktiv. Durch die Verlinkung von Profilen und weiteren Sichtungen desselben Autos entsteht ein umfassendes Bewegungsprofil des Fahrzeugs.

Ohne kostenpflichtigen Account erhalten Sie lediglich Zugriff auf ein einziges Foto der jeweiligen Sichtung. In der Regel gibt es jedoch deutlich mehr Bilder, oftmals bis zu zehn Aufnahmen pro Spot. Eine unkomplizierte Möglichkeit, an weitere Fotos zu gelangen, besteht darin, einfach die URL der Sichtung zu kopieren und diesen Link über Google zu recherchieren. Im Reiter BILDER werden Ihnen dann meist zusätzliche Fotos angezeigt.

Möchten Sie sämtliche verfügbaren Bilder auch ohne Account betrachten, können Sie zudem die Web Developer Tools Ihres Browsers nutzen. Suchen Sie im Quelltext gezielt nach ».jpg«. Auf diese Weise finden Sie die direkten Bild-URLs, die unter der Domain *spots.ag* gespeichert sind. So lässt sich die gesamte Galerie einer Sichtung auch ohne Log-in anzeigen.

Vehicle Identification Number

Die *Vehicle Identification Number (VIN)*, manchmal auch *Fahrgestell- oder Fahrzeugidentifikationsnummer (FIN)* genannt, ist eine 17-stellige Seriennummer, die jedem Fahrzeug weltweit bei der Produktion eindeutig zugewiesen wird. Sie dient als Fingerabdruck des Autos und enthält Informationen über den Hersteller, das Modell, das Baujahr sowie spezielle Ausstattungsmerkmale und den Produktionsstandort.

In manchen Ländern stehen öffentliche Online-Datenbanken zur Verfügung, mit denen anhand der VIN oder des amtlichen Kennzeichens zusätzliche Informationen zu einem Fahrzeug abgerufen werden können. In einigen Fällen sind auch Daten zum Fahrzeughalter verfügbar. Das gilt aber nicht für Deutschland und andere Länder in Europa. In den USA geht man mit diesen Infos freizügiger um.

Unter *https://www.nicb.org/vincheck* finden Sie das Tool VINCheck des National Insurance Crime Bureau. Nach Eingabe der VIN erhalten Sie hier Auskunft darüber, ob das Fahrzeug als gestohlen gemeldet oder als Totalschaden deklariert wurde.

Unter *https://vpic.nhtsa.dot.gov/decoder/* erreichen Sie den VIN-Decoder der National Highway Traffic Safety Administration. Mit diesem Tool können Sie durch Eingabe der VIN zahlreiche Informationen zum jeweiligen Fahrzeug einsehen: Hersteller, Modell und Baujahr sowie spezifische Ausstattungsmerkmale, Motorvarianten und den Produktionsstandort.

Beachten Sie bitte, dass die Zugänglichkeit und der Umfang der abgefragten Informationen je nach Land variieren können. Während manche Länder offene Datenbanken bereitstellen, sind in anderen Regionen bestimmte Informationen aus Datenschutzgründen nicht ohne Weiteres einsehbar.

ÖPNV

Der öffentliche Personennahverkehr (ÖPNV) ist nicht nur ein elementarer Bestandteil städtischer Mobilität, sondern auch eine wertvolle OSINT-Ressource. Wenn Sie diese Datengrundlage nutzen, können Sie Analysen zu Bewegungsmustern, Zeit-Strecken-Relationen und zur allgemeinen Infrastruktur durchführen.

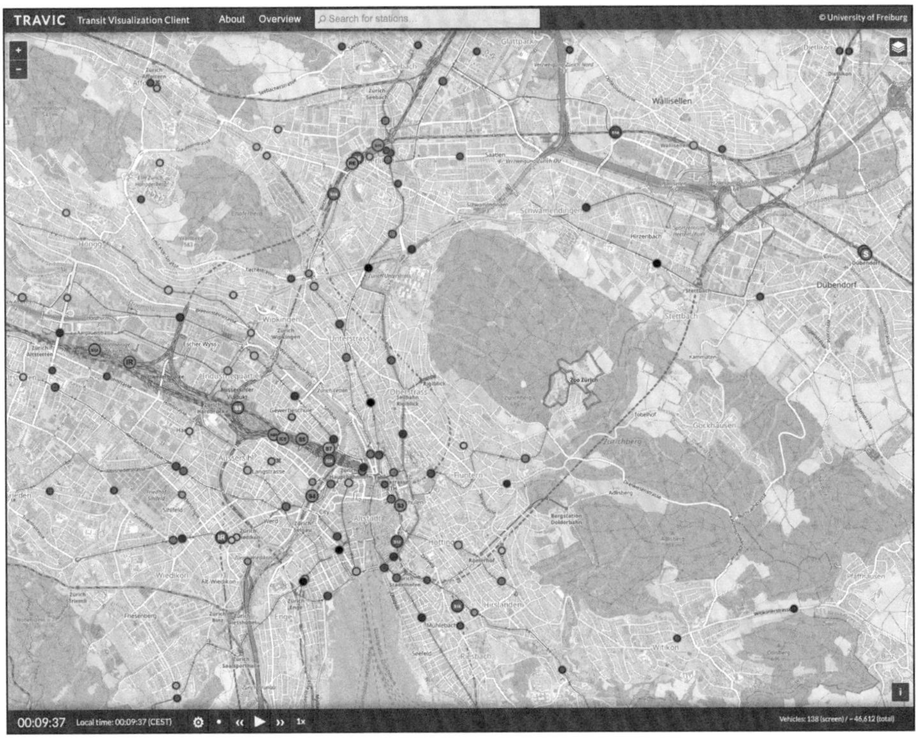

Abbildung 7.73 »TRAVIC«: Echtzeitbewegung des ÖPNV

Wenn Sie das aktuelle Verkehrsgeschehen verfolgen möchten, finden Sie auf *https://travic.app* den Online-Dienst TRAVIC. Hier werden ÖPNV-Bewegungen auf einer interaktiven Karte visualisiert. Zwar basieren die Fahrzeugpositionen überwiegend auf Fahrplaninformationen (es handelt sich also nicht um »echte« Positionen, Ihrer verspäteten S-Bahn kommen Sie so leider nicht auf die Spur), aber dennoch vermittelt die Karte einen lebendigen Eindruck der Bewegungen. Die *OpenRailMap* können Sie als Overlay einblenden. Klicken Sie hierfür auf das Layer-Symbol in der rechten oberen Ecke.

Neben *TRAVIC* gibt es mit *https://mobility.portal.geops.io* einen weiteren auf OpenStreetMap-Daten basierenden Echtzeit-Kartendienst, der die Bewegungen des öffentlichen Personennahverkehrs visualisiert. geOps ist eine Plattform, die weltweite Live-Positionen von Bussen, Bahnen und anderen ÖPNV-Fahrzeugen auf einer interaktiven Karte darstellt. Die angezeigten Fahrzeuginformationen speisen sich je nach Region entweder aus Fahrplandaten oder – sofern verfügbar – aus tatsächlichen Echtzeit-Positionsdaten.

Ein Vorteil von *geOps* liegt in der anschaulichen Darstellung: Fahrzeuge, deren Positionen auf Echtzeitdaten basieren, werden durch eine farbige Umrahmung hervorgehoben. Die Farbcodierung gibt dabei auf einen Blick Auskunft über die Pünktlichkeit. Grün signalisiert pünktliche Fahrzeuge, Gelb warnt vor einer leichten Verspätung von drei bis fünf Minuten und Rot weist auf eine größere Verzögerung von über fünf Minuten hin.

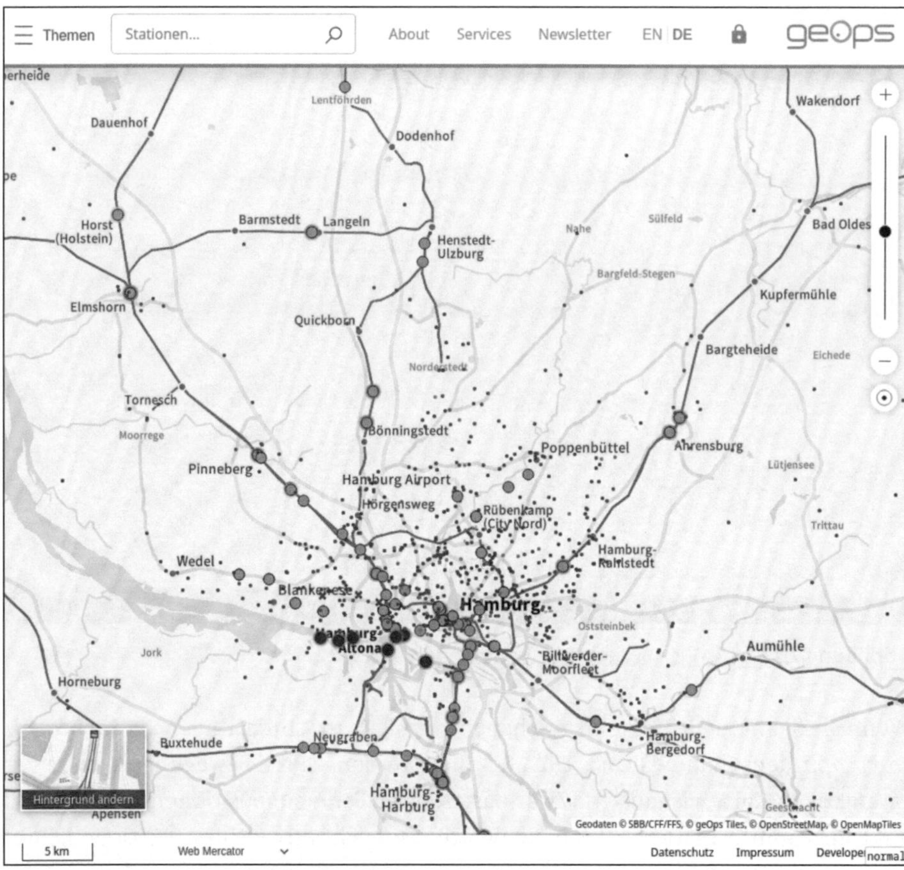

Abbildung 7.74 »geOps« zeigt Fahrzeuge in Echtzeit an

Die Darstellungsoptionen von *geOps* sind sehr ansprechend. So existieren einerseits verschiedene Themenkarten, die Sie über das Themen-Menü oben links erreichen, und anderseits verschiedene Kartenhintergründe, die Sie unten links finden, z. B. eine dunkle Version.

Züge

Neben der Vielzahl an Informationsquellen rund um Fahrzeuge und deren Identifikation erfreuen sich auch Züge und Bahnstrecken großer Beliebtheit bei Technikinteressierten und Hobbybeobachtenden. Nicht nur für Eisenbahnfans bietet das Internet eine breite Palette digitaler Karten und Tools.

Identifikation von Zügen

Viele Züge besitzen eine nationale Baureihennummer, zum Beispiel die BR 101 der Deutschen Bahn. Triebfahrzeuge (Lokomotiven und Triebwagen) haben eigene Baureihen. Wagen (Reisezug- und Güterwagen) werden separat klassifiziert.

In Europa erhält mittlerweile jeder Zug eine sogenannte UIC-Kennzeichnung. Dabei handelt es sich um eine eindeutige Identifikationsnummer, die von der *Internationalen Eisenbahnunion (UIC)* festgelegt wird. Die Nummer besteht in der Regel aus zwölf Ziffern und dient dazu, jedes Schienenfahrzeug europaweit eindeutig zu identifizieren.

Die UIC-Nummer setzt sich aus verschiedenen Bestandteilen zusammen. Sie enthält Informationen zum Typ des Fahrzeugs und dem Land, in dem es registriert ist, sowie eine individuelle Seriennummer und eine Prüfziffer zur Vermeidung von Erfassungsfehlern. Die Kennzeichnung befindet sich in der Regel an gut sichtbarer Stelle am Fahrzeug, beispielsweise an der Seite des Zuges. Mithilfe der UIC-Kennzeichnung kann die Fahrzeughistorie lückenlos dokumentiert werden, beispielsweise bei Eigentümerwechseln, Umbauten oder Außerdienststellungen. Sie können sie sich wie die Fahrgestellnummer eines Kraftfahrzeugs vorstellen.

Nicht nur Triebfahrzeuge sind gekennzeichnet, sondern auch die einzelnen Wagen. Jeder Wagen verfügt ebenfalls über eine eindeutige Kennziffer, die UIC-Wagennummer. Auch diese setzt sich aus codierten Informationen zusammen:

- Code für das Austauschverfahren
- Ländercode
- Gattungskennzahlen
- Ordnungsnummer
- Prüfziffer

Im Gegensatz zur dauerhaften UIC-Nummer wird die Zugnummer für jeden Fahrplanumlauf neu vergeben. Die Zugnummer dient der eindeutigen Identifikation des jeweiligen Zuglaufs und ermöglicht sowohl dem Personal als auch den Fahrgästen und externen Beobachtern, den betreffenden Zug direkt zuzuordnen. Sie ist unabhängig von der dauerhaften Fahrzeugkennzeichnung wie der UIC-Nummer. Die Zugnummer findet sich oft auf digitalen Anzeigetafeln, in Fahrplänen sowie auf den Front- und Seitenflächen der Lokomotiven oder Triebwagen. Insbesondere bei Fernverkehrszügen oder bei Zügen, die über weite Strecken verkehren, ist die Zugnummer ein zentraler Bestandteil der Betriebsabwicklung und der Kommunikation zwischen den beteiligten Stellen. Dadurch wird sichergestellt, dass die Steuerung und Überwachung des Zugverkehrs effizient und fehlerfrei erfolgen kann.

Auf der Webseite *https://www.revisionsdaten.de/tfzdatenbank/index.php* finden Sie ein Recherche-Tool, mit dem Sie gezielt nach einzelnen Schienenfahrzeugen suchen können. Die Suche erfolgt dabei anhand der Fahrzeugnummer, wobei bereits eine partielle Eingabe ausreicht, um Treffer zu erhalten. Zusätzlich können Sie die Recherche eingrenzen, indem Sie die zuständige Bahnverwaltung auswählen, also den Eigentümer. Das System unterstützt Sie hier durch eine Autovervollständigung. Während Sie die ersten Buchstaben eintippen, werden Ihnen passende Vorschläge angezeigt, was das Auffinden der gewünschten Verwaltung erleichtert. Aber Vorsicht, häufig existieren mehrere Einträge in unterschiedlicher Schreibweise.

Darüber hinaus bietet die Seite eine praktische Übersichtsfunktion: Unter dem Menüpunkt AUSGABE EINER LISTE NACH BETREIBER lassen sich sämtliche Fahrzeuge einer bestimmten Bahnverwaltung anzeigen. So erhalten Sie einen Überblick über den Bestand eines Betreibers. Ein vergleichbares Feature gibt es für die Suche nach der Beheimatung, auch hier können Sie sich eine vollständige Liste aller Fahrzeuge anzeigen lassen, die einem bestimmten Betriebshof zugeordnet sind. Die Auswahl des Betriebshofes wird ebenfalls durch die Autovervollständigung erleichtert.

Ein weiteres nützliches Suchkriterium ist die Fabriknummer des Herstellers. Diese Nummer identifiziert ein Fahrzeug unabhängig von der späteren Betriebsnummer.

Das Ergebnis jeder Suche wird in Form einer Liste präsentiert. Diese zeigt die passenden Fahrzeugnummern an. Mit einem Klick auf eine Fahrzeugnummer gelangen Sie direkt zum zugehörigen Datensatz, der zahlreiche Detailinformationen bereithält. Dort finden Sie Angaben zum Hersteller und Baujahr des Fahrzeugs, den aktuellen Eigentümer sowie eine Historie früherer Eigentümerwechsel. Zusätzlich werden der aktuelle Betriebshof und vergangene angezeigt. Ein weiterer wichtiger Punkt ist die Information, ob das Fahrzeug bereits verschrottet wurde. Beachten Sie aber, dass die Datensätze keinen Anspruch auf Vollständigkeit erheben und auch Fehler vorhanden sein können.

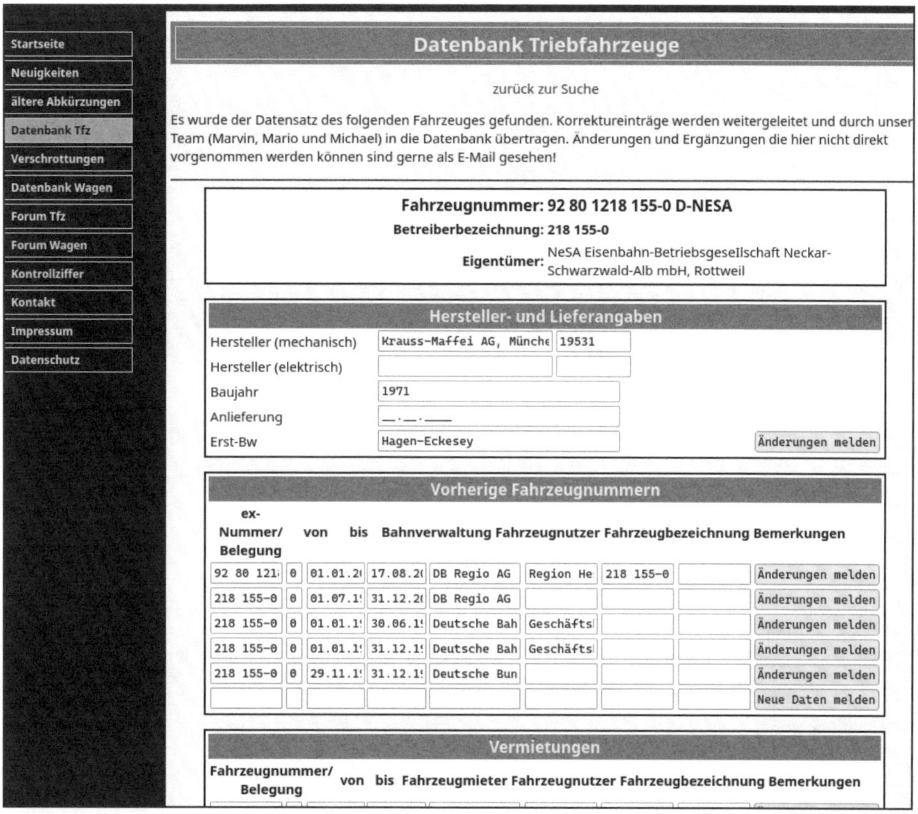

Abbildung 7.75 Revisionsdaten

Unter *https://www.openrailwaymap.org* finden Sie die *OpenRailwayMap*, einen auf *OpenStreetMap* basierenden Kartendienst, der das weltweite Bahnstreckennetz detailliert abbildet. Die Strecken sind farblich hervorgehoben und es stehen verschiedene vorkonfigurierte Kartenthemen zur Verfügung, von reiner Infrastruktur über Höchstgeschwindigkeiten bis hin zu Spurweiten. Insbesondere in Europa ist das Streckennetz gut erfasst, was die generelle Abdeckung von OSM-Daten widerspiegelt.

Für die Echtzeit-Verfolgung von Zügen eignet sich *zugfinder.net*, das aktuelle Positionsdaten, historische Zugläufe und detaillierte Informationen zu einzelnen Zügen bereitstellt. Über einen direkten Link wie *https://www.zugfinder.net/de/zug-HLB15-084* lassen sich konkrete Zugfahrten nachverfolgen – inklusive Wagenreihung, Betreiber und Verspätungen. Allerdings basieren manche Positionsangaben auf Fahrplänen statt auf GPS-Daten, es handelt sich also nicht immer um Echtzeitdaten.

Ein weiteres nützliches Tool finden Sie unter *https://bahn.expert*. Hier werden Fahrplandaten, Statistiken und Streckenanalysen bereitstellt, und Sie können unter anderem Zugläufe, Taktungen und historische Fahrpläne abrufen.

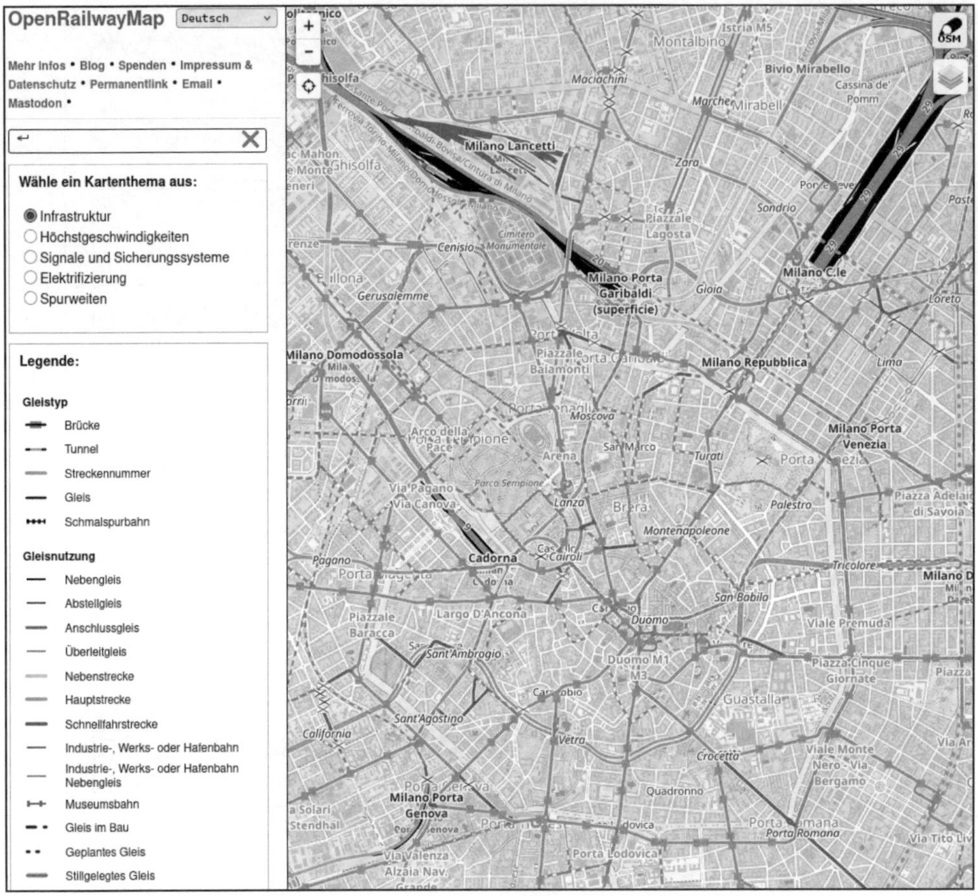

Abbildung 7.76 »OpenRailMap« zeigt Bahnstrecken genau an

Auch für Züge begeistern sich viele Menschen. Unter *https://www.trainspotting-maps.com* finden Sie eine interaktive Karte, auf der Fotos von Zügen georeferenziert dargestellt werden. Die Fotos stammen von Flickr und werden eingebunden, wenn diese der Gruppe *Trainspottingmaps.com* hinzugefügt werden. Sie sollten also stets die Nutzerfotos direkt bei Flickr betrachten, da dort häufig zusätzliche Fotos zu finden sind.

Über das Filter-Symbol am unteren Bildschirmrand lassen sich die angezeigten Bilder nach einzelnen Nutzern, bestimmten Zeiträumen oder Schlüsselwörtern wie Zugtypen oder Baureihen eingrenzen. Zudem kann die Sortierung der Ergebnisse individuell angepasst werden. Wird in der unteren Leiste ein Foto ausgewählt, werden zusätzliche Informationen wie Titel, Beschreibung, Aufnahmedatum und Benutzername angezeigt. All diese Daten stammen direkt von Flickr. Dort lassen sich umfassende Metadaten wie GPS-Koordinaten, Kameraeinstellungen und weitere Kontextinformationen abrufen.

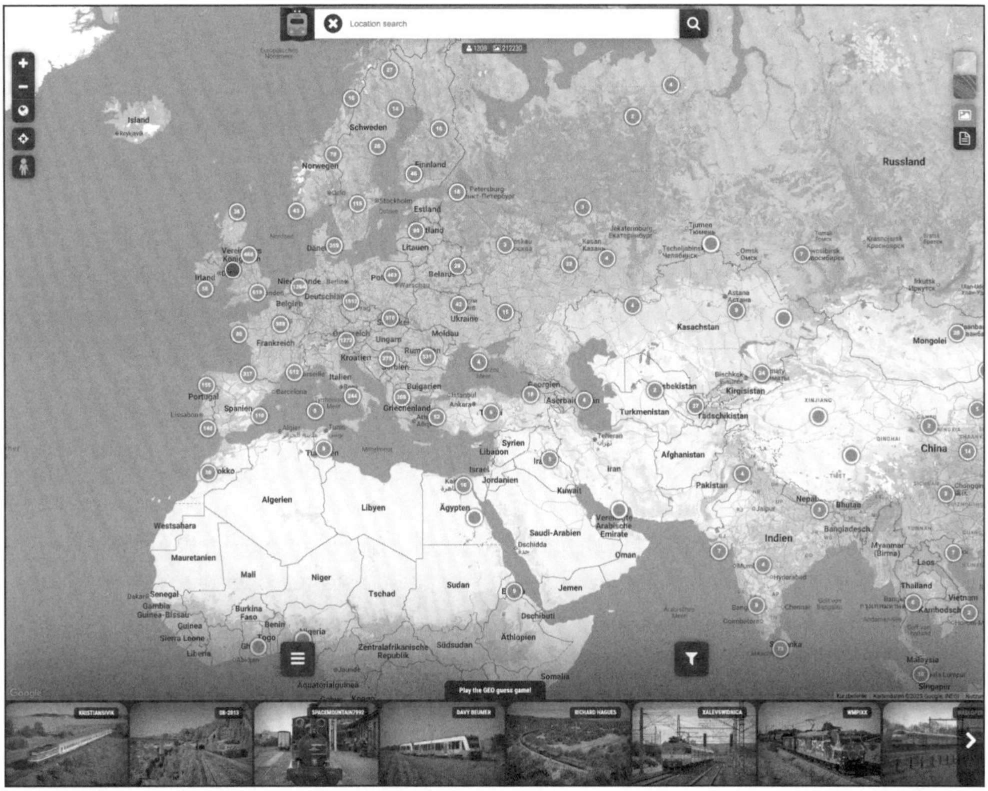

Abbildung 7.77 trainspottingmaps.com

Ein weiteres zentrales Instrument für Bahn-OSINT ist Drehscheibe Online, eines der aktivsten deutschen Bahnforen mit einer Fülle nutzergenerierter Daten. Die Plattform bietet nicht nur eine umfangreiche Fotodatenbank, in der sich Bilder nach Ländern, Baureihen und Zeiträumen filtern lassen, sondern auch spezifische Unterforen, die für OSINT-Recherchen besonders relevant sind. Im Bereich BETRIEBSSTÖRUNGEN finden sich aktuelle Meldungen zu Ausfällen, Verspätungen und Unfällen, die wichtige Hinweise auf Infrastrukturprobleme liefern können. Das Unterforum LIVE-SICHTUNGEN bietet Echtzeitinformationen zu Zugbeobachtungen und ermöglicht so die Verifizierung von Zugbewegungen, während BILD-SICHTUNGEN aktuelle Fotos mit präzisen Orts- und Zeitangaben bereitstellt. Diese Kombination aus Archivmaterial und Echtzeitdaten macht *Drehscheibe Online* zu einer unverzichtbaren Quelle für umfassende Bahnanalysen.

7.9.3 Wasser

Schiffe sind unverzichtbar im globalen Handel und häufig Gegenstand geopolitischer Spannungen. Sie transportieren den Großteil der weltweiten Warenströme und spielen damit eine Schlüsselrolle in internationalen Lieferketten und Energieversorgungssystemen. Gleichzeitig können ihre Bewegungen und Eigentümerstrukturen Hinweise auf Sanktionsverstöße, Schmuggel, illegale Fischerei und die Umgehung von Exportkontrollen geben. Für OSINT-Profis eröffnet die maritime Beobachtung Möglichkeiten, wirtschaftliche Netzwerke, verdeckte Operationen und sicherheitspolitische Vorgänge sichtbar zu machen.

Die folgenden Tools und Datenbanken decken weite Bereiche ab. Für spezifische Fragestellungen können je nach Kontext zusätzliche Quellen wie kommerzielle Satellitenservices, lokale Informationssysteme oder spezialisierte Datenbanken relevant sein.

Maritime Mobile Service Identity (MMSI)

Die *Maritime Mobile Service Identity (MMSI)* ist eine eindeutige, neunstellige Schiffskennung, vergleichbar mit der IMEI-Nummer eines Mobiltelefons. Die ersten drei Ziffern (*Maritime Identification Digits, MID*) bezeichnen das Land der Registrierung, die restlichen sechs identifizieren das Schiff, die Küstenstation oder das AIS-Gerät (s. u.). Eine MMSI kann sich ändern, wenn ein Schiff die Flagge wechselt oder die Kommunikationsausrüstung ersetzt wird. MMSI-Nummern werden Schiffen, Küstenstationen und AIS-Transpondern zugewiesen und identifiziert diese auch bei Namensänderungen.

IMO-Nummer

Im Gegensatz dazu bleibt die IMO-Nummer dauerhaft mit einem Schiff verbunden. Sie besteht aus dem Präfix *IMO* und einer siebenstelligen Zahl (z. B. *IMO 1234567*). Die Nummer wird Frachtschiffen ab 300 Brutto-Raumzahl (BRZ), Passagierschiffen ab 100 BRZ sowie freiwillig seit 2013 auch Fischereifahrzeugen zugeteilt. Die IMO-Nummer ändert sich nicht, selbst wenn das Schiff den Eigentümer oder die Flagge wechselt.

Rufzeichen

Das Rufzeichen (engl. *call sign*) dient als Funkkennung und ermöglicht die schnelle Identifikation eines Schiffs, kann aber ebenso wie der Schiffsname geändert werden. Beide sind daher nur bedingt verlässliche Indikatoren.

Automatic Identification System (AIS)

Das AIS (*Automatic Identification System*) ist ein funkbasiertes Tracking-System, das Schiffe in Echtzeit identifiziert und deren Position, Kurs, Geschwindigkeit etc. überträgt. Ursprünglich für die Kollisionsvermeidung entwickelt, ist es heute eine der wichtigsten OSINT-Quellen für maritime Analysen.

AIS ist jedoch nicht perfekt: Signale können deaktiviert werden (»*going dark*«), etwa bei Schmuggel oder Sanktionsumgehung. Militärschiffe oder geheimdienstliche Einheiten senden oft keine AIS-Daten. Positionen, Namen oder Zielhäfen können manipuliert werden. Außerdem besteht keine flächendeckende Abdeckung, insbesondere in polaren oder abgelegenen Gebieten.

Dark Ships

»Dark Ships« sind Schiffe, die ihr AIS absichtlich abschalten, um ihre Aktivitäten zu verschleiern. Typische Gründe sind Sanktionsumgehung, illegale Fischerei oder militärische Operationen. Solche Fälle lassen sich durch den Abgleich von Satellitenradardaten (SAR) und Hafenbeobachtungen aufdecken.

Im Jahr 2022 konnten Investigativjournalisten unter anderem vom Pulitzer Center nachweisen, dass russische Tanker ihr AIS deaktivierten, um ukrainisches Getreide zu entwenden und über türkische Häfen zu verkaufen. Die Beweise beruhten auf SAR-Bildern und Hafenaufnahmen.

Auch wenn Schiffe ihr AIS abschalten, lassen sie sich durch alternative Quellen identifizieren. Satelliten-Radardaten wie Sentinel-1 erkennen Schiffe unabhängig von Wetter oder Tageszeit, da sie nicht auf optische Signale angewiesen sind. Hafenbeobachtungen, etwa durch lokale Quellen, Social Media oder Hafenkameras, können verdächtige Ankünfte dokumentieren. Zudem helfen historische AIS-Daten (z. B. über *MarineTraffic*), um Lücken in der Positionsmeldung zu analysieren. Bei Verdacht auf illegale Aktivitäten wie Ship-to-Ship-Transfers (z. B. Öl-Umladungen auf hoher See) können Ölteppich-Erkennungstools wie *Cerulean* zusätzliche Beweise liefern. Eine Kombination dieser Methoden sorgt dafür, dass Sie selbst gezielt getarnte Schiffe verfolgen können.

Equasis (*https://www.equasis.org/*) ist eine kostenlose Datenbank für maritime Recherchen, die gemeinsam von der Internationalen Seeschifffahrts-Organisation (IMO) und der Europäischen Kommission betrieben wird. Sie dient als offizielles Register für Schiffsdaten und bündelt Informationen aus unterschiedlichen Quellen, darunter Hafenbehörden. Um auf der Plattform zu recherchieren, müssen Sie sich registrieren.

Die Plattform liefert detaillierte Basisdaten zu jedem Schiff, darunter die IMO-Nummer, das MMSI, das Rufzeichen, den Schiffsnamen (inklusive früherer Namen) sowie Angaben zu Eignern und Betreibern. Besonders wertvoll sind die historischen Aufzeichnungen von Flaggenwechseln oder Eigentümeränderungen, die oft auf Sanktionsumgehungen oder verdächtige Aktivitäten hindeuten.

MarineTraffic (*https://www.marinetraffic.com*) bietet eine Echtzeit-Karte mit über 200.000 Schiffen täglich, wobei die kostenlose Version in ihren Funktionen eingeschränkt ist. Sie haben damit aber trotzdem Zugriff auf historische Routen und Hafenstatistiken wie Ankunfts- und Abfahrtszeiten sowie Liegezeiten.

Eine Alternative ist *VesselFinder* (*https://www.vesselfinder.com/*), das ähnliche Funktionen bietet, aber teilweise andere Datenquellen nutzt. Auch hier ist die kostenlose Version in ihrem Umfang begrenzt.

CrewData (*https://crewdata.com/*) konzentriert sich auf Besatzungsinformationen wie Namen, Nationalitäten und Zertifikate von Seeleuten. Für OSINT-Recherchen ist es nützlich, um Schiffsbesatzungen zu identifizieren, etwa für Menschenrechtsrecherchen oder bei Sanktionen. Ein Abgleich mit LinkedIn- oder XING-Profilen ist die Basis für Hintergrundrecherchen zur Besatzung. Die Crew-Nationalitäten können außerdem auf einen Flaggenwechsel hindeuten, etwa wenn ein russisches Schiff mit chinesischer Besatzung fährt. Allerdings sind nicht alle Schiffe erfasst und die Daten sind oft unvollständig.

Cerulean (*https://cerulean.skytruth.org*) ist ein OSINT-Tool der NGO *SkyTruth* zur Erkennung von Schiffsemissionen, Ölverschmutzungen und verdächtigen Aktivitäten auch bei Nacht oder Bewölkung. Dazu kombiniert es Satellitenradardaten (Sentinel-1) mit optischen Aufnahmen (Sentinel-2, Landsat). Das Tool bietet zusätzliche Filter, um gezielt nach Verschmutzungen in der Nähe von Dark Vessels (Schattenschiffen) zu suchen und bietet Exportmöglichkeiten sowie die automatische Erstellung eines Reports.

7.9.4 Luft

Luftfahrzeuge und Flughäfen bilden einen Teil des internationalen Personenverkehrs. Dieser Bereich bietet eine Vielzahl an Identifikationsmerkmalen, die Sie für Ihre Recherchen nutzen können. Durch die Analyse von Registrierungen, Transponderdaten, Flugnummern oder Bewegungsmustern lassen sich weltweite Transportströme erschließen. Öffentliche Datenbanken und spezialisierte Plattformen stellen Ihnen hierfür umfangreiche Informationen bereit.

Die verschiedenen Plattformen und Quellen gewähren Ihnen tiefe Einblicke in Echtzeit- und historische Flugdaten und decken Besitzverhältnisse, technische Spezifikationen sowie Herstellerhistorien ab. Der Abgleich unterschiedlicher Tools und die Nutzung alternativer Informationsquellen wie Webcams, Spotter-Foren oder soziale Medien steigern zudem die Verifizierbarkeit und die Qualität der Informationen.

Flughäfen

Für die Recherche nach Flughäfen gibt es verschiedene Plattformen, die Informationen zu den wichtigsten, aber auch regionalen oder spezialisierten Airports bieten:

- Auf *https://airportcodes.aero* finden Sie einen weltweiten Katalog gängiger Flughafencodes und Übersichten zu internationalen Verkehrsflughäfen.

- *https://www.airportprofile.com* liefert Ihnen zu Flughäfen weltweit detaillierte Profile inklusive Standortdaten, Codes und weiteren Informationen.
- *https://www.openairportmap.org* ist ein Open-Source-Portal, das Ihnen Flughäfen auf einer interaktiven Karte anzeigt.
- *https://ourairports.com* bietet Ihnen die Möglichkeit, gezielt Flughäfen nach Land, Region oder Code zu finden und neben Standortdaten auch Zusatzinformationen wie Ansprechpartner oder Frequenzen zu ermitteln.

Registrationsnummer (Tail Number)

Jedes zivile Flugzeug trägt ein nationales Kennzeichen, vergleichbar mit einem Kfz-Kennzeichen. Es besteht aus einem Präfix für das Land (etwa *D* für Deutschland) und einer individuellen Buchstabenfolge. Im Gegensatz zur ICAO-Adresse kann das Kennzeichen bei Besitzer- oder Länderwechsel verändert werden.

ICAO-Adresse

Die ICAO-Adresse ist ein einmalig zugewiesener Hexadezimalcode (z. B. *4D221B*), der jedes moderne Flugzeug wie ein digitaler Fingerabdruck begleitet. Im Gegensatz zur sichtbaren Tail Number (z. B. *D-ABXY*) wird sie automatisch vom Transponder gesendet und ist die Grundlage für ADS-B-Tracking und Flugüberwachungssysteme wie *Flightradar24*. Während die Tail Number wechseln kann (z. B. bei Verkauf oder Ummeldung), bleibt die ICAO-Adresse (meist) lebenslang mit dem Flugzeug verknüpft.

Automatic Dependent Surveillance Broadcast (ADS-B)

Moderne Flugzeuge sind mit Mode-S-Transpondern ausgestattet, die Positions- und Identifikationsdaten per *ADS-B (Automatic Dependent Surveillance-Broadcast)* in Echtzeit übertragen. Diese Informationen werden von Flugsicherungen und Plattformen wie *Flightradar24* empfangen und verarbeitet.

Flugnummer und Rufzeichen

Flugnummer und *Rufzeichen* (engl. *call sign*) dienen der Identifikation während des Betriebs und variieren mit jedem Flug. Sie eignen sich für kurzfristige Recherchen zu spezifischen Flugbewegungen, sind aber nicht eindeutig einzelnen Flugzeugen zugeordnet.

Tools und Plattformen

Die Echtzeit-Verfolgung von Flugzeugen ist ziemlich beeindruckend; sicherlich haben Sie auch schon den Flug von Familienangehörigen oder Freunden online verfolgt. *Flightradar24* (*https://www.flightradar24.com*) zählt weltweit zu den bekanntesten Lösungen für das Tracking von Flugzeugen und bietet eine intuitive Karte mit Live-Daten zu Flugrouten, Abflugzeiten und Flugzeugkennzeichen. Die kostenlose Version ist jedoch eingeschränkt, historische Daten und Exportfunktionen erfordern einen kostenpflichtigen Account.

Tipp: kostenloser Business-Account

Wenn Sie in einen ADS-B-Receiver (z. B. Raspberry Pi mit einem RTL-SDR-Dongle) investieren und diesen als Flightradar24-Sensor registrieren, erhalten Sie im Gegenzug einen kostenlosen Business-Account.

FlightAware (*https://www.flightaware.com/*) bietet Ihnen ebenfalls eine Live-Karte, auf der Sie Flüge nach Airlines, Flughäfen oder Flugzeugtypen filtern können. Mit einem kostenlosen Account erhalten Sie historische Daten von bis zu drei Monaten, inklusive Flugstatus, Route, Höhe und Geschwindigkeit.

Für militärische Flugzeuge, Drohnen oder gezielt verschleierte Flüge ist *ADS-B Exchange* (*https://globe.adsbexchange.com*) die bessere Wahl. Als unabhängiges Netzwerk erfasst es auch Objekte, die kommerzielle Dienste ausfiltern, und bietet Filter für Militärflugzeuge, PIA-geschützte Jets (*Privacy ICAO Address*) und LADD-Flüge. Die Plattform bietet Rohdaten-Exporte und zeigt selbst Flugzeuge ohne Transpondersignal an, ist aber in der Bedienung weniger benutzerfreundlich als *Flightradar24*.

Als Alternative steht Ihnen noch RadarBox (*https://www.radarbox.com*) zur Verfügung, das neben Echtzeit-Tracking auch historische Daten und Nutzerberichte zu besonderen Ereignissen (z. B. VIP-Flüge, militärische Aktionen) bietet.

Bei öffentlichen Quellen ist es grundsätzlich immer eine gute Idee, mehrere Alternativen zur Verfügung zu haben. Bei den hier vorgestellten Quellen zur Beobachtung von Flugzeugen wird wieder einmal deutlich, dass die Abdeckung sehr unterschiedlich sein kann. So sind Flugzeuge oder Hubschrauber in einer Karte enthalten, in der anderen nicht, und umgekehrt.

OpenSky Network (*https://map.opensky-network.org*) ist wahrscheinlich die leistungsfähigste Plattform für Luftverkehrs-OSINT und bietet Echtzeit-Tracking sowie tiefgehende Filteroptionen, Wetterintegration und technische Metadaten. Die interaktive Karte zeigt verschiedene Datenquellen an, darunter ADS-B, UAT (978 MHz für USA), MLAT (*Multilateration für Flugzeuge ohne ADS-B*) und Mode-S sowie seltener ADS-C (satellitenbasierte Positionsmeldungen). Sie können zwischen unterschiedlichen Kartenlayern wechseln, darunter Satellitenansicht, Wetterdaten und Flugverbotszonen.

Ein zentrales Feature ist die Filterfunktion für militärische Flugzeuge (*Military*), PIA-geschützte Flugzeuge (Privacy ICAO Address) und LADD (Limiting Aircraft Data Displayed).

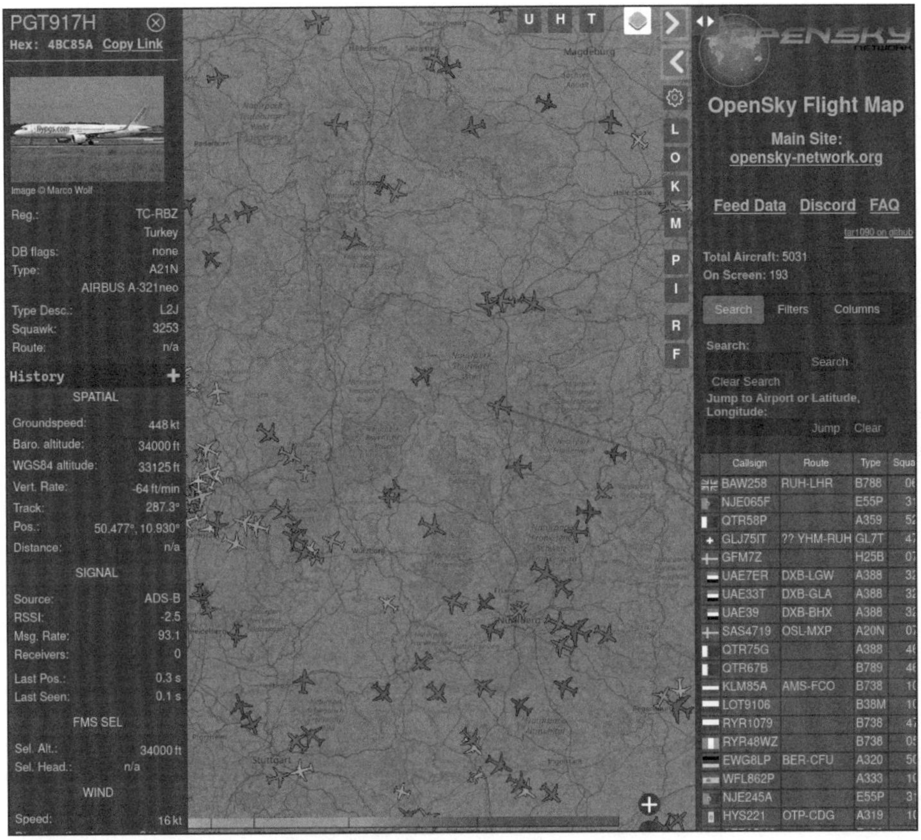

Abbildung 7.78 »OpenSky Network«: Karte und Filtermöglichkeiten

Das PIA-Programm der FAA erlaubt es bestimmten Flugzeugen, etwa Privatjets von Regierungsvertretern oder Prominenten, ihre echte Hex-Identität zu verschleiern, indem sie eine temporäre, anonymisierte ICAO-Adresse nutzen. *OpenSky* kennzeichnet solche Flugzeuge. Zudem lässt sich die Anzeige auf bestimmte Flugzeugtypen, Höhenbänder oder Geschwindigkeiten beschränken, um z. B. Drohnen, Helikopter oder Hochgeschwindigkeitsjets gezielt zu analysieren.

Für fortgeschrittene Recherchen stellt *OpenSky* eine umfassende Flugzeugdatenbank bereit, die offizielle und inoffizielle Metadaten wie Besitzerhistorie, Flugzeugtyp und Baujahr aggregiert. Diese Daten lassen sich als CSV exportieren. Besonders wertvoll ist die Kombination aus Echtzeit-Tracking und historischen Flugdaten.

Die Webseite *https://www.aviationdb.com* hat definitiv nicht das schönste Design. Die Plattform bietet jedoch detaillierte Informationen zu Flugzeugeigentümern, Registrierungshistorien, technischen Spezifikationen und Betreiberstrukturen. Dadurch sind Sie in der Lage, Besitzverhältnisse oder historische Verkäufe nachzuvollziehen. So können Sie beispielsweise in Erfahrung bringen, wie oft ein Flugzeug den Besitzer gewechselt hat. Die Bedienung erfordert zwar etwas Geduld, doch die Tiefe der Daten macht dies wett.

Flughafen-Webcams, Social Media und Spotter-Foren

Öffentlich zugängliche Webcams an Flughäfen, spezialisierte Spotter-Foren sowie soziale Medien sind eine wichtige Ergänzung zu Flugdatenbanken. Plattformen wie *Jetphotos* (*https://www.jetphotos.com/*) bieten umfangreiche Bildarchive, in denen Flugzeuge anhand von Kennung, Typ oder Betreiber recherchiert werden können. Auch Google Images liefert bei der Suche mit Flugzeugkennung oder Seriennummer weitere Bilder.

Die Fotosuche unter *www.planespotters.net/photos* bietet Filter nach Kennung, Airline, Flugzeugmodell, Land oder verwendeter Kamera. Es lässt sich einstellen, ob nur hochauflösende Bilder angezeigt werden sollen. Zu jedem Foto sind Metadaten wie EXIF-Daten, Aufnahmedatum, Standort und Fotograf aufgeführt. Unterhalb eines Fotos werden Ihnen weitere Aufnahmen desselben Fotografen, des Flugzeugs, der Airline, des betroffenen Flughafens sowie des entsprechenden Flugzeugtyps angezeigt.

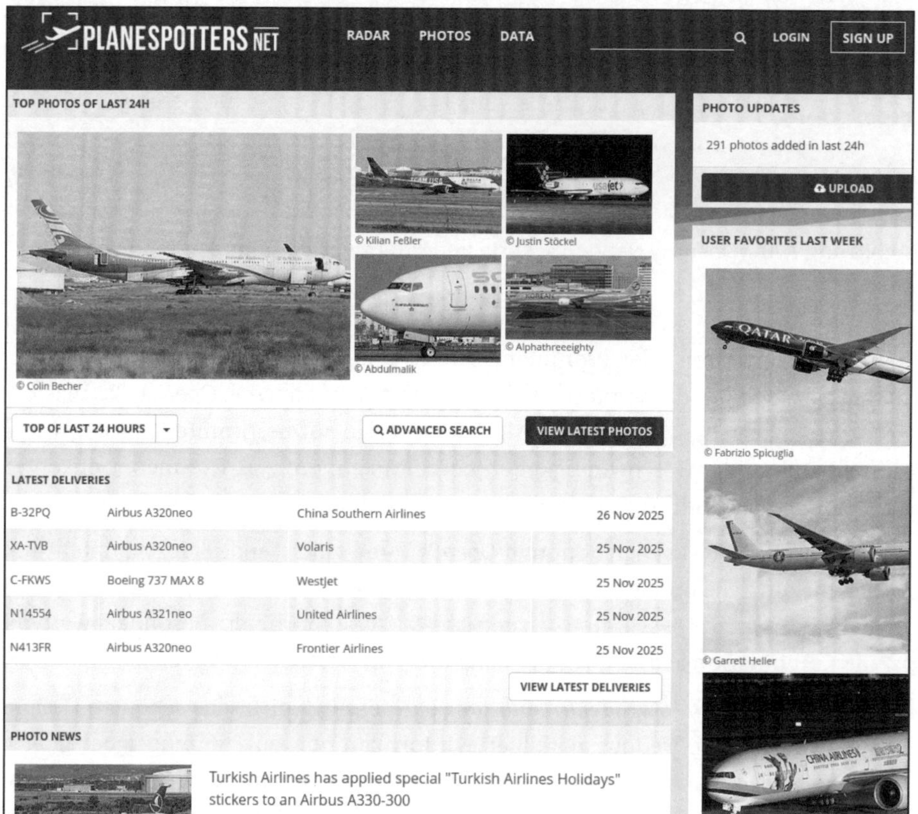

Abbildung 7.79 Flugzeugdetails auf »planespotters.net«

Besonders spannend ist, dass Sie über die Flugzeugkennung Informationen zum Flugzeug erhalten: Alter, Manufacturer Serial Number (MSN) und Besitzer.

Unter *https://www.planespotters.net/aircraft/index* können Sie Produktionslisten vieler Hersteller einsehen. Die tabellarische Ansicht ist besonders praktisch, da Sie hier die MSN, den Typ, die Registrierungsnummer, die Airline, das Lieferdatum, den Status sowie Besonderheiten sehen. Außerdem wird durch ein kleines Kamera-Icon angedeutet, ob Fotos zu diesem Flugzeug vorhanden sind.

Über den Länder-Index (*www.planespotters.net/airlines/country*) lassen sich Airlines nach Ländern, Flottengröße und Durchschnittsalter aufschlüsseln. Sie erhalten Informationen zu der aktuellen sowie historischen Flotte.

Die Website *https://airport-data.com/* ist eine umfassende Online-Datenbank für Luftfahrtinformationen mit weltweiter Abdeckung, über die Sie nach Flugzeugdaten wie der Registrierungsnummer, Seriennummer (MSN), Typ, Betreiber und Besitzerhistorie suchen können. Neben technischen Details zu einzelnen Flugzeugen bietet die Seite eine breite Auswahl von Fotos, die von einer internationalen Spotter-Community bereitgestellt werden. Zu jedem Bild sind Metadaten wie Datum, Standort und Fotograf hinterlegt.

Glider-Tracking

Spezielle Plattformen wie *Glidertracker* (*https://glidertracker.de/*) und *Gliderradar* (*https://www.gliderradar.com*) bieten Ihnen Möglichkeiten, Bewegungen von Segelflugzeugen in Echtzeit zu erfassen. Mithilfe von FLARM- oder ADS-B-Daten können Sie gezielt nach Kennzeichen und Regionen filtern.

Drohnen-Remote-ID

Für die Identifikation und Beobachtung von Drohnen können Sie Tools wie *Dronetag* (*https://dronetag.app*) nutzen. Mit deren Hilfe lassen sich Remote-ID-Signale empfangen, die Aufschluss über Bewegungen, Registrierung und Betreiber geben. Allerdings ist die Abdeckung recht gering, wodurch Sie in erster Linie Ergebnisse in dicht besiedelten Bereichen erwarten können.

7.10 Recherchen in sozialen Netzwerken (SOCMINT)

Soziale Netzwerke sind wahre Goldgruben für jeden Ermittler, denn Sie erlauben (tiefe) Einblicke in das private Leben einzelner Personen, aber auch ganzer Netzwerke.

Wie Sie bereits wissen, zählen soziale Netzwerke in den allermeisten Fällen zu den öffentlich zugänglichen Quellen und können somit für OSINT genutzt werden. »*It's the gift that keeps on giving*«, so beschreibt Christina Lekati, Expertin für Social

Engineering und Sicherheitsberaterin, die Bedeutung sozialer Netzwerke für die Informationsgewinnung. Tatsächlich haben die sozialen Netzwerke eine so große Bedeutung gewonnen, dass sich die Subdisziplin *Social Media Intelligence* (*SOCMINT*) gebildet hat.

Unter Social Media Intelligence ist die Sammlung, Verarbeitung und Analyse von Daten aus sozialen Netzwerken zu verstehen. Um die Möglichkeiten von SOCMINT in Gänze zu erfassen, werden wir zunächst die grundlegenden Eigenschaften und Bestandteile sozialer Netzwerke betrachten, um im Folgenden anhand konkreter Beispiele einzelner Plattformen tiefer in die Thematik einzusteigen.

7.10.1 Arten sozialer Netzwerke

Soziale Netzwerke sind vielfältig und lassen sich je nach Zweck und Funktion in verschiedene Kategorien einteilen:

- Bewertungsplattformen
- Blogs
- Business-Netzwerke
- Dating
- (Diskussions-)Foren
- Foto-Sharing
- Kollaborative Plattformen
- Messenger
- Microblogs/Kurznachrichten
- Social Bookmarking
- Social Gaming
- Soziale Netzwerke
- Unternehmensinterne soziale Netzwerke
- Video-Plattformen
- Virtuelle Welten

Sicherlich werden Sie beim Lesen der Liste gedanklich den Versuch unternommen haben, einige Ihnen bekannte Plattformen zu klassifizieren. Falls Ihnen das schwer gefallen sein sollte, seien Sie unbesorgt. Die meisten sozialen Netzwerke lassen sich heutzutage nicht mehr zweifelsfrei einer Kategorie zuordnen. Nehmen Sie Instagram als Beispiel: Zunächst diente die Plattform dem Teilen von Fotos (Foto-Sharing), mittlerweile existieren Funktionen wie Reels (Video-Plattform) und ein eingebauter Messenger.

7.10.2 Typische Elemente

In sozialen Netzwerken können Sie eine Vielfalt von Informationen erheben und die Möglichkeiten werden sich von Plattform zu Plattform stark unterscheiden. Auf die grundlegenden Methoden werden wir im nächsten Abschnitt näher eingehen. Doch zuvor möchte ich Ihnen aufzeigen, was die typischen Elemente von sozialen Netzwerken sind. Bei den meisten sozialen Netzwerken können Sie zu den folgenden Komponenten Informationen erheben:

- Profil
- Verbindungen
- Inhalte
- Interaktionen
- Metadaten

Profil

Das Profil bietet meistens die höchste Informationsdichte zu Ihrer Zielperson. Ein Profil beinhaltet oftmals die folgenden Objekte:

- Profilfoto
- Bannerfoto
- Displayname
- Username/Nutzername
- Biografie (Bio)

Die Bio enthält zuweilen Verlinkungen auf Webseiten oder Profile in anderen sozialen Netzwerken. Darüber hinaus können Sie dem Profil Verbindungen zu anderen Profilen entnehmen, meist in Form von Freundes- oder Follower-Listen. Zudem liefert Ihnen das Profil oft die Inhalte und teilweise sogar Interaktionen in gebündelter Form. Zusätzlich sollten Sie das Profil auch im Hinblick auf Metadaten betrachten, da sich hieraus häufig Hinweise auf das Alter des Accounts oder die letzte Aktivität ergeben können.

Verbindungen

Eine der elementarsten Eigenschaften von sozialen Netzwerken ist die Möglichkeit, Verbindungen zu anderen Personen herzustellen. Diese Verbindungen sind für Ermittlungen von hoher Bedeutung, wie Sie später bei der sozialen Netzwerkanalyse sehen werden.

Verbindungen zwischen Profilen können entweder ungerichtet oder gerichtet sein. Bei ungerichteten Verbindungen sind zwei Profile miteinander befreundet oder verbunden, allerdings ist nicht ersichtlich, von welchem Account diese Verbindung initiiert wurde.

Gerichtete Verbindungen können Sie weiter unterteilen in unidirektionale und bidirektionale Verbindungen.

- *Unidirektionale Verbindungen* liegen dann vor, wenn lediglich ein Profil einem anderen folgt, also nur in eine Richtung eine Verbindung besteht.
- Bei *bidirektionalen Verbindungen* existieren diese Verbindungen in beide Richtungen. Somit gibt es zwei jeweils gerichtete Verbindungen: Zusätzlich zu der unidirektionalen Verbindung des einen Profils gibt es eine zweite entgegengesetzte Verbindung.

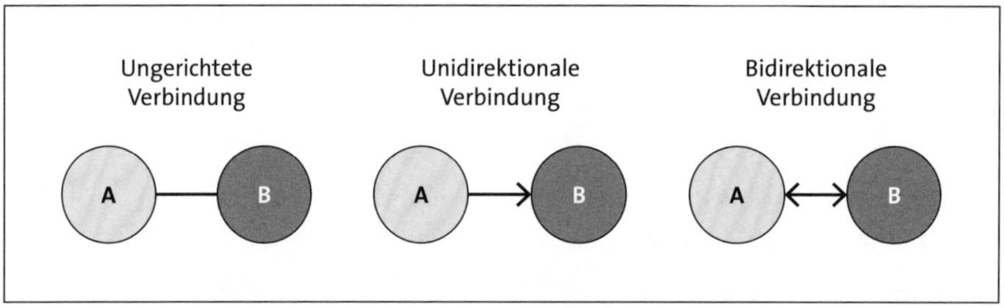

Abbildung 7.80 Arten von Verbindungen in sozialen Netzwerken

Inhalte

Durch soziale Netzwerke bekamen viele Menschen die Möglichkeit, eigene Inhalte online zu teilen – das Web 2.0 war geboren. Heutzutage wird jede Sekunde eine riesige Flut an neuen Inhalten produziert und teils live veröffentlicht. Die nutzergenerierten Inhalte können Sie in Form von Texten, Fotos, Videos, Audioaufnahmen, Dateien oder Livestreams antreffen.

Interaktionen

Mit den Inhalten können andere Nutzerinnen und Nutzer interagieren. Dies geschieht für gewöhnlich in Form von Reaktionen (z. B. Likes), Kommentaren oder indem jemand den bereits veröffentlichten Inhalt selbst teilt.

Metadaten

Die Metadaten innerhalb der sozialen Netzwerke geben Auskunft über die Nutzung eines Profils, dessen Erstelldatum sowie über die verwendeten Endgeräte und die Software, mit der Nutzer die Plattform besuchen.

Und schließlich weisen die meisten sozialen Netzwerke jedem Profil eine eindeutige Nummer zu, die *User-ID*. Mit dieser ID können Sie ein Profil auch nach einer Änderung des Benutzernamens wiederfinden.

7.10.3 Grundlegende Methoden

Soziale Netzwerke sind wahre Goldgruben, wenn es um die Gewinnung von Informationen über Personen, Gruppen oder Organisationen geht. Die Möglichkeiten in den jeweiligen Netzwerken variieren zwar, einige grundlegende Methoden können jedoch meistens angewendet werden. Die nachfolgenden Methoden sollen den eigenen Werkzeugkasten für die Herangehensweise an unbekannte soziale Netzwerke erweitern.

Hinweis: Entwicklungen in puncto Datenschutz

Insbesondere die größeren sozialen Netzwerke haben in der jüngeren Vergangenheit große Anstrengungen unternommen, um Informationen über Nutzer für die Allgemeinheit unzugänglich zu machen. Mit Blick auf den Datenschutz ist das eine gute Entwicklung. Daher ist es durchaus möglich, dass Methoden, die gute Ergebnisse geliefert haben, von einem Tag auf den anderen unbrauchbar werden. Dies bedeutet, dass Sie besonders im Hinblick auf eine mögliche Alarmierung der Zielperson bei kritischen Ermittlungen vorab einen Test mit eigenen Test-Accounts durchführen sollten. Die zunehmende Abschottung von sozialen Netzwerken und die Flüchtigkeit von Beiträgen machen in jedem Fall eine frühzeitige Sichtung und Sicherung entsprechender Beiträge notwendig.

(Erweiterte) Suche

Grundsätzlich stellt jedes soziale Netzwerk eine Möglichkeit zur Verfügung, nach Inhalten oder Mitgliedern des Netzwerks zu suchen. Wonach genau gesucht werden kann, unterscheidet sich sehr stark von Plattform zu Plattform. Teilweise werden sogar erweiterte Suchen zur Verfügung gestellt. Diese Suchen stellen in der Regel eine Vielzahl von Filtermöglichkeiten zur Verfügung, um die Suche zu verfeinern.

Registrierung

Die meisten Registrierungen in sozialen Netzwerken erfolgen mittels dynamischer Formulare, die beispielsweise fehlerhafte E-Mail-Adressen erkennen und eine Fehlermeldung präsentieren. Oft erhält man bei Verwendung einer bereits genutzten E-Mail-Adresse die Rückmeldung, dass sie in Verwendung ist. Durch die Verwendung der E-Mail-Adresse oder des Usernamens der Zielperson lässt sich also prüfen, ob ein Konto zu der Person existiert.

Passwort- bzw. Account-Wiederherstellung

Nahezu alle sozialen Netzwerke bieten eine Möglichkeit an, ein vergessenes Passwort oder einen vergessenen Benutzernamen zurückzusetzen. Dies bietet die Option, entweder den Usernamen in Erfahrung zu bringen oder durch Verwendung der E-Mail-

Adresse bzw. des Benutzernamens weitere Informationen zu erhalten. Sie können so überprüfen, ob ein Account unter dem Nutzernamen, der E-Mail-Adresse oder der Rufnummer existiert. Auch erhalten Sie so oftmals weitere (zumeist partielle) Kontaktdaten.

Kontaktimport

Eine Direktsuche nach E-Mail-Adressen oder Rufnummern gibt es immer seltener. Jedoch besteht häufig die Option, Kontakte über eine Datei oder durch Freigabe des Kontaktbuchs des eigenen E-Mailkontos zu importieren und Personen mit existierenden Profilen als Freunde hinzuzufügen.

URL-Manipulation

Eine weitere Möglichkeit stellt die *URL-Manipulation* dar. Hierbei wird ein Teil der URL verändert, um andere oder weitere Suchergebnisse zu erhalten.

7.10.4 Metriken und Trends

Bei Recherchen in sozialen Netzwerken können Metriken und Trends Ihnen helfen, Muster und Entwicklungen zu erkennen. Besonders bei der Erkennung von wichtigen oder ungewöhnlichen Ereignissen spielt das Monitoring von sozialen Medien eine wichtige Rolle. Einige soziale Netzwerke stellen aktuelle Trends zur Verfügung, für andere existieren meist Tools, die diese veranschaulichen.

Sie sollten daher nicht nur auf Basiszahlen wie Follower, Likes oder Kommentare achten, sondern auch auf spezielle Metriken wie Engagement-Raten, Reichweite, Interaktionsnetzwerke, Häufigkeit von Hashtag-Nutzung und die Dynamik von viraler Verbreitung. Mithilfe von Hashtag- und Keyword-Monitoring erkennen Sie, welche Themen aktuell dominieren.

Außerdem sollten Sie prüfen, ob es Datensätze zu dem sozialen Netzwerk gibt. Unter *https://atlas.nomic.ai/data/hivemind* finden Sie das Projekt Hivemind. Es ist eine Sammlung von öffentlich zugänglichen Datensätzen, die auf der Plattform *Nomic Atlas* zur Verfügung gestellt werden. Diese Datensätze decken verschiedene Themenbereiche ab, darunter politische Kommunikation, soziale Medien und Online-Diskurse.

7.10.5 Rechercheidentität

Im Kapitel 4, »Operational Security«, haben Sie bereits die Bedeutung des Schutzes sensibler Informationen und einige Vorkehrungen zum Schutz Ihrer Recherche kennengelernt. Da eine Recherche in sozialen Netzwerken ohne einen Account grundsätzlich nicht sinnvoll oder schlicht unmöglich ist, sollten Sie sich Gedanken über den Schutz Ihrer Identität in sozialen Netzwerken machen.

Ihren privaten Account dürfen Sie niemals für eine Recherche verwenden! Legen Sie stattdessen einen Rechercheaccount oder eine Rechercheidentität an. Viele Recherchen im Rahmen von OSINT kommen ohne komplexe Rechercheidentitäten aus, da OSINT-Recherchen primär passiv und ohne aktive Interaktion erfolgen. Dennoch existieren Fälle, bei denen ein glaubwürdiger Rechercheaccount notwendig wird. Etwa dann, wenn Sie als Teil der Zielgruppe wahrgenommen werden möchten oder keinerlei Aufmerksamkeit erregen wollen. In diesen Situationen ist eine sorgfältig aufgebaute, konsistente und unauffällige Rechercheidentität entscheidend. Beachten Sie, dass die Ausgestaltung der Rechercheidentität Auswirkungen auf den rechtlichen Rahmen Ihrer Recherche haben kann.

Schon das Anlegen eines Rechercheaccounts in einem sozialen Netzwerk kann eine Herausforderung darstellen. Unter der URL *https://de.fakenamegenerator.com/gen-random-gr-gr.php* finden Sie den *Fake Name Generator*. Nach Auswahl des gewünschten Geschlechts, eines Namenssatzes sowie des Landes generiert das Tool eine zufällig zusammengestellte Identität (siehe Abbildung 7.81).

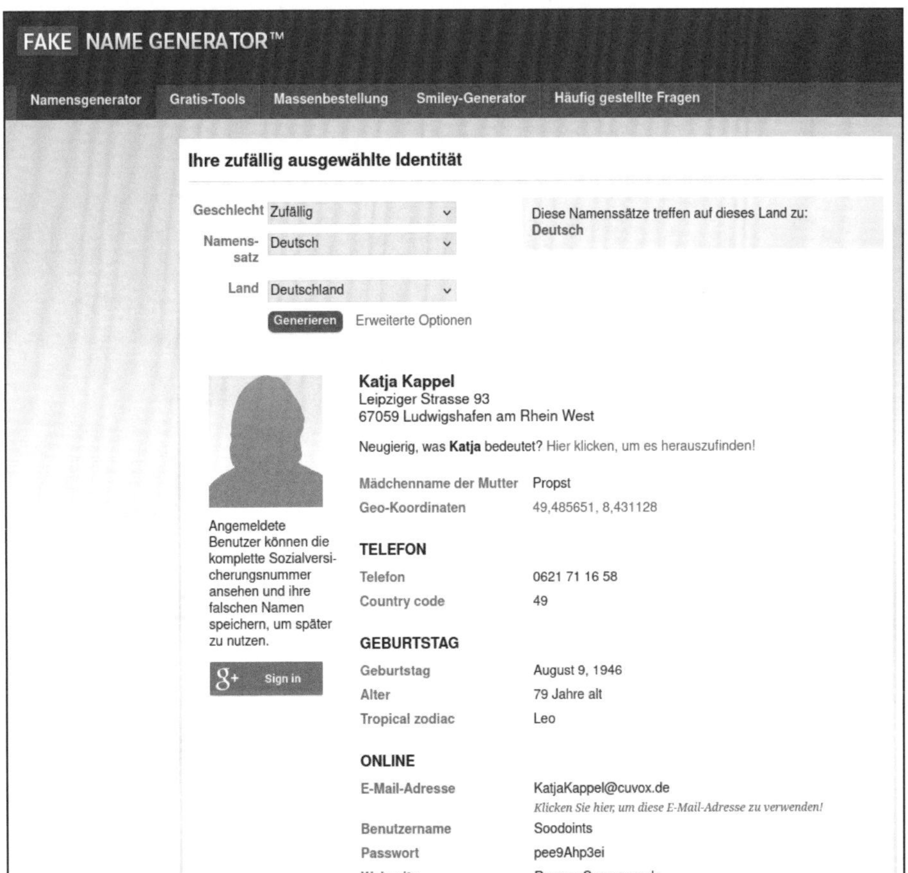

Abbildung 7.81 »Fake Name Generator«

Diese umfasst neben dem Namen beispielsweise das Geburtsdatum, das Sternzeichen, eine E-Mail-Adresse, einen User-Agent, Kreditkartendaten und weitere Angaben. Die bereitgestellten Informationen sollten Sie lediglich als Anregung betrachten und nicht unverändert übernehmen. Besonders die Adressen sind häufig fehlerhaft oder unplausibel.

Neben *Fake Name Generator* gibt es weitere Tools wie beispielsweise *FauxID* (*https://fauxid.com/*), die Sie bei der Erstellung einer Rechercheidentität unterstützen. Dort können Sie ebenfalls Geschlecht und Land wählen sowie das Alter eingrenzen. Im direkten Vergleich stellt *FauxID* umfangreichere Profildaten zur Verfügung (siehe Abbildung 7.82).

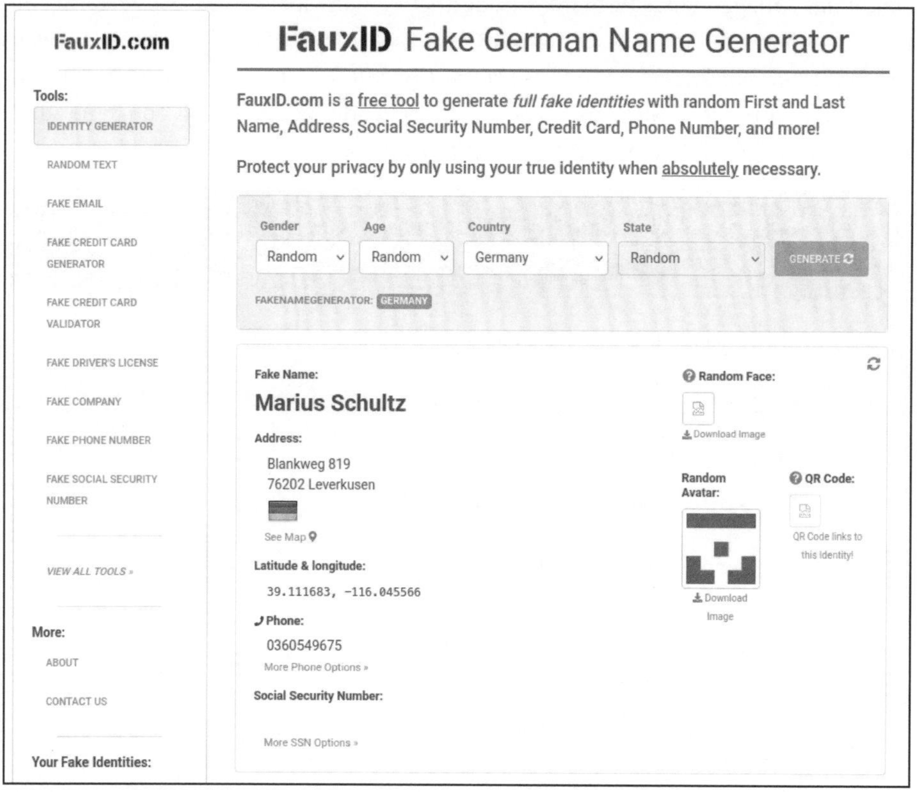

Abbildung 7.82 FauxID

Möglicher Angriff auf FauxID

Über die Schaltfläche VIEW ALL IDENTITIES gelangen Sie zu einer Galerie sämtlicher Identitäten, die innerhalb der letzten 24 Stunden generiert wurden. Jede dieser Identitäten ist anklickbar und Sie gelangen so zum jeweiligen Profil inklusive aller Details.

Jede Identität erhält eine eindeutige URL, etwa in der Form *https://fauxid.com/identity/4d4f9be7-7433-40a9-9c64-29e6609d64a1*. Diese bleibt auch nach 24 Stunden erhalten. Das bedeutet, dass rein theoretisch jemand täglich die URLs der erstellten Identitäten und Namen speichern könnte.

Aus dem Profil der jeweiligen Identität lässt sich übrigens auch der Erstellungszeitpunkt gewinnen. Die Seite versucht, ein Foto des Dienstes *This Person does not exist* (*https://thispersondoesnotexist.com*) zu laden. Wenn Sie in den Quelltext schauen, werden Sie feststellen, dass die URL den Parameter `time` enthält. Diesem wird ein UNIX-Timestamp zugewiesen, den Sie dann umwandeln können, und schon haben Sie den Erstellungszeitpunkt der Identität.

Dieses Angriffsszenario mag etwas konstruiert scheinen, aber verdeutlicht, wie wichtig es ist, sich intensiv mit den Werkzeugen auseinanderzusetzen, die Sie für Ihre Recherche nutzen. Seien Sie bei der Nutzung solcher Tools stets umsichtig und sicherheitsbewusst, um potenzielle Schwachstellen frühzeitig zu erkennen und zu vermeiden.

Wenn Sie sich nun überlegen, welche weiteren Möglichkeiten sich Ihnen bieten, um einen plausiblen Namen für Ihre Rechercheidentität zu finden, dann erinnern Sie sich vielleicht an *forebears.io*. In Abschnitt 7.7 haben Sie gelernt, wie die dortigen Suchmöglichkeiten genutzt werden können, um Annahmen über die Häufigkeit und Herkunft eines Namens zu erfahren. Da neben der Suche mittels Namen auch Informationen zu einzelnen Ländern abgefragt werden können, eignet sich *Forebears* zum Finden häufiger Nachnamen oder auch zur Anreicherung der Rechercheidentität. Anhand der Heatmap lässt sich nämlich die Verteilung in verschiedenen Ländern erkennen – praktisch z. B. für den Einbau entfernter Verwandtschaften.

Profilbild

Der Glaubwürdigkeit Ihrer Rechercheidentität hilft ein authentisch wirkendes Profilbild. Dank KI-Bildgeneratoren wird es immer einfacher, glaubhafte Identitäten digital zu erschaffen.

Durch den Einsatz beispielsweise von *This Person Does Not Exist* (s. o.) stellen Sie sicher, dass Sie keine realen Persönlichkeitsrechte verletzen. Alternativ stehen Ihnen Dienste wie *Generated Photos* (*https://generated.photos*), *Artbreeder* (*https://www.artbreeder.com*) oder Avatar-Generatoren verschiedener Anbieter zur Verfügung, die Ihnen Stil- und Anpassungsoptionen bieten. Achten Sie dabei stets darauf, dass das ausgewählte Bild zu Ihrer recherchierten Persona passt – etwa in Bezug auf Alter, Hintergrund und kulturelles Umfeld.

Beachten Sie, dass inzwischen spezialisierte Dienste zur Erkennung von KI-erstellten Bildern existieren. Einen ausführlichen Hinweis zur technischen Überprüfung und

Verifikation von Profilbildern finden Sie in Abschnitt 9.7. Zudem gilt: Sollte Ihre Rechercheidentität außerhalb des digitalen Raums genutzt werden müssen, etwa im Rahmen persönlicher Kontakte, stößt eine ausschließlich digital generierte Identität schnell an ihre Grenzen. Solche Szenarien fallen jedoch nicht mehr in den Bereich von OSINT.

Content und Verhalten

Ein plausibles Online-Profil lebt von regelmäßigem, stimmigem Content. Sie sollten sich eine authentische Biografie, eine kontinuierliche Posting-Historie, Interessen, Mitgliedschaften und glaubwürdige Interaktionen überlegen. Gestalten Sie beispielhafte Beiträge durch eigene neutrale Fotos oder lizenzfreie Bilder (vergessen Sie aber nicht, dass solche Bilder mit einfachen inversen Bildersuchen enttarnt werden können). Auch Textbeiträge zu Alltagsthemen, Kommentieren von anderen Beiträgen und das gezielte Mitwirken in Gruppen oder Foren stärken die Glaubwürdigkeit Ihrer Rechercheidentität.

Achten Sie darauf, Ihr Profil möglichst »natürlich« und unauffällig wachsen zu lassen. Vermeiden Sie sprunghaftes oder massenhaftes Liken, Hinzufügen von Freunden oder Posten vieler Inhalte auf einmal. Ein organischer Aufbau, also eine schrittweise, realistische Aktivitätssteigerung, reduziert die Wahrscheinlichkeit, von Plattformen als künstliches Konto erkannt oder von realen Nutzern misstrauisch beobachtet zu werden. Überlegen Sie außerdem, ob und wie Sie einen digitalen Footprint über mehrere Plattformen hinweg synchronisieren möchten, um Konsistenz und Vernetzung Ihrer Rechercheidentität weiter zu erhöhen.

> **KI zur Erstellung von Rechercheidentitäten**
>
> Mit KI-Tools können Sie einfach und unkompliziert komplette Identitäten erzeugen. Neben Bildern lassen sich auch Identitäten mitsamt Biografie und Kommunikationsstil generieren – Plattformen wie ChatGPT erstellen ein Persönlichkeitsprofil und Postings auf Basis Ihrer Vorgaben. So können Sie passenden Content für verschiedene Zielgruppen generieren.
>
> Beachten Sie dabei aber, dass automatisierter Content zwar die Arbeit erleichtert, aber sorgfältig geprüft und gegebenenfalls manuell angepasst werden sollte, um Inkonsistenzen oder verräterische Merkmale zu vermeiden.

7.10.6 Personen in sozialen Netzwerken finden

Nehmen wir an, Sie möchten die Profile einer bestimmten Person in sozialen Netzwerken finden. Hier können unterschiedliche Wege zum Erfolg führen. Ausschlaggebend für den Erfolg und die Methodenwahl sind die gegebenen Informationen: Kennen Sie nur den Vornamen oder einen Spitznamen? Oder haben Sie die E-Mail-Adresse und Mobilnummer der Person? Jede Recherche ist anders, daher sollten Sie die folgenden Ansätze auch lediglich als Inspiration sehen.

Es gibt keinen Königsweg, um Personen in sozialen Netzwerken zuverlässig zu finden. Entscheidend ist die kreative Kombination der zahlreichen Möglichkeiten, von plattforminternen Suchfunktionen und Suchmaschinen-Dorks über spezialisierte Tools für Usernamen- und E-Mail-Recherche bis hin zu Methoden der Foto- und Inhaltssuche. Automatisierte Werkzeuge können große Datenmengen effizient verarbeiten, erfordern jedoch eine sorgfältige manuelle Überprüfung der Ergebnisse. Insbesondere über die Analyse von Username-Varianten, alternativen Schreibweisen und zusätzlichen digitalen Spuren können Sie möglichst viele Profile einer Person aufdecken.

Sollte es dennoch vorkommen, dass Sie das gesuchte Profil nicht identifizieren können, empfiehlt es sich, Ihr »Recherche-Netz« weiter auszuwerfen. Beziehen Sie das soziale Umfeld der Zielperson in die Recherche ein – selbstverständlich immer im Einklang mit rechtlichen und ethischen Vorgaben.

In manchen Fällen müssen Sie akzeptieren, dass keine digitale Präsenz auffindbar ist. Auch das gehört zur professionellen OSINT-Arbeit: die Grenzen des Möglichen realistisch einschätzen und dokumentieren.

Ergänzend zu der bereits dargelegten Personensuche in Abschnitt 7.7 existieren spezifische Ansätze im Kontext sozialer Netzwerke, um eine Person ausfindig zu machen. Je nach Ausgangsbasis können Sie textbasiert den Namen, Spitznamen oder auch Usernamen suchen. Haben Sie bereits Kontaktdaten wie eine E-Mail-Adresse oder Telefonnummer, sind diese oftmals hilfreich.

Suche per Namen

Plattformen wie LinkedIn, Facebook oder Xing bieten Ihnen die Möglichkeit, gezielt nach dem Namen einer Person zu suchen. Über die interne Suchfunktion können Sie oft nicht nur den Namen, sondern auch Kombinationen mit weiteren Angaben wie Wohnort oder Arbeitgeber eingeben. Das erhöht die Trefferquote. Darüber hinaus können Filterfunktionen dabei helfen, das Suchergebnis einzugrenzen und schneller zum gewünschten Profil zu gelangen.

Eine weitere effektive Methode ist der Einsatz von Suchmaschinen-Dorks, wie in Abschnitt 7.2 vorgestellt. Eine entsprechende Suche wäre etwa `site:linkedin.com "Max Mustermann"`, um gezielt nach einem LinkedIn-Profil mit dem Namen »Max Mustermann« zu suchen. Sie können solche Dorks mit weiteren Parametern wie dem Wohnort oder Unternehmen kombinieren, um die Suche weiter zu präzisieren: `site:facebook.com "Max Mustermann" Berlin`

Dorks eignen sich besonders, wenn die interne Suche der Plattform oder die Filtermöglichkeiten eingeschränkt sind. Denken Sie auch hier an die Methoden der Personenrecherche aus Abschnitt 7.7.

Suche per Username

Um in sozialen Netzwerken effektiv nach einer Person suchen zu können, benötigen Sie den Benutzernamen, auch *Username* genannt. Dabei hilft es zu wissen, wie Menschen Benutzernamen bilden. Meist werden die folgenden Bestandteile einzeln, fragmentartig oder in Kombination genutzt:

- Vorname
- Nachname
- Spitzname
- Geburtsdatum
- Wohnort
- Beruf
- Hobby

Der Username ist ein Abbild der eigenen Identität und kann viel über die Person aussagen. Einige typische psychologische Tendenzen sind die Selbstenthüllung, die Identifikation mit Gruppen oder Interessen und die Wiederverwendung von Benutzernamen, manchmal mit geringfügigen Änderungen. Dieses Wissen hilft Ihnen übrigens sowohl bei der Analyse eines Pseudonyms als auch bei der Entwicklung eigener Pseudonyme.

Sobald Sie den Benutzernamen Ihrer Zielperson kennen, können Sie überprüfen, ob Sie weitere Profile mit identischem Namen auf anderen Plattformen finden.

Hinweis

Selbst wenn der Benutzername identisch ist, sollten Sie die Möglichkeit in Betracht ziehen, dass eine andere Person denselben Namen gewählt hat. Darüber hinaus besteht eine geringe Wahrscheinlichkeit, dass die Identität Ihrer Zielperson kopiert wurde.

Die Suche mittels Username können Sie entweder manuell durchführen oder an ein Tool delegieren. In der Praxis empfiehlt sich eine Kombination: Mit toolgestützter Recherche können Sie in sehr kurzer Zeit Hunderte bis Tausende von Plattformen automatisiert nach einem bestimmten Namen durchsuchen. Beachten Sie jedoch, dass dabei häufig falsch-positive und gelegentlich auch falsch-negative Treffer auftreten. Aus diesem Grund sollten Sie sämtliche Treffer immer direkt auf der jeweiligen Plattform überprüfen.

Die manuelle Recherche ist zwar deutlich zeitaufwendiger, ermöglicht Ihnen jedoch die gezielte Auswertung und schnelle Einordnung der Treffer. Sie erhalten dabei meist Hintergrundinformationen und neue Ermittlungsansätze. Oft können Sie bereits anhand eines flüchtigen Blicks entscheiden, ob sich eine vertiefte Analyse eines Profils lohnt.

Ein bewährtes Tool aus der OSINT-Community ist *WhatsMyName*, entwickelt von Micah Hoffman. Sie können das Python-Programm entweder aus dem gleichnamigen GitHub-Repository von »WebBreacher« (Micah Hoffman) herunterladen oder es über eine der vorhandenen Integrationen nutzen.

Die einfachste Möglichkeit ist *https://whatsmyname.app*. Dort können Sie bis zu zehn Usernames gleichzeitig abfragen. Tragen Sie hierzu pro Zeile einen Usernamen ein. Über das Dropdown-Menü CATEGORY FILTERS können Sie Ihre Suche auf einen Themenbereich limitieren, was meiner Meinung nach jedoch nur selten sinnvoll ist.

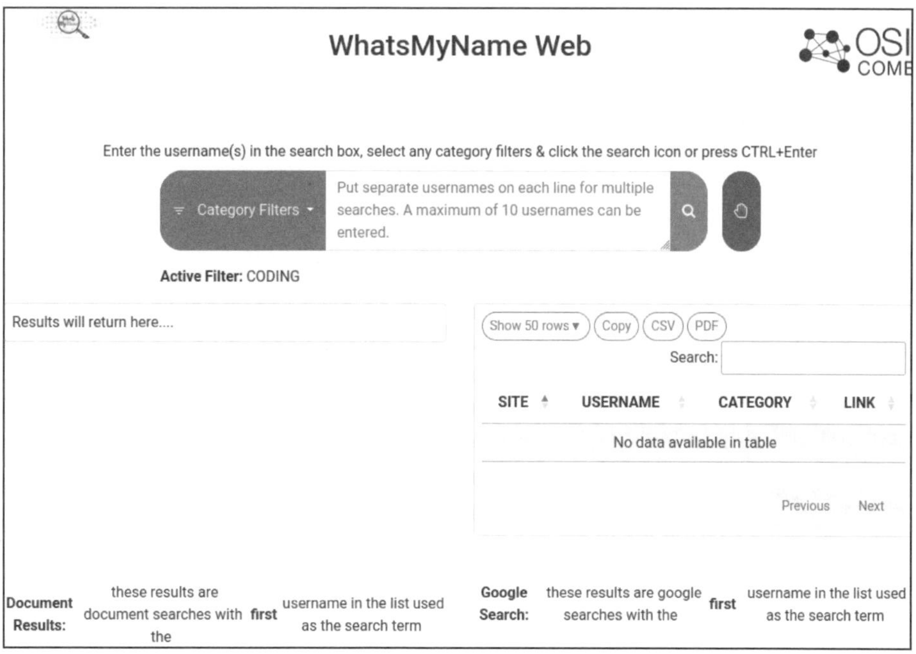

Abbildung 7.83 Suche und Filter auf »whatsmyname.app«

Nach dem Start der Suche über das Lupensymbol werden die Ergebnisse Schritt für Schritt geladen. Die linke Seite der Ergebnisansicht zeigt Ihnen die Treffer in Form von Cards, während rechts eine tabellarische Übersicht eingeblendet wird.

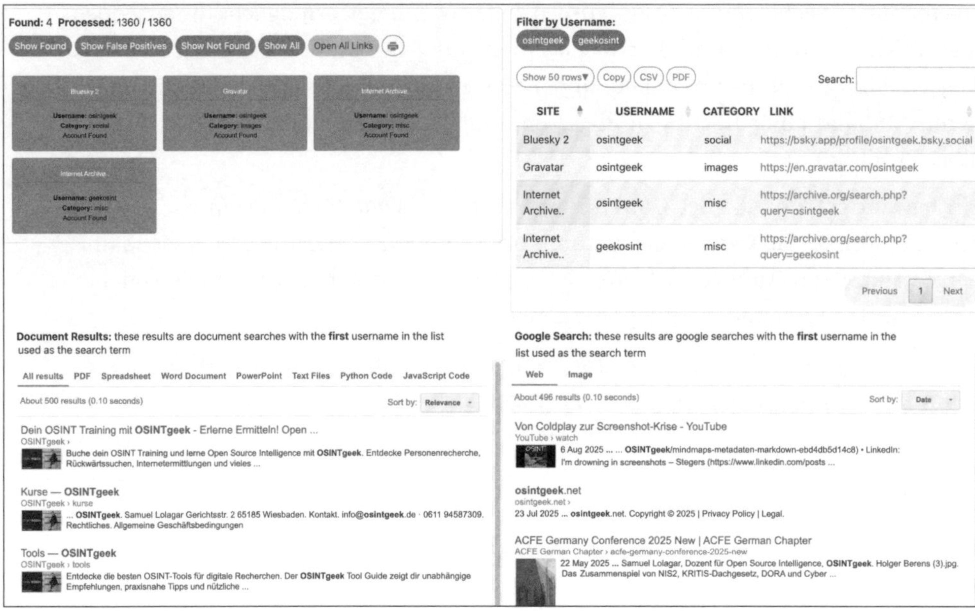

Abbildung 7.84 Suchergebnisse auf »whatsmyname.app«

In der Kartenansicht haben Sie zudem die Option, auch falsch-positive oder nicht gefundene Treffermeldungen einzusehen. Außerdem können Sie über OPEN ALL LINKS alle Seiten öffnen. Über das Drucker-Symbol können Sie die gesamte Ergebnisseite drucken. Die tabellarische Ansicht auf der rechten Seite bietet Ihnen die Möglichkeit, sie zu durchsuchen, nach einem User zu filtern oder zu exportieren.

Im unteren Bereich der Seite finden Sie zudem zwei eingebettete Google-Suchen nach dem ersten Benutzernamen.

Hinweis

Nutzen Sie die Netzwerk-Analyse (Tab NETWORK) der Web Developer Tools, um die tatsächlich abgefragten URLs und Status-Codes nachzuvollziehen. Achten Sie insbesondere auf Fehlercodes im 400er-Bereich, z. B. `429 Too Many Requests`. Diese deuten darauf hin, dass eine Plattform automatisierte Anfragen einschränkt. Möchten Sie sicherstellen, dass kein Account mit dem gewünschten Usernamen existiert, empfiehlt sich eine gezielte, manuelle Überprüfung direkt auf der jeweiligen Website.

Neben *WhatsMyName* gibt es zahlreiche weitere spezialisierte Tools und Online-Dienste, die Ihnen die Suche nach Usernamen auf mehreren Plattformen deutlich erleichtern können.

Die Services *Knowem* (*https://knowem.com.au/*), *Namechk* (*https://namechk.com/*), *Namecheck* (*https://www.namecheck.com/*) sowie *Instant Username Search* (*https://*

instantusername.com/) waren ursprünglich darauf ausgerichtet, die Verfügbarkeit von Usernamen für neue Accounts zu prüfen. Im OSINT-Kontext können Sie diese Dienste hingegen einsetzen, um gezielt nach bestehenden Accounts und deren Verbreitung auf verschiedensten Seiten zu suchen. Ist ein Username dort als vergeben markiert, deutet dies darauf hin, dass entweder der Name auf der Plattform nicht zulässig ist – oder dass tatsächlich ein registriertes Profil unter diesem Usernamen existiert.

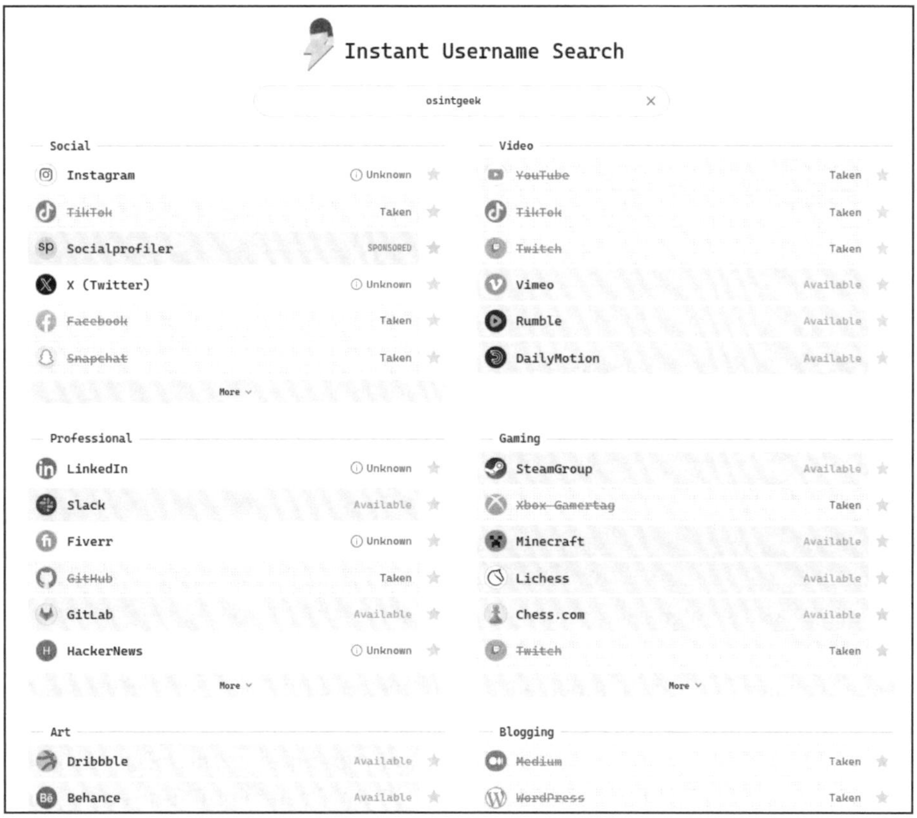

Abbildung 7.85 Die Ergebnisseite von »Instant Username Search«

IDCrawl geht über eine reine Username-Suche hinaus. Die Personensuche unter PEOPLE SEARCH haben Sie bereits kennengelernt. Unter *https://www.idcrawl.com/username-search* finden Sie außerdem eine Username-Suche. Nach Eingabe des Username werden einige der international relevantesten Plattformen durchsucht. Für gefundene Treffer erhalten Sie weiterführende Informationen wie Profilbild, Kurzbiografie, Verlinkungen oder die Anzahl der Follower. Auf diese Weise können Sie schnell einschätzen, welche Accounts für Ihre Analyse besonders relevant sind und welche Sie priorisieren sollten.

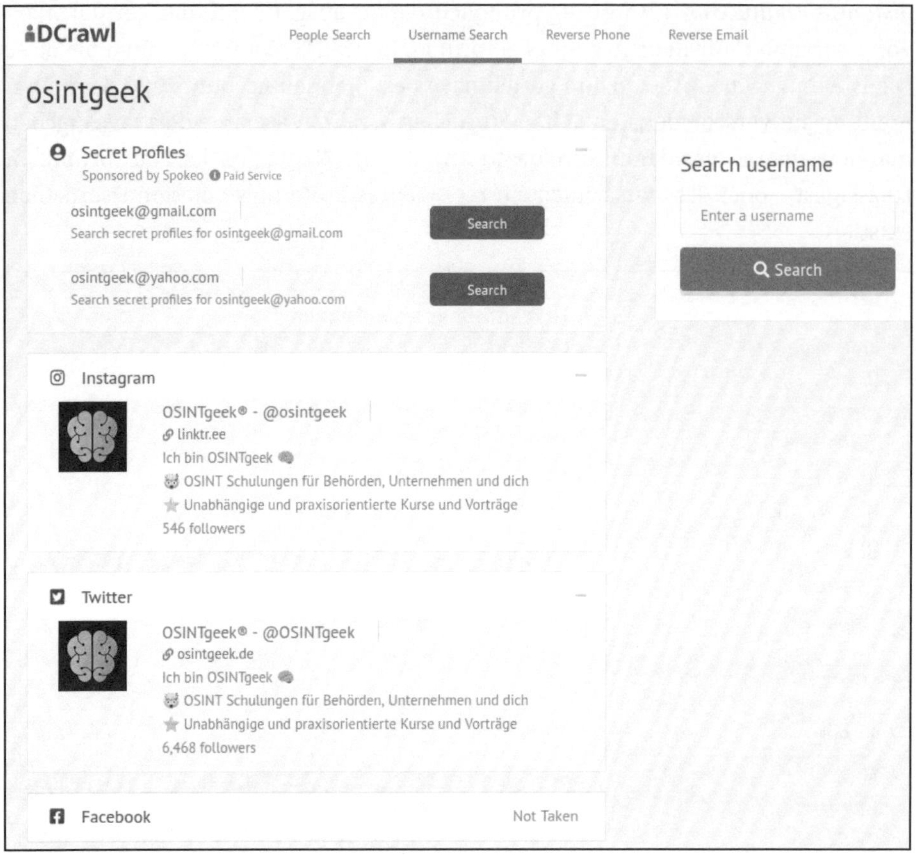

Abbildung 7.86 Username-Suche auf »IDCrawl«

Neben Webdiensten stehen Ihnen auch freie Open-Source-Tools zur Verfügung, die automatisierte Suchläufe direkt auf der Kommandozeile ausführen können. Besonders etabliert ist *Sherlock* (*https://github.com/sherlock-project/sherlock*), ein Kommandozeilentool, das Usernamen auf mehr als 300 Webseiten prüft und anzeigt, auf welchen Plattformen Profile mit dem gewählten Namen existieren. Die Ergebnisse werden übersichtlich als Liste ausgegeben und lassen sich für die weitere Untersuchung speichern.

Maigret (*https://github.com/soxoj/maigret*) ist eines der mächtigsten Tools, das die Username-Suche ähnlich wie Sherlock betreibt, aber zusätzlich noch Accountdetails und zugehörige Links extrahieren kann. Maigret unterstützt eine große Zahl von europäischen und internationalen Plattformen und liefert Ihnen eine detaillierte Übersicht zu bestehenden Accounts sowie deren öffentlich verfügbaren Metadaten. Besonders praktisch ist die Möglichkeit der rekursiven Suche, bei der aus gefundenen Accounts automatisch weitere vernetzte Profile ermittelt werden können.

Neben den nach Detektiven benannten Tools *Sherlock* und *Maigret* existiert noch *Blackbird* (*https://github.com/p1ngul1n0/blackbird*) für Username-Recherchen. *Blackbird* vereint die schnelle Suche nach Usernamen und E-Mail-Adressen auf über 600 Plattformen. Besonders praktisch sind der PDF- und CSV-Export sowie der integrierte KI-Profiling-Modus, der Treffer automatisch analysiert und ein Nutzerprofil erstellt.

Variationen von Usernamen

Menschen wählen ihren Usernamen nicht immer konsistent über verschiedene Plattformen hinweg. Gründe hierfür sind oft spezielle Plattformvorgaben oder schlicht die Nichtverfügbarkeit des gewünschten Namens. Dadurch entstehen verschiedene Schreibweisen, die vom ursprünglichen Usernamen abweichen. Besonders häufig werden Sonderzeichen, Unterstriche, Zahlen oder andere Zusätze wie das Geburtsjahr genutzt, um eine Variante des Namens anlegen zu können.

Für Ihre Recherche bedeutet das: Prüfen Sie gezielt mögliche Abwandlungen, indem Sie etwa typische Muster, alternative Schreibweisen oder Kombinationen mit persönlichen Merkmalen berücksichtigen. Nutzen Sie außerdem vorhandene Profilbilder, Bios oder andere wiederkehrende Inhalte aus bereits identifizierten Accounts, um passende Profile unter abgewandelten Usernamen auf weiteren Plattformen zu identifizieren.

Suche per E-Mail-Adresse

Bei vielen sozialen Netzwerken und Onlinediensten können Sie während der Registrierung oder des Log-ins feststellen, ob eine bestimmte E-Mail-Adresse bereits mit einem bestehenden Account verknüpft ist. Dann erscheint eine Fehlermeldung oder ein Hinweis, dass die Adresse bereits verwendet wird. Dies erlaubt Ihnen bereits erste Schlüsse über etwaige bestehende Profile.

Für eine automatisierte und systematische Recherche stehen Ihnen spezialisierte Dienste wie *Epieos* (*https://epieos.com*) und *Holehe* (*https://github.com/megadose/holehe*) zur Verfügung. Diese Tools gleichen die eingegebene E-Mail-Adresse parallel über zahlreiche Plattformen hinweg ab und ermitteln, ob und wo ein Nutzerkonto unter dieser Adresse existiert. In den meisten Fällen kann jedoch nur festgestellt werden, dass ein Konto zu der E-Mail-Adresse auf einer Plattform existiert; eine Zuordnung zum individuellen Nutzernamen oder Profil erfolgt oft nicht direkt. Die genaue Identifikation des zugrunde liegenden Accounts ist stark plattformabhängig und in vielen Fällen limitiert.

Nutzen Sie ergänzend die grundlegenden Techniken der E-Mail-Recherche, wie in Abschnitt 7.7.7 beschrieben.

Besonders wertvoll ist darüber hinaus der Abgleich mit bekannten Leak-Daten, zum Beispiel über den Dienst *HaveIBeenPwned* (*https://haveibeenpwned.com*). Solche

Datenbanken zeigen Ihnen, ob und in welchem Kontext die E-Mail-Adresse bereits in Datenlecks aufgetaucht ist. Weitere Hinweise und Methoden dazu finden Sie in Abschnitt 7.7.8.

Suche per Telefonnummer

Wenn Sie die Telefonnummer einer Person kennen, bieten sich Ihnen weitere Möglichkeiten zur gezielten Recherche nach Profilen. Zwar erlauben nur wenige soziale Netzwerke oder Plattformen eine direkte Suche anhand der Telefonnummer. Häufig besteht jedoch die Option, Ihr eigenes Adressbuch hochzuladen oder zu synchronisieren. Über diese Funktion zeigen manche Netzwerke und insbesondere Messenger-Dienste automatisch Kontakte an, die mit einer bestimmten Nummer registriert sind. So entdecken Sie nicht nur Profile der Zielperson, sondern oft auch deren Benutzernamen oder Profilbilder.

Zusätzlich können Sie auch auf Rufnummern spezialisierte Tools wie *Epieos* (s. o.) einsetzen, um automatisiert zu prüfen, ob eine Telefonnummer mit Nutzerkonten auf verschiedenen Diensten verknüpft ist.

Auch für Telefonnummern empfiehlt sich der Abgleich mit bekannten Leak-Datenbanken, um herauszufinden, auf welchen Plattformen und in welchen Kontexten die Nummer möglicherweise kompromittiert oder verwendet wurde.

Suche per Foto

Durch die inverse Bildersuche haben Sie gute Chancen, Profile einer Person in sozialen Netzwerken zu finden. Eine Suche ist vor allem dann erfolgreich, wenn Sie ein aktiv genutztes Profilbild der gesuchten Person verwenden. So können Sie leicht von einem Profil zu weiteren Profilen gelangen.

Suche über Eigenschaften

Die Erfolgswahrscheinlichkeit einer Suche anhand der Eigenschaften einer Person ist variabel und reicht von der sprichwörtlichen Nadel im Heuhaufen bis hin zu einer überschaubaren Anzahl von Treffern. Die Suchmöglichkeiten unterscheiden sich von Plattform zu Plattform deutlich.

Ein prädestiniertes Anwendungsgebiet sind Dating-Portale, denn die wenigsten wählen ihren Partner oder ihre Partnerin nach dem Namen aus – zumindest nicht fernab des Adels. Hier können Sie also mit Eigenschaften wie Geschlecht, Alter und anderen Merkmalen der Person punkten.

Suche über Standort

Ein weiterer Ansatzpunkt, der sich insbesondere bei Dating-Plattformen eignet, ist die Suche über den Standort. Durch die Eingabe eines Standortes, die Freigabe des eigenen Standortes oder GPS-Spoofing können zum Teil andere Nutzer in der Nähe gefunden werden.

Suche über Dritte

Eine weitere Taktik ist die indirekte Suche über Dritte. Sofern Sie Personen im Dunstkreis der gesuchten Person kennen, können Sie über deren Social-Media-Auftritte eventuell das Profil der gesuchten Person aufspüren. Da dieser Ansatz vergleichsweise aufwändig und die Erfolgschance gering ist, sollten Sie zunächst andere Optionen ausloten, ehe Sie Freundeslisten von Familienangehörigen und Freunden durchforsten.

7.10.7 Facebook

Im nächsten Abschnitt widmen wir uns dem wichtigsten sozialen Netzwerk für OSINT: Facebook. Mit weltweit Millionen Profilen bietet Facebook zahlreiche Möglichkeiten der Analyse und Informationsgewinnung.

Hinweis: Recherchezugang und Accountnutzung

Für die gezielte Recherche und Analyse auf Facebook ist ein eigener, aktiver Account zwingend erforderlich. Viele Such- und Analysefunktionen, insbesondere die Detailansicht von Profilen, Gruppen und Seiten, sind ausschließlich für angemeldete Nutzer verfügbar.

Bei der Account-Erstellung gibt es jedoch teils hohe Anforderungen. Die Nutzung von VPN, Linux oder Tools zur Anonymisierung sowie verdächtiges Nutzerverhalten (z. B. keine Interaktion, häufige Suchen, ungewöhnliche Log-in-Standorte) kann dazu führen, dass Facebook eine Identitätsprüfung verlangt – etwa durch Upload eines offiziellen Ausweisdokuments oder ein Live-Selfie-Video.

Leider gibt es keine transparenten Kriterien, wann Facebook einen Account als verdächtig einstuft. Im schlimmsten Fall wird der Account ohne Vorwarnung dauerhaft gesperrt.

Daher empfiehlt sich die Erstellung des Recherche-Accounts idealerweise direkt über ein Smartphone und mit einer »natürlichen« Nutzung (gelegentliche Interaktionen, keine auffällig leeren Freundeslisten). So erhöhen Sie die Wahrscheinlichkeit, nicht als Fake oder Bot identifiziert zu werden.

Profilidentifikation

Das Auffinden eines bestimmten Facebook-Profils anhand einer E-Mail-Adresse oder Rufnummer ist direkt über die Plattform nicht vorgesehen. Einen indirekten Weg bietet allerdings die Funktion »Passwort vergessen?«. Geben Sie im Anmeldebereich eine bekannte E-Mail-Adresse oder Telefonnummer ein und starten Sie den Passwort-Reset-Prozess. Facebook zeigt in vielen Fällen den Namen und das Profilbild des zugehörigen Kontos an, sodass Sie die Identität trotz eines geänderten öffentlichen Namens verifizieren können. Beachten Sie unbedingt, dass Facebook den betreffenden Nutzer über den Vorgang informiert und dadurch Verdacht entstehen könnte. Daher sollten Sie diese Methode stets einzelfallbezogen einsetzen.

Um zu überprüfen, ob eine Telefonnummer im Facebook-Leak vorhanden war, können Sie diese unter *https://haveibeenzuckered.com/* abfragen.

Weitere Rechercheoptionen ergeben sich über die Freigabe Ihrer eigenen Kontakte oder eine gezielte Suche nach gemeinsamen Freunden oder Gruppenmitgliedern. Diese indirekten Wege helfen dabei, auch schwer auffindbare Profile aufzuspüren oder weitere Querverbindungen zu der Person herzustellen.

Passwort-Reset

Über die URL *https://www.facebook.com/login/identify/* bzw. über den Link PASSWORT VERGESSEN? gelangen Sie zu einem speziellen Formular, über das man das Passwort zurücksetzen kann. Dort haben Sie die Möglichkeit, entweder eine E-Mail-Adresse oder eine Handynummer einzugeben, die mit dem Facebook-Konto verknüpft ist. Sobald Sie eine E-Mail-Adresse eingeben, prüft das System, ob diese Adresse bei Facebook hinterlegt ist. Erhalten Sie daraufhin die Option, einen Bestätigungscode per E-Mail zu empfangen, ist dies ein eindeutiger Beleg dafür, dass zu dieser Adresse tatsächlich ein Facebook-Konto existiert.

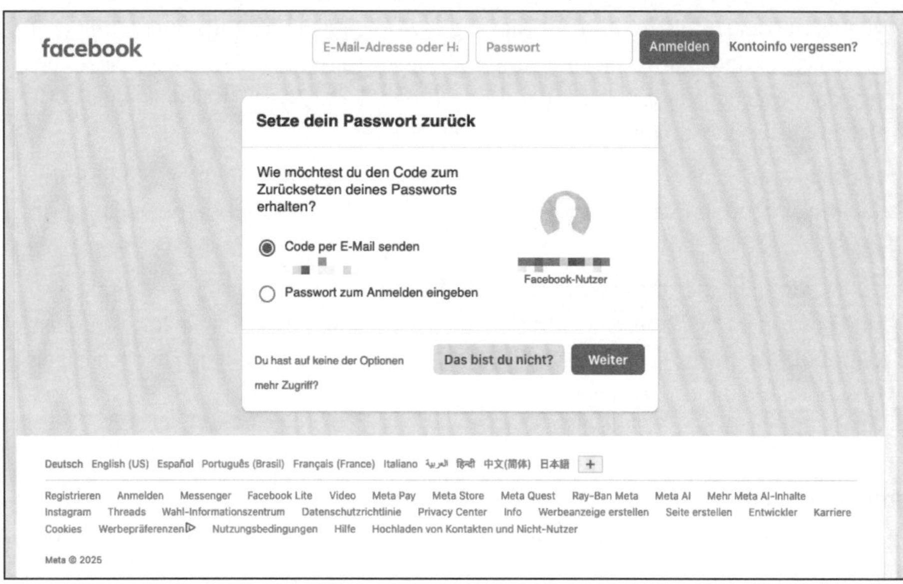

Abbildung 7.87 Treffer einer E-Mail-Adresse beim Passwort-Reset

Allerdings gibt Facebook Ihnen an diesem Punkt keine weiteren Informationen wie den Anzeigenamen oder das zugehörige Profilbild preis, um die Privatsphäre der Nutzer zu schützen.

In einigen Fällen zeigt Facebook während des Passwort-Resets hingegen mehrere – wenn auch nur partielle – Auswahlmöglichkeiten an, etwa verschiedene E-Mail-Adressen oder auch eine hinterlegte Handynummer.

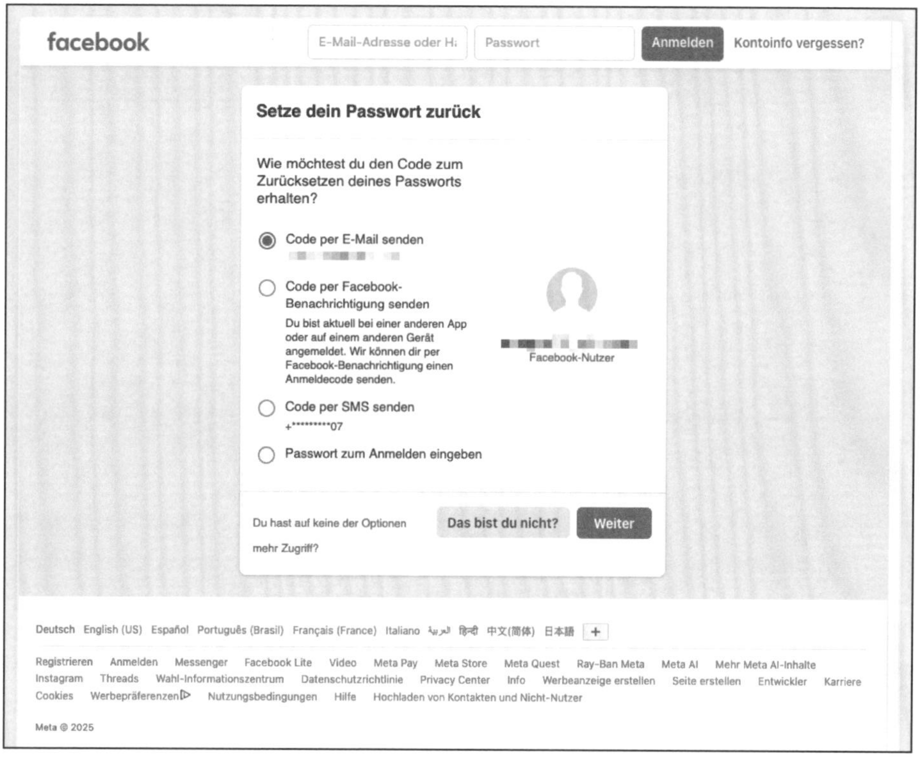

Abbildung 7.88 Mehrere Kontaktdaten wurden hinterlegt

Zum einen bedeutet das, dass ein Account mit den eingegebenen Daten existiert, zum anderen wird dadurch ersichtlich, welche weiteren Kontaktinformationen im Profil hinterlegt sind.

Achtung

Der Prozess zum Zurücksetzen des Facebook-Passworts kann unterschiedlich verlaufen. In einigen Fällen werden keine Informationen bereitgestellt, während in anderen Situationen partielle Kontaktdaten angezeigt werden oder unmittelbar eine Benachrichtigung über den Passwort-Reset versendet wird. Im Zweifelsfall ist davon auszugehen, dass die betroffene Person Kenntnis erlangt, dass jemand versucht hat, Informationen über das eigene Facebook-Konto zu erlangen.

Sie können auch nach dem Namen oder dem Username einer Person suchen. Das ist hilfreich, wenn Ihnen die genaue E-Mail-Adresse oder Handynummer nicht bekannt ist. In der Suchmaske geben Sie einfach den Namen oder Benutzernamen ein. Existieren mehrere mögliche Treffer zu einem Namen, erhalten Sie eine Auswahlliste mit verschiedenen Profilen, die dem eingegebenen Namen oder Username entsprechen. So können Sie gezielt das gewünschte Konto auswählen.

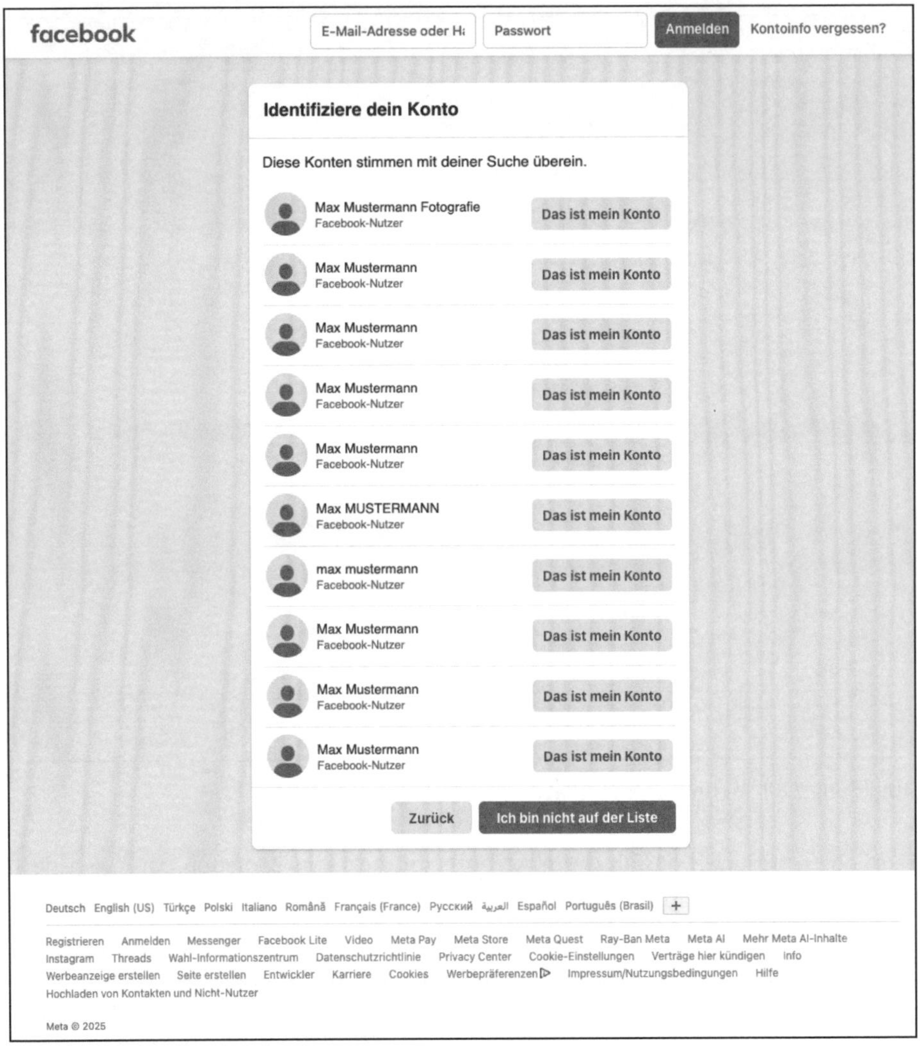

Abbildung 7.89 Auswahlliste mit mehreren Treffern

Wenn Sie bei der Auswahlliste auf den Button Ich bin nicht auf der Liste klicken, öffnet sich ein weiteres Suchfeld. Dort können Sie den Namen eines Freundes einzugeben, der mit dem gesuchten Konto verknüpft ist. Facebook versucht dann, anhand dieser Verbindung das richtige Konto zu identifizieren. Diese Option ist nützlich, wenn der ursprüngliche Name oder Benutzername zu viele Treffer liefert, Sie aber Personen aus dem Umfeld der Zielperson kennen.

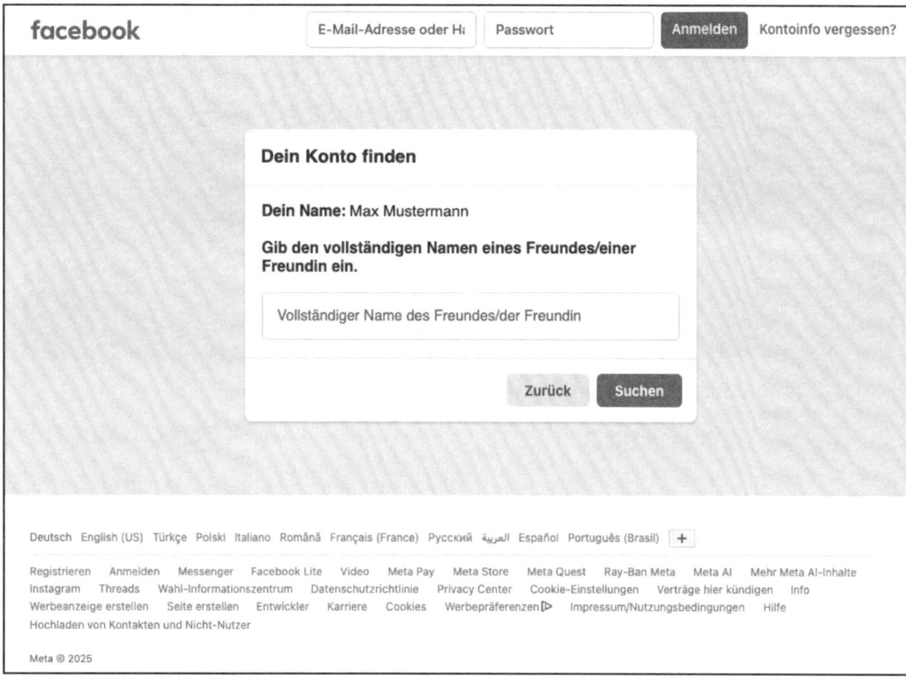

Abbildung 7.90 Konto über Freunde identifizieren

Wenn zu einem Account das Profilfoto angezeigt wird, können Sie dieses per Rechtsklick in einem neuen Tab öffnen. Sie sehen das Profilbild allerdings nur in einer kleineren Auflösung. Wenn Sie das Ende der URL von 50 in 5000 ändern, wird das Profilfoto in einer deutlich größeren Auflösung dargestellt. So erhalten Sie das Bild in bestmöglicher Größe. Diese Vorgehensweise ist besonders sinnvoll, wenn Sie das Profilfoto für eine inverse Bildersuche verwenden oder eine Analyse der Bildinhalte durchführen möchten.

Facebook-Profil

Das Facebook-Profil einer Person enthält je nach Privatsphäre-Einstellung unterschiedlich viele öffentlich sichtbare Informationen. Zu den wichtigsten recherchierbaren Inhalten zählen:

- Profilbild und Titelbild
- Name
- Freunde

- Gruppen
- Beiträge, Fotos, Videos
- Informationen wie Wohnort, Ausbildung, Arbeitgeber und Familienangehörige

Abbildung 7.91 Facebook-Profil

Nutzen Sie Profilbild und Titelbild für inverse Bildersuchen, um identische oder ähnliche Fotos auf anderen Plattformen oder in weiteren Accounts der Zielperson aufzuspüren. Öffentlich zugängliche Informationen zu Freunden, Gruppen und Familienangehörigen machen es leicht, digitale Beziehungsnetzwerke zu identifizieren und Querverbindungen zu weiteren Online-Profilen sowie Aktivitäten herzustellen. Die Analyse von Beiträgen, Fotos und Standortdaten bietet so Einblicke in Lebensgewohnheiten, Interessen und regelmäßige Aufenthaltsorte.

Selbst wenn die Privatsphäre eines Profils sehr restriktiv eingestellt ist, lassen sich oft durch öffentlich sichtbare Inhalte relevante Informationen gewinnen. Hilfreich für die Rekonstruktion von Beziehungen und Aktivitäten sind – sofern freigegeben – die Freundesliste, markierte Fotos und Standort-Check-ins.

Der ABOUT-Tab eines Facebook-Profils enthält eine Übersicht der wichtigsten persönlichen Daten. Hier finden Sie Angaben zu Wohnort, Ausbildung und Beruf sowie Kontaktinformationen und Beziehungen.

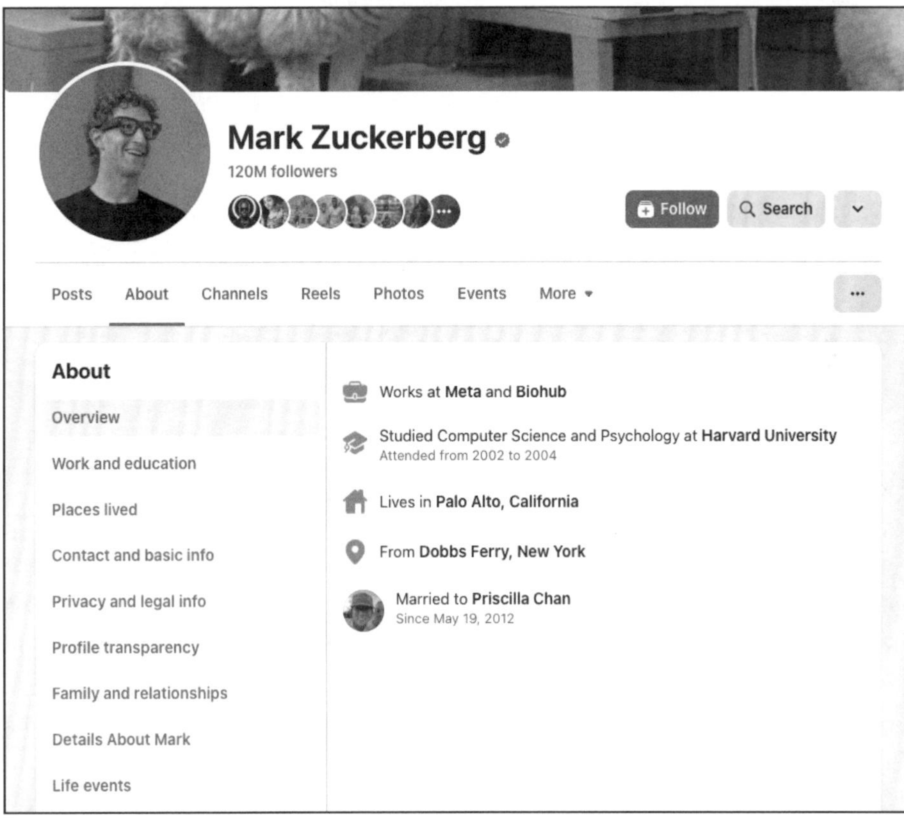

Abbildung 7.92 About-Tab

Facebook-ID und Username

Facebook-Profile werden über eine ID eindeutig identifiziert. Wurde kein Username vergeben, steht die Facebook-ID in Form einer Ziffernfolge bis maximal 15 Stellen in der URL: `https://www.facebook.com/profile.php?id=1000127XXXXXXXX`

Bei neueren Accounts ist die Vergabe eines Usernamens zwingend erforderlich, wodurch die ID in der URL nicht mehr direkt ersichtlich ist. Um die Facebook-ID herauszufinden, durchsuchen Sie den Quelltext des Profils nach `userID` oder `entity_id`. Weitere spezifische Suchterme sind `profile_owner` für Profile, `group_id` für Gruppen und `page_id` für Seiten. Zum Überprüfen wird die ID an die Domain `facebook.com` angefügt und aufgerufen: `https://www.facebook.com/10000723XXXXXXX`

Sofern die Facebook-ID korrekt ist, werden Sie auf das Profil weitergeleitet. Eine Alternative, um die Facebook-ID zu finden, sind Onlinedienste wie beispielsweise *https://commentpicker.com/find-facebook-id.php*.

Viele Namen, eine Kennung

In Miami verübte ein Täter eine Serie von Raubüberfällen. Er lockte seine Opfer über Facebook-Marketplace-Anzeigen für gebrauchte iPhones an, überfiel sie beim vermeintlichen Verkaufstreffen und änderte anschließend jeweils seinen sichtbaren Facebook-Namen. Das Ermittlungsteam nutzte den zuletzt bekannten Vanity-Namen aus der URL (z. B. `facebook.com/no.name`) und startete die Suche nicht bei Facebook, sondern bei Google: `site:facebook.com »No Name« »iPhone«`. So fanden sie eine aktive Anzeige und gelangten von dort auf das Profil. Im Seitenquelltext suchten sie nach `profile_id` und extrahierten die zugehörige User-ID. Dabei handelt es sich um eine statische Kennung, mit der das Konto auch nach Namenswechseln eindeutig identifizierbar bleibt. Auf dieser Basis konnten die Ermittler nach einem erneuten Namenswechsel das neue Profil aufrufen und sich als Kaufinteressenten für das nächste iPhone ausgeben.

Facebook-Suche

Facebook verfügt über eine interne Suchfunktion nach Namen, Usernamen, Beiträgen, Gruppen, Seiten, Veranstaltungen und weiteren Inhalten. Die Nutzung setzt jedoch voraus, dass Sie sich mit einem eigenen Facebook-Account anmelden. Die Suche ist über die Hauptnavigation erreichbar und bietet eine Reihe von Filtermöglichkeiten, um die Ergebnisse einzugrenzen.

Dort können Sie nach Personen, Gruppen, Seiten und Veranstaltungen suchen, die Suchergebnisse zusätzlich nach Standort, Arbeitgeber, Schule, gemeinsamen Freunden oder anderen Kriterien filtern sowie nach öffentlichen Beiträgen zu einem Stichwort recherchieren.

Zur Ergänzung empfiehlt sich die Nutzung von Suchmaschinen-Dorks (z. B. `site:facebook.com "Max Mustermann"`), mit denen auch außerhalb von Facebook nach Profilen und öffentlichen Beiträgen gesucht werden kann.

Facebook-URL-Suche

Die aktuelle URL-Suche ist leider etwas umständlicher. Als Basis-URL dient folgender Link:

```
https://facebook.com/search/top/?q=SUCHWORT&epa=FILTERS&filters=
```

Für den Part `/top/` sind folgende Ausdrücke möglich:

- `/top/` – Suche nach Top-Ergebnissen
- `/posts/` – Suche nach öffentlichen Posts
- `/people/` – Suche nach Personen
- `/photos/` – Suche nach Fotos
- `/videos/` – Suche nach Videos
- `/pages/` – Suche nach Seiten
- `/places/` – Suche nach Örtlichkeiten

Die Angabe eines Suchworts ist zwingend erforderlich. Die Suche wäre so bereits möglich, allerdings ließe sich genauso gut die Suchfunktion bei Facebook verwenden. An die so generierte URL können jedoch noch weitere Filter angehängt werden.

Viel einfacher geht es über die Seite *https://graph.tips*. Dort können Sie die Filter über ein Formular auswählen und die URL erzeugen bzw. öffnen.

Graph Search

Früher war die *Graph Search* von Facebook ein äußerst leistungsfähiges Mittel zur Recherche. Am 7. Juli 2019 veränderte Facebook aber den Zugriff und unternahm anschließend viele Bemühungen, um die Informationsgewinnung zu erschweren. Ein Großteil der bislang etablierten Tools und Webseiten wurden nutzlos oder zumindest weniger brauchbar.

Mit dem Online-Tool *Who posted what?* (*https://whopostedwhat.com*) können Sie zumindest Anfang 2026 noch öffentliche Beiträge, Kommentare und Profile auf Facebook nach Stichwörtern, Nutzer-IDs oder Zeiträumen durchsuchen.

Facebook Pages

Neben klassischen Nutzerprofilen existieren auf Facebook auch sogenannte Seiten (*Pages*). Diese werden häufig von Unternehmen, Organisationen, Vereinen, Marken, öffentlichen Personen oder Veranstaltern betrieben. Pages unterscheiden sich im Aufbau und Funktionsumfang deutlich von privaten Profilen: Sie können beliebig oft von einem oder mehreren Nutzern erstellt und gemeinsam verwaltet werden. Administratoren und Redakteure agieren dabei im Hintergrund, während die Seite selbst öffentlich auftritt.

Statt Freundschaftsanfragen bieten Seiten die Möglichkeit, diese zu »liken« oder zu »abonnieren«. Beiträge, Neuigkeiten, Fotos und Videos sind grundsätzlich für alle sichtbar und nicht durch Privatsphäre-Einstellungen eingeschränkt. Für die OSINT-Recherche besonders relevant ist die Tatsache, dass Seiten meist ein Impressum, ein Gründungsdatum, Angaben zur Seitentransparenz sowie Informationen zu aktiven und historischen Werbeanzeigen (*Ads Library*) offenlegen.

Die Seiten-ID finden Sie unter INFO • SEITENTRANSPARENZ. Dort sehen Sie auch das Erstellungsdatum und einen Hinweis, ob derzeit Werbeanzeigen geschaltet sind. Über die Schaltfläche ALLE ANSEHEN gelangen Sie zur Ads Library.

Ads Library

Unter *https://www.facebook.com/ads/library* stellt Meta die *Werbebibliothek (Ads Library)* zur Verfügung. Hierbei handelt es sich um ein Abfragetool für Werbeanzeigen, die auf Diensten von Meta geschaltet wurden. Die Datenbank umfasst Werbung der vergangenen sieben Jahre, wenn diese zu politischen oder gesellschaftlich relevanten Themen bzw. in der Europäischen Union ausgespielt wurde.

Auf der Webseite finden Sie das Formular WERBEANZEIGEN SUCHEN. Sie können alle Länder oder einzelne sowie die Anzeigenkategorie bestimmen. Für die Anzeigenkategorie können Sie alle Werbeanzeigen oder nur politische Themen/Werbung wählen. Sobald Sie diese Auswahl getroffen haben, können Sie über das Freitextfeld nach einem Stichwort oder dem Werbetreibenden suchen. Mit Anführungszeichen können Sie nach exakten Formulierungen suchen. Es können auch mehrere Fragmente kombiniert werden oder Wörter in beliebiger Reihenfolge gesucht werden, indem Sie diese durch das Pipe-Symbol (senkrechter Strich: |) voneinander abtrennen.

Wie Sie in Abbildung 7.93 sehen, werden Ihnen Vorschläge angezeigt, sobald Sie zwei oder mehr Zeichen eingeben. Nach Auswahl eines Werbetreibenden sehen Sie zunächst alle aktiven Werbeanzeigen. Um auch historische Anzeigen einzublenden, müssen Sie den Filter AKTIVE ANZEIGEN entfernen.

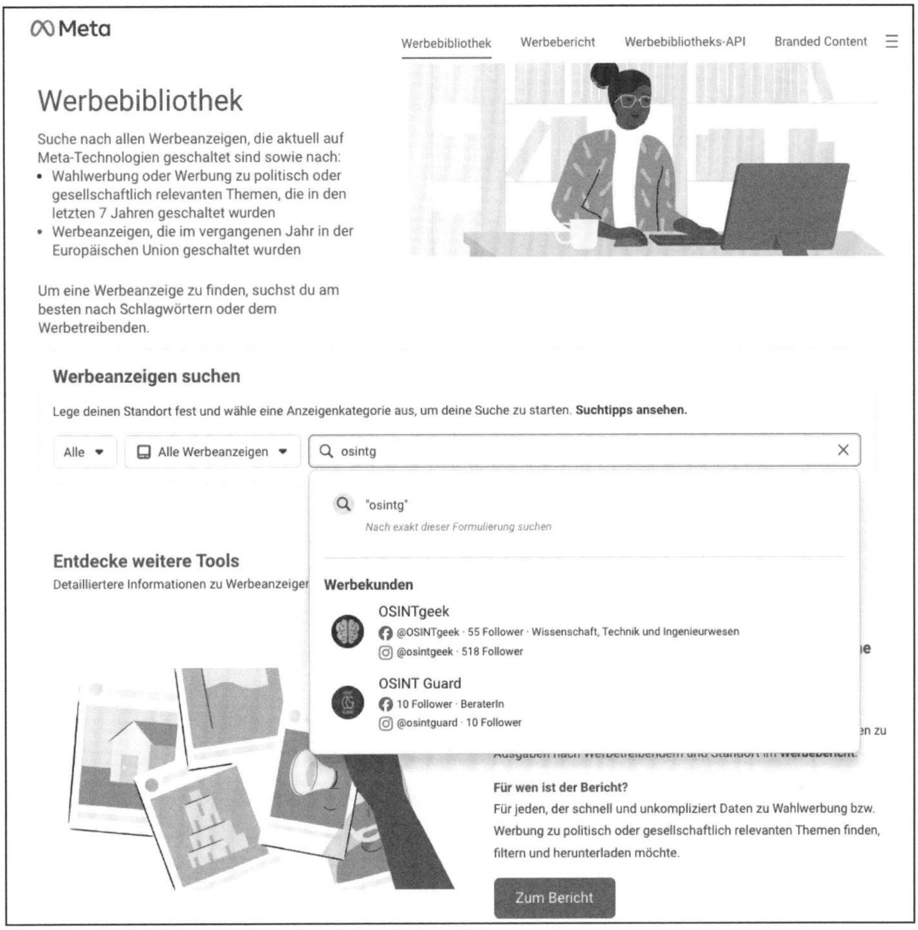

Abbildung 7.93 Interaktive Suchvorschläge

In Abbildung 7.94 sehen Sie drei Wege, den Filter zu entfernen.

- Klick auf die Schaltfläche FILTER LÖSCHEN (1)
- Entfernen von AKTIV-STATUS: AKTIVE ANZEIGEN durch Klick auf X (2)
- Öffnen des Kontextmenüs FILTER (3); AKTIV-STATUS auf AKTIV UND INAKTIV oder INAKTIVE ANZEIGEN setzen (siehe Abbildung 7.95)

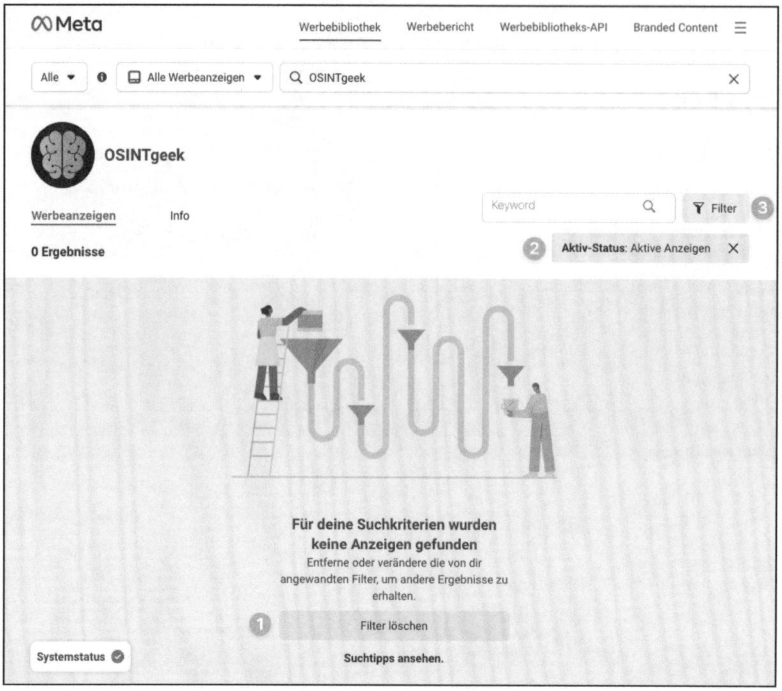

Abbildung 7.94 Filter entfernen

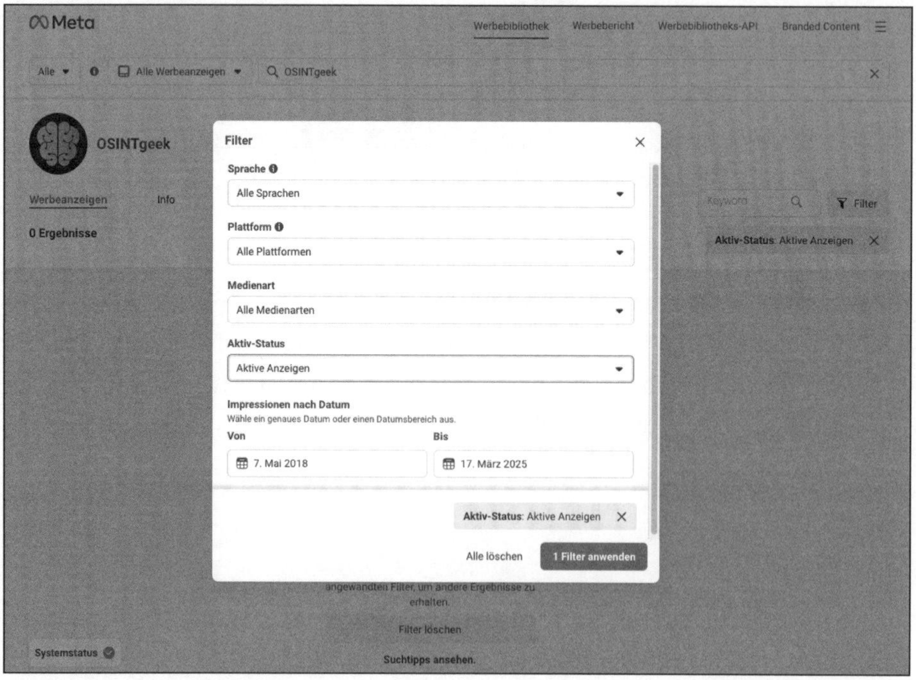

Abbildung 7.95 Filter-Menü

Über das Filter-Menü finden Sie weitere Möglichkeiten. Sie können nach Sprache, Plattform, Medienart, Aktiv-Status und Datumsbereich filtern. So lassen sich beispielsweise gezielt Anzeigen einer bestimmten Sprache anzeigen. Zusätzlich erlaubt der Datumsbereich, Anzeigen aus einem bestimmten Zeitraum einzugrenzen, um entweder aktuelle Kampagnen oder ältere Werbeanzeigen gezielt zu analysieren.

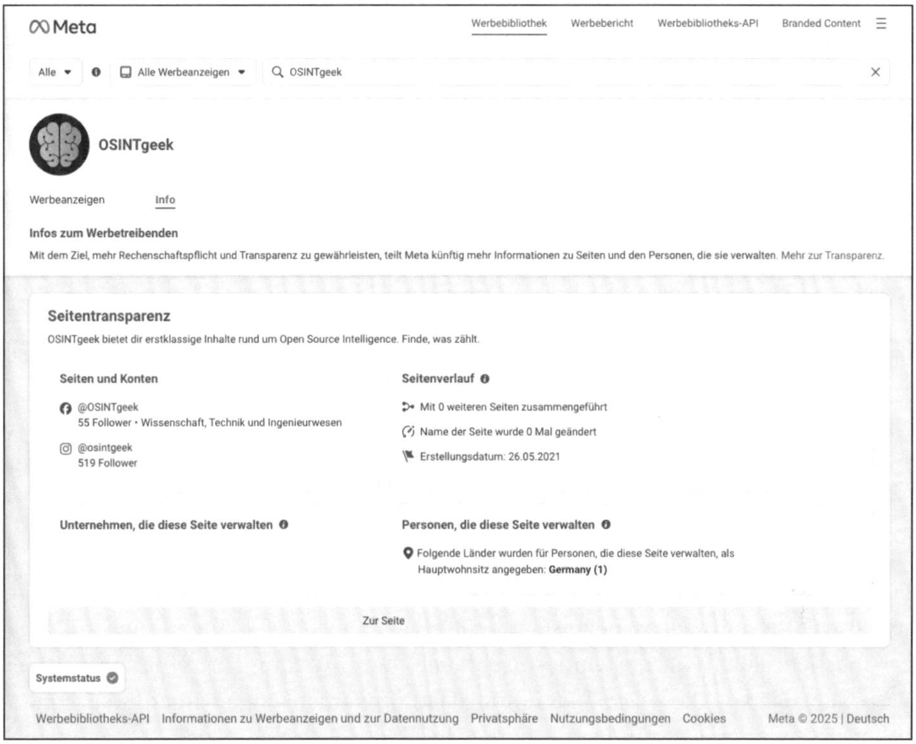

Abbildung 7.96 Infos zum Werbetreibenden

Im Tab INFO lassen Sie sich Informationen zum Werbetreibenden anzeigen. Hier erhalten Sie Angaben zur Seitentransparenz wie das Erstellungsdatum und Hinweise auf Namensänderungen.

Zu jeder Werbeanzeige wird Ihnen eine Karte angezeigt, die den Status, die Bibliotheks-ID, den Datumsbereich, die bespielten Plattformen sowie die Werbeanzeige selbst enthält. Über das Drei-Punkte-Menü erhalten Sie den Link zur Werbeanzeige. Mit einem Klick auf ANZEIGENDETAILS erfahren Sie mehr über Targeting, Reichweite, Werbetreibende und Begünstigte sowie Zahlende.

Facebook Marketplace

Facebook Marketplace ist eine Handelsplattform innerhalb von Facebook, auf der Gebraucht- oder Neuwaren, Dienstleistungen und Immobilien angeboten werden. Im Zuge von Anzeigen und Verkaufsaktivitäten werden häufig personenbezogene Kontaktinformationen wie E-Mail-Adressen oder Telefonnummern öffentlich bereitgestellt.

7.10.8 Instagram

Instagram ist ursprünglich als eine reine Foto-Sharing-App gestartet und hat sich im Laufe der Zeit weiterentwickelt. Zu den Funktionen zählen heute unter anderem das Posten und Kommentieren von Beiträgen, das Liken von Inhalten, das Versenden von Direktnachrichten sowie das Erstellen und Teilen von Storys, die nach 24 Stunden wieder verschwinden.

> **Achtung**
>
> Das Betrachten einer Instagram-Story ist nur mit einem eigenen Account möglich. Beachten Sie dabei unbedingt: Der Ersteller der Story kann stets nachvollziehen, wer seine Story angesehen hat. Für verdeckte Analysen empfiehlt sich der Einsatz von Drittanbietern oder Tools, die anonymes Anschauen ermöglichen.

Ein wesentliches Merkmal von Instagram bleibt jedoch das Teilen von visuellen Inhalten, also Fotos und Videos (bei Instagram *Reels* genannt). Viele Nutzerinnen und Nutzer machen dabei von der Option Gebrauch, den Aufnahmeort eines Fotos oder Videos anzugeben. Diese *Geo-Tags* führen dazu, dass auf Instagram überdurchschnittlich viele Beiträge mit Standort zu finden sind. So lassen sich gezielt Beiträge zu bestimmten Orten suchen oder Verbindungen zwischen Personen und Orten herstellen.

Darüber hinaus erlaubt Instagram die Recherche nach Usern, Hashtags und Locations. Durch Interaktionen wie das Folgen, Liken und Kommentieren werden zudem soziale Netzwerke sichtbar, die Rückschlüsse auf persönliche Verbindungen und Interessen zulassen.

Recherchezugang und Accountnutzung

Für Recherchen auf Instagram ist ebenfalls ein eigener Account notwendig. Viele öffentliche Profile und Inhalte sind zwar ohne Anmeldung sichtbar, jedoch sind zahlreiche Funktionen, etwa Story-Ansichten, Direktnachrichten und detaillierte Suchergebnisse, nur nach dem Log-in zugänglich.

Mehr finden in der App

In der Instagram-App stehen deutlich mehr Such- und Recherchemöglichkeiten zur Verfügung als in der Webversion. Die App erlaubt umfassende Suchen zu Nutzern, Hashtags, Orten und Beiträgen, zeigt Detailinformationen zu Followern und Interaktionen an und gewährt Zugriff auf Storys. Im Gegensatz dazu ist die Webversion in ihrem Funktionsumfang stark eingeschränkt.

Profilidentifikation

Die gezielte Suche nach Personen erfolgt primär über den Nutzernamen, der eindeutig sein muss. Alternativ helfen Vor- und Nachname oder bekannte Alias-Namen. Bei Instagram registrieren sich allerdings deutlich weniger Personen unter ihrem Klarnamen als bei Facebook. Außerdem sind viele Accounts privat.

Instagram bietet eine interne Suche nach Benutzern, Hashtags und Orten. Externe Suchmaschinen-Dorks – etwa `site:instagram.com "username"` – liefern zusätzliche Fundstellen. Besonders effektiv ist die Umkehrsuche über Profil- und Beitragsbilder.

Profil

Ein Instagram-Profil enthält je nach Privatsphäre-Einstellungen folgende Informationen:

- Profilbild (Avatar) und Beitragsbilder
- Benutzername und Anzeigename
- Biografie/Profilbeschreibung
- Beiträge, Reels, Story-Highlights
- Follower- und Following-Listen
- Markierungen und getaggte Bilder

Auch bei privaten Profilen sind Avatar, Anzeigename, User-ID und die Anzahl der Beiträge/Follower weiterhin öffentlich sichtbar.

Die Instagram-Biografie ist oft eine ergiebige Quelle für persönliche Daten. Hier finden sich häufig auch Kontaktinformationen sowie Links zu anderen Social-Media-Profilen oder Webseiten.

Ein Wechsel des Usernamens ist möglich, aber die Benutzer-ID bleibt gleich. Das Feature ABOUT THIS ACCOUNT im Instagram-Profilmenü (Drei-Punkte-Menü, dann ÜBER DIESES KONTO) offenbart weitere Metadaten. Hier sehen Sie u. a. das Erstellungsdatum des Accounts, das Land des Inhabers, vorherige Usernamen und den Verifizierungsstatus.

Abbildung 7.97 Instagram-Profil

Benutzer-ID

Auch bei Instagram wird jedem Account eine unveränderliche, einmalige ID zugewiesen. Die Benutzer-ID eines Instagram-Profils lässt sich über den Quelltext der Profilseite ermitteln. Öffnen Sie hierzu den Quellcode und suchen Sie nach `profilePage_`. Die direkt anschließende Zahlenfolge ist die eindeutige ID des Profils. Alternativ können Sie auch nach `profile_id` suchen, um diese Information zu erhalten.

Statt der manuellen Suche über den Quellcode können Sie auch passende Web-Tools einsetzen, zum Beispiel *Comment Picker* (*https://commentpicker.com/instagram-user-id.php*) oder *Skweezer Find Instagram User ID* (*https://skweezer.net/find-instagram-user-id*).

Besonders hilfreich ist die Funktion, eine Benutzer-ID wieder in einen Instagram-Benutzernamen zu konvertieren. Das ist wichtig, weil Usernamen bei Instagram bis zu zweimal innerhalb von 14 Tagen geändert werden können und Sie sonst Profile mit wechselnden Namen schwer wiederfinden könnten. Für die Umwandlung können Sie *Comment Picker* (*https://commentpicker.com/instagram-username.php*) verwenden.

Story

Instagram-Storys sind sehr beliebt. Diese Beiträge sind standardmäßig 24 Stunden lang sichtbar und enthalten oft spontane Bilder und Videos, Umfragen oder kurze Statements.

Eine Besonderheit der Story-Funktion besteht darin, dass der Ersteller oder die Erstellerin jederzeit nachvollziehen kann, welche Accounts die Story angesehen haben. Diese Sichtbarkeit kann dazu führen, dass Zielpersonen realisieren, wer ihre Inhalte beobachtet. Für anonyme Ansichten eignen sich bei öffentlichen Profilen Drittanbieter-Tools wie InstaFollowers.

Sie erkennen eine aktive Story daran, dass ein farbiger Kreis um das Profilbild des Nutzers angezeigt wird (siehe Abbildung 7.97). Storys können vom Account-Inhaber auch als sogenannte *Highlights* dauerhaft auf dem Profil gespeichert und so über die 24-Stunden-Frist hinaus sichtbar gemacht werden. Zum Download von Storys öffentlicher Profile eignet sich das Online-Tool StorySaver (*https://www.storysaver.net*).

Tools für Instagram-Recherchen

Mit Osintgram lassen sich auf Kommandozeilenbasis nahezu alle relevanten Eckdaten eines Zielprofils extrahieren. Dazu zählen Follower, Followings, markierte und kommentierende Nutzer, verwendete Hashtags, Bildunterschriften, Storys und sämtliche Fotos. Weitere Informationen und eine detaillierte Installationsanleitung finden Sie unter *https://github.com/Datalux/Osintgram*.

Instaloader eignet sich für die Archivierung und Auswertung von Instagram-Inhalten. Neben Posts und Profilbildern können Storys, Highlights, Reels, markierte Beiträge, Kommentare und Geo-Tags von Profilen oder Hashtags extrahiert und lokal gespeichert werden. Das Tool erkennt Profil-Umbenennungen anhand der Benutzer-ID. Tiefergehende Informationen zur Installation und Nutzung finden Sie online unter *https://github.com/instaloader/instaloader* bzw. *https://instaloader.github.io/*.

Für Chrome existiert außerdem das Browser-Plug-in *IG Follower Export Tool* (*https://chromewebstore.google.com/detail/ig-follower-export-tool-i/kicgclkbiilobmccmmidfghnijgfamdb*), mit dem sich Follower- und Following-Listen eines Instagram-Profils mit wenigen Klicks als CSV- oder Excel-Datei exportieren lassen.

7.10.9 X (Twitter)

X (bis Juli 2023 *Twitter*) ist ein Kurznachrichtendienst und soziales Netzwerk, das weltweit von Millionen Menschen genutzt wird. Über die Plattform lassen sich kurze Textnachrichten, sogenannte Tweets, veröffentlichen und mit anderen teilen. Bis November 2017 waren Tweets auf 140 Zeichen beschränkt, seitdem sind mit 280 Zeichen doppelt so viele möglich.

Zentral ist die Möglichkeit, Tweets mit Hashtags und Erwähnungen zu versehen, um Inhalte thematisch zu bündeln oder gezielt andere Nutzer in einen Beitrag einzubeziehen. Auch bei X sind Beiträge längst nicht mehr auf Text beschränkt: Bilder, GIFs, Videos und Links können zu Tweets hinzugefügt werden.

Profil

Um ein Profil direkt aufzurufen, geben Sie *https://twitter.com* oder *https://x.com* in die Adressleiste Ihres Browsers ein, gefolgt vom gewünschten Nutzernamen, zum Beispiel *https://twitter.com/osintgeek*. Die Groß- und Kleinschreibung spielt bei Usernamen keine Rolle, @OSINTgeek und @osintgeek führen immer zum gleichen Profil.

Jeder X-Account ist grundsätzlich mit zwei Namen versehen: dem Anzeigenamen (beliebig wählbar) und dem einzigartigen Nutzernamen bzw. Handle, unter dem der Account erreichbar ist.

Die Hauptseite eines X-Profils enthält folgende Elemente:

- Profilbild
- Titelbild
- Profil-Bio
- Displayname und Username/Handle
- Beitrittsdatum
- Follower und Following (Anzahl und Listen)
- Beiträge (Posts)
- Antworten/Reposts
- Medien (Bilder, Videos, GIFs)

X-Profile können auch auf privat gestellt werden. Bei privaten Profilen sind viele dieser Informationen, insbesondere Beiträge, Medien und Follower-Listen, nur für bestätigte Follower sichtbar. Im Vergleich zu öffentlichen Accounts ist damit der Zugang stark eingeschränkt.

Zugang und Recherche

Während früher viele Inhalte grundsätzlich öffentlich zugänglich waren, hat sich die Plattform in den letzten Jahren immer weiter abgeschottet. Zahlreiche Recherche-

und Analyse-Layer sowie Detailansichten von Profilen, Threads oder Interaktionen sind inzwischen nur noch für angemeldete Nutzer erreichbar. Zwar können auch ohne Log-in weiterhin Grundrecherchen durchgeführt werden, etwa das Auffinden von öffentlichen Tweets, doch weiterführende Analysen bleiben registrierten Nutzern vorbehalten.

Accounts lassen sich meist unkompliziert via E-Mail-Adresse oder Handynummer erstellen.

Tweets können gelikt, retweetet oder kommentiert werden. Auch lassen sich Tweets mit einem Lesezeichen versehen. Ein Lesezeichen ist nur für den Account sichtbar, der es gesetzt hat. Die so gespeicherten Tweets werden in einer separaten Liste unter LESEZEICHEN gesammelt.

X bietet zudem eine erweiterte Suchfunktion, mit der komplexe Suchanfragen erstellt werden können. Nutzer können beispielsweise nach bestimmten Begriffen, Hashtags, Zeiträumen, Accounts oder Interaktionsarten filtern, um gezielt relevante Inhalte zu finden. Hierfür können Sie Suchoperatoren nutzen:

Befehl	Beschreibung	Beispiel
`OR`	Oder-Verknüpfung	
`from:username`	Zeigt alle Tweets des Nutzers	
`to:username`	Alle Tweets an einen Nutzer	
`filter:verified`	Nur verifizierte Nutzer anzeigen	
`filter:replies`	Nur Antworten anzeigen	
`filter:retweets`	Nur Retweets anzeigen	
`filter:links`	Nur Tweets mit Links anzeigen	
`filter:images`	Tweets mit Bildern anzeigen	
`filter:media`	Tweets mit Bildern oder Videos anzeigen	
`filter:native_video`	Tweets mit Videos, die über Twitter hochgeladen wurden, anzeigen	
`exclude:replies`	Alle Antworten ausblenden	
`exclude:retweets`	Alle Retweets ausblenden	
`exclude:links`	Tweets mit Links ausgrenzen	

Tabelle 7.7 Suchoptionen auf Twitter/X

Befehl	Beschreibung	Beispiel
`min_faves:n`	Tweets mit mindestens *n* Likes anzeigen	`min_faves:100`
`min_retweets:n`	Tweets mit mindestens *n* Retweets anzeigen	`min_retweets:5`
`min_replies:n`	Tweets mit mindestens *n* Antworten anzeigen	`min_replies:10`
`url:`	Tweets mit Links	
`until:`	Tweets bis zu einem Datum (Format: YYYY-MM-DD)	
`since:`	Tweets seit einem Datum (Format: YYYY-MM-DD)	
`near:Ort within: Distanz`	Tweets zu einem Standort	`near:Berlin within: 5km; near:52.5343, 13.3779 within:2mi`

Tabelle 7.7 Suchoptionen auf Twitter/X (Forts.)

Nachdem Sie eine Suche durchgeführt haben, können Sie über das Drei-Punkte-Menü oder über die URL *https://x.com/search-advanced* zur erweiterten Suche gelangen. Dort können Sie zahlreiche Filter und Suchparameter nutzen, um Ihre Ergebnisse weiter einzugrenzen und komplexe Suchen formularbasiert zu erstellen. Beispielsweise lassen sich Tweets nach bestimmten Wörtern, Phrasen, Hashtags oder Benutzernamen durchsuchen. Sie können außerdem Zeiträume festlegen. Weiterhin besteht die Möglichkeit, nach Tweets mit einer Mindestanzahl an Likes, Retweets oder Kommentaren zu suchen. Zusätzlich können Sie gezielt nach Tweets mit Links suchen oder Ergebnisse nach Sprache filtern. Sobald Sie auf SUCHEN klicken, wird Ihre Suche in einen Suchstring umgewandelt.

X Pro (früher Tweetdeck)

Das hauseigene Tool *X Pro* (früher bekannt als *Tweetdeck*) bietet eine Benutzeroberfläche, die die Nutzung von X deutlich optimiert. Leider erfordert X Pro seit Mitte 2023 ein kostenpflichtiges Abonnement (mindestens Premium, ca. 100 € jährlich).

Aktuell ist es über das Plug-in *OldTweetDeck* möglich, die Funktionalität von *Tweetdeck* auch ohne ein Abo zu erreichen. Der Einsatz solcher inoffiziellen Plug-ins ist jedoch mit erheblichen Risiken verbunden: Neben funktionalen Einschränkungen besteht die Gefahr, dass X eine Nutzung erkennt und daraufhin den eigenen Rechercheaccount dauerhaft sperrt.

Weitere Tools

Viele der ehemals beliebten Recherchetools für Twitter/X (zum Beispiel Twint) sind derzeit nicht mehr oder nur mit stark eingeschränktem Funktionsumfang verfügbar. Hauptgründe hierfür sind die drastisch gestiegenen Kosten für APIs und Entwicklungsschnittstellen, regelmäßige Anpassungen der Zugangsbeschränkungen sowie der generelle Zwang, sich mit einem eigenen Account zu authentifizieren.

Mit dem Onlinetool *Find Twitter ID* (*https://commentpicker.com/twitter.php*) von *Comment Picker* können Benutzernamen derzeit noch in IDs konvertiert werden und umgekehrt.

7.10.10 TikTok

TikTok (ehemals *musical.ly*) ist eine Plattform für Kurzvideos und eines der am schnellsten wachsenden sozialen Netzwerke weltweit. Nutzer veröffentlichen, liken und kommentieren kurze Videoclips, wobei die Verbreitung und Reichweite von Inhalten weniger durch persönliche Freundesnetzwerke, sondern zunehmend durch plattforminterne Empfehlungsalgorithmen und Nutzerinteressen bestimmt wird.

Social Graph vs. Interest Graph

Im Unterschied zu klassischen Social-Media-Plattformen wie Facebook basiert TikTok primär auf einem sogenannten *Interest Graph* statt einem *Social Graph*. Das bedeutet: Die Verbreitung von Inhalten orientiert sich weniger an persönlichen Beziehungen, sondern an individuellen Interessen, am Interaktionsverhalten und an der Relevanz bestimmter Themen, Hashtags oder Trends. Der TikTok-Algorithmus entscheidet, welche Videos einem Nutzer oder einer Nutzerin angezeigt werden – unabhängig davon, ob eine Verbindung zu dem Account besteht, auf dem das Video publiziert wurde.

Dies erschwert die klassische netzwerkbasierte Recherche, da soziale Beziehungen deutlich weniger sichtbar und nachvollziehbar sind. Die gezielte Analyse persönlicher Verbindungen, Cluster oder Multiplikatoren ist oft schwieriger, weil Follower-Listen sowie direkte Interaktionen eine geringere Rolle für die Reichweite und Auffindbarkeit von Inhalten spielen.

Stattdessen rücken die inhaltliche Recherche sowie die Beobachtung von algorithmischen Empfehlungen in den Vordergrund.

Zugang und Recherche

Auch ohne Log-in sind viele öffentliche Profile, Videos und Hashtag-Seiten auffindbar. Für die Analyse von TikTok-Profilen und -Inhalten empfiehlt sich dennoch der Einsatz eines eigenen Accounts, da zahlreiche Features sonst eingeschränkt sind. Die Registrierung funktioniert unkompliziert per E-Mail, Telefonnummer oder Dritt-Account (z. B. Google, Apple).

Die interne Suchfunktion von TikTok erlaubt es, gezielt nach Usern, Hashtags, Sounds und Videos zu recherchieren. Die Suchergebnisse können dabei nach verschiedenen Kategorien gefiltert werden. Gerade Hashtag- und Sound-Suchen sind besonders geeignet, um Trends, Challenges oder thematische Communitys zu finden.

Eine besondere Herausforderung bei der TikTok-Recherche ist die nicht chronologische Anzeige von Videos unter einem Hashtag. Anders als bei vielen anderen Plattformen werden Beiträge zu einem Hashtag nicht streng nach Veröffentlichungsdatum sortiert, sondern vor allem nach Relevanz, Engagement, Popularität und algorithmischen Empfehlungen. Das bedeutet, dass neu veröffentlichte Videos auch weiter unten oder gar nicht erscheinen, während ältere, besonders erfolgreiche Inhalte weit oben gelistet werden.

Accountinhalte

Auf TikTok-Profilen sind folgende Inhalte einsehbar – passende Privatsphäre-Einstellungen vorausgesetzt.

- Profilbild
- Displayname und Nutzername
- Kurzbiografie (Bio)
- Liste veröffentlichter Videos

Tools

Zum systematischen Analysieren von TikTok gibt es verschiedene OSINT-Tools und Plattformdienste.

Mit dem Onlinetool MaveKite (*https://mavekite.com/*) steht Ihnen ein Analysewerkzeug für TikTok-Accounts zur Verfügung. Um einen Account auszuwerten, geben Sie einfach den gewünschten Usernamen in das Suchfeld ein und klicken anschließend auf den Button GETANALYTICS. Innerhalb weniger Sekunden präsentiert Ihnen das Tool eine Übersicht der Profildaten wie das Profilbild, den Displaynamen sowie die im Profil hinterlegte Bio.

Darüber hinaus erhalten Sie Informationen wie das Registrierungsdatum des Accounts und das vom Nutzer angegebene Herkunftsland. Ergänzend dazu bietet

MaveKit umfassende Statistiken zu Followern, Followings und Aktivitäten sowie zur generellen Performance des Profils.

Für weiterführende Funktionen, etwa die Suche nach einem Hashtag, das Monitoring eines Accounts oder Datenexporte, ist jedoch ein kostenpflichtiger Account erforderlich.

Im GitHub-Repository von Bellingcat finden Sie das *TikTok Hashtag Analysis Toolset*. Sie können das Tool direkt über das Repository (*https://github.com/bellingcat/tiktok-hashtag-analysis*) herunterladen oder per `pip` installieren:


```
pip install tiktok-hashtag-analysis
```

Das Tool dient als Scraper, mit dem Sie gezielt Inhalte zu bestimmten Hashtags sammeln und weiterverarbeiten können. Der Fokus liegt auf der Analyse von Reichweite, Popularität sowie Aktivität rund um einen Hashtag. Die Ergebnisse lassen sich für weitere Auswertungen exportieren und zur Dokumentation verwenden.

Mit dem Open-Source-Projekt *tiktoklive_monitor* (*https://github.com/PieterVanBoheemen/tiktoklive_monitor*) lassen sich mehrere TikTok-Streamer gleichzeitig überwachen. Das Tool erkennt automatisch, wenn ein Stream gestartet wird, und beginnt sofort mit der Aufzeichnung. Sie erhalten nicht nur das vollständige Videomaterial im MP4-Format, sondern auch alle relevanten Metadaten, etwa Kommentare oder Likes. Um auch auf private oder altersbeschränkte Streams zuzugreifen, können Sie individuelle Session-IDs einfügen.

Video-Download

Es gibt verschiedene Wege, um TikTok-Videos zu sichern. TikTok bietet für einige Inhalte einen nativen Download. Der Nachteil: Die heruntergeladenen Videos enthalten ein TikTok-Wasserzeichen.

Sie können mit den Entwicklertools im Browser die Video-URL auslesen und das Video direkt über den Browser herunterladen. Öffnen Sie hierfür das Video, starten Sie die Entwicklertools und suchen Sie im Netzwerk-Tab nach der Videodatei, z. B. indem Sie nach `mp4` filtern. Diese Methode ist unabhängig von externen Zusatztools und lässt sich für einzelne Clips gezielt einsetzen.

Alternativ können Sie, sofern Ihnen die direkte Video-URL vorliegt, das Video über die Linux- oder WSL-Kommandozeile mit dem Befehl `curl -o video.mp4 "URL_zum_Video"` herunterladen.

Mit dem Onlinedienst SnapTik können Sie TikTok-Videos ohne Wasserzeichen herunterladen. Kopieren Sie hierfür die URL des Videos und öffnen Sie die Website *https://snaptik.app*. Hier können Sie die Video-URL in das Formular einfügen und den Download starten. Ein ähnlicher Service steht unter *https://ssstik.io* zur Verfügung.

Um thematische Recherchen durchzuführen, eignet sich das Tool tik-spyder (*https://github.com/estebanpdl/tik-spyder*). Es recherchiert zunächst passende TikTok-Videos und lädt anschließend sowohl Vorschaubilder als auch die eigentlichen Videos per `yt-dlp` herunter. Alle Daten werden in einer durchsuchbaren SQLite-Datenbank gesammelt oder können als CSV exportiert werden. Für die inhaltliche Analyse extrahiert *tik-spyder* Keyframes aus den gespeicherten Videos.

7.10.11 Snapchat

Snapchat wurde 2011 gegründet und zählt zu den prägenden Plattformen für Jugendliche und junge Erwachsene im Alter von 13 bis 24 Jahren. Die App vereint Funktionalitäten von Instagram und WhatsApp, setzt aber konsequent auf temporäre Inhalte: Snaps, Storys, Videos und Livestreams werden in der Regel für maximal 24 Stunden (ab 1 Sekunde möglich) angezeigt und sind danach gelöscht.

Storys lassen sich für ausgewählte Kontakte oder Gruppen bereitstellen, während im Memories-Archiv des eigenen Accounts ältere Beiträge gesammelt werden. Die Reichweite der *SnapMap*, des darstellbaren Kartenfeatures von Snapchat, ist im Browser mittlerweile spürbar eingeschränkt. Viele Funktionen sind nur innerhalb der App und für autorisierte Kontakte zugänglich.

Accounterstellung und Zugang

Für die Erstellung eines Snapchat-Accounts wird eine gültige Telefonnummer oder E-Mail-Adresse, ein Benutzername und das Geburtsdatum (mindestens 13 Jahre) benötigt. Optional können User ihre Kontakte synchronisieren, um Freunde in der App zu finden.

Der Austausch auf Snapchat erfolgt überwiegend in isolierten, geschlossenen Gruppen und bleibt für Außenstehende oft nur fragmentiert einsehbar. Viele Funktionen, etwa der Zugriff auf Gruppenkommunikation, erweiterte Story-Analyse oder die detaillierte Map-Darstellung, sind ausschließlich über die App erreichbar.

Kartenfunktion: SnapMap

Unter *https://map.snapchat.com* finden Sie die *SnapMap*, mit der öffentlich geteilte Story-Inhalte nach Regionen, Ereignissen und aktuellen Aktivitäten durchsucht werden können. Die Nutzung der *SnapMap* ist freiwillig und kann in den Einstellungen jederzeit deaktiviert werden. Jeder Nutzer entscheidet selbst, ob und in welchem Umfang der eigene Standort auf der Karte angezeigt wird. Für OSINT-Recherchen eröffnet dieses Feature grundsätzlich die Möglichkeit, lokale Geschehnisse oder relevante Anhaltspunkte in bestimmten geografischen Bereichen zu identifizieren. Die praktische Nutzung ist jedoch in den letzten Jahren zunehmend eingeschränkt worden.

Im Vergleich zu anderen sozialen Medien ist der Zugang zu verwertbaren Inhalten bei Snapchat limitiert. Die meist flüchtigen Inhalte erfordern während der Ermittlung eine besonders schnelle Reaktion: Wird ein Snap oder eine Story im richtigen Moment gesichert, lassen sich relevante lokale Aktivitäten und Nutzersignale dokumentieren.

Hinweis

Das Erstellen von Screenshots innerhalb der App oder der Storys erzeugt eine Benachrichtigung beim Sender. Achten Sie auf Ihre OPSEC im investigativen Alltag!

7.10.12 Bluesky

Bluesky wurde 2019 als Projekt von Twitter ins Leben gerufen; die offizielle Gründung und Betaphase folgten 2021. Seit 2024 ist Bluesky für die breite Öffentlichkeit zugänglich. Die Plattform orientiert sich stark an klassischen Twitter-Funktionalitäten: Beiträge heißen hier »Skeet« statt »Tweet«. Wie auf Twitter/X können Sie posten, reposten, liken, antworten, kommentieren und teilen, wobei einzelne Beiträge eine Maximallänge von 265 Zeichen haben.

Accounterstellung und Zugang

Accounts werden über die Eingabe einer E-Mail-Adresse, eines Passworts und Geburtsdatums angelegt. Der Username lässt sich individuell festlegen. Für die Registrierung eines Namens gilt die klassische Prüfmechanik: Ist ein gewünschter Username bereits vergeben, erhalten Sie eine entsprechende Fehlermeldung.

Die Plattform ist per Webbrowser unter *https://bsky.app* zugänglich sowie über Apps für iOS und Android.

Nutzerprofile

Jedes Nutzerprofil beinhaltet einen Anzeigenamen, einen Benutzernamen, einen Kurztext und optional Verlinkungen. Die Profil-URL sieht folgendermaßen aus:

```
https://bsky.app/profile/<USERNAME>
```

In jedem Profil sind alle Beiträge, Antworten, Medien und Videos sichtbar. Sofern keine eigene Instanz im Bluesky-Netzwerk oder Custom Domain genutzt wird, entspricht das Namensschema *@Benutzername.bsky.social*.

Bluesky-ID

Die Bluesky-ID (`DID`) lässt sich im HTML-Quellcode eines jeden Profils auffinden (`bsky_did`), was besonders relevant ist, wenn ein Nutzer seinen Usernamen ändert. Die ID bleibt bestehen und kann einen Account zuverlässig identifizieren.

Suche und Suchoperatoren

Für die Suche stehen Ihnen eine klassische Volltextsuche sowie die Suche nach Hashtags zur Verfügung. Das Suchfeld ist allerdings nur eingeloggt zugänglich.

Bluesky stellt Ihnen außerdem erweiterte Suchoperatoren zur Verfügung.

- **Exakte Suche**: Verwenden Sie Anführungszeichen, z. B. `"open source intelligence"`, um Beiträge mit diesem exakten Ausdruck zu finden. Ergebnisse enthalten auch Beiträge, deren Alt-Text den Ausdruck enthält.
- **Suche nach Hashtags**: Mit `#osint` finden Sie alle Posts, die diesen Hashtag nutzen.
- **Erwähnungen eines Accounts**: Die Suche nach einem Handle wie `@rheinwerkverlag.bsky.social` listet alle Beiträge auf, in denen dieser Account erwähnt wird.
- **Beiträge eines Accounts**: Mit `from:rheinwerkverlag.bsky.social` werden ausschließlich die Beiträge dieses Accounts angezeigt.
- **Suchen nach URLs**: Durch Eingabe einer URL oder `domain:osintgeek.de` finden Sie Beiträge, die hierauf verlinken.
- **Beiträge in einer bestimmten Sprache**: Verwenden Sie `lang:` und den ISO-Sprachcode (z. B. `lang:en` für Englisch) in Verbindung mit gewünschten Keywords.
- **Beiträge in einem bestimmten Zeitraum**: Mit `since:` und `until:` lassen sich Beiträge nach Zeiträumen filtern. Das Datum muss im Format YYYY-MM-DD angegeben werden.

Unter *https://romiojoseph.github.io/bluesky/advanced-search/* finden Sie ein nichtoffizielles Formular zur Erstellung einer erweiterten Suche, wie Sie es von X/Twitter kennen.

Weitere Tools

Für die erweiterte Nutzung empfiehlt sich *https://deck.blue*, ein Tool, das ähnlich wie Tweetdeck funktioniert. Hierfür ist jedoch ein Log-in mit Bluesky-Account und App-Passwort erforderlich. Gleiches gilt für *https://skyfeed.app*.

Weitere Recherchefunktionen bietet *https://clearsky.app*. Hier können Sie einen Account abfragen und erhalten so Metadaten, die Bluesky-DID, Listen und Starterpacks, auf denen der Nutzer gelistet ist, geblockte Accounts und solche, von denen der Nutzer blockiert wird. Zudem können auch ohne Account sämtliche Beiträge eines Nutzers abgerufen werden.

7.10.13 Mastodon

Mastodon ist eine Twitter-Alternative und Teil des sogenannten *Fediverse*. Es handelt sich dabei um ein dezentrales Netzwerk für Micro-Blogging, das im Gegensatz zu zentralisierten sozialen Netzwerken wie Twitter aus vielen voneinander unabhängigen Servern besteht. Diese Server werden bei Mastodon als *Instanzen* bezeichnet. Das Protokoll für den Austausch unter den Instanzen ist ActivityPub und verknüpft Mastodon mit anderen Plattformen wie Pixelfed. Gegründet wurde Mastodon 2016 von Eugen Rochko.

Fediverse

Zum Fediverse gehören neben Mastodon noch zahlreiche weitere Dienste wie Pixelfed (Bilder), PeerTube (Videos) oder Friendica (soziale Netzwerke allgemein).

Besonderheiten und Zielgruppe

Mastodon funktioniert nicht wie traditionelle soziale Netzwerke à la Facebook, Twitter oder Instagram. Es gibt keine zentrale Eigentümerschaft. Stattdessen besteht Mastodon aus einzelnen Servern, sogenannten *Instanzen*, und jede Instanz hat ihren eigenen Administrator und wird von einem oder mehreren Admins moderiert. Zielgruppen sind vor allem Datenschutzbefürworter, technisch Versierte, Aktivisten, Künstlerinnen und Künstler, spezialisierte Interessengruppen, Privatpersonen, Unternehmen, Behörden und Vereine.

Anders als bei Twitter werden Inhalte überwiegend chronologisch dargestellt. Algorithmen, auf deren Basis die Inhalte den Usern zugeordnet werden, spielen eine untergeordnete Rolle. Bestimmte diskursive Inhalte oder Community-Angebote sind deshalb oft auf einzelne Instanzen beschränkt. Auch instanzübergreifende Blocklisten sind typisch, sodass Inhalte und Accounts bestimmter Server ausgeblendet werden.

Innerhalb jeder Instanz lassen sich über Hashtags und Listen Sub-Communities oder thematische Interessengruppen finden; die Timeline orientiert sich am Home Feed, kann jedoch über Listen und Filter strukturiert werden. Einige Instanzen sind aufgrund von Verstößen oder Moderationsentscheidungen netzwerkweit blockiert. Diese Listen können für die Bewertung und Filterung der Recherche relevant sein.

Accounterstellung

Um Mastodon zu durchsuchen, sollten Sie einen eigenen Account anlegen. Die Erstellung eines Kontos beginnt mit der Wahl der Instanz. Je kleiner eine Instanz ist, desto nischiger ist meist ihr Schwerpunkt. Auch wird in kleinen Instanzen weniger moderiert. Für die Registrierung verlangen einige Instanzen eine Einladung, andere lassen keine Neuregistrierungen zu. Die Mehrheit der Instanzen verlangt jedoch lediglich eine bestätigte E-Mail-Adresse für die Anmeldung.

Die Ur-Instanz ist *mastodon.social*, es existieren jedoch tausende thematisch oder regional spezialisierte Server. Plattformen wie *instances.social* (*https://instances.social/*) oder *Fediverse Observer* (*https://fediverse.observer/*) helfen bei der Auswahl. Unter *https://umap.openstreetmap.fr/en/map/fediverse-near-me_828094* finden Sie die interaktive Karte *Fediverse near me*, mit der Sie lokale Mastodon-Instanzen geobasiert finden.

Nach erfolgreicher Registrierung erhalten Sie einen Account mit Username, Anzeigenamen (Displayname) und der zugehörigen Instanz. Die Profil-URL setzt sich aus Instanz und Username zusammen:

```
https://<INSTANZ>/<USERNAME>
```

Recherche- und Suchmöglichkeiten

Beiträge heißen bei Mastodon »Toots«. Sie können Text, Medien, Links, Audios und Umfragen posten. Auch ohne eigenen Account lassen sich Nutzerprofile, Beiträge und Hashtags durchsuchen; das Suchfeld steht direkt auf Mastodon zur Verfügung. Eingeloggt stehen erweiterte Suchoperatoren bereit:

- `from:username`: Beiträge eines Nutzers anzeigen
- `language:de`: Beiträge in bestimmter Sprache
- `before:/after:YYYY-MM-DD`: Datumseinschränkung
- `has:image/has:media`: Beiträge mit Bildern oder Medien
- `is:reply`: nur Antworten anzeigen
- **Exakte Suche** per Anführungszeichen, z. B. `"open source intelligence"`
- **Suchbegriff ausschließen** per Minus, z. B. `-socmint`

Jeder Mastodon-Toot kann individuell in puncto Reichweite und Sichtbarkeit eingestellt werden:

- *Öffentlich*: Der Beitrag ist für alle sichtbar und kann über Suchfunktionen gefunden werden.
- *Nicht gelistet*: Der Beitrag ist öffentlich einsehbar, wird aber aus den Suchergebnissen herausgefiltert.
- *Nur Follower*: Der Beitrag ist ausschließlich für Follower sichtbar.
- *Nur erwähnte Personen*: Der Beitrag ist nur für die im Beitrag explizit genannten Nutzer zu sehen.

Tools

OSoMe Mastodon Search (*https://osome.iu.edu/tools/mastodon/*) bietet eine praktische Oberfläche zum Abrufen und Analysieren von Mastodon-Daten. Damit lassen sich gezielt Beiträge, Accounts, Hashtag-Metadaten und Instanzen durchsuchen und auswerten. *OSoMe* unterstützt die Recherche nach Stichwörtern, Hashtags und Nutzern im gesamten Fediverse.

7.10.14 Truth Social

Die 2022 gegründete Plattform Truth Social war Donald Trumps Antwort auf die Sperrung seines Accounts auf Twitter. Die Microblogging-Plattform basiert eigenen Angaben nach auf Mastodon und Soapbox. Zur Hauptzielgruppe gehören naturgemäß Anhänger von Donald Trump und Kritiker von Big Tech sowie politisch eher rechtsgerichtete Personen. Beiträge werden auf der Plattform als »Truth« bezeichnet und das Teilen eines Posts als »ReTruth«.

Unter Angabe des Usernames können über die API auch ohne Account Informationen abgefragt werden. So können beispielsweise über *https://truthsocial.com/api/v1/accounts/lookup?acct=therealdonaldtrump* Informationen zum Konto von Donald Trump erlangt werden:


```
{"id":"107834233285218477","username":"therealdonaldtrump","acct":
"therealdonaldtrump","display_name":"","locked":false,"bot":false,
"discoverable":true,"group":false,"created_at":"2022-02-21T05:03:39.464Z",
"note":"\u003cp\u003e\u003c/p\u003e","url":"https://truthsocial.com/
@therealdonaldtrump","avatar":"https://truthsocial.com/avatars/original/
missing.png","avatar_static":"https://truthsocial.com/avatars/original/
missing.png","header":"","header_static":"","followers_count":329,
"following_count":0,"statuses_count":0,"last_status_at":null,"verified":false,
"location":"","website":"","accepting_messages":true,"chats_onboarded":true,
"feeds_onboarded":false,"tv_onboarded":false,"bookmarks_onboarded":false,
"show_nonmember_group_statuses":true,"pleroma":{"accepts_chat_messages":true},
"tv_account":false,"receive_only_follow_mentions":false,
"group_reactions_onboarded":false,"emojis":[],"fields":[]}
```


Listing 7.3 Antwort auf eine API-Abfrage zu »therealdonaldtrump«

Accounterstellung

Für die Erstellung eines eigenen Accounts auf Truth Social benötigen Sie eine E-Mail-Adresse und eine Handynummer. Sie rufen Truth Social über *https://truthsocial.com* oder die entsprechende App auf und geben Ihr Geburtsdatum an, aus dem hervorgeht, dass Sie mindestens 18 Jahre alt sind.

Nach der Eingabe und Verifizierung Ihrer Handynummer wählen Sie einen Benutzernamen und ein Passwort. Hier können Sie auch überprüfen, ob ein Benutzername bereits vergeben ist. Das dynamische Anmeldeformular (siehe Abbildung 7.98) zeigt Ihnen an, wenn der Benutzername nicht mehr verfügbar ist. Außerdem benötigen Sie eine E-Mail-Adresse.

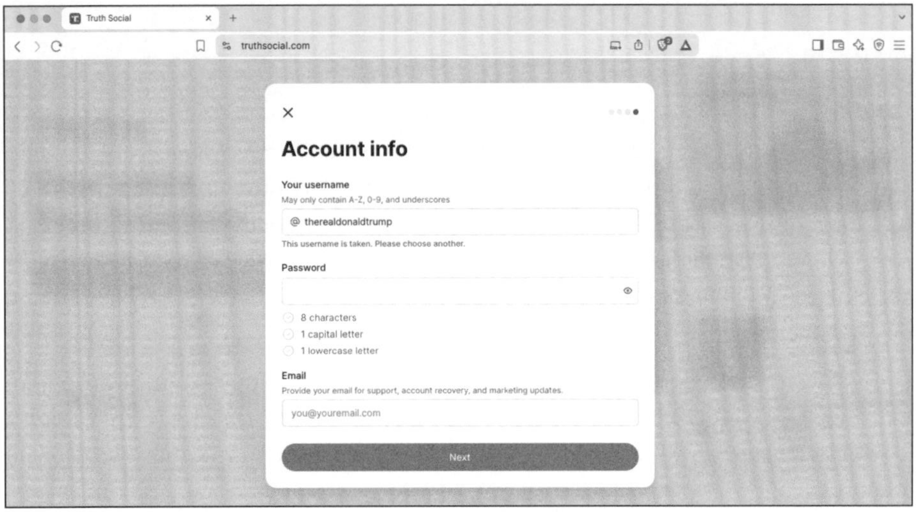

Abbildung 7.98 Der Benutzername ist bereits vergeben

Auch bei Truth Social können Sie mittels unfurl (siehe Abschnitt 7.11.4) den exakten Zeitstempel zu einem Post anhand der URL des Beitrags extrahieren.

Truthbrush

Das Tool *Truthbrush* (*https://github.com/stanfordio/truthbrush*) wurde von der Stanford University entwickelt. Mit dem Python-Programm können Sie auf Truth Social verschiedene Daten abrufen. Es kann nach Nutzern, Statusmeldungen, Gruppen oder Hashtags gesucht werden, außerdem lassen sich Metadaten und Statusmeldungen von Nutzern anzeigen. *Truthbrush* zeigt auch Trends bei Hashtags, beliebte Beiträge, Anzeigen und vieles mehr an.

Für *Truthbrush* müssen die Truth-Social-Zugangsdaten als Umgebungsvariablen hinterlegt sein. Mit Linux oder dem WSL geht das so:

```
export TRUTHSOCIAL_USERNAME=IhrBenutzername
export TRUTHSOCIAL_PASSWORD=IhrPasswort
```

Datensätze

Verschiedene Personengruppen beobachten die Plattform Truth Social und die dort veröffentlichten Inhalte, sei es zur Einschätzung politischer Diskurse, zur Früherkennung extremistischer Narrative oder zur Untersuchung von Falschmeldungen. Dementsprechend sind mittlerweile eine Reihe von strukturierten Datensätzen entstanden, die Beiträge, Nutzerinteraktionen und Metadaten enthalten.

Der Datensatz *TruthSocial – 2024 Election Integrity Initiative* bietet mit 1,5 Millionen Beiträgen aus dem Zeitraum Februar 2022 bis Oktober 2024 Einblicke in den politischen Diskurs, die Bildung von Communitys und die Verbreitung von Informationen auf Truth Social. Der Datensatz umfasst Wahlkampfdiskussionen im Vorfeld der US-Präsidentschaftswahlen 2024. Sie finden den Datensatz unter *https://www.kaggle.com/datasets/kashishashah/truthsocial-2024-election-integrity-initiative.*

Einen weiteren Datensatz namens *Truth Social Dataset* finden Sie unter *https://zenodo.org/records/7531625.* Dieser Datensatz wurde von Februar 2022 bis September 2022 erhoben. Er besteht aus 12 verschiedenen Dateien und enthält 454.458 Nutzer und 845.060 Beiträge. In einer gleichnamigen wissenschaftlichen Arbeit beschreiben Forscher der University of Notre Dame (USA) unter anderem, dass es im Untersuchungszeitraum viele externe Links zu rechten Netzwerken wie Rumble gab.

7.10.15 BeReal

BeReal stammt aus Frankreich und wurde von Alexis Barreyat und Kévin Perreau 2020 veröffentlicht. Die Besonderheit der App ist eine tägliche Benachrichtigung zu einem zufälligen Zeitpunkt. Ab dann haben Nutzer zwei Minuten Zeit, ein Foto aufzunehmen. Damit sollen Inhalte authentischer und weniger aufpoliert sein. BeReal ist ausschließlich als Smartphone-App verfügbar und hat kein Web-Interface. Insgesamt lässt BeReal viele Funktionalitäten vermissen, die für Influencer von Relevanz sind, und fokussiert sich auf die Nutzung unter Freunden. So wurde der öffentliche Feed mehr oder weniger abgeschafft. Stattdessen können je nach Einstellung nur Freunde oder deren Freunde eigene Beiträge sehen.

Einen Account kann man in wenigen Schritten über die App erstellen, hierzu muss eine Handynummer angegeben werden, die mit einem Code verifiziert wird. Im nächsten Schritt müssen ein Anzeigename und ein Geburtsdatum zur Verifikation, dass die Person über 13 Jahre alt ist, angegeben werden. Dann kann ein Benutzername gewählt werden. Dieser muss mindestens dreistellig sein und ist einzigartig, kann aber geändert werden. Somit können Sie den Registrierungsprozess nutzen, um zu überprüfen, ob ein bestimmter Benutzername vergeben ist. Optional können Benutzer ein Profilbild, eine Biografie und einen Ort hinzufügen.

Ansonsten sind die Recherchemöglichkeiten bei BeReal relativ begrenzt. Sie können innerhalb der App nach Benutzern suchen. Die interne Suche findet sowohl den Anzeigenamen als auch den eindeutigen Benutzernamen sowie Fragmente davon.

Wenn Sie Ihre Kontakte freigeben, können Sie Nutzer anhand ihrer Telefonnummer finden, sofern diese die Funktion nicht in den Einstellungen deaktiviert haben.

Eine weitere Besonderheit ist, dass beim Erstellen des Posts sowohl die Front- als auch die Rückkamera des Smartphones leicht zeitversetzt auslösen. Beiträge können auch verspätet veröffentlicht werden, dann werden diese jedoch als Late-Post gekennzeichnet. Beiträge anderer Nutzer sind erst sichtbar, nachdem ein eigener Beitrag geteilt wurde. Außerdem sind Inhalte sehr kurzlebig, da sie schnell von neueren verdrängt werden.

7.10.16 Messenger

WhatsApp, Signal und andere Messenger haben sich teils von reinen Messengern zu vollumfänglichen sozialen Netzwerken entwickelt.

Ein klassischer Ansatz ist die Rückwärtssuche von Profilbildern, denn Nutzer verwenden oft identische oder ähnliche Bilder und Avatare auf unterschiedlichen Plattformen. Mit einer Bilderrückwärtssuche können Sie prüfen, ob ein Profilfoto auch auf anderen Netzwerken auftaucht.

WhatsApp

Um festzustellen, ob eine Telefonnummer bei WhatsApp registriert ist, speichern Sie die Nummer in Ihrem Smartphone in den Kontakten. Wenn Sie den Kontakt löschen, können Sie den WhatsApp-Username sehen.

Für WhatsApp gibt es mit WhatsThat (*https://github.com/markrai/whatsthat*) ein Analyse-Tool für Gruppenchats. Die Chrome-Erweiterung untersucht, wer innerhalb der Gruppe besonders einflussreich ist und wie sich Interaktionen und Reaktionen verteilen.

Mit WA Watcher können Sie das Online-Verhalten von WhatsApp-Nutzern in Echtzeit überwachen, etwa wann ein bestimmter Kontakt online geht und wie lange er aktiv ist. Neben Echtzeit-Benachrichtigungen stellt *WA Watcher* auch eine Historie bereit, sodass Sie genau nachvollziehen können, wann eine Person zuletzt online war. Für den Zugang zu *https://www.watools.io* ist allerdings eine kostenpflichtige Mitgliedschaft erforderlich.

Signal

Signal gilt als besonders datenschutzfreundlicher Messenger, ist vollständig quelloffen und setzt auf konsequente Ende-zu-Ende-Verschlüsselung, wodurch auch die Betreiber keinen Zugriff auf Nachrichteninhalte haben. Dennoch existieren ein paar Ansatzpunkte für Ihre Recherche.

Bei der Registrierung ist zunächst eine Mobilnummer erforderlich. Seit 2024 können Sie zusätzlich einen Nutzernamen vergeben und Ihre Telefonnummer in Chats verbergen. Signal-Nutzernamen sind einzigartig. Über die exakte Eingabe des Nutzernamens können Sie ein Profil finden.

Um festzustellen, ob eine Telefonnummer bei Signal registriert ist, speichern Sie die Nummer in Ihrem Smartphone (bzw. in der Desktopversion in den Kontakten). Wenn diese Nummer bei Signal aktiv ist, erscheint die Person automatisch in Ihrer Signal-Kontaktliste.

Innerhalb von Signal lässt sich keine umfassende Recherche wie bei öffentlichen Plattformen durchführen, da es kein globales Nutzerverzeichnis und keine umfassende Suche gibt.

Telegram

Der Messenger Telegram wurde 2013 von den Brüdern Nikolai und Pawel Durov veröffentlicht. Die Brüder waren die Gründer des russischen sozialen Netzwerks VK. Telegram startete als Instant-Messenger mit Fokus auf private und schnelle Kommunikation. Zwischenzeitlich hat Telegram viele Funktionen erhalten, die über einen reinen Messenger hinausgehen. Der Dienst ist nun ein nahezu vollwertiges soziales Netzwerk. Im Juli 2024 sollen mehr als 950 Millionen Nutzerinnen und Nutzer monatlich aktiv gewesen sein.

Aufgrund seines Rufs als anonymer Messenger und seiner Anti-Zensur-Politik erfreut sich Telegram auch bei Kriminellen und Extremisten großer Beliebtheit. So stellte BKA-Präsident Holger Münch fest: »*Insbesondere die Corona-Pandemie hat dazu beigetragen, dass sich Menschen auf Telegram radikalisieren, andere bedrohen oder sogar Mordaufrufe veröffentlichen.*«

Mit Telegram können neben Textnachrichten auch Sprachnachrichten, Fotos, Videos und Dateien jeglicher Art (bis maximal 2 GB) verschickt werden. Überdies können Livestreams mit Audio, Video oder auch Bildschirminhalten übertragen werden.

> **Hinweis**
>
> Livestreams stellen eine besondere Herausforderung in der OSINT-Recherche dar. Einerseits müssen Sie zum Zeitpunkt des Livestreams teilnehmen, da diese Inhalte gewöhnlicherweise danach nicht mehr verfügbar sind. Hier sollten Sie sich frühzeitig Gedanken zur Dokumentation machen. Andererseits ist für alle Teilnehmenden ersichtlich, welche Accounts einem Livestream folgen.

Zugang

Telegram ist als App für iOS und Android verfügbar, darüber hinaus gibt es Programme für Windows, Linux und macOS. Mit einem bestehenden Account kann Telegram außerdem online in der Webversion verwendet werden. Für einen Account ist eine Rufnummer zwingend erforderlich und pro Rufnummer kann nur ein Account erstellt werden. Allerdings besteht seit Version 9.2 die Möglichkeit, eine anonyme Rufnummer über die Blockchain *Fragment* zu erwerben (*https://fragment.com/*). Zur Bezahlung wird die von Telegram entwickelte Kryptowährung Toncoin (TON) genutzt.

Hinsichtlich der verschiedenen Apps und Programme lohnt sich ein Vergleich. Ganz grob lassen sich die Zugangsmöglichkeiten wie folgt kategorisieren:

- Mobile Apps
  - Telegram-App in den offiziellen App-Stores (Apple App Store und Google Play Store)
  - APK direkt von Telegram
  - alternative Clients
- Desktop-Programme
  - Windows
  - macOS (Apple App Store und DMG direkt von Telegram)
  - Linux
- Web-Version unter *https://web.telegram.org/*

Man könnte meinen, dass sich nur die Benutzeroberflächen unterscheiden. Die genannten Zugriffsmöglichkeiten weisen jedoch zum Teil gravierende Abweichungen auf. Wenn Sie die Apps aus den offiziellen Stores von Apple oder Google nutzen, können Sie auf einige Inhalte nicht zugreifen. Beide Unternehmen zwingen Telegram, bestimmte Inhalte zu sperren, andernfalls fliegt die App aus den Stores. Telegram unterwirft sich dieser Regelung, allerdings reicht der Kooperationswille nur so weit wie unbedingt notwendig. Installieren Sie beispielsweise die Android-App direkt über die APK-Datei, die Sie auf der Telegram-Seite finden, können Sie ohne Probleme auf gesperrte Inhalte zugreifen.

Ein weiterer Grund für die Nutzung unterschiedlicher Programme sind die zusätzlichen Funktionen.

Tipp

Auch für andere soziale Netzwerke und Plattformen gilt: Testen Sie verschiedene Zugangsmöglichkeiten. Oft stehen Ihnen in der App andere Suchmöglichkeiten zur Verfügung als in der Webanwendung.

Username

Nutzer können einen öffentlichen Namen wählen. Erlaubte Zeichen sind die Buchstaben `a-z`, die Zahlen von `0-9` und das Sonderzeichen _ (Unterstrich). Darüber hinaus wird nicht zwischen Groß- und Kleinschreibung unterschieden, aber Telegram speichert die Präferenz. Somit sind die Usernames *OSINTgeek* und *osintgeek* identisch. Darüber hinaus kann ein Account einen Benutzernamen sowie weitere sammelbare Nutzernamen besitzen. Sammelbare Nutzernamen können über die Auktionsplattform Fragment erworben werden. Alle führen dann zu demselben Profil.

Entitäten

Telegram kennt vier verschiedene Arten von Accounts:

- Nutzer/User
- Gruppen
- Kanäle
- Bots

Bei einem Nutzer oder User handelt es sich um einen individuellen Account.

Account finden

Wurde ein Nutzername gewählt, kann dieser unter *https://username.t.me* und *https://t.me/username* gefunden werden. Zusätzlich können Sie eine Person anhand des Usernames suchen, indem Sie diesen in die globale Suche eingeben oder die Erstellung einer Gruppe anstoßen.

Tipp

Greifen Sie bei der Recherche auch auf spezielle Username-Suchmaschinen und Verweise aus anderen sozialen Netzwerken zurück. Auch Variationen des Usernames können lohnen. Dies gilt insbesondere, wenn der Username für Telegram unzulässige Zeichen beinhaltet.

Je nach den Einstellungen ihrer Zielperson können Sie den Account anhand der Rufnummer identifizieren. Fügen Sie hierfür einen neuen Kontakt hinzu, geben Sie einen beliebigen Vornamen ein und die Rufnummer Ihrer Zielperson. Sobald Sie den Kontakt angelegt haben, öffnet sich entweder ein Chat mit dem verbundenen Account oder Sie erhalten einen Hinweis, dass die Person nicht bei Telegram ist (bzw. die Möglichkeit, die Person zu Telegram einzuladen).

Achtung

Wenn Sie die Person zu Telegram einladen, wird diese darüber informiert!

Auch wenn Sie den Hinweis bzw. die Option zum Einladen als Rückmeldung bekommen, bedeutet dies nicht zwangsläufig, dass auch tatsächlich kein Account existiert. Standardmäßig ist die Rufnummer nicht auffindbar und das Auffinden einer Person anhand dieser somit nicht möglich.

Sollten Sie in der glücklichen Situation sein, dass Sie anhand der Rufnummer den Account gefunden haben, können Sie durch das Löschen des von Ihnen angegebenen Namens für den Kontakt den Anzeigenamen erhalten.

Bei der Erstellung eines Kanals kann ausgewählt werden, ob dieser öffentlich oder privat sein soll. Einem privaten Kanal kann nur per Einladungslink beigetreten werden. Darüber hinaus wurde eine Option eingeführt, die das Kopieren, Sichern und Weiterleiten von Inhalten aus dem Kanal verbietet. Ist diese Option aktiviert, kann eine Sicherung über die integrierte Exportfunktion nicht erfolgen.

7.10.17 Video-Plattformen

YouTube

YouTube wurde im Jahr 2005 von Chad Hurley, Steve Chen und Jawed Karim gegründet. Es handelt sich um *das* Videoportal schlechthin. YouTube wird häufig als zweitgrößte Suchmaschine bezeichnet. Es zählt zu den wichtigsten Multimedia-Plattformen innerhalb sozialer Netzwerke.

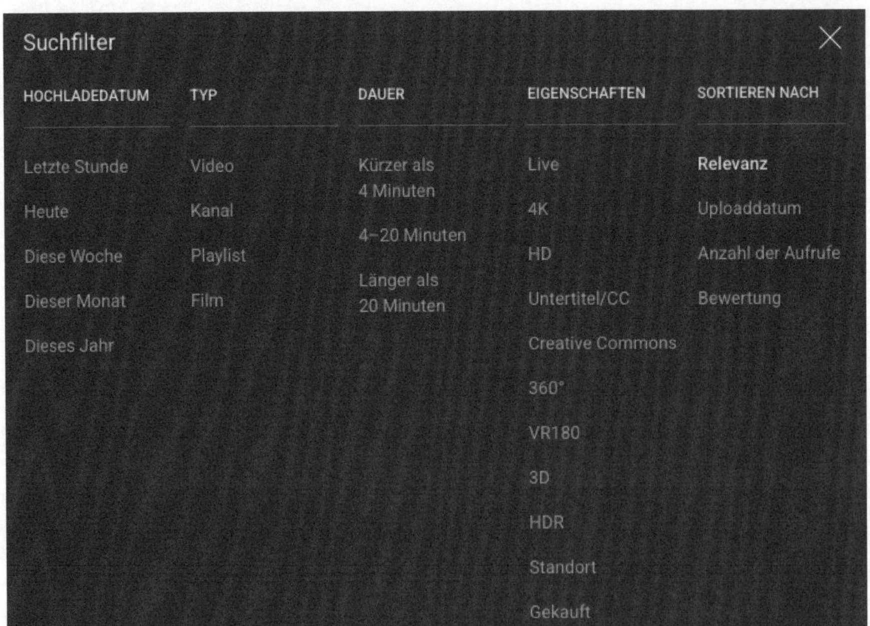

Abbildung 7.99 YouTube: Suchfilter

Nutzer können Videos hochladen oder live Videos streamen. Diese Nutzer werden als »YouTuber« bezeichnet und sie können über Werbung Geld verdienen. Diese Videos werden in den jeweiligen Kanälen eines Nutzers veröffentlicht. Kanäle können abonniert werden. Nutzer können Videos kommentieren und bewerten. Mit dem kostenpflichtigen *YouTube Premium* können Videos ohne Werbung betrachtet und offline gespeichert werden.

Die Suchfunktion von YouTube bietet neben Filtern auch die Möglichkeit, Suchoperatoren einzusetzen. Ein + vor dem Wort bewirkt, dass der Suchbegriff enthalten sein muss, und ein - bewirkt, dass der Begriff ausgeschlossen wird.

Standardmäßig werden die Ergebnisse nach Relevanz sortiert, die Sortierung lässt sich aber ändern. Mit dem Typ-Filter kann man gezielt nach Videos, Kanälen oder Playlists suchen. Zusätzliche Filter wie Dauer oder Eigenschaften (z. B. live, 360°, VR) sind ebenfalls verfügbar.

Wenn Sie ein Video aufrufen, stehen Ihnen die folgenden Videosteuerungen per Tastatur zur Verfügung:

Tastatureingabe	Funktion
Leertaste / [K]	Wiedergabe/Pause im Wechsel
[↑] / [↓]	Ton 5 % lauter/leiser
[←] / [→]	5 Sekunden zurück/vor
[J] / [L]	10 Sekunden zurück/vor
[M]	Stummschaltung (Mute)
[,]	nächster Frame (nur wenn pausiert)
[.]	vorheriger Frame (nur wenn pausiert)
[F]	Vollbildmodus starten/beenden
[0] / [Pos1]	an den Anfang springen
[1] bis [9]	zu 10 % bis 90 % des Videos springen
[C]	Untertitel ein-/ausblenden
[O]	Darstellung der Untertitel hell/dunkel

Tabelle 7.8 Schneller und komfortabler mit Youtube-Videos arbeiten

Über das Zahnrad-Symbol unten rechts im Videoplayer können Sie nicht nur die Geschwindigkeit und Qualität der Wiedergabe anpassen, sondern auch weitere Einstellungen vornehmen. Die Steuerung von Untertiteln erfolgt entweder über das

Videomenü oder ganz einfach über den Shortcut [C]. Oftmals sind Untertitel automatisch erzeugt. Bei neueren Videos lässt sich zudem der Audiotrack wechseln. Das Original ist als solches gekennzeichnet, sodass Sie gezielt zwischen Übersetzungen und der Ursprungssprache wählen können, wenngleich Sie den Unterschied sicherlich hören werden.

Jedes YouTube-Video besitzt eine einmalige Video-ID, die Sie aus der URL des Videos entnehmen können. Im Beispiel *https://www.youtube.com/watch?v=S9oKdfigg5k* lautet der Wert für den Parameter v `S9oKdfigg5k`. Das ist die Video-ID.

Unterhalb des Videoplayers finden Sie immer den Videotitel sowie Informationen über den Kanal, der das Video veröffentlicht hat. Dazu gehören der Name des Kanals inkl. Avatar sowie die aktuelle Anzahl der Abonnenten.

Noch weiter unten können Sie das Video über den Button TRANSKRIPT ANZEIGEN transkribieren lassen. Im Anschluss an die Beschreibung und das Transkript erhalten Sie weitere Informationen zum Kanal selbst. Dazu zählen Links zu allen Videos des Kanals, die Kanalinfos und häufig zusätzliche Verweise zu externen Plattformen, etwa Social Media.

Jeder YouTube-Kanal verfügt über eine eindeutige Kanal-ID, mit der Sie den Kanal gezielt identifizieren und recherchieren können. Diese Kanal-ID ist im Abschnitt ABOUT (bzw. ÜBER) eines Kanals zu finden und lässt sich dort unter SHARE • COPY CHANNEL ID erlangen. Mit der Kanal-ID können Sie zum Beispiel einen RSS-Feed des Kanals einrichten. Hängen Sie hierfür die Kanal-ID an die folgende URL an:

```
youtube.com/feeds/videos.xml?channel_id=
```

Tools

Das Plug-in *YouTube Comment Search* (*https://addons.mozilla.org/de/firefox/addon/youtube-comment-search/*) für Firefox erleichtert Ihnen das Durchsuchen von Kommentaren zu YouTube-Videos. Wenn Sie auf das Symbol des Plug-ins klicken, erscheint ein Fenster. Allerdings liefert Ihnen die Suche maximal 100 Ergebnisse.

YCS bzw. ebenfalls YouTube Comment Search ist ein weiteres Add-on, das sowohl für Firefox (*https://addons.mozilla.org/de/firefox/addon/ycs/*) als auch für Chrome (*https://chrome.google.com/webstore/detail/ycs-youtube-comment-search/pmfhcilikeembgbiadjiojgfgcfbcoaa*) verfügbar ist. *YCS* hat einen größeren Funktionsumfang und macht komplexere Suchen möglich.

Unter *https://mattw.io/youtube-metadata* finden Sie das nützliche Online-Tool *MW Metadata*, das Ihnen eine Fülle von Informationen zu einem YouTube-Objekt liefert. Sie können hierfür die URL oder die ID eines Videos, einer Playlist oder eines Kanals eingeben. Darüber hinaus akzeptiert das Tool auch die URL eines YouTube-Benutzers, die Custom URL oder den sogenannten Channel Handle, also den Username (allerdings nur als URL).

Sobald Sie einen entsprechenden Link oder eine ID eingegeben haben, stellt *MW Metadata* umfassende Daten bereit. Dazu zählen beispielsweise alle Vorschaubilder (Thumbnails) des jeweiligen Videos, der exakte Veröffentlichungszeitpunkt, die verwendete Sprache sowie die eindeutige Video-ID. Besonders nützlich ist die Anzeige statistischer Kennzahlen wie die Anzahl der Aufrufe, Kommentare und Likes, die das Video bislang erhalten hat.

Enthält das jeweilige Video geografische Informationen, werden auch diese übersichtlich präsentiert. So bekommen Sie die Beschreibung der Örtlichkeit, die Koordinaten und einen Kartenausschnitt von Google Maps inkl. direktem Link.

Bei Livestreams liefert das Tool weitere Zusatzinformationen, etwa die geplante Startzeit, den tatsächlichen Start-Zeitstempel, Angaben zur Dauer des Streams sowie weitere Metadaten, falls verfügbar.

Ein weiteres praktisches Feature ist die Sammlung und Darstellung sämtlicher Vorschaubilder eines Videos. Direkt darunter finden Sie Links, um jeweils eine inverse Bildersuche über Google durchzuführen.

Zusätzlich stellt *MW Metadata* Links zu verschiedenen Archiven bereit. Dank dieser Funktion haben Sie die Möglichkeit, eventuell bereits gelöschte oder nachträglich auf privat gestellte Videos zu finden und womöglich zu recovern.

Neben den Daten zu einem einzelnen Video liefert *MW Metadata* auch umfangreiche Informationen zum zugehörigen Kanal. Angezeigt werden unter anderem die Channel-ID, der Erstellungszeitpunkt des Kanals, verschiedene Metadaten wie Beschreibung und Schlagwörter sowie, falls vorhanden, auch die Google Analytics Tracking-ID. Darüber hinaus erhalten Sie weitere Details wie die Gesamtzahl der Abonnenten, das Profil- und Headerbild des Kanals und weitere Informationen. Die Ergebnisse können Sie bequem per Link teilen.

MW Metadata ist ein äußerst hilfreiches Werkzeug, um detaillierte Informationen zu YouTube-Videos zu erhalten.

Download-Tools

Für den Download von YouTube-Videos eignet sich vor allem das Kommandozeilen-Tool `yt-dlp`. Dabei handelt es sich um eine Weiterentwicklung des Youtube-Downloaders. Das Tool läuft auf der Kommandozeile und verarbeitet einzelne Videos, Playlists oder ganze Kanäle. Sie können Format, Qualität und Metadaten gezielt festlegen. Ein einfacher Befehl, um ein Video herunterzuladen lautet:

```
yt-dlp "URL"
```

Speziell für den YouTube-Download existieren auch viele Online-Services. Teils handelt es sich bei den Angeboten um Freemium-Services mit Limitierungen hinsichtlich Auflösung und Format.

Twitch

Twitch ist eine der weltweit führenden Live-Streaming-Plattformen, die insbesondere im Gaming-Bereich bekannt wurde. Nach der Übernahme durch Amazon entwickelte sich Twitch, das ursprünglich als *justin.tv* gegründet wurde, zu einem vielseitigen Ort für unterschiedlichste Inhalte. Neben klassischen Videospielübertragungen werden auf Twitch heute auch Livestreams aus den Bereichen Musik, In-Real-Life (IRL, also quasi ein Zusammensein »im echten Leben«), Kreatives und Talkshows angeboten.

Was Twitch besonders macht, ist die ausgeprägte Interaktion zwischen Streamern und ihren Communitys. Das Publikum kann über den Chat in Echtzeit Nachrichten senden, Fragen stellen oder auf Kommentare und Aktionen des Streamers reagieren. Die Streamerinnen und Streamer binden das Publikum wiederum ein, reagieren spontan auf Wünsche oder Diskussionen und bauen so eine Fangemeinde auf.

Wer einen Stream betreibt, kann auf Twitch Geld verdienen. Neben Werbeeinblendungen gibt es die Möglichkeit, Abonnements abzuschließen (sogenannte *Subs*, von engl. *subscription*), bei denen Zuschauer ihren Lieblingskanälen regelmäßig finanzielle Unterstützung zukommen lassen. Auch können sogenannte Bits, eine Form von virtueller Währung, zur Unterstützung genutzt werden.

Zugang und Accounterstellung

Twitch ist vergleichsweise offen, viele Inhalte können Sie auch ohne eigenen Account anschauen. Wenn Sie jedoch chatten oder selbst Inhalte streamen möchten, benötigen Sie einen Account. Darüber hinaus können über die Moderationseinstellungen gewisse Kriterien festgelegt werden, die ein Account erfüllen muss, um am Chat aktiv teilzunehmen, beispielsweise eine verifizierte E-Mail-Adresse oder Handynummer.

Für die Erstellung eines Accounts wird eine E-Mail-Adresse oder Handynummer benötigt, zusätzlich ein Benutzername und ein Geburtsdatum.

Bitte beachten Sie, dass die meisten Livestreams nach Übertragung nur selten als Aufzeichnung verfügbar sind, sofern sie nicht vom Streamer explizit gespeichert und veröffentlicht werden. Bekanntere Streamerinnen und Streamer nutzen häufig den Zeitplan, um auf zukünftige Streams hinzuweisen. Hierüber können Sie teils auch vergangene Streams betrachten.

Weitere Tools

Neben dem eigentlichen Streaming gibt es zahlreiche Tools und Analyseplattformen. Hierzu gehören zum Beispiel Twitchtracker, Sully Gnome, Twitchinsights oder Streamscharts.

Mit dem Onlinedienst *Twitchtracker* (*https://twitchtracker.com*) können Sie verschiedene Daten zu einem Twitch-Account betrachten. Neben grundlegenden Informationen wie dem Kanalnamen erhalten Sie einen umfassenden Überblick über die Aktivitäten. Dazu gehören beispielsweise die Anzahl der Follower, die durchschnittliche Zuschauerzahl und die Gesamtanzahl der Views sowie detaillierte Statistiken zu vergangenen Streams, etwa übliche Streaming-Zeiten oder die Entwicklung des Kanals.

Auch können Sie sich beispielsweise die Top-Streamer anzeigen lassen und diese Liste nach Sprachen filtern, sodass Sie zum Beispiel gezielt nach deutschsprachigen Kanälen suchen können. Unter *https://twitchtracker.com/channels/live/* können Sie Accounts auflisten, die aktuell live streamen. Auch diese Liste können Sie nach Sprachen filtern.

Auch das Tool *Twitch Insights* liefert zahlreiche allgemeine Statistiken zu Twitch. Beispielsweise können Sie einsehen, wie viele neue Accounts pro Tag, pro Stunde oder insgesamt auf der Plattform erstellt wurden. Diese Daten geben einen guten Überblick über das Wachstum und die Aktivität der Twitch-Community. Über die Website unter *https://twitchinsights.net/* stehen diese Statistiken zur Verfügung. Neben den Account-Erstellungen werden dort oftmals auch weitere Kennzahlen wie die Anzahl aktiver Kanäle oder beliebte Streaming-Kategorien zur Verfügung stellt.

Darüber hinaus bietet der Dienst unter *https://twitchinsights.net/checkuser* ein Tool, mit dem Sie gezielt nach einem bestimmten Twitch-Nutzer suchen können. Nach Eingabe des Usernamens erhalten Sie Informationen wie die zugehörige Channel-ID, den Displaynamen, den Zeitstempel der Account-Erstellung, den Typ des Kanals sowie den aktuellen Status des Accounts. Diese Funktion ist besonders hilfreich, um spezifische Kanäle zu identifizieren oder zu überprüfen, wann und unter welchem Namen ein Kanal erstellt wurde.

Mit dem Tool Streamcharts (*https://streamscharts.com/tools/convert-username*) können Sie eine Channel-ID in einen Benutzernamen umwandeln und umgekehrt.

Detaillierte Analysen zu Streams, Kanälen und Kategorien finden Sie auf *https://www.twitchmetrics.net*. Hier sehen Sie die Entwicklung von Zuschauerzahlen, Trends über längere Zeiträume und können das Wachstum einzelner Kanäle nachvollziehen.

Mit *https://untwitch.com* lassen sich Streams speichern, sofern sie noch öffentlich auf Twitch vorhanden sind. Falls Sie gelöschte Streams aufspüren möchten, nutzen Sie Twitch Recover (*https://github.com/TwitchRecover/TwitchRecover*). Dieses Tool sucht nach Videos, die nicht mehr gelistet werden, aber eventuell noch auf den Twitch-Servern vorhanden sind.

Sully Gnome (*https://sullygnome.com*) gibt Ihnen einen guten Überblick über Veränderungen bei Followern, Live-Zeiten, Spracheinstellungen und Kategorien. Gerade Langzeittrends und die Entwicklung von Communitys lassen sich hier anschaulich darstellen.

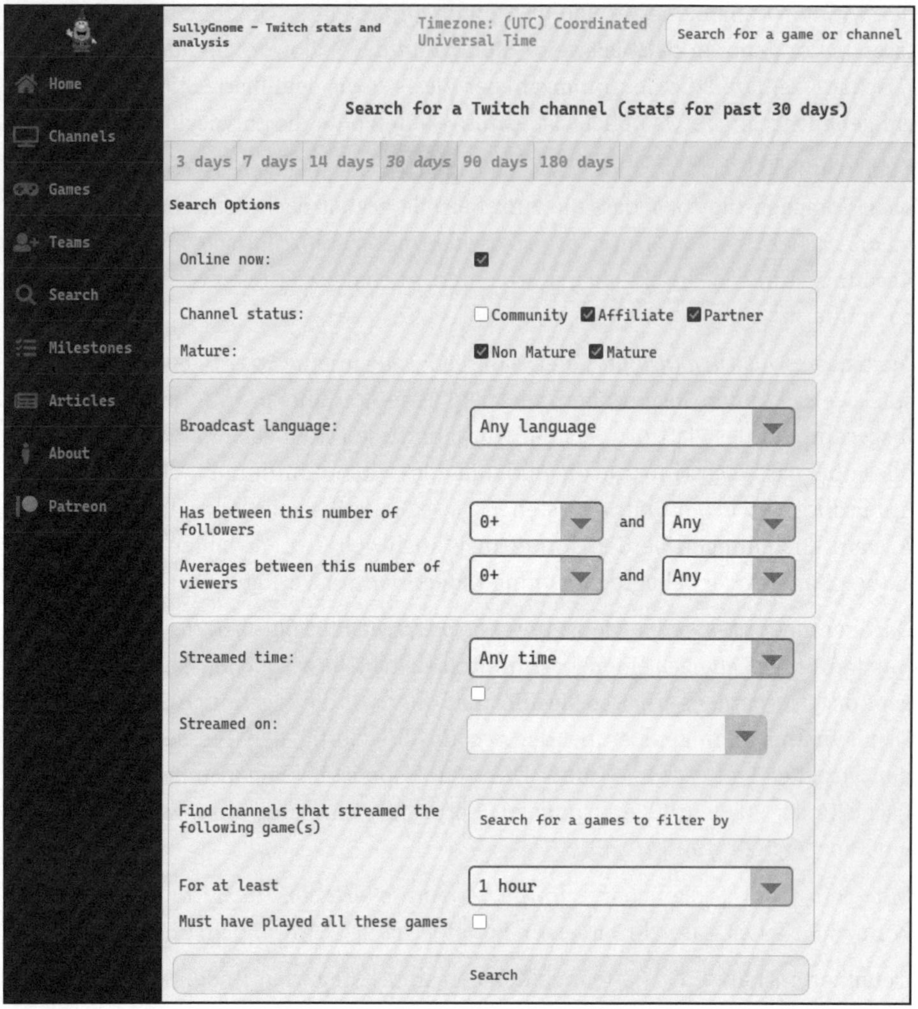

Abbildung 7.100 Kanalsuche auf »SullyGnome«

Außerdem finden Sie unter *https://sullygnome.com/channelsearch* ein Suchformular. Damit können Sie nach Twitch-Kanälen suchen und Filter setzen, zum Beispiel Sprache, Followerzahl, durchschnittliche Zuschauer oder Spielkategorie.

Mit *Chatty* (*https://chatty.github.io/*) können Sie Twitch-Chats unabhängig von der Weboberfläche auswerten. Das Programm bietet Ihnen einen direkten Zugriff auf Chatverläufe. Außerdem können Sie Benachrichtigungen einrichten, wenn bestimmte Kanäle live streamen.

Die Website *https://tools.2807.eu/* bietet verschiedene Werkzeuge für die Auswertung von Twitch-Daten. Sie können dort gezielt Follower-Listen, Moderatoren-Listen, VIP-Listen und Gründer-Listen abrufen.

Auch das Portal auf *https://twitch-tools.rootonline.de/* stellt verschiedene Werkzeuge bereit, etwa zur Umwandlung von Kanalnamen und IDs, zum schnellen Abfragen von Profilinformationen oder zur automatisierten Auswertung von Stream-Daten.

7.10.18 Dating-Plattformen

Fürs Dating existieren viele Onlineangebote. Aufgrund des Anwendungszwecks enthalten Profile hier meist andere Informationen als gewöhnliche soziale Netzwerke. Zu den Angaben gehören neben Fotos häufig Vorname, Alter, Wohnort, Beruf, Interessen, Social-Media-Verknüpfungen und weitere individuelle Details. Viele Plattformen enthalten Such- und Filteroptionen, durch die nach bestimmten Kriterien, etwa Geschlecht, Alter, Standort oder Interessen, gesucht werden kann.

Für investigative Aufgaben eröffnen sich dadurch zahlreiche Ansatzpunkte bei der Personensuche. Gleichzeitig erfordern diese Möglichkeiten eine besondere Sensibilität für Datenschutz und ethische Grenzen, da es sich hier regelmäßig um sehr persönliche und potenziell missbrauchsanfällige Daten handelt.

Tinder

Tinder bietet Ihnen die Möglichkeit, einen eigenen Nutzernamen für Ihr Profil zu erstellen. Sobald Sie einen solchen Username festlegen, wird automatisch ein öffentliches Web-Profil erstellt. Um gezielt nach Usernamen zu suchen, ersetzen Sie den Namen am Ende der URL, zum Beispiel `https://tinder.com/@USERNAME`, durch den gesuchten Username. Gibt es das Profil, wird es direkt angezeigt. Alternativ durchsuchen Sie Google mit dem Befehl `site:tinder.com "username"` oder `site:tinder.com "Name"`, um Webprofile zu finden. Für Ihre Recherche bedeutet das: Sie können Profile mit bekanntem Username gezielt im Browser aufrufen, auch ohne in der App angemeldet zu sein.

Tinder-ID

Jeder Tinder-Account besitzt eine eindeutige User-ID, die Sie nicht ändern können. Diese ID ist hilfreich, wenn Sie rechtliche Anfragen an Tinder stellen möchten. Sie finden die ID, indem Sie auf das Profil Ihres Ziels gehen, per Rechtsklick den Seitenquelltext anzeigen und nach `_id` suchen. Die Nummer daneben ist die ID des Profils.

Im Profil können Nutzerinnen und Nutzer neben Fotos und einem frei wählbaren Profilnamen auch Arbeitsstelle und Schule hinterlegen. Sie können über die Web Developer Tools oder den Quelltext der Profilseite suchen, um Bild-URLs im Originalformat und somit höherer Auflösung zu extrahieren. Außerdem können Sie den Quelltext nach `birth_date` durchsuchen, um das Geburtsjahr zu ermitteln.

Lovoo

Lovoo ist eine Dating-Plattform, die in Dresden gegründet wurde und sich ursprünglich über eine Facebook-Anmeldung verbreitet hat. Die Zielgruppe liegt im Bereich 18 bis 35 Jahre, rund 70 % der Nutzer sind männlich, 30 % weiblich. Die Anwendung setzt auf lockere Flirts, Casual Dating und auch die Suche nach ernsthaften Beziehungen.

Bekannt wurde Lovoo nicht zuletzt durch einen Skandal um gefälschte weibliche Profile und gewerbsmäßigen Betrug. Diese Fälle haben das Bewusstsein für ethische und sicherheitsrelevante Aspekte auf Dating-Plattformen weiter erhöht.

Lovoo bietet Ihnen ein Live-Radar (»Date Map«) innerhalb der App, mit dem Sie andere Nutzer im Umfeld mit einer Genauigkeit von 30 bis 50 Metern lokalisieren können. Das klassische Match-Spiel sorgt für zusätzliche Interaktivität. Daneben existieren Funktionen wie Live-Streaming, bei denen virtuelle Geschenke verteilt werden können.

Die Suchfilter umfassen Alter, Geschlecht, Umkreis und Interessen. Mit Premium-Funktionen werden zusätzliche Filter freigeschaltet, etwa nach Körpergröße, bestimmten Sprachen, ob jemand Kinder hat, Nichtraucher ist oder andere Lebensgewohnheiten pflegt. Ein weiteres Premium-Feature ist die Option, das eigene Profil zu verstecken. Über Credits lassen sich weitere Funktionen und Aufmerksamkeiten nutzen.

Für Ihre Recherche besonders wichtig: Profilansichten und der Online-Status sind für andere Nutzer oft sichtbar. Achten Sie daher im Sinne von OPSEC darauf, Ihre Aktivitäten weitgehend anonym zu halten.

Im Lovoo-Profil finden Sie Angaben zu Vorname, Alter, Wohnort, Beruf oder Studiengang, Interessen, eine mögliche Instagram-Verknüpfung und Profilbilder.

7.10.19 Fitness-Apps: Strava

Die 2009 veröffentlichte App *Strava* gehört zu den standortbezogenen sozialen Netzwerken und dient dem Aufzeichnen und Teilen sportlicher Aktivitäten. Strava unterstützt 50 Sportarten in den folgenden Kategorien:

- Laufsportarten
- Radsportarten
- Wassersportarten
- Wintersportarten
- Sonstige Sportarten

Strava kann sowohl als App auf dem Smartphone als auch über eine Weboberfläche unter *https://www.strava.com* genutzt werden. Bei Nutzung der App können Aktivitäten über GPS-Tracking direkt aufgezeichnet werden. Alternativ ist der Import von

Daten von Sportuhren möglich. Mit Strava lassen sich sportliche Aktivitäten hinsichtlich Zeit, Distanz, Höhenmeter und Herzfrequenz detailliert auswerten.

Accounterstellung

Um ein Strava-Konto zu erstellen, benötigen Sie eine E-Mail-Adresse, die mit einem Verifizierungscode überprüft wird. Stattdessen können Sie aber auch ein bestehendes Google-, Facebook- oder Apple-ID-Konto verwenden. Standardmäßig sind Profile öffentlich und müssen in den Einstellungen auf privat gestellt werden. Strava bietet ein kostenpflichtiges Abonnement mit mehr Funktionen an.

Strava-Profil

Jedes Profil verfügt über eine eindeutige persönliche URL, die geändert werden kann, sowie eine ID, die Sie über eine Suche im Quelltext des zu untersuchenden Profils als Wert für `data-athlete-id=` oder `entityId` finden.

Bei einem privaten Profil sehen Sie – sofern vorhanden – das Profilbild, den Anzeigenamen, Ort und Biografie sowie die Anzahl der Abonnierten und Abonnenten. Sofern das Profil nicht auf privat gestellt ist, können Sie folgende Inhalte im Profil sehen:

- Profilbild
- maximal sechs Titelbilder (aus Aktivitäten)
- Anzeigename
- Ort
- Biografie
- Übersicht der Aktivitäten der letzten vier Wochen
- Clubs
- Pokale und Trophäen
- Auszeichnungen
- Fotos
- Liste der Abonnierten und Abonnenten

Ein Profil kann verschiedene Badges tragen:

- Mitarbeiter
- Premium
- Pro
- Ambassador (entspricht »Verified Badge«)
- Verified Badge

Strava Heatmap

Unter *https://www.strava.com/maps/global-heatmap* finden Sie die globale *Strava Heatmap*, die bereits des Öfteren für Schlagzeilen gesorgt hat. So wurden hierüber bereits Militärbasen in der Wüste enttarnt oder Bewegungsprofile der Personenschützer einiger Staatsoberhäupter erstellt.

Die integrierte Suche kann auf Sporttreibende, Aktivitäten, Clubs und Segmente abzielen, wobei »Aktivitäten« nur die eigenen durchsucht.

Für Aktivitäten können Likes (Kudos) sowie Kommentare vergeben werden. Der Zeitpunkt von Kommentaren wird sehr ungenau (z. B. vor 7 Tagen) dargestellt. Über den Quelltext können Sie allerdings den genauen Zeitstempel anhand der Variable `datetime` ablesen. Übrigens funktioniert dies ebenfalls für Auszeichnungen.

Segmente

Sie können im Bereich SEGMENTE (*https://www.strava.com/segments/search*) Streckenabschnitte recherchieren, auf denen Nutzer Aktivitäten aufgezeichnet haben. Segmente sind von der Community definierte Teilbereiche von Straßen oder Wegen und dienen dem Leistungsvergleich. Wenn Sie auf einen bestimmten Abschnitt klicken, öffnet sich das zugehörige Leaderboard. Dort sehen Sie alle Nutzer, die diesen Abschnitt absolviert haben, inklusive der jeweiligen Aktivitätsdaten. Durch einen Klick auf das Profil können Sie die öffentlich einsehbaren Aktivitäten dieser Personen weiter untersuchen.

Flyby

Mit der Flyby-Funktion können Sie sich anzeigen lassen, welche anderen Athleten zur gleichen Zeit auf einer Strecke unterwegs waren. Voraussetzung ist, dass die jeweilige Person diese Funktion in den Datenschutzeinstellungen aktiviert hat. Standardmäßig ist Flyby deaktiviert. Ist dies der Fall, sind Aktivitäten nicht über dieses Tool auffindbar. Einzelne Aktivitäten, die auf *Nur ich* oder *Nur Follower* stehen, werden ebenfalls nicht angezeigt.

Fake Run

Durch das Erstellen und Hochladen gefälschter Trainingseinheiten (sogenannte »fake runs«) an gezielten Standorten können Sie prüfen, welche Strava-Nutzer dort aktiv waren. Mit Tools wie *GPX Studio* (*https://gpx.studio/*) können Sie Strecken manipulieren oder fiktiv erstellen, um so gezielt an bestimmten Orten zu suchen.

Export und Analyse

Bewegungsprofile erstellen Sie über den direkten Export von Aktivitäten im GPX- oder KML-Format, der Auswertung mithilfe der Strava Heatmap sowie die Nutzung von Visualisierungstools wie *GPXSee* (*https://www.gpxsee.org/*) oder *Folium* (*https://python-visualization.github.io/folium*). Durch das Zusammenführen mehrerer Tracks erkennen Sie Muster, Routinen und Überschneidungen mit bekannten Standorten wie Trainingsplätzen oder relevanten Örtlichkeiten. So erhalten Sie ein detailliertes Bild von Bewegungsstrukturen und können gezielt einzelne oder gruppenbezogene Aktivitäten auswerten.

7.10.20 Gaming-Plattformen

Steam

Steam ist eine der größten Online-Vertriebsplattformen für Computerspiele und zählt laut eigenen Angaben mehr als eine Milliarde aktive Nutzer. Insbesondere der Community-Bereich kann sehr aufschlussreich sein.

Sie können nach Benutzern (*https://steamcommunity.com/search/users/*) und Gruppen (*https://steamcommunity.com/search/groups*) recherchieren. Außerdem können Sie das Diskussionsforum (*https://steamcommunity.com/discussions*) durchsuchen. Da Profile auch frühere Usernames beinhalten, ist ein Steam-Account in vielen Fällen eine Goldgrube für weitere Ermittlungsansätze.

chess.com

Bei *chess.com* handelt es sich um eine Online-Schachplattform. Auch ohne Account können Sie nach Nutzerkonten suchen und diese betrachten. Wenn Sie den Nutzernamen kennen, rufen Sie die Webseite *https://www.chess.com/members/<username>* auf und ersetzen Sie `<username>` durch den Nutzernamen. Alternativ können Sie über das Suchfeld unter *https://www.chess.com/members* nach dem Namen suchen. Über die API können Sie ebenfalls Informationen zu Benutzernamen unter *https://api.chess.com/pub/player/<username>* abfragen.

Wenn Sie einen Account anlegen, können Sie außerdem anhand der E-Mail-Adresse über das Suchfeld unter *https://www.chess.com/friends* nach Accounts suchen.

Jeder Account bekommt eine eindeutige ID zugewiesen, die Sie im Quelltext des Profilheaders als Wert zu `data-user-id` finden. Mittels dieser ID können Sie über *https://phihag.de/chess-tools/chesscom-id/* den Nutzernamen in Erfahrung bringen. Über *https://www.chess.com/callback/user/games?userId=<ID>* können Sie die Spiele zu einem Account abfragen und auch darüber den zugehörigen Usernamen in Erfahrung bringen.

7.10.21 GitHub

GitHub ist eine weit verbreitete Plattform für die Zusammenarbeit an Softwareprojekten und wird von Entwicklern weltweit genutzt, um Quellcode zu teilen, zu verwalten und zu versionieren. Gleichzeitig bietet GitHub eine Fülle an öffentlich zugänglichen Repositorys, die Informationen für Sicherheitsanalysten und Threat-Intelligence-Experten enthalten können.

Cyberkriminelle veröffentlichen dort gelegentlich Hacking-Tools, Skripte oder Exploits, die für Angriffe verwendet werden könnten. Auch Informationen zu Sicherheitslücken oder Proof-of-Concepts (PoCs) sind häufig zu finden, sobald Schwachstellen in Softwareprodukten bekannt werden.

GitHub bietet eine Reihe von Suchoperatoren, um gezielt nach Personen und Entwicklern auf der Plattform zu suchen. Diese Funktionen sind nützlich, um Experten auf bestimmten Gebieten, Entwicklungsteams hinter Projekten oder auch potenziell relevante Akteure zu finden, die verdächtige Software einsetzen. Wenn beispielsweise eine verdächtige Person einen Bugreport zu einer Verschlüsselungssoftware hinterlassen hat, lässt das natürlich Rückschlüsse zu. Vielleicht hat die Person sogar einen Feature-Request hinterlassen, der Hinweise darauf gibt, wie sie das Tool einsetzen will. Sie können mit `user:`*`{username}`* nach Benutzern mit einem bestimmten *Username* suchen.

Bei Änderungen an Code, der auf *github.com* verwaltet wird, wird ähnlich wie beim Speichern einer Datei ein sogenannter *Commit* erzeugt. Dieser hat eine eindeutige ID. Um detaillierte Informationen zu einem Commit zu erhalten, hängen Sie an die URL des Commits `.patch` an. So erhalten Sie unter Umständen die E-Mail-Adresse der Person, die Veränderungen vorgenommen hat.

Bellingcat hat ein Python-Tool entwickelt, das zur Analyse von GitHub-Entitäten genutzt werden kann. Sie finden das Tool im GitHub-Repository von Bellingcat unter *https://github.com/bellingcat/octosuite*. Mit *OctoSuite* erlangen Sie Informationen zu Usern, Repositorys und Organisationen.

7.10.22 Business-Netzwerke

In geschäftlichen Netzwerken ist es üblich, mit Klarnamen und »echter« Biografie zu agieren. Dementsprechend sind Business-Netzwerke wie LinkedIn und Xing wahre Goldgruben für Informationen zu Personen.

LinkedIn

LinkedIn ist ein internationales Karriere- und Businessnetzwerk. Auf *https://www.linkedin.com* können Sie in mehreren Sprachen ein berufliches Profil, einen Lebenslauf sowie Qualifikationen hinterlegen. Die Plattform dient der Kontaktpflege, dem Netzwerkaufbau, der Jobsuche und dem Austausch in Gruppen und bei Events.

Die Personensuche auf LinkedIn lässt sich nicht nur über die interne Suche, sondern auch über Suchmaschinen realisieren. Mit einer Google-Abfrage wie

```
site:linkedin.com/in "Name/Unternehmensname"
```

erhalten Sie auch Profile, die intern schwer auffindbar sind. Ohne eigenen Account bleibt die Vorschau vieler Profile jedoch eingeschränkt.

Für gezielte Suchanfragen innerhalb von LinkedIn nutzen Sie folgende URLs:

- Allgemeine Namensuche

  ```
  https://www.linkedin.com/search/results/people/?keywords=<Vorname>+
  <Nachname>
  ```

- Exakte Namenssuche

  ```
  https://www.linkedin.com/search/results/people/?firstName==<Vorname>
  &lastName=<Nachname>
  ```

Durch zusätzliche Parameter können Sie die Suche weiter filtern:

- &company=<Firma>
- &title=<Position>
- &school=<Hochschule>

Diese Parameter lassen sich beliebig kombinieren, indem Sie ein & zwischen die Begriffe setzen. Dasselbe erreichen Sie auch, wenn Sie in der LinkedIn-Personensuche alle Filter einblenden.

Für Alumni-Recherchen nutzen Sie:

```
https://www.linkedin.com/school/<Schul-ID>/alumni/
```

Zur Gruppensuche dient:

```
https://www.linkedin.com/groups/<Gruppen-ID>/members/
```

X-Ray-Suche

Als *X-Ray-Suche* bezeichnet man meist im Recruiting-Bereich die Methode, LinkedIn-Profile über Google Dorks zu durchsuchen. Ein typischer Suchoperator für die X-Ray-Suche ist:

```
site:linkedin.com/in OR site:linkedin.com/pub (intitle:"Profil" OR inurl:"-")
"Python Entwickler" "Frankfurt" -inurl:dir -inurl:jobs
```

Mit diesem Suchbefehl finden Sie gezielt LinkedIn-Profile von Python-Entwicklern in Frankfurt. Die Option `-inurl:dir` und `-inurl:jobs` schließt Verzeichnisse und Jobanzeigen aus, sodass die Ergebnisliste vor allem echte Personenprofile umfasst.

Öffentliche Profile zeigen meist den vollständigen Namen, aktuelle und frühere Arbeitgeber, Positionen, Standort, Qualifikationen und die wichtigsten Stationen der Berufslaufbahn. Häufig werden zudem Alumni-Details, Kontaktmöglichkeiten, Projekte, Skills, Interessen und Publikationen aufgeführt.

Je nach Einstellungen wird dem Profilinhaber aber angezeigt, wer dessen Profil aufgerufen hat. Aus OPSEC-Perspektive ist das schlecht.

Über Unternehmensseiten auf LinkedIn ist ersichtlich, welche Personen dort tätig sind, wie groß das Team ist, an welchen Standorten das Unternehmen aktiv ist und ob Tochtergesellschaften existieren, wie die Hierarchie aufgebaut ist – und mit ein bisschen Interpretation der Posts lässt sich auch einiges über die Unternehmenskultur herauslesen.

Neben der Personen- und Unternehmenssuche können Sie außerdem nach Beiträgen, Produkten, Jobs, Gruppen, Services, Events und Kursen suchen. Jede dieser Kategorien bietet eigene Filtermöglichkeiten.

Zusätzlich stehen Ihnen einige Tools zur Verfügung, um Kontaktdaten oder Ansprechpersonen zu recherchieren. Beispiele für solche Tools sind:

- *Lusha* (*https://www.lusha.com*) ist ein Online-Service, der aktuelle Kontaktdaten wie E-Mail-Adressen und Telefonnummern von Unternehmen und Einzelpersonen bereitstellt. *Lusha* wird vielfach im Bereich Vertrieb, Recruiting und Lead-Generierung eingesetzt und bietet eine Integration mit Browser-Extensions, um Informationen direkt aus Plattformen wie LinkedIn zu extrahieren.
- *VoilaNorbert* (*https://www.voilanorbert.com*) bietet die Suche und Verifizierung von geschäftlichen E-Mail-Adressen auf Basis von Namen und Unternehmensdomain. Es richtet sich vor allem an Sales- und Marketing-Teams
- *FindThatLead* (*https://findthatlead.com*) liefert ebenfalls E-Mail-Adressen und ergänzende Kontaktdaten zu Unternehmen oder Einzelpersonen.

XING

XING ist ein Business- und Karrierenetzwerk mit Fokus auf die DACH-Region und auf mittelständische Unternehmen. Sie erreichen die Plattform unter *https://www.xing.com*. Die Zielgruppen reichen von Fach- und Führungskräften über Recruiter, Selbständige und Unternehmen bis hin zu Studierenden und Berufseinsteigern. Anbieter ist die New Work SE.

Die wichtigsten Funktionen umfassen die Erstellung eines beruflichen Profils mit Lebenslauf und Qualifikationen, Kontaktpflege und Netzwerkaufbau, Jobsuche sowie die Teilnahme an Gruppen und Events.

Für einen Account benötigen Sie eine E-Mail-Adresse, die per Link bestätigt werden muss. Profile sind grundsätzlich öffentlich, lassen sich jedoch mittels Datenschutz- und Sichtbarkeitseinstellungen individuell beschränken.

Im Profil erkennen Sie Name, Standort, Anzahl der Kontakte, aktuellen Beruf, Arbeitsort oder Wohnort, Kontaktdaten und Arbeitgeber. Eine Verlinkung zu weiteren Websites ist möglich, wird aber selten genutzt. Auch hier können Premium-Mitglieder sehen, wer ihr eigenes Profil besucht hat.

XING bietet hilfreiche Möglichkeiten zur Personensuche. So existiert beispielsweise ein Mitgliederverzeichnis, das Sie unter *https://www.xing.com/people* finden. Hier sind Mitglieder nach Nachnamen und Städten katalogisiert, sofern die Auffindbarkeit für Nicht-Mitglieder nicht deaktiviert wurde. Mit einem Account können Sie nach Personen oder Firmen suchen. Ohne kostenpflichtigen Account sind die Suchtreffer auf maximal 10 Ergebnisse limitiert. Außerdem stehen Ihnen die Filtermöglichkeiten nicht zur Verfügung.

Zudem gibt es eine Firmensuche sowie Unternehmensprofile und die Möglichkeit, Gruppen und Veranstaltungen nach Themeninteressen und Branchen zu durchsuchen. Automatisiertes Scraping ist laut Nutzungsbedingungen nicht gestattet.

7.10.23 Weitere soziale Netzwerke

Vkontakte

Vkontakte (VK) ist das führende soziale Netzwerk in Russland und in Teilen Osteuropas. Es ist vergleichbar mit Facebook, bietet jedoch zusätzliche Funktionen, darunter eine integrierte Bezahloption. Die Plattform wurde 2006 von Nikolai und Pawel Durov gegründet, die später auch Telegram ins Leben riefen. Die Account-Registrierung erfolgt ausschließlich per Mobilnummer, wobei pro Nummer nur ein Account erstellt werden kann.

Jeder VK-Account ist durch eine eindeutige VK-ID identifizierbar, die im vorderen Teil des Profil- oder Fotolinks erscheint. Kopieren Sie hierfür den Link eines Fotos. Dort steht die ID direkt nach dem Wort `photo` im Format `https://vk.com/photoXXXXXX_YYYYYYY`, wobei `XXXXXX` die Nutzer- oder Gruppen-ID ist. Um ein VK-Profil anhand der ID zu finden, kann man einfach die URL in einem Browser wie folgt aufrufen: *https://vk.com/id<ID>*, wobei `<ID>` durch die numerische VK-Benutzer-ID ersetzt wird.

Die Suchfunktion filtert nach Name, Wohnort, Bildungsweg und anderen Profilinformationen. Im Profil ist der Link Learn More ein zentraler Anlaufpunkt, der die wichtigsten öffentlich sichtbaren Informationen zum Nutzer zusammenfasst.

Über externe Suchmaschinen können Sie die interne Suche ergänzen, indem Sie beispielsweise nach `site:vk.com "Vorname Nachname"` suchen.

Für VK existieren einige OSINT-Tools:

- *Search4faces* (*https://search4faces.com*) bietet eine biometrische Bildersuche speziell für VK-Profile. Sie laden ein Foto hoch, und der Dienst sucht nach identischen oder ähnlichen Gesichtern in VK und weiteren Plattformen.
- *220vk.com* (*https://220vk.com*) kann Freundeslisten rekonstruieren sowie die Entwicklung und Historie eines Profils nachverfolgen.
- *VK.watch* (*https://vk.watch/en*) ist ein kostenpflichtiges Tool, das erweiterte Analysefunktionen für VK-Profile bietet.

nebenan.de

Deutschlands größtes soziales Netzwerk für Nachbarschaften heißt *nebenan.de*. Die Plattform ist erreichbar unter *https://www.nebenan.de* und aktuell aktiv in rund 13.000 Nachbarschaften, vor allem in Metropolen. Nutzer können sich über Ressourcen, Dienstleistungen und Nachbarschaftshilfen austauschen.

Die Registrierung erfolgt via Apple ID oder E-Mail, wobei Name und Adresse verifiziert werden – u. a. durch Einladung, SMS, Standortfreigabe oder Postkarte. Die Nutzung erfolgt mit echten Namen. Nutzer können benachbarte Nachbarschaften freischalten, um ihren Radius zu erweitern.

Funktionen umfassen:

- Austausch von Empfehlungen, Veranstaltungen, Gesuchen und Angeboten innerhalb der Nachbarschaft
- Nachbarschaftshilfe wie Kinderbetreuung oder Werkzeugverleih
- Verkauf und kostenloses Verschenken von Gegenständen
- Gruppen und Organisationen können sich ebenfalls anmelden, ebenso wie lokale Gewerbe zur gezielten Ansprache in der Nähe

Die Plattform bietet ein Suchfeld, mit dem Beiträge, Angebote, Gesuche, Nachbarn, Gruppen, Organisationen, Läden und Services sowie Orte in der eigenen und angrenzenden Nachbarschaft recherchiert werden können. Treffer werden in passenden Rubriken gelistet.

Über die Profile kann man öffentlich sichtbare Infos wie Name, Foto, Angebote, Gesuche sowie eventuelle Interessen und Aktivitäten im lokalen Netzwerk einsehen. Mit Suchoperatoren wie `site:nebenan.de "katzen"` können Inhalte von *nebenan.de* gezielt über Google auch ohne Account recherchiert werden.

7.10.24 Soziale Netzwerkanalyse

Die soziale Netzwerkanalyse oder *Social Network Analysis (SNA)* ist eine Methode zur Untersuchung von Beziehungen und Verbindungen zwischen Entitäten. Sie dient der

Erkennung von Schlüsselakteuren, Gruppen (Clustern) und Mustern innerhalb eines Netzwerks. Es geht also darum, festzustellen, wer in einem Netzwerk mit wem verbunden ist, was besonders wichtige Kanäle sind, ob es »zentrale Ballungsgebiete« gibt oder ob die Verbindungen dezentral laufen und gleichmäßig verteilt sind.

Die Analyse von sozialen Netzwerken ist eng verbunden mit der mathematischen Graphentheorie und nutzt die gleichen Begriffe. Man spricht deshalb von:

- Netzwerk
- Knoten (Nodes)
- Kanten (Edges), oft auch Verbindung (Relation) genannt

Diese werden benötigt, um folgende Metriken zu beschreiben:

- Gewicht (Weight)
- Zentralität (Centrality)
- Cliquenanalyse (Cluster)
- Dichte (Density), das Verhältnis vorhandener Beziehungen zur Anzahl maximal möglicher Beziehungen, also wie »eng« die Punkte verbunden sind

Zur Berechnung der Zentralität werden drei Werte herangezogen:

1. Gradzentralität (*Degree Centrality*)
2. Zwischenzentralität (*Betweenness Centrality*)
3. Nähezentralität (*Closeness Centrality*)

Die soziale Netzwerkanalyse schließt oftmals an eine OSINT-Recherche an, wenn untersucht werden soll, wie die Mitglieder einer Gruppe miteinander in Verbindung stehen. Dabei geht es dann weniger um das einzelne Informationsdetail, sondern um »größere« Fragen: Gibt es eine zentrale Stelle, die mit besonders vielen Knoten verbunden ist?

Wenn Sie sich in die Analyse von sozialen Netzwerken einarbeiten wollen, brauchen Sie andere Werkzeuge und Ansätze als bei der klassischen OSINT-Arbeit. Es geht dann weniger um die detektivische Suche nach Hinweisen, sondern um die statistische Auswertung möglichst vieler Daten. Gutes Wissen in Mathematik und Statistik (zusammengefasst als *Data Science*) ist sehr wichtig bei der Interpretation der Daten.

Wenn Sie bereits einen Datensatz haben, den Sie so auswerten wollen, sollten Sie sich die Tools *Maltego* (*https://www.maltego.com/*) oder *Gephi* (*https://gephi.org*) anschauen (siehe Abschnitt 9.8.3). Insbesondere das Open-Source-Tool *Gephi* eignet sich für die Visualisierung großer Datenmengen. *Maltego* ist hingegen eine professionelle Plattform, die erst mit einer Lizenz richtig genutzt werden kann. Der Funktionsumfang ist beachtlich, dementsprechend steil ist aber auch die Lernkurve.

7.11 Recherchen zu Webseiten (WEBINT)

Wenn Sie mich fragen, ist die Untersuchung von Webseiten eine der vielfältigsten Tätigkeiten. Denn von der simplen Betrachtung der Inhalte einer Webseite bis hin zu technischen Analysen bieten Webseiten eine große Bandbreite an Ermittlungsansätzen, die ich Ihnen in den nächsten Abschnitten näherbringen möchte.

7.11.1 Internetgrundlagen

Lassen Sie uns zunächst einige Grundlagen über das Internet erkunden. Der Ursprung des Internets liegt im militärischen Bereich. Die heutige *Defense Advanced Research Projects Agency (DARPA)*, früher nur *Advanced Research Projects Agency (ARPA)*, stand vor der Aufgabe, ein Netzwerk von Computern aufzubauen, das robust und widerstandsfähig gegen Ausfälle von großen Teilen des Netzwerks sein sollte. Das ARPANET war geboren.

Durch die Entwicklung der Protokolle *Transmission Control Protocol (TCP)* und *Internet Protocol (IP)* wurde das Fundament für den modernen Datenaustausch gelegt. Das ARPANET wurde zu dem Internet, das wir kennen und ständig nutzen.

7.11.2 Protokolle

Das Internet war also zunächst ein Konzept für ein robustes und ausfallsicheres Netzwerk. Sein Erfolg beruht auf den Protokollen, die ihm noch heute zugrunde liegen.

Internet Protocol (IP)

Das *Internet Protocol (IP)* stellt gemeinsam mit dem *Transmission Control Protocol (TCP)* die Grundlage für den Datenaustausch. Es ist eine Reihe von Regeln für die Weiterleitung und Adressierung von Datenpaketen. *TCP/IP*, wie man es kurz nennt, sorgt also dafür, dass die unzähligen Datenpakete ihren Weg durch das Internet finden.

Daten werden bei der Übertragung über das Internet in kleinere Teile aufgeteilt, die man *Pakete* nennt. Ähnlich wie bei physischen Paketen, die Sie per Post verschicken, benötigen Pakete die richtige Adressierung: die *IP-Adresse*.

Jedes mit dem Internet verbundene Gerät erhält eine IP-Adresse. Derzeit sind die Versionen 4 und 6 gängig, also IPv4 und IPv6. IPv4 nutzt 32-Bit-Adressen, die sich aus vier 8-Bit-Blöcken zusammensetzen. Diese vier Blöcke, die auch *Oktette* genannt werden, werden üblicherweise in dezimaler Schreibweise dargestellt und durch Punkte getrennt, z. B.:

```
103.241.48.3
```

Die größtmögliche IPv4-Adresse (zumindest in der Theorie) lautet `255.255.255.255`. Es gibt maximal 4,3 Milliarden einzigartige Adressen in diesem Schema. Das ist eine Menge, reicht aber nicht aus, um alle Geräte zu versorgen, die heutzutage ins Internet wollen oder müssen.

Um insbesondere das Problem des Adressmangels anzupacken, hat man sich bereits 1999 auf das Internet-Protokoll in der Version 6 (IPv6) verständigt, das nach und nach IPv4 ablösen soll. IPv6-Adressen haben eine Länge von 128 Bit und werden für gewöhnlich in acht Blöcke mit jeweils 16 Bit unterteilt. Insgesamt gibt es 2^{128} Adressen. Das sind ungefähr 340 Sextillionen Adressen, was ausreicht, um quasi jedem Teilchen im ganzen Universum eine einzigartige Adresse zu geben.

Die Notation ist hexadezimal und verwendet einen Doppelpunkt als Trennzeichen. Eine IPv6-Adresse sieht zum Beispiel so aus:

```
2607:f8b0:4000:0815:0000:0000:0000:2003
```

In der verkürzten Schreibweise können einmalig ein oder mehrere zusammenhängende Blöcke mit Nullen durch zwei Doppelpunkte ersetzt werden. Außerdem können führende Nullen weggelassen werden. Die verkürzte Schreibweise der obigen IPv6-Adresse sieht dann wie folgt aus:

```
2607:f8b0:4000:815::2003
```

IPv6-Adressen sind heute in vielen Bereichen bereits Alltag, beispielsweise im Mobilfunk. Ihr Smartphone etwa hat sehr wahrscheinlich eine solche Adresse von Ihrem Mobilfunkanbieter bekommen. In privaten Netzwerken werden stattdessen üblicherweise die einfacheren IPv4-Adressen verwendet.

Private IP-Adressen

Ein anderer Ansatz, dem Mangel an IPv4-Adressen zu begegnen, ist die Nutzung von sogenannten privaten IP-Adressen, die über *Network Address Translation (NAT)* an öffentliche Adressen weitergeleitet werden. Diese Aufgabe übernimmt ein Router: Er leitet Datenpakete, die an seine öffentliche IPv4-Adresse geschickt werden, an eine Reihe von privaten IPv4-Adressen weiter. So können sich theoretisch Millionen von Geräten eine öffentliche IPv4-Adresse teilen.

Es existieren drei Gruppen von privaten IPv4-Adressen. Diese Adressräume werden nicht im öffentlichen Internet genutzt, sondern sind für die Nutzung in privaten Netzwerken reserviert. Für IPv4 sind die folgenden Bereiche als private Adressen definiert:

- `10.0.0.0` - `10.255.255.255`
- `172.16.0.0` - `172.31.255.255`
- `192.168.0.0` - `192.168.255.255`

Diese Adressen sind also per Definition nicht einzigartig, sondern werden in allen privaten Netzwerken verwendet. Die weitverbreitete *Fritz!Box* nutzt beispielsweise standardmäßig den Adressbereich `192.168.178.0` bis `192.168.178.255`. Die Adresse `192.168.178.15` ist also nichts Besonderes, es gibt sie in unzähligen deutschen Haushalten. Bei OSINT-Recherchen sind also private IP-Adressen nur sehr begrenzt aussagekräftig.

Dynamische und statische IP-Adressen

IP-Adressen können dynamisch oder statisch sein. Damit ist gemeint, dass eine Adresse entweder dauerhaft demselben Computer zugewiesen ist, also statisch ist, oder dass eine Adresse aufgrund des Missverhältnisses zwischen freien Adressen und Computern immer wieder neu vergeben wird.

Recherchen zu IP-Adressen

Für Recherchen zu IP-Adressen und Netzwerkverbindungen stehen Ihnen verschiedene Recherchemöglichkeiten offen, von Befehlen im Linux-Terminal bis zu kostenpflichtigen Anbietern.

Mit dem Befehl `ping` können Sie prüfen, ob eine IP-Adresse oder ein Host erreichbar ist, indem kleine Datenpakete gesendet und Antwortzeiten gemessen werden. Dies hilft bei der Einschätzung der Netzwerkverfügbarkeit. Außerdem erhalten Sie so die IP-Adresse, wenn Sie nur den Domainnamen kennen. Aber: Genauso wie sich wegen NAT hinter einer einzigen IPv4-Adresse viele unterschiedliche tummeln können, können auch Domains auf vielen Servern mit unterschiedlichen IPs beruhen, die über sogenanntes *Loadbalancing* angesprochen werden.

Der Befehl `traceroute` verfolgt den Weg der Datenpakete bis zum Ziel, indem die Zwischenstationen (Router) aufgelistet werden. So lässt sich die Netzwerkstruktur erkennen, auch mögliche Engpässe werden deutlich. Die Pakete werden jedoch oftmals von Internetknoten ausgefiltert, sodass die Ergebnisse nicht immer aussagekräftig sind.

Zusätzlich zu den Terminalbefehlen bieten Online-Dienste wie *https://ipinfo.io/* umfangreiche Informationen zu einer IP-Adresse. Diese umfassen die geografische Lage, den genutzten Provider, den Netzwerktyp sowie Hinweise auf anonymisierende Dienste wie VPN oder Proxy.

Der Dienst *https://ip2proxy.com* ergänzt dies mit Erkennung verschiedener Proxytypen und Bewertung der IP.

Zum Auffinden von IoT-Geräten ist *Shodan* die führende Suchmaschine. Mit einem Account stehen dort erweiterte Suchfilter zur Verfügung. So können Sie beispielsweise gezielt nach Webcams suchen, etwa mit der Query `title:camera has_screenshot:true`.

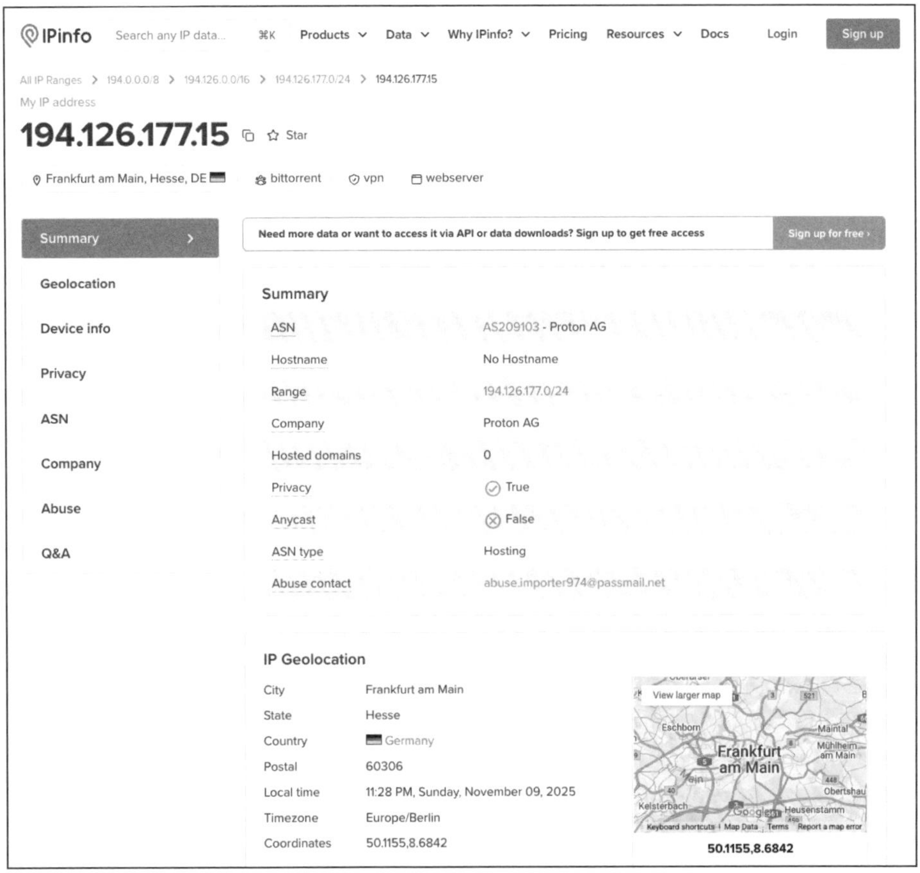

Abbildung 7.101 Ergebnis einer IP-Abfrage auf »ipinfo.io«

Frühere Tags wie `webcam` und `camera` werden nicht mehr unterstützt, es gibt aber noch eine Filterung nach Land und Städten, z. B. `title:camera has_screenshot:true country:"DE" city:"Frankfurt (Oder)"`. Eine Sammlung nützlicher Shodan-Queries für Webcams finden Sie unter *https://github.com/MikelCalvo/ShodanCameraFinder*.

Einen vergleichbaren Service finden Sie mit *Censys* (*https://censys.io*). *Censys* scannt ebenfalls das Internet regelmäßig und macht die so gewonnenen Daten durchsuchbar. *ZoomEye* (*https://www.zoomeye.ai/*) steht *Shodan* und *Censys* in Funktion und Zweck nahe. Es ist eine weitere Suchmaschine für vernetzte Geräte und Dienste im Internet. Diese Dienste erweitern die Möglichkeiten klassischer Netzwerk- und IP-Recherchen.

Domains und DNS

Eine *Domain* ist eine eindeutige Adresse im Internet, über die Websites und andere Online-Dienste einfach und benutzerfreundlich erreicht werden können. Dafür sorgt das *Domain Name System (DNS)*, das ein hierarchisches, dezentrales Netz von Servern ist, die die Namensauflösung von einer Domain zur IP-Adresse vornehmen. Daher wird DNS auch als »Telefonbuch fürs Internet« bezeichnet. DNS sorgt dafür, dass für Menschen lesbare Namen wie osintgeek.de in die für Computer verständlichen IP-Adressen übersetzt werden.

Eine Domain besteht aus verschiedenen Teilen. In `www.osintgeek.de` beispielsweise steht `de` für die *Top-Level-Domain (TLD)* von Deutschland, `osintgeek` für die Second-Level-Domain und `www` für eine Subdomain. Domains sind ein Bestandteil einer URL (*Uniform Resource Locator*) und helfen dabei, Inhalte im Netz zu finden oder zuzuordnen.

Wer vergibt Domainnamen?

Die Vergabe und Verwaltung von Domains erfolgt durch spezielle Organisationen oder Registrare – in Deutschland etwa die Denic. Diese stellen sicher, dass jede Domain weltweit einzigartig ist. Bei Ermittlungen zu Domains können Tools wie *Whois* eingesetzt werden, um Informationen zum Inhaber, zur Registrierung und zu technischen Details einer Domain zu erhalten.

Seit Einführung der DSGVO können zumindest in Deutschland jedoch keine Inhaberdaten mehr über *Whois* abgerufen werden. An solche Informationen gelangen Sie nur, wenn Sie ein berechtigtes Interesse haben.

Neben der Auflösung von Domain-Namen nach IP-Adressen haben DNS-Records noch weitere Funktionen. Der jeweilige Record-Typ bestimmt, welche Art von Information sich in dem Eintrag befindet. Zu den wichtigsten DNS-Records zählen:

- **A**: Der *Address Record* bestimmt die IPv4-Adresse des Hosts.
- **AAAA**: Der *AAAA-Record* (auch *quad-A*) bestimmt die IPv6-Adresse des Hosts.
- **CNAME**: Der *Canonical Name* bestimmt einen Alias, also einen zusätzlichen Namen, zu einer Domain.
- **NS**: Im *Nameserver Record* ist die Zuständigkeit für eine spezifische Zone angegeben.
- **MX**: Der *Mail Exchange Record* zeigt auf einen oder mehrere Mailserver.
- **TXT**: Der *Text Record* kann für zusätzliche Informationen genutzt werden. Oft werden TXT-Einträge zur Verifikation einer Domain genutzt.

Ermittlungen zu Domains

Für Ermittlungen zu Domains stehen Ihnen verschiedene Befehle und Tools zur Verfügung.

DNS-bezogene Abfragen führen Sie mit `dig` durch. Dieser Befehl fragt DNS-Server ab, um Informationen wie IP-Adressen, Nameserver, Mailserver und andere DNS-Einträge zu erhalten.

- `dig osintgeek.de A` gibt die IPv4-Adresse der Domain zurück.
- `dig osintgeek.de MX` zeigt die Mailserver der Domain an.
- `dig osintgeek.de NS` gibt die autoritativen Nameserver der Domain aus.
- `dig -x 8.8.8.8` ist ein Reverse Look-up, der die zu einer IP-Adresse gehörige Domain anzeigt.
- `dig osintgeek.de TXT` ruft Textinformationen wie SPF-Einträge oder Verifizierungsdaten ab. Diese technischen Informationen sind nützlich, wenn der Verdacht besteht, dass eine Domain manipuliert wurde.

Zusätzliche Optionen verfeinern die Ausgabe:

- `+short` zeigt nur die knappste Antwort ohne zusätzliche Informationen.
- `+noall +answer` gibt ausschließlich den Antwortabschnitt ohne weitere Header oder Statusinformationen aus.
- `+trace` verfolgt die DNS-Auflösung vom Root-Server bis zum autoritativen Server schrittweise.

Mit dem Befehl `curl --head <URL>` rufen Sie die HTTP-Header einer Webseite ab. So prüfen Sie, ob eine Domain aktiv ist und welches Server-System verwendet wird.

Mit dem Befehl `whois <domain>` erhalten Sie Eigentümerdaten, Registrierungsinformationen, technische und administrative Kontakte sowie Angaben zum Registrar. »Whois« gibt zudem Auskunft über das Registrierungsdatum, Ablaufdatum und eventuell auch die DNS-Server. Heutzutage sind allerdings nur noch wenige Informationen öffentlich zugänglich.

Um die E-Mail-Adressen zu finden, die einer Domain zugeordnet werden können, stehen Ihnen vielfältige Recherchemöglichkeiten offen. Eine bewährte Methode ist die Nutzung von »Whois«-Abfragen, mit denen Sie neben Infos zur Domainregistrierung oft auch E-Mail-Adressen erhalten. Versuchen Sie ansonsten den Dienst *hunter.io*, der E-Mail-Adressen extrahieren und zuordnen kann. Dabei handelt es sich jedoch um einen kostenpflichtigen Dienst.

Ein naheliegender Ansatz ist es, die Website selbst auf Impressumsseiten, Kontaktformulare oder veröffentlichte Mitarbeiterlisten zu untersuchen. Häufig werden dort E-Mail-Adressen für unterschiedliche Ansprechpersonen angegeben. Auch Social-Media-Profile der Domain-Inhaber, etwa auf LinkedIn oder XING, können zusätzliche Hinweise liefern, da Mitarbeiter dort oft ihre geschäftlichen E-Mail-Adressen veröffentlichen.

Mit Tools wie *theHarvester* können automatisierte Suchen nach E-Mail-Adressen durchgeführt werden. Dazu durchsucht es Suchmaschinen und öffentliche Datenbanken. Das Programm ist in Kali Linux enthalten. Alternativ stehen der Programmcode und eine Installationsanleitung unter *https://github.com/laramies/theHarvester* zur Verfügung. Einige Module erfordern einen kostenpflichtigen API-Key. Über den Befehl `theharvester -d <domain>` lassen sich mit einer Domain verknüpfte E-Mail-Adressen ermitteln.

HTTP(S)

Das *Hypertext Transfer Protocol (HTTP)* ist ein Protokoll, das auf TCP/IP aufsetzt, um Daten zwischen Computern zu übertragen. (Alles zusammen gehört zum *OSI-Modell*, das Sie unbedingt kennen müssen, wenn Sie sich tiefer mit Netzwerktechnik und Datenaustausch beschäftigen.)

Die Übertragung folgt dem Frage-Antwort-Prinzip: Der Client stellt einen HTTP-Request an den Webserver, der Webserver antwortet mittels einer HTTP-Response.

Eine HTTP-Kommunikation umfasst Folgendes:

- Request (z. B. `GET /index.html HTTP/1.1`)
- Header (Metadaten wie User-Agent, Host, Accept)
- Body (optionaler Dateninhalt)

HTTPS (Hypertext Transfer Protocol Secure) ist die verschlüsselte Variante von HTTP. Die Kommunikation erfolgt über TLS (Transport Layer Security, früher SSL). Dadurch wird die Datenübertragung zwischen Client und Server vor unbefugtem Mitlesen oder Manipulation geschützt.

HTTP-Statuscodes informieren den Client über den Erfolg oder Misserfolg einer Anfrage. Sie bestehen aus einer dreistelligen Zahl und einer kurzen Textbeschreibung. Die erste Ziffer kennzeichnet die Kategorie der Antwort.

Kategorie	Bedeutung	Beispiel
1xx	Information – Anfrage wird verarbeitet	`100 Continue`
2xx	Erfolg – Anfrage wurde korrekt ausgeführt	`200 OK`
3xx	Weiterleitung – Ressource ist unter einer anderen Adresse	`301 Moved Permanently`
4xx	Clientfehler	`400 Bad Request`
5xx	Serverfehler	`500 Internet Server Error`

Tabelle 7.9 Kategorien von HTTP-Statuscodes

Weitere Informationen dazu finden Sie unter *https://wiki.selfhtml.org/wiki/HTTP/Statuscodes*.

Durch die Auswertung von HTTP-Statuscodes lassen sich aktive, inaktive oder umgeleitete Domains erkennen. Ebenso können Serverantworten und Header-Informationen Rückschlüsse auf verwendete Technologien, Frameworks oder Hosting-Dienste geben.

URL

Einen *Uniform Resource Locator* haben Sie schon oft gesehen. Eine URL bezeichnet die eindeutige Adresse, unter der eine Ressource im Internet erreichbar ist. Sie legt fest, auf welchem Weg (Protokoll) und unter welcher Adresse eine Datei, eine Webseite oder ein Dienst gefunden werden kann. Die URL setzt sich aus mehreren Komponenten zusammen, von denen einige optional sind.

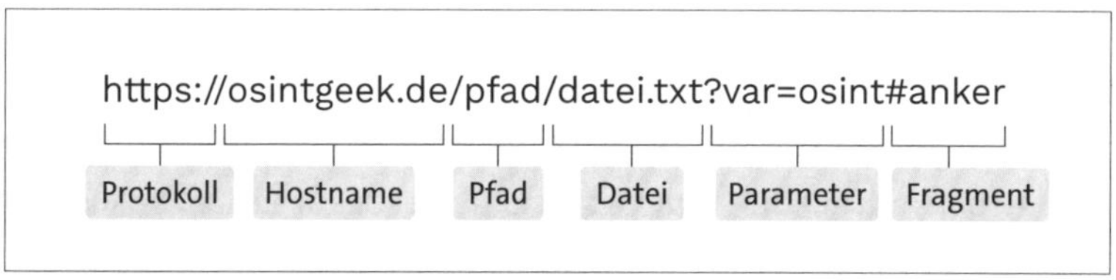

Abbildung 7.102 Bestandteile einer URL

Eine typische URL beginnt mit dem verwendeten Protokoll, etwa `http`, `https`, `ftp` oder `mailto`, gefolgt von einem Doppelpunkt und zwei Schrägstrichen (z. B. `https://`). Eine Ausnahme bildet das `mailto`-Protokoll, das keine Schrägstriche zwischen Protokoll und E-Mail-Adresse verwendet.

Als Nächstes können ein Username und ein Passwort angegeben werden, und zwar durch einen Doppelpunkt getrennt, wenngleich dies eine sehr seltene Variante ist. Wenn Sie die Zugangsdaten in der URL unterbringen, werden diese von einem `@`-Symbol gefolgt. Andernfalls folgt direkt die Domain, beispielsweise `osintgeek.de`.

Darauf kann ein Doppelpunkt und die Portnummer für einen Dienst folgen, wobei dies auch meist entfällt, da durch die Angabe des Protokolls der zugehörige Standard-Port automatisch genutzt wird. Der Standard-Port für HTTP-Anfragen ist 80. Sie könnten also auch `http://www.osintgeek.de:80` aufrufen, um zum Ziel zu gelangen. Da dies jedoch meist redundant ist, wird der Port nur spezifiziert, wenn die Webseite auf einem ungewöhnlichen Port angeboten wird. (Manchmal findet man unter `:8080` Test-Installationen von Webservern, da dieser Port gerne als Ausweichadresse genutzt wird.)

Nun folgt der Pfad bis zur Ressource, ähnlich wie bei Dateien. Damit haben Sie die Ressource erreicht. Optional können nun nach einem Fragezeichen Parameter und

Werte übergeben werden. Dem Parameter wird ein Wert per Gleichheitszeichen zugewiesen. Die Paare werden durch ein kaufmännisches Und-Zeichen (&) getrennt.

Abschließend kann ein Anker (Fragment) angegeben werden, eingeleitet durch ein Rautezeichen (#). Damit lässt sich eine bestimmte Stelle innerhalb eines Dokuments oder einer Webseite direkt ansteuern.

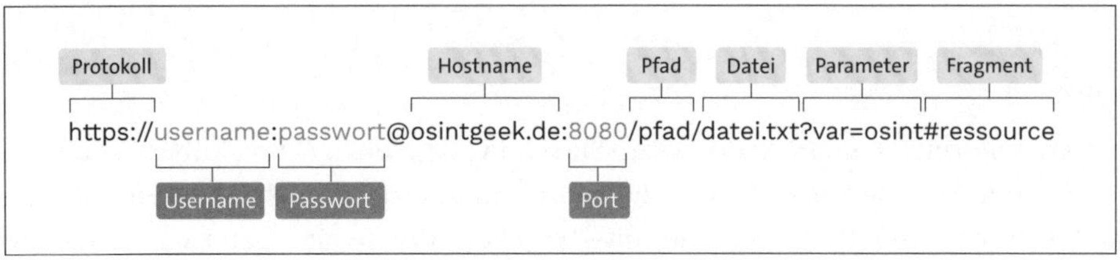

Abbildung 7.103 Log-in und Port-Angabe per URL

Eine URL kann absolut oder relativ angegeben werden:

- **Absolute URLs** enthalten stets das vollständige Protokoll, die Domain und den vollständigen Pfad zur Ressource (z. B. `https://osintgeek.de/index.html`).
- **Relative URLs** beziehen sich auf die aktuelle Domain oder das aktuelle Verzeichnis und werden meist innerhalb derselben Webseite verwendet (z. B. `/bilder/logo.png`).

7.11.3 Zentrale Web-Technologien

Das funktionale Zusammenspiel moderner Webseiten basiert im Kern auf drei Sprachen: HTML, CSS und JavaScript, die über das *Document Object Model (DOM)* miteinander interagieren.

HTML: Struktur und Inhalt

HTML (Hypertext Markup Language) bestimmt die Grundstruktur einer Webseite. Es legt fest, welche Elemente vorhanden sind und wie Inhalte hierarchisch aufgebaut werden.

HTML-Dateien haben immer wiederkehrende Bestandteile:

- `html`: Wurzelelement des Dokuments
- `head`: Bereich für Metainformationen, Skripte, Stylesheets und Seitentitel
- `meta`: Tags für Metadaten wie Zeichensatz, Autor oder Suchmaschineninformationen
- `body`: sichtbarer Inhaltsbereich
- `a`: Links zu anderen Ressourcen

- `form`: Formulare zur Dateneingabe
- `script`: Einbettung von JavaScript-Code

Eine detaillierte Referenz der HTML-Elemente findet sich unter *https://htmlreference.io*. Oder werfen Sie einen Blick in »HTML und CSS. Das umfassende Handbuch« von Jürgen Wolf, erschienen im Rheinwerk Verlag.

Bei der Analyse von Webseiten helfen häufig Kommentare, die im HTML-Code vergessen wurden, und die eigentlich als Hinweise im Rahmen der Entwicklung dienten. Diese Texte werden vom Browser natürlich nicht dargestellt, aber Sie können Sie oftmals noch im Quelltext finden. Kommentare beginnen in HTML mit `<!--` und enden mit `-->`. Diese Kommentare können auch zum temporären Ausblenden von Codeabschnitten oder Inhalten genutzt werden.

CSS: Gestaltung und Layout

CSS (Cascading Style Sheets) definiert die visuelle Darstellung der HTML-Struktur. Mit CSS lassen sich Farben, Schriften, Abstände und Layouts steuern. Design und Inhalt sind also strikt getrennt, was die Wartbarkeit und Wiederverwendbarkeit von Webseiten deutlich verbessert.

Da CSS in erster Linie die Gestaltung einer Webseite regelt, hält sich die Bedeutung für das Aufspüren von Informationen in Grenzen. Dennoch sind Attribute wie `display` oder `visibility` wichtig, da diese steuern, wie Inhalte dargestellt oder ob sie gegebenenfalls verborgen werden.

- `display: none` entfernt ein Element vollständig aus dem Layout und der visuellen Darstellung. Das Element ist nicht sichtbar und nimmt keinen Platz ein. Für OSINT ist das relevant, weil solche Elemente im Seitenquellcode vorhanden sind, aber nicht angezeigt werden. Sie können versteckte Daten oder Code enthalten, die per Scraping entdeckt werden müssen.
- `visibility: hidden` blendet das Element aus, lässt aber den Platz im Layout erhalten. Dies kann genutzt werden, um Inhalte optisch zu verbergen, ohne die Seitenstruktur zu verändern. Für OSINT ist wichtig zu wissen, dass solche Inhalte im DOM sichtbar und potenziell auslesbar sind.

Bei Overlays oder Pop-ups, die zum Log-in auffordern, verwenden Webseiten häufig die CSS-Eigenschaft `overflow:hidden`, um das Scrollen der Seite zu verhindern. Für Analysezwecke kann durch Entfernen oder Überschreiben dieser CSS-Regel (z. B. via Browser-Entwicklertools oder Skripte) das Scrollen wieder aktiviert werden.

JavaScript: Logik und Interaktion

JavaScript ist die Programmiersprache des Webs. Sie definiert das Verhalten von Webseiten und macht diese interaktiv. Tatsächlich wird JavaScript heutzutage sogar zur Entwicklung ganzer Webanwendungen eingesetzt. Typische Einsatzbereiche sind:

- Validierung von Formulareingaben
- dynamische Manipulation des DOM
- asynchrone Datenübertragung
- Steuerung von Animationen, Menüs oder Benutzerinteraktionen

Document Object Model

Das *Document Object Model (DOM)* ist die interne Datenstruktur, mit der der Browser eine Webseite darstellt. Es bildet die HTML-Struktur als Baumdiagramm ab, in dem jedes Element ein Node (Knoten) ist. JavaScript und andere Skriptsprachen können auf diese Knoten zugreifen, sie verändern oder dynamisch neue Elemente einfügen.

Dank JavaScript können Webseiten auf Nutzeraktionen reagieren, Daten nachladen oder Inhalte dynamisch anpassen, ohne die Seite vollständig neu laden zu müssen.

JavaScript-Bookmarklets

JavaScript-Bookmarklets sind kleine JavaScript-Programme, die als Browser-Lesezeichen (Bookmarks) gespeichert werden. Statt zu einer Webseite zu navigieren, führen sie beim Anklicken JavaScript-Code direkt im Kontext der aktuell geladenen Webseite aus. Dadurch können sie die Seite dynamisch verändern, Daten extrahieren, Formulare automatisieren oder andere wiederkehrende Aufgaben vereinfachen, ohne dass Erweiterungen installiert werden müssen.

Eine wachsende Sammlung OSINT-spezifischer Bookmarklets, z. B. zur Extraktion der User-ID eines Instagram-Accounts, finden Sie unter *https://tools.myosint.training*.

7.11.4 Ermittlungen zu URLs

In URLs stecken viele Informationen. Manche davon sind nicht immer offensichtlich. Genau deshalb ist das Tool *unfurl* Gold wert.

Das Online-Tool, das Sie unter *https://dfir.blog/unfurl/* finden, bereitet die eingegebene URL grafisch auf und zerlegt sie in ihre einzelnen Bestandteile. Darüber hinaus werden die Bestandteile um weitere Informationen angereichert oder Daten decodiert, um diese verständlich zu machen. Beispielsweise werden bekannte Domains als solche gekennzeichnet oder Zeitstempel in ein menschenlesbares Format umgewandelt. So können Sie bereits anhand der URL den Zeitpunkt eines Social-Media-Beitrags erkennen.

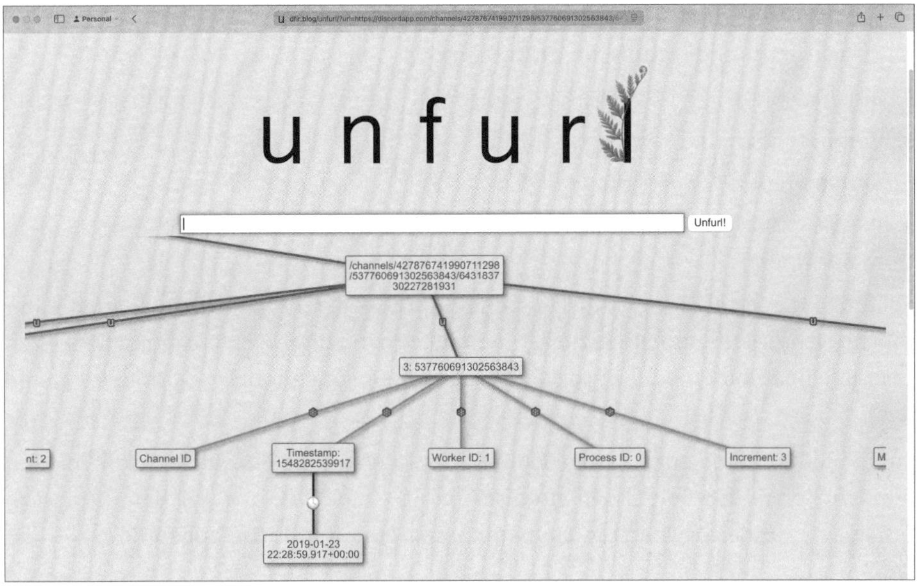

Abbildung 7.104 »unfurl« löst einen Discord-Zeitstempel auf

Es gibt weitere nützliche Online-Tools im Kontext der OSINT-Analyse von URLs und Webdaten. Zum Beispiel *unshorten.it* (*https://unshorten.it*), ein praktisches Tool, um verkürzte URLs (Short-URLs) zu entschlüsseln und die Originaladresse sichtbar zu machen. Es hilft dabei, potenziell versteckte oder verschleierte Ziele hinter Kurzlinks nachvollziehbar zu machen.

Die Suchplattform GrayhatWarfare Shortener Search (*https://shorteners.grayhatwarfare.com/shorteners*) durchsucht systematisch URL-Shortener-Services wie *TinyURL* oder *bit.ly*, um kürzlich oder aktiv genutzte Kurzlinks und deren vollständige Zieladressen zu finden. Das Tool nutzt unter anderem Bruteforce-Methoden, um den kleineren URL-Raum von Shortenern abzudecken, und filtert dabei inaktive oder ungültige Links heraus. So lassen sich oft verborgene oder schwer auffindbare Webressourcen ausfindig machen, darunter auch sensible Dateien in Cloud-Diensten.

Der *Backlink Checker* von *Ahrefs* (*https://ahrefs.com/backlink-checker*) ist ein umfangreiches SEO-Tool zur Untersuchung von Backlinks und Linkprofilen einer Domain oder URL. Es bietet Einblicke in verweisende Domains, Domain-Ratings und organischen Traffic.

7.11.5 Ermittlungen zu Webseiten

Die Ermittlungsansätze zu Webseiten können in thematische Cluster unterteilt werden, um eine strukturierte Herangehensweise zu gewährleisten:

1. Domain- und Inhaberinformationen
2. Infrastruktur und technische Umsetzung
3. Inhaltsanalyse
4. Verbindungen und Verweise
5. Verhalten und Reputation

Domains finden

Sollten Sie noch keine relevante Domain für Ihre Recherche identifiziert haben, dann möchte ich Ihnen zusätzlich zu den bereits behandelten Recherchemöglichkeiten über Suchmaschinen oder in sozialen Netzwerken einige weitere Optionen vorstellen.

Sollten Sie nur eine oder wenige Domains auf deren Existenz prüfen wollen, dann können Sie mit den Befehlszeilentools `nslookup` (Windows) bzw. `dig` (Linux/macOS) feststellen, ob dem gesuchten Domainnamen eine IP-Adresse zugeordnet werden kann.

Die Firma *Netcraft* stellt unter *https://searchdns.netcraft.com* eine Abfragemaske zur Verfügung, mit der Domains anhand ihrer Bestandteile gefunden werden können. Bemerkenswert ist die Suchsyntax, die auch Suchen nach Mustern zulässt. Leider basieren die Ergebnisse nur auf den Seiten, die von Nutzern der Netcraft-Browser-Erweiterung aufgerufen wurden.

Eine ähnliche Möglichkeit bietet die Keyword-Suche von *Whoxy*. Wenn Sie die Website unter *https://whoxy.com* aufrufen, können Sie neben dem Suchfeld über das Dropdown-Menü den Punkt DOMAIN KEYWORD auswählen. Sie erhalten dann Ergebnisse von Domains, die das eingegebene Keyword enthalten. Da es sich um einen Freemium-Anbieter handelt, sind die kostenlosen Treffer auf maximal 1.000 beschränkt. Zum Vergleich: Der Anbieter DNSlytics limitiert die Ergebnisse auf 50 Treffer.

Darüber hinaus bietet *DNSTwist* (*https://dnstwist.it*) eine Spezialsuche, die Domains mit potenziellen Tippfehlern (*Typo-Squatting*) oder Varianten erzeugt und überprüft. Dieses Tool hilft insbesondere dabei, gefälschte oder betrügerische Domains zu identifizieren, die legitime Adressen nachahmen.

Für eine zielgerichtete Analyse nicht indexierter oder weniger bekannter Domains kann auch die Suchfunktion von *https://urlscan.io* verwendet werden. Beispielsweise erlaubt eine Suche wie `page.domain:*osint*` das Auffinden aller gescannten Seiten, deren Domains das Stichwort `osint` enthalten. Für diese Suche ist jedoch ein Log-in notwendig.

Netzwerkdaten

Seit dem Inkrafttreten der DSGVO und der zunehmenden Nutzung von Whois-Privacy-Anbietern ist ein direkter Abruf von Whois-Daten oftmals nicht möglich. Dennoch können die Daten in den meisten Fällen angefragt werden. Interessant ist die inverse Suche oder Rückwärtssuche von Whois-Daten. Außerdem kann überprüft werden, welche weiteren Domains unter einer IP-Adresse erreichbar sind.

Es gibt einige hilfreiche Online-Dienste für diese Analysen:

- *Host.io* (*https://host.io*) bietet umfassende Such- und Filtermöglichkeiten zu IP-Adressen, Domains, Subdomains und deren Verbindungen, inklusive Whois- und SSL-Daten.
- *Digger.tools* (*https://digger.tools*) ermöglicht die Recherche von Domain-, IP- und Hosting-Informationen, inklusive Reverse-DNS und Subdomain-Aufspüren.
- *DNSDumpster* (*https://dnsdumpster.com*) ist ein kostenloses Tool, das DNS-Records, Hosts und Subdomains einer Domain visualisiert und oft Rückschlüsse auf zusätzliche Infrastruktur erlaubt.

Auch über *Shodan* können Sie Informationen zu einer Domain abrufen. Ersetzen Sie hierzu in der URL *https://beta.shodan.io/domain/<domain>* <domain> durch die zu untersuchende Domain. Anschließend erhalten Sie eine Übersicht über DNS-Einträge sowie bekannte Subdomains.

> **Zertifikate**
>
> *crt.sh* (*https://crt.sh/*) ist eine öffentlich zugängliche Datenbank, die Einträge der *Certificate Transparency* aufbereitet. Die CT-Logs dokumentieren alle von anerkannten Zertifizierungsstellen ausgestellten SSL/TLS-Zertifikate. Die Plattform bietet Einsicht in alle Zertifikate, die für eine bestimmte Domain ausgestellt wurden, einschließlich historischer Daten, abgelaufener Zertifikate und Subdomains.
>
> Neben *crt.sh* bietet auch *Shodan* Zugriff auf SSL-Zertifikate, die bei Netzwerk-Scans gefunden wurden. Auch *Digger.tools* (*https://www.digger.tools*) zeigt Ihnen im Tab CERTS eine Übersicht über die Zertifikate für eine Domain.
>
> *CertStream* (*https://certstream.calidog.io/*) ist ein weiterer Live-Daten-Feed, der die CT-Logs auswertet. Er erlaubt die unmittelbare Beobachtung neu ausgestellter SSL/TLS-Zertifikate, noch bevor diese in anderen Tools auftauchen.

Technischer Fingerabdruck

Ein technischer Fingerabdruck bezeichnet in der IT- und Sicherheitsbranche die charakteristische Zusammenstellung von Merkmalen einer Webseite, eines Servers oder eines Endgeräts. Diese Merkmale erlauben es, sie eindeutig zu identifizieren oder zumindest stark zu charakterisieren.

Online-Tools wie jene von Netcraft (*https://sitereport.netcraft.com/*) geben einen Überblick über die eingesetzten Technologien. Sie liefern das Serverbetriebssystem, den Webservertyp, Hosting-Provider und weitere Infrastrukturdetails.

Eine weitere Möglichkeit bietet das Online-Tool *What CMS*, das Sie unter *https://whatcms.org* finden. Bei der Namensfindung waren die Betreiber zwar nicht sehr kreativ, aber so wissen Sie, was Sie von dem Tool erwarten können: Es gibt Auskunft darüber, welches *Content Management System (CMS)* bzw. welche Technologien eine Website verwendet.

Um eine Abfrage zu starten, geben Sie einfach die URL in die Suchmaske ein und klicken auf den Button DETECT CMS. Sie können über das Dropdown-Menü zusätzliche Abfragemöglichkeiten aufrufen, um den Hosting-Provider oder das Design-Template zu erkennen.

Geben wir nun in das Suchfeld beispielsweise »*www.bnd.bund.de*« ein, erhalten wir einen Augenblick später das Ergebnis.

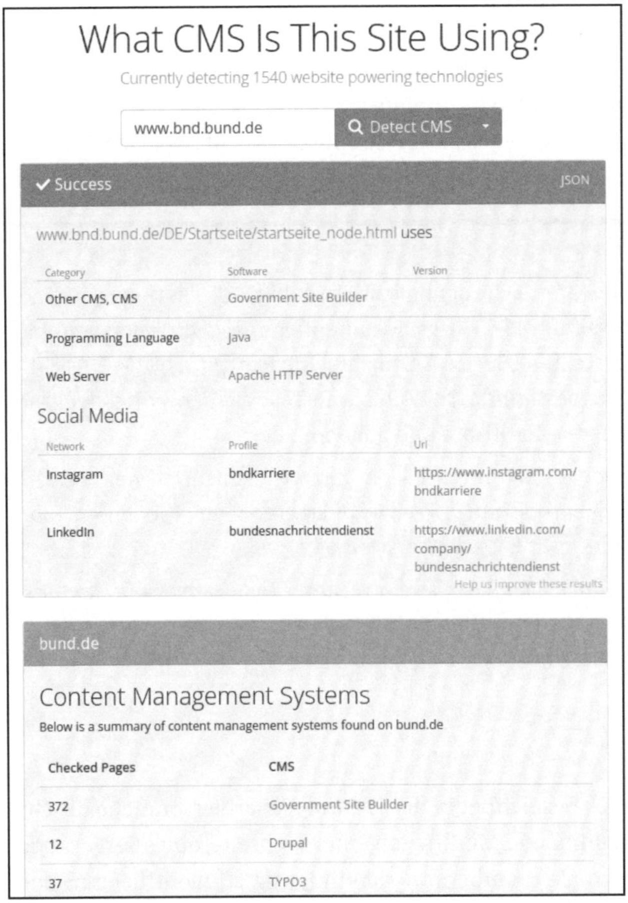

Abbildung 7.105 Der Bundesnachrichtendienst nutzt den Government Site Builder

Wie Sie in Abbildung 7.105 sehen, nutzt der Bundesnachrichtendienst das CMS *Government Site Builder*. Darüber hinaus ist ersichtlich, dass die Programmiersprache Java und ein Apache-Webserver eingesetzt werden. Möglicherweise haben Sie den kleinen Texthinweis »JSON« entdeckt. Leider verbirgt sich dahinter nicht das Ergebnis im JSON-Format, sondern lediglich die Dokumentation, die Ihnen beschreibt, wie Sie die Antwort im JSON-Format erhalten. Dazu benötigen Sie allerdings einen API-Key. Eine nette Zusatzfunktion ist allerdings die Extraktion von Verlinkungen zu sozialen Netzwerken, die Sie im Abschnitt SOCIAL MEDIA sehen können. Darüber hinaus erhalten Sie eine Zusammenfassung gefundener Content-Management-Systeme auf der gesamten Domain *bund.de* sowie zuvor überprüfte oder in anderen Fällen bisher nicht gescannte Seiten.

Bleiben wir einen Moment beim Ergebnis für die BND-Website. Tatsächlich handelt es sich bei den blau eingefärbten Textelementen um Verlinkungen, z. B. zu den Social-Media-Accounts des BND.

Wenn Sie nun auf GOVERNMENT SITE BUILDER klicken, werden Sie auf eine Übersichtsseite zu dem CMS oder der Technologie geleitet. So finden Sie heraus, dass der Government Site Builder von der Bundesrepublik Deutschland u. a. für Ministerien oder andere Teile der Verwaltung eingesetzt wird. *What CMS* kennt 418 Webseiten, die diese Technologie nutzen. Leider erhalten Sie diese Liste nur, wenn Sie einen Account und ein kostenpflichtiges Abonnement haben. Wenn Sie die Übersichtsseite jedoch hinunterscrollen, finden Sie einen Abschnitt mit populären Webseiten, die diese Technologie nutzen.

Mit *NerdyData* (*https://www.nerdydata.com/reports/new*) können Sie nach Webseiten suchen, die eine bestimmte Technologie einsetzen. Alternativ können Sie aber auch zu einer Domain die genutzten Technologien abfragen.

Source Code

Mit der Suchmaschine *PublicWWW* (*https://publicwww.com/*) können Sie insbesondere den Quelltext von Webseiten durchsuchen. In der kostenlosen Version erhalten Sie die Ergebnisse der 3 Millionen bekanntesten Websites. Unter *https://publicwww.com/syntax.html* finden Sie eine Übersicht der Abfragesyntax.

Webseiten stellen über strukturierte Daten zusätzliche Informationen bereit, die von Suchmaschinen besser interpretiert werden können. Das *Schema.org*-Markup, unterstützt von Google, Microsoft, Yahoo und Yandex, stellt ein einheitliches Vokabular zur semantischen Anreicherung von Inhalten bereit. Dies kann einerseits als Microdata direkt in die HTML-Tags eingebracht werden, andererseits per *Resource Description Framework (RDFa)* oder per *JSON-LD* integriert werden.

Mit dem Validator von *Schema.org* können Sie eine Webseite auf strukturierte Daten überprüfen (siehe Abbildung 7.106). Rufen Sie dazu die Webseite unter der URL *https://validator.schema.org/* auf, geben Sie die URL der zu prüfenden Webseite in das Pop-up-Feld ein und klicken Sie auf TESTEN. Nach kurzer Zeit sehen Sie auf der linken Seite den Quelltext und auf der rechten Seite die gefundenen strukturierten Daten in Form von Kartenansichten. Wenn Sie auf eine der Karten klicken, werden die verfügbaren Informationen angezeigt.

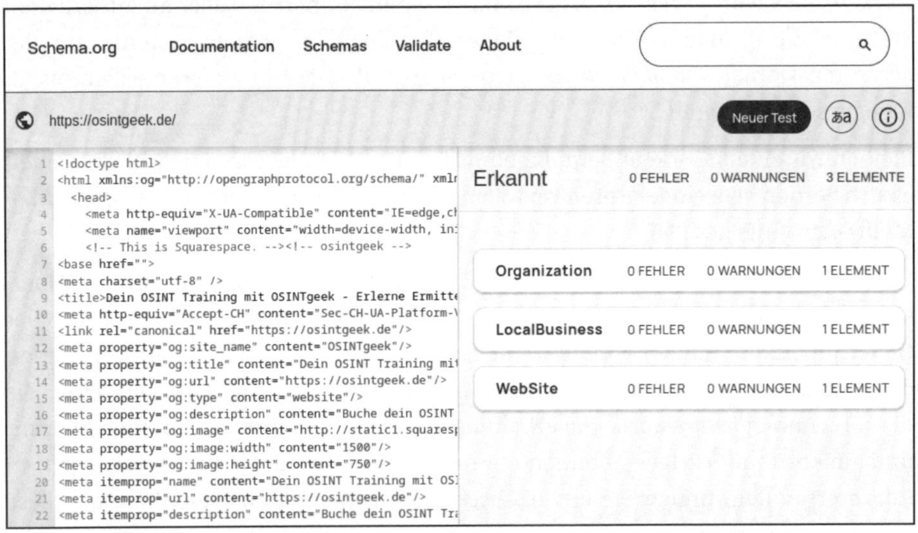

Abbildung 7.106 Ergebnis zur Seite »osintgeek.de«

Diese Tools helfen Ihnen, nicht nur die sichtbaren Inhalte für Ihre Recherche zu nutzen, sondern auch den darunterliegenden Quelltext.

Inhalte

Eine Webseite präsentiert Daten über das Internet. Der Umfang einer Webseite kann von einfachen Textinformationen bis hin zu komplexen Webanwendungen variieren. Aus den Daten können Informationen gewonnen werden. Zu den Informationen gehören:

- Texte
  - Inhalt
  - Namen
  - Adressen
  - Rufnummern
  - Nutzernamen

  - Bezahldaten/Kontoverbindung
  - Grammatik
  - Rechtschreibung
  - ausgefallene Formulierungen/Redewendungen
- Bilddateien
- Verlinkungen
- Quellcode
  - Kommentare
  - Unique Identifier, Trackingcodes
- verwendete Software

Zur Erstellung eines Webseiten-Fingerabdrucks eignen sich Informationen über das Hosting sowie Informationen über die verwendete Software. Heutzutage gibt es Unmengen an Varianten, wie eine Webseite erstellt werden kann. Eine Möglichkeit, um die zugrundeliegende Technik herauszufinden, ist eine Analyse des Quelltextes. Dies erfordert jedoch technisches Wissen.

Eine einfache Methode ist der Onlinedienst *BuiltWith* (*https://builtwith.com/*). Über eine einfache Eingabe der URL erhält man Informationen über die verwendete Software.

Neben Inhalten spielen auch spezielle Dateien eine Rolle:

- Die `robots.txt` steuert Suchmaschinen-Crawler und zeigt, welche Bereiche einer Webseite vom Indexieren ausgeschlossen sind, was Rückschlüsse auf versteckte oder sensible Bereiche erlaubt.
- Die `security.txt` ist ein Standard zur Veröffentlichung von Kontaktdaten für die Sicherheitskommunikation, z. B. für Meldungen zu Schwachstellen.

Kennen Sie das *Favicon*? Es handelt sich hierbei um ein kleines, quadratisches Icon, das eine Webseite hinterlegen kann und dann von Webbrowsern, meist im Tab, dargestellt wird. Doch dieses ursprünglich nur 16 × 16 Pixel große Symbol ist nicht zu unterschätzen. Denn ähnlich wie bei einer Bilderrückwärtssuche kann auch das Favicon genutzt werden, um beispielsweise weitere Webseiten zu finden, die ebenfalls ein bestimmtes Icon verwenden.

Um gezielt nach dem Favicon zu suchen, verwendet man einen Hashwert, der anhand des Favicons errechnet wird. Je nachdem, welche Plattform für die Suche genutzt wird, benötigt man *MurmurHash3*, *md5* oder *sha256*. Auf der Website *https://favicon-hash.kmsec.uk* finden Sie den *Favicon Hash Generator*, der Ihnen anhand einer URL oder Datei die Hashwerte liefert. Praktischerweise werden Buttons für die Suche nach dem jeweiligen Hash für *Shodan*, *VirusTotal* und *Censys* gebildet.

Das Alter einer Domain lässt sich mit dem Domain-Age-Checker (*https://tools.verify-emailaddress.io/Apps/Domain-Age-Checker*) in Erfahrung bringen. Bei der Überprüfung des Alters einer Domain ist das Python-Programm *Carbon14* (*https://github.com/Lazza/Carbon14*) hilfreich, da es die Zeitstempel von eingebundenen Bildern ausgibt.

Zur Erkennung von Phishing oder weiteren Sicherheitsrisiken empfehlen sich spezialisierte Dienste wie *https://openphish.com*, die bekannte Phishing-Domains und URL-Listen bereitstellen, sowie das Tool *FOCA* (*https://github.com/ElevenPaths/FOCA*), mit dem Metadaten in Dokumenten und Webseiten analysiert werden können.

Darüber hinaus können Sie selbstverständlich sämtliche Bilder für inverse Bildsuchen verwenden oder Textpassagen über die exakte Suche recherchieren.

Verhalten und Traffic

Malware-Analyseplattformen sind Werkzeuge zur Identifizierung und Untersuchung von Malware, die auf Webseiten oder in Netzwerken entdeckt wird. Über solche Plattformen lässt sich Malware in einer sicheren und isolierten Umgebung untersuchen: Wie verhält sie sich, welche Systemressourcen nutzt sie – und was ist das Schädliche an ihr?

Zu den gängigen Malware-Analyseplattformen gehören *VirusTotal* (*https://www.virustotal.com*), das Dateien und URLs mithilfe verschiedener Antivirenprogramme überprüft, sowie *Joe's Sandbox* (*http://joesandbox.com*) und *Hybrid Analysis* (*https://www.hybrid-analysis.com*), die tiefgreifendere Verhaltensanalysen und Berichte bieten.

Mit den *Traffic-Checker-Tools* von Ahrefs (*https://ahrefs.com/traffic-checker*) und SE Ranking (*https://seranking.com/website-traffic-checker.html*) können Sie den Web-Traffic einer Website analysieren und wichtige Metriken erfassen. So erhalten Sie Einblicke in die monatlichen Besucherzahlen, die Herkunftsländer der Besucher sowie die wichtigsten Keywords, die für Traffic sorgen. Diese Informationen können Ihnen helfen, die Sichtbarkeit und den Einfluss einer Website besser zu verstehen und Traffic-Trends sowie potenziell verdächtige Aktivitäten zu erkennen.

7.11.6 Webarchive

Webinhalte sind einem ständigen Wandel unterworfen und können jederzeit verändert, überarbeitet oder vollständig gelöscht werden. Besonders für OSINT-Analysen, Recherchezwecke und Beweissicherung ist es daher wichtig, auch auf ältere oder inzwischen nicht mehr erreichbare Inhalte zugreifen zu können.

Für die dauerhafte Verfügbarkeit historischer Webseiteninhalte existieren spezialisierte Webarchive, die Webseiten über viele Jahre hinweg speichern. Diese Archive erstellen in regelmäßigen Abständen sogenannte *Snapshots* (Momentaufnahmen) einer Webseite zu bestimmten Zeitpunkten. So lassen sich Veränderungen und gelöschte Inhalte nachvollziehen.

Das bekannteste und umfangreichste Archiv mit Milliarden historischer Webseiten-Snapshots ist die *Wayback Machine* (*https://web.archive.org*). Hier können gezielt Zeitpunkte und URLs abgerufen werden, um Veränderungen nachzuverfolgen.

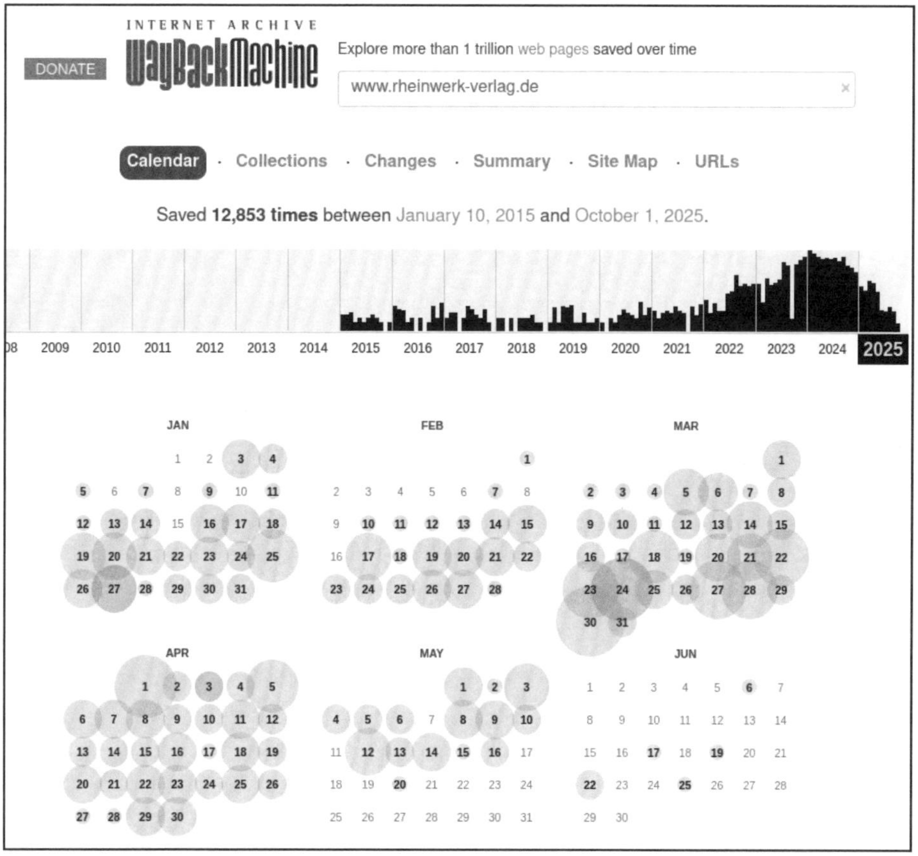

Abbildung 7.107 Sicherungen von »rheinwerk-verlag.de« in der Wayback Machine

Nachdem Sie nach einer Domain oder URL gesucht haben, gelangen Sie zur Kalenderübersicht. Hier sehen Sie den Zeitraum und wie oft die Webseite gesichert wurde. Jeder Punkt im Kalender repräsentiert eine gespeicherte Version der Seite, auf die Sie direkt zugreifen können. Die archivierten Seiten können Sie im Browser betrachten, und in vielen Fällen lassen sich enthaltene Links weiter öffnen, falls auch die verlinkten Seiten archiviert wurden.

Über weitere Tabs wie COLLECTIONS, CHANGES, SUMMARY, SITE MAP oder URLs bekommen Sie zusätzliche Einblicke und Filtermöglichkeiten. Besonders hervorzuheben ist der Tab URLs: Hier erhalten Sie eine durchsuchbare Liste aller gesicherten URLs einer Domain. Dies vereinfacht die gezielte Recherche nach bestimmten Unterseiten, Dokumenten oder Ressourcen, die von der Wayback Machine erfasst wurden.

Eine weitere, eher wenig bekannte Möglichkeit, historische Webseiten zu betrachten, ist *Intelligence* X (IntelX). Wenn Sie in das Suchfeld unter *https://intelx.io* nach einer Domain oder URL suchen, z. B. *kcna.kp*, erhalten Sie verschiedene Treffer, bei denen der Suchstring auftaucht, sei es als Domain, Verlinkung oder Teil einer E-Mail-Adresse.

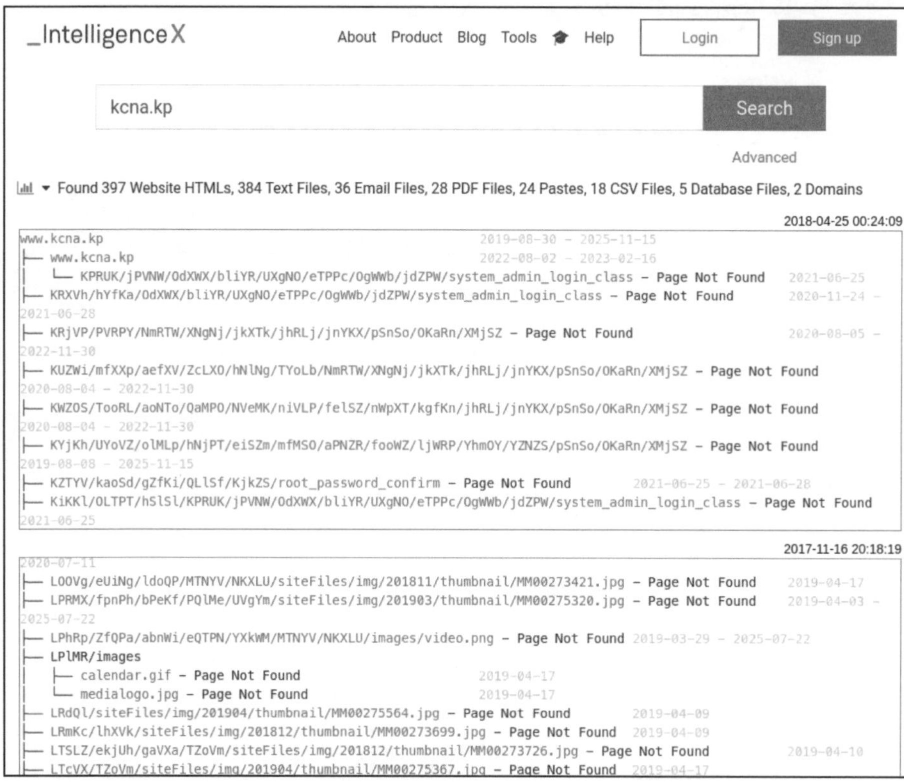

Abbildung 7.108 Suchergebnisse auf »IntelX«

Über die Suchfilter, die Sie unter ADVANCED finden, können Sie verschiedene Teile des World Wide Web auswählen, z. B. Nordkorea.

Klicken Sie nun erneut auf SEARCH, erhalten Sie nur noch Ergebnisse aus dem nordkoreanischen Web. Wenn Sie nun einen Eintrag auswählen, sehen Sie eine gespeicherte Version der Webseite. Über den Bereich HISTORY können Sie weitere Sicherungen finden.

7.11.7 Drahtlose Netzwerke

Wigle.net ist ein Online-Service der besonderen Art: Er hat sich auf das Kartieren drahtloser Netzwerke spezialisiert. Unter *https://wigle.net* finden Sie eine interaktive Weltkarte, auf der Millionen von WLAN-Accesspoints, Mobilfunkmasten und Bluetooth-Geräten verortet sind. Die Daten stammen aus einem Crowdsourcing-Ansatz, indem Nutzer über spezielle Apps oder Geräte die drahtlosen Netzwerke in ihrer Umgebung erfassen und diese anschließend auf die Plattform hochladen. So wächst die Datengrundlage stetig weiter.

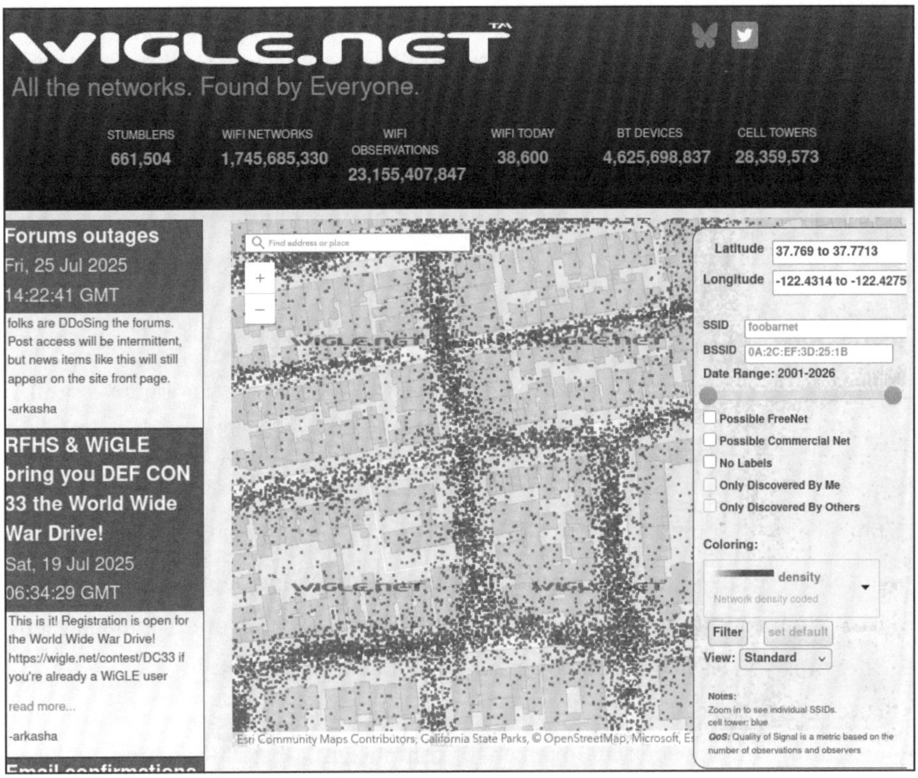

Abbildung 7.109 Wigle.net zeigt WLAN-Informationen an

Die Nutzungsmöglichkeiten sind vielfältig. Mit der interaktiven Karte können Sie einen bestimmten Ort aufsuchen oder gezielt nach bestimmten Netzwerken suchen, etwa nach einem spezifischen Netzwerknamen (*SSID*) oder einer Netzwerk-MAC-Adresse (*BSSID*). Filterfunktionen erlauben es Ihnen, die Anzeige nach freien oder kommerziellen Netzwerken, nach ungelabelten, eigenen oder fremderfassten Netzwerken zu differenzieren. Auch zeitliche Einschränkungen sind möglich, sodass Sie beispielsweise nur Netzwerke anzeigen lassen können, die innerhalb eines bestimmten Zeitraums erfasst wurden.

Mit einem kostenlosen Account bei *Wigle.net* steht Ihnen die erweiterte Suche zur Verfügung. Sie haben damit Zugriff auf die Basissuchfunktionen nach kompletten SSIDs oder BSSIDs und können auch nach unvollständigen WLAN-Namen suchen. Die erweiterten Suchoptionen erlauben es, Platzhalter und Wildcards einzusetzen (* oder %), um beispielsweise alle Netzwerke aufzulisten, deren Name ein bestimmtes Fragment enthält.

7.11.8 Web Scraping

Beim sogenannten *Scraping* handelt es sich um das automatisierte Extrahieren von Daten von Webseiten. Diese werden gesammelt, extrahiert und strukturiert gespeichert. Dabei wird die Oberfläche einer Webseite »abgeschabt« (englisch: *scraped*), um die gewünschten Daten herauszufiltern. Besonders relevant ist Scraping, wenn große Mengen strukturierter Daten vorliegen und gespeichert werden sollen.

Hinweis

Das Web Scraping unterliegt rechtlichen und ethischen Grenzen! Viele Webseiten verbieten das automatisierte Auslesen ihrer Inhalte in den Nutzungsbedingungen oder schützen Daten gezielt gegen Scraping. Bevor mit dem Scraping begonnen wird, sollte daher stets geprüft werden, ob die Zielseite das Sammeln von Daten erlaubt und ob der Zweck der Datenerhebung legitim ist. Verstöße können zu rechtlichen Konsequenzen führen oder zumindest dafür sorgen, dass Ihr Account gesperrt wird.

Dennoch bietet Scraping Ihnen viele Vorteile und hat verschiedene Einsatzgebiete:

- Automatisiertes Sammeln von Produktdaten eines Online-Shops
- Extraktion von Immobilienangeboten für Marktübersichten und Trendanalysen
- Erhebung von Nachrichtenartikeln für Medienbeobachtungen
- Zusammentragen aller Social-Media-Posts eines Profils
- Erstellung von eigenen Datenbanken für komplexere, lokale Suchen und Analysen

Für das Scraping gibt es verschiedene Tools, mit denen Daten extrahiert werden können. Eine einfache Möglichkeit haben Sie in Abschnitt 4.4.6 bereits mit dem Instant Data Scraper kennengelernt. Besonders verbreitet sind Python-Bibliotheken wie *Beautiful Soup*, das eine einfache und flexible Methode bietet, um HTML- und XML-Dokumente zu durchsuchen und die gewünschten Informationen herauszufiltern. Alternativ existieren weitere Frameworks wie *Scrapy* oder *Selenium*, die durch die Automatisierung eines Browsers komplexere Aufgaben wie das Navigieren durch Webseiten mit JavaScript oder die Interaktion inkl. Log-in-Funktion ermöglichen.

UI.Vision (*https://ui.vision/*) kombiniert Scraping mit Prozessautomatisierung und unterstützt komplexe Benutzerinteraktionen.

Sehr praktisch ist *Webscraper.io* (*https://webscraper.io/*). Mit dieser Browser-Erweiterung definieren Sie Scraping-Aufgaben durch die visuelle Auswahl in einer grafischen Benutzeroberfläche. Sie klicken einfach die gewünschten Elemente auf der Seite an, bestimmen die Extraktionslogik (z. B. Klickpfade, Pagination, Verzweigungen) und erhalten die Daten im gewünschten Format.

In der Praxis werden diese Tools häufig kombiniert mit eigenen Scripts, API-Aufrufen und ergänzenden Analysewerkzeugen. So lässt sich das gesamte Spektrum von einfachen Datenlisten bis hin zu dynamisch erzeugten, interaktiven Webinhalten auslesen.

Aber: Nicht jede Webseite lässt sich problemlos auslesen. Einige Seiten setzen auf dynamische Inhalte, die erst durch Nutzerinteraktion oder JavaScript geladen werden. In solchen Fällen ist der Einsatz von Tools wie *Selenium* notwendig, die echte Nutzer simulieren. Zudem können Schutzmechanismen wie Captchas das Scraping erschweren.

7.12 Recherchen zu Firmen und Organisationen

Mittels öffentlich zugänglicher Daten können Sie immense Daten zu Firmen und Organisationen erlangen. Die Überprüfung von Unternehmen im Businesskontext hat sich unlängst zum Standard entwickelt und wird oftmals als *Due Diligence* bezeichnet. Mangelhafte oder fehlende Untersuchungen können unter Umständen durch Aufsichtsbehörden abgestraft werden. Die ausgiebige Prüfung einer Firma oder Organisation hilft bei der Bewertung, wer die agierenden Personen sind, welchen Aktivitäten nachgegangen wird, wie es um die Reputation steht oder ob ein Sanktionsrisiko besteht.

Firmenrecherchen gehören meist zu den aufwändigsten Recherchen, da der Umfang an vorhandenen Informationen enorm ist. Angefangen bei Kerninformationen zum Unternehmen über Informationen aus Geodaten, Social-Media-Auftritte des Unternehmens, der Mitarbeiter sowie Webseiten des Unternehmens, Berichterstattung und noch einiges mehr.

7.12.1 Kerninformationen

Die wichtigsten Eckdaten eines Unternehmens oder einer Organisation finden Sie in der Regel in offiziellen Registern. Je nach Rechtsform und Gesetzgebung müssen Unternehmen bestimmte Angaben veröffentlichen, die in öffentlichen Datenbanken einsehbar sind.

Das deutsche Handelsregister (*https://www.handelsregister.de*) sollte Ihre erste Anlaufstelle sein. Hier finden Sie aktuelle und historische Unternehmensdaten, darunter Gesellschafterlisten, Geschäftsführung, Sitz und Rechtsform. Ebenfalls über das Handelsregister finden Sie Vereinsregistereinträge, falls es sich um rechtlich eingetragene Vereine handelt.

Im Unternehmensregister (*https://www.unternehmensregister.de*) werden veröffentlichungspflichtige Daten zu Unternehmen in einer zentralen Plattform zusammengeführt und elektronisch abrufbar gemacht. Im Unternehmensregister finden Sie Folgendes:

- Rechnungslegungsunterlagen und Unternehmensberichte
- Veröffentlichungen nach dem Wertpapierhandelsgesetz
- Eintragungen im Handels-, Genossenschafts-, Gesellschafts- und Partnerschaftsregister sowie Registerbekanntmachungen
- Bekanntmachungen aus dem Bundesanzeiger
- Bekanntmachungen der Insolvenzgerichte

Hinweis

Die Suche nach Insolvenzen ist bei der Suche mittels Firmennamen auf Ergebnisse der letzten zwei Wochen begrenzt.

Das Unternehmensregister bietet Ihnen auch eine Suche in Insolvenzen: *https://www.unternehmensregister.de/ureg/search1.7.html*

Das Unternehmensregister bietet Ihnen die Möglichkeit einer Schnellsuche. Geben Sie einfach den Firmennamen in das Suchfeld ein. Bei der Schnellsuche können Sie über ein Dropdown-Menü den Bereich auf Registerinformationen oder Veröffentlichungen beschränken.

Über einen Klick auf die Schaltfläche ERWEITERTE SUCHE oder über SUCHE • ALLE BEREICHE gelangen Sie zur erweiterten Suche bzw. SUCHE IN ALLEN BEREICHEN.

Die Suche können Sie ohne Registrierung und kostenlos durchführen. Um z. B. hinterlegte Jahresabschlussunterlagen abrufen zu können, ist eine kostenlose Registrierung erforderlich.

Für Recherchen zu Banken, Wertpapierinstituten, Finanzdienstleistern, Kapitalverwaltungsgesellschaften, Versicherern oder Pensionsfonds sollten Sie einen Blick in die Unternehmensdatenbank der Bundesanstalt für Finanzdienstleistungsaufsicht (BaFin) werfen. Die Suche finden Sie unter *https://portal.mvp.bafin.de/database/InstInfo/*.

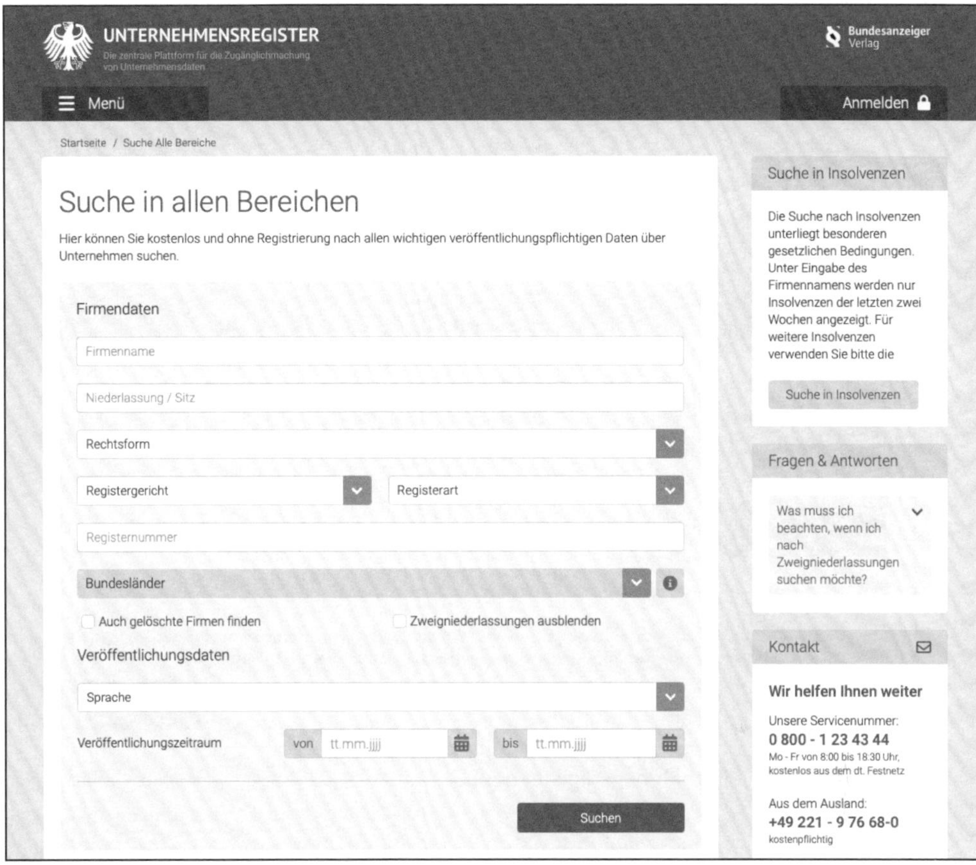

Abbildung 7.110 Unternehmensregister: Suche in allen Bereichen

Die Suche unterstützt die Platzhalter * für eine beliebige Zeichenfolge sowie ? für einen einzelnen Buchstaben. Ihrer Suche wird automatisch ein * angehängt. Sollten Sie jedoch nach einem Bestandteil des Firmennamens suchen, der nicht am Anfang steht, müssen Sie ein * voranstellen.

Findet sich ein Unternehmen in der Datenbank der BaFin, dann erhalten Sie die Anschrift, die BaFin-ID und – falls vorhanden – die Schlichtungsstelle. Zusätzlich erhalten Sie eine Tabelle, die Ihnen die zugelassenen Tätigkeiten inkl. Erteilungsdatum sowie gegebenenfalls Enddatum nebst Grund anzeigt.

Seit Juni 2017 betreibt die EU ein Unternehmensregister (*https://e-justice.europa.eu/489/DE/business_registers__search_for_a_company_in_the_eu*) für die Suche nach Unternehmen, die in den Unternehmensregistern der EU-Mitgliedstaaten sowie Islands, Liechtensteins und Norwegens eingetragen sind.

Abbildung 7.111 Unternehmensregister der EU

Über die Angabe eines Firmennamens oder der Registernummer können Sie in einem, mehreren oder allen Registern suchen.

Zusätzlich zum Unternehmensregister bietet Ihnen das europäische Justizportal das Insolvenzregister (*https://e-justice.europa.eu/246/DE/bankruptcy_amp_insolvency_registers__search_for_insolvent_debtors_in_the_eu*), in dem Sie nach insolventen Unternehmen, natürlichen oder juristischen Personen innerhalb der EU suchen können.

Darüber hinaus finden Sie im europäischen Justizportal eine Übersicht der teilnehmenden Unternehmensregister (*https://e-justice.europa.eu/106/DE/business_registers_in_eu_countries*) inkl. Hintergrundinformationen und nützlichen Links.

Zu guter Letzt listet das europäische Justizportal Informationen zu den Grundbuchämtern (*https://e-justice.europa.eu/109/DE/land_registers_in_eu_countries*) in den Mitgliedsstaaten. Hier erhalten Sie Informationen darüber, wer Einsicht nehmen darf, was die Recherche kostet und welche Suchmöglichkeiten es gibt.

Über die Suchmaske (siehe Abbildung 7.112) können Sie nach der Organisation mittels Freitext sowie Postleitzahl und Ort suchen. Als Filtermöglichkeiten stehen die steuerbegünstigten Zwecke und die Bundesländer zur Verfügung.

Abbildung 7.112 Zuwendungsempfängerregister

Ohne eine Angabe erhalten Sie den gesamten Datenbestand und können diesen als CSV-Datei herunterladen. Zu jedem Treffer erhalten Sie die Anschrift und die steuerbegünstigten Zwecke. Per Klick auf WEITERE DETAILS bekommen Sie folgende Informationen:

- Zuständiges Finanzamt
- Datum der Erteilung des Freistellungsbescheids
- Datum der Erteilung des Feststellungsbescheids
- Datum der Anerkennung als Partei/Wählervereinigung
- Status als juristische Person des öffentlichen Rechts

Bei einer Recherche zu Kanzleien oder Rechtsanwälten lohnt sich der Blick in das bundesweite amtliche Anwaltsverzeichnis (*https://bravsearch.bea-brak.de/bravsearch/index.brak*) des Bundesrechtsanwaltskammer. Hier können Sie nach Rechtsanwälten, Kanzleien bzw. dem Arbeitgeber oder der Zugehörigkeit zu einer bestimmten Rechtsanwaltskammer recherchieren. Tatsächlich benötigen Sie lediglich ein Suchfeld. Zu

Einträgen erhalten Sie das Datum der (ersten) Zulassung, die Kammerzugehörigkeit, Anschrift der Kanzlei sowie ggf. weitere Angaben:

- Name der Kanzlei
- Telefonnummer
- Mobilfunknummer
- Telefax
- E-Mail-Adresse
- Internet-Adresse

Ähnliche Suchmöglichkeiten bestehen für andere Kammerberufe, z. B.:

- Ärzte (*https://www.bundesaerztekammer.de/arztsuche*),
- Notare (*https://www.notar.de*),
- Steuerberater (*https://steuerberaterverzeichnis.berufs-org.de*)
- Wirtschaftsprüfer (*https://www.wpk.de/berufsregister/suche.xhtml*)

7.12.2 Suche über Anbieter

Besonders im Bereich der Firmenrecherche tummeln sich unzählige Anbieter, die Ihnen teils für teures Geld Zugang zu Datenbanken gewähren. Natürlich kann sich die Investition lohnen, und hoffentlich bekommen Sie etwas für Ihr Geld geboten. In jedem Fall sollte Ihnen aber bewusst sein, dass es sich bei derartigen Anbietern um Drittanbieter (Sekundärquellen) handelt, die häufig Informationen aus den Registern (Primärquellen) beziehen und diese dann aufbereiten oder hübsch darstellen. Abgesehen von dem oftmals schöneren Design bieten diese Tools also teils bessere oder gar andere Suchmöglichkeiten. Überprüfen Sie aber die entsprechenden Ergebnisse in der Primärquelle und schauen Sie, ob sich dieser Service wirklich für Sie lohnt.

Neben den offiziellen Verzeichnissen zur Recherche von Unternehmen gibt es weitere Plattformen und Datenbanken, die Ihnen Informationen zu Unternehmen, deren Strukturen und verantwortlichen Personen bieten.

Die Website *https://opencorporates.com* ist eine globale Datenbank, in der Sie gezielt nach Firmen sowie deren Geschäftsführungen suchen können. Geben Sie hierfür den Firmennamen oder den Namen der Geschäftsführung auf der Startseite ein.

Um die erweiterte Suche nutzen zu können, benötigen Sie einen kostenfreien Account. Diesen kann ich sehr empfehlen, da Sie so auch über Adressen recherchieren können und Ihnen weitere Filter zur Verfügung stehen. Außerdem erhalten Sie nur so Zugang zu umfangreichen Daten.

Nachdem Sie einen Account angelegt und sich eingeloggt haben, stehen Ihnen die erweiterten Suchoptionen unter ADVANCED OPTIONS (siehe Abbildung 7.113) zur Verfügung.

Abbildung 7.113 Erweiterter Suchfilter von »Open Corporates«

Mit den erweiterten Filteroptionen können Sie auswählen, ob Unternehmen mit einem bestimmten Suchbegriff beginnen sollen. Zudem haben Sie die Möglichkeit, die zu durchsuchenden Felder festzulegen sowie Zweigstellen und NGOs in Ihre Suche einzubeziehen, auszuschließen oder ausschließlich danach zu suchen.

In der Ergebnisliste lässt sich dank Landesflaggen und Tags schnell erkennen, in welchen Ländern Unternehmen operieren und ob sie noch aktiv sind oder ob es sich um eine Zweigstelle handelt. Zudem stehen auf der rechten Seite verschiedene Filteroptionen zur Verfügung, etwa nach Jurisdiktion, gespeicherten Daten, Status oder Unternehmensform. Für jeden Treffer lässt sich ein detailliertes Unternehmensprofil öffnen.

Darüber hinaus finden Sie unter *https://opencorporates.com/registers?all_registers=true* eine umfassende Auflistung aller Firmenregister weltweit, die Ihnen den Zugang zu offiziellen Registern erleichtert. Diese Register liefern verlässliche Primärinformationen zu rechtlichen Vertretungen, Eintragungsdaten, geschäftlichen Veränderungen und weiteren Details.

Abbildung 7.114 Suchtreffer in »Open Corporates«

Aber wie gesagt: Gleichen Sie die gewonnenen Daten stets mit den Primärquellen ab! Nur so können Sie die Richtigkeit der Angaben gewährleisten und vermeiden Fehlinformationen, die durch fehlerhafte oder veraltete Sekundärdaten entstehen können.

Einen ganz ähnlichen Service finden Sie unter *https://www.northdata.de/*. Das deutsche Unternehmen North Data erfasst Unternehmensdaten aus primär europäischen Ländern. Eine Übersicht über die Abdeckung zeigt *https://www.northdata.de/_coverage*.

Auch hier können Sie per Firmenname oder Name der Geschäftsführung suchen. Die Powersuche ist ein kostenpflichtiges Premium-Feature. Für Journalisten wird ein kostenfreier Investigativ-Account angeboten.

Auch hier ist das Suchfeld interaktiv und Ihnen werden bereits während der Eingabe passende Treffer anzeigt. Als einzige Filtermöglichkeit steht Ihnen die Auswahl eines Landes zur Verfügung. Jeder Treffer enthält die Kennzahlen des Unternehmens.

North Data schätze ich insbesondere für die ansprechende Darstellung der historischen Ereignisse auf einem Zeitstrahl sowie für das Netzwerk. Hier werden Verbindungen zwischen Firmen, aber auch zwischen Geschäftsführern visualisiert. Die einzelnen Knotenpunkte lassen sich anklicken und führen zur Detailansicht der jeweiligen Entität. So lassen sich Verbindungen zwischen Personen oder Unternehmensnetzwerke schnell erfassen. Über die Glühbirne erhalten Sie Erläuterungen zu den Begrifflichkeiten.

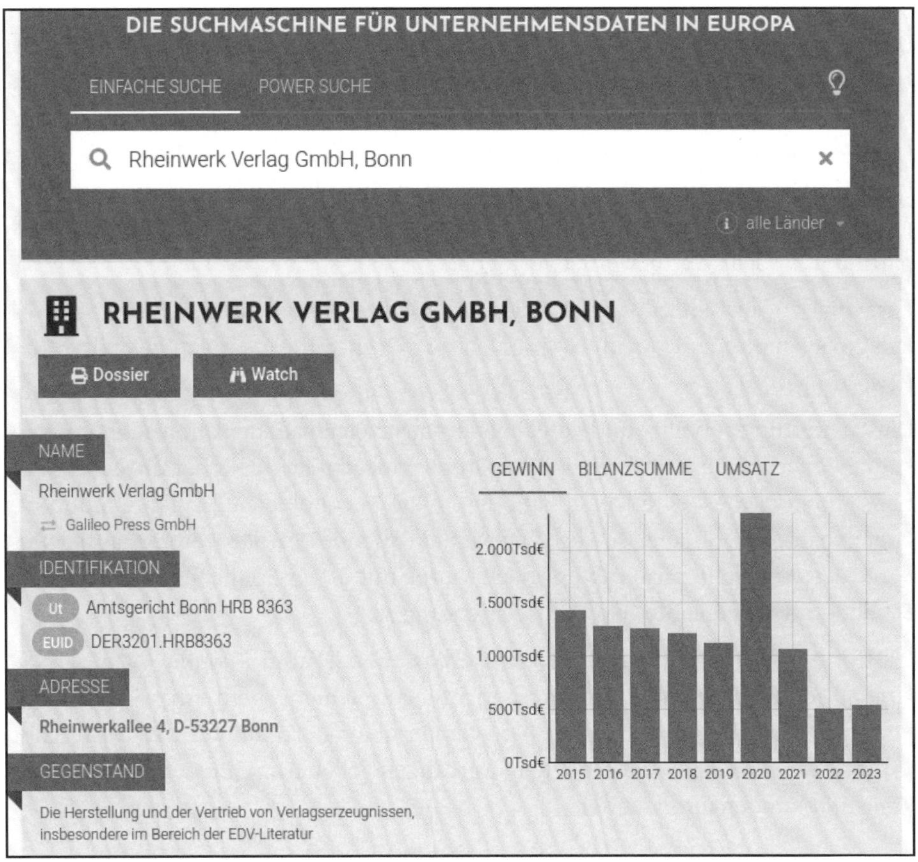

Abbildung 7.115 Detailansicht der Rheinwerk Verlag GmbH

Ein weiteres kleines, aber hilfreiches Feature ist die klickbare Anschrift innerhalb der Unternehmensprofile. So lässt sich einfach überprüfen, ob an dieser Adresse weitere Unternehmen ihren Geschäftssitz haben.

Für Firmenrecherchen können Sie ergänzend auch weitere Plattformen nutzen:

- *CompanyHouse* (*https://www.companyhouse.de*) bietet einen schnellen Zugriff auf aktuelle und historische Firmendaten, Handelsregistereinträge und Korrespondenzadressen.
- *VAT-Search.eu* (*https://vat-search.eu*) überprüft Umsatzsteuer-Identifikationsnummern (USt-IdNr.) innerhalb der EU, was für die Feststellung von Unternehmensechtheit, Geschäftssitz und intereuropäischen Handelsaktivitäten relevant ist.

7.12.3 Digitale Präsenz(en)

Die digitale Präsenz einer Firma oder Organisation ist ein wesentlicher Aspekt jeder zeitgemäßen OSINT-Recherche. Sie umfasst sämtliche öffentlich sichtbaren Aktivitäten, Spuren und Inhalte, die ein Unternehmen oder seine Angehörigen online hinterlassen. Die »Angriffsfläche« für Recherchen ist hier meist ausgesprochen groß: Neben den offiziellen Accounts und Internetauftritten sind eine Vielzahl relevanter Informationen über indirekte Quellen wie (ehemalige) Angestellte, Kunden, Geschäftspartner und sogar Wettbewerber verfügbar.

Zusätzlich zu den bereits vorgestellten Methoden zur Recherche in sozialen Netzwerken, im Web und zu Domains lohnt sich eine Recherche zu Stellenangeboten und Bewertungen.

Die Auswertung aktueller und vergangener Jobanzeigen auf der Unternehmenswebsite, aber auch auf Plattformen wie StepStone, Indeed oder direkt bei *LinkedIn*, bietet tiefe Einblicke. Gesuchte Qualifikationen, neue Technologien, geplante Standorte oder Expansionsvorhaben sowie Hinweise auf laufende Projekte werden häufig offen dargelegt. Wenn eine Firma aktuell nach Leuten mit CUDA-Erfahrung sucht, lässt das Schlüsse auf die geplante Geschäftsausrichtung zu.

Plattformen wie *Glassdoor* (*https://www.glassdoor.de*) und *Kununu* (*https://www.kununu.com*) enthalten Erfahrungsberichte von (ehemaligen) Angestellten und Bewerbern zu Arbeitsatmosphäre, Managementqualität, Lohnniveau, Prozessen und Unternehmenskultur. Auch Google-Bewertungen geben Aufschluss über Außenwirkung und Kundenzufriedenheit.

7.12.4 Geschäftsaktivitäten

Ein wirkungsvoller Zugang zu den tatsächlichen Geschäftsaktivitäten einer Firma führt über *eingetragene Schutzrechte* (Marken, Designs) und *technische Schutzrechte* (Patente, Gebrauchsmuster). Diese Quellen zeigen, welche Produkte, Services, Technologien oder Märkte eine Organisation adressiert, und liefern oft frühzeitige Hinweise auf Neuausrichtungen, Internationalisierung oder Rebranding.

Das *DPMAregister* (*https://register.dpma.de*) stellt amtliche Publikations- und Registerdaten zu Marken, Designs, Patenten und Gebrauchsmustern bereit. Recherchierbar sind Rechts- und Verfahrensstände, Anmelder/Inhaber, Vertreter, die sogenannten Nizza-Klassen, Schutzumfänge, Prioritäten, Verlängerungen und Rechtsereignisse.

Die *WIPO Global Brand Database* (*https://branddb.wipo.int/*) eignet sich besonders für internationale Recherchen. Sie enthält Einträge aus dem sogenannten Madrid-System, dem EUIPO und zahlreichen nationalen Registern.

7.12.5 Sanktionslisten

Die Prüfung gegen Sanktionslisten ist ein Bestandteil von Due-Diligence-, Compliance- und KYC-Prozessen, um geschäftliche Beziehungen zu gelisteten Personen, Organisationen oder Ländern zu vermeiden. In der EU sind insbesondere die konsolidierten Finanzsanktionslisten maßgeblich.

- Über das Portal der Deutschen Bundesbank (*https://www.finanz-sanktionsliste.de*) können Namen von Personen, Gruppen oder Organisationen gegen die konsolidierte EU-Sanktionsliste geprüft werden.
- Für internationale Geschäftsbeziehungen sind die US-Listen des *Office of Foreign Assets Control (OFAC)* wichtig. Die SDN-Liste (*Specially Designated Nationals*) mit Vermögenssperren können Sie unter *https://sanctionssearch.ofac.treas.gov* abfragen. Die weiteren Non-SDN sowie die konsolidierte OFAC-Übersicht und weitere Informationen finden Sie unter *https://ofac.treasury.gov/*.

Für Sanktionsprüfungen existieren viele kommerzielle Anbieter, die internationale Abdeckung und kontinuierliche Alerts bereitstellen. Sie ersetzen jedoch nicht die eigenständige rechtliche Bewertung der Ergebnisse.

7.13 Recherchen zu Finanzen

7.13.1 Bankverbindungen

Die *International Bank Account Number (IBAN)* besteht aus bis zu 34 Zeichen. Es sind sowohl Buchstaben des lateinischen Alphabets als auch Ziffern erlaubt. Der grundsätzliche Aufbau sieht folgendermaßen aus:

```
AA NN cccccccccccc...
```

- `AA`: Ländercode, z. B. `DE` für Deutschland oder `SE` für Schweden
- `NN`: Prüfsumme
- `cc...`: *Basic Bank Account Number (BBAN)* mit max. 30 Zeichen

Der Aufbau der IBAN ist aufgrund der BBAN von Land zu Land unterschiedlich. Einen guten Überblick zum Aufbau einer IBAN finden Sie unter *https://bank-codes.de/iban/structure/*.

In Deutschland hat die IBAN eine Länge von 22 Zeichen und setzt sich aus den folgenden Bestandteilen zusammen:

```
DE + Prüfsumme + Bankleitzahl + Kontonummer
```

Für die Überprüfung, ob eine IBAN valide ist, stehen Ihnen eine Vielzahl von Tools zur Verfügung. Auf *https://de.iban.com/iban-checker* können Sie eine IBAN auf Korrektheit prüfen, dabei handelt es sich jedoch um eine Demo des kostenpflichtigen Tools *IBAN Suite*. Daher sind nur wenige Suchen möglich, bevor ein kostenpflichtiges Abonnement notwendig wird.

Eine Alternative ist *https://ibanfirst.com/iban-checker*. Nach Eingabe einer IBAN erhalten Sie das Ergebnis Ihrer Abfrage. Sie sehen, ob es sich insgesamt um eine gültige IBAN handelt. Sie sehen auch, ob die Prüfziffer korrekt ist und ob der Aufbau und die Länge für das jeweilige Land konsistent sind.

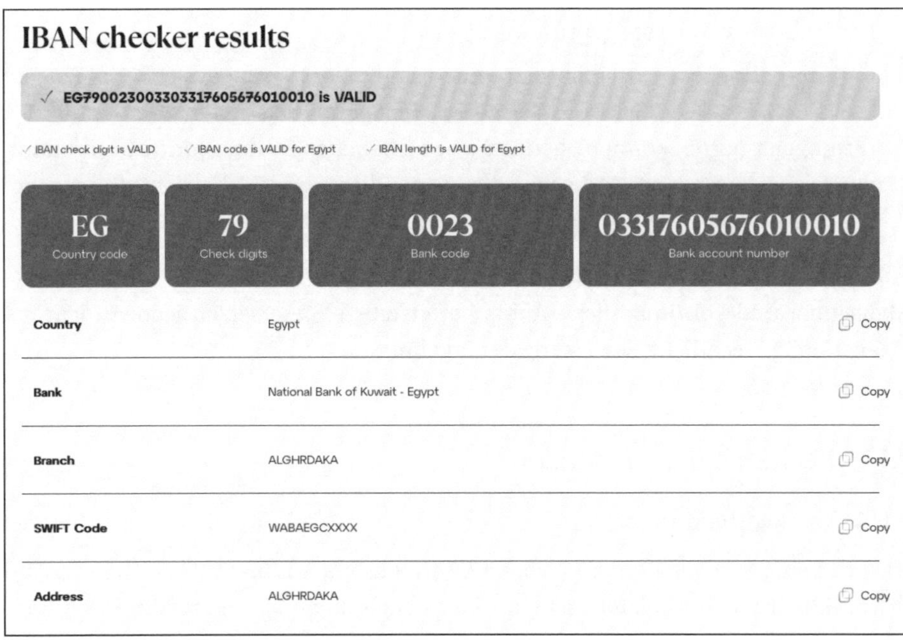

Abbildung 7.116 Ergebnis des IBAN-Checkers

Falls Sie nur einen Teil einer IBAN kennen, hilft Ihnen *www.iban-rechner.de* weiter. Lassen Sie sich von dem weniger ansprechenden Design nicht täuschen, denn das Tool bietet den größten Funktionsumfang. Neben der Überprüfung einer IBAN können Sie diese mit bis zu zwei Platzhaltern ausstatten und so unbekannte Zeichen ergänzen. Fügen Sie dazu an der entsprechenden Stelle ein ? ein, z. B.: DE12500?0?170648489890

Das Ergebnis zeigt Ihnen die formal passende IBAN an. Per Klick auf das Wort DETAILS hinter der IBAN gelangen Sie zum Prüfergebnis der IBAN.

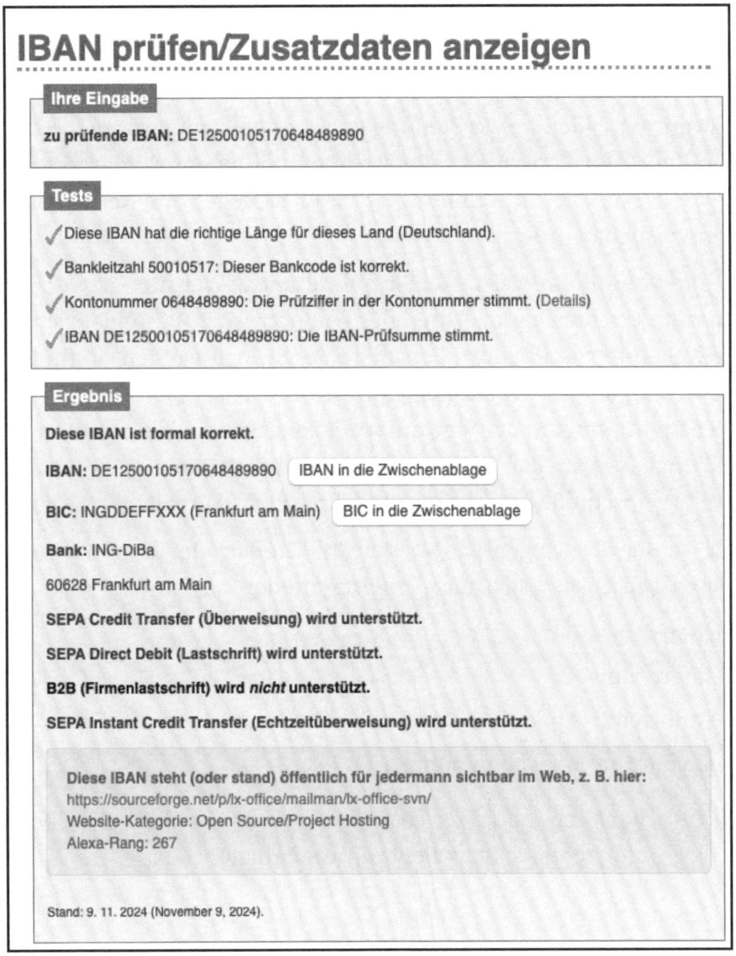

Abbildung 7.117 Detailergebnis des IBAN-Rechners

In diesem Beispiel (siehe Abbildung 7.117) sehen Sie bereits eine besondere Zusatzfunktion des Tools. Neben der Information über die Richtigkeit der Länge, der Bestandteile, der Prüfsumme sowie Infos über die Bank erhalten Sie gegebenenfalls den Hinweis, dass die IBAN im Internet öffentlich zugänglich ist oder war, einschließlich der Quelle. Natürlich sollten Sie weiterhin eigenständig Suchmaschinen nutzen, um zu prüfen, ob und wo die gesuchte IBAN im Internet auftaucht. Dies kann ein wertvoller Hinweis darauf sein, wie verbreitet die IBAN ist, und ob sich zusätzliche Informationen aus den Suchergebnissen ableiten lassen.

> **Hinweis**
>
> Nutzen Sie bei der Recherche der IBAN in Suchmaschinen verschiedene Schreibweisen, z. B. mit und ohne Leerzeichen, sowie Suchanfragen mit und ohne Anführungszeichen.

Auf der Website *https://schummelrechnungen.de* können Sie nach einer IBAN oder einem Firmennamen suchen. Über diese Seiten werden betrügerisch genutzte IBANs an Banken im Netzwerk gemeldet, sodass Zahlungen gestoppt werden können. Jeder Treffer beinhaltet weitere Informationen zur Betrugsmethode dahinter. Wenn Sie die IBAN EG79 0023 0033 0331 7605 6760 1001 0 eingeben, können Sie sehen, mit welcher Taktik es bereits bei mir versucht wurde.

Unter *https://www.auktionshilfe.info* erwartet Sie eine ähnliche Website. Das dortige Forum befasst sich mit verschiedenen Formen des Onlinebetrugs. Besonders spannend ist, dass dort viele Informationen zu Betrügern gesammelt werden. So finden Sie dort beispielsweise Bankkonten, vor denen gewarnt wird, aber auch Screenshots, Informationen aus dem Impressum der Website sowie Registrierungsdaten. Dies ist besonders wertvoll, um das Ausmaß eines Betrugs zu beurteilen oder um Informationen zu einem bereits gelöschten betrügerischen Onlineshop zu erhalten.

Zusätzlich zur IBAN werden Sie gelegentlich auf den *SWIFT-Code* oder den *Bank Identifier Code (BIC)* stoßen. Dieser setzt sich aus vier Bestandteilen zusammen:

1. **Bankcode**: 4 Zeichen A-Z
2. **Zweistelliger Ländercode**: A-Z
3. **Zweistelliger Standortcode**: alphanumerisch
4. **Dreistelliger Filialcode**: optional alphanumerisch

Auf der Webseite *https://bank-codes.de/swift-code-checker/* können Sie SWIFT-Codes abfragen und so die dahinterstehende Bank in Erfahrung bringen.

7.13.2 Zahlungsdienstleister

PayPal

PayPal bietet verschiedene Möglichkeiten, um Informationen über einen Nutzer zu erhalten. Besonders nützlich ist dabei das öffentliche Profil, das über *paypal.me* erreichbar ist. Geben Sie hierfür *paypal.me* ein, gefolgt vom Nutzernamen der Zielperson: *https://paypal.me/<username>*. Im Profil können unter Umständen Angaben wie der vollständige Name, ein Profilbild oder weitere freiwillig hinterlegte Informationen wie Standort und Bio abgerufen werden – falls die Person ihr Profil nicht auf privat gestellt hat.

Mit einem bestehenden PayPal-Account steht Ihnen die interne Suche zur Verfügung. Hier können Sie bereits mit wenigen Zeichen den Nutzerbestand von PayPal durchsuchen und erzielen Treffer zum Usernamen und Displaynamen. Mit dieser Funktion können Sie gezielt nach bestimmten Personen suchen.

Eine weitere Möglichkeit zur Identifikation besteht darin, eine kleine Testtransaktion von nur einem Cent an die bei PayPal hinterlegte Handynummer oder E-Mail-Adresse der Zielperson zu senden. Im Regelfall versendet PayPal nach einer erfolgreichen Transaktion eine Bestätigungsemail an den Absender. In dieser E-Mail wird der vollständige Name des Empfängers genannt, sofern die Handynummer oder E-Mail-Adresse einem gültigen PayPal-Konto zugeordnet ist. So lässt sich auf unkomplizierte Weise feststellen, ob ein bestimmter Kontakt tatsächlich einen PayPal-Account besitzt und wie die Person bei PayPal offiziell hinterlegt ist.

Achtung

Bitte beachten Sie, dass es sich hierbei um aktive Recherchemethoden handelt, die Rückschlüsse auf den Absender zulassen. Sobald diese Zahlung ausgeführt wird, erhält der Empfänger eine Benachrichtigung über die eingegangene Transaktion.

Revolut

Revolut ist eine im Jahr 2015 gegründete Neobank. Über diese Plattform besteht die Möglichkeit, auch ohne eigenes Konto nach einem Benutzernamen zu recherchieren. Unter *https://revolut.me/<username>* lässt sich überprüfen, ob ein Account existiert, sowie der Vorname und der erste Buchstabe des Nachnamens einsehen. Zudem können über die API weiterführende Informationen abgerufen werden. Nutzen Sie dazu die URL *https://revolut.me/api/web-profile/<username>*. Existiert der Benutzername (Revtag), liefert die Anfrage eine JSON-Ausgabe mit dem Vornamen, dem ersten Buchstaben des Nachnamens und zusätzlich dem Land, der Währung des Nutzers sowie Angaben zu den hinterlegten Zahlungsmethoden.

Eine Beispielanfrage ist `curl https://revolut.me/api/web-profile/<USERNAME>`. Sie erhalten dann folgende Ausgabe:

```
{
  "firstName": "Vorname",
  "lastName": "F",
  "country": "DE",
  "username": "USERNAME",
  "baseCurrency": "EUR",
  "mobilePaymentTypes": [
    "apple-pay"
  ],
```

```
  "paymentMethods": [
    "revolut",
    "card"
  ]
}
```

Listing 7.4 Antwort der Revolut-API zum User

Mit einem Revolut-Zugang können Sie in der App nach dem Revtag suchen, um den vollständigen Namen und eventuell ein Profilfoto zu erhalten. Ein Messenger ist ebenfalls integriert.

7.14 Recherchen automatisieren

Das händische Suchen nach Informationen ist gut und schön, hat aber einen großen Haken: Es ist immer nur eine Momentaufnahme. Sie finden nur das, was zum Suchzeitpunkt im Internet verfügbar war. Wenn Sie kontinuierlich Informationen finden müssen und Veränderungen auf Webseiten im Blick behalten wollen, müssen Sie mit Automatisierungen arbeiten.

7.14.1 Monitoring von Inhalten

Automatisierte Prozesse dienen zur laufenden Überwachung thematisch relevanter Schlagwörter, Begriffe oder Ereignisse.

Mit Google Alerts (*https://www.google.de/alerts*) lassen sich kostenlos Suchbegriffe festlegen, zu denen bei neu auftretenden Treffern im Google-Suchindex automatisch eine Benachrichtigung per E-Mail ausgelöst wird. Individualisierbare Einstellungen erlauben die Auswahl von Sprachen, Regionen, Quellen (z. B. News, Blogs, Diskussionen) und Empfangsfrequenzen (sofort, täglich, wöchentlich).

Eine leistungsstarke Alternative dazu ist *Talkwalker Alerts* (*https://www.talkwalker.com/alerts*). Mit diesem kostenlosen Dienst können Sie ebenfalls benutzerdefinierte Suchbegriffe und Themen überwachen und bei neuen Erwähnungen per E-Mail benachrichtigt werden.

Talkwalker Alerts hat den Vorteil, dass Meldungen aus einer Vielzahl von Online-Quellen (z. B. Nachrichtenportale, Blogs, Foren) schnell und übersichtlich bereitgestellt werden. Die Einrichtung und Verwaltung ist ähnlich unkompliziert wie bei Google Alerts.

RSS-Feeds

Viele Nachrichtenportale, Blogs, Unternehmensseiten und Fachforen bieten einen RSS-Feed an, den Sie einfach über einen Feedreader abonnieren können. So werden Sie stets informiert, sobald neue Artikel, Updates oder Beiträge veröffentlicht werden, ohne jede Website einzeln besuchen zu müssen. Feedreader existieren als Browser-Erweiterungen, Desktop-Programme, Apps oder webbasierte Dienste.

7.14.2 Veränderungen tracken

Für die automatisierte Erkennung von Webseitenänderungen eignen sich spezialisierte Dienste wie *Visualping* (*https://visualping.io*). Nach Eingabe der Ziel-URL können Sie entweder die komplette Webseite oder gezielt einzelne Abschnitte zur Überwachung auswählen. *Visualping* überwacht die Seite zyklisch auf Aktualisierungen und informiert Sie sofort bei erkannten Veränderungen.

Eine Open-Source-Alternative zu *Visualping* ist *Changedetection.io* (*https://github.com/dgtlmoon/changedetection.io*). Sie könne es lokal als Docker-Container oder direkt unter mit Python betreiben. *Changedetection.io* bietet eine benutzerfreundliche, webbasierte Oberfläche zur Verwaltung und Überwachung beliebig vieler Webseiten.

Kapitel 8
Verarbeitung

Wenn Sie Kapitel 7 gefolgt sind und mit den vielen Suchdiensten experimentiert haben, wird Ihnen etwas aufgefallen sein: Ganz schnell steht man vor einem riesigen Datenberg. Nun schauen wir uns an, wie diese Daten verarbeitet werden.

Um aus den gesammelten Rohdaten verwertbare Informationen zu gewinnen, müssen diese übersetzt, gefiltert und strukturiert werden. Das erfordert oftmals auch eine Dekodierung oder erneute Umwandlung. Der nächste Schritt ist die Klassifizierung der Informationen nach Qualität und Glaubwürdigkeit. Denn Daten aus öffentlichen Quellen sind dynamisch, flüchtig und liegen in unterschiedlichen Formaten wie Text, Bild, Audio oder Video vor, was die Verarbeitung erschwert. Darüber hinaus können fehlerhafte, unvollständige oder redundante Informationen sowie sprachliche und kulturelle Unterschiede auftreten. Dies alles muss zunächst »geglättet« werden, bevor es dann in Kapitel 9 an die Analyse geht.

Archivierung

Ein sehr wichtiger Punkt ist die Archivierung der gefundenen Informationen. Auf diesen Punkt werde ich nicht eingehen, denn er unterliegt zum einen rechtlichen Anforderungen zu Speicher- und Löschfristen und zum anderen der Absprache mit dem Auftraggeber. Unabhängig davon müssen Sie trotzdem auch ein Archivierungskonzept Ihrer Daten erarbeiten. Das beinhaltet sowohl die technische Seite als auch die konsequente Speicherung und Ordnungshaltung.

Und: *Backup is easy, recovery is hard!* Testen Sie unbedingt, ob Sie Informationen – in welcher Form auch immer – zuverlässig und schnell in Ihrem Archiv wiederfinden und Daten wiederherstellen können.

8.1 Datenbereinigung und -transformation

Im ersten Schritt sollten Sie die gesammelten Informationen in einer konsistenten Struktur ablegen. Dies kann bedeuten, dass Sie für verschiedene Datentypen (beispielsweise Text, Bild, Audio, Video) jeweils ein eigenes Ablagesystem wählen. Je nach

Ziel und Umfang Ihrer Auswertung empfiehlt es sich, einheitliche Dateinamen zu vergeben, Metadaten zu ergänzen und Veränderungen zu dokumentieren.

Auch die Wahl eines geeigneten Wissensmanagement-Tools oder einer Datenbank trägt erheblich dazu bei, den Überblick zu behalten und später gezielt auf einzelne Informationen zurückzugreifen zu können.

Leider gibt es hierbei kein universelles Patentrezept. Jede Person bevorzugt unterschiedliche Ansätze, abhängig von ihrer Arbeitsweise und den technischen Fähigkeiten. Wichtig ist vor allem, dass Sie ein System wählen, das Sie bei der Auswertung unterstützt, Redundanzen vermeidet und (ganz wichtig) die Nachvollziehbarkeit Ihres Rechercheprozesses gewährleistet.

Für diese Aufgaben eignen sich Werkzeuge, die speziell auf Extraktion, Transformation und Bereinigung von Daten ausgerichtet sind. Sie unterstützen bei der Vereinheitlichung unterschiedlicher Formate, der Korrektur fehlerhafter Datensätze und der Vorbereitung der späteren Analyse.

8.1.1 Filterung und Strukturierung

Zunächst wird die Filterung und strukturierte Speicherung von Informationen während der Online-Recherche mühsam erscheinen – besonders wenn Sie im Flow sind und schnell Ergebnisse erzielen möchten. Dennoch müssen Sie diese Schritte konsequent durchführen, um die Nachvollziehbarkeit und Qualität Ihrer Analyse sicherzustellen. Sie dürfen auf keinen Fall die Herkunft wichtiger Daten aus den Augen verlieren.

Wie soll man nun für Ordnung sorgen? Am wichtigsten sind schlicht Genauigkeit, Aufmerksamkeit und Gewissenhaftigkeit, denn das beste System funktioniert nicht, wenn es nicht richtig umgesetzt wird.

Grundlagen

Darüber hinaus gibt es einige Grundlagen, an denen Sie sich orientieren sollten.

Kriterien zur Auswahl relevanter Informationen

Zunächst gilt es herauszufinden, was überhaupt relevant und wichtig ist. *Relevanz* bemisst sich an Kriterien wie Aktualität, Quelle und Kontext, kann aber im Einzelfall auch ganz anders bestimmt werden. Sie müssen sich stets fragen, ob die Daten dazu beitragen, Ihre Fragestellung zu beantworten. Nur Daten, die das leisten, fließen in die weitere Analyse ein. Alles, was irrelevant ist, schafft es nicht zum nächsten Schritt.

Datenbereinigung

Bei der Datenbereinigung ist darauf zu achten, dass ausschließlich nachweislich falsche Informationen entfernt werden. Sortieren Sie aber keine relevanten Daten aus, die Ihrer Arbeitshypothese scheinbar widersprechen. Wenn Datenpunkte zur Klärung der Frage beitragen, aber »nicht richtig passen wollen«, müssen Sie analysiert werden, um kognitive Verzerrungen zu vermeiden. Dabei geht es besonders um die *Confirmation Trap*, siehe Abschnitt 9.5.

Dokumentation von offenen Fragen und Unsicherheiten

Offene Fragen und Unsicherheiten sind bei Recherchen quasi unvermeidlich. Sie entstehen durch Unstimmigkeiten in den Daten, unklare oder lückenhafte Informationsquellen und widersprüchliche Aussagen. Manchmal klären sich solche Ungereimtheiten von selbst, oft bedarf es jedoch gezielter Nachforschung.

Eine systematische Dokumentation dieser offenen Punkte ist daher sehr wichtig. So behalten Sie den Überblick über Dinge, die Sie noch klären oder zumindest abschließend bewerten müssen.

Widersprüchliche Daten sind besonders kritisch und verdienen eine gesonderte Betrachtung. Sie können Hinweise auf gezielte Desinformation, fehlerhafte Datenerfassung oder Missverständnisse geben. Sortieren Sie diese Daten nicht einfach aus, sondern berücksichtigen Sie diese in der weiteren Analyse separat und machen Sie transparent darauf aufmerksam.

Je sorgfältiger und offener Sie mit nicht geklärten Punkten und Ungereimtheiten umgehen, desto belastbarer und nachvollziehbarer wird Ihre Recherche.

Tools für die Datenaufbereitung

Für die praktische Umsetzung dieser Aufgaben gibt es eine Reihe von Hilfsmitteln.

OpenRefine (*https://openrefine.org*) ist ein quelloffenes Tool von Google zur effizienten Bereinigung und Normalisierung tabellarischer und textbasierter Daten. Sie können damit Daten filtern, gruppieren und große Tabellenbestände vereinheitlichen. Besonders hilfreich ist das automatische Erkennen ähnlicher Einträge mittels Clustering-Algorithmen. Das Tool ist sehr ausführlich und gut dokumentiert, wenn auch nur auf Englisch.

CATMA (Computer Assisted Text Markup and Analysis) ist ein webbasiertes Werkzeug, um Textdaten zu kommentieren und zu analysieren. Sie finden es unter *https://catma.de/*.

Entwickelt wurde *CATMA* von der Universität Hamburg mit dem Ziel, geisteswissenschaftliche, insbesondere sprach- und literaturwissenschaftliche Arbeitsweisen durch digitale Werkzeuge zu ergänzen und zu unterstützen. Das Tool ist aber auch für OSINT-Recherchen sehr nützlich, denn es hilft bei der Strukturierung und Aufbereitung von Texten. Sie können mithilfe von *CATMA* folgende Aufgaben umsetzen:

- Manuelle und halbautomatische Annotation sowie Klassifizierung von Textinformationen aus recherchierten Quellen (z. B. Social-Media-Posts, Forenbeiträge, Nachrichtenartikel)
- strukturierte Kategorien und Tags erstellen und vergeben
- relevante oder widersprüchliche Angaben markieren und übersichtlich darstellen
- Bezüge und Kontexte innerhalb großer Textsammlungen visualisieren
- Export annotierter und strukturierter Daten für die Weiterverarbeitung in anderen Tools

Das klingt sehr abstrakt, wird aber anschaulich, wenn Sie sich das Tutorial zur digitalen Annotation anschauen: *https://www.youtube.com/watch?v=d5yxEOQu2Dw*

Mit dem *Stanford Named Entity Recognizer (NER)* (*https://nlp.stanford.edu/software/CRF-NER.html*) filtern Sie Namen von Personen, Organisationen oder Orten aus umfangreichen Textdaten heraus. Durch die Zuordnung von Textfragmenten zu vorgegebenen Klassen lässt sich die Datenbereinigung beschleunigen und die Vorbereitung für nachgelagerte strukturelle Analysen optimieren. *NER* kann mit manuellen Annotationen aus Tools wie *CATMA* kombiniert werden.

Optical Character Recognition

Um Texte aus Bildern oder anderen Website-Elementen einfach zu extrahieren, ohne Wort für Wort abtippen zu müssen, ist optische Texterkennung, also *Optical Character Recognition (OCR)*, das Mittel der Wahl. Neben dem Browser-Plug-in *Copyfish* existieren weitere Optionen.

- *Abbyy FineReader* (*https://pdf.abbyy.com/de/*) ist eine kommerzielle Lösung für professionelle OCR-Anwendungen, die besonders für den Umgang mit großen Mengen an Dokumenten und unterschiedlichsten Dateiformaten konzipiert ist.
- *OCR4all* (*https://www.ocr4all.org/*) ist ein Open-Source-Tool zur automatisierten optischen Texterkennung. Es eignet sich insbesondere für große wissenschaftliche und professionelle Dokumentsammlungen. Es bietet Unterstützung für verschiedene Sprachen und Dateiformate und ist flexibel über die GUI oder Kommandozeile nutzbar.

8.1.2 Wissensmanagement

Wenn der Datenberg wächst, wird das Wissensmanagement zu einer echten Herausforderung. Diese müssen Sie bewältigen, denn die Fähigkeit, Informationen strukturiert zu sammeln, zu dokumentieren und über unterschiedliche Rechercheschritte hinweg sinnvoll zu vernetzen, ist entscheidend für die Qualität und Nachvollziehbarkeit Ihrer Arbeitsergebnisse. Ich möchte Ihnen auch dazu einige Werkzeuge vorstellen, die Ihnen hoffentlich dabei helfen.

Obsidian

Obsidian (*https://obsidian.md/*) ist ein Open-Source-Programm, mit dem Sie Notizen im Markdown-Format erstellen. Das klingt zunächst nicht beeindruckend, aber das Programm überzeugt durch seine Flexibilität und Anpassbarkeit. Es erfreut sich einer sehr großen, aktiven Community, weshalb auch viele Plug-ins und Erweiterungen zur Verfügung stehen. Mit ihnen lässt sich *Obsidian* an ganz unterschiedliche Anforderungen und Arbeitsprozesse anpassen. Abgerundet wird das Ganze durch eine anpassbare Benutzeroberfläche mit verschiedenen Themes und Layout-Optionen.

Diese Stärke ist gleichzeitig auch eine Schwäche von *Obsidian*, denn durch seine enorme Flexibilität kann das Programm schnell in ein Tüftelprojekt ausarten. Verbringen Sie nicht zu viel Zeit mit der Organisation des Programms.

Toll an *Obsidian* ist auch, dass die Notizen datenschutzfreundlich lokal in einfachen Markdown-Dateien gespeichert werden, die mit jedem Texteditor geöffnet werden können. Ihre Gedanken verlassen also nie Ihr eigenes System und können recht einfach archiviert werden.

Notizen lassen sich außerdem intern vernetzen. Die Links können sowohl automatisch als auch manuell gesetzt werden und erlauben es, ein eigenes, dynamisches Wissensnetzwerk zu schaffen. Besonders hilfreich ist die Visualisierung dieser Verknüpfungen: Mit dem sogenannten *Graph-View* (siehe Abbildung 8.1) lassen sich Beziehungen und Cluster zwischen einzelnen Notizen grafisch darstellen, was bei komplexen Recherchen für Überblick sorgt.

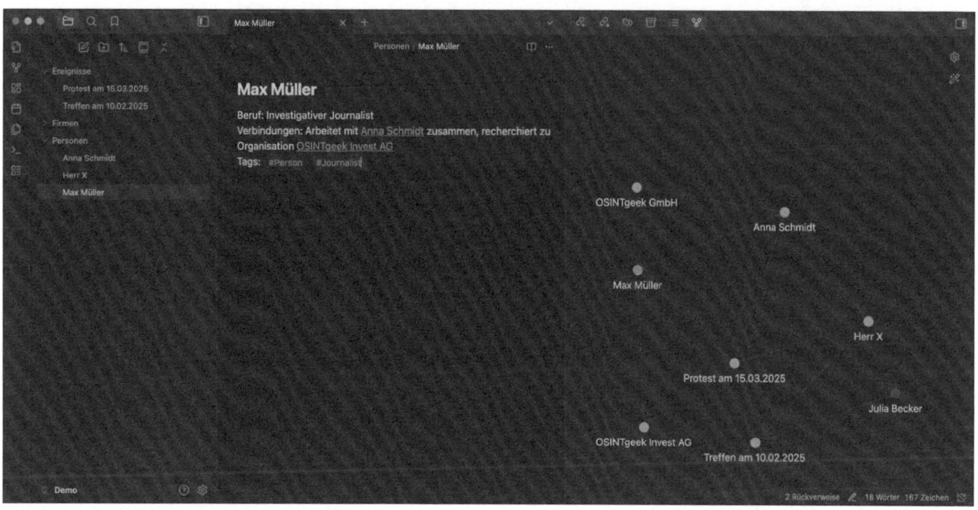

Abbildung 8.1 Obsidian Graph

Ein weiteres nützliches Feature ist das sogenannte *Canvas* (siehe Abbildung 8.2). Dabei handelt es sich um eine unbegrenzte Arbeitsfläche, vergleichbar mit einem digitalen Whiteboard.

Abbildung 8.2 Obsidian Canvas

Hier können unterschiedliche Elemente wie Textnotizen, Bilder oder Listen beliebig angeordnet, gruppiert und miteinander in Beziehung gesetzt werden. Gerade für Brainstorming, Mindmaps oder die Erfassung von Zusammenhängen während einer Recherche ist das Canvas hilfreich.

Obsidian unterstützt darüber hinaus verschiedene Export- und Importfunktionen, die Notizen können also problemlos in andere Formate konvertiert werden. Wenn Sie häufig das Gerät wechseln, ist auch eine Synchronisation möglich – dafür muss allerdings das Abo aktiviert werden.

Aleph

Für tiefgehende investigative Recherchen in öffentlichen Datenbeständen wurde die Plattform *Aleph* (*https://aleph.occrp.org*) vom *Organized Crime and Corruption Reporting Project (OCCRP)* entwickelt. Damit haben Sie einen zentralen Zugang zu verschiedenen Datenquellen wie Firmenregistern, Gerichtsunterlagen oder geleakten Dokumenten und können Zusammenhänge zwischen Entitäten erkennen.

DEVONthink

DEVONthink (*https://www.devontechnologies.com/de/apps/devonthink*) ist ein datenbankbasiertes Informationsmanagement-Tool für macOS, das für anspruchsvolle Aufgaben rund um große Mengen von digitalen Dokumenten und Notizen entwickelt wurde. Zielgruppe sind vor allem Profis aus Justiz, Wissenschaft und Journalismus, die auf eine zuverlässige, umfassende Verwaltung und Archivierung ihrer digitalen Ressourcen angewiesen sind.

Im Gegensatz zu vielen anderen Programmen setzt *DEVONthink* weiterhin auf ein klassisches Lizenzmodell und verzichtet auf ein Abonnement. Es bietet daher über die Testphase hinaus keinen kostenfreien Zugang. Die Einstiegslizenz beginnt bei 99 US-Dollar (Stand: Anfang 2026).

Ein Vorteil der Software ist die breite Unterstützung verschiedenster Dateiformate: von PDFs und Markdown-Dokumenten über E-Mails und Mediendateien bis hin zu Webseiten und kompletten Webarchiven. Über die Browser-Erweiterung *Clip to DEVONthink* lassen sich Webinhalte in unterschiedlichen Formaten direkt aus dem Browser in die eigene Datenbank schreiben, was die Recherche und Archivierung erleichtert.

Ein weiteres Feature ist die integrierte OCR-Engine, die es ermöglicht, gescannte Dokumente und Bilder automatisch in durchsuchbaren Text umzuwandeln. Die OCR-Funktion muss zwar manuell angestoßen werden, liefert jedoch gute Ergebnisse und erweitert so die Möglichkeiten der Volltextsuche erheblich.

Die leistungsstarken Suchfunktionen umfassen Operatoren, Wildcards und zahlreiche Filter. Das ist besonders bei umfangreichen Recherchen von Vorteil. Auch erkennt *DEVONthink* automatisch ähnliche Dokumente und bietet smarte Gruppierungsmöglichkeiten, um Inhalte sinnvoll zu strukturieren oder bestimmte Themenbereiche zu bündeln.

Die Organisation der Inhalte erfolgt über eine Datenbankstruktur, die durch Tagging, Kommentare und Metadaten ergänzt wird. Auch RSS-Feeds lassen sich einbinden. So ist alles an einem zentralen Ort gesammelt.

Das alles sorgt jedoch dafür, dass *DEVONthink* eine relativ steile Lernkurve hat. Die Fülle an Funktionen und Anpassungsmöglichkeiten macht die Software in erster Linie zu einer Lösung für Power-User. Wenn Sie auf der Suche nach einer sofort einsatzbereiten, intuitiven Lösung sind, werden Sie anfangs von der Software überwältigt sein.

Capacities

Bei *Capacities* (*https://capacities.io/*) kommt ein innovatives, objektbasiertes Organisationsprinzip zum Einsatz: Jede Information, Notiz oder Datei wird als eigenständiges Objekt erfasst, dem Eigenschaften zugewiesen werden können. Beziehungen zwischen den Objekten werden durch Verlinkungen hergestellt. Dadurch entsteht ein Netz aus Inhalten, das dem menschlichen Denken besser entspricht als eine klassische, starre Ordnerstruktur.

Die kostenlose Basisversion bietet begrenzten Speicherplatz und unterstützt unterschiedlichste Dateiformate, von Markdown-Dokumenten über Multimedia-Dateien bis hin zu Tweets und eingebetteten Webinhalten. Informationen lassen sich über das Browser-Plug-in oder durch direkte Eingabe von URLs einfach aus dem Internet einbinden. Hervorzuheben ist, dass die Cloud-Daten auf Servern in Deutschland liegen und ein automatischer Export der Inhalte unterstützt wird.

Verlinkungen werden automatisch aktualisiert, was die Pflege des Informationsnetzes erheblich erleichtert. Ein Nachteil ist jedoch, dass es aktuell keine Funktion zur Erkennung von Duplikaten gibt. Dadurch können identische Objekte mehrfach im System auftauchen. Die integrierte Volltextsuche hilft zwar dabei, Inhalte schnell wiederzufinden, jedoch werden Dateiinhalte (beispielsweise von PDFs) bislang nicht durchsucht und es gibt keine eingebaute OCR-Funktion.

Für die Objekte gibt es vielfältige Ansichtsoptionen. Zwar fehlt eine globale Graph-Ansicht, jedoch lässt sich für jedes Objekt ein individueller Graph aufrufen und erweitern. In der Praxis kommt dies einem übergreifenden Wissensnetz sehr nahe.

Eine weitere interessante Funktion ist die Möglichkeit, Inhalte per E-Mail, WhatsApp oder Telegram direkt an *Capacities* zu senden. Das erleichtert den Informationsfluss im Alltag deutlich.

Anytype

Die Plattform *Anytype* (*https://anytype.io/*) ähnelt *Capacities*, kombiniert aber die lokale Speicherung mit einer Peer-to-Peer-Synchronisation. Auch mit *Anytype* können Sie »Objekten« (Notizen, Anmerkungen, Bildern usw.) Eigenschaften zuweisen. Sie finden dann zahlreiche Darstellungsoptionen inklusive eines globalen Graphen, mit dem Sie Zusammenhänge visualisieren. Alle Objekte werden lokal gespeichert, können aber über eine verschlüsselte P2P-Struktur dezentral synchronisiert werden. Dadurch behalten Sie die Kontrolle über ihre Inhalte und müssen sich nicht auf zentrale Server verlassen, aber können Daten auf unterschiedlichen Geräten nutzen.

Die Plattform unterstützt eine breite Palette an Inhaltsformaten, von Texten über Bilder, Videos und Audiodateien bis hin zu PDFs und eingebetteten Elementen aus externen Quellen wie Facebook, Instagram oder *Draw.io*. Mithilfe der Browser-Erweiterung *Anytype Web Clipper* können Sie relevante Webinhalte importieren.

Änderungen an Objekten werden automatisch übernommen. Aktuell fehlen aber Funktionen wie die Erkennung von Duplikaten oder eine integrierte Zeichenerkennung (OCR), was die direkte Verwaltung und Durchsuchung von PDF-Inhalten oder gescannten Dokumenten einschränkt. Gleichwohl bietet *Anytype* zahlreiche Möglichkeiten für den Export von Inhalten: Einzelne Objekte lassen sich per Weblink veröffentlichen, während ganze Bereiche freigegeben werden können.

8.1.3 Übersetzung

Bei Recherchen im Internet werden Sie schnell auch mit fremdsprachigen Inhalten konfrontiert. Um eine Recherche in anderen Ländern sinnvoll und sauber durchführen zu können, sind passende Fremdsprachenkenntnisse eigentlich unabdingbar. Allerdings kenne ich auch die Realität und weiß, dass das schlicht nicht für jede Sprache oder gar jeden Dialekt machbar ist. Daher möchte ich Ihnen in diesem Abschnitt ein paar Hilfsmittel mit auf den Weg geben. Sie alle basieren auf automatisierten Verfahren und künstlicher Intelligenz. Sie haben ja bereits in Abschnitt 7.55 gelernt, dass KI sehr gut darin ist, Texte zu »remixen«. Übersetzungen sind ein Gebiet, in dem künstliche Intelligenz inzwischen sehr stark ist. Daher überrascht es nicht, dass Übersetzungsfunktionen in vielen digitalen Umgebungen direkt verfügbar sind. So kann im Vivaldi-Browser eine Website sofort übersetzt werden. Auch soziale Netzwerke bieten Ein-Klick-Übersetzungen, YouTube synchronisiert Audiospuren vollautomatisch und Suchmaschinen wie Google, Bing oder Yandex halten eigene Übersetzungslösungen bereit. Der *Google Translator* (*https://translate.google.com/*) deckt beispielsweise einen großen Sprachenumfang ab und eignet sich für Webseiten und verschiedene Dateiformate.

Ein weiteres bewährtes Werkzeug ist *DeepL*, das für präzise, kontextbezogene Übersetzungen bekannt ist. *DeepL* (*https://www.deepl.com/translator*) eignet sich für zahlreiche Sprachen und ermöglicht zudem den Import und Export kompletter Dokumente. Besonders praktisch ist die Möglichkeit, ein eigenes Wörterbuch zu hinterlegen oder zwischen verschiedenen Übersetzungsvarianten zu wechseln.

Unabhängig von der gewählten Plattform zeigen maschinelle Übersetzungen bei Slang, Abkürzungen, Fachjargon und regionalen Besonderheiten nach wie vor Schwächen. Gerade bei sensiblen Rechercheinhalten kann eine automatisch generierte Übersetzung zu Fehlinterpretationen führen. Und da ein einzelnes Missverständnis im Text bereits ausreichen kann, um eine Ermittlung oder Auswertung in die falsche Richtung zu lenken, ist besondere Vorsicht nötig. Arbeiten Sie im Zweifelsfall lieber mit jemandem zusammen, der die Sprache als Erstsprache beherrscht und Übersetzungen anfertigen kann.

8.1.4 Decodierung

Damit Computer Daten verarbeiten können, werden diese codiert, also in eine für Maschinen verständliche Form gebracht. Besonders im Internet werden Sie mit unterschiedlichsten Codierungen konfrontiert sein:

- Die **Base64-Codierung** ist weit verbreitet. Base64 codiert Binärdaten in ausschließlich lesbare Zeichen. So können mittels Base64 Bilder als Text codiert und versendet werden. Eine weitere Anwendung für Base64-Codierung wird Ihnen bei URLs begegnen, wenn Parameter codiert werden.
- **UNIX-Timestamps** sind der Standard zur Zeiterfassung in IT-Systemen und geben die Anzahl der Sekunden seit dem 1. Januar 1970 (UTC) an. Ihr Vorteil ist, dass sie »absolut« sind, also dass jede Sekunde einen eindeutigen Wert bekommt, der hochgezählt wird. Der Nachteil ist, dass sie deswegen schwer zu lesen sind: 1763285910 war der Zeitpunkt, an dem ich diesen Text geschrieben habe. Im OSINT-Kontext tauchen sie beispielsweise in Quelltexten von sozialen Netzwerken auf. Um diese für Menschen lesbar zu machen, können sie wieder in normale Datums- und Uhrzeitangaben umgewandelt werden.
- **URL-Encoding** kommt zum Einsatz, um Sonderzeichen für den Transport in einer URL zu maskieren. Leerzeichen, Umlaute oder Steuerzeichen werden als Verbindung von Prozentzeichen und hexadezimaler Repräsentation dargestellt (z. B. `%20` für ein Leerzeichen). So lassen sich beliebige Informationen sicher in URLs unterbringen, ohne dass Probleme bei der Verarbeitung auftreten.
- **Punycode** ist relevant für internationale Domainnamen. Um auch Domains mit Umlauten oder Sonderzeichen im bestehenden DNS-System nutzen zu können, werden diese Zeichen nach dem Punycode-Standard umgewandelt (z. B. `müller.de` als `xn--mller-kva.de`). Unter *https://www.punycoder.com* finden Sie ein Online-Tool zur Umwandlung von Punycode und enkodierten URLs.
- **Hashwerte** spielen eine zentrale Rolle in der Integritätskontrolle, im Passwort-Management oder in der Datenwiedererkennung. Klassische Algorithmen wie MD5, SHA-1 oder SHA-256 berechnen aus beliebigen Eingabedaten eindeutige, nicht rückrechenbare Fingerabdrücke, die sich bei jeder Änderung des Originalinhalts sofort ändern.

Zur Arbeit mit diesen und weiteren Formaten brauchen Sie technische Werkzeuge, denn niemand kann diese Decodierungen einfach »im Kopf« bewerkstelligen. Besonders komfortabel ist *CyberChef* (*https://gchq.github.io/CyberChef/*) des britischen Geheimdienstes GCHQ. Mit *CyberChef* können Sie Daten auf vielfältige Weise decodieren, konvertieren, entschlüsseln oder analysieren – und das ohne tiefgehende Programmierkenntnisse. Manchmal reicht es schon, die Daten in die Eingabemaske zu kopieren. Oder Sie laden einen Ordner bzw. eine Datei hoch, auf die die Operationen angewendet werden sollen. *CyberChef* versucht, das Format des Inputs zu erkennen, und schlägt Ihnen über ein kleines Zauberstabsymbol im Output-Feld eine Umwandlung vor. Das klappt jedoch nicht immer. In der linken Seitenleiste finden Sie dann sämtliche Operationen, die Sie auf den Input anwenden können, von verschiedenen

Datenformaten über Verschlüsselungsalgorithmen bis hin zu forensischen Regeln zum Extrahieren von Dateien oder einfachen Bildbearbeitungen.

Es unterstützt die Umwandlung von Timestamps in lesbare Datumsangaben, die Analyse von Hashwerten, das Entfernen von EXIF-Daten aus Bildern, die Extraktion von Inhalten aus Webseiten sowie zahlreiche andere Funktionen. Die Oberfläche folgt einem Baukastenprinzip: Sie kombinieren die benötigten Operationen per Drag and Drop als »Rezept« und sehen das Ergebnis direkt. Erstellte Rezepte können Sie speichern, laden oder auch über das einfache Kopieren der URL an andere weitergeben.

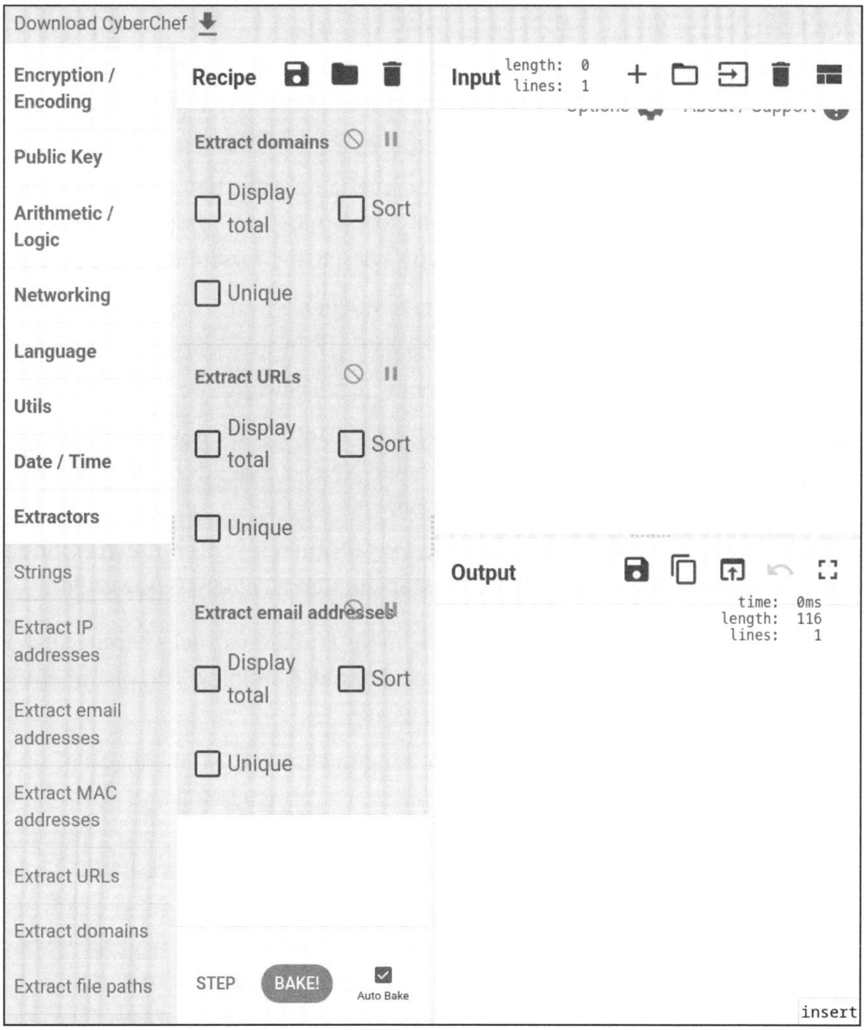

Abbildung 8.3 »CyberChef« bietet einige Konvertierungstools

Im Output sehen Sie das Ergebnis, das Sie einfach speichern, in die Zwischenablage kopieren oder in das Input-Feld laden können.

8.2 Künstliche Intelligenz in der OSINT-Auswertung

Kann man Daten, die im Rahmen einer OSINT-Recherche gesammelt wurden, mit künstlicher Intelligenz verarbeiten? Darüber wird gerade intensiv diskutiert, denn die Möglichkeiten, die diese Technologie bietet, sind enorm.

Spezialisierte KI-Agenten übernehmen zunehmend repetitive OSINT-Aufgaben, und die Qualität der Analysen steigt mit besseren Modellen. Es ist also definitiv ein weiteres Werkzeug, mit dem Sie sich befassen sollten. KI ersetzt aber keinesfalls die menschliche Analyse. Die fundierte Bewertung, Kontextualisierung und Überprüfung durch erfahrene Analysten bleibt ein zentrales Element erfolgreicher OSINT-Prozesse. Daher betrachte ich die aktuellen Entwicklungen mit einer gewissen Skepsis und halte das Prinzip *Human in the Loop* weiterhin für unverzichtbar. Der Mensch muss integraler Bestandteil jedes Intelligence-Prozesses bleiben.

Unbestritten ist aber, dass KI inzwischen sehr nützliche Aufgaben erledigen kann. Dazu zählen Mustererkennung, Klassifikation, Problemlösung, Sprachverarbeitung, automatisiertes Lernen und die Integration von Wissen aus verschiedenen Quellen.

Im OSINT-Kontext ergeben sich daraus folgende Möglichkeiten:

- **Automatisierte Analyse großer Datenmengen**: Texte, Bilder, Netzwerke und Social Media können auf Knopfdruck durchsucht und ausgewertet werden.
- **Muster- und Anomalieerkennung** in unstrukturierten Daten, etwa beim Aufspüren von ungewöhnlichem Verhalten in sozialen Netzwerken oder beim Erkennen abweichender Strukturen in großen Datensätzen.
- Unterstützung bei der **Datenklassifikation, Extraktion relevanter Informationen und der Zusammenführung verschiedenster Quellen** zu einem Gesamtbild.

Weitere Anwendungsmöglichkeiten haben Sie im Verlauf dieses Buchs bereits an der einen oder anderen Stelle kennengelernt, etwa bei der Erstellung von glaubhaften Rechercheidentitäten oder bei der Textübersetzung.

Besonders bei der Auswertung großer Datenmengen sind KI-Systeme effizient und schneller als ein Mensch. Solche Projekte sind aber auch entsprechend aufwendig und brauchen einiges an Vorbereitung und Fachwissen. Auch wenn die Benutzung von KI-Tools immer einfacher wird und es heute kein Problem ist, sich ein PDF direkt von ChatGPT zusammenzufassen, bedeutet das nicht, dass eine KI »quasi magisch« riesige Mengen von Daten verarbeitet und genau die Ergebnisse liefert, die Sie erwarten. Für solche automatisierten Auswertungen ist viel Vorbereitung notwendig.

Schon mit viel weniger Aufwand durchführbar ist *Retrieval-Augmented Generation (RAG)*. Dabei werden einem KI-Modell Datensätze bereitgestellt, etwa in Form von PDF-Dokumenten. Diese Informationen werden durch das Modell indiziert und stehen dann für die Recherche zur Verfügung – etwas salopp wird davon gesprochen, dass man mit den Dokumenten chatten kann.

In der Praxis bedeutet das, dass Sie in natürlicher Sprache Fragen stellen und nach Datenpunkten suchen können. Statt wie bei einer Volltextsuche nur ganz genau bestimmte Begriffe zu nutzen, kann eine KI deutlich »weicher« recherchieren und auch den Kontext einbeziehen. So könnte beispielsweise einfach gefragt werden, wie die Familienbeziehungen des Verdächtigen aussehen. Das ist viel einfacher, als nach Begriffen wie `Bruder`, `Schwester`, `Mama` oder `Opa` zu suchen, von denen nicht klar ist, ob und wie sie verwendet werden.

Kommerzielle KI-Angebote wie ChatGPT bieten schon seit einiger Zeit die Option, Dokumente hochzuladen. Für sensible, personenbezogene Daten ist das nicht empfehlenswert. Die Alternative sind lokale Setups wie *Ollama* mit *OpenWebUI* (*https://ollama.com/* und *https://docs.openwebui.com/*) oder *LMStudio* (*https://lmstudio.ai/*). Das Setup ist kein Hexenwerk, benötigt für den zuverlässigen Einsatz jedoch sehr starke Hardware. Auf durchschnittlichen Bürorechnern laufen diese Dienste nur sehr zäh.

Aber auch bei lokalen LLMs bleibt die grundsätzliche und konzeptionelle Einschränkung, dass diese Systeme anders funktionieren als beispielsweise eine Suche in einer Datenbank. Wenn Sie vor mehreren Tausend Seiten Material stehen, gibt es keinen besseren Ansatz. Aber wenn es um die revisionssichere Dokumentation und die Nachvollziehbarkeit der Recherchen geht, bleiben Fragen offen. Hier müssen (zumindest aktuell noch) bewährte und erprobte Methoden ergänzend eingesetzt werden.

Grenzen

Automatisierung hat klare Grenzen: Falsche oder manipulierte Eingabedaten, algorithmische Verzerrungen (*Bias*) und Halluzinationen machen die menschliche Kontrolle unverzichtbar. Jede Analyse muss sorgfältig geprüft und validiert werden. Gleichzeitig wachsen die juristischen und ethischen Anforderungen. Datenschutz, Transparenz und Nachvollziehbarkeit sind weitere Themen, die bedacht werden müssen.

Kapitel 9
Analyse

Damit aus Informationen Intelligence entsteht, müssen diese analysiert, in einen Kontext gesetzt und als Antwort auf eine konkrete Frage formuliert werden.

Das kritische Denken zählt zu einer der wichtigsten Eigenschaften von OSINT-Analysten und -Analystinnen. Es geht darum, Informationen systematisch zu hinterfragen, eigene Annahmen zu überprüfen und verschiedene Perspektiven einzunehmen. Ein klassisches Beispiel hierfür ist die Geschichte von den blinden Männern und dem Elefanten, die ursprünglich aus dem alten Indien stammt. In dieser Erzählung begegnen mehrere blinde Männer einem Elefanten, den sie nur durch Berührung erkunden können. Jeder der Männer ertastet eine andere Stelle des Tieres. Einer hält den Rüssel und beschreibt den Elefanten wie eine Schlange, ein anderer berührt das Bein und hält ihn für eine Säule, ein Dritter fühlt am Bauch entlang und meint, es müsse eine Wand sein. Ein Vierter hält den Schwanz des Elefanten und beschreibt ihn als Seil. So entsteht bei jedem ein völlig anderes Bild des Elefanten und jeder glaubt, im Besitz der Wahrheit zu sein.

Dieses Gleichnis zeigt, dass eine einzelne Sichtweise niemals das vollständige Bild liefern kann. Erst wenn verschiedene Beobachtungen zusammengeführt, kritisch hinterfragt und in Beziehung zueinander gesetzt werden, entsteht eine umfassendere und zutreffendere Erkenntnis. Die Geschichte mahnt zudem zur Demut im Umgang mit Wissen: Niemand besitzt die absolute Wahrheit, und der Austausch ist essenziell, um komplexe Sachverhalte zu verstehen. Sie zeigt auf, warum kritisches Denken, Selbstreflexion und Offenheit gegenüber anderen Standpunkten in der Analyse unverzichtbar sind.

9.1 Kritisches Denken und Verifikation

Ein zentrales Element des *Critical Thinking* ist das Bewusstsein für sogenannte kognitive Verzerrungen (engl. *Bias*). Diese Denkfehler beeinflussen unser Urteilsvermögen unbewusst und führen dazu, dass wir Informationen falsch interpretieren oder voreingenommene Schlüsse ziehen. Auf einige der kognitiven Verzerrungen und deren Einfluss auf Ihre Recherchen wird in Abschnitt 9.5 eingegangen.

Wir Menschen neigen dazu, unsere Wahrnehmung und unser Wissen als objektiv und allgemeingültig zu betrachten. Dabei vergessen wir, dass unsere Sichtweise von individuellen Erfahrungen, unserem kulturellen Hintergrund, unseren Erwartungen und dem situativen Kontext geprägt ist. Nach der Farbe des Himmels gefragt, antworten die meisten Menschen spontan mit »Blau«.

Tatsächlich jedoch variiert die Farbe des Himmels je nach Tageszeit und Wetterlage: Bei Sonnenauf- und -untergang zeigt sich der Himmel in Rot- und Violetttönen, nachts erscheint er schwarz, an bewölkten Tagen grau. Das Beispiel verdeutlicht, wie subjektiv Wahrnehmung sein kann. Es gibt selten eine einfache, immer gültige Antwort.

Um dieser menschlichen Tendenz entgegenzuwirken, ist es wichtig, sich bewusst zu machen, dass unsere Wahrnehmung begrenzt ist und von vielen Faktoren beeinflusst wird. *Kritisches Denken* bedeutet deshalb auch, die eigenen Annahmen regelmäßig zu hinterfragen, offen für alternative Sichtweisen zu sein und Informationen im jeweiligen Kontext zu betrachten.

Um kritisches Denken zu praktizieren, ist es hilfreich, sich immer wieder zu fragen: »Was, wenn ich falsch liege?« Dieser Grundsatz, im Englischen *Consider being wrong*, schützt vor vorschnellen Urteilen und mahnt zur Demut.

Eine sehr einfache und einprägsame Stütze ist die ABC-Regel:

- *Assume nothing* (vermute nichts)
- *Believe nobody* (glaube niemandem)
- *Challenge everything* (hinterfrage alles)

Wenn Sie diese drei Aspekte beherzigen, vermeiden Sie es, voreingenommene Annahmen zu treffen, auf Desinformation zu vertrauen oder in die Irre geführt zu werden.

Starten Sie Ihre Recherche frei von jeglichen Annahmen. Ziehen Sie niemals voreilige Schlüsse. Skizzieren Sie stattdessen Ihre Hypothesen als mögliche Szenarien, die Sie dann durch Informationen ausschließen oder belegen können.

Wenn Sie öffentliche Quellen nutzen, ist eine gesunde Grundskepsis eine wichtige Tugend. Desinformation und manipulierte Inhalte finden Sie in sämtlichen Formen. Die Verifikation von Inhalten werden wir in Kürze näher betrachten. An dieser Stelle sollten Sie bereits mitnehmen, dass Sie stets die Herkunft der Information sowie die Motivation der Quelle überprüfen müssen.

Woher stammt die Information? Können Sie die primäre Quelle identifizieren?

Bei der Betrachtung der Motivation werden Sie schnell feststellen, dass eine Person Informationen mit einer eigenen Agenda verbreitet. Sicher haben Sie schon einmal im Internet nach Produkten gesucht und sind dabei auf Vergleichsseiten oder gar

Testberichte gestoßen, die verschiedene Lösungen gegenüberstellen. Zufällig sticht ein Produkt besonders hervor. Bei genauerem Hinsehen stellt sich oft heraus, dass der Vergleich von der Firma stammt, deren Produkt die beste Lösung zu sein scheint.

Der letzte Teil der ABC-Regel ist eine Erinnerung daran, jede Entscheidung am Ende einer Ermittlung zu überprüfen. Wurde bei der Auswahl der Quellen eine relevante Quelle ausgelassen? Wurden relevante Informationen fälschlicherweise herausgefiltert? Sind die Informationen belastbar oder wurden sie aus dem Zusammenhang gerissen? Darüber hinaus ist es sinnvoll, die eigene Methodik und die gesamte Analyse von einer anderen Person kritisch begutachten zu lassen. So stellen Sie die Qualität Ihrer Recherche sicher.

Die generelle Vorgehensweise bei der Verifikation von Inhalten umfasst die folgenden Schritte: Quellenanalyse, Faktencheck, Medienrecherche, zeitliche und räumliche Einordnung.

9.1.1 Quellenanalyse

Die Quellenanalyse ist der erste Schritt bei der Verifikation. In diesem Schritt sollten Sie Fragen zur Glaubwürdigkeit und Identität der Quelle klären.

Versuchen Sie zunächst, die Frage zu beantworten, woher die Quelle die Information erlangt hat. Stammt diese aus eigener Wahrnehmung, wird sie lediglich weiterverbreitet oder stammt sie vom Hörensagen? Sofern die Information nicht aus unmittelbarer Wahrnehmung stammt, sollten Sie versuchen, die primäre Quelle zu ermitteln.

Des Weiteren sollten Sie die Identität der Quelle klären. Um wen handelt es sich? Agiert eine vertrauenswürdige Institution, eine Privatperson, oder wird die Identität verschleiert? Hinsichtlich der Verifikation von Identitätsangaben sind Recherchen in sozialen Netzwerken sinnvoll. Aber besonders dort sollten Sie die Möglichkeit von Bots in Betracht ziehen. Beziehen Sie bei Ihrer Bewertung der Quelle auch Faktoren wie das Erstelldatum des Profils, die Anzahl und Qualität der Beziehungen sowie die Reputation mit ein.

Stellen Sie sich die Frage: Welche mutmaßliche Motivation hat die Quelle, die Information zu verbreiten?

9.1.2 Faktencheck

Im nächsten Schritt prüfen Sie die Inhalte auf Konsistenz und Plausibilität. Widerspricht sich die Quelle selbst oder im Vergleich zu anderen Quellen? Sind die angegebenen Daten logisch oder existieren offensichtliche Anzeichen für manipulierte oder fingierte Aussagen? Legen Sie Ihren Fokus auch darauf, was Ihnen die Quelle nicht mitteilt: Welche Angaben fehlen und weshalb?

Versuchen Sie jede Information durch mehrere voneinander unabhängige Quellen zu validieren.

Google hat zwei Tools im Zusammenhang mit Faktenchecks entwickelt, namlich das *Fact Check Markup Tool* und den *Fact Check Explorer*. Letzterer ist unter *https://toolbox.google.com/factcheck/explorer* zu finden. Es handelt sich hierbei um eine Suchmaschine für Faktenchecks. Geben Sie dazu ein Keyword in das Suchfeld ein. Alternativ können Sie auch nach Faktenchecks zu einem Foto suchen. Die Ergebnisse stammen von verschiedenen Redaktionen und können gefiltert werden. Jedes Ergebnis liefert die Behauptung, die Bewertung und die Quelle der Prüfung.

Snopes.com (*https://www.snopes.com*) ist ein weiterer Dienst, der wilde Behauptungen, Urban Legends und reißerische Meldungen prüft. Dort finden Sie zahlreiche Beispiele für Fact Checks, an denen Sie sich für eigene Recherchen orientieren können.

9.1.3 Medienrecherche

Bei der Medienrecherche überprüfen Sie, wie und wo Informationen verbreitet wurden. Dafür analysieren Sie, über welche Kanäle eine Information verbreitet wurde. Wichtig ist auch, die zeitliche Abfolge der Verbreitung zu rekonstruieren.

Darüber hinaus ordnen Sie Medien zeitlich und räumlich ein. Altes Material in einen neuen Kontext zu setzen, ist eine sehr beliebte Methode der Desinformation – und die einfachste Art von Fälschung. Dabei werden beispielsweise Fotos, Videos oder Textausschnitte, die ursprünglich zu einem ganz anderen Ereignis oder Zeitpunkt aufgenommen wurden, gezielt so verwendet, dass sie eine falsche oder irreführende Aussage unterstützen. Häufig werden etwa alte Bilder von Naturkatastrophen, Demonstrationen oder Konflikten genutzt, um aktuelle Ereignisse zu dramatisieren oder eine bestimmte Stimmung zu erzeugen. Die ursprüngliche Quelle und der eigentliche Zusammenhang bleiben dabei meist unerwähnt, sodass der Eindruck entsteht, es handle sich um aktuelles und authentisches Material.

Diese Form der Manipulation ist besonders wirksam, weil schnell und aufwandsarm. Um solchen Täuschungen vorzubeugen, ist es wichtig, das Material auf seinen Ursprung und das ursprüngliche Veröffentlichungsdatum zu überprüfen. In vielen Fällen können Sie bereits über eine einfache inverse Bildersuche feststellen, ob es sich um altes Bildmaterial handelt. Ein weiterer Aspekt ist die Geolokalisierung des Bildmaterials.

9.2 Bewertungssysteme

Die Qualität von Informationen und die Zuverlässigkeit von Quellen werden mithilfe von Bewertungsrastern beurteilt. Solche Bewertungsraster bieten ein Schema, um einzuschätzen, wie vertrauenswürdig eine Quelle ist und wie valide die von ihr gelieferten Informationen erscheinen. Dabei wird zum Beispiel geprüft, ob die Quelle als glaubwürdig und sachkundig gilt, ob sie unabhängig ist oder ob sie möglicherweise eigene Interessen verfolgt. Ebenso wird die Informationsqualität danach beurteilt, ob die Angaben aktuell, vollständig, konsistent und durch Belege gestützt sind.

Zu den klassischen Systemen zählen das 4×4-System, in dem die verschiedenen Bewertungsdimensionen tabellarisch notiert werden, der *Admiralty Code* (auch als *NATO-System* bekannt) und nutzt das *ABCDE F/X-Schema*. Je nach Anwendungsfall eignen sich diese Raster, um eine nachvollziehbare und vergleichbare Einschätzung einzelner Quellen oder Informationen vorzunehmen.

9

Der Admiralty Code[1] teilt die Informationsbewertung beispielsweise in die beiden Achsen *Reliability* (Zuverlässigkeit der Quelle) und *Credibility* (Glaubwürdigkeit der Daten) ein.

Reliability of Source	Accuracy of data
A – Completely reliable: No doubt of authenticity, trustworthiness, or competency; has a history of complete reliability	**1** – Confirmed by other sources: Confirmed by other independent sources; logical in itself; Consistent with other information on the subject
B – Usually reliable: Minor doubt about authenticity, trustworthiness, or competency; has a history of valid information most of the time	**2** – Probably True: Not confirmed; logical in itself; consistent with other information on the subject
C – Fairly reliable: Doubt of authenticity, trustworthiness, or competency but has provided valid information in the past	**3** – Possibly True: Not confirmed; reasonably logical in itself; agrees with some other information on the subject
D – Not usually reliable: Significant doubt about authenticity, trustworthiness, or competency but has provided valid information in the past	**4** – Doubtful: Not confirmed; possible but not logical; no other information on the subject

Tabelle 9.1 Kategorien im Admiralty Code

1 Appendix B in »HUMAN INTELLIGENCECOLLECTOR OPERATIONS«, *https://irp.fas.org/doddir/army/fm2-22-3.pdf*

Reliability of Source	Accuracy of data
E – Unreliable: Lacking in authenticity, trustworthiness, and competency; history of invalid information	**5** – Improbable: Not confirmed; not logical in itself; contradicted by other information on the subject
F – Reliability cannot be judged: No basis exists for evaluating the reliability of the source	**6** – Truth cannot be judged: No basis exists for evaluating the validity of the information

Tabelle 9.1 Kategorien im Admiralty Code (Forts.)

Eine Information, die Sie aus einer ziemlich zuverlässigen Quelle haben, die aber nicht bestätigt wurde und die sich etwas widersprüchlich anhört, würde also die Beurteilung **C4** bekommen.

Auch im 4 × 4-System wird zunächst die Quelle in eine von vier Kategorien eingeteilt, danach wird die Information selbst bewertet.[2] Alle Informationen, die nicht aus erster Hand stammen, bekommen direkt die niedrigste Bewertung.

Um die Aussagekraft und Plausibilität von Informationen weiter zu erhöhen, werden ergänzend Triangulationstechniken eingesetzt. Die zeitliche Triangulation prüft, ob unterschiedliche Angaben zum selben Zeitpunkt und Ereignis passen, während die geografische Triangulation kontrolliert, ob Angaben zum Ort aus verschiedenen Quellen übereinstimmen. Typischerweise werden dabei Berichte aus klassischen Medien, von Augenzeugen, Satellitenbilder und Social-Media-Beiträge miteinander abgeglichen, um eine zuverlässigere Bewertung zu ermöglichen.

Durch diese mehrdimensionale Validierung wird eine Hypothese gestärkt, wenn unabhängige Quellen zu konsistenten Ergebnissen kommen. Treten Inkonsistenzen, Widersprüche oder Lücken auf, sinkt die Plausibilität. Ziel dieser Methoden ist es, den Einfluss kognitiver Verzerrungen und subjektiver Einschätzungen zu minimieren und möglichst belastbare Analyseergebnisse zu erzielen.

Im OSINT-Bereich sind solche Bewertungssysteme und Triangulationsverfahren jedoch nur eingeschränkt anwendbar. Die hybride, oft dynamisch manipulierte und rasch wechselnde Informationsumgebung erfordert eine besonders differenzierte Herangehensweise. Quellen können sich verändern, Informationen können gezielt gestreut oder aus dem Zusammenhang gerissen worden sein, und die Grenze zwischen Primär- und Sekundärquelle ist nicht immer eindeutig. Dennoch stellen Bewertungsraster und Triangulation eine wichtige Grundlage dar, um systematisch die

2 Criminal Intelligence. Manual for Analysts. United Nations Office on Drugs and Crime, S. 25: *https://www.unodc.org/documents/organized-crime/Law-Enforcement/Criminal_Intelligence_for_Analysts.pdf*

Belastbarkeit von Informationen im digitalen Raum einzuschätzen und das Risiko von Fehlinterpretationen zu senken.

9.3 Manipulationsarten

Die englischen Begriffe *Mis-, Dis- und Malinformation* beschreiben verschiedene Formen von Informationen, die im digitalen Raum kursieren. Sie unterscheiden sich hinsichtlich ihrer Falschheit und der Zielrichtung.

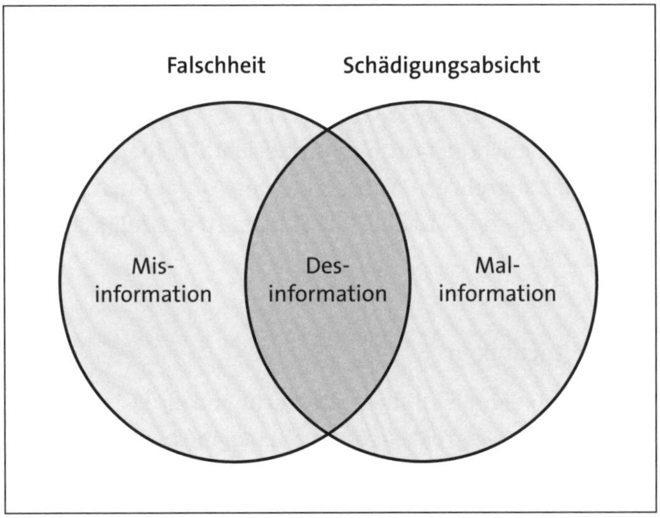

Abbildung 9.1 Mis-, Dis- und Malinformation

- *Disinformation* (deutsch: *Desinformation*) umfasst absichtlich erstellte und verbreitete falsche oder irreführende Informationen, die Menschen täuschen, manipulieren oder bestimmte Meinungen und Stimmungen beeinflussen sollen. Disinformation verfolgt eine klare Schädigungsabsicht gegenüber einzelnen Personen oder Personengruppen. Ein Beispiel hierfür ist das gezielte Streuen von Falschnachrichten durch staatliche Akteure oder Interessengruppen, um politische oder gesellschaftliche Ziele zu erreichen.
- Im Gegensatz zu Disinformation werden bei *Misinformation* zwar ebenfalls falsche oder ungenaue Inhalte verbreitet, jedoch ohne Täuschungs- oder Schädigungsabsicht. Die Personen, die solche Informationen weitergeben, sind sich oft nicht bewusst, dass es sich um Falschinformationen handelt. Beispiele hierfür sind Gerüchte oder falsche Behauptungen, die aus Unwissenheit oder durch unkritisches Teilen in sozialen Medien weiterverbreitet werden.
- Als *Malinformation* bezeichnet man die Verbreitung von korrekten, jedoch aus dem Zusammenhang gerissenen oder in schädlicher Absicht veröffentlichten

Informationen. Dabei werden beispielsweise vertrauliche oder private Informationen veröffentlicht, um einer Person, Organisation oder Gruppe zu schaden. Beispiele hierfür sind das Leaken privater Daten in Form von Feindeslisten oder die gezielte Bloßstellung.

Diese drei Kategorien werden unterschieden, um die unterschiedliche Motivation zu verstehen. Während *Misinformation* oft unbeabsichtigt und aus Unwissenheit oder Unachtsamkeit geschieht, steckt hinter *Disinformation* eine bewusste Täuschungsabsicht. *Malinformation* nutzt wahre Inhalte, um gezielt Schaden zu verursachen. In der Praxis ist die Abgrenzung jedoch nicht immer eindeutig, da sich die Formen überschneiden.

Eine weitere Unterscheidung kann hinsichtlich der Abweichung von der Wahrheit und der Absicht des Senders getroffen werden: So lassen sich etwa unabsichtlich irreführende Inhalte, wie ungenaue Berichterstattung von absichtlich manipulativen Formen wie gezielter *Propaganda* abgrenzen. Während erstere oft auf mangelnder Sorgfalt beruhen, verfolgen letztere gezielt das Ziel, Meinungen zu beeinflussen oder Falschinformationen zu verbreiten.

9.3.1 Deep Fakes und andere Techniken

Die Bandbreite der Manipulationen digitaler Bildinhalte reicht von einfacher Rekontextualisierung bis hin zu Deep Fakes. Deep Fakes sind realitätsnahe Manipulationen von Bild- oder Videomaterial, die mit künstlicher Intelligenz erzeugt werden und dabei Gesichter, Stimmen oder ganze Szenen täuschend echt verändern bzw. komplett erzeugen. Im Gegensatz dazu existieren als *Cheap Fakes* bezeichnete Inhalte, die oft durch einfache Mittel wie Zuschneiden, Beschleunigen, Verlangsamen oder Neuvertonen entstehen, und die leichter zu erkennen sind.

Bei der *Rekontextualisierung* wird authentisches Material aus dem Zusammenhang gerissen und in einem neuen, oft irreführenden Kontext präsentiert, sodass der Eindruck entsteht, es handle sich um eine andere Handlung, einen anderen Ort oder eine andere Zeit. Dies findet sich besonders häufig in sozialen Netzwerken nach Naturkatastrophen oder Terroranschlägen und dient der gezielten Beeinflussung der Wahrnehmung. Auch Doppelgänger werden verwendet, also Personen, die echten Menschen stark ähneln. Auch durch das Beschleunigen oder Verlangsamen von Audio- oder Videoaufnahmen kann der Eindruck entstehen, dass die dargestellten Personen sich anders verhalten oder sprechen, als es tatsächlich der Fall war. Ein Beispiel ist eine verlangsamte Rede der US-Politikerin Nancy Pelosi, wodurch sie verwirrt oder alkoholisiert wirkte.

Beim *Face Swapping* wird das Gesicht einer Person durch das einer anderen ersetzt, was besonders bei der Erstellung von Desinformationskampagnen und zur Diskreditierung eingesetzt wird. Beim *Lip-Syncing* werden die Lippenbewegungen einer Person im Video so angepasst, dass sie zu einer anderen Tonspur passen. Mithilfe moderner Algorithmen kann dies sehr realistisch wirken. Die Sprachsynthese wiederum erlaubt es, die Stimme einer Person nachzubilden. Auf diese Weise entstehen täuschend echte Audio-Fälschungen, die von Kriminellen beispielsweise für Schockanrufe eingesetzt werden. Dabei wird z. B. vorgegeben, dass sich das Kind in einer Notlage befindet und dringend Geld benötigt.

Virtuelle Performances nutzen computergenerierte Darstellungen von echten oder erfundenen Personen und kommen beispielsweise bei Fake-Videos oder virtuellen Influencern zum Einsatz.

Schließlich sind *Deepfakes* die technisch fortschrittlichste Form der digitalen Manipulation. Hier werden mittels maschinellen Lernens Videos oder Audiodateien erstellt, die kaum noch von echten Aufnahmen zu unterscheiden sind. Gerade diese hochentwickelten Fälschungen stellen eine besondere Herausforderung für die Überprüfung und Verifikation digitaler Medien dar.

9.3.2 Erkennung von Manipulationen

Für die Erkennung von Bildmanipulationen und die Überprüfung, ob ein Bild mittels KI generiert wurde, existieren mittlerweile einige Hilfsmittel.

Hinweis

In kaum einem anderen Bereich wird das ständige Katz-und-Maus-Spiel zwischen Täuschung und Aufdeckung so deutlich wie bei der Entwicklung und Erkennung von KI-generierten Inhalten. Die technologischen Fortschritte führen dazu, dass Methoden zur Erkennung von Fälschungen und Manipulationen stetig verbessert werden müssen, während gleichzeitig neue Techniken zur Verschleierung und Umgehung dieser Systeme entstehen. Es ist daher unerlässlich, die Ergebnisse der eingesetzten Erkennungslösungen stets kritisch zu hinterfragen.

Viele dieser Detektionsverfahren können bereits durch kleine Veränderungen am Ausgangsmaterial umgangen werden. Doch auch ohne gezielte Manipulationen sind Fehlerquellen nicht ausgeschlossen. Es können *false positives* und *false negatives* auftreten. Daher empfiehlt es sich, die Ergebnisse von Erkennungstools immer im Gesamtzusammenhang zu bewerten.

Dienste wie *WasItAI* (*https://wasitai.com*) und *Undetectable AI* (*https://undetectable.ai/de/ai-image-detector*) stellen Ihnen KI-basierte Bilddetektoren zur Verfügung, mit denen Sie Bilder auf typische KI-Merkmale und Manipulationen analysieren können. Die Funktionsweise ist simpel: Sie laden ein Bild hoch, die Plattform analysiert dieses bezüglich verschiedener Merkmale und gibt Ihnen anschließend eine Einschätzung, ob KI am Werk war.

Darüber hinaus stellt das Freemium-Tool *Sightengine* (*https://sightengine.com*) verschiedene Modelle zur Erkennung und Moderation problematischer Text-, Bild- und Audioinhalte bereit. Diese Lösungen werden häufig eingesetzt, um soziale Netzwerke oder Foren vor schädlichen, unangemessenen oder rechtswidrigen Inhalten zu schützen. Die Modelle erkennen beispielsweise Beleidigungen, Hassrede, sexuelle oder gewalttätige Darstellungen sowie andere Risiken in Text-, Bild- und Audiodateien.

Ein Feature von *Sightengine* ist der *AI Image Detector* (siehe Abbildung 9.2). Dieser analysiert Bilder und erkennt verschiedene GAN- oder Diffusionsmodelle sowie Gesichtsmanipulationen.

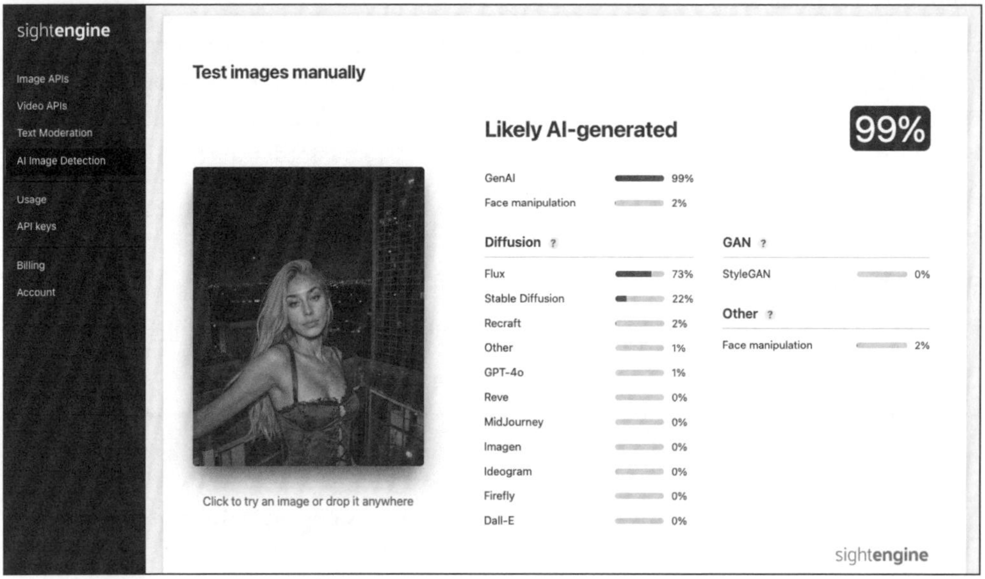

Abbildung 9.2 »Sightengine«

Weitere Unterstützung bietet der *Image Verification Assistant* (*https://mever.iti.gr/forensics*), der tiefergehende Analysen und Verifizierungen digitaler Bildinhalte ermöglicht.

Auf die manuelle Untersuchung von Bilddateien wird in Abschnitt 9.7 eingegangen.

9.4 Grundlagen der Analyse

Open Source Intelligence bewegt sich im Spannungsfeld zwischen der reinen Sammlung öffentlich zugänglicher Informationen und deren tiefergehender Analyse. In der Praxis begegnen Ihnen häufig Informationen, die zwar als OSINT gekennzeichnet sind, bei denen jedoch keine weiterführende Auswertung stattgefunden hat. Entscheidend ist, dass erst die systematische Analyse aus der bloßen Informationssammlung wertvolle Erkenntnisse generiert. Ohne Analyse bleibt der Informationswert begrenzt und es handelt sich lediglich um »Open Source Information«.

Die Analyse erfolgt häufig in mehreren Stufen. Sachverhalte werden dabei in ihre einzelnen Bestandteile zerlegt. Je nach Zielsetzung und Zeithorizont lassen sich Analysen in taktische, operative und strategische Ebenen unterteilen.

- **Strategische Analysen** nehmen eine langfristige Perspektive ein und befassen sich mit großflächigen Entwicklungen, Trends und Mustern. Ziel ist es, ein umfassendes High-Level-Verständnis zu gewinnen. Dies dient als Grundlage für übergeordnete Entscheidungen und die Entwicklung von Strategien.

  Typische Fragestellungen sind beispielsweise: Wie verändern sich Bedrohungslagen über die Zeit? Welche globalen oder regionalen Trends zeichnen sich ab? Strategische Analysen helfen dabei, zukünftige Herausforderungen frühzeitig zu erkennen.

- **Operative Analysen** haben einen mittelfristigen Horizont. Analysiert werden spezifische Fähigkeiten und Motive von Akteuren, mögliche Handlungsoptionen sowie deren Auswirkungen auf laufende Aktivitäten. Operative Analysen dienen der Unterstützung von Entscheidungsprozessen auf der Management- oder Fachebene.

  Beispiele: Welche Ressourcen stehen einem Akteur zur Verfügung? Welche Motivation steckt hinter bestimmten Aktivitäten?

- **Taktische Analysen** sind kurzfristig und ad-hoc ausgerichtet und konzentrieren sich auf die direkte Unterstützung laufender Operationen oder Ermittlungen. Im Vordergrund stehen direkt verwertbare Informationen, die schnelle Entscheidungen ermöglichen.

  Beispiele: Welche konkreten Maßnahmen sind aktuell erforderlich? Welche Bedrohungen bestehen im Moment?

Unabhängig von der jeweiligen Analyseebene muss stets eine Recherchefrage formuliert werden. Sie bildet das Fundament der Analyse und lenkt den Fokus auf relevante Aspekte. Darüber hinaus ist es wichtig, bestehende *Intelligence Gaps*, also Erkenntnislücken und Unsicherheiten, offen zu benennen. Dies ermöglicht es, die Grenzen der vorliegenden Informationen kritisch zu reflektieren und gezielt nach zusätzlichem Wissen zu suchen. So werden die Qualität und Aussagekraft der Analyse insgesamt gestärkt.

9.5 Kognitive Verzerrungen und Bias

Menschen unterliegen kognitiven Verzerrungen (engl. *Bias*), die unsere Wahrnehmung, Bewertung und Verarbeitung von Informationen maßgeblich beeinflussen.

Diese Denkfehler sind tief in unseren Entscheidungsprozessen verankert und wirken oft unbewusst. Sie führen dazu, dass wir Informationen nicht immer objektiv beurteilen, sondern durch einen Filter sehen. Dieser Filter wird durch unsere Erfahrungen, Erwartungen und Emotionen geprägt.

Es gibt eine enorme Menge an Verzerrungen, vom *Bestätigungsfehler* (*Confirmation Bias*), bei dem wir bevorzugt nach Hinweisen suchen, die unsere bestehenden Annahmen untermauern, bis hin zum IKEA-Effekt, durch den wir eigene Beiträge oder selbst Erarbeitetes überbewerten – wir haben es selbst gebaut, also mögen wir es mehr.

Im Kontext von OSINT-Recherchen spielen bestimmte kognitive Verzerrungen eine wichtige Rolle, da sie die Objektivität und Qualität der gewonnenen Erkenntnisse maßgeblich beeinflussen können. Der erste Schritt ist, dass Sie sich selbst bewusst machen müssen, dass Sie voreingenommen sein können. Im nächsten Schritt führt eine kritische Reflexion der eigenen Annahmen sowie eine aktive Suche nach widersprechenden Belegen dazu, die Auswirkungen kognitiver Verzerrungen zu minimieren.

Der *Bestätigungsfehler* beschreibt die Tendenz, Informationen so auszuwählen und zu bewerten, dass sie die eigenen Überzeugungen oder Hypothesen bestätigen. Dabei werden widersprechende oder widerlegende Hinweise übersehen, abgelehnt oder wegdiskutiert. Manchmal wird dieser Bias auch als *Bestätigungsfalle* (engl. *confirmation trap*) bezeichnet, da aktiv nach Informationen gesucht wird, die die eigene Hypothese stützen, während widersprechende Hinweise ignoriert werden.

Um diesem Bias entgegenzuwirken, suchen Sie aktiv(!) nach Hinweisen, die die eigene Annahme widerlegen könnten (engl. *disconfirming evidence*). Suchen Sie also gezielt nach Belegen, die Ihre Hypothese entkräften. Das tut oft weh, und man neigt immer dazu, Gegenbeweise weniger hoch zu bewerten als Fundstücke, die zur eigenen Argumentation passen. Helfen können dann die Bewertungsregister aus Abschnitt 9.2 – aber natürlich nur dann, wenn Sie sie auch neutral einsetzen.

Die Neigung, das eigene Wissen, die eigenen Fähigkeiten oder die Genauigkeit von Vorhersagen zu überschätzen, wird als *Overconfidence Bias* (*Überlegenheitsillusion*) bezeichnet. Dies kann dazu führen, dass Risiken unterschätzt und Fehlentscheidungen getroffen werden.

Beim *Selection Bias* oder *Sampling Bias* liegt der Fokus auf leicht beobachtbaren oder zugänglichen Informationen, während schwer zugängliche oder unsichtbare Faktoren vernachlässigt werden. Diese kognitive Verzerrung wird auch *Observability Bias* oder *Verfügbarkeitsheuristik* bezeichnet und beschreibt den Fehlschluss, dass man Informationen für relevanter und eher für wahr hält, wenn sie leicht verfügbar sind. Zudem werden seltene, aber auffällige Ereignisse überschätzt, während häufige, aber weniger präsente Informationen unterbewertet werden. Dies geht meist mit dem *Recency Bias* einher, bei dem neuere Informationen oft als wichtiger oder relevanter betrachtet werden als ältere, selbst wenn dies nicht gerechtfertigt ist.

Beim *Ankereffekt* beeinflusst die erste Information, die man erhält (der »Anker«), alle nachfolgenden Einschätzungen oder Entscheidungen. Nachfolgende Urteile orientieren sich dann übermäßig stark an diesem Ausgangswert, und das selbst dann, wenn sich der Anker als irrelevant herausstellt.

Dies ist übrigens eine beliebte Verkaufstaktik: »Das Gerät kostet 99 Euro.« – »Das ist aber teuer.« – »Nur für Sie: 69 Euro.« – »Oh, das ist ja billig.«

Die 69 Euro wirken aber nur im Vergleich zum Anker günstig; ob das ein guter Preis ist, kann auf Basis dieser Informationen nicht gesagt werden.

Der *Survivorship Bias* bezeichnet die Tendenz, bei der Analyse von Beispielen nur diejenigen Fälle zu berücksichtigen, die »überlebt« oder Erfolg gehabt haben, während gescheiterte oder nicht sichtbare Fälle ignoriert werden. Dadurch entsteht ein verzerrtes Bild, das die tatsächlichen Erfolgschancen überschätzt. Die Folge sind Fehlinterpretationen und ein unrealistisches Verständnis von Erfolgsfaktoren.

Der *Rückschaufehler* (*Hindsight Bias*) führt dazu, dass Ereignisse im Nachhinein als vorhersehbarer betrachtet werden, als sie es tatsächlich waren. Eng damit verbunden ist der *Outcome Bias*, der die Tendenz beschreibt, die Qualität einer Entscheidung ausschließlich am Ergebnis zu messen, ohne den Entscheidungsprozess selbst zu berücksichtigen. (»Auch ein blindes Huhn findet mal ein Korn.«) In der Analyse kann dies dazu führen, dass man nach einem Ereignis die eigenen Wertungen oder Prognosen überschätzt und daraus falsche Schlüsse für zukünftige Entscheidungen zieht.

Der *Sunk Cost Bias* beschreibt die Neigung, an einer einmal getroffenen Entscheidung festzuhalten, weil bereits Ressourcen investiert wurden, obwohl eine Änderung sinnvoller sein könnte. Der *Plan Continuation Bias* verstärkt dieses Verhalten, indem man trotz erkennbarer Risiken oder neuer Informationen an einem bestehenden Plan festhält. In der Recherche oder Analyse kann dies beispielsweise dazu führen, dass man an einer Hypothese festhält, obwohl es gegenteilige Hinweise gibt, nur weil bereits viel Arbeit hineingesteckt wurde.

Als *Social Proof* wird das Phänomen bezeichnet, dass Menschen sich in ihrem Verhalten und ihren Entscheidungen an anderen orientieren, insbesondere in unsicheren Situationen. In der Informationsbeschaffung kann dieser Herdeneffekt dazu führen, dass man sich an Mehrheitsmeinungen oder populären Quellen orientiert, anstatt kritisch und unabhängig zu recherchieren. Dies kann die Objektivität der Analyse beeinträchtigen und dazu führen, dass wichtige Informationen, die weniger beachtet werden, übersehen werden. Auch in Teams können abweichende Meinungen unterdrückt werden, um einen Konsens zu erreichen. Das kann zu Fehlentscheidungen führen. Dieses Phänomen wird auch als *Gruppendenken* (*Groupthink*) bezeichnet.

Die *Cluster-Illusion* bezeichnet die Neigung, in zufälligen Daten Muster, Häufungen oder Zusammenhänge zu erkennen, die jedoch rein zufällig entstanden sind.

Menschen neigen dazu, statistische Zufälle falsch zu interpretieren, und glauben häufig, dass sich dahinter ein bestimmtes System oder eine konkrete Ursache verbirgt. Diese Illusion entsteht, weil das menschliche Gehirn darauf ausgelegt ist, Muster zu erkennen – eine Fähigkeit, die evolutionär durchaus sinnvoll ist, in bestimmten Kontexten jedoch zu Fehlschlüssen führen kann. Ein typisches Beispiel hierfür ist die Suche nach Sternbildern.

Während der Recherche ist es wichtig, sich der Möglichkeit zufälliger Muster bewusst zu sein und analytische Methoden zu nutzen, die echte Zusammenhänge von Zufallserscheinungen unterscheiden.

Eine der gemeinsten kognitiven Verzerrungen ist der *Blind Spot* (*Verzerrungsblindheit*). Dieser Bias beschreibt die Tendenz, die eigenen kognitiven Verzerrungen zu unterschätzen oder gar nicht wahrzunehmen, während man die Verzerrungen anderer leicht erkennt. Sie müssen ein Bewusstsein für diese »Blindheit« entwickeln, um die eigene Objektivität zu stärken. In der Praxis bedeutet dies, dass man sich aktiv und regelmäßig selbst hinterfragen sollte, um Verzerrungen zu erkennen und zu minimieren.

Wie Sie sehen, gibt es eine Vielzahl unterschiedlicher Verzerrungen, die unser Denken und unsere Entscheidungen beeinflussen können. Dabei haben wir nur an der Oberfläche menschlichen Denkens gekratzt. Trotzdem haben Sie nun ein besseres Verständnis für die Gefahr von Fehlinterpretationen. Dadurch entsteht die Gefahr, Informationen falsch zu deuten oder Zusammenhänge zu konstruieren, die nicht bestehen.

9.6 Strukturierte Analysetechniken

Im Folgenden lernen Sie strukturierte Analysetechniken kennen, mit denen Sie einerseits den Einfluss kognitiver Verzerrungen in Ihren Recherchen minimieren und andererseits zu belastbaren Ergebnissen gelangen können. Dazu zählen Methoden wie die Hypothesengeneration, bei der Sie auf Basis der vorliegenden Informationen verschiedene plausible Erklärungsansätze entwickeln, um Denkfehler wie den Bestätigungsfehler zu vermeiden.

Die Entwicklung von Hypothesen ist ein zentraler Schritt im analytischen Prozess. Auf Basis der vorliegenden Informationen werden unterschiedliche Erklärungsansätze formuliert. Ziel ist es, ein möglichst breites Spektrum plausibler Hypothesen zu erarbeiten, um Denkfehler wie den beschriebenen Confirmation Bias zu vermeiden. Dabei sollten nicht nur offensichtliche, sondern auch unwahrscheinliche oder widersprüchliche Hypothesen berücksichtigt werden, um die Objektivität der Analyse zu gewährleisten.

Assumptions Log und Beweisweg-Map

Sinnvolle begleitende Elemente sind ein *Assumptions Log*, das zentrale Annahmen und deren Belege dokumentiert, und eine Beweisweg-Map, die den gesamten Pfad vom Ereignis bis zu Ihrem Rechercheergebnis nachzeichnet. Mit solchen Hilfsmitteln strukturieren Sie Ihre Arbeitstechniken und erhöhen die Belastbarkeit und Transparenz Ihrer Analyse.

Mit der Überprüfung zentraler Annahmen (*Key Assumption Checks*) identifizieren und hinterfragen Sie systematisch die wichtigsten Prämissen Ihrer Analyse. Sie prüfen, ob zentrale Annahmen tatsächlich gültig und belastbar sind. Auf diese Weise lassen sich blinde Flecken (*Gaps*) aufdecken und Sie können verhindern, dass Ihre Analyse auf unstimmigen oder unplausiblen Annahmen fußt.

Die Methode der Key Assumption Checks ist ein Schritt im analytischen Prozess, um die Objektivität und Qualität der Ergebnisse zu steigern. Sie listen alle Annahmen auf, die für Ihre Schlussfolgerungen entscheidend sind, und hinterfragen diese systematisch.

Das Vorgehen umfasst typischerweise folgende Schritte:

1. **Identifikation der zentralen Annahmen**: Auf welchen Aussagen basiert Ihre Analyse? Welche Voraussetzungen müssen erfüllt sein, damit Ihre Hypothesen plausibel sind?
2. **Kritische Überprüfung**: Werden diese Annahmen durch Fakten oder Daten gestützt?
3. **Was-wäre-wenn-Bewertung**: Was würde passieren, wenn sich eine Annahme als unzutreffend herausstellt? Welche Auswirkung hätte dies auf Ihre Analyse?
4. **Dokumentation**: Halten Sie die überprüften Annahmen und Ihre Bewertungen schriftlich fest und kommunizieren Sie diese im Team, um Transparenz zu schaffen.

Durch diese strukturierte Überprüfung werden potenzielle Schwachstellen frühzeitig erkannt. Insbesondere in komplexen Situationen, in denen wenig Daten vorliegen oder die Informationslage unsicher ist, erhöhen Key Assumption Checks die Robustheit der Ergebnisse.

Key Assumption Checks ergänzen andere strukturierte Analysetechniken wie die Hypothesengeneration und das Red-Team-Prinzip. Das Red-Teaming (oder auch *Devils Advocate*) sieht vor, dass eine Person oder ein Team gezielt gegenteilige Positionen einnimmt und bestehende Hypothesen bzw. Annahmen kritisch hinterfragt. Dadurch wird verhindert, dass Groupthink oder andere kognitive Verzerrungen die Analyse beeinflussen.

Im Detail bedeutet das: Jemand übernimmt bewusst die Rolle der Gegenpartei und vertritt Argumente und Sichtweisen, die der Mehrheitsmeinung oder den aktuellen Annahmen widersprechen. Ziel ist es, Schwachstellen und unbeachtete Risiken in der Argumentation aufzudecken. Die Methode zwingt das Analyseteam dazu, seine Hypothesen und Begründungen zu überprüfen und zu verteidigen. So werden voreilige Schlussfolgerungen vermieden. Am Ende profitieren auch hier die Ergebnisse von einer höheren Belastbarkeit.

Mit der *Analysis of Competing Hypotheses (ACH)* werden konkurrierende Hypothesen gegeneinander abgewogen. Sämtliche verfügbaren Beweise werden jeder Hypothese systematisch zugeordnet, um zu klären, welche Erklärungen durch die Daten gestützt und welche widerlegt werden. Ziel ist es, die Hypothese mit den wenigsten widersprüchlichen Belegen zu identifizieren und vorschnelle Schlussfolgerungen zu vermeiden.

Zeitorientierte Analysetechniken fokussieren sich auf die chronologische Einordnung und Analyse von Ereignissen und Informationen. Indem Ereignisse in eine zeitliche Abfolge gebracht werden, lassen sich Muster, Abhängigkeiten und mögliche Beziehungen erkennen. Dazu erstellen Sie einen Zeitstrahl (*Timeline*). Dort werden alle relevanten Ereignisse, Fakten oder Kommunikationsschritte chronologisch aufgelistet und visualisiert. So können Sie ablesen, wie sich bestimmte Situationen entwickelt haben, welche Ereignisse zeitlich zusammenfallen und ob es auffällige Lücken, Überschneidungen oder Widersprüche gibt.

Dazu können Sie beispielsweise Social-Media-Aktivitäten einbeziehen und so nachvollziehen, ob es Verzögerungen, Veränderungen oder auffällige Pausen gab. Auch kann festgestellt werden, ob Informationen erst nach bestimmten Ereignissen auftauchten und so möglicherweise als Reaktion darauf zu werten sind.

Durch die Anwendung zeitorientierter Analysetechniken können Lücken oder Inkonsistenzen aufgedeckt werden, etwa wenn Ereignisse in einer unplausiblen Reihenfolge dargestellt werden oder wichtige Zeitpunkte fehlen. Ebenso helfen diese Methoden dabei, festzustellen, ob die zeitlichen Angaben und Abläufe mit den übrigen Belegen und Quellen übereinstimmen. Insgesamt tragen zeitorientierte Analysen dazu bei, Hypothesen fundierter zu bewerten und die Qualität der Analyse zu erhöhen.

Im Rahmen Ihrer Analyse sollten Sie sich an spezifischen Leitfragen orientieren: Ist der Beweisweg lückenlos und nachvollziehbar? Sind rechtliche Standards sowie die Verhältnismäßigkeit sämtlicher Maßnahmen dokumentiert? Bleiben alternative Hypothesen plausibel und wie lassen sich diese entkräften? Gibt es kritische Engstellen im Untersuchungsprozess, sogenannte *Single Points of Failure*, von denen zu viel abhängt?

Um die Qualität Ihrer Analyse sicherzustellen, empfiehlt es sich, im Rahmen eines Prä-mortem-Ansatzes zu überlegen, woran Ihre Recherche scheitern könnte; sammeln Sie gezielt alle vorstellbaren Angriffspunkte und bewerten Sie Risiken. Dokumentieren Sie kritische Fragen sowie belastbare Antworten und Quellen im Q&A-Dossier. Abschließend überführen Sie Ihre Lessons Learned systematisch in Standards, Checklisten und Routinen. Ohne ein solches Debriefing gehen Dinge, die man eigentlich gelernt hat, schnell wieder verloren.

9.7 Analyse von (Bild-)Dateien

Bei der Analyse digitaler Dateien kommt es nicht nur darauf an, was man auf den ersten Blick sieht. Fast genauso wichtig ist die Auswertung von Metadaten. *Metadaten* sind Zusatzinformationen, die direkt in der Datei gespeichert werden und wichtige Hinweise zu Eigenschaften, Herkunft und Bearbeitung liefern können. Stehen Bildaufnahmen aus digitalforensischen Untersuchungen oder aus sozialen Netzwerken zur Verfügung, gilt der Grundsatz: Ein Bild sagt mehr als tausend Worte.

Bei einem digitalen Bild können Sie also nach der Auswertung der eigentlich sichtbaren Inhalte folgende Schritte einleiten:

- **Metadaten auswerten**: Wer ist der Autor, womit wurde das Bild erstellt?
- **inverse Bildersuche**: Gibt es ähnliche Bilder? Gibt es Fakes oder Bilder, die in einem anderen Kontext auftauchen?
- **Chronolokalisation**: Wann wurde es erstellt, wann wurde es bearbeitet? Welche Zeitstempel sind auf dem Foto oder in den Metadaten zu finden?
- **Geolokalisation**: Wo wurde das Bild aufgenommen? Dabei können Metadaten helfen. Oder Sie beweisen Detektivsinn und schließen aus den sichtbaren Hinweisen auf den Ort.

Chronolokalisation und Geolokalisation

Betrachtet man allein die Punkte Geolokalisation und Chronolokalisation von Bildern, wird schnell klar, wie viele Infos ein schnödes Urlaubsfoto vom Strand liefern kann. Bei der Geolokalisation wird der Aufnahmeort bestimmt – darum geht es gleich in Abschnitt 9.7.2 ausführlich. Als Chronolokalisation wird der Prozess bezeichnet, den Aufnahmezeitpunkt möglichst genau zu bestimmen. Wie Sie dabei vorgehen, zeige ich in Abschnitt 9.7.3.

Digitale Bilder enthalten neben den sichtbaren Inhalten oft eine Vielzahl von Metadaten, die Zusatzinformationen liefern können. Diese strukturierten Informationen werden direkt in der Bilddatei gespeichert und geben Auskunft über die Entstehung, Bearbeitung und Eigenschaften eines Bildes. Zu den wichtigsten Metadaten-Formaten zählen EXIF, IPTC und XMP. Häufig sind auch ICC-Profile Bestandteil der Metadaten. Diese enthalten Informationen über den Farbraum und die Farbkalibrierung.

Für OSINT-Recherchen ist insbesondere das EXIF-Format (*Exchangeable Image File Format*) relevant. Es ist das am weitesten verbreitete Metadatenformat bei digitalen Fotos. EXIF speichert technische Details wie das Aufnahmedatum und die Uhrzeit, das Kameramodell, die Belichtungszeit, die Blende, den ISO-Wert, die Brennweite und – sofern vorhanden – die GPS-Koordinaten des Aufnahmeorts. EXIF-Daten ermöglichen somit Rückschlüsse auf die Entstehung eines Bildes.

Mit dem Online-Tool *Metadata2go* (*https://www.metadata2go.com*) können Sie sich die Metadaten von Dateien anzeigen lassen und diese entfernen oder bearbeiten. Das Tool unterstützt eine Vielzahl von Dateiformaten. Nach dem Hochladen einer Datei werden die enthaltenen Metadaten detailliert aufgeschlüsselt. So sehen Sie beispielsweise, wann und wo ein Foto aufgenommen wurde, mit welchem Gerät es erstellt wurde oder welche Software bei der Bearbeitung verwendet wurde. Die Metadaten können Sie in verschiedenen Formaten exportieren.

Zusätzlich bietet *Metadata2go* die Möglichkeit, Metadaten direkt zu bearbeiten und beispielsweise eigene Copyright-Informationen oder Beschreibungen hinzuzufügen.

Darüber hinaus können Sie PDF-Dokumente nach Bildern und anderen eingebetteten Inhalten parsen. Das bedeutet, dass Sie sämtliche in einer PDF-Datei enthaltenen Grafiken, Bilder oder andere eingebettete Objekte extrahieren können. Das ist besonders hilfreich, wenn Sie einzelne Bestandteile separat analysieren möchten. Auch Videodateien können Sie mit *Metadata2go* in ihre Bestandteile aufteilen und so auf enthaltene Audiospuren, Untertitel und die Videospur zugreifen.

Über die Plattform unter *https://www.metadata2go.com/compare-image* können Sie außerdem zwei Bilddateien hochladen und vergleichen lassen. Für die Erkennung der Unterschiede können Sie zwischen den folgenden Methoden wählen:

- *Structural Similarity Index Measure (SSIM)*
- *Absolute Error (AE)*
- *Mean Absolute Error (MAE)*
- *Normalized Cross-Correlation (NCC)*
- *Peak Signal-to-Noise Ratio (PSNR)*
- *Root Mean Squared Error (RMSE)*

Die SSIM-Methode bewertet die visuelle Ähnlichkeit zweier Bilder, indem sie deren Struktur, Helligkeit und Kontrast vergleicht. Mit dem MAE-Algorithmus werden die absoluten Differenzen der Pixelwerte zwischen den beiden Bildern berechnet. Der MAE berechnet den Durchschnitt dieser Differenzen. Ein niedriger MAE-Wert deutet auf eine hohe Übereinstimmung der Bilder auf Pixelebene hin.

Die NCC-Methode errechnet die Ähnlichkeit der Bilder, indem sie die Korrelation ihrer Pixelwerte zueinander misst. Der PSNR-Algorithmus berechnet das Verhältnis zwischen dem maximal möglichen Pixelwert eines Bildes und der Differenz zwischen den beiden verglichenen Bildern. Der RMSE berechnet die Quadratwurzel des Durchschnitts der quadrierten Differenzen der Pixelwerte.

Mit `exiftool` steht Ihnen ein plattformübergreifendes Kommandozeilen-Tool zur Verfügung, mit dem Sie Metadaten aus einer Vielzahl von Dateien anzeigen, bearbeiten und extrahieren können. Es unterstützt EXIF, IPTC, XMP und viele weitere Standards. `exiv2` ist ein weiteres Kommandozeilentool speziell für die Analyse und Bearbeitung von Metadaten in Bilddateien.

Forensically ist ein kostenloses webbasiertes Tool für digitalforensische Untersuchungen von Bildmaterial. Es arbeitet clientseitig, d. h. alle Analysen erfolgen im Browser, ohne dass Daten an externe Server übertragen werden.

Das Tool ersetzt zwar keine vollständige Expertenanalyse und ist auch kein Ersatz für eine vollständige, gerichtsfeste Bildforensik, aber es liefert bereits mit wenig Aufwand Hinweise auf Manipulationen. Diese müssen jedoch immer mit Fachkenntnis interpretiert werden. Die Ergebnisse sollten stets im Gesamtkontext der Analyse betrachtet und mit weiteren Methoden abgeglichen werden.

Wenn Sie *Forensically* ausprobieren wollen, sollten Sie sich diese Untersuchungsmöglichkeiten anschauen:

- **Vergrößerung inklusive Filtern**: Mit der eingebauten Lupe und diversen Kontrast-, Invertierungs- und Farbfiltern lassen sich Details sichtbar machen, die im Originalbild leicht übersehen werden.
- **Clone Detection (Klonerkennung):** Dieses Tool durchsucht das Bild automatisch nach identischen oder sehr ähnlichen Pixelmustern, die durch Kopieren von Bildbereichen entstanden sein können. Potenziell geklonte Bereiche werden markiert und visualisiert (siehe Abbildung 9.3).
- **Error Level Analysis (ELA):** Mit diesem Verfahren lassen sich Bildbereiche identifizieren, die unterschiedlich stark komprimiert wurden – was oft auf Manipulationen hinweist. ELA hebt manipulierte Bereiche farblich hervor und erleichtert so die gezielte Überprüfung fraglicher Stellen, ist gleichzeitig aber auch nicht ganz trivial zu nutzen.
- **Noise Analysis (Rauschanalyse)**: Überprüft die Bildbereiche hinsichtlich des Rauschniveaus. Abweichungen können ein Indikator dafür sein, dass ein Bild verändert oder zusammengesetzt wurde.

Abbildung 9.3 Clone Detection in »Forensically«

Frames aus einem Video extrahieren

Mit dem Tool *FFmpeg* lassen sich gezielt Einzelbilder (*Stills*) aus jedem Videomaterial gewinnen. Dies ist hilfreich, wenn Schlüsselstellen analysiert oder dokumentiert werden müssen. Mit folgendem Befehl können Sie einen bestimmten Frame exportieren:

```
ffmpeg -i input.mp4 -ss <Zeitstempel> -frames:v 1 frame.jpg
```

Geben Sie den Zeitstempel im Format `HH:MM:SS` an. Möchten Sie alle Frames eines Videos extrahieren, können Sie den Befehl `ffmpeg -i input.mp4 frame_%04d.jpg` verwenden.

9.7.1 Exkurs: File Carving

File Carving ist eine Methode der digitalen Forensik, mit der klassischerweise gelöschte oder fragmentierte Dateien aus Rohdaten extrahiert werden, selbst wenn das Dateisystem beschädigt oder nicht mehr verfügbar ist. Dabei werden charakteristische Dateisignaturen (der Datei-Header und -Footer) in den Datenblöcken gesucht, um beispielsweise Bilddateien zu rekonstruieren.

Das Verstecken eines Bildes innerhalb eines anderen Bildes ist ein weiterer Anwendungsfall, bei dem File Carving genutzt werden kann. Das wird dann als *Steganografie* bezeichnet. Dabei werden beispielsweise in einer Bilddatei zusätzliche Informationen oder sogar komplette andere Bilder so eingebettet, dass sie für das menschliche Auge nicht sichtbar sind. Nur durch gezielte Analyse lassen sich diese verborgenen Inhalte aufspüren und extrahieren.

Mit dem Tool *CyberChef* (*https://gchq.github.io/CyberChef*), das Sie bereits in Abschnitt 8.1.4 kennengelernt haben, können Sie Dateien nach eingebetteten Dateien durchsuchen (SCAN FOR EMBEDDED FILES) oder diese extrahieren (EXTRACT FILES). Beide Rezepte finden Sie in der Kategorie FORENSICS.

Auf diese Weise lassen sich beispielsweise versteckte Bilder, Dokumente oder Archive finden. Solche Inhalte werden häufig genutzt, um Informationen in scheinbar harmlosen Dateien zu verbergen oder Spuren zu verschleiern. Anschließend können Sie die gefundenen Inhalte mit dem Rezept EXTRACT FILES extrahieren.

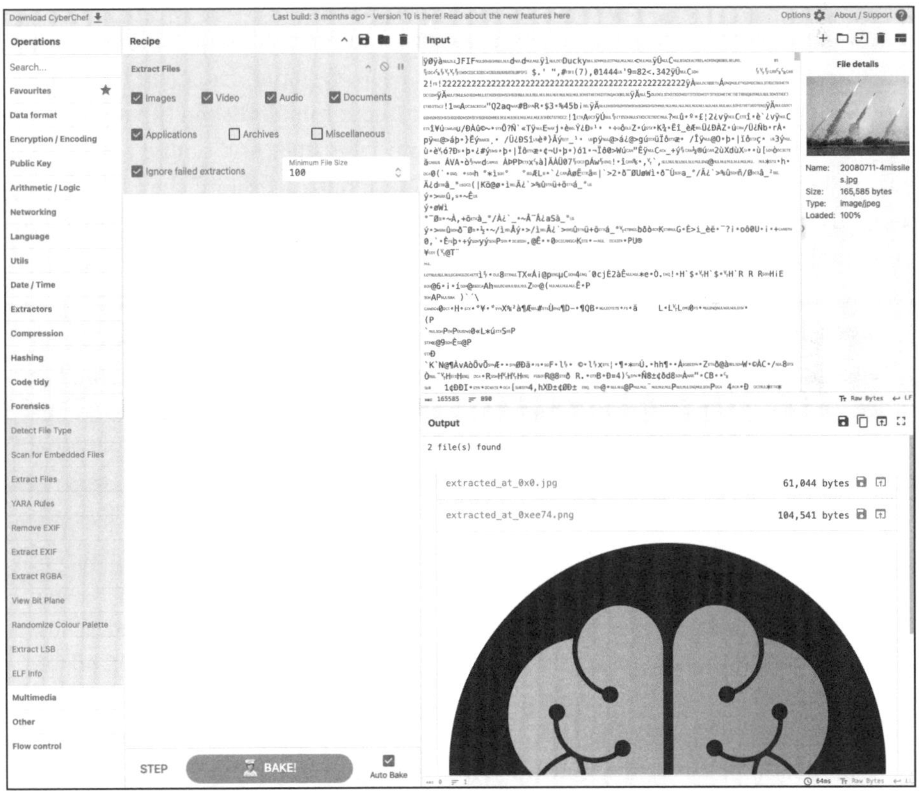

Abbildung 9.4 Extraktion einer eingebetteten Datei mit »CyberChef«

9.7.2 Lokalisierung des Aufnahmeortes

Für die Bestimmung des Aufnahmeortes gibt es nicht den einen Weg. Dennoch möchte ich Ihnen in diesem Abschnitt eine faszinierende Methode moderner Ermittlungen nahebringen: die *Geolokalisierung* von Bildmaterial.

Wenn Sie den Aufnahmeort eines Fotos oder Videos bestimmen möchten, gibt es mehrere Möglichkeiten. In manchen Fällen werden Sie die Örtlichkeit schlicht wiedererkennen. Wenn der Kölner Dom im Hintergrund sichtbar ist, ist die Analyse ganz einfach, doch nicht immer hat man so viel Glück.

Die Auswertung von Metadaten haben Sie bereits kennengelernt. Eine sehr talentierte OSINT-Analystin hat mir berichtet, dass sie die Metadaten stets als Erstes prüft. Obwohl Metadaten heutzutage selten vorhanden bzw. ergiebig sind, würde sie sich schlicht ärgern, so einen banalen Hinweis zu übersehen. Überprüfen Sie also stets die Metadaten und schauen Sie, ob ein Geotag vorhanden ist, denn dies kann Ihnen im Zweifelsfall viel Arbeit ersparen. Denken Sie aber daran, auch dies kritisch zu überprüfen: Selbst wenn ein Geotag vorhanden ist, sollten Sie stets verifizieren, ob er dem tatsächlichen Aufnahmeort entspricht.

Eine weitere Technik zur Geolokalisierung kennen Sie ebenfalls schon: die inverse Bildersuche. Bildersuchen sind heutzutage derart leistungsfähig, dass nicht bloß identische Bilder, sondern auch ähnliche Bilder oder Bilder mit ähnlichen Inhalten gefunden werden. Da weltweit immer mehr Bildmaterial erstellt und online geteilt wird, haben Sie besonders in Städten gute Chancen, bei einer Suche ähnliche Bilder zu finden. Aus diesen Treffern lässt sich dann häufig der Aufnahmeort ablesen oder aus dem Kontext einfacher bestimmen.

Screenshots lokalisieren?

Selbst Screenshots können verräterische Details enthalten, die dadurch den Standort des Gerätes verraten. Wenn beispielsweise die umliegenden WLAN-Accesspoints sichtbar sind, können Sie diese mit dem in Abschnitt 7.11.7 beschriebenen Onlinetool *wigle.net* lokalisieren.

Ein weiteres Beispiel für standortrelevante Informationen in Screenshots ist das Wetter-Widget. Es zeigt häufig aktuelle Wetterinformationen für die eigene Region. Mit dem Tool *Weather2Geo* (*https://github.com/elliott-diy/Weather2Geo*) können die spezifischen Wetterdaten gegen die API von *MSN Weather* abgefragt werden. So lassen sich über die im Screenshot sichtbaren Werte potenzielle geografische Standorte eingrenzen.

Auch bei der Geolokalisierung gewinnen KI-gestützte Systeme zunehmend an Bedeutung. Das Start-up *GeoSpy* (*https://geospy.ai/*) hat aus der KI-gestützten Bestimmung von Aufnahmeorten ein Unternehmen aufgebaut. Auch andere KI-Systeme wie ChatGPT können Sie nach dem Aufnahmeort eines Fotos fragen. Teils erhalten Sie so einen ungefähren Aufnahmeort, teilweise jedoch auch völligen Unsinn. Auch hier gilt: Verifizieren Sie die Ergebnisse.

Sind Sie mit den bisherigen Möglichkeiten nicht ans Ziel gekommen oder handelt es sich um Bildmaterial, das Sie nicht bei einem Onlinedienst hochladen möchten, beginnt die manuelle Arbeit. Auch hier gilt wieder: Es gibt nicht den einen Weg, der Sie ans Ziel führt, und auch ich habe mir an dem einen oder anderen Foto die Zähne ausgebissen.

Alles sehen mit digitaler Bildbearbeitung

Ein ergänzender Schritt in der Bildanalyse betrifft die digitale Bearbeitung mit dem Ziel, bislang unerkannte Bildinhalte sichtbar zu machen. Mit Bildbearbeitungssoftware lassen sich dunkle Bildbereiche gezielt aufhellen, um verdeckte Strukturen oder Objekte zu erkennen. Überbelichtete Ausschnitte können durch die Anpassung von Kontrast und Dynamik oder durch gezielte Filter bearbeitet werden, um blasse Elemente hervorzuheben. Die schrittweise Bearbeitung und der Vergleich verschiedener Versionen eines Bildes ermöglichen es, auch unscheinbare Hinweise im Detail sichtbar zu machen.

Im ersten Schritt sollten Sie die wesentlichen Merkmale des Materials erfassen. Betrachten Sie genau alle Details und notieren Sie, welche Informationen Sie wahrnehmen. Achten Sie auf folgende Merkmale:

- Architektur, Bauweise, Gebäudeformen
- Vegetation, landschaftliche Merkmale, Topografie
- Straßenschilder, Schriftzeichen, Sprache, Werbetafeln
- Verkehrsmittel, Nummernschilder, Fahrbahnmarkierungen
- Lichtverhältnisse, Wetter, Tageszeit
- Kleidung, Symbolik, kulturelle Besonderheiten

Fassen Sie die wichtigsten Hinweise zusammen und überprüfen Sie, für welche Länder, Regionen oder Städte diese typischen Merkmale sprechen. Auch bei der Bestimmung des Aufnahmeortes ist es ratsam, grob die Region einzugrenzen und dann immer granularer den genauen Ort zu bestimmen.

Merkmale wie die Position der Sonne (für Tageszeit und Himmelsrichtung) oder Baumarten können eine zusätzliche Eingrenzung ermöglichen.

In Städten erleichtern zahlreiche *Pivot Points* (Autos, Schilder, Geschäftsnamen) die Arbeit. Im ländlichen Bereich helfen Geländeformen, Vegetation oder saisonale Hinweise, sie erfordern jedoch mehr Aufwand. Analysieren Sie gegebenenfalls sichtbare Straßenschilder, Parkautomaten, Hausnummern, Schriftzüge oder Boots-/Firmennamen und recherchieren Sie gezielt deren Vorkommen.

Auch kann es hilfreich sein, eine Skizze der örtlichen Gegebenheiten zu erstellen, um den Ort aus der Vogelperspektive oder über Satellitenbilder erkennen zu können: Stimmt die Anordnung von Gebäuden überein? Wie verlaufen Straßen zueinander?

Dann geht es daran, die Bildinhalte mit Informationen aus dem Kontext zu kombinieren. Wer hat das Foto veröffentlicht, ist es eine Aufnahme einer bestimmten Person und wurde sie über deren Profil geteilt? Wo war die Person vorher und nachher? Diese Kontextinformationen unterstützen die Rekonstruktion möglicher Aufenthalts- und damit auch Aufnahmeorte.

Für die Analyse von landschaftlichen Merkmalen wie Bergen, Tälern oder Küstenlinien empfiehlt sich der Abgleich mit digitalen Karten- und Satellitenmaterialien, etwa Google Earth Pro. Virtuelle 3D-Modelle bieten eine zusätzliche Quelle.

Abschließend sollten Sie ermittelte Aufnahmeorte mit externen Quellen, etwa Street View, 360°-Bildern, lokalen Webseiten oder Fotos aus Social Media abgleichen und validieren.

Wenn Sie die Detektivarbeit an Fotos einmal »quasi live« erleben wollen, empfehle ich Ihnen zwei Youtuber:

- Rainbolt ist ein professioneller Spieler von *Geoguessr* (siehe Abschnitt 12.1.1), der auf seinem Kanal zahlreiche Videos zur Geolokalisierung veröffentlicht hat: *https://www.youtube.com/@georainbolt*
- Geowizard ist ein englischer Youtuber, der ein eigenes Format entwickelt hat: Er versucht, den Aufnahmeort von teils historischen Fotos zu finden, die seine Zuschauer einsenden. Die Playlist finden Sie hier: *https://www.youtube.com/playlist?list=PL_japiE6QKWqMVC3JbyONau_OCZlDTU5f*

9.7.3 Bestimmung des Aufnahmezeitpunkts: Chronolokalisation

In vielen Fällen ist neben dem Aufnahmeort auch der Aufnahmezeitpunkt relevant. Zur zeitlichen Einordnung von Bildern und Videos stehen Ihnen verschiedene Ansätze zur Verfügung.

Für die praktische Eingrenzung identifizieren Sie relevante und flüchtige Bildelemente. Durch den Vergleich mit Referenzmaterial aus unterschiedlichen Zeiträumen und die Kombination mit Informationen aus Veranstaltungskalendern oder Berichterstattung gelingt eine stufenweise Präzisierung. Hinweise auf spezifische Veranstaltungen, etwa Konzerte, Sportereignisse, politische Kundgebungen oder Bauaktivitäten lassen sich in den meisten Fällen zeitlich einordnen. Die fortlaufende Dokumentation in Form eines Zeitstrahls unterstützt die Übersicht.

Die Untersuchung von Veränderungen im Umfeld des Bildes kann weitere Rückschlüsse ermöglichen. Bauliche Maßnahmen wie neue Fassadenanstriche, Lackierungen oder Umbauten, auch saisonale Dekorationen helfen dabei, den Zeitraum einzugrenzen. Vergängliche Kontextmerkmale wie Wahlplakate, temporäre Dekorationen, Baustellen oder lokale Veranstaltungen sind oft gut dokumentiert. Auch Graffiti,

Wandbilder, Banner und Werbung lassen sich durch Vergleiche mit Street View und Beiträgen auf Social Media zeitlich einordnen.

Aus Hollywood-Filmen, aber auch aus der Geschichte ist das Beispiel bekannt, dass Entführer ein Foto des Opfers zusammen mit der aktuellen Tageszeitung versenden, um damit zu belegen, dass an diesem Tag das Opfer nach wie vor am Leben ist. Nun werden Sie nicht immer eine Tageszeitung in dem Material vorfinden, aber vielleicht Smartphones, Autos oder andere Gegenstände: Ein Foto, auf dem ein Gegenstand abgebildet ist, der erst kürzlich auf den Markt gebracht wurde, kann nur schwerlich mehrere Jahre alt sein.

Gleichzeitig können diese Gegenstände bei der ungefähren zeitlichen Einordnung helfen. Sicherlich haben Sie mal einen älteren Film gesehen und mussten über aus der Zeit gefallene Technik schmunzeln.

Manchmal können kleine Details wie Armbanduhren bei der Bestimmung der Aufnahmezeit helfen. So wurde Putin seine Armbanduhr zum Verhängnis. Während einer angeblich live übertragenen Pressekonferenz fielen aufmerksamen Beobachtern die deutlich früheren Uhrzeiten auf den Armbanduhren der Anwesenden auf, was Zweifel an der tatsächlichen Live-Situation aufkommen ließ. Achten Sie daher besonders auf Armbanduhren, Kirchturmuhren, Zeitanzeigen auf Smartphones oder Computermonitoren im Bild. Auch öffentliche Uhren, digitale Anzeigen sowie genaue Zeit- und Datumsangaben helfen bei der Bestimmung der Aufnahmezeit.

Prüfen Sie aber nicht nur das sichtbare Bild, sondern auch den Zeitstempel der Veröffentlichung in sozialen Netzwerken und auf Webseiten und berücksichtigen Sie mögliche Zeitzonenverschiebungen. Bilder können deutlich später veröffentlicht werden. Finden Sie die früheste verfügbare Veröffentlichung, lässt sich damit der späteste Entstehungszeitpunkt bestimmen. Ergänzend empfiehlt sich eine Analyse der Metadaten.

Witterungsverhältnisse und Licht

Witterungsbedingungen und Lichtverhältnisse helfen bei der zeitlichen Bestimmung von Bild- und Videomaterial.

Wetterdaten und Vegetationsmerkmale liefern jahreszeitliche Hinweise: Der Zustand von Laub, Blüten, Schnee sowie das Erscheinungsbild von Bäumen und Blumen erlauben Rückschlüsse auf den ungefähren Aufnahmezeitraum. Historische Wetterdaten helfen dabei, einen Zeitpunkt einzugrenzen oder einen vermuteten Zeitpunkt zu verifizieren. Historische Wetterdaten finden Sie beispielsweise über *https://kachelmannwetter.com*.

Sicherlich kennen Sie Sonnenuhren. Genau dieses Prinzip macht man sich bei der Bestimmung des Aufnahmezeitpunkts anhand von Schatten zunutze. Die Analyse von Sonnenstand und Schattenwurf ist eine faszinierende Möglichkeit, um den Aufnahmezeitpunkt von Bildern oder Videos präzise einzugrenzen. Tools wie *SunCalc* (*https://www.sonnenverlauf.de/*) oder *Shadowmap* (*https://app.shadowmap.org/*) ermöglichen die exakte Bestimmung der Position der Sonne und die Simulation von Schattenlängen für beliebige Orte und Zeitpunkte.

Abbildung 9.5 »SunCalc«

Betrachten Sie das Untersuchungsmaterial und bestimmen Sie die Ausrichtung des Schattenwurfs. Anschließend simulieren Sie in *SunCalc* den Sonnenstand und die Schattenposition für den jeweiligen Ort. Über die Veränderung des Datums und der Uhrzeit verändern Sie den simulierten Schattenwurf. Stimmt der simulierte Schatten mit dem aus dem Ausgangsmaterial überein, haben Sie den ungefähren Zeitpunkt bestimmt.

Die browserbasierte Anwendung *SunPath3D* (*https://andrewmarsh.com/apps/staging/sunpath3d.html*) bietet Ihnen ebenfalls eine interaktive Umgebung zur Simulation des Sonnenverlaufs und Schattenwurfs basierend auf Ort, Datum und Uhrzeit.

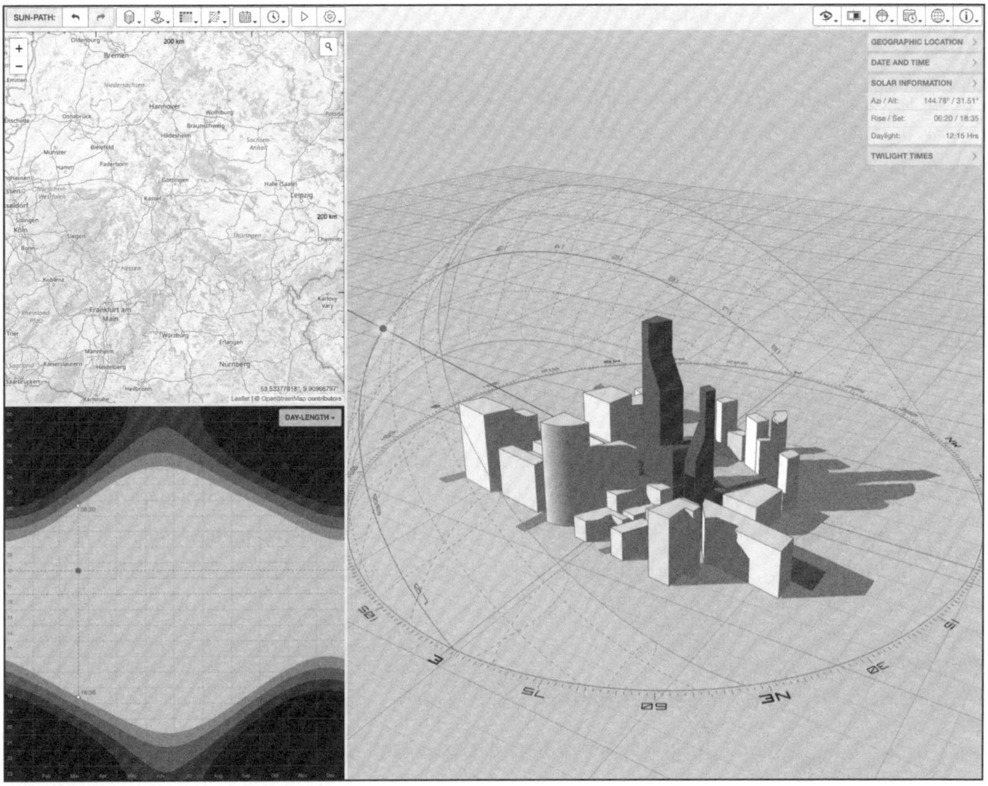

Abbildung 9.6 »SunPath3D«

Die Bedienung ist sehr komfortabel: Sie können entweder über Schieberegler oder durch direkte Eingabe den gewünschten Zeitpunkt einstellen. Den Aufnahmeort bestimmen Sie über die integrierte Kartendarstellung. SunPath3D stellt verschiedene Kartenlayer zur Verfügung.

Himmelskörper und Sternbilder

Neben dem Sonnenstand können auch andere astronomische Merkmale Hinweise auf den Aufnahmezeitpunkt liefern. Besonders bei Aufnahmen des Nachthimmels, auf denen Sterne, Planeten oder markante Himmelskörper sichtbar sind, können Sie spezielle Simulationswerkzeuge einsetzen.

Unter *https://www.timeanddate.com/astronomy/night/* finden Sie eine Nachthimmelsimulation für Frankfurt am Main. Hier können Sie das Datum und die Uhrzeit variieren und die sichtbaren Himmelskörper sowie Sternbilder anzeigen lassen.

Etwas weniger komfortabel ist *https://www.fourmilab.ch/yoursky/*, aber dafür können Sie damit den Nachthimmel unterschiedlicher Orte simulieren, Es erlaubt die

Anzeige einer vollständigen Sternkarte (*Sky Map*) für individuelle Koordinaten, Tage und Uhrzeiten.

Auch unter *https://skyandtelescope.org/interactive-sky-chart/* können Sie für einen bestimmten Standort eine interaktive Sternkarte für ein beliebiges Datum und eine beliebige Uhrzeit generieren.

Dann können Sie den im Ausgangsmaterial sichtbaren Himmelsausschnitt mit den berechneten Stern- und Planetenpositionen vergleichen und so den Aufnahmezeitpunkt eingrenzen.

9.8 Visualisierung und grafische Analysetechniken

Mittels Visualisierung und grafischer Analysetechniken können Sie komplexe Sachverhalte, Netzwerke oder zeitliche Abläufe übersichtlich darstellen, interpretieren und kommunizieren. Ohne die richtigen Methoden können entscheidende Zusammenhänge im Rauschen untergehen. Der nachfolgende Abschnitt stellt Ihnen verschiedene Methoden und Hilfsmittel vor.

9.8.1 Grundlegende Techniken

Jede tiefgreifende Analyse beginnt mit der Strukturierung von Gedanken und der Rekonstruktion von Ereignissen. Eine bewährte Methode hierfür ist die *Mindmap*. Anstatt sich in linearen Notizen zu verlieren, ermöglichen Mindmaps das freie Assoziieren und das schrittweise Aufbauen einer Wissenslandkarte. Sie ermöglichen es, Zusammenhänge zwischen einzelnen Datenpunkten darzustellen und Recherchepfade übersichtlich anzuordnen. Dieser Prozess kann sowohl klassisch auf Papier als auch mit Tools wie *Xmind* (*https://xmind.com*) oder der Canvas-Funktion von *Obsidian* erfolgen.

Ebenso spielen Zeitstrahlen eine wichtige Rolle bei der Rekonstruktion von Ereignissen oder für die Überwachung von Entwicklungen. Die chronologische Ordnung von Informationen ist oft der Schlüssel zum Verständnis von Kausalzusammenhängen.

9.8.2 Grafikerstellung

Für die Erstellung maßgeschneiderter Grafiken und die Präsentation von Rechercheergebnissen existieren praktische Hilfsmittel:

Draw.io (*https://app.diagrams.net*) ist ein frei zugängliches, browserbasiertes Tool für das Erstellen unterschiedlichster Grafiken. Von Ablaufdiagrammen über Hierarchien bis hin zu komplexen Netzwerkplänen können Sie damit vielfältige Visualisierungen realisieren.

Datawrapper (*https://app.datawrapper.de*) ist auf die Visualisierung tabellarischer Daten und statistischer Zusammenhänge spezialisiert. Sie können aus Ihren Rechercheergebnissen anschauliche Diagramme, Karten und Tabellen erstellen. Das Tool eignet sich besonders für die Darstellung von Zeitreihen, geografischen Informationen oder Zahlenvergleichen.

9.8.3 Werkzeuge zur Netzwerkanalyse

Wenn die Verbindungen zwischen einzelnen Akteuren und Entitäten im Vordergrund stehen, kommen spezialisierte Werkzeuge zur Netzwerkanalyse zum Einsatz.

Maltego Graph

Durch sein grafisches Interface hat sich *Maltego* in der Vergangenheit zu einem der bekanntesten OSINT-Tools entwickelt. Sie können unterschiedliche Entitäten als Knotenpunkte anlegen, diese miteinander verknüpfen und je nach Lizenz zusätzliche Abfragen, sogenannte *Transforms*, direkt aus der Graph-Ansicht ausführen. Die Ergebnisse dieser Abfragen werden automatisch in der Grafik ergänzt und verknüpft, was *Maltego* insbesondere bei Ermittlungen zu technischer Infrastruktur zu einem äußerst nützlichen Arbeitsmittel macht.

Ezlinavis

Als spezialisiertes und schnell einsetzbares Werkzeug bietet sich *Ezlinavis* (*https://ezlinavis.dracor.org*) an, das ursprünglich für die Analyse dramaturgischer Netzwerke entwickelt wurde. Mit diesem Tool können Sie Beziehungsgeflechte zwischen Entitäten unkompliziert grafisch darstellen. Der besondere Vorteil liegt in der automatischen Erstellung einer CSV-Datei, die die Verbindungen enthält und direkt in *Gephi* oder ähnliche Netzwerktools importiert werden kann.

Gephi

Für die tiefgehende Analyse sehr großer und komplexer Datensätze ist *Gephi* die erste Wahl. Diese Open-Source-Software zur Netzwerkvisualisierung ermöglicht Ihnen die Untersuchung von Social-Media-Beziehungsnetzen, die Analyse krimineller Strukturen, die Darstellung von Kommunikationsflüssen oder die Visualisierung von Transaktionswegen wie Finanzströmen. Um Daten zu importieren, benötigen Sie mindestens eine CSV-Datei mit den Spalten `Source` und `Target`, die die Ausgangs- und Zielpunkte einer Verbindung definieren. *Gephi* erfordert zwar eine gewisse Einarbeitung, ermöglicht es Ihnen aber, komplexe Datensätze grafisch auszuwerten und interaktiv mit dem Graphen zu arbeiten.

Neben der installierbaren Desktop-Version gibt es unter *https://lite.gephi.org/* auch eine webbasierte Lite-Version.

Kapitel 10
Verbreitung

Die Daten sind gesammelt, Informationen sind entstanden, man ist um neue Erkenntnisse reicher. Damit diese nicht in der eigenen Schublade verstauben, müssen Sie sinnvoll aufbereitet und präsentiert werden.

Nachdem die Phasen der Planung, Sammlung, Verarbeitung und Analyse durchlaufen sind, folgt der große Moment im Intelligence Cycle: die Verbreitung.

Dieser Moment ist mehr als nur die Übergabe eines Dokuments. Es ist der Punkt, an dem die gesamte vorangegangene Arbeit ihren Zweck erfüllt. Ohne eine effektive Verbreitung an die richtigen Adressaten bleibt selbst die brillanteste Analyse wirkungslos und die investierte Mühe war umsonst.

Dabei ist die Erstellung eines Intelligence-Produkts selbst ein analytischer Akt. Wie heißt es so schön: Schreiben ist eine Form des Denkens.

Während der Ausarbeitung werden Erkenntnisse nicht nur passiv dokumentiert, sondern aktiv produziert, präzisiert und strukturiert. Die Herausforderung besteht darin, komplexe Sachverhalte so aufzubereiten, dass sie für die jeweilige Zielgruppe adressatengerecht verständlich, relevant und handlungsleitend sind.

Mit der Weitergabe von Intelligence-Produkten geht eine erhebliche Verantwortung einher. Die *Verbreiterhaftung* beschreibt die fachlichen und rechtlichen Konsequenzen, die aus der Weitergabe von ungenauen, unvollständigen oder falsch interpretierten Informationen entstehen können. Wer ein Produkt verbreitet, haftet für dessen Inhalt und die möglichen Auswirkungen, die daraus resultieren. Dies erfordert höchste Sorgfalt bei der Analyse und eine transparente Darstellung der Faktenlage.

Jede Form der Verbreitung bewegt sich in einem Spannungsfeld zwischen zwei fundamentalen Prinzipien:

- **Need to know**
- **Responsibility to share**

Das *Need-to-Know*-Prinzip dient dem Schutz von Quellen, Methoden und sensiblen Details. Informationen dürfen nur an Personen weitergegeben werden, die diese zwingend für die Erfüllung ihrer Aufgaben benötigen, die also einen Informationsbedarf haben. Das Ziel ist die Minimierung des Risikos von möglichen Informationslecks.

Demgegenüber steht das *Responsibility-to-Share*-Prinzip (Informationspflicht), also die Notwendigkeit, sicherzustellen, dass alle relevanten Entscheidungsträger und operativen Einheiten die Informationen erhalten, die sie für ein Lagebild oder eine Reaktion benötigen.

Die Herausforderung bei der Verbreitung besteht darin, in diesem Spannungsfeld die richtige Balance zu finden. Es muss situativ abgewogen werden, wer welche Informationen in welcher Detailtiefe erhält, um maximale Wirkung bei minimalem Risiko zu erzielen.

10.1 Arten von Intelligence-Produkten

Ganz grundsätzlich unterscheidet man zwischen operativen und strategischen Produkten. Die beiden Arten unterscheiden sich vor allem in der Detailtiefe und der Zielgruppe.

- **Operative Produkte** thematisieren konkrete Personen, Beziehungen und Sachverhalte mit dem Ziel, eine unmittelbare Handlung oder Reaktion zu ermöglichen. Sie sind detailreich und auf den kurzfristigen Bedarf ausgerichtet.
- **Strategische Produkte** behandeln hingegen den Modus Operandi, übergeordnete Trends oder mögliche Zukunftsszenarien. Ihr Ziel ist es, Entscheidungsträger langfristig zu informieren und strategische Planung zu unterstützen.

Je nach Anforderung, Zeitdruck und Adressat können die Arten der Verbreitung stark variieren. Folgende Formen sind gängig:

- Strukturierte, formalisierte Berichte
- Vorträge und Präsentationen
- Visuelle und multimediale Produkte
- Periodische Statusberichte und Dashboards
- Ad-hoc-Briefings

10.1.1 Bericht

Die Erstellung von Berichten ist eine anspruchsvolle Aufgabe. Es müssen viele Informationen sorgfältig ausgewertet, strukturiert und zielgerichtet kommuniziert werden. Die Herausforderung besteht darin, aus der Fülle der Informationen die wichtigsten und relevantesten Erkenntnisse herauszufiltern und dabei die Balance zwischen zu vielen und zu wenigen Informationen zu halten. Sie müssen den Empfängern des Berichts genau die wesentlichen Fakten liefern, die sie für fundierte Entscheidungen benötigen.

Ein weiteres Merkmal effektiver Berichte ist eine klare Struktur. Diese beginnt mit einer prägnanten Zusammenfassung der wichtigsten Erkenntnisse, gefolgt von einer detaillierten Analyse und abschließend von konkreten Handlungsempfehlungen. Diese logische Gliederung stellt sicher, dass die Lesenden die Inhalte schnell erfassen und nachvollziehen können.

Alle Aussagen in einem Bericht müssen sachlich und objektiv formuliert sein. Subjektive Meinungen oder unbewiesene Vermutungen haben in einem professionellen Bericht nichts zu suchen. Jede Aussage sollte auf überprüfbaren Daten und fundierten Analysen beruhen, um die Glaubwürdigkeit und Genauigkeit des Berichts zu gewährleisten.

Berichte sollten in einer klaren und prägnanten Sprache verfasst werden. Lange und unnötig komplexe Formulierungen erschweren das Verständnis und lenken von den Kernaussagen ab. Stattdessen sollte jede Aussage so formuliert sein, dass sie leicht verständlich und auf den Punkt gebracht ist. Präzision ist dabei entscheidend, um Missverständnisse zu vermeiden.

Am Ende eines jeden Berichts sollten konkrete Empfehlungen oder Bewertungen stehen, die den Lesenden dabei helfen, fundierte Entscheidungen zu treffen. Diese Empfehlungen sollten klar formuliert und begründet sein, um Vertrauen in die Analyse zu schaffen und ihre Relevanz für die Adressaten zu unterstreichen.

Visualisierungen wie Diagramme, Tabellen und Grafiken spielen eine entscheidende Rolle dabei, komplexe Daten anschaulich darzustellen und Kernaussagen visuell zu unterstreichen. Sie helfen dabei, Zusammenhänge zu verstehen und wichtige Informationen schnell zu erfassen. Visualisierungen sollten jedoch gezielt eingesetzt werden und stets einen Mehrwert für das Verständnis des Berichts bieten.

Ein zentraler Aspekt ist die Anpassung von Berichten an die Bedürfnisse der jeweiligen Zielgruppe. Dies betrifft die bevorzugten Darstellungsformen, die Geschwindigkeit und die Intervalle der Bereitstellung sowie die grundsätzliche Frage, wer welche Informationen erhalten soll.

10.1.2 Vortrag und Präsentation

Bei dieser Form werden die Kernerkenntnisse mündlich und meist visuell unterstützt (z. B. durch Folien) einem Publikum vorgetragen. Der große Vorteil liegt in der direkten Interaktion: Es können Rückfragen gestellt, Unklarheiten sofort beseitigt und Diskussionen angeregt werden.

Gerade bei komplexen Sachverhalten ermöglicht diese Form eine rasche Vermittlung von Kernbotschaften und stellt sicher, dass ein einheitlicher Wissensstand bei allen

Beteiligten erreicht wird. Eine gute Präsentation konzentriert sich dabei auf die wesentlichen Informationen und vermeidet eine Überfrachtung mit Details, die in einer begleitenden Dokumentation nachgelesen werden können.

10.1.3 Visuelle und multimediale Produkte

Visuelle und multimediale Produkte nutzen die Stärke der visuellen Kommunikation, um komplexe Zusammenhänge intuitiv begreifbar zu machen. Dazu gehören interaktive Netzwerkgrafiken, Zeitstrahlen, Geodaten-Visualisierungen oder kurze Filme. Sie eignen sich, um schnell einen Überblick über komplexe Strukturen oder Abläufe zu geben, wo ein reiner Text an seine Grenzen stoßen würde. Außerdem sind solche Inhalte meist unterhaltsamer und damit für eine breitere Zielgruppe zugänglich.

10.1.4 Periodische Statusberichte und Dashboards

Statusberichte oder Dashboards dienen dem kontinuierlichen Monitoring einer Lage.

Periodische Statusberichte (z. B. Wochen- oder Monatsberichte) fassen Entwicklungen in einem festgelegten Zeitraum zusammen und bieten einen regelmäßigen Überblick. Ein besonderer Fokus liegt hier auf Veränderungen und auf daraus erkennbaren Trends.

Dashboards sind dynamische, oft in Echtzeit aktualisierte Oberflächen, die Schlüsselindikatoren und relevante Daten visualisieren. Sie ermöglichen es Entscheiderinnen und Entscheidern, eine Lageentwicklung permanent im Blick zu behalten und bei Veränderungen sofort informiert zu sein. Zur Erstellung von visuellen Übersichten können Plattformen wie Taskcards (*https://www.taskcards.de*) eingesetzt werden. Ein bekanntes Beispiel für ein operatives Dashboard ist das COVID-19-Dashboard des RKI. Die *Live Universal Awareness Map* (*https://liveuamap.com*) hingegen visualisiert Konflikte, terroristische Aktivitäten und Naturkatastrophen auf einer interaktiven Karte.

10.1.5 Ad-hoc-Briefing

Ad-hoc-Briefings sind die schnellste Form der Verbreitung. Meist wird dieses Format als Reaktion auf ein unmittelbares Ereignis oder eine dringende Anfrage bzw. im Kontext von hochdynamischen Lagen genutzt. Hier steht die Geschwindigkeit über der formalen Perfektion. Ein Ad-hoc-Briefing kann in Form einer kurzen E-Mail, eines Memos oder eines mündlichen Zurufs erfolgen. Es liefert die wichtigsten, aktuell verfügbaren Informationen, um eine sofortige Reaktion zu ermöglichen.

10.2 Forensische Berichte erstellen

Die Grundlage für einen guten Bericht wird bereits in der Planungsphase gelegt. Sie müssen sich daher von Anfang im Klaren darüber sein, für wen der Bericht gedacht ist, welchen Zweck dieser erfüllen soll und welche spezifische Fragestellung untersucht werden muss. Wenn Sie die Zielgruppe und Zielsetzung schon zu Beginn fixiert haben, leitet sich daraus die Detailtiefe des Berichts ab und er kann seinen Zweck erfüllen.

10.2.1 Struktur des Berichts

Für einen sinnvollen und nachvollziehbaren Aufbau forensischer Berichte hat sich die folgende Struktur etabliert:

- Das **Deckblatt** sollte grundlegende Informationen wie den Titel des Berichts, Auftraggeber und Autorenteam, das Erstellungsdatum und eine eindeutige Referenznummer enthalten.
- Es folgt das **Inhaltsverzeichnis**, das eine Übersicht über die Kapitel und Unterkapitel bietet, um eine schnelle Orientierung im Bericht zu ermöglichen.
- Die **Zusammenfassung** in einem forensischen Bericht ist mehr als nur eine Rekapitulation. Sie muss die wichtigste Handlungsempfehlung oder die zentrale Kernaussage prägnant an den Anfang stellen und damit dem BLUF-Konzept folgen: *Bottom Line Up Front*. Entscheiderinnen und Entscheider haben oft nur wenig Zeit und können selten den gesamten Bericht lesen. Sie verlassen sich darauf, dass die wichtigste Info zu Beginn steht.
- Die **Einleitung** beschreibt den Auftrag, die Ausgangssituation, die relevanten Fragestellungen und den Untersuchungszeitraum. Sie schafft somit den notwendigen Kontext, in dem die nachfolgenden Ergebnisse und Analysen zu verstehen sind.
- Der Abschnitt **Ergebnisse** ist rein deskriptiv. Hier werden ausschließlich Fakten und gesicherte Informationen aufgeführt, die durch die forensische Untersuchung gewonnen wurden. Es findet keine Interpretation oder Bewertung statt. Jedes Ergebnis sollte klar, präzise und objektiv dargestellt werden, idealerweise mit Referenzen zu den Rohdaten im Anhang. Die Trennung von Fakten und Bewertung ist an dieser Stelle fundamental wichtig für die Nachvollziehbarkeit und Glaubwürdigkeit des Berichts.
- Im Abschnitt **Bewertung & Analyse** erfolgt die Interpretation und Schlussfolgerung der im Ergebnisabschnitt präsentierten Fakten. Hier werden die gesammelten Informationen analysiert, Muster identifiziert und die Relevanz für die ursprüngliche Fragestellung herausgearbeitet. Ein guter forensischer Bericht listet nicht nur widersprüchliche Informationen auf, sondern geht aktiv und ergebnisoffen mit Informationen um, die der Anfangshypothese widersprüchlich gegenüber-

stehen. Er bewertet aktiv plausible alternative Erklärungen und legt dar, warum die schlussendliche Bewertung die wahrscheinlichste ist. Dies zeigt analytische Tiefe, Sorgfalt und Transparenz im Untersuchungsprozess. Dieser Teil ist präskriptiv und mündet idealerweise in konkrete Handlungsempfehlungen.

- Schließlich enthält der **Anhang** alle unterstützenden Dokumente, Beweismittel, Screenshots, Logdateien, technische Spezifikationen oder detaillierte Methodenbeschreibungen, die zur Untermauerung der Ergebnisse und Analysen dienen. Der Anhang gewährleistet die Transparenz und Reproduzierbarkeit der Untersuchung.

10.2.2 Sanitarisierung von sensiblen Daten

Ein oft unterschätztes Thema ist die Sanitarisierung von sensiblen Daten. Das bedeutet, dass vertrauliche oder personenbezogene Informationen, die für die Analyse oder das Endprodukt nicht zwingend erforderlich sind, entfernt, anonymisiert oder unkenntlich gemacht werden müssen. Ziel ist es, die Privatsphäre von Unbeteiligten zu schützen und so Daten zu minimieren. Das hat also vor allem ethische Gründe. Sie müssen aber auch rechtliche Vorgaben wie den Datenschutz im Blick haben.

Technische vs. inhaltliche Anonymisierung

Es kann zwischen der technischen und der inhaltlichen Anonymisierung unterschieden werden. Die technische Anonymisierung umfasst die rein technische Entfernung von Daten, wie beispielsweise das Schwärzen eines Namens in einem Dokument. Die inhaltliche Anonymisierung geht darüber hinaus und formuliert Informationen so um, dass keine Rückschlüsse auf Einzelpersonen mehr möglich sind, etwa indem von »einer Quelle aus dem Unternehmensvorstand« gesprochen wird, anstatt einen spezifischen Namen zu nennen. Dabei müssen Sie aber natürlich genau prüfen, ob das nicht auch ausreicht, um Personen identifizierbar zu machen.

Die Sanitarisierung kann je nach Art der Daten und dem Anwendungsfall verschiedene Formen annehmen. In Dokumenten können beispielsweise Namen, Adressen, Kontaktdaten oder andere Identifikatoren entfernt werden. Bei Bildern oder Videos empfiehlt es sich, Gesichter oder andere Merkmale wie Tätowierungen zu verpixeln oder zu schwärzen.

Unter *https://dface.app* finden Sie ein intuitives Online-Tool, mit dem sich Gesichter in Bildern automatisch verdecken lassen. Es stehen verschiedene Varianten der Unkenntlichmachung zur Auswahl, wie beispielsweise das vollständige Verpixeln, das Überlagern mit Quadraten oder Weichzeichner bis hin zu Emojis. Diese Optionen ermöglichen eine flexible Anpassung an den jeweiligen Anwendungsfall und den gewünschten Grad der Anonymisierung.

Kontrolle ist notwendig

Prüfen Sie nach der Bearbeitung sorgfältig, ob alle Gesichter, die anonymisiert werden müssen, korrekt erfasst wurden, denn die Erkennung funktioniert nicht perfekt. Um zu gewährleisten, dass keine schützenswerten Daten versehentlich zurückbleiben, empfiehlt sich die Einführung einer Kontrollinstanz oder die Anwendung des Vier-Augen-Prinzips.

DFace ist webbasiert, sodass keine Installation erforderlich ist und Sie es direkt im Browser nutzen können. Auch für größere Bildmengen ist der Prozess effizient gestaltet, da mehrere Dateien nacheinander bearbeitet werden können. Falls Sie das Tool anpassen oder in eigene Systeme integrieren möchten, steht der Quellcode auf GitHub zur Verfügung. Dort finden Sie auch eine ausführliche Dokumentation.

Neben den direkt sichtbaren Informationen stellen auch Metadaten eine potenzielle Gefahr dar. Was Metadaten alles offenbaren können, haben Sie bereits in Abschnitt 9.7 erfahren. Diese sensiblen Daten müssen daher vor der Weitergabe ebenfalls entfernt werden (*Scrubbing*). Bei Fotos kann das beispielsweise über die Kommandozeile mit dem Befehl `exiftool -all:all= <Datei>` erledigt werden.

Dokumentation des Prozesses

Was gerne vergessen wird: Sie müssen auch diesen Schritt dokumentieren. Es muss festgehalten werden, was wann und warum entfernt wurde. Diese Dokumentation der durchgeführten Schritte ist unerlässlich, um die Nachvollziehbarkeit des Prozesses zu gewährleisten, und dient der späteren Rechenschaftslegung sowie internen Revisionsprozessen.

Kapitel 11

Feedbackschleife: Ausgangspunkt für weitere Recherchen

Die Feedback-Phase im Intelligence Cycle wird oft vernachlässigt, obwohl sie so wichtig für nachhaltigen Erfolg ist. Eine strukturierte Nachbereitung deckt Stärken und Schwächen der Analysen auf, fördert Best Practices und hilft, Fehler zu vermeiden.

Die Feedback-Phase ist der Bestandteil des Intelligence Cycle, der noch weniger Beachtung findet als die Planungsphase. Denn leider wird die Nachbereitung wegen Zeitmangel, fehlenden Ressourcen oder dem Druck, neue Recherchen zu beginnen, vernachlässigt. Dabei bildet eine gute Nachbereitung die beste Grundlage für erfolgreiche zukünftige Ermittlungen.

11.1 Leistungsbewertung

Ein Part der Feedback-Phase ist die *Evaluation*. Hierbei gilt es, die angestrebten Ziele mit den tatsächlich erreichten Resultaten abzugleichen und eventuelle Abweichungen nachvollziehbar zu dokumentieren. Durch diesen Abgleich lässt sich erkennen, ob der Prozess effizient war oder ob an bestimmten Stellen Verbesserungsbedarf besteht. Hierbei helfen *Key Performance Indicators (KPIs)*, mit deren Hilfe der Erfolg der Recherche objektiv beurteilt werden kann, etwa anhand der Anzahl korrekt georeferenzierter Medien oder der Bearbeitungsdauer. Seien Sie allerdings vorsichtig und bewerten Sie die Recherche nicht nur quantitativ, sondern auch qualitativ.

11.2 Qualitätssicherung und Fehleranalyse

Um die Qualität der Ergebnisse sicherzustellen, empfiehlt sich ein Peer Review nach dem Vier-Augen-Prinzip. So können Fehler frühzeitig erkannt und die Objektivität im Bewertungsprozess gestärkt werden. Gleichzeitig sollten potenzielle Fehlerquellen und Verzerrungen systematisch analysiert werden, da beispielsweise unvollständige Datengrundlagen oder voreingenommene Annahmen die Aussagekraft der Recherche beeinflussen können. Eine bewusste Analyse dieser Aspekte ist wichtig, um zukünftige Arbeitsweisen weiter zu optimieren.

Durch eine strukturierte Reflexion im Team können Stärken und Schwächen der durchgeführten Analysen identifiziert werden. Auch lassen sich Rückmeldungen von Kollegen, Auftraggebern und anderen Stakeholdern systematisch erfassen und gezielt auswerten.

Eine regelmäßige Tool-Review im Hinblick auf Kosten und Nutzen stellt sicher, dass die eingesetzten Werkzeuge wirklich zum Erfolg beitragen. Dazu gehört auch, die Tools laufend zu optimieren, Updates durchzuführen und neue Funktionen zu testen. Zusätzlich lohnt es sich, Automatisierungspotenziale im eigenen Workflow zu identifizieren.

Wer Feedback nicht nur einholt, sondern zur Grundlage künftiger Arbeitsabläufe macht, schafft ein System, das sich fortlaufend an neue Herausforderungen anpassen kann.

11.3 Kontinuierliche Optimierung und Wissensmanagement

Eine proaktive Feedbackschleife dient nicht nur der Fehlerkorrektur, sondern ist der Motor für kontinuierliche Verbesserung und Optimierung.

Periodische Teammeetings bieten eine Plattform zur offenen Reflexion von Arbeitsabläufen, identifizierten Herausforderungen und potenziellen Verbesserungen. Hier werden Best Practices geteilt und gemeinsame Lösungsansätze entwickelt.

Ein regelmäßiger Tool-Review im Hinblick auf Kosten, Nutzen und Effizienz stellt sicher, dass die eingesetzten Werkzeuge wirklich zum Erfolg beitragen. Dies schließt die kontinuierliche Optimierung von Tools, die Durchführung von Updates und das Testen neuer Funktionen ein. Gleichzeitig sollten Automatisierungspotenziale im eigenen Workflow identifiziert und mit geeigneten Tools oder Skripten umgesetzt werden, um wiederkehrende Aufgaben zu rationalisieren und Fehlerquellen zu minimieren.

Die Erkenntnisse aus der Feedback-Phase, wie verbesserte Methoden, optimierte Workflows, identifizierte Erfolgsfaktoren und Lessons Learned, sollten zentral dokumentiert und für spätere Recherchen zugänglich gemacht werden. Dies verhindert den Verlust von wertvollem Erfahrungswissen und fördert eine lernende Organisation.

Schließlich geht es darum, mögliche Wissenslücken oder zusätzlichen Trainingsbedarf im Team zu erkennen. Gezielte Weiterbildungen und Schulungen helfen, Kompetenzen auszubauen und auf dem aktuellen Stand zu halten. So entsteht ein fortlaufender Kreislauf, der die Qualität zukünftiger Recherche kontinuierlich sicherstellt und an neue Herausforderungen anpasst.

Kapitel 12
Am Ball bleiben

Man lernt nie aus.
Das gilt für fast alles im Leben, trifft aber besonders auf die Arbeit mit Informationen und Daten zu. Ständig gibt es neue Ansätze, Methoden und Tools. Bleiben Sie daher am Ball!

Open Source Intelligence (OSINT) ist von einer immensen Dynamik geprägt. Neue Tools und Technologien erscheinen ständig, Quellen werden zugänglicher oder verschwinden, Plattformen ändern ihre APIs und die rechtlichen Rahmenbedingungen können sich wandeln. Um in diesem Umfeld effektiv zu bleiben, ist eine kontinuierliche Weiterbildung und ein aktives Engagement in der Community unerlässlich. Wer am Ball bleibt, sichert nicht nur die Relevanz der eigenen Fähigkeiten, sondern entdeckt auch neue Ansätze für zukünftige Recherchen.

12.1 Trainingsmöglichkeiten

Theorie ist wichtig, aber OSINT lebt von der praktischen Anwendung. Regelmäßiges Üben und das Lösen von Herausforderungen schärfen Ihre Fähigkeiten, fördern kreative Lösungsansätze und halten Sie auf dem neuesten Stand.

Ein ganz einfacher Tipp ist es, sich regelmäßig selbst zu recherchieren. Zum einen können Sie sofort bewerten, ob die gefundenen Informationen akkurat sind oder nicht. Zum anderen stellen Sie so sicher, digitale Hygiene zu leben, da Sie auf vorhandene Daten schnell reagieren können. Das ist eine hervorragende Übung.

Das Einverständnis vorausgesetzt, können Sie diese Übung auf Personen aus Ihrem näheren Umfeld ausweiten und diesen Ratschlägen geben, welche Informationen gegebenenfalls missbraucht werden können und deshalb besser geschützt werden sollten. Eine weitere Möglichkeit ist es, selbst Informationen zu verifizieren, die Sie beispielsweise aus der Berichterstattung oder in Social Media aufschnappen.

12.1.1 Praktische Übungen und Challenges

Um Ihre OSINT-Fähigkeiten gezielt zu trainieren und zu vertiefen, bieten sich verschiedene Plattformen und Herausforderungen an. *Quiztime* beispielsweise veröffentlicht regelmäßig kleine Rechercheaufgaben, die sich oft auf Geolokalisierung, aber auch auf die Bestimmung von Zeit oder Kontext beziehen. Ein großer Mehrwert liegt hier nicht nur im Finden der Lösung, sondern auch in der Möglichkeit, die Lösungswege anderer Experten zu studieren und dadurch vielfältige neue Techniken zu erlernen.

Ergänzend dazu bietet *TryHackMe* interaktive »Rooms«, wie zum Beispiel *https://tryhackme.com/room/ohsint*, die speziell darauf ausgelegt sind, verschiedene OSINT-Fertigkeiten in einer praxisnahen Umgebung zu trainieren. Für spielerisches Training Ihrer Geolokalisierungsfähigkeiten sind *Geoguessr* (*https://www.geoguessr.com*), *Geotastic* (*https://geotastic.net*) oder *TimeGuessr* (*https://timeguessr.com/*) tolle Optionen.

Hier werden Sie an zufällige Orte auf der Welt versetzt und müssen anhand von Umgebungsinformationen den genauen Standort bestimmen. Wer sein technisches Verständnis und seine Recherchefähigkeiten im OSINT-Kontext verbessern möchte, findet bei *Sourcing Games* (*https://sourcing.games*) kleine Aufgaben in verschiedenen Schwierigkeitsgraden.

Darüber hinaus finden Sie auf Webseiten wie der von Sofia Santos (*https://gralhix.com/list-of-osint-exercises/*) eine Auswahl an OSINT-Übungen, oft inklusive Lösungen, um Ihre Fähigkeiten gezielt zu trainieren. Eine weitere Möglichkeit sind die Bellingcat-Herausforderungen auf *https://challenge.bellingcat.com/*.

12.1.2 OSINT 4 Good

Nutzen Sie Ihre OSINT-Fähigkeiten auch für gemeinnützige Projekte oder ehrenamtliches Engagement. In viele Hilfsorganisationen, beispielsweise beim Technischen Hilfswerk (THW) mit seinem *Virtual Operations Support Team (VOST)*, können Sie Ihr Wissen und Ihre Fertigkeiten sinnvoll einsetzen: *https://www.thw.de/SharedDocs/Einheiten/DE/006_vost.html*

Ein anderes Projekt ist die Initiative *Stop Child Abuse – Trace an Object* (*https://www.europol.europa.eu/stopchildabuse*) von Europol. Hier werden Fragmente aus Missbrauchsdarstellungen von Kindern veröffentlicht, die zur Identifizierung von Orten oder Gegenständen dienen können. Indem Sie hier präzise Hinweise liefern, können Sie aktiv dazu beitragen, Kinder aus solchen Situationen zu befreien und die Ermittlung von Tätern zu unterstützen.

Wichtiger Hinweis

Seien Sie im Bereich der Verbrechensbekämpfung stets äußerst zurückhaltend. Mischen Sie sich keinesfalls in laufende Ermittlungen ein, es sei denn, es handelt sich um eine explizite öffentliche Fahndung oder eine offizielle Initiative wie die von Europol. Unautorisierte Eigenrecherchen können Ermittlungen behindern oder Sie selbst in Gefahr bringen.

12.2 Austausch

Der aktive Austausch mit anderen Praktizierenden ist wichtig, um im dynamischen OSINT-Feld relevant zu bleiben und das eigene Wissen kontinuierlich zu erweitern. Fachkonferenzen bieten eine hervorragende Plattform hierfür, wie beispielsweise die *German Open Source Intelligence Conference (GOSINTCon)* (*https://gosintcon.de*). Diese deutschsprachige Konferenz, die vor einigen Jahren von Matthias Wilson und mir ins Leben gerufen und organisiert wurde, dient dem persönlichen Austausch, dem Knüpfen von Kontakten und dem direkten Lernen von führenden Experten.

12.3 Blogs

Blogs sind eine hervorragende Anlaufstelle, um fundiertes und tiefergehendes Wissen zu erlangen, neue Tools und Techniken kennenzulernen und die Denkweisen erfahrener OSINT-Experten nachzuvollziehen.

- Beispielsweise bleibt *Sector035* (*https://sector035.nl*) trotz derzeitiger Pause eine großartige Quelle; besonders bekannt ist die informative Reihe *Week in OSINT*.
- Steven Harris veröffentlicht auf seinem Blog *Nixintel* (*https://nixintel.info*) detaillierte Beiträge, die teilweise technische Details seiner Recherchen offenbaren und so spannende Einblicke liefern.
- Auch Nico Dekens, bekannt als *Dutch Osint Guy*, verfasst unter *https://www.dutchosintguy.com/blog* regelmäßig Fachartikel zu aktuellen OSINT-Themen – kritisch, reflektiert und praxisnah.
- Rae Baker schreibt auf ihrem Blog *https://www.raebaker.net/blog* zu verschiedenen OSINT-Themen mit Fokus auf praktische Anwendungen.
- Griffin Glynn betreibt den Blog *Hatless1der* (*https://hatless1der.com*), der sich auf spezialisiertes OSINT-Wissen konzentriert, oft mit Fokus auf Infrastruktur-, Netzwerk- und technische Ermittlungen.
- Sofia Santos betreibt den Blog *Gralhix* (*https://gralhix.com/category/blog-entries/*) und schreibt dort sehr praxisbezogen über Recherchen und OSINT-Themen. Ihre Blogeinträge geben konkrete Einblicke in moderne OSINT-Methoden, digitale Recherche und Geolokation.

12.4 News

Angesichts der rasanten Entwicklungen im Bereich OSINT ist es eine ständige Herausforderung, den Überblick zu behalten. Statt eigenem Monitoring und regelmäßiger Recherche können Sie die Arbeit auch outsourcen, indem Sie auf relevante Informationsquellen setzen.

RSS-Feeds

Um die Informationsflut effizient zu bewältigen, sind RSS-Feeds und News-Aggregatoren unerlässlich. Sie ermöglichen es Ihnen, Nachrichten von einer Vielzahl von Quellen an einem zentralen Ort zu abonnieren und zu verfolgen, ohne jede Website einzeln besuchen zu müssen. Die meisten Blogs bieten RSS-Feeds an.

Newsletter

- Der *OSINT Jobs Newsletter* (*https://www.osintnewsletter.osint-jobs.com*) hält Sie nicht nur über Jobangebote, sondern auch relevante Branchen-News auf dem Laufenden.
- Ganz ähnlich ist es mit dem Newsletter von *Forensic OSINT*, den Sie unter *https://www.forensicosint.com/newsletter* abonnieren können.
- Für aktuelle Beiträge, Tool-Empfehlungen und persönliche Einblicke können Sie sich auch bei meinem Newsletter auf *https://osintgeek.de* anmelden.

Podcasts und Videos

Ein anderes Format bietet der Podcast *OSINT Studio* (*https://osint.studio*). Hier können Sie lauschen, wie Matthias Wilson und ich über unser Lieblingsthema fachsimpeln und neuste Entwicklungen diskutieren. Das Audioformat ermöglicht es Ihnen, auch unterwegs oder bei anderen Tätigkeiten auf dem Laufenden zu bleiben.

Neben *OSINT Studio* gibt es eine wachsende Zahl an weiteren Audio- und Videoformaten, die Tutorials, Interviews mit Experten oder Fallstudien anbieten.

- Benjamin Strick (*https://www.youtube.com/@Bendobrown*) ist bekannt für seine detaillierten Analysen und Visualisierungen, insbesondere im Bereich der Geolokalisierung und der Verifikation von Bild- und Videomaterial in Konfliktgebieten. Seine Beiträge bieten tiefe Einblicke in investigative Methoden.
- Gary Ruddell (*https://www.youtube.com/@theintellab*) und Ritu Gill (*https://www.youtube.com/@ForensicOSINT*) liefern beide spannende Inhalte zu verschiedenen OSINT-Techniken und Tools.
- Auf dem YouTube-Kanal der *GOSINTCon* (*https://www.youtube.com/@GOSINTCon*) oder über die Konferenzwebseite finden Sie eine Auswahl von ehemaligen Vorträgen und Präsentationen.

Kapitel 13
Fazit und Ausblick

In diesem Kapitel werden zentrale Erkenntnisse zusammengeführt und die wachsende Bedeutung von Open Source Intelligence in unterschiedlichen Anwendungsfeldern beleuchtet. Zugleich richtet sich der Blick nach vorn auf neue technische Entwicklungen, komplexere Informationsräume sowie die Notwendigkeit, Qualitätsstandards und analytische Kompetenzen kontinuierlich weiterzuentwickeln.

Hoffentlich hat Ihnen dieses Handbuch die vielfältigen Facetten von Open Source Intelligence nähergebracht. Sie wissen nun, dass OSINT weit mehr ist als die Nutzung von Suchmaschinen. OSINT ist eine systematische, methodische und ethische Herangehensweise, um öffentlich zugängliche Informationen zu sammeln, zu analysieren und in verwertbare Erkenntnisse zu überführen.

Der Erfolg einer OSINT-Recherche hängt nicht allein von der Menge der gesammelten Daten oder der Nutzung der neuesten Tools ab. Viel wichtiger ist die präzise Formulierung der Fragestellung, die kritische Bewertung der Quellen, die zielgerichtete Anwendung der Methoden und die ergebnisoffene Interpretation der Fakten. Die Kombination aus analytischem Denkvermögen, dem Verständnis des Intelligence Cycle und der effizienten Nutzung spezialisierter Werkzeuge bildet das Fundament für aussagekräftige und verlässliche Resultate.

OSINT ist in zahlreichen Kontexten unverzichtbar geworden: von der investigativen Recherche und der Nachrichtenbeschaffung über die Unternehmenssicherheit und Due Diligence bis hin zur Unterstützung von Strafverfolgungsbehörden und der Bekämpfung von Desinformation. Es ermöglicht ein tiefgreifendes Verständnis komplexer Sachverhalte, die Identifizierung von Netzwerken und Akteuren sowie die Verifizierung von Informationen in einer zunehmend undurchsichtigen Informationslandschaft.

Ausblick

Auch wenn ich mich wiederhole: Das Thema OSINT ist sehr dynamisch und wird sich auch in den kommenden Jahren rasant weiterentwickeln. Daraus ergeben sich sowohl Herausforderungen als auch Chancen.

Die exponentiell wachsende Menge an online verfügbaren Daten erschwert zunehmend die Trennung des Relevanten von Irrelevantem. Gleichzeitig werden Informationen fragmentierter und oft in geschlossenen Ökosystemen ausgetauscht, z. B. in Messenger-Diensten und privaten Gruppen. Soziale Netzwerke schotten sich vermehrt ab und erschweren den Zugang zu vormals offenen Daten.

Eine der größten Herausforderungen ist die zunehmende Perfektion von Deep Fakes und generativen KI-Inhalten. Dadurch gewinnt die Verifikation von Informationen extrem an Bedeutung. Analysten müssen in der Lage sein, manipulative Inhalte zu erkennen und die Authentizität von Quellen kritisch zu hinterfragen.

Gleichzeitig wird der Bedarf an fachkundigem Personal und spezialisierten OSINT-Dienstleistungen weiter zunehmen. Viele Organisationsbereiche entdecken die Methoden der Informationsgewinnung aus öffentlichen Quellen gerade erst für sich, sei es in der Unternehmenssicherheit, im Risikomanagement oder in der Compliance. Dies befeuert den Bedarf an qualifizierten OSINT-Experten erheblich. Parallel dazu findet eine zunehmende Professionalisierung des Themas statt, die Debatten um ethische Richtlinien und rechtliche Rahmenbedingungen vorantreibt und zu einer stärkeren Standardisierung führen wird.

Trotz dieser Herausforderungen bleibt OSINT ein unverzichtbares und mächtiges Werkzeug. Künstliche Intelligenz und Automatisierung werden die Effizienz von OSINT-Analysen weiter steigern, indem sie bei der Verarbeitung großer Datenmengen, Mustererkennung und der Automatisierung von Routineaufgaben unterstützen.

Erfolg im OSINT-Kontext wird zukünftig noch stärker von einer Kombination aus Neugier, kritischem und kreativem Denken, methodischer Disziplin und der Bereitschaft zur kontinuierlichen Weiterbildung abhängen.

Für Ihren weiteren Weg mit dem Thema Open Source Intelligence wünsche ich Ihnen viel Freude und immer Neugier sowie Durchhaltevermögen, damit Sie Ihre Recherchen möglichst oft erfolgreich abschließen.

Index

D

E

F

G

H

I

N

O

P

Q

R

S

T

U

V

W

X

Y

Z